1,000,000 Books

are available to read at

www.ForgottenBooks.com

Read online
Download PDF
Purchase in print

ISBN 978-0-259-83442-7
PIBN 10627904

This book is a reproduction of an important historical work. Forgotten Books uses state-of-the-art technology to digitally reconstruct the work, preserving the original format whilst repairing imperfections present in the aged copy. In rare cases, an imperfection in the original, such as a blemish or missing page, may be replicated in our edition. We do, however, repair the vast majority of imperfections successfully; any imperfections that remain are intentionally left to preserve the state of such historical works.

Forgotten Books is a registered trademark of FB &c Ltd.
Copyright © 2018 FB &c Ltd.
FB &c Ltd, Dalton House, 60 Windsor Avenue, London, SW19 2RR.
Company number 08720141. Registered in England and Wales.

For support please visit www.forgottenbooks.com

1 MONTH OF FREE READING

at

www.ForgottenBooks.com

By purchasing this book you are eligible for one month membership to ForgottenBooks.com, giving you unlimited access to our entire collection of over 1,000,000 titles via our web site and mobile apps.

To claim your free month visit: www.forgottenbooks.com/free627904

* Offer is valid for 45 days from date of purchase. Terms and conditions apply.

English
Français
Deutsche
Italiano
Español
Português

www.forgottenbooks.com

Mythology Photography **Fiction** Fishing Christianity **Art** Cooking Essays **Buddhism** Freemasonry Medicine **Biology** Music **Ancient Egypt** Evolution Carpentry Physics Dance Geology **Mathematics** Fitness Shakespeare **Folklore** Yoga Marketing **Confidence** Immortality Biographies Poetry **Psychology** Witchcraft Electronics Chemistry History **Law** Accounting **Philosophy** Anthropology Alchemy Drama Quantum Mechanics Atheism Sexual Health **Ancient History** **Entrepreneurship** Languages Sport Paleontology Needlework Islam **Metaphysics** Investment Archaeology Parenting Statistics Criminology **Motivational**

Origenes.

Eine Darstellung

seines

Lebens und seiner Lehre

von

Ernst Rud. Redepenning,

Doctor und ordentlichem Professor der Theologie zu Göttingen.

Erste Abtheilung.

Bonn,
Verlag von Eduard Weber.
1841.

So viel verdankt diese Schrift Deiner Theilnahme an ihrem ersten Entstehen, daß sie auch ohne Zueignung Dein eigen sein würde, in eben dem Sinne, in welchem sie die meinige ist, und wenn ich sie mit Recht „ein Stück meines Lebens" nenne, so ist sie von dem Deinigen ein nicht unbeträchtlicher Theil. Wie das sein könne, wirst du nicht fragen; auch weiß ich wohl, daß ich hier nur weniges sagen kann.

Gestatte mir, einige Dir bekannte Worte hieherzusetzen, die ich von einem unvergleichlichen Manne entlehne, welchem Du nahe standest. Es giebt, so sagte Niebuhr, eine Begeisterung, die von der Gegenwart und dem Umgange geliebter Personen ausgeht, eine unmittelbare Einwirkung, durch welche sich uns die Musen offenbaren, Lust und Kraft wecken, und den Blick erhellen: der ich in meinem ganzen Leben das Beste was ich war verdankte.

Bei einigem Sinne in mir für das, worin die Alten weit alle Neueren übertroffen haben, konnte mich in einem Lebensalter, wo man noch gern umbildende Eindrücke aufnimmt, nichts wirksamer fördern, als Deine Anleitung. Ein äußerliches Wissen bieten viele dar, aber wenige sind, die eine nahe Verwandtschaft des eigenen Geistes mit dem Sinn und Geiste der Alten, eine angeborene geistige Klarheit und Kraft, zu lehren befähigt. Nur diesen kann gelingen, was Deine geübte Hand so sicher, als leicht vollbringt, die Wiederherstellung des Schadhaften, und das Umgestalten des Formlosen durch ebenmäßige Vertheilung eines gewählten Stoffes. Auch die ersten Grundrisse und Entwürfe, aus wel=

chen allmälig diese Schrift hervorging, haben Deine Nachhülfe vielfach erfahren: denn nichts, was mich lange beschäftigte, ist Dir fremd gewesen, was Dich nahe berührte durfte nicht mir fern bleiben. Und beides, die Freundlichkeit, wie den Ernst dieses Lebens, habe ich erst durch Dich ganz kennen gelernt, unter der Gunst des rheinischen Himmels; viele meiner besten Stunden habe ich mit Dir verlebt, geliebtester Freund!

Es ist deshalb nicht minder die innigste Achtung, als dankbare Liebe von ganzem Herzen, in welcher ich dich bitte, diesem Buche, der Frucht treuer und mehrjähriger, oft unterbrochener Bemühung, gern Deinen Namen zu gönnen. Keine gültigere Empfehlung weiß ich ihm mitzugeben. Möchten Dich viele seiner Blätter angenehm an jene

Zeit erinnern, welche durch Dein Mittheilen so reich für mich an Freude und bildendem Einflusse war; mir ist sie stets gegenwärtig, weil ich das nicht verlieren kann, was sie mir gewährte.

Göttingen, den 15ten August 1841.

Der Deinige

Redepenning.

Vorrede.

Die neueren Schriften über einzelne Lehrer der Kirche sind entweder eine Beschreibung des Lebens und Wirkens derselben, oder sie umfassen zugleich mit einiger Vollständigkeit die kirchlichen Zustände der Zeitalter. Jene engere Begrenzung verdient unbedingt den Vorzug. Nie wird es gelingen, die mannichfachen Erscheinungen innerhalb der Kirche eines nicht unbeträchtlichen Zeitraums in ein gleichmäßig verbreitetes Licht zu stellen, so lange der Hauptzweck die Geschichte des einzelnen Lehrers ist, und desto weiter wird die Persönlichkeit des Einen zurücktreten, je öfter man bei Verhältnissen und Vorgängen verweilt, die ihn nicht berührt haben. Wer ein Zeitgemälde beabsichtigt, darf nicht im Vordergrunde die Lebensereignisse des Einzelnen zeigen; will man hingegen vor allem das geistige Sein und Leben eines großen Mannes vergegenwärtigen; so muß vieles Gleichzeitige ausgeschlossen bleiben, und manches Frühere ist unentbehrlich. Origenes, wie er er hervorheben, und vieles einzelne stellte er in das rechte Licht, nicht das Verhältniß selber. Unter der irrigen Voraussetzung, daß die Kirche nur aufnahm, nicht auch beitrug zu dem Wissen der Schulen, und daß schon Ammonius lehrte, was später Plotinus veröffentlichte, erklärte er den großen Lehrer für einen urtheilslosen Sammler, welcher platonische und christliche Lehren beliebig in einander schob und beständig die Ansicht wechselte. Wir verdanken Semler manche Aufhellung einzelner Sätze der origenianischen Lehre, aber seine Mittheilungen sind auch hier nur Fragmente. Unsere Zeit hat die Meisterwerke kirchenhistorischer Forschung hervorgebracht, mit welchen für diese ein neuer Zeitraum beginnt. Und die schätzbarsten Vorarbeiten fand ich in manchen unlängst erschienenen Abhandlungen und Schriften, die das Rechte entweder darbieten, oder die Auffindung erleichtern. Gern nenne ich schon hier die Commentationen von Hasselbach, das fleißige Sammelwerk von Guerike über die alexandrinische Schule, den geistvollen, überall anregenden Wiederherstellungsversuch, den wir Schnitzer verdanken, und die Darlegung der Lehre des Origenes von Thomasius. Das Vorhandene habe ich wiederholt geprüft, und aufgenommen, was sich bewährte.

Diese erste Abtheilung erzählt das Leben des Origenes bis zu seiner Verbannung aus Alexandria, entwickelt diejenigen seiner Dogmen, welche die Grundlage seines Lehrbegriffs bilden, und beurtheilt seine früheren Schriften. Die zweite Abtheilung wird in die Darstellung seines späteren Lebens die Lehren aufnehmen, zu deren Durchbildung oder Vertheidigung ihn äußere Vorgänge veranlaßt haben, seine in Palästina entstandenen oder vollendeten Schriften einreihen und in einem zweiten Haupttheile, unter der Aufschrift, die Lehre, den inneren Zusammenhang seines speculativen Systems nachweisen. Eine ausführliche Begründung werden manche Ergebnisse auch dort in Beilagen erhalten.

Vielleicht gelingt mir, diesen eine sehr werthvolle Zugabe beizufügen. Der gelehrte Verfasser der Preisschrift über die Quellen und den Zweck der pseudoisidorischen Decretalen, Dr. Knust, welcher auf einer wissenschaftlichen Reise gegenwärtig in Spanien verweilt, fand in dem Verzeichnisse der Bibliothek des Eskurials unter vielem Wichtigen auch die Excerpte eines Presbyters Beatus, vermuthlich des bekannten Gegners der adoptianischen Lehre, aus den zehn Büchern der Stromaten des Origenes. Ich erwarte eine Abschrift dieser Auszüge, und darf wohl hoffen, darin mehr zu finden, als uns Hieronymus aus jenem Werke aufbewahrt hat. Was ich erhalte, werde ich angeben und vorläufig das Ganze im Abrisse, oder in Proben das Erheblichste mittheilen. Und auch die Anecdota des Magnus Crusius, die ich in dem Abschnitte über Origenes erste Schriften erwähnt habe, mögen in der zweiten Abtheilung eine Beilage ausfüllen.

Die Kirche, deren kräftiges Gedeihen jetzt so viele Miß=
verständnisse und Irrungen entgegengesetzter Art verhindern,
bedarf vor allem der genauen Kunde früherer Zustände.
Leichter urtheilen wir unbefangen über diese, als über die
Vorgänge der Gegenwart, und der geübte Blick, welcher
klar das Vergangene auffaßt, scheidet auch in dem Beste=
henden das Gute und Schlechte. Es war mein Wunsch,
den Lehrer der griechischen Kirche unserer Zeit näher zu brin=
gen: manche geistige Verirrungen hat sie mit der seinigen
gemein; und ihre kirchlichen Formen sind denen des dritten
Jahrhunderts theilweise sehr ähnlich.

Inhalt
der
ersten Abtheilung.

I.
Leben und Schriften.

Erstes Buch.
Der Zeitraum bis zu Origenes Verbannung aus Alexandria.

Einleitung	Seite	3.
Jugendgeschichte	—	44.
Die katechetische Schule	—	57.
Clemens Lehre	—	83.
Die Verfolgung des Septimius Severus	—	183.
Origenes beginnende Wirksamkeit	—	191.
Gelehrte Ausbildung	—	219.
Die heilige Schrift	—	232.
Christenthum und Philosophie	—	324.
Origenes erste Reisen	—	349.
Erste Schriften	—	373.
Die Vertreibung	—	405.

Inhalt.

Beilagen.

1. Über Origenes Geburtsjahr und den Ort, wo er geboren wurde . . . . Seite 417.
2. Über Namen und Beinamen des Origenes . . . . . . — 420.
3. Wie frühe Origenes Schüler des Clemens wurde? . . — 431.
4. Zu Clemens Lehre.
    Der Ursprung der Philosophie . . . . — 437.
    Clemens Doketismus . . . . — 442.
5. Über Origenes Auffassung der Stelle Matth. 19, 12. . — 444.
6. Probe eines Onomasticums des Origenes . . . . . . — 458.

I.

Leben und Schriften.

Erstes Buch.
Der Zeitraum bis zu Origenes Verbannung aus Alexandria.

Einleitung.

Als das Evangelium zuerst den Menschen durch die Apostel verkündigt ward, ergriff es mit göttlicher Gewalt vor allem das Gefühl der Gläubigen, und in aufflammender Begeisterung, Sprachengabe, Weissagung und mancherlei Wunderkräften äußerte sich bedeutungsvoll das Erwachen des neuen geistigen Lebens. Allmälig trat ruhigere Überlegung an die Stelle der mächtig aufgeregten Empfindung, und die Kirche, dem Ursprunge nach ein Wunder, begann naturgemäß sich zu entwickeln. Wenn ihr gleich jene höhere Erregung, die wir in dem Wirken und Lehren der Apostel erkennen, nie ganz entzogen ward, so sollten doch die Menschen durch eigene geistige Thätigkeit von der Wahrheit und Göttlichkeit des Evangeliums sich überzeugen, die einzelnen Lehren desselben genauer bestimmen, in ihren Zusammenhang eindringen, und nach den Grundzügen, welche die Apostel entworfen hatten, den christlichen Lehrbegriff zu einer Wissenschaft ausbilden. So nur konnte der neue Lebenskeim in einer Welt, die ungeachtet ihres Verfalls noch mannichfache Bildung besaß, tiefer Wurzel fassen, und die geoffenbarte Lehre, dadurch, daß sie sich völlig gleichsam vermenschlichte, in freier Anerkennung den herrlichsten Sieg erlangen. Der Schwärmerei, wie der nüchternen und befangenen Deutung, setzte eine wissenschaftliche Bearbeitung Schranken, und während so die Lehre selber unverändert in allen Ver=

welche zwar bald sehr beträchtlich anwuchs, jedoch erst nach dem Untergange der älteren Sammlung zu der reichsten des Alterthums sich erweiterte[1]). Als die siebenmal hunderttausend Rollen im Museum[2]), während der Belagerung, welche Julius Cäsar in Alexandria aushielt, ein Raub der Flammen wurden, bestand jene zweite Bibliothek unversehrt fort; kurz darauf erhielt sie den werthvollsten Zuwachs. Antonius führte das Kleinod der einst mit den Ptolemäern wetteifernden Attalen, ihre zahlreichen, mühsam erworbenen Handschriften, von Pergamum nach Alexandria, und schenkte sie der Cleopatra[3]).

Anstalten und Sammlungen dieser Art mußten, wenn sie gleich die classische Zeit, von deren Untergange sie zeugten, nicht

---

1) Über die alexandrinischen Bibliotheken vergleiche man, außer den Aufsätzen und Schriften von Bonamy (Sur la bibliothèque d'Alexandrie in den Mémoires de l'académie des Inscr. IX, 397), Beck, Debel und Matter (Essai historique sur l'école d'Alexandrie I, 48), die werthvolle Schrift von D. Friedr. Ritschl: Die alexandrinischen Bibliotheken unter den ersten Ptolemäern. Breslau 1838. — Die Alten geben die Anzahl der Rollen sehr verschieden an: Josephus spricht von 200,000, während Epiphanius 54,800, und Syncellus nur 10,000 rechnet (Bonamy p. 401; Matter p. 52 sqq.). Ritschl berechnet, nach den Angaben seines Scholion, für die Bibliothek des Museums am Schlusse der von ihm bezeichneten Periode 400,000 Rollen, die sich nach Ausscheidung der Doubletten auf 90,000 beliefen, und für das Serapeum 42,800 Rollen, Exemplare von Werken, die auch das Museum besaß. Da jede Abtheilung eines größeren Werks meist eine eigene Rolle füllte, und auch Aufsätze, Abhandlungen, Briefe von größerem Umfange als besondere Werke galten (von Origenes sagte man in diesem Sinne, daß er sechs tausend Bücher geschrieben habe), so ist sicher die größere Angabe nicht die unglaubwürdigere.

2) Ritschl am a. O. S. 33.

3) Plutarchi Vita Anton. 58. Manso in dem Aufsatze über die Attalen, welcher seinem Leben Constantins beigefügt ist, S. 425. — In dem Brande des Serapeums, dessen Clemens im Protrept. p. 47 erwähnt, scheint die Bibliothek nicht gelitten zu haben, und auch in dem späteren Brande unter Caracalla blieb sie unversehrt: Cass. Dio LXXVIII, 7.

zurückzurufen vermochten, Vielwisserei und Büchergelehrsamkeit emporbrachten und einen eitlen Ehrgeiz entzündeten, zugleich doch mannichfache Bildung verbreiten und die ernsteften geistigen Bestrebungen wecken.

Die Wissenschaft hatte zu Alexandria im britten Jahrhundert nach Christus noch fast ganz denselben Charakter, welchen sie unter den Ptolemäern entwickelte. Alexandria ist die Mutter und erste Pflegerin der philologischen Gelehrsamkeit, welche dort, unmittelbar nach dem goldenen Zeitalter der griechischen Literatur, ihren Ursprung nahm, und unter der fördernden Obhut mächtiger Fürsten schnell und kräftig erwuchs. Auch vor Alexander dem Großen hatten die Griechen auf Meisterwerke ihrer Vorfahren mannichfache Sorgfalt verwendet, aber wissenschaftliche Kritik und Auslegung fanden erst nach dem Untergange der griechischen Freiheit und der Blüthe des griechischen Geistes in der Fremde den heimathlichen Boden. Und schon im Keime trug die neue Wissenschaft die Anzeichen ihrer einstigen Vollendung, wie ihrer Entartung.

War man nicht mehr im Stande Werke hervorzubringen, welche denen der früheren Zeit würdig an die Seite treten konnten, so bemühte man sich desto sorgfältiger um alte Handschriften, und die Herstellung der ursprünglichen, durch Unkunde und Willkühr der Abschreiber mehr oder weniger verunstalteten Texte. Lesarten wurden gesammelt, nach dem Sinn und Sprachgebrauche erwogen, mit beurtheilenden Zeichen versehn, und so entstanden Texte mit kritischen und bald auch erläuternden Anmerkungen [1].

---

1) Über die alexandrinische Philologie haben Beck de Philologia saeculi Ptolem. Lips. 1818. und Luzac Lectt. Att. Lugd. Bat. 1809. p. 133 geschrieben. Vgl. auch Manso's vermischte Schriften I, 221; II, 323, Schlosser's Übersicht der alten Geschichte II, 1, 199, Ersch's und Gruber's Encycl. III, 49, und außer den Literaturwerken von Wolf, Bernhardy, Schoell: Matter sur l'école d'Alexandrie II, 42. 172, Heyne de Genio saec. Ptolem., Opuscc. I, 98 und Parthey über das alexandrinische Museum S. 111. Eine sehr tief eingehende Untersuchung, die

Man verfaßte Umschreibungen [1]), deckte Zweideutigkeiten [2]) auf; schwierige Stellen wurden ausführlich erörtert, und der künstlerische Werth des Ausdrucks sowohl in mündlichen Unterhaltungen, als in zahlreichen, jedoch meist völlig untergegangenen Schriften, beurtheilt. Diejenigen Dichter, Redner, Geschichtschreiber und Philosophen, welche allein als vollendete Muster gelten und ein entscheidendes Ansehn haben sollten, wurden in dem bald allgemein anerkannten Kanon [3]) nahmhaft gemacht: keinen noch lebenden Schriftsteller hatte man aufgenommen [4]).

Insbesondere wurde die Grammatik [5]) mit dem sorgfältigsten Eifer, aber freilich auch als ein eitles Spiel mit den kleinlichsten Dingen getrieben. Erst durch die Vergleichung verschiedener Sprachstämme, welche die Gesetze der allgemeinen Grammatik kennen lehrt, wird eine tiefere philosophische Auffassung der Formen möglich: die Griechen kannten allein ihre eigene Sprache, indem zwar die Orientalen, wo sie mit ihnen in Berührung kamen, als

---

hier nicht übersehen werden darf, ist endlich die Schrift von Lehrs de Aristarchi studiis Homericis. Regiomont. 1836.

1) Μεταφράσεις, παραφράσεις, μεταβολαί, ὑπομνήματα, ἐξηγήσεις. Schoell Hist. de la lit. grecque prophane III, 182.

2) Ζητήματα, ἀπορίαι, προβλήματα.

3) Ruhnken Hist. crit. orator. Graec. p. xciv, vor seiner Ausgabe des Rutilius Lupus. Wolf Prolegg. ad Hom. p. ccxxxiii. ccliv. — Die von diesen Philologen vorgetragene Ansicht berichtigen Bernhardy Litt. Gesch. I, 134, Welcker, der epische Cyclus S. 8, und mit besonderer Gründlichkeit Ranke de Aristoph. vita p. civ.

4) Quintilianus Inst. or. X, 1, p. 45 Spald.

5) Sie wurde als Grundlage aller Bildung und Gelehrsamkeit betrachtet, und selbst von Geographen und Mathematikern studirt. Anfangs verstand man unter Grammatik die Kenntniß des Alterthums überhaupt, später, seit Eratosthenes, wurden die φιλάρχαιοι, φιλόλογοι, von den γραμματισταί, den Lehrern der Sprache, unterschieden. Die älteste noch vorhandene Grammatik ist die des Dionysius Thrax, welcher unter Ptolemäus Euergetes II. lebte. Sie ist von Imm. Bekker im zweiten Bande der Anecdota herausgegeben worden.

Besiegte, das Griechische sich aneigneten, die Griechen hingegen von den barbarischen Klängen kaum ausnahmsweise die oberflächlichste Kenntniß nahmen. So wurden denn auch zu Alexandria nur Dialekte mit Dialekten, der Gebrauch einzelner Schriftsteller mit dem gewöhnlichen Ausdrucke verglichen, und allerdings meist über äußeren Nebendingen das Wichtigere übersehen [1]).

Anmuth, Glätte und Fehlerlosigkeit der Form, welche einst der alexandrinischen Literatur zur Zierde gereichten, treten an den späteren Werken kaum hin und wieder hervor; hingegen die gleichfalls früh bemerkliche Neigung der Alexandriner mit entlegenen Kenntnissen zu prunken, ihre Vorliebe für die Weisheit ferner Völker, oder uralter Zeiten, für ein geheimnißvolles, willkührlicher Deutungen fähiges Halbdunkel der Vorstellungen und Systeme: diese unglückliche Richtung, in welcher man Occident und Orient, Gegenwart und Alterthum, Götterglauben und gereifteres Denken phantastisch in einander mischte, hatte sich immer ausschließlicher geltend gemacht. In demselben Maße, in welchem die Kenntnisse sich anhäuften, der Verkehr der Nationen den Gesichtskreis erweiterte, und die Gluth des ägyptischen Klimas die Einbildungskraft entzündete, erlosch jene Klarheit und Schärfe des Blickes, mit welcher vormals der Grieche ein weniger ausgebreitetes, aber tieferes Wissen beherrschte. Dem Alexandriner war bei gelehrten Forschungen jeder Art meist das Unwesentliche und Zufällige nicht minder, als die Hauptsache wichtig, er unterschied

---

1) Gleichwohl erwarben die alexandrinischen Grammatiker bleibende Verdienste. Dem Eindringen der unvollkommeneren Dialekte und orientalischer Redeweisen in die Schriftsprache, das sogenannte Allgemeingriechische (κοινὴ διάλεκτος), haben sie lange erfolgreich entgegengewirkt, und als späterhin, etwa seit der römischen Herrschaft, der alexandrinische Dialekt, ein Gemisch von macedonischem, ägyptischem und jüdischem Griechisch, allgemeinere Geltung erlangte, verfaßten sie fortwährend lexikalische Schriften, welche Ursprung und Bedeutung der seltneren Worte (λέξεις, γλῶσσαι, d. i. Wörter fremder Dialekte) angaben. Auch schrieb man λέξεις κωμικῶν, συναγωγαὶ λέξεων πασῶν.

nicht, was früher, was später entstanden und Geltung gewonnen, ließ sich, wo es auf Begriffe ankam, an dem bildlichen, unbestimmten Ausdruck genügen, und schob der klaren, eigentlichen Wortbedeutung symbolische Geltung unter.

Allmälig gewann eine Ansicht, welche überall Mysterien wahrnahm, und das Bestreben sie in ihrer ganzen Tiefe zu deuten, die Oberhand. Man erklärte die religiösen Gebräuche und Mythen, in welchen die reiche Phantasie der Urzeit ein sehr getrübtes Bewußtsein von Gott und den göttlichen Dingen verhüllte, nicht etwa für die dunkle Ahnung, sondern für die vollständige, gleichsam hieroglyphische Darstellung derjenigen Lehre, welche ganz neuerdings aus den verschiedenartigsten Elementen sich gebildet hatte und nun für den Inbegriff aller menschlichen und göttlichen Weisheit gelten sollte. Und im Glauben an die Einheit und Unwandelbarkeit der Wahrheit überredete man sich um so leichter in allen Religionen, orientalischen und occidentalischen, älteren und neueren, ganz denselben Gehalt, nur in mannichfachem Gepräge wahrzunehmen, als die Eigenthümlichkeit und die zum Theil schroffe Verschiedenheit der einzelnen Culte durch ihre Verpflanzung auf fremden Boden und lange wechselseitige Duldung beinahe schon völlig verwischt war.

Diese Denkweise hat sich weithin verbreitet; einheimisch war sie zu Alexandria. Wenn schon Solon, Pythagoras, Plato mit Liebe auf die Weisheit des Morgenlandes hinblickten, und dem Herodot, dem Vater der Geschichte, nicht in den Sinn kam, daß es in Ägypten und Babylon andere Götter geben könne, als die hellenischen, so fanden die später in Alexandria einwandernden Griechen gern in den ägyptischen Göttern die griechischen, wie in diesen die Ägypter, bei der theilweisen Verwandtschaft der Culte, die eigenen wieder. Mit kluger Berechnung wurde von den Ptolemäern der Serapisdienst eingeführt, durch welchen eine noch völligere Ausgleichung erfolgte; fortwährend bürgerten neue Religionen, neue Philosopheme ein, und indem sie in gegenseitigem

Austausche sich umgestalteten, verloren die alten Formen Bedeutung und Leben. Man sahe sie in sich zerfallen und in einander sich auflösen, aber man hoffte mit Hülfe der Wissenschaft sie mit neuem Geiste zu durchdringen, innerlich zu einigen, und so in erhöhtem Glanze für alle Dauer wiederherzustellen; eine Bemühung, welche den zahlreichen, blühenden Mysterien, vor allen denen der Isis[1]), Ursprung und Stütze verdankte, und bald im ganzen Umfange der heidnischen Welt ernstere Gemüther beschäftigte. Aber auch die Juden wiesen längst schon Lehren in ihren heiligen Büchern nach, welche diese nicht enthielten und nicht enthalten konnten, und von Anfange an trugen die Christen die gesammte Heilslehre in das alte Testament stückweise hinein. Alle Parteien bedienten sich der allegorischen Deutungen, und dieses willkührliche Spiel der Einbildungskraft, welches frühere Philosophen mit geübtem Geschmack kaum hin und wieder sich gestattet hatten, wurde nicht allein im Übermaaße getrieben: es lag darin, wie man glaubte, das wichtigste Verdienst tieferer Denker.

Den Alexandrinern, und diesem Zeitalter überhaupt, fehlte nicht nur eine ächt historische Bildung, sondern auch Neigung und Fähigkeit sie zu erwerben. Diejenige Gewandtheit des Geistes, mit welcher wir Neuere in fremde Zustände uns versetzen, frühere Zeiten uns vergegenwärtigen, die Glaubwürdigkeit der Urkunden prüfen und in ihrem Geiste unbefangen sie auffassen, war dem Alterthume nicht eigen. Schon der Umstand, daß man entweder an ein starres, unabwendbares Verhängniß, oder an das Walten des Zufalls glaubte, war ein mächtiges Hinderniß, wenn es galt, der Wechselwirkung der Ereignisse nachzuspüren, und den erst in wenigen schwachen Zügen hervortretenden Entwickelungsgang der Menschheit wahrzunehmen. Die Siege Alexanders, welche die bisher innerhalb ihrer Grenzen abgeschlossenen Völker zum erstenmale unter einem Scepter vereinigten, an der Stelle der parsischen

---

1) Apuleii Metamorph. XI. p. 258. ed. Elmenhorst.

Bildung die noch mildere Sitte der Griechen verbreiteten, die
Griechen mit morgenländischer Weisheit und Tiefe befreundeten
und so eine ganz neue Entwickelung der Menschheit vorbereiteten,
sind von keinem der alten Geschichtschreiber aus diesem Gesichts=
punkt[1]), wohl aber mit mancherlei Übertreibungen, zu welchen
der großartige Stoff Veranlassung bot, fast mährchenhaft darge=
stellt worden. Das Gefallen an dem Außerordentlichen und das
Bestreben zur Verherrlichung bald der Fürsten, welchen man diente,
bald der Völker, von denen man abstammte, beizutragen, be=
hielten die Oberhand. In diesem Sinne haben, so viel sich aus
den spärlich erhaltenen Bruchstücken erkennen läßt, zahlreiche Schrift=
steller die Geschichte Alexanders, Manetho die ägyptische, Berosus
die der Chaldäer, die assyrische Abydenus geschrieben. Der Geist
eines Polybius, welcher mit dem Scharfblicke, den er im Staats=
dienste erworben hatte, nach dem inneren Zusammenhange der
Thatsachen forschte, seine Quellen zu prüfen, und umsichtsvoll zu
urtheilen wußte, ging an den alten Gelehrten, wie die glänzende
Erscheinung des Meteors, ohne nachhaltige Wirkung vorüber.

Entartete unter den Händen der Alexandriner doch selbst die
Naturgeschichte, ungeachtet sie die werthvollsten, umfassendsten Samm=
lungen besaßen, und auch mit Genauigkeit beobachteten, zu einer
Beschreibung von allerlei Naturmerkwürdigkeiten und Wundern[2]);

---

1) Von ihm aus faßte Joh. v. Müller die Geschichte auf: alle Erschei=
nungen bezog er auf das Christenthum. S. dessen Werke VIII, 246.
255, auch Th. V, 87. Alexanders Streben, die ihm unterworfenen
Nationen, besonders die Perser und Griechen, durch Austausch der
Sitten und Lehren zu Einem Reiche zu verschmelzen, haben jedoch auch
die Alten nicht verkennen können: s. Plutarch. de Fort. Alex. or. I, 299.
T. VII. Rsk.; Strabo XVI, 740 Casaub. Aber wie viel tiefer ist nicht die
Auffassung der Neueren. S. Heyne de Alexandro Magno id agente,
ut totum terrarum orbem mutuis commerciis iungeret, Opuscc. acadd.
VI, 353, und de Genio saec. Ptolem. ibid. I, 79.

2) Heyne am a. O. p. 107. Ein Verzeichniß von Schriften περὶ θαυμα-
σίων aus dieser Zeit giebt Jonsius de Scriptt. hist. phil. II, 12. p. 175.

nicht minder Geographie und Völkerkunde durch phantastische und, wie schon Strabo [1]) klagt, lügenhaft ersonnene Berichte.

Seltene Stärke in der Abziehung des Geistes von sinnlichen Eindrücken, ein geübter Verstand und unermüdlicher Fleiß befähigten andrerseits die Alexandriner zu sehr ausgezeichneten Leistungen. Die mathematischen Wissenschaften gediehen aufs glücklichste. Die Sternkunde, zu welcher vorlängst ägyptische Priester die nutzbarsten Vorarbeiten lieferten, erreichte in dem Almagest des Ptolemäus den Höhepunkt ihrer Ausbildung im Alterthume[2]); doch blieb sie im Dienste der Astrologie, aus welchem sie selbst die neueren Entdeckungen nur sehr allmälig zu befreien vermocht haben.

Nirgend lassen sich deutlicher die Vorzüge, wie die Mängel der alexandrinischen Wissenschaft wahrnehmen, als in der dortigen nach und nach bestimmter zu einem System sich gestaltenden Speculation. Einst das Ergebniß eines geistig bewegten Lebens, einer ernsten und tiefen Weltbetrachtung, die auf Selbsterkenntniß beruhte, war die Philosophie bald nach Alexander dem Großen Sache der Schule und ein gelehrtes Wissen geworden, und indem sie nicht selten den niedrigsten Zwecken, der Eitelkeit und dem gemeinsten Eigennutze dienen mußte, nahm wieder das sophistische Treiben überhand, welches schon Sokrates bekämpft hatte. Belesenheit in den Werken der alten Philosophen und Gewandtheit in den Verstandesthätigkeiten traten an die Stelle eines in sich zusammenhängenden, selbstständigen Denkens; man wollte nicht, was man nicht konnte, neue Systeme schaffen: die alten suchte man getreu aufzufassen und wiederherzustellen. Aber auch dieser Versuch wollte einer Zeit nicht gelingen, der es an Sinn und

---

1) Lib. II. p. 69.
2) Bei Schoell Th. V, 248 findet man aus dem Almagest des Ptolemäus einen trefflichen Auszug, welcher aus der Vorrede des französischen Abtes Halma zu seiner Ausgabe desselben entlehnt ist. Über Ptolemäus Verdienste um die Chronologie s. dasselbe Werk Th. IV, 198, und Ideler's Handbuch der mathematischen und technischen Chronologie I, 115.

Dieser Gedanke ist nicht die Erfindung eines einzelnen, tiefsinnigen oder trüben Kopfes; er ging aus einer in dem ganzen griechischen Orient bei Juden, Christen und Heiden schon lange verbreiteten Denkweise hervor.

Jenes eklektische Verfahren in der Philosophie, welches wir mit dem Skepticismus gegen das Ende der römischen Republik die Herrschaft theilen sahen, bildete sich, je länger je mehr, zu einem vollständigen Synkretismus aus, indem man bald die Systeme selber, aus welchen bisher nur einzelne Lehren zu einem neuen Ganzen zusammengefügt worden, für innerlich vereinbar erklärte [1]). In Griechenland jedoch, und überhaupt im Occident, hielt sich dieser Synkretismus innerhalb engerer Schranken, da man hier theils nur griechische Systeme in einander schob, theils auch die innere Verschiedenheit derselben keineswegs völlig übersah: man pflegte hier nur solche Lehren zu verschmelzen, die eine gewisse Verwandtschaft mit einander haben. Hingegen in Alexandria, wo die Eigenthümlichkeiten, Culte und Philosopheme aller Nationen einander berührten, duldeten und zusammenflossen, erlosch die Fähigkeit zu unterscheiden fast völlig, und man gewöhnte sich, ganz dieselbe Wahrheit in allen Lehren zu finden; wobei nur die epikureische und diejenigen, welche ihr am nächsten stehn, ausgeschlossen wurden, weil sie dem nicht unedlen Zeitgeiste widerstrebten. Die Ausgleichung gelang um so leichter, als in Ägypten die griechische Philosophie, nicht ohne die Einflüsse äußerer Verhältnisse, ihre ursprüngliche Richtung auf das thätige Leben, die Verfassung und die Begriffe Pflicht, Tugend und Recht aufgab und ausschließlich den letzten und höchsten Fragen der Wissenschaft, die das Verhältniß Gottes zur Welt, das Wesen des Geistes und die Materie betreffen, dem sogenannten Transcendentalen, sich zuwendete. Auf diesem Gebiete, welches die alten Philosophen

---

1) Auch die eklektische Philosophie ist bisweilen, nicht ganz paßlich, Synkretismus genannt worden. So von Buhle Th. IV, 183. 188.

theils nur selten berührt, theils mehr durch bildliche Ausdrücke und Mythen, als durch bestimmte Axiome zu erhellen versucht hatten, ließ sich vermittelst freier Auslegungen die Übereinstimmung der verschiedensten Ansichten ohne Mühe behaupten. Man glaubte nun, daß die hellenische Weisheit aus einer älteren Quelle, nämlich aus ägyptischen Lehren, diese aus orientalischen, und alle aus einer Uroffenbarung geflossen seien, die im allgemeinen zwar immer trüber geworden, jedoch auch zu allen Zeiten einzelnen göttlich gesinnten Männern in vollkommener oder fast vollkommener Klarheit, ganz oder theilweise, sich kund gegeben habe. Die ewigen Wahrheiten enthüllen sich nach der Lehre des Orients, welche die Griechen in Ägypten sich aneigneten, dem Geiste nur durch die Berührung mit seinem Urquell, dem Absoluten.

Auch das Mittel sich zu diesem zu erheben, oder, was dem gleich ist, seine Offenbarungen herabzuziehen, suchten sie nicht in einer regen Thätigkeit des Verstandes, sondern ermüdet durch das leere Treiben der Schulen in jener Entsinnlichung und Ascese, welche noch jenseit des Ganges einheimisch ist, und gleichfalls in Ägypten ihnen bekannt wurde. Durch Überwältigung der Affecte, Erhebung über die körperlichen Dinge und die Materie, welche als die Quelle alles Übels angesehen wurde, durch die gänzliche Vereinfachung, wie man es nannte, sollte der Geist zu dem innerlichen Schauen des Absoluten fähig werden.

Am frühsten haben, so viel sich nachweisen läßt, jüdische Gelehrte zu Alexandria, wo sie die griechische Bildung und Philosophie sich aneigneten, den Offenbarungsglauben des Orients in das Abendland eingeführt und zugleich zu einer künstlichen Vereinigung entgegengesetzter Lehren das Beispiel gegeben [1]). Da sie

---

1) Ein anderes vielleicht nicht minder wichtiges Mittelglied in der Reihe der Ereignisse und Zustände, welche die geistige Annäherung des Orients und Occidents bewirkt haben, sind die griechisch baktrischen Reiche, die durch Alexander den Großen entstanden, und in welchen griechische und

wenn sie schon weder die griechischen Lehren, noch das seinem Wesen nach positive Judenthum richtig würdigte, in der Form nicht genügte und zunächst wohl nur in den niederen Kreisen eine Veränderung der Ansichten hervorbrachte, dennoch unberechenbar wichtig wurde. Sie half einen religiösen und streng sittlichen Sinn allgemeiner verbreiten, hat Juden und Heiden, die sie einander annäherte, auf die Weltreligion vorbereitet, und überdies mittelbar auf die heidnische Philosophie, auf die christliche Dogmenbildung unmittelbar, den bedeutendsten Einfluß ausgeübt.

Allmälig theilte sich der ganzen gebildeten Welt ein Verlangen und Streben nach tieferer Einsicht in die Religionswahrheiten mit, welches während und gleich nach dem Ablauf des ersten Jahrhunderts in dem Kaiserreiche und selbst jenseit der östlichen Gränzen desselben, bei den palästinensischen Juden und den Samaritern, den Häretikern, welche der Kirche sich anschlossen, und in der Mitte der Kirche, endlich in den Schulen der Philosophen so manche gnostische Systeme hervortrieb. Überaus mannichfach in ihren Formen und sehr verschieden selbst im Inhalt, je nachdem sich die positiven Religionslehren, welche man zu Grunde legte, von einander entfernten, ging die Speculation des gnostischen Zeitalters, wo sie immer Gestalt gewinnen mochte, aus der nämlichen geistigen Anregung hervor, und überall sind Methode und Richtung dieselben. Die Form, unter welcher sie als Philosophem des griechisch römischen Heidenthums am vollständigsten sich ausprägte, ist der alexandrinische Neuplatonismus.

Nicht mit Unrecht hat man ihn aus den Mysterienanstalten des Zeitalters herleiten wollen: die religiösen Elemente, die er enthält, und die Art, wie er den Volksglauben durch Vergeistigung zu stützen suchte, verdanken ihren Ursprung und die erste Pflege jenen uralten Instituten, welche zu Anfange freilich wohl nur einen geheimen Cultus überliefert, später aber auch die philosophische Deutung hinzugefügt und die Rechtfertigung der Götter=

verehrung überhaupt sich zur Aufgabe gemacht hatten [1]). Und zwar bargen sie unstreitig schon vor Ablauf des ersten Jahrhunderts im Keime eben jene religiöse Ansicht und Lehre, welche nur wenig später im Neuplatonismus entwickelter hervortrat. Denn nicht nur hat sich Plotinus auf die Mysterien ausdrücklich berufen [2]), sondern es wurde auch schon Numenius, welcher im zweiten Jahrhundert lebte, seiner für die Geschichte des Neuplatonismus so wichtigen Lehrsätze wegen, des Verraths an jenen beschuldigt [3]), und in der That wollte auch die neue Lehre ursprünglich als Geheimniß bewahrt sein [4]).

Fragen wir, welchem der früheren Philosopheme dieselbe am engsten sich anschloß, so werden wir schon durch ihren Namen auf die alte platonische Lehre hingewiesen, die, nachdem sie lange von dem Stoicismus und Epikureismus wie von der Skepsis der neueren Akademie allerwegen zurückgedrängt worden, nun im Gegensatze gegen die Kälte und Glaubenslosigkeit des Zeitalters von neuem gelten sollte. Das Wiedererwachen des Platonismus in den griechischen Philosophenschulen wird schon gegen Ende des ersten Jahrhunderts, allgemeiner im Verlauf des zweiten bemerklich, und um so lebhafter war die Beistimmung der nach langer Erschlaffung wieder geistig erstarkten heidnischen Welt, als man glücklich vermied, durch Erneuerung veralteter Formen mit dem Zeitgeist in Widerspruch zu treten. Man hob nur die Anschauungen und einige Hauptsätze der mehr bewunderten, als verstandenen Lehre, die in der That niemals ein System war, hervor, und legte sie einem eklektisch synkretistischen Philosophem zu Grunde, welches den religiösen und speculativen Bedürfnissen des Zeitalters allseitig genügen sollte.

---

1) S. Lobeck's Aglaophamus.
2) Enn. I, 6. p. 55.
3) Macrobius in Somn. Scipionis I. c. 2.
4) Porphyrii Vita Plot. p. 2. Vgl. Brucker Hist. crit. phil. II, 213, und Ritter's Geschichte der Phil. IV, 543.

Einleitung.

Die erſten Neuplatoniker waren faſt nur platoniſirende Eklektiker, wie vor allen Plutarchus, welcher weder ein Syſtem zu bilden vermochte, noch auch überhaupt ſelbſtſtändig hervorbrachte, aber kenntnißreich und vielſeitig, milde, klar und beredt, das menſchliche Leben in ſeinen mannichfachen Erſcheinungen auffaßte, beurtheilte und zu einem ernſten höheren Streben anregte [1]. Doch ſchon Plutarchs Lehre neigt ſich entſchieden manchen orientaliſchen Vorſtellungsweiſen zu, und Grundanſichten, welche Philo deutlich ausſprach und hervorhob, laſſen ſich auch bei ihm, obwohl mehr nur in Andeutungen, wahrnehmen. So die Lehre von dem verborgenen Gott, der in das Werden eingeht, von der myſtiſchen Verbindung zwiſchen der menſchlichen Seele und ihm, von den Zwiſchenweſen und der Materie. Bald trug Lucius Apulejus auch in lateiniſcher Sprache dieſe Lehren vor, während Maximus der Tyrier, um 190, der Urheber des Philoſophems von der Stufenleiter der Weſen, ſchon aufs beſtimmteſte dem religiöſen Synkretismus [2] huldigte, und vermuthlich auch in der Philoſophie ihn geltend gemacht haben würde, wenn ihn nicht das Studium der rhetoriſchen Kunſt dieſer ſtrengeren Wiſſenſchaft faſt völlig entfremdet hätte [3].

Zu denen, welche den alexandriniſchen Neuplatonismus beſtimmter begründeten, gehören Kronius und Numenius [4]. Nachdem Moderatus aus Gadeira, zu den Zeiten des Nero, und Nikomachus aus Geraſa, deſſen Wirkſamkeit noch vor die Regierung der Antonine fällt, den Neupythagoreismus gelehrt bearbeitet, und ſowohl die myſtiſche Geltung der Zahlen, als überhaupt die orientaliſchen Elemente dieſer Lehre in die Wiſſenſchaft eingeführt

---

[1] S. Neander's Julian S. 22; Tzſchirner's Fall des Heidenthums I, 129.
[2] Maximi Tyrii Dissert. 17. p. 193. ed. Davisius. Cf. Celsus ap. Origenem c. Cels. I, 341; Lobeck Aglaoph. I, 460.
[3] Buhle IV, 295.
[4] Origenes c. Cels. I, 332.

hatten[1]), leiteten sie unmittelbar hinüber zu der neuen Entwickelung, welche die Philosophie in der Schule des Ammonius Sakkas gewann. Von Kronius weiß man nur, daß er die Seelenwanderung glaubte[2]), und dem Numenius, neben welchem er genannt zu werden pflegt, geistig verwandt war; über diesen sind wir genauer unterrichtet[3]). Zu Apamea in Syrien geboren, gab sich wohl Numenius früh der Verehrung für Moses, die Überlieferungen der Ägypter, Mager, Brahmanen, und selbst für Jesus hin, wie er andrerseits an die Lehre des Plato sich anschloß, welche in seinem mehr religiösen, als speculativen Philosophem überall erkennbar ist und die innere Eigenthümlichkeit desselben ausmacht. Was er von dem ersten und zweiten Gott, der Zweiheit in dem letzteren, den zwei Seelen des Menschen in durchgängiger Übereinstimmung mit seiner Ansicht von der Materie lehrt, fand um so leichter Anklang, als diese Sätze theils der Nachhall platonischer Lehren sind, theils auch die plotinischen, von welchen die Sage ging, daß sie aus Numenius insgeheim entlehnt worden, dem empfänglichen Zeitalter gleichsam ankündigten[4]).

Einstimmig nennen die Alten den Ammonius Sakkas, der nach einer nicht unglaubwürdigen Angabe[5]) von christlichen Eltern, wohl aus dem niedrigsten Stande, abstammte und gewiß von dem Einflusse nicht unberührt geblieben war, welchen das Christenthum wie die jüdische Philosophie auf die allgemeine Denkweise gewonnen hatte, als den Stifter derjenigen Schule, durch welche eben die mystischen Elemente des bisherigen eklektischen Platonis-

---

1) Brucker II, 197.
2) Ritter IV, 525.
3) Origenes und Eusebius haben uns einige Fragmente von ihm aufbewahrt.
4) Porphyr. Vit. Plot. p. 9. Amelius hingegen schrieb über den Unterschied der Lehre des Plotin und des Numenius. Ibid. p. 10.
5) Porphyrius ap. Euseb. HE. VI, 19.

mus hervorgehoben, allseitiger entwickelt und mit den übrigen zu einem System verbunden wurden.

Da Ammonius nicht schrieb [1]), und überdies seine Lehre nur insgeheim überlieferte [2]), so läßt sich nicht bestimmen, bis zu welchem Grade der Ausbildung sie durch ihn schon gedieh. Zwar verzichtet sein Schüler Plotinus, welcher manche Aufzeichnungen hinterließ, die Porphyrius zusammengestellt, geordnet, gefeilt und hin und wieder durch Zusätze bereichert hat, auf den Ruhm, die Lehre irgend weiter entwickelt zu haben: er sagt, daß er sie getreu wie er sie empfangen wiedergebe, und nur Mißdeutungen verhüten wollte; aber wir finden doch nicht allein bei den ersten Schülern des Ammonius manche erhebliche Meinungsverschiedenheiten über den Sinn seiner Lehre, sondern es läßt sich auch bemerken, wie Plotinus nur allmälig die technischen Bezeichnungen feststellte, und die Lehre in eine bestimmtere Form brachte [3]). Nur seiner Überzeugung von der unbedingten Vollkommenheit der neuen Weisheitslehre können wir deshalb es beimessen, wenn er glaubte, um dieselbe allein durch eine tief eindringende Auffassung, nicht durch Zusätze und Umbildungen, Verdienst zu haben. Andrerseits werden wir die Grundgedanken der plotinischen Schriften, wenn sie schon vor der Zeit des Ammonius vereinzelt im Umlaufe waren, auch bei ihm voraussetzen dürfen. Vermuthlich hat er sie in diejenige Verbindung mit einander gebracht, in welcher sie einem harmonischen Ganzen zur Grundlage dienen konnten. Denn durch

---

1) Longin. ap. Porphyr. Vit. Plot. c. 20. Die beiden Bruchstücke seiner esoterischen Lehre über die Verbindung des Leibes und der Seele, bei Nemesius Emesenus de Nat. hom. p. 69. ed. Matthaei, verdanken wir der mündlichen Überlieferung seiner Schüler. Was Déhaut über jene Reste sagt (Essai sur Amm. Saccas. Bruxelles 1836), ist nicht von Bedeutung.

2) S. die Beweisstellen oben S. 27 in der vierten Anmerkung.

3) Ritter S. 541.

diese Annahme erklärt sich am besten, wie seine Vorträge ein so großes Aufsehn erregten und alle befriedigten [1]).

Seine Stellung zu seinen Schülern war äußerlich dieselbe, die einst Sokrates einnahm, indem von beiden eine großartige Anregung ausging, wie kein Früherer sie gewährt hatte; die Methode, welche Ammonius wählte, und die Art, wie er einwirkte, ist der sokratischen gerade entgegengesetzt. Während Sokrates dem philosophischen Denken der Griechen zuerst die tiefere Richtung gab, bei deren Befolgung manche Wege sich darboten, lehrte Ammonius die verschiedenartigen Bestrebungen der Früheren zusammenfassen, zu einem Ziele hinleiten, und wenn auf jenen manche spätere weit von einander abweichende Schulen mit gleichem Rechte zurückgeführt werden, so griff des Ammonius Einfluß um so bestimmter und schneller durch, je mehr schon ein und dieselbe Grundansicht die Herrschaft gewonnen hatte.

Unternehmen wir aus der Gestaltung seiner Lehre, in welcher sie bei Plotinus erscheint, auf die ursprüngliche Anlage zu schließen, so bietet sich uns noch eine andere Übereinstimmung und Verschiedenheit zwischen ihm und Sokrates dar. Wie dieser, so scheint mit tiefem Ernste auch Ammonius von der Frage nach der Natur und Bestimmung des Menschen ausgegangen zu sein: noch Porphyrius stellte die Untersuchungen über das Wesen des Menschen und der Tugend in seiner Ausgabe des Plotinus voran [2]). Aber sogleich zeigt sich doch auch die Verschiedenheit des Standpunkts. Denn um die Beschaffenheit des menschlichen Geistes zu ergründen, betrachten die Neuplatoniker nicht ihn selber, wie er sich äußert, sondern aus dem Absoluten erklären sie das Individuelle.

Indem sie jenes zu bestimmen versuchen, bleiben sie gefesselt

---

1) Porphyrii Vita Plot. l. c. Hierocles de Providentia ap. Phot. cod. 214. S. Daehne de γνώσει Clementis p. 13.

2) S. Vogt, Neoplatonismus und Christenthum S. 46.

durch die Annahme einer ewigen Materie, deren uranfängliches Sein freilich nur als ein rein geistiges dargestellt wurde: sie ist die Verneinung des Seins, der Gegensatz desselben, welchen nur der Gedanke, und nur indem er zu denken aufhört[1], erfassen kann; doch gilt sie ihnen als Bedingung der Wesensentwickelung Gottes, und sein freies Handeln erscheint nun beschränkt durch sie. Die gesammte Entwickelung des Urgrundes bis hinab zu den Einzelwesen des Universums, die aus der Vereinigung der Weltseele mit der Materie hervorgehen, betrachteten sie als ewige Nothwendigkeit, und zwar, ob sie gleich dies auszusprechen vermieden, als ein Herniedersinken der göttlichen Wesenheit in das unvollkommene endliche Dasein[2].

Die Freiheit findet in ihrem System, wie redlich sie sich bemühten sie festzuhalten, keine Stelle. Das Böse haftet an der Materie, indem es eben darin besteht, daß diese weder Form noch Qualität hat[3]; es ist wesentlich erforderlich für die Weltentwickelung[4], und die Seele hat in sich die Bestimmung unfrei zu werden durch Hinabsinken in die Materie[5]. Nur in der Fähigkeit von dieser sich wieder frei zu machen und zur Vereinigung mit dem Urgrunde in bewußtloser Abstraction zurückzukehren, besteht ihre Freiheit[6].

Diese Lehren sind in der Gestalt, in welcher sie im Zusammenhange des Systems mit Nothwendigkeit hervortreten, unvereinbar mit den Grundwahrheiten des Evangeliums. Auch konnte die wesentliche Verschiedenheit um so weniger übersehen werden, als der Neuplatonismus dem alten Götterglauben, dessen Grund-

---

1) Plot. Enn. II, 4. c. 8. 11.
2) Vogt S. 92.
3) Enn. I, 8. c. 3. 5.
4) Vogt S. 136.
5) Ebenda S. 91.
6) Ebenda S. 134. Ritter S. 608.

anschauungen ganz die seinigen waren, auch äußerlich unverholen sich anschloß. Aber es bot doch auch dieses System den christlichen Denkern so manche Anknüpfungspunkte dar. Wir finden diese vor allem in der Lehre von der Dreiheit der Principien, dem lebendigen, die Welt durchdringenden Wirken der Gottheit, der Weisheit, der Vorsehung, wie endlich in dem Dringen auf Überwältigung der irdischen, sinnlichen Lust, und ein Leben in Gott vermittelst der Erhebung zu dem Nus. Diese Lehren befreundeten die Christen mit dem Neuplatonismus, und gern versuchten sie nicht nur diejenigen seiner Dogmen, die entweder Ausflüsse jüdischer und christlicher Ansichten waren, oder dem herrschenden Zeitgeiste angehörten, sondern auch jene andern, in ihrer neuplatonischen Fassung dem Christenthum widersprechenden Lehren nach einigen Umformungen zum Ausbau des kirchlichen Lehrbegriffs zu verwenden. Und wie bildsam war nicht auch dieser Stoff während des zweiten und der größeren Hälfte des dritten Jahrhunderts? Die Kirchenlehrer dieser Zeit fanden, wie schon bemerkt wurde, nicht das ausgebildete Lehrsystem, sondern nur die allgemein verbreitete Richtung, aus welcher es hervorging, und seine ersten Ansätze vor. So ließen sich denn die noch formlosen Elemente beliebig gestalten, und etwa gleichzeitig haben dies die Lehrer der Kirche und die neuplatonischen Philosophen unternommen. Überhaupt rang die mystische Contemplation des Zeitalters, wo sie immer Eingang gefunden und auf welchen Grundelementen sie beruhen mochte, nach bestimmterer Gestaltung, und um dieselbe Zeit traten eine heidnische, häretische und kirchliche Gnosis hervor; stufenweise haben sie sich lange nebeneinander, obschon nicht gleich kräftig, und noch minder an bleibendem Einflusse gleich, zu entwickeln gesucht. Zu der christlichen Religionswissenschaft hatten schon der erste namhafte Katechet der alexandrinischen Kirche, Pantänus, anfangs Stoiker, dann Christ und Eklektiker, und Clemens, sein Schüler, welcher zumeist für die Einflüsse des damaligen Platonismus empfänglich war, den Grund gelegt, und es bedurfte nur noch des Gedankens, ein System der christlichen Lehre zu entwerfen, um die Wissenschaft vollständig in die Kirche einzuführen.

Bestand in der dogmatischen Verknüpfung und tieferen Begründung der Glaubenswahrheiten die Hauptaufgabe für die Kirche des dritten Jahrhunderts, so war zugleich noch anderweitig eine mannichfache gelehrte Thätigkeit nöthig.

Nachdem nicht nur die Apostel, sondern auch ihre Begleiter und Schüler, die fast ein gleiches Ansehn besaßen [1]), dahingeschieden waren, hatte man die Schriften gesammelt, welche entweder von den Aposteln selber, oder doch unter ihrer Aufsicht verfaßt schienen. In dem geschriebenen Worte lebte der Geist jener ersten Verkündiger fort: es ward neben dem alten Testamente und der mündlich überlieferten Glaubensregel Quelle und Richtschnur der lauteren Lehre. Aber nicht sogleich waren die Parteien darüber einig, welche der apostolischen Schriften als gültige Urkunden zu betrachten seien. Hatten die Heidenchristen mit den Briefen ihres großen Bekehrers, des Paulus, leicht auch die Schriften, die von den Aposteln der Beschneidung herrührten, und nicht minder das alte Testament, ob sie gleich die Verbindlichkeit des Gesetzes in Abrede stellten, um der Weissagungen willen angenommen, so zeigte sich dahingegen lange Zeit nur zu deutlich, wie nothwendig die Empfehlung war, welche der Überarbeiter des zweiten Briefes des Petrus den paulinischen Lehrschreiben [2]) glaubte geben zu müssen. Erst um die Mitte des zweiten Jahrhunderts, dies läßt sich, ob uns gleich bestimmte Nachrichten mangeln, aus manchen Anzeichen mit Sicherheit

---

1) S. Credner de Librorum N. T. inspiratione, Ien. 1828, und Tholuck, das Alte Testament im Neuen S. 39.

2) 2 Petr. 3, 15. 16.

schließen¹), fand unter den Gemäßigten beider Parteien eine Vereinbarung statt, der zufolge die Judenchristen nicht nur neben dem alten Testamente ein neues, sondern auch die Schriften des Heidenapostels und seiner Gehülfen als Bestandtheile des letzteren anerkannten: [die Bekehrten aus den Heiden die Lehrschreiben der judaisirenden Apostel, Petrus, Jakobus, Judas und Johannes, den paulinischen nun um so willfähriger gleichstellten. Aber wie noch lange nach dieser Übereinkunft Ebioniten und Nazaräer von dem ganzen neuen Testament nur das aramäische Evangelium des Matthäus gelten lassen wollten²), oder doch nur einige unter= geschobene judaisirende Schriften demselben beifügten³), so wollten Gnostiker nur die Schriften der paulinischen Partei, zum Theil willkührlich verstümmelt⁴), anerkennen, und trugen daneben zahl= reiche Aufsätze umher, die ihre schwärmerischen Lehren enthielten und die sie den Erzvätern, Propheten, Aposteln oder Apostel= gehülfen unterschoben.

Die Unächtheit aller dieser Machwerke mußte gezeigt, der Kanon festgestellt werden. Und mit der Zeit fingen die apostoli= schen Aufzeichnungen an stellenweise unverständlich zu werden und einer gelehrten Bearbeitung zu bedürfen. Die falschen Lesarten mußten berichtigt, Erläuterungen beigefügt werden, und man mußte feste Grundsätze der Auslegung zu gewinnen suchen.

Das alte Testament las man in der alexandrinischen Über= setzung, welche nicht minder als die Urschrift für ein Werk gött=

---

1) S. Credner über Ansehn und Gebrauch der neutestam. Schriften in den beiden ersten Jahrhunderten, in seinen Beitr. zur Einleitung in die bibl. Schriften I. S. 1—91, und Augusti's Handbuch der christlichen Archäologie II, 177. Auch de Wette's Einleitung I. S. 33.
2) Hieronymus L. IV. Comment. in Matth. XXIII, 35; L. IV. Comment. in Es. XI, 2. Epiphanius Haer. XXX, 3.
3) Epiphan. l. c.
4) Tertullian. c. Marc. IV, 2 sqq.; V, 21.

licher Eingebung galt ¹). Dieser Glaube war jüdischen Ursprungs ²), wurde aber seit der Mitte des zweiten Jahrhunderts von den Rabbinen in Palästina bestritten, weil der griechische Text hin und wieder die messianische Deutung begünstigte ³). Während nun die Juden die Unzuverlässigkeit der Septuaginta hervorhoben, behaupteten dagegen die Christen, daß der Urtext bald durch Zusätze und Veränderungen entstellt, bald um ganze Abschnitte verkürzt worden sei, und also jene alte von den Aposteln vielfach benutzte und dadurch anerkannte Übersetzung, ob sie gleich auch durch die Willkühr der Abschreiber verderbt worden ⁴), dennoch den Vorzug verdiene ⁵). In diesem Streite lag die Veranlassung zu einer vergleichenden Zusammenstellung des hebräischen und griechischen Textes.

Die Gottesdienste der Christen bestanden zu Anfange in freundschaftlichen Zusammenkünften, in welchen sie mit einander beteten, das Liebesmahl und die Communion genossen, sich unterredeten und zu gegenseitiger Erbauung, jeder wie er konnte, beitrugen. Als beim Anwachsen der Gemeinden einreißende Misbräuche eine bestimmtere Ordnung nöthig machten, wurde die Befugniß zu reden auf diejenigen beschränkt, welche durch Kenntnisse, Erfahrung und Lehrgabe sich auszeichneten ⁶), und während der Name

---

1) Auch in dieser Beziehung war sie die Vulgate jener Zeit.
2) Eichhorn's Einleitung I, 478.
3) Hody de Bibliorum textibus originalibus, Oxon. 1705. p. 233. Credner vermuthet, in den Beiträgen, eine absichtliche Umbildung der messianischen Stellen für den Gebrauch in der Kirche. Die scharfsinnige Hypothese ist jedoch wohl nicht erweislich.
4) Origenes Comment. in Matth. Tom. XV. p. 671.
5) Origenes Ep. ad Iulium Afric., Opp. I. p. 16. Vgl. auch Daniel sec. LXX. e cod. Chis. (ed. de Magistris) p. xv.
6) Ep. Alexandri et Theoctisti ap. Euseb. H. E. VI, 19. Gottfr. Arnold's Abbildung der ersten Christen I, 279. Ferrarius de Sacr. concionibus, Ultraiect. 1692. p. 203.

der Homilien blieb, traten an die Stelle der freien Unterhaltung bald kürzere, bald längere Vorträge. Indem gleichzeitig die Vorlesung der heiligen Schriften eine ausgezeichnetere Stellung im Cultus erhielt [1]), gestalteten sich diese Anreden zu faßlichen Textauslegungen, in welche zeitgemäße allgemeinere Betrachtungen verflochten wurden. Meist bildete die Nachweisung der Erfüllung des alten Testaments durch das neue, wie der Übereinstimmung zwischen der kirchlichen Lehre und der Schrift, den Inhalt; auf die Form legte man keinen Werth. Erst später, als die Kirche eine ununterbrochene Ruhe von außen genoß und mit zahlreichen neuen Bekennern die gesammte Bildung des classischen Alterthums in sich aufnahm, wurde die Ausführung kunstreicher: in den ersten Jahrhunderten beschränkte man sich auf die einfachste Mittheilung des Stoffes, den man für geeignet hielt, die Erbauung zu fördern. Auch war es fortwährend nöthig, die Kirche gegen die Anklagen und Verläumbungen zu vertheidigen, welche Juden und Heiden mit gleicher Erbitterung, beide selbst in Schriften [2]), geltend machten.

Im Zeitalter der Antonine war die Anzahl der Christen im Vergleiche zur Bevölkerung des Reiches, die sich auf hundert und zwanzig Millionen belief [3]), noch völlig unbedeutend, wenn es gleich in den morgenländischen Provinzen sehr viele Gemeinden gab und in den Hauptstädten schon Tausende sich zu der neuen Lehre bekannten. Eine innige, unerschütterliche Überzeugung und jene klarere Einsicht, welche die Kirche durch vorbereitenden Unterricht und beständigen Gebrauch des Wortes hervorrief, verlieh

---

1) Origenes Hom. 7 in Levit.; Hom. 12 in Exod.; Hom. 7 in Exod. p. 152. Vgl. de Engastrimytho, Opp. II, 490, nebst der Anmerkung von Huetius.

2) Bircath Hamminim. S. Vitringa de Synagoga vetere p. 1047. — Celsus ap. Origenem c. Cels. libb. VIII; Lucianus de Morte Peregrini c. 11; Alexander c. 25. 38; de Vera historia I. c. 12. 30; II. c. 4. 11.

3) Gibbon's Geschichte des Verfalls und Untergangs des römischen Reiches I, 85 und dazu Wenk.

jedoch der Minderzahl das Übergewicht über die in sich zerfallene und kaum noch durch einen leeren Ceremoniendienst zusammengehaltene Gegenpartei. Bisher waren die Christen als trübsinnige, dem Staate gefährliche Schwärmer bald empfindlich beeinträchtigt, bald heftig verfolgt worden: von der Gerechtigkeit und Milde der Antonine, welche die verschiedensten Philosophenschulen mit Begünstigungen überhäuften, glaubten sie gesetzliche Anerkennung erwarten zu dürfen [1]. Diese Zuversicht läßt sich in den Apologien erkennen, welche jetzt in großer Anzahl erschienen, wurde aber um so unausbleiblicher getäuscht, als der im ganzen edle Freiheitssinn der Christen eine offene, bisweilen selbst derbe, unziemliche Sprache nicht scheute. Der milde Antoninus zügelte zwar den wieder lebhaft durch öffentliche Unglücksfälle aufgeregten Volkshaß, indem er den Obrigkeiten verschiedener Orte ein gesetzmäßiges Verfahren anbefahl [2]; doch ist das ihm beigelegte Toleranzedict unächt. Noch ungünstiger war die Regierung des Marcus Aurelius. Mehrere asiatische Gemeinden, im Abendlande Rom, Lugdunum und Vienna, litten unter seiner Regierung schwerer als je, und dadurch, daß er das Leben der Christen zu schonen und von ihnen Nachgiebigkeit zu erzwingen gedachte, wurde die Anwendung der Martern von nun an gesetzlich [3].

War insofern die Lage der Christen nur noch ungünstiger geworden, so hatte doch mittelbar die Beförderung freieren Denkens und wissenschaftlicher Bestrebungen ihrer Sache wesentlich genützt, und während heidnische Schriftsteller, unter einander in mannichfacher Fehde, mit schonungslosem spöttischen Tadel den Volksglauben, mit bitterer Gehässigkeit Lehre und Leben der Christen

---

[1] Tzschirner's Fall des Heidenthums I, 302.

[2] Melito ap. Euseb. H. E. IV, 26.

[3] Aber zu Aufspürungen und planvoller Durchführung der Maßregeln kam es erst siebzig Jahre später, als das gefährlich erschütterte Heidenthum jenen allgemeinen Kampf eröffnete, der nur entscheidend endigen konnte.

Die Verfassung der Kirche.

angriffen, gewannen diese in der öffentlichen Meinung um so viel an Achtung, als die alte Götterlehre verlor. Und noch verherrlichte sich die Kraft des weltüberwindenden Glaubens durch Scharen von Märtyrern, welche mit hochzeitlicher Freude dem Tode entgegeneilten.

Innerhalb der Kirche ging nach der Mitte des zweiten Jahrhunderts die wichtigste Veränderung vor. Ihre ursprüngliche Verfassung beruhte auf dem Grundsatze gleicher Berechtigung und Würde aller Mitglieder: selbst die Apostel, welche im Namen des einigen, unsichtbaren Hauptes die Aufsicht führten, hatten nur als Brüder betrachtet sein wollen. Zur Besorgung der gemeinschaftlichen Angelegenheiten waren dieselben Ämter in den Gemeinden errichtet worden, welche in der jüdischen Synagoge bestanden, und als die Nothwendigkeit fühlbar wurde, die einzelnen Gesellschaften mit einander in eine geregelte engere Verbindung zu bringen, boten sich jene Berathungen der Abgeordneten verschiedener Städte, die aus der alten republicanischen Zeit sich erhalten hatten, zum Muster dar. Je mehr inzwischen die Christen und Juden sich von einander entfernten und die Bedrängnisse der Verfolgung eine schnell und geräuschlos durchgreifende Verwaltung erforderten, um so entschiedener gewann das monarchische Princip in der Kirche die Oberhand; nicht anders, als wenig früher dem römischen Freistaate die dictatorische Gewalt ein Ende machte. Es bildete sich ein Priesterstand; die Bischöfe traten an die Spitze. Um die neue Ordnung zu rechtfertigen, berief man sich auf das alttestamentliche Priesterthum, indem die jüdische Theokratie auf ganz äußerliche Weise als Typus der Kirche angesehen wurde. Eine unhistorische, auf irrigen Begriffen von Offenbarung und Eingebung beruhende Interpretation, welche jede Stelle vereinzelt auffaßte und in einer jeden Weissagungen und Symbole zu finden bemüht war, zeichnete dem entstehenden Kirchenthume die Grundrisse vor. So drang das in der alten Welt tief eingewurzelte Priesterwesen in die neue ein, in welcher es sich bis in die

Gegenwart bei einem großen Theile der Völker erhalten hat. Kurz vor dem Anfange des dritten Jahrhunderts entschied sich in der abendländischen Christenheit der Sieg des priesterlichen Kirchenthums über das apostolische. Tertullianus steht an der Grenze zwischen beiden, halb dem einen und halb dem anderen zugewendet.

Als eine so folgenreiche Umwandlung vorging und es Zeit ward, der Kirche gegen alle auf sie eindringenden gefährlichen Einflüsse in der Wissenschaft das zwar langsam, aber sicher wirkende Gegenmittel zu eigen zu machen, trat Origenes auf. Wenn auch nicht ausgezeichnet durch eine schöpferische Erfindsamkeit, da er mehr Gelehrter als Philosoph, und in hohem Grade von seinem Zeitalter abhängig war, besaß er doch eine Kraft und Vielseitigkeit des Geistes, durch welche ihm gelang, die verschiedensten Gebiete des Wissens zu durchmessen, aus allen für seine Zwecke zu entlehnen, die Aufgabe, welche gelös't werden mußte, in ihrem ganzen Umfange wahrzunehmen und mit großartigem Erfolge zu beginnen, nicht minder wo er das Rechte traf, als wo er fehlte [1]). Indem er überdies mit der umfassendsten Thätigkeit das beschauliche Leben verband, giebt es kaum irgend eine merkwürdige Bestrebung seines Zeitalters, welche sich in ihm nicht abspiegelte. Und so weit ragt er vor den Lehrern der Kirche in früheren und späteren Jahrhunderten hervor, daß man stets, dankbar oder tadelnd, auf ihn als den Begründer einer neuen geistigen Entwickelung zurückblickte. Auch wird sicher in den Kämpfen der Gegenwart keine andere theologische Richtung die Herrschaft gewinnen, als diejenige, die zuerst durch ihn mit völliger Bestimmtheit ins Leben trat, und deren Ziel das Wissen des Geglaubten ist.

---

1) „Ubi bene, nemo melius; ubi male, nemo peius." Cassiodorus Instit. div. script. c. 1. p. 312. Vgl. Hieronymus de XII doctoribus (Append. altera ad Catal., ap. Fabricium p. 226) c. 3. und Sulpicius Severus Dial. I. c. 6.

Origenes.

Wenige Lehrer der Kirche haben unter ihren Zeitgenossen und in der Nachwelt mehr Freunde und Feinde, mehr Lobredner und Tadler gefunden, als Origenes, und der eifrigste unter seinen Gegnern, Hieronymus, war einst sein wärmster Verehrer: Methodius, welcher in früheren Jahren ihn mit Ungestüm widerlegte, soll ihn später bewundert haben [1]. Ein großartiges Wirken und Streben, wie das seinige, fordert zu entschiedene Antheilnahme des ganzen Gemüthes, als daß es je mit Gleichgültigkeit betrachtet werden könnte. Diejenigen, welche in neuerer Zeit gelegentlich oder in eigenen Werken ihn beurtheilt haben, weichen nicht minder von einander ab: einige haben ihn den mittelmäßigen Köpfen [2], andere den tiefsinnigsten Denkern zugezählt [3], und

---

1) Socrates HE. VI, 13. — Ich habe hier von Origenes fast ganz dasselbe zu sagen, was Manso von Constantin in seinem Leben desselben zu Anfange gesagt hat.

2) So Rosenmüller in der Historia interpretat. libror. sacr. I, 12 und unstreitig auch Mosheim, wenn er in seiner leichten und gefälligen Weise sagt: Ex contrariis rebus conflatus (Origenes), sapiens, insipiens, acutus, hebes, prudens, imprudens, superstitionis hostis, idemque patronus, Christianae religionis acerrimus vindex et simul corruptor, fortis, timidus, de divino Christianorum codice et egregie et pessime meritus. De rebus Christ. a. Const. M. p. 606. Ein Urtheil, mit welchem das so günstige an einer andern Stelle (p. 610) desselben Werks: vir sine controversia magnus et cum paucis omnium aetatum heroibus comparandus, nicht wohl vereinbar ist. Auch Baur findet es angemessen, das System des Origenes in seiner Darstellung der christlichen Religionsphilosophie zu übergehen, weil es nichts wesentlich Neues enthalte. S. seine Gnosis S. 540.

3) Vor allen de la Rue in der Dedication seiner Ausgabe der Werke des Origenes an Papst Clemens XII. Auch an Bayle hat Origenes einen begeisterten Lobredner gefunden. Man sehe das Dictionnaire, welches unter dem Worte Origenes eine schätzbare Nachweisung der älteren Literatur giebt. Doch muß eben hier auch Moreri verglichen werden, da Bayle in diesem Artikel überall auf ihn Bezug nimmt. Einige einander widersprechende Urtheile der Alten über ihn, hat Guerike (de Schola Alex. 1, 59) zweckmäßig zusammengestellt. Vollständig findet man

dieselben Lehren, welchen die einen beipflichten, finden die andern verwerflich [1]). Je nachdem sie nun den Ansichten, welche Origenes geltend machte, zugethan oder abgeneigt sind, je nachdem bestimmt sich ihr Urtheil.

Origenes ist der erste unter den Kirchenvätern, dessen Geschichte und Lehre mit einiger Vollständigkeit dargestellt werden kann. Gleichwohl sind unsere Nachrichten über ihn noch sehr lückenhaft, einseitig und bald scheinbar, bald wirklich mit einander im Widerspruche: seine Schriften, in denen er nicht selten sich zurückhaltend und unbestimmt ausdrückte, haben sich gleichfalls nur in Bruchstücken oder in Übersetzungen erhalten, in denen man

---

die Testimonien bei Halloir. Einen Abriß der Geschichte der Streitigkeiten in der griechischen Kirche um seine Anerkennung oder Verwerfung giebt Schnitzer: Origenes über die Grundlehren der Glaubenswissenschaft. Stuttgart 1835. S. XLIII; ausführlich hat dieselben Doucin beschrieben: Histoire des mouvemens arrivés dans l'église au sujet d'Origène et de sa doctrine. Paris 1700.

In vieler Hinsicht treffend erklärt sich über Origenes Vincentius Lirin. Commonit. p. 300, dessen Tadel jedoch in einigen Punkten ungerecht ist; das Zeitalter, in welchem er schrieb, gestattete keine völlig unbefangene Würdigung. Von den Neueren haben den Umfang seines Talents Baumgarten-Crusius in der Dogmengeschichte I, 211 und Thomasius in der werthvollen Schrift: Origenes. Ein Beitrag zur Dogmengeschichte des dritten Jahrhunderts. Nürnberg 1837, am unbefangensten und, ungeachtet sehr verschiedener Würdigung seines Verdienstes um die Dogmenbildung, übereinstimmend beurtheilt. Sein sittlicher Charakter, wie seine gesammte Persönlichkeit, ist noch nicht genügend dargestellt worden. Auch Huetius, welcher ihn am vollständigsten und mit so vieler Vorliebe aufgefaßt hat, war durch das Urtheil seiner Kirche gebunden. Und so auch Möhler in der Patrologie, herausgeg. von Reithmayr, Regensb. 1840. I, 568.

1) Von Ammon und Strauß stellen ihn, seiner allegorischen Auslegungen wegen, sehr hoch; sie betrachten ihn als Vorläufer der mythischen Interpretation. Thomasius macht ihm eben das Allegorisiren zum Vorwurf. Vermittelnd erklärte sich über dieses Möhler in der achten Beilage zur Einheit der Kirche.

geflissentlich das Anstößige ausschied, neuere Lehrbestimmungen einfügte, und den Zusammenhang, hin und wieder bis zur Unkenntlichkeit, entstellte. Die besonderen Schwierigkeiten, die sich hieraus für den besonnenen Forscher ergeben, welchem die geschichtliche Wahrheit so heilig, als das leichtfertige, verderbliche Spiel mit Vermuthungen und Vorurtheilen, die sich als Thatsachen gebärden, zuwider ist, reizen zu dem Versuche, das Ächte von dem Unächten, das Gewisse von dem Unsicheren sorgsam zu sondern, nach bestimmten Gesetzen Zusammenhang in die Bruchstücke der Überlieferung zu bringen und der nackten, vielbeutigen Thatsache ohne Willkühr Grund und Absicht unterzulegen.

Es würde thöricht sein, sich im Stande zu glauben, Bildwerke alter Zeit aus einigen Resten, auf welche die zerstörende Gewalt der Elemente, und verderblicher als diese, bald beschädigende, bald bessernde Hände einwirkten, ganz in vormaliger Schönheit wieder herzustellen; aber das ist möglich, durch anhaltendes Beschauen und einsichtsvolle Überlegung die ursprüngliche Gestalt sich zu vergegenwärtigen, in den rechten Verhältnissen die erhaltenen Theile zusammenzufügen, verlorene zu ergänzen, und mit Sicherheit zu entscheiden, welcher Gedanke einst diesen nun verwitterten Massen Ausdruck und Leben gab.

Jugendgeschichte.

Origenes, auch Adamantius genannt, wurde bald nach dem Zeitalter der Antonine, um das Jahr 185, das sechste der Regierung des Commodus, in Ägypten, wahrscheinlich in Alexandria, geboren [1]). Beide Eltern waren Christen [2]), und man würde aus dem Namen Origenes, ein Sohn des Or oder Horus [3]), mit Unrecht schließen, daß sie erst nach seiner Geburt zum Christenthum übergetreten seien. Bei aller Strenge, mit welcher die alte Kirche jede Erinnerung an die heidnischen Götter entfernte, und ungeachtet Patriarchen und Apostel zu Veränderungen der Namen das Beispiel gaben, hat sie doch kein Bedenken getragen, die bisher üblichen sich anzueignen [4]). Leonidas, dies ist der

---

1) S. die erste Beilage: Über Origenes Geburtsjahr und den Ort, wo er geboren wurde.
2) Eusebius HE. VI, 19: τῷ Ὠριγένει τὰ τῆς κατὰ Χριστὸν διδασκαλίας ἐκ προγόνων ἐσώζετο, ὡς καὶ τὰ τῆς πρόσθεν ἱστορίας ἐδήλου. Der Ausdruck ἐκ προγόνων berechtigt nicht anzunehmen, daß schon seine Eltern von Christen abstammten. Daß das Wort πρόγονοι häufig nur die Eltern bezeichne, hat Wesseling zu Herod. VII. p. 573 gezeigt, und überdies verweis't Eusebius am a. O. auf HE. VI, 12, wo er nur der Eltern des Origenes erwähnt.
3) S. die zweite Beilage: Über Origenes Namen und Beinamen.
4) Athenagoras Leg. pro Christ., Opp. Iust. M. ed. Morell. App. p. 3: οὐδὲν δὲ ὄνομα ἐφ' ἑαυτοῦ καὶ δι' αὐτοῦ οὐ πονηρὸν, οὐδὲ χρηστὸν νομίζεται. Ähnlich Tertullianus: quis nominum reatus? quae accu-

Name des Vaters[1]), war nicht unbegütert[2]), und gehörte unstreitig zu den angesehenern Mitgliedern der Gemeinde, wenn er schon nicht, wie Spätere melden, Bischof war[3]); denn weder zu Alexandria kann er diese Würde bekleidet haben, da um diese Zeit Andere, in bekannter Reihenfolge[4]), der dortigen Gemeinde vorstanden, noch erfahren wir, daß er diese Hauptstadt verließ und an einem andern Orte sich aufhielt. Wie dem sei, er besaß

satio vocabulorum, nisi si aut barbarum sonat aliqua vox nominis, aut infaustum, aut maledicum, aut impudicum. Apologet. c. 3. Bei den griechischen Christen blieben die Namen Dionysius, Phoebe, Hermas, Diotrephes, Athenagoras, Apollinaris u. s. w. lange gewöhnlich. Das früheste Beispiel von Namensveränderung findet sich bei Euseb. HE. VIII. (de martyrib. Palaest. c. 11) p. 429. Read. Über die christliche Namengebung bei der Taufe s. Augusti Handbuch der Archäologie II, 467. 510; auch Christ. Fr. Bellermann über die ältesten christl. Begräbnißstätten und besonders die Katakomben zu Neapel. Hamb. 1839. 4. S. 39. — Daß die alte Kirche die heidnischen Namen beibehielt, ist übrigens um so auffallender, als sie dem Klange der Worte, insbesondere bei Beschwörungen, eine mystische Kraft beilegte: Origenes c. Cels. I, 341. 343. mit den Noten von Spencer.

1) Euseb. HE. VI, 1: $\Lambda εωνίδης, ὁ λεγόμενος Ὠριγένους πατήρ$, d. i., welcher der Überlieferung nach Origenes Vater ist. Guerike (de Schola Alex. I, 28) mißversteht das Wort $λέγεσθαι$ und ähnliche Ausdrücke, wenn er glaubt, daß durch dieselben die Überlieferung als unzuverlässig bezeichnet werden solle. S. Wolf Prolegg. ad Hom. p. LXXVII; Montfaucon Onomast. ad Athanas. Opp. s. v. $δοκεῖ$ und desselben Praelimin. in Hexapla Orig. p. 13.

2) Eusebius spricht HE. VI, 2 von Gütern des Leonidas, welche bei seiner Hinrichtung an den Fiscus fielen. Über seine Lebensverhältnisse läßt sich außer dem Wenigen, was ich mittheilte, nichts weiter ermitteln, als daß er mit den Eltern des nachmaligen Bischofs Alexander von Jerusalem befreundet war. Es folgt dies aus dem Ausdrucke: $ἡ ἀπὸ προγόνων ἡμῖν φιλία$, dessen sich dieser in seinem Briefe an Origenes bei Eusebius am a. O. VI, 14 bedient.

3) Suidas s. v. $Ὠριγένης$ p. 2788 Gaisf., und zwei Mss. des Catalogus von Hieronymus (c. 54), welche vermuthlich aus Suidas entlehnen.

4) Euseb. l. c. V, 9. 22. Vgl. VI, 2.

neben einer lebendigen chriſtlichen Überzeugung und genauer Schrift=
kenntniß wiſſenſchaftliche Bildung genug, um den Unterricht des
Knaben, des älteſten von ſechs Geſchwiſtern, ſelber zu leiten[1]).
Man hat vermuthet, er ſei Lehrer der griechiſchen Sprache und
Literatur geweſen[2]); es ließe ſich hinzufügen, daß er vielleicht
aus dem Geſchlechte jenes Leonidas ſtammte, welcher etwa hundert
Jahre früher zu Alexandria lebte und als Epigrammendichter Beifall
erwarb[3]). So viel iſt ſicher, daß es in einer Stadt, wo eine
ſehr zahlreiche und durch wiſſenſchaftliche Bildung ausgezeichnete
Gemeinde beſtand, auch chriſtliche Rhetoren und Grammatiker gab:
ſie waren um jene Zeit dort ſo geſucht, daß ſelbſt der Ungeübte
mitten unter den Drangſalen einer heftigen Verfolgung leicht ſeinen
Unterhalt erwerben konnte[4]). Denn während die Chriſten ihre
Kinder einer heidniſchen Knabenſchule nicht anvertrauten[5]), um
ſie nicht manchen unwiſſentlichen Übertretungen und der Verſuchung
zum Abfall auszuſetzen, mochten die Heiden unbedenklich den Un=
terricht eines Chriſten benutzen. Längſt hatte die Scheu vor
fremden Culten in der römiſchen Welt aufgehört, und bei nicht
Wenigen, Vornehmen und Geringen, ſtand die Kirche in hoher
Achtung.

Zu Alexandria gab es, wie unter den Juden[6]), ſo auch in
der chriſtlichen Gemeinde, zwei von einander ſchroff geſonderte
Parteien. Die Mehrzahl, ſo ſcheint es, nahm an der freieren
Denkweiſe Theil, die man die alexandriniſche genannt hat: aus
der helleniſchen Philoſophie entlehnten ſie den Ausdruck, theilweiſe

---

1) Ibid. VI, 2.
2) Neander KG. I, 782 der verbreiteteren Ausgabe.
3) Anthol. Graec. ed. Iacobs II, 174; XIII, 908. Vgl. Schoell Hist.
de la littérat. grecque IV, 150: er war der Erfinder der Iſopſephen.
4) So Origenes ſelber wenige Jahre ſpäter: Euseb. HE. VI, 2 v. f.
5) S. Möhler, Patrologie I, 421.
6) S. Dähne zu Euseb. Praep. ev. VIII, 10 in der Darſtellung der jüdiſch
alex. Religionsphiloſophie I, 84.

selbst den Inhalt der theologischen Lehrbestimmungen, und bedienten sich, um in den heiligen Urkunden dieselben nachzuweisen, der bei den Griechen schon vor Plato bekannten [1]), durch die Stoiker gepflegten und nunmehr allgemein üblichen allegorischen Interpretation. Neben diesen freigesinnten Christen fanden sich andere, welche zwar die gefährliche Willkühr jener Auslegungsweise erkannten, aber dagegen auch Wissenschaft und Bildung verachteten und so einseitig an dem Buchstaben hielten, daß sie selbst die Körperlichkeit Gottes [2]) behaupteten. Noch lange zeigte sich diese Richtung in Ägypten hin und wieder, später vornehmlich bei den Mönchen [3]); sie ist jedoch dort nie recht empor gekommen, wie nachdrücklich einige angesehene Asceten für sie gesprochen haben. Beide Parteien betrachteten sich wechselseitig mit Geringschätzung, die bei der letzteren zu blindem Hasse sich steigerte. Die Aufgeklärteren mochten die beschränkten, aber wohlmeinenden Christen dulden und anerkennen: diesen erschienen jene als Verfälscher der heiligen Lehren.

Mit Unrecht ist vermuthet worden, daß Leonidas zu den Anhängern der streng buchstäblichen Schrifterklärung gehörte [4]). Spricht schon der Umstand hiegegen, daß zu Alexandria meist nur rohe, ungebildete Christen sich der dortigen Ansicht nicht fügten, so geht dies noch deutlicher aus einigen Nachrichten über die Erziehung hervor, die er dem Sohne gab.

Den ersten Unterricht verdankte Origenes allein dem Vater [5]), und es ist eine unhaltbare Vermuthung [6]), daß er als Knabe

---

1) Lobeck Agloapham. I, 155. Vgl. Dähne am a. O. I, 53.
2) Daher Origenes Polemik gegen diese Lehre: de Princ. I. c. 1.
3) Sozomen. HE. VIII, 4; Cassiani Collat. 10.
4) Neander KG. I, 783.
5) Euseb. HE. VI, 2.
6) Epiphan. Haer. LXIV, 1. Erst auf jener Reise nach Achaja, welche er nicht lange vor seiner Vertreibung aus Alexandria machte (Euseb. HE. VI, 23; Nicetas Thes. orthod. fid. IV. Haer. 31), verweilte er in Athen: Brucker Hist. crit. phil. III, 432.

die Schulen zu Athen besucht habe. Sie rührt von einem Schriftsteller her, welcher den wegen seines unermeßlichen Wissens gefeierten Mann zu verkleinern dachte, wenn er ihm recht viele Lehrmeister gab, und darüber vergaß, daß es gleichgültig war, ob der Knabe dort, oder zu Alexandria die Anfangsgründe erlernte. Denn die öffentliche philosophische Schule zu Athen, welche der Freigebigkeit der Antonine ihr Wiederaufblühn verdankte [1]), konnte er doch nicht in so zartem Alter besucht haben. Überhaupt aber ist seine Bildung und Denkweise durchaus alexandrinisch, nicht eine rein hellenische.

Zu den encyklischen oder vorbereitenden Wissenschaften, in welchen die Knaben unterwiesen wurden, rechnete man die Geometrie, Arithmetik, Grammatik und, wenn schon nicht allgemein, die Rhetorik, welche meist dem reiferen Alter vorbehalten blieb [2]). Zu Alexandria gedieh weder diese Wissenschaft, noch die Beredtsamkeit selbst [3]): die Sitte und Verfassung des Landes verhinderte die Ausübung der Kunst, und unter den zahlreichen Werken des Alterthums über die Rhetorik findet sich nur eins von bedeutenderem Werthe, welches zu Alexandria verfaßt ist [4]). Von den ältesten Kirchenlehrern, welche den Vorzug der christlichen, barbarischen Weisheitslehre vor der hellenischen in ihrem durchgängig wahren Inhalte fanden, während diese in edlerer Form nur Bruchstücke der Wahrheit besitze, wurde überdies nur die Deutlichkeit, nicht die Reinheit, Fülle und Schönheit des Ausdrucks

---

1) Ritter's Geschichte der Philosophie IV, 65.
2) Valesius zu Euseb. HE. VI, 2; Gregor. Thaumat. Panegyric. in Origenem, Opp. Orig. IV. App. p. 61. Vgl. auch Philo de Migr. Abr. c. 1. 2. 35.
3) Quintil. Inst. or. X, 1, 80; Cic. de Orat. II, 23; Brut. 9; Or. 27. Vgl. Matter Essai sur l'école d'Alexandrie. II, 40. 157.
4) Ich meine Theonis Progymnasmata. Dan. Heinsius hat sie abgesondert herausgegeben (Lugd. Bat. 1626). Vgl. Schoell am a. O. IV, 325 und Heyne de Gen. saec. Ptol., Opusc. I, 90.

geschätzt [1]). Indem sie theils der sinnlichen Geschmacksbildung der alten Welt entgegen wirken, theils verhüten wollten, daß die Wahrheit einer äußeren Empfehlung bedürftig scheine, vermieden sie die Ausschmückung des Vortrages. Eben Origenes bediente sich, in der Überzeugung, daß der verständlichste, einfachste Ausdruck der beste sei [2]), einer kunstlosen, nicht von Überladungen und Breite, wohl aber von allem Prunke freien Darstellung [3]). Es ist also nicht unwahrscheinlich, daß er in der Kunst der Rede weder früh sich übte, noch auch später, wenn er die Rhetoriker las, zu ihr die Anleitung suchte [4]); die Theorie ist ihm nicht unbekannt geblieben [5]).

Vor allem ließ sich Leonidas angelegen sein, ihn mit dem Christenthum bekannt zu machen. Wo die Kindertaufe, wie zu Alexandria, üblich war [6]), da blieb die Erziehung der Unmün-

---

[1] Clem. Alex. Strom. I, 344; VI, 818; VII, 901 Pott. In demselben Werke übergeht Clemens, wo er von dem Nutzen der encyklischen Wissenschaften handelt (VI, 780), die Rhetorik ganz. Anders Philo de Congr. quaer. p. 521 Mang: S. auch Gregorius Thaumat. l. c. p. 55. 69. — Von der Bestimmtheit des Ausdrucks handelt das sogenannte achte Buch der Stromaten des Clemens p. 914 ff.

[2] S. Origenes c. Cels. VI, 629. 630; Sel. in Ierem. p. 317; Hom. in Levit. VI, 217 seq.

[3] Vincentius Lirinensis überschätzt seine Beredtsamkeit, wenn er sagt: Eloquentiam vero quid commemorem, cuius fuit tam amoena, tam lactea, tam dulcis oratio, ut mihi ex ore ipsius non tam verba, quam mella fluxisse videantur? quae non ille persuasu difficilia disputandi viribus elimpidavit? quae factu ardua non ut facillima viderentur effecit? Viel richtiger ist Huetius Urtheil: Origeniana III, 1, 1.

[4] Wir finden zwar bei Porphyrius (ap. Euseb. HE. VI, 19) die Angabe, daß er sich in reiferem Alter mit den Schriften des Longinus viel beschäftigt habe; doch ist dieser auch als Grammatiker und Kritiker ausgezeichnet, und zog wohl vorzüglich von dieser Seite Origenes an.

[5] Origen. Sel. in Psalm. p. 666.

[6] Origenes erklärt sie für apostolische Überlieferung und nimmt häufig auf sie Bezug: Comment. in Ep. ad Rom. V, 565 seq., Hom. VI in

digen allein der Gewissenhaftigkeit der Angehörigen überlassen. Leonidas, welcher wohl zu denjenigen Christen gehörte, die an jedem Tage, in der ersten Frühstunde und zu andern bestimmten Zeiten, die heilige Schrift lasen [1]), hielt ihn an, ausgewählte biblische Abschnitte, und zwar täglich, auswendig zu lernen und herzusagen; ein auch in jüdischen Familien [2]) übliches Verfahren, welches allerdings zu einer falschen Werthachtung des Buchstabens führen konnte, jedoch bei dem damaligen Mangel an Exemplaren nur angemessen erscheint. So legte Origenes den Grund zu seiner ungewöhnlichen Kenntniß der Bibel. Zugleich erhielt seine Überzeugung von den Grundwahrheiten des Christenthums, die er so früh in sich aufnahm, eine Festigkeit, welche späterhin keine seiner Speculationen erschüttern konnte. Denn wie weit ihn auch seine Freisinnigkeit in manchen Stücken von der Einfalt des Glaubens abgeführt hat, so ist er doch, merkwürdig genug, nie mit den unterscheidenden Grundlehren der Kirche in Widerspruch getreten. Auf entgegengesetztem Wege gelangte Augustinus zu der Bedeutung, welche er als der einflußreichste Lehrer des Abendlandes in der Geschichte der christlichen Lehrentwickelung mit dem Begründer der griechischen Theologie theilt. Früher befreundete sich jener mit dem Platonismus, als mit der Schriftlehre;

Levit. p. 230, Tom. XV in Matth. p. 658, Hom. IX in Ios. p. 420. Die Stelle in der Hom. IV über eben dieses Buch p. 405 bezieht sich auf die, welche vom Heidenthume herübertraten.

1) Clemens Strom. VII, 860:... αἱ πρὸ τῆς ἑστιάσεως ἐντείξεις τῶν γραφῶν, ψαλμοὶ δὲ καὶ ὕμνοι παρὰ τὴν ἑστίασιν, πρό τε τῆς κοίτης. Vgl. Paedag. II, 228:... ἑωθινὸν, – ὁπηνίκα εὐχῆς καὶ ἀναγνώσεως – ὁ καιρός. S. auch Cotelerius zu Constitt. App. VI. c. 27, und Augusti's Handbuch der Archäologie II, 163.

2) 2 Tim. 3, 15. Pirke Abot 5, 21, wo Jehuda ben Tema verordnet, daß der Knabe mit fünf Jahren zur Schrift geführt werde. Man glaubte wohl so die Vorschriften des Gesetzes (5 Mos. 6, 7; 31, 13) pünktlich zu befolgen. Vgl. Tholuck's verm. Schriften II, 274, und die Ausleger zu 2 Tim. am a. O.

doch verkannte er nicht, welchen Antheil seine erste fromme Erziehung an seiner endlichen Rückkehr zum Glauben hatte [1]).

Schon als Knabe faßte Origenes die Schrift in eben dem Geiste auf, in welchem er nachmals sie auslegte. Jenen freieren alexandrinischen Christen schien das wörtliche Verständniß der heiligen Urkunden nur der Schlüssel zu einem viel tieferen, unter dem Buchstaben geheimnißvoll verborgenen Sinne. Im Alten Testamente hatte die Kirche von Anfang an ihn gefunden: dem Neuen wurden willführliche Deutungen untergelegt, sobald es göttliches Ansehn gewann, und zugleich aufhörte allgemein verständlich zu sein. Seitdem galt die ganze heilige Schrift als eine überall gleich göttliche, in jedem Worte Geheimnisse verhüllende Urkunde. Erblickte man allenthalben in dem Alten Testament Hindeutungen auf das Neue, so sollte dieses wieder der Schatten und das Vorbild einer höheren Ordnung der Dinge sein. Über dieser unvollkommenen Welt giebt es, so lehrte die herrschende Philosophie [2]), ein Reich des Lichtes, die Heimath des Geistes, und die Wahrheit ist dort ohne Hülle: hier kann sie nicht anders, als in Schattenbildern sich zu erkennen geben, da uns die groben irdischen Stoffe, gleichsam eine dichte Nebelwolke, umlagern. Diese ursprünglich im entferntesten Orient einheimischen [3]) Vor-

---

1) Augustin. Conff. VII, 20.
2) Plato de Republ. IX v. f.; Tim. p. 1048; Plotin. p. 255. 485 ed. Basil.
3) Schon Laotseu (La-utse), der Zeitgenosse des Confuzius, Stifter der Ta-u Secte, lehrte die Chinesen: das Urbild des Menschen ist die Erde, das der Erde der Himmel, das des Himmels die Vernunft, und die Vernunft hat es in sich selber. S. Abel Rémusat Mélanges Asiatiques 1825. 1. und Gützlaff's Journal of three voyages along the coast of China in 1831—1833. Auch nach der altägyptischen Religionslehre ist die Erde der Spiegel der himmlischen Mächte, bis auf die niedrigsten Wesen herab. Manches hieher gehörige findet sich in Creuzer's Symbolik I. Die Hieroglyphenschrift weckte und nährte den Sinn für die allegorische Interpretation.

stellungen, welche Heiden und Christen, Heterodoxe und Rechtgläubige [1]) theilten, wurden mit der Auslegung der Schrift in Verbindung gebracht. Indem hiebei überdies die einzelnen Stellen außer dem Zusammenhange in Betracht gezogen und oft in den zufälligsten Dingen, der Gestalt der Schriftzüge oder ihrem Zahlenwerthe, höhere Wahrheiten gleichsam verkörpert gedacht wurden, erschienen die heiligen Bücher als eine göttliche Hieroglyphenschrift, welchen die Christen sich mit ängstlich frommer Scheu, wie die Heiden ihren Mysterien, nahten [2]).

Diese Ansichten waren die herrschenden in der alexandrinischen Kirche. Nehmen wir hinzu, daß das kindliche Alter von Natur einen sehr regen Sinn für das Geheimnißvolle hat, so wird es uns nicht überraschen, wenn Origenes schon als Knabe sich bemühte, in jedem Ausspruche der heiligen Schrift tiefe Wahrheiten oder große Forderungen aufzufinden. Hierüber mochte er in beide, scheinbar einander entgegengesetzte Fehler gerathen, den einfachen, eigentlichen Ausdruck allegorisch, den bildlichen eigentlich auffassen [3]). Wenn eine Stelle schon dem Wortsinne nach einen

---

1) Nach der valentinianischen Lehre hat alles, was hier geschieht, eine typische Beziehung auf die obere Welt: πάντα γὰρ ταῦτα τύπους ἐκείνων εἶναι λέγουσι, Iren. adv. Haer. I, 7, 2; II, 7, 1. Vgl. Baur, christliche Gnosis 144. 461. Auch Philo spricht sich auf ähnliche Weise aus Leg. Alleg. III, 32. p. 107. Clemens sagt Strom. V, 702: κόσμον τε αὖθις, τὸν μὲν νοητὸν οἶδεν ἡ βάρβαρος φιλοσοφία (d. i. die jüdische und christliche, aus welcher die Griechen entlehnten), τὸν δὲ αἰσθητόν· τὸν μὲν ἀρχέτυπον, τὸν δὲ, εἰκόνα τοῦ καλουμένου (al. καλοῦ) παραδείγματος. Die Texteslesart ist richtig, und bezieht sich, wie Iustinus M. Cohort. ad Graec. p. 110. ed. Oxon., auf 2 Mos. 25, 9. Vgl. Clem. Alex. Strom. V, 707. Selbst die clementinischen Recognitionen (VIII. c. 12.) lehren einen invisibilis mundus, qui hunc visibilem intra semet ipsum contineat. Von den späteren Lateinern vgl. man Augustin. Retractt. I, 3; Ambrosiast. zu 1 Cor. 6, 2.

2) Clem. Strom. V, 657; Orig. Hom. IX. in Lev. 10. p. 244; c. Cels. I, 325.

3) Wie nahe beide einander stehen, zeigt sehr treffend Klausen in der Her-

Der tiefere Schriftsinn. 53

großartigen oder seltsamen Gedanken enthielt, so suchte er nicht weiter [1]; hingegen das Gewöhnliche glaubte er, wie Angaben, welche sich zu widersprechen schienen, deuten zu müssen [2].

In schwierigen Fällen befragte er den Vater, welcher ihm jedoch die gewünschte Auskunft weder geben konnte, noch

---

meneutik des Neuen Test., aus dem Dänischen übersetzt von Schmidt-Phiseldeck. Leipz. 1841. S. 87.

[1] Euseb. HE. VI, 3. Noch in den Commentt. in Matth. Tom. XV, 672 will er das Gebot Jesu Matth. 10, 21 wörtlich verstanden wissen. Ebenso das Gebot 4 Mos. 18, Hom. XI in Num. p. 304, wo er mit den Worten schließt: quid opus est in his allegoriam quaerere, cum aedificet etiam litera.

[2] Euseb. l. c. VI, 2: ὡς μηδ᾽ ἐξαρκεῖν αὐτῷ τὰς ἁπλᾶς καὶ προχείρους τῶν ἱερῶν λόγων ἐντεύξεις, ζητεῖν δὲ τί πλέον, καὶ βαθυτέρας ἤδη ἐξ ἐκείνου (sc. τοῦ χρόνου) πολυπραγμονεῖν θεωρίας· ὥστε καὶ πράγματα παρέχειν τῷ πατρί, τί ἄρα ἐθέλοι δηλοῦν τὸ τῆς θεοπνεύστου γραφῆς ἀναπυνθανόμενος βούλημα. Origenes war ein φιλοθεάμων, wie Clemens die für die übersinnlichen Dinge Geweckten nennt: Strom. VII, 900. Und ganz die Überzeugungen dieses Lehrers sind es, die er so frühe theilte. S. Clem. Qu. div. salv. p. 938: δεῖ δὲ σαφῶς εἰδότας, ὡς οὐδὲν ἀνθρωπίνως ὁ σωτήρ, ἀλλὰ πάντα θείᾳ σοφίᾳ καὶ μυστικῇ διδάσκει τοὺς ἑαυτοῦ, μὴ σαρκίνως ἀκροᾶσθαι τῶν λεγομένων, ἀλλὰ τὸν ἐν αὐτοῖς κεκρυμμένον νοῦν μετὰ τῆς ἀξίας ζητήσεως καὶ συνέσεως ἐρευνᾶν καὶ καταμανθάνειν. καὶ γὰρ τὰ ὑπ᾽ αὐτοῦ τοῦ κυρίου δοκοῦντα ἡπλῶσθαι πρὸς τοὺς μαθητὰς τῶν ᾐνιγμένως ὑπειρημένων οὐδὲν ἧττονος, ἀλλὰ πλείονος ἔτι νῦν τῆς ἐπιτάσεως εὑρίσκεται δεόμενα, διὰ τὴν ὑπερβάλλουσαν τῆς φρονήσεως ἐν αὐτοῖς ὑπερβολήν. Und von allen Aussprüchen Jesu sagt er eben daselbst p. 939: οὐκ ἐπιπολαίως δέχεσθαι (αὐτά) ταῖς ἀκοαῖς προσῆκεν, ἀλλὰ καθιέντας τὸν νοῦν ἐπ᾽ αὐτὸ τὸ πνεῦμα τοῦ σωτῆρος καὶ τὸ τῆς γνώμης ἀπόρρητον. Das ganze Buch Quis dives salvus ist ein Beispiel jener damals sogenannten tieferen Auslegung, welche Origenes liebte und suchte. Er befand sich zu jener Zeit auf eben dem Standpunkte der einfältigen Gemüther, den er de Princ. IV, 166 Ru. (p. 56 und 338 meiner Ausgabe) so treffend schildert. Vergl. auch Clemens zu Hiob 1, 21 in den Fragmm. e Catena Nicetae p. 1011 Pott., wo er die wörtliche Deutung (ἡ κατὰ τὸ πρόχειρον) verläßt, weil sie eine gewöhnliche, alltägliche Wahrheit enthalte (τοῦτο γὰρ μικρὸν καὶ κοινόν).

wollte. Je unbestimmter bisher die hermeneutischen Ansichten waren, und mit je größerer Ehrfurcht die wunderbaren Urkunden betrachtet wurden, um so rathsamer schien es, erst in reiferem Alter tiefer in ihre Geheimnisse einzudringen. Daher nahm Leonidas den Schein an [1]), als ob er die frühzeitige Forschbegier des Sohnes mißbillige, und verwies ihn für jetzt an den einfachen Wortsinn. Insgeheim freute er sich des vielversprechenden Knaben und pflegte ihm wohl, wenn er ihn schlafen fand, die entblößte Brust, eine edle Wohnstätte des heiligen Geistes, mit frommer Ehrerbietung zu küssen.

Leonidas theilte also jenen Glauben an einen mystischen Schriftsinn, und wie sollten wir ihm einen Vorwurf daraus machen, wenn wir die berühmtesten Lehrer der Kirche deshalb nicht anklagen dürfen? Der Irrthum hat als Mittel gedient, die Heilswahrheiten dem Geiste des Zeitalters näher zu bringen, und war überdies die Ahnung einer tiefen, fruchtbaren Wahrheit [2]).

Auch über Origenes fernere Ausbildung, die Männer, mit denen er in Berührung trat, und die Art, wie sie auf ihn einwirkten, läßt sich einiges sicher ermitteln. Dem schon hochbejahrten Pantänus scheint er frühe bekannt geworden zu sein und von ihm Belehrungen empfangen zu haben [3]): als seines Lehrers im

---

[1] Euseb. l. c.: τῷ μὲν δοκεῖν εἰς πρόσωπον ἐπέπληττεν αὐτῷ.

[2] S. Ohlshausen über tieferen Schriftsinn, Königsberg 1824. 8.; Beck über die pneumatische Schriftauslegung in der Tübinger ev. theol. Quartalschrift 1831. Heft 3. S. 78; Möhler's Einheit der Kirche, Beil. 8, und Klausen am a. O.

[3] Dies folgt aus dem Briefe des Alexander an Origenes (ap. Euseb. HE. VI, 14), in welchem der Verfasser sagt, daß er diesen bei Pantänus kennen lernte. Wir theilen die Stelle, die mancher Erläuterungen bedarf, mit. Πατέρας γὰρ ἴσμεν, sagt Alexander von sich und Origenes, τοὺς μακαρίους ἐκείνους, τοὺς προοδεύσαντας, πρὸς οὕς μετ' ὀλίγον ἐσόμεθα· Πάνταινον, τὸν μακάριον ὡς ἀληθῶς καὶ κύριον, καὶ τὸν ἱερὸν Κλήμεντα, κύριόν μου γενόμενον καὶ ὠφελήσαντά με, καὶ εἴ τις

engeren Sinn geschieht desselben weder von ihm [1]), noch überhaupt von den Alten Erwähnung [2]). Dagegen läßt sich erweisen, daß Origenes gleichfalls frühzeitig, vor Leonidas Tode, die Lehrvorträge besuchte, welche Titus Flavius Clemens, als Katechet der alexandrinischen Kirche hielt [3]). Bei diesem lernte er den Alexander [4]), dessen Eltern den seinigen befreundet, vermuthlich gastverwandt waren [5]), kennen und schloß so eine Verbindung,

---

ἕτερος τοιοῦτος· δι᾽ ὧν σε ἐγνώρισα τὸν κατὰ πάντα ἄριστον καὶ κύριόν μου καὶ ἀδελφόν. Die Ausdrücke πατέρες und κύριοι bezeichnen Lehrer, auch bei Philosophen und Rabbinenschülern, und μακάριοι werden von jenen verstorbene Lehrer genannt: Plotin. c. Gnost. VI. p. 2041. (Über den Ausdruck Väter vergl. Möhler, Patrologie I, 15). Deshalb fügt Alexander das ὡς ἀληθῶς hinzu. Es geht aus dieser Stelle hervor, daß auch Pantänus auf Origenes belehrend einen fördernden Einfluß ausübte. Schnitzer's Behauptung am a. O. S. v, daß Alexander hier nicht von seinen und Origenes Knabenjahren, sondern von einem viel späteren, durch Clemens und Pantänus vermittelten Zusammentreffen rede, habe ich in der dritten Beilage zu widerlegen gesucht.

1) Selbst an einer Stelle, wo sich Origenes auf Pantänus beruft, um seine Beschäftigung mit der Philosophie zu rechtfertigen, nennt er ihn nicht seinen Lehrer. Er sagt vielmehr: μιμησάμενοι τὸν πρὸ ἡμῶν πολλοὺς ὠφελήσαντα Πάνταινον, ap. Eusebium HE. VI, 19. — Man bemerke, daß ὠφελεῖν τινα gern von dem Lehrer gesagt wird, wie in der so eben angeführten Stelle aus dem Briefe Alexanders.

2) Eusebius, der freilich auch Clemens nur sehr beiläufig (HE. VI, 6), als Origenes Lehrer bezeichnet, erwähnt des Pantänus als solchen nicht: ihm folgen alle diejenigen unter den Alten, welche von Origenes gesprochen haben. Von den Neuern führt nur Halloix auch den Pantänus unter seinen Lehrern auf.

3) S. die dritte Beilage.

4) Alexander ap. Euseb. HE. VI, 14.

5) Wenn Alexander am a. O. seine freundschaftliche Verbindung mit Origenes eine von den Vätern herabgeerbte nennt, und doch sagt, daß er diesen erst durch Pantänus und Clemens näher kennen lernte, so waren wohl seine Eltern nicht in Alexandria ansässig, sondern erhielten nur aus der Ferne ein freundschaftliches Verhältniß mit Leonidas.

die nachmals, als Alexander Bischof von Jerusalem geworden, auf sein Schicksal entscheidend einwirkte.

Mit Unrecht hat man neuerlich [1]) seinen so frühzeitigen Besuch jener Vorträge geläugnet, während andrerseits nicht minder irrig geschlossen wurde, daß die alexandrinischen Katecheten außer dem Unterrichte, welchen sie den gebildeteren, erwachsenen Heiden ertheilten, zugleich in besonderen Lehrstunden die Kinder christlicher Eltern unterwiesen hätten [2]). Vielmehr war Origenes, den frühe Fähigkeiten, Geist und Kenntnisse auszeichneten [3]), schon jetzt im Stande, Lehrgesprächen und Vorträgen zu folgen, welche zwar im allgemeinen eine höhere Bildung voraussetzten, deren Inhalt inzwischen doch auch je nach dem Fassungsvermögen der Anwesenden wechselte [4]). Nicht die erste Kenntniß der christlichen Lehren sollte er bei Clemens erwerben: er verdankte sie den Bemühungen des Vaters; eben so wenig durfte er einen planmäßigen theologischen Unterricht erwarten, da die sogenannte katechetische Schule noch nicht die besondere Bestimmung hatte, künftige Vorsteher der Gemeinden zu bilden. Aber es mußte ihm wichtig sein, einen Lehrer zu hören, welcher unterrichtete Jünglinge und Männer, Philosophen und Gelehrte, von der Göttlichkeit des Christenthums überzeugte, die Nichtigkeit des Götzendienstes, die

---

1) S. die dritte Beilage.
2) Neander KG. I, 784.
3) Dasjenige, was wir später über die katechetische Schule bemerken werden, liefert den Beweis für die Richtigkeit dieser Auffassung. Selbst in ihren Predigten richteten sich die alten Kirchenlehrer nach dem Eindrucke, welchen sie von der Versammlung empfingen: Origen. c. Cels. III, 482. καὶ τὰ ἐν ἡμῖν μάλιστα καλὰ καὶ θεῖα τότε τολμῶμεν ἐν τοῖς πρὸς τὸ κοινὸν διαλόγοις φέρειν εἰς μέσον, ὅτ' εὐποροῦμεν συνετῶν ἀκροατῶν· ἀποκρύπτομεν δὲ καὶ παρασιωπῶμεν τὰ βαθύτερα, ἐπὰν ἁπλουστέρους θεωρῶμεν τοὺς συνερχομένους καὶ δεομένους λόγων τροπικῶς ὀνομαζομένων γάλα. Vergl. 1 Cor. 3, 2.
4) Hieronymus nennt ihn Ep. 41 (65) ad Pammach. et Ocean. p. 346 Mart.: vir magnus ab infantia. Vgl. Euseb. l. c. VI, 2 zu Anfange.

Mängel der verschiedenen philosophischen Systeme, wie ihre theilweise Verwandtschaft mit den christlichen Dogmen ins Licht setzte, und ein ausgebreitetes, vielseitiges Wissen im Dienste des Evangeliums verwendete.

Die katechetische Schule.

Wie kärglich die Nachrichten sind, die wir über den Ursprung und die früheste Einrichtung dieser Anstalt haben, welche eben durch Origenes eine Bedeutung für die ganze Kirche gewann, die sie durch fast drei Jahrhunderte behauptet hat, so gewähren sie doch in Verbindung mit den allgemeinen Angaben der Alten über ihre Schulen eine hinlängliche Klarheit, um die Zwecke, die sie hatte als Origenes sie besuchte, und die Art des Unterrichts zu erkennen.

Die meisten neueren Forscher haben darin gefehlt, daß sie die verschiedenen Namen, mit welchen die Schule von den Alten bezeichnet wird [1]), nicht der Zeitfolge nach geordnet, nicht ihre spätere und frühere Beschaffenheit unterschieden, und sie einseitig mit jetzigen oder gleichzeitigen Bildungsanstalten ver=

---

1) Euseb. HE. V, 10: ἡ τῶν πιστῶν διατριβή, τὸ διδασκαλεῖον τῶν ἱερῶν λόγων, τὸ κατ' Ἀλεξάνδρειαν διδασκαλεῖον. Ibid. VI, 3: τὸ τῆς κατηχήσεως διδασκαλεῖον, ἡ τοῦ κατηχεῖν διατριβή. Ibid. VI, 6: ἡ κατ' Ἀλεξάνδρειαν κατήχησις. Sozomen. HE. III, 15: τὸ ἱερὸν διδασκαλεῖον τῶν ἱερῶν μαθημάτων. Photius cod. 118: τὸ ἐκκλησιαστικὸν διδασκαλεῖον. Hieronym. Catal. c. 38, Rufinus HE. II, 7: ecclesiastica schola; Id. Ibid. VI, 3: catechizandi magisterium. Bei Philippus Sidetes und Nicephorus finden sich die allgemeinen Bezeichnungen: διδασκαλεῖον, τὸ ἐν Ἀλεξανδρείᾳ, — χριστιανική, θεῖα, ἱερὰ τῶν κατηχήσεων, τῶν ἱερῶν μαθημάτων διατριβή.

glichen haben [1]). Bald hat man die Schule ausschließlich als ein theologisches Seminar für künftige Katecheten oder Gemeindelehrer betrachtet [2]), bald als eine Anstalt für Katechumenen, in welcher theils gebildete Heiden, theils in besonderen Lehrstunden die christlichen Knaben in der Religion unterrichtet worden seien [3]), bald

---

[1] Bei Guerike findet man (de Schola, quae Alex. floruit, catechet. I, 7) eine fast vollständige Literatur. Übergangen sind jedoch unter den älteren archäologischen Werken Pellicia de Eccl. Politia, die Ritter vor Kurzem neu herausgegeben, und Weikmann de Schola Origenis sacra, Vitemb. 1744. 4.; Flessa de Seminariis theoll. priscae eccl. Christ. Alton. 1745. 4., p. 23; Feuerlin de Ratione docendi theologiam in Schola Alex., Gotting. 1756. Rößler's Bibliothek der Kirchenv. IV, 122; Matter Essai historique sur l'école d'Alexandrie I, 273. Auch müssen die neusten archäologischen Werke nachgetragen werden. Endlich vergl. man Baumgarten-Crusius Dogmengeschichte I, 126 und Schnitzer am a. O. S. v. Mängel früherer Darstellungen rügen sehr treffend die Programme von C. F. W. Hasselbach de Schola, quae Alex. floruit, catechet. Part. I. Stettin. 1826, und de Discipulorum, qui primis Christianorum scholis erudiebantur, seu de Catechumenorum ordinibus, quot fuerint in vetere Eccl. Graec. et Lat., ebenda 1839. Dieselbe Frage wird von D. Hasselbach in dem Programm de Ecclesia Tyria a Paulino episc. exstructa, Stettin 1832, erörtert. Das erste dieser Programme ist zumeist gegen Guerike gerichtet.

[2] So Augusti im Handbuch der Archäologie I, 275. Ähnlich Möhler, Patrologie I, 423, der sie vorzugsweise als Bildungsanstalt für christl. Jünglinge betrachtet wissen will. Vgl. Rheinwald's Archäologie S. 80.

[3] Nach Conring Addenda ad Antiqq. acadd. p. 192, Mosheim Institutiones Hist. Christ. maiores, Saec. I, p. 245, und Neander KG. I, 784. Man bemerke, daß die Schule nie παιδευτήριον genannt wird, und daß nur eine einzige Stelle scheinbar für diese Meinung angeführt werden kann: die Angabe des Eusebius (HE. VI, 6), daß Origenes schon als Knabe Schüler des Clemens war. S. über diese die dritte Beilage. Es läßt sich aus jener Angabe nur dies schließen, daß auch reifere christliche Knaben und Jünglinge die katechetische Schule besuchten. Vielleicht deutet dies Clemens an Strom. VI, 784, wo er sagt εἰς ὠφέλειαν τῶν κατηχουμένων, καὶ μάλιστα Ἑλλήνων ὄντων. Vgl. Ibid. p. 786: ... καὶ μάλιστα ἐὰν ἀπὸ τῆς ἑλληνικῆς ἀνάγωνται παιδείας οἱ ἐπαίοντες. Aber es folgt nicht, daß diesen christlichen Knaben ein besonderer Unter-

Katechesen der alten Kirche. 59

auch behauptet, daß sie gar nicht zu den kirchlichen Instituten gehörte, sondern durchaus den philosophischen Diatriben entsprochen habe [1]).

Dem Gebote Jesu [2]) zufolge galt es in der alten Kirche von Anfange an als eine der wichtigsten Pflichten, die Aufzunehmenden in den Lehren des Evangeliums zu unterweisen und eine freie selbstständige Überzeugung bei ihnen hervorzurufen. Zwar wurde erst allmälig die Taufe der Bekehrten verzögert, sodann, im Verlaufe des zweiten Jahrhunderts, die strengere Absonderung der Katechumenen beim Gottesdienste durchgeführt, und nicht vor dem Ende des dritten sind sie in verschiedene Klassen getheilt und nur nach meist mehrjährigen Vorübungen vollständig aufgenommen worden [3]); jedoch waren auch vorher die Neubekehrten nicht ohne Pflege und Aufsicht. In den ersten Zeiten wurde die eigentliche Katechese durch das Zusammenleben und die Unterredungen der älteren Christen mit den jüngern ersetzt, und schon die Apostel

---

richt ertheilt wurde. Die Stelle in Origen. Hom. IX in Ios. p. 420 dürfte andeuten, daß sie in der Regel überhaupt nicht einen Schulunterricht im Christenthume empfingen. Sie lautet: noster ergo Iesus Dominus non indiget multo tempore, ut Deuteronomium scribat, ut secundam legem in cordibus credentium figat atque in eorum mentibus, qui ad altaris constructionem digni sunt eligi, legem spiritus signet. Statim namque ut quis crediderit Iesu Christo: et lex Evangelii in eius corde descripta est, et in conspectu filiorum Israel descripta. Man denke sich die katechetische Lehranstalt ähnlich der jerusalemischen Tempelschule, welche nicht sowohl für angehende Schüler, als für die Lehrgespräche der Rabbinen und Gesetzausleger bestimmt war, während doch auch wohl jüngere Weisheitsschüler, wie man sie zu nennen pflegte, Theil nahmen. So der zwölfjährige Jesus. S. Heß Leben Jesu, achte Aufl. 1, 170, und Grotius zu Luc. 2, 42. Über das Unterrichtswesen in den Knabenschulen der Alten ist vor allen Quintil. I, 10 zu vergleichen. Origenes spricht über diese Hom. XXVII in Num. p. 383.

1) Schnitzer am a. O. S. v.; f. Baumgarten-Crusius, Comp. d. DG. I, 69.
2) Matth. 28, 19.
3) Bingham Antiqq. IV. lib. 10.

waren Katecheten [1]), in demselben Sinne, in welchem Christus als Muster für den Lehrumgang betrachtet wird [2]). Bei dem Anwachsen der Gemeinden, dem Hervortreten der Häresien und der bestimmteren Gestaltung des kirchlichen Lehrbegriffes wurde sehr bald ein geregelter Unterricht Bedürfniß, für welchen den Vorstehern zu sorgen oblag. Wenn es aber in der alten Kirche nicht einmal ein besonderes Predigtamt gab, und hin und wieder noch im dritten Jahrhundert in Gegenwart der Bischöfe Nichtordinirte die Vorträge hielten [3]), so dürfen wir noch weniger Katecheten in unserem Sinne im Alterthum erwarten. Entweder übernahmen die Vorsteher selber den Unterricht, oder sie beauftragten, je nachdem es sich thun ließ, bald einen Priester, bald einen Diakonen, Lector oder Exorcisten, bald einen, bald mehrere Laien; und selbst die Diakonissen und Presbyterinnen hatten an der Leitung der Katechumenen einigen Antheil, wenn ihnen gleich nicht gestattet war, zu lehren [4]). Der Name Katechet bezeichnet also nicht einen besondern Stand, und nur insofern war der Unterricht öffentlich [5]), als er nicht allein unter der Aufsicht, sondern auch im Namen des Bischofs stattfand.

Von einem Confirmationsunterrichte für diejenigen, welche als Kinder, wie dies in der alexandrinischen Kirche üblich war, die Taufe erhalten hatten, zeigt sich in dem christlichen Alterthume

---

[1] Apostelgesch. 20, 7.

[2] Heß Lehren, Thaten und Schicksale unsres Herrn S. 86.

[3] Ep. Alex. et Theoctist. ap. Euseb. HE. VI, 19. Obgleich hier nicht mehr als drei Beispiele dafür angeführt werden, so schließt doch Potter in dem Tractatus de regimine eccl. p. 244 mit Unrecht, daß im dritten Jahrhundert die Sitte im allgemeinen schon abgekommen war. S. die Constitt. App. VIII, 32 und das Concil. Carthag. gen. IV. c. 98.

[4] Augusti am a. O. S. 274; Dodwell de Presbyteris doctoribus, doctore audientium, et legationibus ecclesiast., dissertt. Cyprianicae VI. c. 11.

[5] In einer andern Beziehung konnte noch Origenes von dem Katechumenenunterricht den Ausdruck brauchen: ... κατ' ἰδίαν αὐτοῖς προεπηχήσαντες — πρὶν εἰς τὸ κοινὸν (αὐτοὺς) εἰσελθεῖν. c. Cels. III, 481.

keine irgend sichere Spur. Im Abendlande wurde nicht vor dem dreizehnten Jahrhundert die Trennung der Firmung von der Taufe allgemeiner Gebrauch; im Oriente folgen beide Handlungen, welche von Priestern oder Diakonen verrichtet werden, noch jetzt unmittelbar auf einander. Den Eltern, Verwandten und Taufzeugen blieb es überlassen, die heranwachsenden Christen in dem Glauben der Kirche zu unterweisen, und aus Origenes frühster Geschichte lernen wir die Sorgfalt kennen, mit welcher gewissenhafte Väter diese Pflicht erfüllten [1]).

Gewannen auf diese Art die jungen Christen mit der evangelischen Lehre die erste Bekanntschaft, und ließen sich in der Folge die meisten an den gewöhnlichen kirchlichen Vorträgen genügen, so schlossen sich solche, die sich dem Dienste der Kirche widmeten und einen besonderen Unterricht wünschten, anfangs einem Apostel oder Apostelschüler an, später, wie Irenäus [2]) und Andere [3]), in vertrauterem Umgange einem Bischofe, oder einem von jenen Philosophen, welche nach ihrer Bekehrung das Pallium nicht ablegten, weil sie auch die neue Lehre als ein Philosophem betrachteten. So finden wir im zweiten Jahrhundert jüngere und ältere Christen in Kleinasien und zu Rom um Justinus den Märtyrer, um Aristides zu Athen, zu Alexandria um Pantänus versammelt.

Stiftungen, wie das alexandrinische Museum und die Biblio-

---

1) Auch die Juden sorgten nach Josephus sehr angelegentlich für den Unterricht ihrer Kinder in dem Gesetz. Sie hatten, nach Buxtorf Syn. Iud. c. 7, in jeder Stadt einen Lehrer, welcher die Kinder bis in das zehnte Jahr im Gesetz, von da an bis ins funfzehnte in den rabbinischen Satzungen unterwies.

2) Er hatte keine andere Vorbildung zum bischöflichen Amte, als den Umgang mit Polycarpus, genossen: Iren. adv. Haer. II. c. 22. Vgl. Euseb. HE. V, 20; Photius cod. 120.

3) So bildeten sich später noch, selbst zu Alexandria, künftige Geistliche durch Umgang, ganz wie früher Irenäus: Euseb. HE. VI, 40.

thek, welche einen Zusammenfluß von Gelehrten, Philosophen und Gnostikern aller Richtungen veranlaßten, und einer jeden die Mittel zu tieferer, wissenschaftlicher Begründung gewährten, mußten auch auf die Unterrichtsanstalten der Kirche einen heilsamen Einfluß üben. Unverkennbar hatten sie großen Antheil an dem Aufblühen der christlichen Gelehrsamkeit zu Alexandria, und nicht zufällig entstand gerade hier eine katechetische Schule; aber es ist unstatthaft das Museum als das Muster zu betrachten, nach welchem diese planmäßig errichtet worden sei, oder gar zu behaupten, daß die heidnische Lehranstalt in die christliche sich verwandelt habe [1]).

Nirgend traten so häufig, als zu Alexandria, Gelehrte und Philosophen zur Kirche über, nicht sowohl weil sie dort ungemein zahlreich waren, als der eigenthümlichen geistigen Richtung wegen, in welcher an diesem Mittelpunkte zwischen Occident und Orient diese beide einander und dem Christenthume sich annäherten. Anfangs mögen solche Proselyten an diejenigen Mitglieder der Gemeinde, die eine höhere Bildung oder besonderes Zutraun besaßen, ganz nach eigener Wahl sich angeschlossen haben; in der Folge, als die Irrlehren um sich griffen, mußte es den Bischöfen zweckmäßig erscheinen, den Katechumenenunterricht nur durch bewährte, kenntnißreiche Männer im Namen der Kirche ertheilen zu lassen, und gewiß haben sie gern eben jene für das Christenthum gewonnenen Philosophen beauftragt. Es fehlte der Gemeinde so wenig an geeigneten Lehrern, als den Lehrern an zahlreichen Zuhörern, und ihre Vorträge zogen, ob sie gleich zunächst nur für gebildete Heiden bestimmt waren, bald auch christliche Jünglinge und Männer herbei, die eine gelehrte Kenntniß des Christenthums wünschten. So entstand die christliche Schule, welche gewöhnlich die kateche-

---

1) In dem einen Irrthum befindet sich Cave Hist. lit. scriptt. eccl. s. v. Athenag., und Guerike I, 11. 20: in dem andern sind die Magdeburger Centuriatoren I, 1, 7. p. 397.

Anfänge der katechet. Schule.

tische genannt wird. Ihre ersten Anfänge mögen bis in die frühsten Zeiten der alexandrinischen Gemeinde hinabreichen [1]), und ganz unstatthaft ist es nicht, bis auf Johannes Markus, den Evangelisten, sie zurückzuführen, wenn er gleich nicht der Stifter der Schule als solcher gewesen sein kann [2]). Gewiß ist, daß etwa seit der Mitte des zweiten Jahrhunderts [3]) zu Alexandria, wo fast sämmtliche Philosopheme und Häresien ihre Pflanzstätte hatten, auch die Christen eine geordnete Lehranstalt besaßen, während wir im Abendlande noch zu Anfange des dritten nur hin und wieder vereinzelte Spuren von Männern antreffen, welche über kirchliche Dinge eine gelehrte Auskunft ertheilten [4]).

Erst gegen Ende des zweiten Jahrhunderts wird uns die Schule durch Pantänus genauer bekannt. Philippus von Sida in Pamphylien [5]) nennt Athenagoras, einen Philosophen, welcher um die Mitte desselben Jahrhunderts zum Christenthum übertrat, als Vorgänger des Pantänus in dem katechetischen Lehramte. Bei der auffallenden Unglaubwürdigkeit dieses Schriftstellers, welche schon Sokrates, sein Zeitgenosse, rügt [6]), hätte man auf die

---

1) Euseb. HE. V, 10: ἐξ ἀρχαίου ἔθους διδασκαλείου τῶν ἱερῶν λόγων παρ' αὐτῆς συνεστῶτος.
2) Hieronymus erweiterte jene Angabe des Eusebius in folgender Weise: „iuxta quandam veterem in Alexandria consuetudinem", ubi a Marco evangelista semper ecclesiastici fuere doctores. Catal. c. 36. Auf dieser Deutung beruht der Irrthum älterer Archäologen, daß Markus die Schule gestiftet habe.
3) Euseb. l. c.: ἡγεῖτο δὲ τηνικαῦτα (um 180) τῆς τῶν πιστῶν αὐτόθι διατριβῆς — Πάνταινος. Nur soviel läßt sich aus diesen Worten mit Sicherheit entnehmen, daß dem Eusebius die Schule sehr alt schien, und daß sie um 180 schon bestand.
4) So erwähnt Tertullian Praesc. adv. haer. c. 14 einen doctor gratia scientiae donatus, der über schwierige Lehrgegenstände Aufschluß ertheilte. Vgl. ibid. c. 3, und Neander's Antignostikus S. 326.
5) In dem Fragmente der Ἱστορία χριστιανική, bei Dodwell in den Dissertt. in Iren., Oxon. 1689. p. 488. 497.
6) Socrat. HE. VI, 27.

äußerst verdächtige Angabe kein Gewicht legen sollen [1]). Es ist zweifelhaft, ob Athenagoras jemals zu Alexandria war: seine Schriften haben, ungeachtet sich manche Spuren einer platonisirenden Denkweise in ihnen bemerken lassen [2]), das alexandrinische Gepräge so wenig, daß sie vielmehr überall den in Griechenland gebildeten Philosophen kund geben [3]). In jedem Falle war es Pantänus, welcher der alexandrinischen Schule zuerst eine bestimmtere Richtung gab. Er gehörte, nach den ältesten Zeugnissen [4]), anfangs der Stoa an: der erwähnte Philippus von

---

[1]) Möhler in der Patrologie I, 432 billigt sie; Guerike am a. O. I, 4. 15. 21; KG. I, 151 wagt nicht sie ganz zu verwerfen. Schnitzer S. VII vermuthet, daß Athenagoras neben seinem Amte als Vorsteher der alexandrinischen Akademie (?) den katechetischen Unterricht gegeben habe, und deswegen von Eusebius in der Aufzählung der Katecheten übergangen sei. Auch Matter S. 300 rechnet ihn unter diese. Aber nehmen wir auch an, daß Athenagoras, wie Philippus Sidetes angiebt, wirklich in Alexandrien sich aufgehalten, und wirklich dort Vorsteher einer akademischen Diatribe war (ἀκαδημαικῆς σχολῆς προϊστάμενος): immer können doch diese Worte nur sagen, daß er dort die platonische Philosophie lehrte, entweder ehe er Christ wurde, oder als Christ in derselben Weise, wie Pantänus, Origenes, Heraklas und viele andere. Welchen Grund hätte also Eusebius gehabt, eben ihn zu übergehn?

[2]) Mosheim de turbata per recent. Platonicos eccl., in den Dissertt. ad hist. eccl. pertt. I, 94. Keil Opuscc. acadd. ed. Goldhorn I, 448.

[3]) S. Tzschirner's Fall des Heidenthums I, 212, auch seine Geschichte der Apologetik I, 247, und Clarisse de Athenagorae vita, scriptis et doctrina, Lugd. Bat. 1819. 4.; ferner Semler vor Baumgarten's Polemik II, 70, und Brucker Hist. phil. III, 401.

[4]) Euseb. HE. V, 10; Hieronym. Catal. c. 36. Über die angebliche Vermischung der stoischen und pythagoreischen Lehre vergl. Brucker Hist. phil. III, 418. Auch die Stelle bei Clem. Strom. I, 338, wo in der Reihe der Systeme, welche der christliche Gnostiker eklektisch zu benutzen habe, vor allen das stoische aufgeführt wird, bringt Baur in der Gnosis S. 537 und in den Berliner Jahrbb. 1837. Bd. II, 652 mit jenen Angaben in Verbindung. Mindestens ersieht man, welchen Werth noch Clemens, des Pantänus Schüler, auf die stoische Lehre legte.

Siba erklärt ihn für einen Pythagoreer [1]), und manche Neuere [2]) rechnen ihn zu jenen Platonikern, welche in der Vereinigung der verschiedenen Philosopheme die Wahrheit suchten. Wie wenig wir bezweifeln dürfen, daß er eine umfassende historische Kenntniß der philosophischen Systeme besaß [3]), nach seiner Bekehrung Eklektiker war, und zwar vorzugsweise dem platonischen Idealismus zugethan [4]), so würden wir doch mit Unrecht läugnen, daß er sich einst zu der Lehre des Zeno bekannte. Sie war im Occident, aus welchem Pantänus stammte [5]), im zweiten Jahrhundert noch die beliebteste, und wenn sich zu Alexandria freilich nie Viele ausschließlich zu ihr bekannten, da nächst der platonischen Lehre hier die epikureische, cynische und cyrenaische den meisten Beifall hatten, weil sie den Sitten der Stadt und des Hofes entsprachen, so fehlte es doch selbst hier weder an einzelnen ausgezeichneten Stoikern [6]), noch auch läßt sich verkennen, daß sehr wesentliche Bestandtheile der alexandrinisch jüdischen [7]) und christlichen Gnosis aus dieser Lehre entlehnt sind.

---

1) Bei Dodwell am a. O.
2) Dodwell am a. O.; Olearius dissert. de Philos. eclect. c. IV. p. 1217; Mosheim in der angef. Abhandlung p. 95; Hase KG. 97; Schnitzer S. VII; Baumgarten-Crusius Dogmengeschichte I, 125.
3) Orig. ap. Euseb. HE. VI, 19: ... οὐκ ὀλίγην ἐν᾽ ἐκείνοις (τοῖς τῶν φιλοσόφων περὶ ἀληθείας λέγειν ἐπαγγελλομένοις) ἐσχηκότα παρασκευὴν (τὸν Πάνταινον).
4) Davon zeugt seine Behauptung: ὡς ἴδια θελήματα ὁ θεὸς γινώσκει τὰ πάντα, Routh Rell. sacr. I, 340. S. Guerike II, 106.
5) Valesius zu Clem. ap. Euseb. HE. V, 11.
6) Wie Strato von Lampsakus und Sphärus, beide Lehrer von Ptolemäern: Diogen. Laert. VII, 185. S. Heyne de Genio saec. Ptolem. p. 113.
7) Ritter, Geschichte der alten Philosophie IV, 420. „Es könnte wohl, sagt Ritter, nachgewiesen werden, daß der Kreis der wissenschaftlichen Begriffe des Philo noch mehr, als aus dem Platon, aus der stoischen Schule entnommen ist. Aus den unzähligen Beweisen, welche fast auf jeder Seite seiner Schriften dem Kenner entgegentreten, führe ich nur

Nach seiner Rückkehr von der Missionsreise zu den Indern, unter welchen, nach dem Sprachgebrauche der Orientalen [1]) und der Väter [2]), die Homeriten in Arabien zu verstehn sind [3]), trat Pantänus, ein Schüler von Apostelschülern [4]), um 180 als katechetischer Lehrer auf [5]). Obgleich hiezu keine geistliche Weihe er-

---

Einiges an." Außer den am a. O. mitgetheilten Stellen vergl. man auch die, welche Ritter S. 460. 470. 488 anführt.

1) Ioannes Asiae Episc. ap. Asseman. Biblioth. Orient. I, 359.
2) Philostorg. HE. II, 6.
3) Nichtsdestoweniger wollte Eusebius, getäuscht durch die Zweideutigkeit des Namens Indien, unstreitig den äußersten Orient bezeichnen, wenn er sagt: ὡς καὶ κήρυκα (τὸν Πάνταινον) τοῦ κατὰ Χριστὸν εὐαγγελίου τοῖς ἐπ' ἀνατολῆς ἔθνεσιν ἀναδειχθῆναι, μέχρι καὶ τῆς Ἰνδῶν στειλάμενος γῆς. HE. V, 10.
4) Phot. cod. 118: Πάνταινον δὲ (φασί) τῶν τε τοὺς ἀποστόλους ἑωρακότων ἀκροάσασθαι· οὐ μὴν ἀλλὰ καί τινων αὐτῶν ἐκείνων διακοῦσαι. Letzteres ist, da Pantänus noch unter Caracalla lebte, sicher ein Irrthum.
5) Gewöhnlich nimmt man an, daß Pantänus erst später, nachdem er schon als Katechet aufgetreten war, zu den Homeriten gereis't sei. Schon Hieronymus ist dieser Meinung (Catal. c. 36; Ep. ad Magn., Opp. IV, 2. p. 656); aber Eusebius sagt ausdrücklich, daß er nach vielen ruhmwürdigen Thaten zuletzt als Katechet gewirkt habe: ἐπὶ πολλοῖς κατορθώμασι (i. e. post multa — nicht, wie Christophorson will, propter multa — praeclare gesta, die Missionsreise mit einbegriffen) τοῦ κατ' Ἀλεξάνδρειαν τελευτῶν ἡγεῖται διδασκαλείου. HE. V, 10. Da jedoch Eusebius schon im Anfange des Kapitels seiner erwähnt, als Katecheten ihn bezeichnet hatte, und sein Zurücktreten vor und während der Verfolgung des Severus durch jene Reise sich zu erklären schien, so glaubte Hieronymus hinzufügen zu dürfen, Pantänus sei von dem Bischofe Demetrius, also nicht vor 190 (Euseb. l. c. V, 22), auf Verlangen der Inder in den Orient gesandt worden; oder er verwechselte gar Pantänus und Origenes. S. Guerike I, 26. 29. 33. Auch Credner setzt die Missionsreise um die Mitte des zweiten Jahrhunderts, Einleitung in das N. T. I, 1, 69. Gewisse neuere Kritiker werden wohl kaum der Versuchung entgehen, die Reise als fabelhafte Sage zu betrachten, die zu Ehren der alexandrinischen Gnosis erfunden

Die Katecheten.

förderlich war, so bedurfte es doch, da auch Sectenvorsteher, wie Paulus von Antiochien, Lehrvorträge hielten, der Einwilligung des Bischofs [1]) für denjenigen, welcher der rechtgläubigen Kirche angehörte.

Oft lehrten gleichzeitig mehrere Katecheten [2]), indem sie entweder selbstständig neben einander wirkten, oder nach freier Übereinkunft die Arbeit theilten [3]), und wer des Unterrichtens müde war, trat wieder zurück [4]), wenn er nicht vorzog, mit einem

---

worden sei. Läßt doch Philostratus den Apollonius von Tyana ebenfalls nach Indien reisen, und hier, aus der entlegensten, ältesten Quelle, seine Weisheit schöpfen. Eusebius erwähnt des Pantänus als Katecheten bei Gelegenheit des Regierungswechsels um 180, HE. V, 10; aber er sagt nicht, wie Guerike I, 26 angiebt, daß Pantänus damals die katechetische Wirksamkeit erst antrat. Die Worte ἡγεῖτο τηνικαῦτα schließen vielmehr diese Annahme aus. Indessen da Pantänus mindestens bis 211 lebte (Hieron. Catal. c. 38), und sein katechetisches Wirken eben die letzte Zeit seines Lebens ausfüllte, so kann doch auch dasselbe unmöglich bedeutend früher, als im J. 180 begonnen haben.

1) ... τῆς τοῦ κατηχεῖν διατριβῆς ὑπὸ Δημητρίου, τοῦ τῆς ἐκκλησίας προεστῶτος, ἐπιτετραμμένης (τῷ Ὠριγένει), Euseb. HE. VI, 3. Ibid. VI, 8: καὶ νῦν μᾶλλον ἔχεσθαι αὐτὸν τοῦ τῆς κατηχήσεως ἔργου παρορμᾷ, sc. ὁ Δημήτριος. Vergl. auch Ibid. VI, 14. 19, und Guerike I, 108.

2) So Pantänus und Clemens. Dies wird aus dem oben mitgetheilten Fragment des Alexander von Jerusalem (Euseb. HE. VI, 11) mit Recht geschlossen. Ein tabellarisches Verzeichniß der neben einander lehrenden Katecheten s. bei Guerike I, 112, welcher jedoch irrt, wenn er einen derselben als Vorsteher, der die obere Leitung gehabt habe, den andern als Gehülfen betrachtet. Die Leitung, sofern von einer solchen die Rede sein kann, war lediglich Sache des Bischofs. Auch läßt Guerike unbeachtet, daß oft mehr als zwei Katecheten gleichzeitig lehrten: Euseb. HE. VI, 3. Hier heißt es, niemand habe beim Ausbruche der Verfolgung katechetische Vorträge gehalten, weil „alle" entflohen waren. Und weiter unten erwähnt es Eusebius als etwas Besonderes, daß dem Origenes allein der Unterricht übertragen wurde.

3) Wie Origenes den Heraklas zu Hülfe nahm, ohne sich mit dem Bischofe darüber zu berathen: Euseb. HE. VI, 15.

4) So Pantänus, noch vor Ausbruch der Verfolgung: Ibid. VI, 6.

Gehülfen sich zu verständigen. Besoldungen wurden nicht ertheilt, doch mögen nöthigenfalls Unterstützungen aus den Mitteln der Gemeinde gereicht worden sein, wogegen manche Lehrer selbst die Geschenke der Zuhörer nicht annahmen [1]). Da kein besonderes, der Gemeinde zugehöriges Gebäude für diese Vorträge bestimmt war, so wurde der Unterricht in den Wohnungen der Katecheten ertheilt [2]), und die Lehrart, mannichfach, wie in den Diatriben der Philosophen, richtete sich nach den Bedürfnissen der Einzelnen [3]):

---

1) Dies zog Origenes vor: Euseb. HE. VI, 3.
2) Rufinus übersetzte die Stelle bei Eusebius HE. VI, 3: Demetrius — catechizandi ei, id est, docendi magisterium *in ecclesia* tribuit, d. i., ein öffentliches kirchliches Lehramt, nicht, wie Valesius meinte, das Recht, in dem Kirchengebäude zu lehren. Noch im vierten Jahrhundert hielt man die Katechesen in der Regel nicht in dem innern Raume der Kirche, sondern in den Baptisterien, oder ganz außerhalb der Kirche. Origenes unterrichtete in dem Hause, in welchem er wohnte, und wohin er immer, zu häufigem Wechsel durch die Verfolgung genöthigt, seine Wohnung verlegte, dahin folgten ihm die Katechumenen. Man vgl. die Stellen bei Eusebius am a. O. c. 3, c. 8 und c. 15. Von Morgen bis Abend, selbst in der Nacht, strömten stets andere Zuhörer seinen Vorträgen (ἐπὶ τὸ παρ' αὐτῷ διδασκαλεῖον) zu, und der Zudrang der Katechumenen veranlaßte, daß seine Wohnung (οἶκος, ἵνα κατέμενεν) mit Soldaten besetzt wurde. Folgt schon hieraus, daß die Katechesen weder in der Kirche, noch überhaupt in einem öffentlichen Gebäude der Gemeinde gehalten wurden, so ergiebt sich dasselbe aus dem Umstande, daß späterhin der Bischof Demetrius sich beschwerte, als Origenes in Cäsarea, ohne ordinirt zu sein, in der Kirche (ἐπὶ τοῦ κοινοῦ τῆς ἐκκλησίας) aufgetreten war: Euseb. HE. VI, 19 v. f. und Valesius zu der Stelle. Endlich läßt sich vermuthen, da zu gleicher Zeit Mehrere Katecheten sein konnten, daß auch jeder für sein Local selber gesorgt haben werde.
3) Clem. Strom. I, 320: ὁ μὲν οὖν πρὸς παρόντας λέγων, καὶ χρόνῳ δοκιμάζει, καὶ κρίσει δικάζει, καὶ διακρίνει τῶν ἄλλων τὸν οἷόν τε ἀκούειν, ἐπιχρῶν τοὺς λόγους, τοὺς τρόπους, τὰ ἤθη, τὸν βίον, τὰς κινήσεις, τὰς σχέσεις, τὸ βλέμμα, τὸ φθέγμα, τὴν τρίοδον, τὴν πέτραν, τὴν πατουμένην ὁδόν, τὴν καρποφόρον γῆν, τὴν ὑλομανοῦσαν χώραν, τὴν εὔφορον καὶ καλὴν καὶ γεωργουμένην, τὴν πολυπλασιάσαι τὸν σπόρον δυναμένην, κ. τ. λ.

nicht selten wechselten Frage und Antwort [1]). Jedoch gab es zu Anfange eben so wenig verschiedene Abtheilungen der Zuhörer, als bestimmte Unterrichtsstunden. Zuweilen strömten vom frühen Morgen bis in die Nacht hinein Männer und Frauen dem Katecheten zu [2]), manche nur in der Absicht einen berühmten Gelehrten zu hören [3]). Diejenigen, welche es ernster meinten, wurden nicht bloß mit dem Inhalte der christlichen Lehre nach und nach bekannt gemacht und tiefer in dieselbe eingeführt [4]), sondern auch, wenn sie es wünschten, in den philosophischen Disciplinen angeleitet [5]). Die Mittheilungen waren alle mehr oder weniger fragmentarisch, und die Einheit der Vorträge bestand nur darin, daß sie meist an Bibelstellen sich anschlossen und die Auslegung derselben zum Hauptzwecke hatten [6]).

Die schriftstellerische Thätigkeit des Pantänus erstreckte sich allein auf die heiligen Bücher. Er verfaßte zahlreiche Commen-

---

1) Orig. c. Cels. VI, 637: καὶ εἰσιν, οἷς πλεῖον μὴ δυναμένοις τοῦ προτραπῆναι εἰς τὸ πιστεύειν τοῦτο κηρύττομεν· ἄλλοις δὲ, ὅση δύναμις, ἀποδεικτικῶς δι᾽ ἐρωτήσεων καὶ ἀποκρίσεων προσερχόμεθα. Vergl. Eusebius HE. VI, 8: ... τὰ θεῖα προσομιλεῖν.

2) Eusebius am a. O. Auch an den Vorträgen der Philosophen zu Alexandria pflegten Frauen Theil zu nehmen (Porphyrius Vita Plot. c. 9: διὸ καὶ ἐπλήρωτο αὐτῷ (Plotino) οἰκία παίδων καὶ παρθένων, d. i. von Knaben und Jungfrauen, welche seinem Unterrichte anvertraut wurden.

3) Euseb. HE. VI, 18: πεῖραν τῆς ἐν τοῖς ἱεροῖς λόγοις ἱκανότητος τἀνδρὸς ληψόμενοι.

4) Das katechetische Wirken des Clemens veranschaulicht die Art, wie dies geschah. Ich habe es am Schlusse dieser Erörterungen über die katechetische Schule darzustellen gesucht. Auch hat Origenes noch treu die Grundsätze seines Lehrers befolgt. Einstweilen verweise ich nur auf die wichtige Stelle c. Cels. III, 456.

5) Eusebius am a. O.; Guerike I, 105.

6) Gewiß waren Origenes Bücher über die Principien nicht, wie Schnitzer will, ein Leitfaden für seinen katechetischen Unterricht.

tare[1]), in welchen er allegorische Deutungen vortrug[2]) und auch den Wortsinn nicht unbeachtet ließ. So finden wir bei ihm die Bemerkung, daß in den prophetischen Schriften der Gebrauch der Zeiten schwanke, und die Formen der Gegenwart für die Vergangenheit und Zukunft vorkommen[3]). Seine Werke sind leider schon lange bis auf so geringe Überreste verloren, daß es unmöglich ist, seine Ansichten und seine Darstellungsweise, die einen Clemens mit Begeisterung erfüllten, bestimmt zu erkennen. Auch wissen wir nicht, wie lange er katechetische Vorträge hielt: um die Zeit, als Origenes die Schule besuchte, hatte er, hochbetagt, nach etwa zwanzigjähriger Thätigkeit an der Schule, den Unterricht, so scheint es, schon aufgegeben. Hingegen Alexander von Jerusalem, der nur wenig älter, als jener gewesen sein mag, darf unter seine Schüler gerechnet werden[4]).

Die Wirksamkeit des Pantänus setzte Clemens mit der Begeisterung fort, welche ihm die Überzeugung verlieh, daß das Lehrgeschäft des Katecheten der erhabenste, das Wirken Jesu abbildende Beruf sei, das Amt des Mittlers zwischen Gott und den Menschen[5]). Seine theologische Denkweise war, wie er selber meinte[6]), und nach der Ansicht des ältesten Berichterstatters[7]),

---

[1] Hieronym. Catal. c. 36. Die wenigen Reste s. bei Routh Rell. sacr. I, 339. Vgl. Halloix Vita Pantaeni VIII. p. 851. Was über Pantänus zu ermitteln ist, hat Guerike I, 24; II, 6. 50. 106 mit großer Sorgfalt gesammelt.

[2] Nach Anastasius Sinaita erklärte er die Schöpfungsgeschichte allegorisch: Guerike II, 106.

[3] S. die Excerpta Theodot. Opp. Clem. Alex. II, 1002.

[4] Alexander ap. Euseb. HE. VI, 14.

[5] Strom. VI, 862. 864.

[6] Pantänus bezeichnet er, ohne ihn jedoch zu nennen, als denjenigen seiner Lehrer, dem er zuletzt und aufs engste sich angeschlossen habe (Strom. I, 322, bei Eusebius HE. V, 11), und seine Stromaten wollen nur eine Aufzeichnung des überlieferten Lehrstoffes sein: Strom. I, 322. 324.

[7] Euseb. HE. VI, 13, wo er sagt, daß die Hypotyposen des Clemens die Überlieferungen des Pantänus, zumeist Schrifterklärungen, enthielten.

genau dieselbe, zu der sich vor ihm Pantänus bekannte. In der
That stimmten sie in der Richtung, wie in den Hauptsätzen der
Lehre überein; im einzelnen bestand wohl zwischen Pantänus und
Clemens eine nicht minder große Verschiedenheit, als zwischen diesem und seinem Nachfolger und Schüler, Origenes. Gern übersah man diese Verschiedenheit, da auch die kirchliche Gnosis, ganz
wie die häretische und der Neuplatonismus, als eine in sich abge-
schlossene, stets sich gleiche Überlieferung gelten wollte [1]).

In einer Stadt, wo es weder an Gelehrsamkeit und Forschbegier, noch auch an schwärmerischer Neuerungssucht fehlte, waren
die christlichen Gemeindelehrer um so bestimmter darauf hingewiesen, die Glaubensregel, wie dasjenige, was sie hinzufügten,
durch das Zeugniß der Schrift zu begründen; und da zu Alexandria das Evangelium eben dadurch immer neue Bekenner gewann,
daß es dem Geiste, nicht dem Herzen allein, die vollste Befriedigung gewährte, so suchten sie die unendliche Reichhaltigkeit und
Tiefe der heiligen Urkunden in das hellste Licht zu setzen, in ihnen
die Lösung aller Fragen, welche die damalige Speculation beschäftigten, aufzufinden [2]). Und alle jene philosophischen Lehren, die
erst sie zum Christenthum herzubrachten, glaubten sie vollständig
schon aus den ältesten biblischen Büchern entwickeln zu können, indem unmöglich, so schien es, die Wahrheiten, in deren Besitze die
verfinsterte Heidenwelt sich befand, den hocherleuchteten Verfassern
verborgen sein konnten. Sie erklärten deshalb diese Lehren für
entlehnt oder entwendet aus dem Schatze der Offenbarung, den

---

1) So erklärt Clemens den Inhalt seiner Stromaten für Erinnerungen
($\dot{v}\pi o\mu\nu\eta\mu\alpha\tau\alpha$) aus den Vorträgen früherer Lehrer, und führt ihn bis
auf die Apostel zurück. Strom. I, 322. 323.

2) Diese Richtung finden wir bei den Lehrern der alexandrinischen Kirche,
soweit unsere Kunde hinaufreicht: man sehe den Brief des Barnabas,
das Buch Henoch, und die gesammte alexandrinische christliche Literatur.
Die Hauptstellen des Clemens finden sich Strom. II, 430; VI, 778.

die Kirche bewahrte[1]), und erkannten in ihnen einzelne schwache Strahlen des göttlichen Lichts, welches in Christus der Menschheit erschien[2]). Dieser ist der in einem äußerlich unscheinbaren, jedoch durch Entsinnlichung vergeistigten Körper herabgekommene Logos, dessen himmlische Herrlichkeit die Menge zwar ahnt und mit dem Gefühl ergreift, den man aber nur vermöge strenger Enthaltsamkeit und eines steten, von keiner Leidenschaft oder Begierde getrübten Denkens tief in sich aufnimmt. Der christliche Weise besitzt über Alles, Gutes und Böses, Weltanfang und Ende, die umfassendste Kenntniß[3]). Der Glaube ist die Grundlage, auf welcher seine Einsicht ruht, und ihm zu seinem geistigen Leben nicht minder unentbehrlich, als zur Erhaltung des sinnlichen Lebens das Athmen[4]): eine geheime, von Jesus ausgehende Überlieferung leitet ihn in alle Geheimnisse[5]). Was er in sein Inneres aufgenommen, weiß er wissenschaftlich zu begründen und darzustellen, und wenn er gleich die tieferen Wahrheiten meist nur andeutend und zu losem Gewebe verbunden vorträgt, so geschieht dies aus Zurückhaltung, in der Absicht die Wißbegierigen zu eigener Anstrengung und Thätigkeit zu reizen, und vor der Entweihung durch Leichtsinnige das Heiligste zu sichern[6]). Desto sorgfältiger bemüht er sich die einzelnen Wahrheiten durch die vielseitigste Gelehrsamkeit zu erläutern, den heidnischen Aberglauben, wie den Dünkel der Philosophen zurückzuweisen, die Willkühr der Irrlehrer zu zügeln und Allen, wie der Apostel, Alles zu werden[7]).

Diese Überzeugungen belebten alle Vorträge und Mittheilun-

---

1) Strom. VI, 768. Ebenso bekanntlich Justin der Märtyrer in dem Dial. c. Tryph., und ähnlich vor beiden Philo.
2) Strom. I, 347; V, 731; VI, 817.
3) Ibid. VII, 864. 865.
4) Ibid. II, 445.
5) Hypotyp. VII. ap. Euseb. HE. II, 1; Strom. VI, 771.
6) Strom. VII, 886; Ibid. I, 326.
7) Ibid. V, 656.

gen des Clemens, bei welchen er jedoch einen durch den Geist der damaligen Philosophie bestimmten, dreifachen Stufenunterschied beobachtete. Es läßt sich dies zunächst aus der Abgrenzung derjenigen seiner Schriften schließen, die mit einander ein größeres Ganze bilden. Wie die Neuplatoniker als die Vorbedingungen zur Vollkommenheit [1]), der völligen Entfesselung von der Materie, Sühnung [2]) und innere Entsündigung [3]) forderten, so verfaßte er als erste einleitende Schrift den Protreptikus (Cohortatio) an die Hellenen, eine Widerlegung des Heidenthums, zugleich eine Aufforderung zum Glauben an das Evangelium; an diese schließt sich der Pädagogus [4]), ein Abriß der Pflichtenlehre, auf welchen die Stromaten [5]) folgen, die in die christlichen Geheimlehren einführen sollten. Auch fehlt es nicht an sehr bestimmten Erklärungen von ihm, welche die Absichtlichkeit dieser dreifachen Stufenunterscheidung außer Zweifel setzen. Den Protreptikus nennt er in dem Schlußworte, welches er dem Buche hinzufügte [6]), den in

---

1) τελείωσις.
2) κάθαρσις.
3) λύσις oder ἀπαλλαγή. Über diesen neuplatonischen Stufengang s. Iamblich. de Myster. Aegypt. V, 6. Unter den Neueren haben über ihn Heinsius zu Clemens Protrept. p. 1, Fabricius in der Biblioth. Gr. V, 102 und Creuzer in der Vorrede zu Plotin. de Pulchr. p. cv. geschrieben.
4) In drei Büchern. Die Benennung ist nicht sowohl aus Gal. 4, 22, als, nach Clemens eigener Angabe Paedag. I, 129, aus Hosea 5, 2 entlehnt, wo sich Gott, oder im Sinne des Clemens der Logos, als παιδευτής bezeichnet. Auch die Platoniker nannten den guten Dämon, welcher die zur Erde hinabgesunkene Seele begleitet und hütet, bald vitae mystagogus, bald paedagogus, oder pastor divinus: Creuzer zu Plotin. de Pulchrit. Praef. p. xxxvii. Vgl. auch Dan. Heinsius zu Clemens Protrept. ed. Pott. p. 1.
5) Es waren ursprünglich acht Bücher. Dasjenige, welches jetzt als das achte gezählt wird, halte auch ich für unächt. Anders Möhler, Patrologie I, 446, aus früher schon geltend gemachten, aber nicht entscheidenden Gründen.
6) Cohort. p. 95.

geistigen Boden eingesenkten Sockel und Grundstein des großen, heiligen Gottestempels, und sagt, daß er durch diese Schrift in denen, welche Gehör leisteten, ein ewiges Begehren zu erregen gesucht; der Pädagogus sollte die wahrhaft gesittete und gottgefällige Lebensweise, und zwar in ihrem ganzen Umfange [1]), eine unerläßliche Vorbereitung für die contemplative Gotteserkenntniß [2]), kennen lehren: an die erste katechetische Unterweisung sollte er sich anschließen [3]), und keine Erörterungen verfolgen, die in das Gebiet der Speculation hinübergreifen [4]). Diese, deren Tiefen nur denen, die von allen Affecten schon genesen, erschlossen werden dürfen [5]), behielt er den Stromaten vor, in welchen er die bisher nur mündlich überlieferte Geheimlehre allerdings aufzeichnen wollte, jedoch nur in Andeutungen, um dem Mißbrauche vorzubeugen [6]).

Erwartet man mit Recht von einem Lehrer, welcher im schriftlichen Vortrage so behutsam zu Werke geht, daß er in seinen

---

1) Kein Gebiet des häuslichen und öffentlichen Lebens sollte unberührt bleiben. Er sagt Paedag. II, 162: ὁποῖόν τινα εἶναι χρὴ παρ᾿ ὅλον τὸν βίον τὸν Χριστιανὸν καλούμενον, κεφαλαιωδῶς ὑπογραπτέον. Dieser Bestimmung zufolge enthält das Werk eine große Menge von Schicklichkeitsregeln, Anweisungen über das äußerliche Verhalten beim Essen, Trinken, Salben und Baden, beim Sprechen und Lachen, über Kleidung und Hausgeräth, eine oft nur zu weite Ausführung der Vorschrift des Paulus Phil. 4, 8. Eine treffliche Rechtfertigung dieses Verfahrens, welches einmal in der Weise des Alterthums lag (man vgl. Cic. de Off. I, 36 sqq.), s. bei Möhler, Patrologie I, 441. Zum Schlusse giebt Clemens eine zusammenfassende Schilderung des gottgefälligen Lebens. Dahingegen findet man über die sittliche Natur des Menschen nur wenige dürftige Bemerkungen zu Anfange des ersten Buchs, und auch die Principien des ethischen Handelns sind übergangen.

2) Paedag. I, 130: ἔστι δὲ ἡ κατὰ θεὸν παιδαγωγία κατευθυσμὸς ἀληθείας εἰς ἐποπτείαν θεοῦ.

3) Strom. VI, 736.

4) Ibid. I, 102; II, 215.

5) Ibid. I, 98.

6 Ibid. VII, 886, und die Hauptstelle am Schlusse dieses Buchs p. 901, die Photius cod. 111 hervorhebt.

mündlichen Mittheilungen gleichfalls eine sehr überlegte Zurückhaltung beobachtet haben werde, so sagt uns Clemens von seinen Katechesen ausdrücklich, daß sie sich zu der völligen Enthüllung der christlichen Mysterien wie die Milch zur festeren Speise verhielten [1]), nicht von der Einfalt des Glaubens sich entfernten, und in so fern ein unvollendeter Unterricht waren [2]). Auch läßt sich durch Vergleichung jener einleitenden Schriften mit den Stromaten genauer erkennen, welche Lehren es waren, die Clemens den Katechumenen vorenthielt. Die kirchlichen Dogmen trägt er überall in derselben Fassung klar und vollständig vor, aber unentwickelt bleibt in den Schriften für die niederen Stufen, was er zur Gnosis rechnete: die Speculationen über das Wesen Gottes, den Ursprung der Welt, die letzten Dinge, das Verhältniß der Vernunft zur Offenbarung, der Philosophie zum Christenthum, des Glaubens zum Erkennen.

Keine Lehre ist so häufig der Gegenstand seiner Untersuchung, keiner mit so viel Vorliebe von ihm behandelt worden, als der Unterschied und die Gleichartigkeit der Gnosis und Pistis, und nichts giebt bestimmteren Aufschluß über die Schranken und die Art seines mündlichen Katechumenenunterrichts, als die große Sorgfalt, mit welcher er diese Lehre in seinen Schriften nur allmälig hervortreten läßt. In den Stromaten stehen Pistis und Gnosis nur zu weit von einander: in den vorbereitenden Schriften werden sie nicht anders, als in ihrer Einheit dargestellt, und hier dem Glauben, weil er die Gnosis im Keime in sich enthält und zunächst für ihn die Gemüther gewonnen werden sollten, eben dieselben Lobsprüche gespendet, welche Clemens in den Stromaten für die Gnosis aufbewahrt. So sagt er im Pädagogus: „Der Glaube ist die Vollendung aller Bemühung um Erkenntniß [3]). Deshalb spricht der Herr: wer an den Sohn glaubt, der hat das ewige Leben [4]).

---

1) Strom. V, 685.   2) Ibid. VI, 826.
3) μαθήσεως τελειότης.   4) Joh. 3, 36.

Wenn wir Gläubige nun das ewige Leben besitzen, was könnte es dann noch für uns geben, das darüber hinausreichte? Nichts mangelt dem Glauben; er ist in sich vollkommen und allgenügend [1]). Wenn ihm etwas mangelt, so ist er nicht vollständig [2])." Und an einer andern Stelle: „Gleich mit der Wiedergeburt erhalten wir das Vollkommene [3]), um das wir uns bemühen, und erkennen Gott, den Vollkommenen: in der Taufe empfangen wir die Erleuchtung, werden als Erleuchtete zu Kindern angenommen, vollendet, unsterbliche Wesen, Götter und Söhne des Allerhöchsten [4]). — Vollkommen nennen wir dasjenige, dem nichts abgeht: was sollte dem abgehn, der Gott erkennt? Es ist in der That widersinnig, von einer Gnadengabe Gottes reden, die nicht vollkommen, nicht allerseits vollständig wäre; durch die Macht seines Willens nehmen wir im Voraus hin, was freilich der Zeit nach zukünftig ist" [5]).

Solchen Erklärungen begegnen wir auch in den Stromaten [6]); indessen zeigt er doch hier wiederholt und ausführlich den Nutzen, die Unentbehrlichkeit der hellenischen Philosophie für den christlichen Forscher, während er in jenen Schriften ihre Unzulänglichkeit, wie die vollkommene Genugsamkeit der christlichen Lehre hervorhebt [7]).

Was die Cohortatio enthält, war wohl auch der Inhalt sei-

---

1) τελείᾳ οὔσῃ ἐξ αὑτῆς καὶ πεπληρωμένῃ.
2) ὁλοτελής. Man findet diese Stelle, in welcher Pistis die christliche Erkenntniß überhaupt im Gegensatze zu dem nicht geoffenbarten Wissen bezeichnet und diejenige Einsicht, die Clemens sonst Gnosis nennt, mit in sich faßt, im Paedag. I, 115. Wenige Zeilen weiter unten setzt er an die Stelle der Pistis, ohne es zu bemerken, die Gnosis, in den Worten: ὥστε ἡ μὲν γνῶσις, ἐν τῷ φωτίσματι κ. τ. λ.
3) τὸ τέλειον.   4) Pf. 82, 6.
5) Paedag. I, 113. Vgl. Ibid. 116.
6) Man vgl. was er Strom. I, 376. 377, in vollkommener Übereinstimmung mit Paedag. III, 299, über die Genugsamkeit der Lehre des Erlösers sagt; auch die Stellen Strom. II, 433. 436 gehören hierher.
7) Cohort. 86.

ner katechetischen Vorträge¹). In jener Schrift bezeichnet er sogleich zu Anfange die christliche Lehre als ein Mysterium, zu welchem er die Heiden herberuft von ihren Orgien und ihren Mysterien, den Schauplätzen des Betrugs und aller Schlechtigkeiten²), um nunmehr mit heiligem Jubel den Logos, den uranfänglichen, alle Dinge erfüllenden Weltordner, Wiederhersteller und Todesüberwinder, zu feiern³). Widersinnig, sagt er, und verabscheuenswerth ist der Götzendienst, eine Abwendung der Seele von der himmlischen Lebensfülle, ein Haften an irdischen Gebilden: seine Quelle die Wollust, die wider die Strenge der Gebote Gottes sich auflehnt⁴). Man unterscheide sieben verschiedene Arten. Einige haben, hingerissen durch den Anblick des gestirnten Himmels und der Ordnung in den Bewegungen, die Gestirne, die allerdings bevorstehende Veränderungen anzeigen⁵), erst für belebt⁶), dann für Götter gehalten⁷), und von ihrem Laufe für diese den Namen hergenommen⁸). Andere verehrten die befruchtende Naturkraft in Getreide und Wein unter den Namen Ceres und Bacchus. Ihrer Verschuldungen sich bewußt erhoben Andere Strafe und Übel unter die Götter, und nannten sie Furien und Eumeniden. Philosophen vergötterten die Affecte: Furcht und Liebe, Freude und Hoffnung, Übermuth und Schamlosigkeit⁹). Noch Andere legten abstracten Begriffen Leben und körperliche Gestalt bei, um sie zu Göttern zu machen: so entstanden die Parcen,

---

1) Die übersichtlichsten Auszüge aus diesem und den übrigen Werken des Clemens s. bei Ceillier, Histoire générale des auteurs sacrés II, 245 sqq. und Möhler, Patrologie I, 434. Auch Rösler's Auszüge sind noch immer sehr brauchbar.
2) Cohort. 12.   3) Ibid. 6.
4) Ibid. 91,; vgl. p. 53. 5) Prophet. Eclogg. 1002.
6) Cohort. 58.   7) Ibid. 54.
8) Θεοὺς ἐκ τοῦ θεῖν ὀνομάσαντες, Cohort. 22. Vgl. Plato im Cratylus, und andre Stellen der Alten, die Potter am angeführten Orte gesammelt hat.
9) Ὕβρις und Ἀναίδεια, denen Epimenides zu Athen Altäre errichtete.

und Auro, Thallo, Dike. Wieder Andere erfanden die zwölf olympischen Götter, die Homer und Hesiodus besungen haben, und zuletzt wurden noch göttliche Wohlthaten, da man den Urheber nicht kannte, unter dem Namen der Dioskuren, des Herakles Alerikakos und Äsculap, für Götter erklärt [1]). Diese sind der Mehrzahl nach entweder längst verstorbene Menschen [2]), oder gar Dämonen, scheußliche, unreine Geister von grobem irdischen Stoffe, die herniedergezogen durch ihre Schwere in der Nähe der Begräbnißstätten sich aufhalten und uns als leere, häßliche Schatten sichtbar werden [3]).

Die Mythen sind theils ersonnen, theils nackte, schmutzige Vorgänge [4]), nicht selten im Widerspruch mit einander [5]), und nunmehr sämmtlich veraltet [6]). Vollends nichtig sind die Idole, da weder die Gottheit auf irgend eine Weise im Bilde verehrt sein will [7]), noch die Geister, wie man es beabsichtigte, sich abbilden lassen [8]). Sie sind lebloser Staub, dem die Hand des Künstlers Gestalt gab [9]); die Kunstfertigkeit eines Lysippus und Apelles ist göttlicher, als ihre Gebilde [10]).

---

1) S. diese ganze Stelle in der Cohort. p. 22.
2) Cohort. 26. 32. Clemens folgt hier der Auffassung der späteren Griechen. Je weiter die philosophische Betrachtung von dem ursprünglichen Polytheismus sich entfernte, um so tiefer sanken die Dämonen, die einst als höchste Gottheiten gegolten hatten. Der Neuplatonismus verwandelte auch die olympischen Götter in niedere Wesen, indem er sie alle dem einen höchsten Gott unterordnete.
3) Ib. 49. Die Ansicht, die er hier ausspricht, ist eine Verbindung der ursprünglichen hellenischen Auffassung, welche die zerstörenden, wie die erzeugenden Naturkräfte zu Dämonen und Genien erhob, mit der Betrachtungsweise des späteren Judenthums (s. die Stellen 5. Mos. 32, 17; Ps. 106, 37 in der Septuaginta) und der Apostel. S. 1. Cor. 10, 20. 21, auch ebendas. 8, 4., und vgl. von Cölln, Bibl. Theol. II, 230.
4) Cohort. 23.   5) Ibid. 24.   6) Ibid. 31.
7) Ibid. 54; nach 2. Mos. 20, 4.
8) Strom. VI, 825.   9) Cohort. 45.
10) Ibid. 54. Vgl. p. 51.

Inhalt der Katechesen.

Der ägyptische Thierdienst ist dem sittlichen Gehalte nach reiner, als der hellenische Cultus, dessen unzüchtige Lüsternheit und unmenschliche, in den Opfern sich darlegende Grausamkeit die bitterste Rüge verdient [1]. Hingegen steht die hellenische Philosophie, welche die Götterlehre bekämpft, hoch über beiden, erkennt mindestens den Irrthum, obgleich sie meist nicht das Wahre trifft, und es gelingt ihr, bald durch göttliche Eingebung, bald indem sie aus den alttestamentlichen Offenbarungen entlehnt, dem Wahren sich zu nähern, oder selbst theilweise es auszusprechen. Denn in dem ganzen Alterthum finden sich, vermöge der ursprünglichen Gottverwandtschaft unseres Geschlechts, Keime der Wahrheit, die, obschon fast völlig zertreten, doch öfter wieder emportrieben [2]. Nicht unbeträchtlich ist die Reihe lobenswerther Aussprüche der Philosophen [3], unter welchen vor allen Plato hervorragt. Aber auch seine Weisheit verschwindet gegen die des Erlösers, wie das Licht der Sterne vor der Sonne [4]: der Sohn Gottes, der selber Gott ist, das All mit heiligen Kräften erfüllt und als Sonne der Gerechtigkeit die ganze Menschheit umkreist, verwandelte jeden Ort der Welt in ein Athen, und bildete sie um zu einem allumfassenden Hellas [5]; er brachte den Himmel auf die Erde hernieder [6].

Die Poesie steht fast durchaus im Dienste des Irrthums [7]; doch auch sie hatte vereinzelte Lichtblicke [8], und die Sibylle war eine Prophetin [9]. Das volle Licht strahlt in den heiligen Schriften der Christen, deren einzelne Sylben und Buchstaben göttlich sind, deren Inhalt den Gläubigen mit heiligem Sinne und göttlichem Adel erfüllt [10]. Sie vermögen, uns noch über das Paradies, welches wir durch die Sünde verscherzten, hinaufzuheben [11].

---

1) Cohort. 33. 36. 46.   2) Ibid. 21.
3) Ibid. 61.   4) Ibid. 59.
5) Ibid. 86.   6) Ibid. p. 88; vgl. p. 85.
7) p. 62.   8) p. 64.
9) p. 66.   10) p. 71.
11) p. 86.

Den gnädigen Ruf Gottes verachten, an dem Alten, weil es väterliche Sitte war, festhalten, ist schwere Sünde [1]). Deshalb, so ermahnt er am Schlusse des Protreptikus [2]), wendet euch zu dem Glauben, der euch die wahren, heiligen Mysterien enthüllt, deren Hierophant Christus ist. Er selber, der einige Hohepriester des einen Gottes und Vaters, der für die Menschen betet, ermahnt und bittet: Höret mich, Tausende von Völkern; höret mich Alle, Barbaren und Griechen; das ganze Menschengeschlecht rufe ich, das ich nach Gottes Willen hervorgebracht: kommet zu mir alle, die ihr mühselig und beladen seid; ich will euch erquicken [3]). Thuet, fügt Clemens hinzu, von ganzem Herzen Buße, um mit ganzem Herzen den Herrn ergreifen und fassen zu können [4]); werdet Freunde Gottes, damit, wie Freunden Alles gemein ist, ihr auf Alles ein Anrecht gewinnet und Alles euch mit Gott gemein sei [5]).

Die genaue Unterscheidung eines esoterischen und exoterischen Lehrvortrages bei Clemens ist von Wichtigkeit, um zu bestimmen, wie weit Origenes damals seine Ansichten und Denkweise kennen lernte. Vollständiger würde sich dies nachweisen lassen, wenn nicht gerade von denjenigen Schriften, die Clemens für den allgemeineren Gebrauch bestimmte, so viele verloren wären, wie die über die Paschafeier [6]), die Ermahnung zur Geduld an die Neugetauften [7]), die kirchliche Glaubensregel, die er im Gegensatze

---

1) Cohort. p. 69.   2) p. 93.
3) Matth. 11, 28.   4) Cohort. 83.
5) Ibid. 94. Ähnlich Philo und Diogenes, der Cyniker: s. Potter zu d. St. Diese folgerten: Gott gehört Alles; wir sind seine Freunde und Kinder, denen alles mit dem Geliebten gemein ist.
6) Περὶ τοῦ πάσχα σύγγραμμα, Euseb. HE. IV, 26; VI, 13. Hieron. Catal. c. 38. Phot. cod. 3. Fragmente s. in dem Chronic. Alex. p. 7. ed. du Cange, und in Petavii Uranologium p. 214.
7) Προτρεπτικὸς εἰς ὑπομονήν, ἢ πρὸς τοὺς νεωστὶ βεβαπτισμένους. Euseb. l. c. VI, 13.

Inhalt der Katechesen. 81

zu den judaisirenden Meinungen ausführte [1]), und die ethischen Abhandlungen über das Fasten [2]) und die Verleumdung [3]). Inzwischen läßt sich aus einer Stelle in den Eklogen aus den Propheten, die unter seinem Namen aufbewahrt worden sind und gewiß manche Gedanken von ihm enthalten, mit Sicherheit schließen, daß er auch in den Katechesen auf die Häresien Bezug nahm, um durch Widerlegung derselben künftiger Verführung vorzubeugen [4]). Nicht minder wird er von den Fortgeschrittenen jene strengere Ascese gefordert haben, die er in dem Pädagogus zur Pflicht macht, und die für das Zeitalter so vieles Anziehende hatte. Aber es läßt sich auch nicht verkennen, daß die letzten Zielpunkte seiner Speculation, wie so manche Hauptergebnisse seines zwischen der damaligen Philosophie und der Kirchenlehre vermittelnden Strebens, den Katechumenen einstweilen verborgen blieben. Und so ergiebt sich, daß er beim öffentlichen mündlichen Unterricht etwa diesen Gang befolgte. Wenn er seinen Zuhörern zuvörderst, um sie dem Evangelium zuzuführen, erwiesen hatte, daß selbst die heidnische Welt, wie tief sie in Götzendienst und Sünde versunken sein mochte, dennoch stets eine Ahnung der Erlösung und mancherlei Hinweisungen auf Christus besaß, so theilte er darauf Anweisungen zu einem gottgefälligen und gesitteten Wandel mit, und zwar, wenn wir aus seinem Werke über die Pflichtenlehre auf die mündlichen Lehrvorträge zu schließen berechtigt sind, in einer Ausführlichkeit, welche kein Gebiet des häuslichen und öffentlichen Lebens unberührt ließ; aber nur in geheimeren Unterredungen lei-

---

1) Περὶ κανόνων ἐκκλησιαστικῶν κατὰ τῶν ἀκολουθούντων τῇ τῶν Ἰουδαίων πλάνῃ, Phot. Cod. 111; Hieron. Catal. l. c. Ein Fragment hat Nourris in dem Apparat zu Nicephorus CPol. p. 1334 aufbewahrt.
2) Περὶ νηστείας, Phot. l. c.; Hieron. l. c.
3) Περὶ καταλαλιᾶς. Man s. dieselben am a. O.
4) Prophet. Eclogg. 997: ἡ τῆς ἑτεροδόξου διδασκαλίας ἔκθεσις καὶ ἀνεξαπάτητον τηρεῖ τὸν μαθητήν, περισαλπίζεσθαι πάντοθεν ἤδη προμεμελετηκότα τοῖς πολεμικοῖς ὀργάνοις.

Origenes, Abth. 1. 6

tete er die Geweihten, gleichsam aus dem Vorhofe und dem Heiligthume in das Allerheiligste, die geheimnißvolle tiefere Einsicht in die göttlichen und menschlichen Dinge. Auch im einzelnen eine lichtvolle Ordnung zu beobachten vermochte er freilich nicht, und er hat es nicht einmal beabsichtigt [1]). Gleichwohl muß seine kernige, lebensvolle und bilderreiche Ausdrucksweise, der kühne Flug seiner Gedanken, seine ungewöhnliche Gabe der Combination, bei unermeßlicher Belesenheit [2]), und die Tiefe seines Gemüths oft mit unwiderstehlicher Gewalt die Zuhörer ergriffen haben. So ist es denn vor allem die gelehrte Apologetik und die ausführliche ernste Pflichtenlehre des berühmten Katecheten, wie im allgemeinen seine geistige Richtung, die jetzt Origenes in sich aufnahm, und wovon sein empfängliches, gleichgestimmtes Gemüth die tiefsten Eindrücke erhielt. Später haben des Clemens Schriften auf ihn einen Einfluß ausgeübt, der in seinem Entwickelungsgange immer allseitiger wahrnehmbar wurde. Zwar hat er, wie er überhaupt Anführungen zu vermeiden gewohnt ist, so auch dieses Lehrers nirgend namentlich, selbst da nicht, wo man es mit Bestimmtheit erwarten sollte [3]), gedacht; aber seine Schriften und sein Leben beweisen,

---

1) Strom. I, 348; VI, 736; VII, 901. In diesen Stellen theilt er die Grundsätze mit, die er beim schriftlichen Vortrage befolgte: gewiß wird er in den Katechesen sich eine noch größere Freiheit gestattet haben. War man doch auch die Regellosigkeit in den mündlichen Lehrvorträgen sehr gewohnt. Der mündliche Vortrag, sagen die Eclogg. ex Prophett. p. 996, ist ein freier Erguß ohne strenge Gedankenfolge: der schriftliche erfordert die sorgfältigste Überlegung.

2) Schon Photius erkannte diese Eigenschaften an, wenn er cod. 110 von ihm sagt: ἡ φράσις ἀνθηρὰ καὶ εἰς ὄγκον ἠρμένη σύμμετρον μετὰ τοῦ ἡδέος καὶ ἡ πολυμάθεια ἐμπρέπουσα.

3) In einem Briefe bei Euseb. HE. VI, 19, in welchem er seine Beschäftigung mit der Philosophie rechtfertigt. Er beruft sich hier auf Pantänus Beispiel, nicht auf Clemens: vielleicht unter anderem deshalb nicht, weil Clemens bei denen, welchen er sich rechtfertigen wollte, gleichfalls in Verdacht stand.

wie viel er dem Vorbilde und den Belehrungen eines Mannes verdankte, welcher nicht minder durch den Umfang seines Wissens und eine Fülle von Geist, als durch den Reiz seiner milden, aber von der Welt in tiefem Ernste abgewendeten Gesinnung noch heute den Leser fesselt.

Clemens Lehre.

Der Vorwurf, welchen Neuere [1]) dem alexandrinischen Clemens gemacht haben, daß er nicht selten sich in Widersprüchen verliere, wird zu großem Theile durch die oben hervorgehobene Unterscheidung verschiedener Erkenntnißstufen, denen seine Schriften entsprechen sollten [2]), beseitigt, und wenn allerdings eine Unsicherheit und Schwerfälligkeit des Ausdrucks zu tadeln bleibt, die bisweilen den Sinn nur errathen läßt, so sollte man doch auch billig die Stellung dessen, der eine esoterische Lehre zuerst aufzuzeichnen unternimmt, wie den damaligen niederen Standpunkt der Dogmenbildung und die Unklarheit der philosophischen Lehren jener Zeit, in Betracht ziehen.

Zwar hatte schon Pantänus in seinen Commentaren, die, wie es scheint, fast ausschließlich allegorische Schriftauslegungen enthielten, mit der Veröffentlichung der speculativen Geheimlehren den Anfang gemacht, und selbst Schriften, die noch über sein Zeitalter hinaufreichen, wie der Brief des Barnabas und die ältesten Pseudepigraphen, theilen so manches aus diesem Gebiete mit.

---

1) Zuletzt Neander KG. I, 617 und Schnitzer S. xxvi, der sich der stärksten Ausdrücke bedient. Mit Recht hingegen wird er dem Plotinus an philosophischer Schärfe weit nachgestellt: s. Daehne de γνώσει Clementis Alex. p. 83.

2) Diesen Umstand hebt auch Thomasius, Origenes S. 25, hervor.

Aber noch fehlte es an einem Werke, welches die Geheimüberlieferung in einiger Vollständigkeit und bis zu einem gewissen Grade im Zusammenhange [1]) vorgetragen hätte. „Die älteren Väter", heißt es in jener Schrift [2]), die so manche Gedanken des Clemens treu wiedergiebt, „fanden es nicht gerathen zu schreiben. Sie mochten nicht die Muße, welche die Vorbereitung auf die mündlichen Lehrvorträge in Anspruch nahm, auf das Schreiben verwenden; vielleicht erkannten sie auch, daß die natürlichen Anlagen, die der schriftliche Vortrag, und die, welche der mündliche erfordert, nicht dieselben sind. Sie überließen das Schreiben, welches eine strengere Gedankenfolge erfordert, denen, die dafür geeignet wären." Mag nun auch Clemens nicht eben eine besondere schriftstellerische Befähigung sich zugetraut haben, so fand er doch nöthig, theils der vorhandenen hellenischen und häretischen Literatur ein Gegengewicht zu leisten [3]), theils die Geheimlehre vor Verfälschungen und Untergang zu schützen [4]) und dem eigenen Gedächtnisse für die Tage des Alters zu Hülfe zu kommen [5]). Hatte er doch bisher schon manche jener unschätzbaren Überlieferungen vergessen, die er nicht frühzeitig angemerkt hatte, manche erst während der Aufzeichnung sich ganz wieder vergegenwärtigen können [6]). Andrerseits sagte er sich, daß sein Werk dem Mißbrauche ausgesetzt sein werde. Es ließ sich nicht verhüten, daß es nicht auch von Heiden [7]), wie von solchen Christen gelesen würde, denen es so gefährlich werden konnte, als das Messer in den Händen des Kindes [8]). Dieses Für und Wider versetzte ihn in einen inneren

---

1) In einer συστηματική κεφαλαίων ἔκθεσις, wie Clemens es ausdrückt. S. Strom. I, 324.
2) Eclogg. ex Scriptt. prophett. p. 996.
3) Strom. I, 316.   4) Ibid. 324.   5) Ibid. 322.
6) Ibid. l. c. und VI, 736, wo er das Werk ὑπομνήματα nennt.
7) Die er auch in den Stromaten vor Augen hatte, wie wenn er L. VII, 883 sagt: καὶ ταῦτα μὲν ὡς ἓν μάλιστα διὰ βραχυτάτων περὶ τοῦ γνωστικοῦ „τοῖς Ἕλλησι" σπερματικῶς εἰρήσθω.
8) Strom. I, 324.

Clemens als Schriftsteller.

Kampf, von welchem sich auf den ersten Blättern der Stromaten die vielfältigsten Spuren zeigen und dessen auch die oben angeführte Schrift gedenkt. Der christliche Weise, sagt die letztere, fragt sich, welches das Üblere sei, dem Unmündigen geben, oder dem Würdigen vorenthalten, und geräth im Drange seiner Liebe zu Allen in Gefahr, auch jenem mitzutheilen. Indessen theilen doch Bücher die Eigenschaft des Magnets, der keinen andern Stoff, als das Eisen anzieht, das ihm verwandt ist [1]). Und Clemens selber sagt in den Stromaten: Wer Schüler, die er vor sich hat, unterrichtet, prüft zögernd und umsichtig, wie viel ein jeder zu fassen im Stande ist, wie viel ihm anvertraut werden darf: der Schriftsteller tritt mit diesem Rufe, der aus seinen Schriften wiedertönt, vor das Angesicht Gottes: Nicht um Gewinn, nicht aus eitler Ruhmsucht, nicht aus Neigung, Furcht, Eigensucht, sondern allein um an dem Heil und der Seligkeit der Leser Antheil zu gewinnen, — und dies nicht jetzt, sondern künftig, wenn wir die Vergeltung von dem erlangen, der versprochen hat, einem jeden Arbeiter nach seinen Werken zu lohnen! Und der vollkommene Christ begehrt auch nicht einmal diese Belohnung [2]).

Der angemessenste Ausweg schien ihm, die Geheimlehre nicht systematisch, in dem heutigen Sinne des Worts, vorzutragen, sondern sie in seine Abhandlungen einzuflechten [3]), nur so viel zu sagen, als hinreiche dem Kundigen sie in das Gedächtniß zurückzurufen [4]), manche Lehren ganz zu übergehn, auf manche nur hinzuzeigen, und überhaupt nicht anders als durch ein kunstvolles Verschleiern die Wahrheit bemerklich zu machen [5]). Denn für die, welche Ohren haben zu hören, genüge die Andeutung. So sollten die Stromaten, wie er uns dies so häufig unter verschiedenen Bildern sagt und schon durch ihren Namen es ausdrückt, einem

---

1) Ex Scriptt. proph. Ecl. p. 996.
2) Strom. I, 320.   3) Ib. 326.
4) Ib. VIII, 886.   5) Ib. I, 324 v. f.; 327.

blühenden Garten gleichen, worin mancherlei Blumen und Bäume in beabsichtigter bunter Ordnung angetroffen werden [1]. Wo ihm dieses Bild nicht stark genug ist, vergleicht er sie einer struppigen Berghöhe, auf welcher Cypressen und Platanen, Lorbeer und Epheu, Apfelbäume, Oliven und Feigen, Fruchtbäume und unfruchtbare, wild untereinander stehen, aber durch Umpflanzung ein schönes Ganze zu bilden versprechen [2]. Nur dem redlichen Wahrheitsfreunde, der keine Mühe scheute, sollten die geheimen Aufschlüsse sich darbieten, und in der Regel an rein philosophische Erörterungen, die den Geist üben und empfänglich machen, sich anschließen [3].

Ungeachtet dieser so bestimmten Erklärungen ist nicht zu glauben, daß die alexandrinische Theologie zur Zeit des Clemens irgend schon zu einem System ausgebildet war, und daß er etwa künstlich dasselbe aus seinen Fugen gelöst und stückweise aufgewiesen habe. So wenig die neuplatonische Lehre im zweiten Jahrhundert, oder zu irgend einer Zeit die alexandrinisch jüdische Religionsphilosophie, ein System war, eben so wenig gab es damals ein System der christlichen Lehre; aber wie in den Speculationen aller Parteien jener Zeit, selbst in denen der häretischen Gnostiker, allerdings ein gewisser innerer Zusammenhang ist, der es jetzt uns leicht macht, die einzelnen Hauptlehren in eine übersichtliche Folge zu bringen, so waren auch die Stifter und Anhänger dieser Schulen, bei dem geringen Werth, den sie auf ein streng geordnetes, systematisches Denken legten, überzeugt, daß ihren Lehren nichts Wesentliches mangele, um als vollendet und abgeschlossen zu gelten. Clemens dachte nicht anders von der seinigen. Die systematische Folge der Lehren, die er in seinen Stromaten in den Hintergrund treten lassen will, war weder durch eine frühere Schrift, noch für die mündlichen Lehrvorträge festgestellt; aber sie schien sich ihm von selber ergeben zu müssen, sobald man ihrer bedürfe. Und so glaubte er sich im Besitze eines Systems, während es doch sei-

---

1) Strom. VI, 736.   2) Ib. VII, 901.   3) Ib. I, 327.

nen einzelnen Dogmen zum großen Theile noch an der Abrundung und scharfen Begränzung fehlte, ohne welche ein solches unmöglich mit befriedigendem Erfolge versucht werden konnte.

Auf einer Selbsttäuschung beruht auch seine wiederholte Versicherung, daß der ganze Inhalt der Stromaten im Wesentlichen Überlieferung sei, von ihm keine Lehrmeinung vorgetragen, keine Begründung eines Dogmas versucht worden, die nicht schon Pantänus kannte. Die alexandrinisch christliche Gnosis wollte als eine Geheimüberlieferung gelten, die bis auf Christus, theilweise sogar bis auf die Gottbegeisterten der ältesten Zeiten zurückgeführt werden müsse, um sich auf diese Weise eine ehrenvolle Stelle neben den damaligen häretischen und ethnischen Philosophemen zu sichern, die gleichfalls ein sehr hohes Alter in Anspruch nahmen. Jene Zeit war nicht im Stande den geistigen Entwickelungsgang der Menschheit im allgemeinen und das Ineinandergreifen aller einzelnen Erscheinungen wahrzunehmen; nur als ein ungeregelter Kreislauf der Dinge erschien ihr die Vergangenheit, und sie erwartete von der Zukunft nichts mehr, als die weitere Fortsetzung desselben. Die starre Unbeweglichkeit der orientalischen Welt bei vielfacher innerer Zerrissenheit gab den Maßstab für die Beurtheilung der geistigen Zustände. Was gegenwärtig galt, sollte immer gegolten haben und keiner ferneren Entwickelung bedürfen. In dieser Überzeugung hielt Clemens die Lehre, welcher er nach langem Suchen als der allein vollkommenen sich zuwendete, in der Gestalt, in welcher sie ihm mitgetheilt worden, für abgeschlossen. Wenn er gleichwohl aus den neusten Lehren der Philosophie, die, seit seine Lehrer von ihr zu dem Christenthum übergetreten, nicht unbeträchtlich fortgeschritten war, unleugbar so Manches neu herzubrachte, so geschah dies meist eben so unwissentlich, als jene den Vorstellungen und Ansichten, die zu ihrer Zeit galten, Einfluß auf ihre Auffassungen gestattet hatten. Und wo er der Entlehnung sich bewußt sein mußte, beruhigte ihn, daß alles Wahre in den heidnischen Lehren, weil es der Offenbarungsgläubigen uraltes, von den Philosophen nur in Besitz genommenes Eigenthum sei, auch schon den ersten christlichen Lehrern zu Gebote gestanden haben müsse, sollten sie gleich nicht davon Gebrauch gemacht haben. Auch waren es ja nicht wesentlich neue Gedanken, die Clemens zur Weiterbildung der alexandrinischen Theologie verwendete; er nahm nur fernere Durchführungen der schon lange vorhandenen philosophischen Grundbegriffe auf, die, indem man sie jetzt nach und nach in einen systematischen Zusammenhang brachte, auch immer bestimmter ausgeprägt wurden. Hieraus wird es erklärlich, wie er sich überreden konnte eine empfangene Überlieferung unverändert weiterzutragen.

Auch seine Aussage, daß er nicht etwa alles mittheile, was er wußte, vieles verschweige, vieles in den Schatten zurücktreten lasse, darf uns nicht irre leiten. Gewiß ist kein einziger Hauptpunkt der damaligen Lehre, nicht einmal in den bis auf uns gekommenen Schriften, unberührt geblieben, und keinen finden wir durchaus unzulänglich, die wesentlicheren mehr als zur Genüge erörtert. Wohl gab es damals zu Alexandria eine christliche Arcandisciplin, welche in viel eigentlicherem Sinne, als die spätere Unterscheidung der rationellen und positiven Lehren des Christenthums beim Unterricht der Katechumenen, diesen Namen verdiente, sofern dort in der That diejenigen Vorstellungen, die mit dem Buchstaben der kirchlichen Glaubensregel im Widerspruche stehen, mündlich nur äußerst zurückhaltend vorgetragen wurden [1]. Indeß die ebenmäßige Deutlichkeit, mit welcher sich Clemens Schriften über die verschiedensten Gegenstände, auch die Geheimlehren, verbreiten, wie der Umstand, daß er nirgend die Folgesätze verdeckt, sind doch Beweis genug, daß er in seinen Aufzeichnungen keine irgend erhebliche Lehrbestimmung überging, sondern wirklich die Aufbewahrung des gesammten vorhandenen Lehrstoffs bezweckte. Zwar ist es unverkennbar sein Bestreben sich überall mit der Kir-

---

[1] Strom. I, 324: ... φοβούμενος γράφειν, ἃ καὶ λέγειν ἐφυλαξάμην.

chenlehre im Einklange zu erhalten, und es treten in der späteren alexandrinischen Theologie Heterodoxien hervor, die von ihm noch kaum angedeutet werden[1]); aber der Grund hievon ist nicht ein absichtliches Verschweigen: es waren die Lehren selber noch minder ausgebildet.

Wenn uns diese Andeutungen Zweck und Inhalt der Stromaten im allgemeinen kennen lehren, so erfordert ein bestimmteres Urtheil über die Leistungen dieses Werks noch einige Blicke auf den öffentlichen Lehrbegriff der Kirche zu Ende des zweiten Jahrhunderts.

Clemens gehört einer Periode der Dogmengeschichte an, in der die Vermittelung jener Hauptgegensätze, die man am treffendsten als die einseitige Bevorzugung des petrinischen und des paulinischen Lehrtypus bezeichnet, mannichfach, von Häretikern, wie innerhalb der rechtgläubigen Kirche, versucht wurde. Seit es eine Sammlung der apostolischen Schriften gab, und wie sie in allgemeineren Gebrauch kam, stellte sich auch das Bestreben ein, die verschiedenen apostolischen Lehrformen in ihrer Einheit aufzufassen. Auf der häretischen Seite ist das pseudoclementinische System, welches sich fast ausschließlich auf die Ausgleichung des ebionitisch petrinischen mit dem paulinisirenden gnostischen Extrem beschränkte, die gereifteste Frucht dieser Bestrebung: in den eben jetzt enger als universale Kirche zusammentretenden Gemeinden bildete sich ein Katholicismus der Lehre, welcher nicht nur jene beiden Haupttypen, sondern auch Geist und Lehrweise des Johannes und Jacobus gleichmäßig anerkannte und diese verschieden gearteten Elemente zu einem Ganzen zu vereinigen suchte. Der Gedanke, in jener Mannichfaltigkeit die höhere Einheit aufzusuchen, hervorzuheben und so die Gegensätze auszugleichen, war ein trefflicher Fund und zeigte für alle Folge das Rechte; aber bei dem jenem Zeitalter ei-

---

1) Namentlich in der Eschatologie, auch in der Lehre von der Präexistenz der Seelen und ihren Folgesätzen.

genen Mangel an sondernbem, scharf unterscheidendem Geiste, ließ sich kaum ein Mißgriff vermeiden, der bis auf die Gegenwart nachtheilig fortgewirkt hat und den erst diese erkannte. Statt die Eigenthümlichkeit eines jeden der vier Lehrtypen ins Auge zu fassen und gerade durch die Anerkennung der Verschiedenheit, theilweise selbst des Widerspruchs in Form und Buchstaben, zur Wahrnehmung der inneren Zusammengehörigkeit und Einheit sich den Weg zu bahnen [1]), begnügte man sich den verschiedenen apostolischen Schriften ein gleiches Ansehn beizulegen, überall die unmittelbare Belehrung Christi, ganz seine Gedanken in seinen Worten vorauszusetzen; eben wie man in jedem Verse des alten Testaments ihn selber zu hören meinte. So war ein wahrhaft freisinniger Ausbau des neuen allgemeinen Lehrbegriffs nicht möglich: gewaltsame Deutungen, das ganze Gewicht der philosophischen Zeitansichten, wie subjective Willkühr,- hängte sich im Orient unverzüglich an das neue System, und seine gewaltsam beengenden Schranken wurden hier sofort vermöge der Unterscheidung der Glaubensregel und der tieferen Einsicht durchbrochen; der Occident erstarrte in unverbrüchlichem Glauben an den Buchstaben des Bekenntnisses. Solcher Art waren die Anfänge der katholischen Kirchenlehre.

Betrachten wir die damaligen Dogmen im einzelnen, so begegnen wir überall von neuem unausgeglichenen Gegensätzen, finden wohl auch völlig unvereinbare Elemente neben einander, oder in einander gemischt, und den Kampf meist noch unentschieden. So machten in der Lehre vom Sohne Gottes, aus welcher bisher erst das ebionitische Extrem siegreich entfernt worden, die Subordinationstheorie und der Sabellianismus einander den Vorrang streitig; in dem Dogma von den letzten Dingen, nach Ausscheidung des roheren Chiliasmus, die Apokatastase und die Ewigkeit der Höllenstrafen; in der Lehre von der Seele stritten Präexistenz und Traducianismus um die alleinige Geltung. Diesem Schwan-

---

1) S. Staudenmaier am a. D. S. 237.

ken sogleich ein Ziel zu setzen, vermochte die entstehende alexandrinische Gnosis deshalb nicht, weil sie in ihrem vermittelnden Streben bereitwillig dem breiten Synkretismus des Zeitalters huldigte, nicht dem ägyptischen, einer starren Folgerichtigkeit zugewendeten Geiste. Indem sie unvereinbare Einseitigkeiten um jeden Preis hier auszugleichen, dort zu heben, bald einem grellen Gegensatze entschieden das Gleichgewicht zu halten, bald entgegengesetzte Abwege ebenmäßig zu vermeiden bemüht war, versuchte sie mehrfach Auffassungen, die mit ihren eigentlichen Überzeugungen nicht ganz übereinstimmten, oder die gar nicht als die ihrigen gelten dürfen.

Noch muß hier der Einfluß der damaligen Philosophie auf Clemens erwogen werden. Bei der nahen Verwandtschaft der alexandrinischen kirchlichen Gnosis und der gleichzeitigen Philosophie in Grundansichten und Methode, läßt sich von manchen Begriffen und Vorstellungen unmöglich angeben, ob die Kirchenlehrer sie von den Philosophen entlehnten, oder ob diese sie von jenen vermittelst des damaligen religiösen, auch manche christliche Elemente umfassenden Synkretismus herüber nahmen. Wohl läßt sich mit Sicherheit entscheiden, welche Lehren allein auf das Christenthum, als die folgerechte Entwickelung der eigentlichen Heilswahrheiten, zurückgeführt werden müssen, und welche in der heidnischen, orientalischen oder hellenischen Weltansicht ihren Ursprung haben. Hingegen die Wechselwirkung, welche die christliche Lehre auf die Speculation und Wissenschaft des Zeitalters und diese auf die weitere Entwickelung der Dogmen ausübte, ist viel zu innerlich, und andrerseits die damalige Abgrenzung zwischen Theologie und Philosophie noch zu unbestimmt, als daß es uns gelingen könnte beiden von den mannichfachen Gedankenformen jener Zeit genau das Ihrige zuzuweisen. Aber um so ungerechter war es, den christlichen Theologen durchaus die Originalität abzusprechen, als das Verdienst der früheren schriftlichen Veröffentlichung den Kirchenvätern auf keine Weise streitig gemacht werden kann, die stets den Philosophen in dieser Beziehung voraneilten [1]).

Es ist jene wechselseitige Abhängigkeit der heidnischen und christlichen Speculation, zum Theil vermittelt durch die der Häretiker, die bei der Untersuchung, ob und was Clemens von der damaligen Philosophie in sein theologisches Lehrsystem aufnahm, vor allem beachtet werden muß; wie überhaupt die Frage, welchen Einfluß die Philosophie auf die Lehre der alten kirchlichen Schriftsteller hatte, ob sie nur einen formalen Gebrauch von ihr machten, oder sie in die Lehren selber, bewußt oder unbewußt, hineintrugen, allein durch schärfere Auffassung des Wechselverhältnisses eine genügende Lösung erhalten kann. Hingegen hat die Einseitigkeit, mit welcher man meist unbedingt entweder bejahte, oder verneinte, in den langwierigen, noch immer nicht vollständig geschlichteten Streit über den Platonismus der Väter so viele Verwirrung gebracht [2]).

---

1) Die alexandrinische Philosophie hat kein Werk wie des Clemens Stromaten, oder Origenes Bücher über die Principien, aus der Zeit, in welcher diese schrieben.

2) Das Beste über diesen Streit sind die verdienstvollen Arbeiten von Baumgarten-Crusius, deren Ergebnisse man am bündigsten zusammengestellt findet in seinem Lehrbuch der Dogmengesch. I, 67 ff. Die Literatur dieses schon die alte Kirche bewegenden Streits s. bei Keil Opusc. II, 439 oder bei Daehne de γνώσει Clementis Alex. p. xi. Dähne meint, schon Clemens sei von Ammonius abhängig. Es ist ihm eine ausgemachte Wahrheit, daß Ammonius und Clemens Zeitgenossen waren, und da man beide als Lehrer des Origenes anführe, so müsse auch zwischen beiden eine Verbindung bestanden, und Clemens, wenn er wollte, des Ammonius Philosophie benutzt haben können. Da nun überdies beide so vieles gemeinsam lehren, so folge, daß Clemens von Ammonius entlehnte. — Eine Beweisführung, die gewiß nicht unwiderleglich ist. Allerdings setzt man nach Theodoret (de Graecc. aff. cur. VI, p. 869. ed. Hal.) den Ammonius in die Zeit des Commodus. Aber Plotinus, welcher 205 oder 206 geboren wurde, schloß sich doch erst im 28sten Jahre seines Alters, unbefriedigt durch die Lehrer, die er

Platonismus der Väter.

Man unterscheide die verschiedenen Stufen der Entwickelung, welche wir Philosophie und christliche Gnosis, beide fast gleichen Schrittes zurücklegen sehen [1]. Pantänus, der erste, auf den sich spätere Lehrer der alexandrinischen Kirche berufen, um die Rechtmäßigkeit und den Nutzen ihrer philosophischen Studien zu erweisen, war wohl, weil sie keines Früheren gedenken, in der That auch der erste, der eine ausgebreitetere Kenntniß der Systeme im Dienste der Kirchenlehre verwendete [2]. Er war Philosoph, bevor er Christ wurde, und blieb es nach seiner Bekehrung. Aber wenn nun auch er schon mehrfach den Platonismus bevorzugte, welchem

---

bis dahin gehört, also nach 232, an ihn an, und blieb noch elf Jahre sein Schüler. Clemens verließ schon im J. 203 Alexandria. Wurde hienach Ammonius erst dreißig Jahre nach Clemens Flucht aus Alexandria dem ihn suchenden Plotinus bekannt, so wird man sich nicht veranlaßt finden, jenen unter seinen Zuhörern zu vermuthen, um so weniger, als Origenes mit keinem Worte des Clemens in dem Briefe gedenkt, in welchem er seine Beschäftigung mit der Philosophie durch die Berufung auf den Pantänus und Heraklas zu rechtfertigen sucht (ap. Euseb. HE. VI, 19). Könnte er ihn übergangen haben, wenn auch er ein Zuhörer des Ammonius war? Wenn allerdings Origenes zu diesen gehörte, so fallen seine philosophischen Studien, wie unten erhellen wird, in die Zeit seiner männlichen Reife: er hörte den Ammonius nicht viel vor seinem dreißigsten Jahre. Es ließe sich eher einiges für die ältere Annahme sagen, nach welcher Ammonius Schüler des Clemens war (Brucker II, 205), die jedoch auch nicht erweislich ist. Das Richtige zeigt Gieseler KG. I, 180; vgl. auch Thomasius Origenes S. 18, und Münscher's Dogmengeschichte I, 429.

1) Die Nothwendigkeit einer Unterscheidung zwischen der eklektischen Philosophie der Alexandriner und dem synkretistischen Neuplatonismus wies, nachdem Olearius in den beiden Abhandlungen de Secta eclectica (hinter seiner Übersetzung von Stanleys Gesch. der Phil. Lips. 1711, p. 1205.) den Ammonius als Eklektiker dargestellt, und Brucker hierin gefolgt war, zuerst Bouterwek nach, in dem Aufsatze: Philosophorum Alexandrinorum ac Neoplatonicorum recensio accuratior, Commentt. Soc. Gotting. recentt. class. histor. et philolog. V, 227.

2) Schon Mosheim (de Rebus Christ. ante Constant. M. p. 273) hat dies treffend bemerkt.

man in der Folge mit so großer Entschiedenheit sich zuwendete, so war es doch gewiß nicht ausschließlich diese Lehre, sondern nur Einzelnes aus verschiedenen Schulen, vor allen der stoischen, wodurch er, eklektisch zusammentragend, das Verständniß der Kirchenlehre zu fördern suchte. Im Wesentlichen denselben Standpunkt nahm Clemens ein, welcher gleichfalls noch der Periode des potämonischen Eklekticismus angehört und sich auch aufs bestimmteste zu ihm bekennt [1]). Jedoch in denjenigen seiner Ansichten, die das Verhältniß des Wissens zum Glauben, die Quellen des ersteren, die Offenbarung, wie überhaupt das Transscendente betreffen, tritt schon deutlicher jener orientalisch mystische Geist hervor, der sich so eben zum Philosophem zu gestalten anfing [2]): von seinen theologischen Dogmen sind die meisten noch treu im Geist der Kirchenlehre.

Nie hätten die Theologen in der Glaubenslehre von der Philosophie einen anderen, als den formalen Gebrauch machen sollen, und rathsam wäre gewesen, sorgfältig den Gegensatz zwischen Geist und Wesen des Christenthums und der nichtchristlichen Philosophie aufzufassen, bevor man die Übereinstimmung geltend machte [3]). Die ältesten Kirchenlehrer übersahen nicht ganz den so bemerklichen Unterschied, aber indem sie die Gleichartigkeit überschätzten [4]), verkannten sie die innerste Eigenthümlichkeit des Christenthums und gaben dem Begriffe ihrer Religionswissenschaft eine viel zu weite Ausdehnung. In ihrem Sinne faßt die Gnosis nicht nur die Religionsphilosophie, Dogmatik und speculative Theologie, wie diese heutiges Tags unterschieden werden, sondern alles Wissen überhaupt ohne irgend eine Einschränkung in sich: sie ist die vollständige Erkenntniß der gesammten Wahrheit. Je mehr die Lehren

---

1) Strom. I, 338.
2) S. Dähne in der angef. Schrift p. 2.
3) Erst eine späte Zeit konnte ein Werk wie das von Ackermann über das Christliche im Plato hervorbringen. Vgl. auch Baur, das Christliche im Platonismus, oder Sokrates und Christus. Tübingen 1837.
4) Iustinus M. Apol. II, c. 13.

von der Versöhnung und Erlösung in der Kirche der ersten Jahrhunderte zurücktraten, weil man von der Idee des Opfers, als wäre sie nur dem Heidenthum eigen, sich abwandte, und je bereitwilliger der Orient neue theoretische Erkenntnisse und gesetzliche Vorschriften hinnahm, um so ausschließlicher suchte man den Vorzug des Christenthums vor den Systemen der Philosophen in dem größeren Umfange, wie in der unbedingten Zuverlässigkeit seiner Belehrungen, stellte es aber im übrigen mit jenen in eine Reihe und nannte es gern die wahre Philosophie [1]. Hierüber verlor man den Begriff der Theologie aus dem Auge, verwechselte sie mit christlicher Speculation und Wissenschaft überhaupt, bahnte der nachmals so verderblichen Verwechselung wissenschaftlicher Forschung und kirchlicher Rechtgläubigkeit den Weg, und mengte unter die christlichen Dogmen sofort eine Anzahl philosophischer Lehren. Wie leicht konnte nicht auch geschehen, daß man, wenig geübt den innern Zusammenhang der Systeme, ihren in allen einzelnen Lehren ausgeprägten Grundcharakter aufzufassen, und dahingegen gewöhnt stückweise aus sehr verschiedenen Systemen das Bewährte zusammen zu tragen, jetzt die Lehren, die man schon vor der Annahme des Christenthums sich angeeignet hatte, mit diesem in Verbindung brachte, verschmolz, und so von ihnen unbewußt einen materialen Gebrauch machte. So vom Anfange an die, welche ihre philosophische Bildung dem Dienste des Christenthums widmeten, namentlich Justin der Martyrer, und so auch Clemens; er hat sich öfter als dieser, seltener, als seine späteren Nachfolger [2], der Philosophie in solcher Weise bedienen mögen. Schon Clemens lernte durch Pantänus das Christenthum nicht anders,

---

1) In den Ausdrücken: ἡ βάρβαρος, ἡ καθ' ἡμᾶς, ἡ ἀληθής φιλοσοφία, und ähnlichen.

2) Unerklärlich ist mir die jetzt fast allgemein herrschende Ansicht, die Neander, Thomasius und auch Baumgarten-Crusius (Compendium der Dogmengesch. S. 86) theilen, Origenes sei biblischer und christlicher, als Clemens. Überall wird sich uns ein entgegengesetztes Ergebniß darbieten.

als in jener Verschmelzung mit manchen Sätzen der herrschenden Philosopheme kennen, und ihm schon wurde, was über den Inhalt der einfachen Glaubensregel hinausreichte, nicht nur als geheime Überlieferung, sondern auch, mittelst der allegorischen Erklärung, als Schriftlehre dargestellt. Die Frage, wie sich denn übersehen ließ, daß diese Geheimlehren eben die der neuplatonischen Schule waren, würde eine große Unkenntniß verrathen. Man übersah dies so wenig, daß man vielmehr erklärte, die hellenische Philosophie habe, mittelbar oder unmittelbar, aus den heiligen Urkunden der Christen entlehnt; worin man denn auch in sofern nicht Unrecht hatte, als der Neuplatonismus theils an die philonische Religionsphilosophie sich anlehnte, theils auch nach und nach, wie bemerkt, so manches christliche Element in sich aufnahm. Daß freilich andrerseits Philo einen beträchtlichen Theil seiner Lehrvorstellungen eben von den Hellenen erborgt hatte, und auch das Christenthum noch fortwährend die Einflüsse des Zeitgeistes erfuhr, dies blieb deshalb unbeachtet, weil man nicht minder jetzt, als zu seiner Zeit Philo, auch dieses Fremdartige von dem Logos herleitete. Und sind nicht auch später immer, selbst zu unserer Zeit, die speculativen Theologen abhängig geblieben von den Philosophemen der Gegenwart? Um den Frieden zwischen Wissenschaft und Glauben für die Dauer herzustellen, sagt so treffend ein edler Gegner [1] heutiger Verunstaltungen des Christenthums, müßte die Philosophie in einem gegebenen Augenblick alle Principien der positiven Religion in sich aufgenommen haben und dürfte keine anderen in sich schließen. Aber das hat die Welt noch nicht gefunden, und obgleich der Mensch in ewiger Annäherung nach dieser Einheit strebt, wird sie doch nur jenseit alles Fortschreitens, in Gott selbst erreicht werden. — Die Väter des zweiten und dritten

---

1) Der französische Katholik und Dichter Edgar Quinet in seiner Kritik des Lebens Jesu von Strauß, Revue des deux Mondes, Déc. 1836, deutsch, im Auszuge, mitgetheilt von G. Schwab in der Tübinger Zeitschr. für Theol. 1839. Hft. 4. S. 27. — Der Begriff faßt nicht das Unendliche. —

Jahrhunderts begannen nur die Lösung der großen Aufgabe: man darf nicht von ihnen eine mangellose und vollkommene Leistung erwarten. Vieles ist ihnen gelungen; aber allerdings haben sie auch manche Sätze der hellenischen Philosophie an christliche angereiht, und überhaupt die Glaubenslehren in eine eben dem Zeitgeiste angehörige Form gebracht. Hierin besteht der sogenannte Platonismus der Väter, den man vergeblich völlig in Abrede zu stellen suchte [1]). Sie wollten der Philosophie nicht etwa nur einen formalen Einfluß auf die Gestaltung der christlichen Lehre gestatten: auch die Bruchstücke der Wahrheit, die man vereinzelt in allen noch so verschiedenen Systemen antreffe, wollten sie auffinden und zu einem Ganzen zusammenfügen [2]). Wie die Bacchen die Glieder des Pentheus, so haben, nach Clemens, die Philosophen die an sich Eine Wahrheit zerrissen und stückweise an sich gebracht: der Christ, vermöge seiner höheren Erleuchtung, ist im Stande, alle einzelnen Theile wieder zu erkennen, sie organisch an einander zu fügen und neu zu beleben [3]).

Auf der andern Seite darf man aber auch nicht beinahe die gesammte Theologie der alexandrinischen Väter, ihre wesentlichsten Dogmen, als Ausfluß der damaligen philosophischen Speculation betrachten wollen [4]). Es wiederholte sich vielmehr nur dasselbe, was die Geschichte der hebräischen Theologie in jenem Zeitraume zeigt, wo diese durch die Berührung mit den ihr fremden und doch auch verwandten chaldäischen und parsischen Lehren manche nutzlose oder gar entstellende Ausschmückung, aber auch manche Bereicherung gewann. Einzelne Lehren, namentlich die von den Dämonen und Engeln, treten in ihr seit dem Exil bestimmter her-

---

1) So vor allen Keil in seinen zweiundzwanzig Commentationen über diesen Gegenstand.
2) Strom. I, 337; VI, 781.
3) Strom. I, 348 sq. M. s. auch unten Clemens Lehre von der Offenbarung.
4) Souverain befand sich in diesem Irrthum. Vgl. über ihn Thomasius, Origenes S. 28.

vor; aber weder hat sie den Geist des alten Judenthums aufgegeben und an seiner Stelle den Grundgedanken des Parsismus, anstatt des Monotheismus den Dualismus, aufgenommen, noch auch nur irgend eine Vorstellung entlehnt, die nicht schon der Mosaismus entweder andeutete, oder doch zuzulassen schien [1]). So haben auch die alexandrinischen Väter nicht das Evangelium mit dem Neuplatonismus vertauscht; sie haben nur manches, freilich unzweckmäßig, hineingeschoben, was ihnen sich anzufügen schien, gewisse untergeordnete Seiten mit Vorliebe, geleitet durch den herrschenden Geist, hervorgehoben, darüber wohl auch Wichtigeres unbeachtet gelassen und im allgemeinen den Inhalt der Dogmen minder durch deren wechselseitige Beziehung aufeinander entwickelt, als gleichsam nur von außenher geformt und gestaltet.

Von den häretischen Gnostikern unterscheiden sie sich darin, daß sie, statt wie diese mit einem heidnischen Philosophem einige Gedanken des Christenthums in Verbindung zu bringen, vielmehr zu dem Christenthum, wie die Kirche es überlieferte, diejenigen Vorstellungen hinzunahmen, die ihnen damit im Einklange dünkten. Erläutern, begründen, man darf auch sagen, ergänzen wollten sie die christliche Lehre vermöge des ihr Angehörigen in der hellenischen und orientalischen Philosophie.

Hiebei sollte die Richtschnur lediglich die heilige Schrift sein, deren oberstes Ansehen bei den alexandrinischen Theologen weder durch die Glaubensregel beschränkt war, noch auch von ihnen dem der Kirche irgend untergeordnet wurde. Die traditionelle Richtung des Abendlandes wies stets zurück auf jene Norm der rechtgläubigen Lehre, und erinnerte an die Beglaubigung, welche die Kirche den heiligen Schriften ertheile [2]): die Alexandriner hielten weder

---

[1]) Dies erklärt einigermaßen die Meinung der Älteren, Hyde, Prideaur, Brougthon, nach welchen die Zendbücher aus der jüdischen Lehre schöpften. Eben so haben manche die Abhängigkeit des Neuplatonismus vom Christenthum überschätzt.

[2]) Man vergleiche den bekannten Ausspruch des Augustin, welchen er den Ma-

eine solche Beglaubigung für nothwendig, noch auch konnten sie Anstand nehmen, in ihren Schriftauslegungen über die kirchliche Regel hinauszugehen [1]): eben diese suchten sie durch ihre Schriftforschung zu bereichern, und nur den Beweis für die Rechtmäßigkeit der Methode verstärkten sie durch das Zeugniß der Glaubensregel [2]). Deshalb tritt in der alexandrinischen Schule, vornehmlich bei Clemens, die Beziehung auf dieselbe zurück. Zwar nimmt auch er sie zu Hülfe gegen die häretische Gnosis [3]), aber viel lieber hebt er hervor, daß die heilige Schrift unbedingt um ihrer selbst willen glaubwürdig sei, und auch in sich die Regel ihrer Auslegung enthalte. Die erstere Behauptung gründet er darauf, daß sie von Gott herrührt, dessen Wahrhaftigkeit unmittelbar dem Glauben sich ankündigt, und daß manche Beweise für ihre Glaubwürdigkeit erst dem Gläubigen sich darbieten, indem man vielfach aus der Schrift für die Schrift zu argumentiren im Stande sei. Der Christ glaubt, — gern wiederholt er diesen Gedanken, — nicht menschlicher Auctorität, welche trügen kann, sondern Gott. In diesem Sinne sagte er: das Princip, auf welches sich unsere Lehre gründet, ist der Herr, der uns durch die Propheten, durch das Evangelium und die seligen Apostel „manchmal und auf mancherlei Weise" von dem ersten Anfange bis zu dem Ziele der Gnosis führt. Wenn aber jemand meint, daß das Princip noch irgend einer neuen Voraussetzung bedürfe, so verkennt er die Natur des Princips, wohingegen der, welcher um seiner selbst willen glaubwürdig ist, mit Recht gläubig vernommen wird. Deshalb

---

nichäern entgegenhielt: Non credidissem, nisi me commovisset Ecclesiae auctoritas. Im Streite mit den Donatisten stellte er das Ansehen der h. Schrift über das der kirchlichen Überlieferung.

1) Vgl. Hagenbach's Lehrbuch der Dogmengeschichte S. 93 und die Sendschreiben von Sack, Nitzsch und Lücke an Delbrück über das Ansehen der h. Schrift und ihr Verhältniß zur Glaubensregel, Bonn 1827.
2) Orig. de Princ. I, 89.
3) Strom. VII, 890. 891.

also bedienen wir uns seines Wortes als des Prüfsteins bei der Erforschung der Dinge. Und wie alles, was der Beurtheilung unterliegt, nicht geglaubt wird ohne vorgängige Beurtheilung, so ist nichts als Princip zu betrachten, was noch der Beurtheilung bedarf. Handelt es sich aber um streitige Auslegungen der Schrift, so kann darüber nicht menschliches Meinen entscheiden, sondern nur das Wort des Herrn selber, welches glaubwürdiger, als jede Beweisführung und allein beweiskräftig ist [1]).

Dieser Gedanke leitet ihn hinüber zur Vergleichung der häretischen Schriftauslegung mit der ächten gnostischen. Jener wirft er vor, daß sie theils nicht alle biblischen Bücher anerkenne, theils, die sie anerkenne, verstümmle, und überdies nicht Zusammenhang und Hauptgedanken ins Auge fasse, wenige, meist zweideutige Stellen herausnehme, und dann entweder beim buchstäblichen Sinne verweile, oder in der tieferen Auffassung nicht sich gleich bleibe, vielmehr mit einunddemselben Worte bald diesen, bald jenen Sinn verbinde. Die Wahrheit aber werde gefunden, (ganz ebenso lehrte Philo,) indem man theils erwäge, was dem Herrn, dem allmächtigen Gott, geziemend und angemessen sei, theils jede Auslegung von Schriftstellen durch andre ähnliche Stellen beweise. Die Häretiker hindere hieran dünkelhafte Eigenliebe: die wahre Gnosis gründe auf das, was schon als Gewisses feststeht, den Glauben an das noch Ungewisse, und dieser Glaube sei gleichsam die Wesenheit der Demonstration [2]).

Mit solcher Bestimmtheit verwarf Clemens dem Principe nach jeden Richterspruch der subjectiven Verstandeserkenntniß in den Dingen des Glaubens. Aber wie gerade mit seiner Ansicht von der Offenbarung, ihrer sporadischen Verbreitung und der Nothwendigkeit alle ihre Zeugnisse zu sammeln, zu sichten, dieser strenge Supranaturalismus unvereinbar war, so hat auch schon jene herme-

---

1) Strom. VII, 890.
2) Ibid. 891. 892.

neutische Regel eine Unbestimmtheit, die der Willkühr eine fast völlig freie Bewegung gestattete. Denn nur zu leicht konnten in die Entscheidung darüber, was gotteswürdig sei, vorgefaßte herrschende Schulmeinungen sich einmischen, und auch die Analogie noch so vieler Schriftstellen war trüglich, wenn man einmal allegorisch, nach jenem Princip der Übereinstimmung mit den vernunftgemäßen Vorstellungen, erklärte. Man gerieth in einen Kreisgang der Beweisführung, der allerdings bis zu einer völligen Verflüchtigung der wesentlichsten Dogmen, wie sie früher das Judenthum zu Alexandria, in unserer Zeit das Christenthum in den Schulen gewisser Philosophen erlitt, hätte hinleiten können. Der Geist einer ungeheuchelten Verehrung vor Christus verhütete dies und lenkte die Kirche. Was jene Väter der christlichen Lehre nur aufhefteten, das hat sich später, da es sich nicht in ihr befestigen konnte, zum Theil unbemerkt und wie von selber, wieder abgelöst: das Offenbarsein Gottes in Christus, der alexandrinisch christliche Begriff des Schaffens, die Vergötterung der heiligen Schrift, die Behauptung der Unzulänglichkeit aller nichtchristlichen Philosopheme und des alleinigen Heils durch den Glauben an Christus sind gewiß, wie man über diese Dogmen urtheilen mag, keine neuplatonischen Lehren. Aber auf die Art, wie man selbst diese Dogmen faßte, war der Platonismus des Zeitalters nicht ohne Einfluß.

Dieser Übelstand vereinigt sich mit den mannichfachen hemmenden Verhältnissen, die wir erwähnten, zu eben so vielen Erklärungsgründen, weshalb sich bei Clemens weder eine hinlängliche Klarheit in den Gedanken und ihrer Anordnung, noch auch nur eine durchgängige Einfachheit und Bestimmtheit im Ausdrucke findet. Aber überraschend bleibt, daß er gerade diese Eigenschaften bei jeder Gelegenheit als wesentliche Erfordernisse des christlichen, wie überhaupt des wissenschaftlichen Lehrvortrages empfiehlt [1]), während er Anmuth, Schönheit und den reichen,

---

1) Strom. I, 342. 343.

ungesuchten Schmuck der Rede, die seinen Vortrag auszeichnen, für eine unangemessene, schädliche Zugabe hielt. Denn hierdurch, meinte auch er, werde die Aufmerksamkeit von der Sache abgelenkt auf die Form, und es gewinne den Schein, als ob die christliche Lehre, gleich den sophistischen Philosophemen, der rhetorischen Kunst bedürftig sei [1]). Gewiß, dieses Mißverhältniß zwischen seinem Streben und Können ist ein sprechender Beweis, wie wenig oft der redlichste Wille, selbst bei einer in vieler Hinsicht reichen natürlichen Geistesausstattung, hinreicht, eine einzige Ungunst derselben zu überwinden.

Ungeachtet so mannichfacher Mängel, welche das Verständniß des Clemens erschweren, ist es nicht nur in den wenigsten Fällen unmöglich mit Genauigkeit zu bestimmen, welchen Gedanken er ausdrücken wollte, sondern es läßt sich auch da, wo er mehrere Meinungen anführt, oder wenn er hier dieser, dort jener den Vorzug zu geben scheint, meist sicher seine innerste, nur vorübergehend erschütterte Überzeugung erkennen. Viel seltener als Spätere hat er von jener Unterscheidung eines thetischen und heuristischen Vortrags [2]), die so viele Verwirrung in den Begriffen verschuldete, Gebrauch gemacht, und oft kommt er auf die Gegenstände zurück, die ihn lebhaft beschäftigten. Seinen edlen und freien Geist konnten die mangelhafte Bildung, die Irrthümer seines Jahrhunderts wohl hemmen, nicht aber fesseln. Und wenn er gleich viel weniger für die speculative, als für die praktische Auffassung der christlichen Wahrheiten befähigt war, so steht doch seine Lehre als ein unschätzbares Denkmal der Segnungen da, welche das Christenthum auch dem trüberen Geiste jener Zeit ver-

---

1) Strom. I, 328. 339. 344; VI, 818.
2) Orig. de Princ. I, 69: nunc disputandi specie magis quam definiendi, prout possumus, exercemur. Hieron. Ep. ad Pammach. c. 30: aliud est γυμναστικῶς scribere, aliud δογματικῶς, sqq. Diese Lehrweise ist eine meist unglückliche Nachahmung des platonischen Vortrags: Strom. V, 685. S. auch Quintilian. Inst. or. II, c. 15.

lich, und zeugt noch heute von der hohen Befriedigung, die das Evangelium von jeher dem Wahrheitsverlangen und Gnadendurste gewähren konnte.

Wir versuchen, diese merkwürdige Lehre im Grundrisse, so viel als thunlich mit Clemens eigenen Worten, darzustellen und dabei diejenige Folge zu beobachten, die er selber gewählt haben würde, wenn er eine systematische Anordnung beabsichtigt hätte.

In der Lehre von Gott ist es vor allem die Vorstellung des Einen in der Fülle der unendlichen Schöpferkraft, die Clemens im Gegensatze theils gegen den heidnischen Polytheismus und die hellenische Philosophie, theils gegen die damals allverbreiteten pantheistischen und dualistischen Lehren der häretischen Gnosis hervorhob [1]). Bei der näheren Bestimmung des göttlichen Wesens verschwindet ihm freilich wieder selbst dieser Begriff, sofern er mit Philo [2]) und den Neuplatonikern [3]), denen er eben hier sich anschließt, zu dem negativen Ergebniß gelangt, Gott könne nicht, wie er ist, im Begriffe erfaßt und mit Worten bezeichnet werden [4]). Aber darin geht er, als christlicher Offenbarungsgläubiger, über die hellenische Speculation hinaus, daß er die Erscheinung des Logos im Fleisch als das vollkommene Offenbarwerden Gottes be-

---

1) S. Schnitzer S. xxvi. Schon die spätere hebräische Theologie verweilte vorzugsweise bei den physischen Eigenschaften Gottes (s. von Cölln, Bibl. Theol. I, 366) und steigerte die Vorstellungen von seiner absoluten Erhabenheit. Eben hiedurch gelangte sie zu der Unterscheidung des δεύτερος θεός.
2) Gfrörer I, 1, 117. Dähne I, 114.
3) Vogt Neoplatonismus und Christenthum S. 50.
4) Strom. V, 685. 689. 695. — Selbst die heilige Schrift konnte ihn uns nicht, wie er ist, bezeichnen: οὐ γὰρ ὡς ἔχει τὸ θεῖον, οὕτως οἷόντε ἦν λέγεσθαι· ἀλλ' ὡς οἷόντε ἦν ἐπαίειν ἡμᾶς σαρκὶ πεπεδημένους, οὕτως ἡμῖν ἐλάλησαν οἱ προφῆται, ουμπεριφερομένου σωτηρίως τῇ τῶν ἀνθρώπων ἀσθενείᾳ τοῦ κυρίου. Ib. II, 467. Vgl. Dachne de γνώσει Clementis Alex. p. 86.

trachtete, indem in Christus die Wahrheit, die bisher nur in einzelnen gleichsam zuckenden Strahlen der Menschenwelt leuchtete, in ihrer ganzen Macht und Fülle kund geworden [1]. Und weit entfernt von dem Mißverstande heutiger Metaphysiker, welche das uns Unbegreifliche schlechthin für nicht seiend erklären, hingegen in Übereinstimmung mit Plato [2], wie mit den philonischen und neuplatonischen Theorien, im Sinne unserer heiligen Schriften und Christi selber [3], betrachtet er, ächt deistisch, den verborgenen, in sich noch ruhenden Urgrund nie als absolute Negation des Daseins: er erklärt ihn für das Allerrealste, die ewige Quelle aller Wesenheit, Vernunft und Güte [4], legt ihm, ganz abgesehen von dem

---

1) Strom. I, 338. 342. 349. 376; IV, 674; VI, 762. Vergl. Staudenmaier, Scotus Erigena S. 246.

2) Diesem ist Gott das αὐτὸ τὸ ἀγαθόν. S. Ritter's Gesch. der Phil. II, 314 der zweiten Ausgabe, wo K. F. Hermanns Einwendungen widerlegt sind. In dem trefflichen Dresdner Schulprogramm von Herm. Bonitz, Dispp. Platon. duae, Dresd. 1837, p. 32 seqq. findet man eine ausführlichere Widerlegung der Beweise des Letzteren.

3) Wo sie von dem Gotte redet, der im Verborgenen wohnt: Matth. 6, 6.

4) Strom. IV, 638: ὁ θεὸς δὲ ἄναρχος, ἀρχὴ τῶν ὅλων παντελής, ἀρχῆς ποιητικός· ᾗ μὲν οὖν ἐστιν οὐσία, ἀρχὴ τοῦ ποιητικοῦ τόπου· καθόσον ἐστὶν τἀγαθόν, τοῦ ἠθικοῦ· ᾗ δ' αὖ ἐστι νοῦς, τοῦ λογικοῦ καὶ κριτικοῦ τόπου· ὅθεν καὶ διδάσκαλος μόνος, ὁ μόνος ὑψίστου ἄγνου (fortasse leg. υἱός aut γόνος. Sylb.) πατρός, ὁ παιδεύων τὸν ἄνθρωπον. Hieher gehört auch das Fragm. de Providentia ap. Maximum II, 144, bei Potter p. 1016, welches Gott als οὐσία und φύσις bezeichnet, sofern er das wahre Sein der Dinge ist: τὸ δι' ὅλου ὑφεστός, ἡ τῶν πραγμάτων ἀλήθεια ἡ τούτων τὸ ἐνούσιον, oder, wie es Cohort. 60 heißt: τῆς τῶν ὄντων ἀληθείας τὸ μέτρον. Noch entscheidender ist die Stelle Paedag. I, 150: πρὶν γὰρ κτίστην γενέσθαι, θεὸς ἦν, ἀγαθὸς ἦν· καὶ διὰ τοῦτο καὶ δημιουργὸς εἶναι καὶ πατὴρ ἐθέλησεν. Auch nennt wohl Clemens den Urgrund selber νοῦς, Cohort. 78. An dieser Stelle heißt Gott auch ἡ ἀγαθὴ μονάς. Nur die Gerechtigkeit faßte Clemens als eine erst in Bezug auf die Geschöpfe in Gott hervortretende Eigenschaft, wenn er sagt, sofern in ihm der Sohn sei, werde er der Gerechte genannt (Paedag. I, 140); wobei jedoch auch er die Einheit des Guten und

Erkennbarkeit Gottes.

Hervorgehen des Logos, das vollkommenste Wissen und Wollen bei [1]), und leitet die Unbestimmbarkeit dieser überschwänglichen Wesensfülle der Gottheit nur aus der Beschränktheit des creatürlichen Denkens her, nicht aus ihrem eigenen Sein. Gerade das Gegentheil seiner Betrachtungsweise ist das Vorgeben Neuerer, daß Gott, welcher einer absoluten Nothwendigkeit seiner Selbstentwickelung unterliege, erst in dem menschlichen Geiste zum Bewußtsein von sich gelange. Denn geflissentlich stellt er das Unvermögen des endlichen, geschaffenen Geistes in eigener Kraft die Gottheit irgend zu erkennen, in das hellste Licht. Dieses vermöge, lehrt er, weder die Wissenschaft [2]), noch eine (plotinische) Isolirung des Göttlichen in uns, durch die wir mit Gott zu Einem Subjecte würden [3]): nur allein durch seine Mittheilungen an die Seele und sein Zeugen von sich [4]), theils in den Werken der Schöpfung [5]), theils in unmittelbaren Einwirkungen [6]), sind die Menschen dazu im Stande. Wie er aber beide, die Schöpfung und jene Einwirkungen, in ihrem ganzen Umfange allein durch den Logos vermittelt denkt, den er den Offenbarer Gottes nennt, die Weisheit,

---

Gerechten wider die Gnostiker aufs nachdrücklichste behauptet (Paed. I, 442). Im Übrigen vergleiche über das Ungenügende dieser Ausdrücke die im Folgenden mitgetheilte Stelle Strom. V, 695, die so entschieden die Unzulänglichkeit menschlicher Begriffe und Worte hervorhebt.

1) S. sogleich unten, wie Clemens sein schöpferisches Wollen darstellte. Auch Plotin stellt den Urgrund als das Denken, wenn schon nicht als das Denkende dar: Enn. V, 3, p. 508.

2) Strom. IV, 635: $\dot{o}$ $\mu \grave{e} \nu$ $o\grave{\tilde{u}} \nu$ $\vartheta \varepsilon \grave{o} \varsigma$, $\dot{a} \nu a \pi \acute{o} \delta \varepsilon \iota \varkappa \tau o \varsigma$ $\ddot{\omega} \nu$, $o\dot{u} \varkappa$ $\ddot{e} \sigma \tau \iota \nu$ $\dot{\varepsilon} \pi \iota \sigma \tau \eta \mu o \nu \iota \varkappa \acute{o} \varsigma$ d. i. nicht Gegenstand der Wissenschaft. Hieher gehört noch die Stelle Strom. V, 696: „Auch durch Demonstration ($\dot{\varepsilon} \pi \iota \sigma \tau \acute{\eta} \mu \eta$ $\dot{a} \pi o \delta \varepsilon \iota \varkappa \tau \iota \varkappa \acute{\eta}$) wird Gott nicht erfaßt; denn diese schließt aus Früherem und Bekanntem: eher als der Ungezeugte ist aber nichts. Es bleibt also nichts übrig, als daß wir durch göttliche Gnade, und zwar allein durch den Logos, der bei ihm ist, den Unbekannten kennen lernen."

3) S. Daehne l. c. p. 90.
4) Strom. II, 431.
5) Ibid. I, 425. 6) Ibid. V, 696.

die Wissenschaft und was sonst noch diesen verwandt ist, und welchem er vermöge seiner Gleichheit mit Gott entschieden die vollständigste Einsicht in alle Tiefen der Gottheit beilegt [1]), so lehrt er auch, daß in ihm die ganze göttliche Wesensfülle uns erschienen sei, daß er keinerlei Erkenntnisse uns vorenthalte [2]), und nur dem Begriffe und der Demonstration sich entziehe, was uns durch die Gnadenmittheilungen zu eigen geworden [3]). Auf diese Weise vereint er die Behauptung der Unerkennbarkeit und der vollen Erfaßlichkeit Gottes im Glauben.

Ein einiges Urwesen, kein anderes neben ihm [4]), sagt er, die Ewigkeit der Hyle bestreitend, wie vor ihm Theophilus [5]), ist der Ursprung, und zwar Schöpfer alles Daseins, Gott, der Allmächtige [6]). Dieses Namens bedient er sich zur Bezeichnung des höchsten Wesens, aus den eben angegebenen Gründen, am häufigsten, während er da, wo er über das innerste, uranfängliche Sein desselben sich erklären will, das Ungenügende auch dieser Benennung zeigt. „Gott, so heißt es in der Hauptstelle über diesen Gegenstand [7]), ist der, welcher alles in sich faßt, und kann eben deshalb, weil er der Unendliche, Allerfassende ist, von niemand selbst wieder erfaßt, begriffen werden. Und so ist denn die Untersuchung über sein Wesen von allen die schwierigste. Denn wenn es schon schwer ist, den Grund eines einzelnen Dinges aufzufinden, so ist es gewiß noch viel schwieriger, sich auszusprechen über

---

1) Strom. IV, 635; VII, 829. Vgl. unten die Lehre vom Logos.

2) Ibid. VI, 775. 3) Ibid. II, 435.

4) Ibid. l. c.: τὸ καθόλου, ὃ οὔτε οὖν ὕλη ἐστίν, οὔτε ὕλη, οὔτε ὑπὸ ὕλης. Vgl. Strom. V, 700, wo die Lehre von der Ewigkeit der Hyle aus dem Mißverstande von 1. Mos. 1, 2 hergeleitet und widerlegt wird. S. auch Cohort. 55.

5) Ad Autolyc. II, 349. 6) Ὁ παντοκράτωρ.

7) Strom. V, 695. Wir theilen diese Stelle meist nach Staudenmaier's trefflicher Übersetzung im Scotus Erigena S. 244 mit, und geben die wichtigeren Abweichungen mit ihren Gründen an.

Bezeichnungen Gottes.

den ersten, ewigen Urgrund, die Ursache des Werdens und Daseins für alles, was da ist. Denn wie sollte das ausgesprochen werden können, was weder Gattung, Art, Differenz, Individuum [1]), noch auch Zahl, Accidenz, der Accidenzien theilhaftig, nicht Ganzes [2]), noch Theilbares ist. Deswegen ist er auch der Unendliche, nicht weil er nicht begriffen werden kann [3]), sondern weil er ohne Ausdehnung [4]) und Grenze ist; und deshalb ist er auch formlos [5]) und ohne Namen. Wenn wir ihn daher auch auf uneigentliche Weise das Eine [6]), das Gute, die Intelligenz [7]) oder das Sein [8]), oder Vater oder Gott, oder Schöpfer oder Herr nennen, so thun wir

---

[1]) Ἄτομον.

[2]) Staudenm.: „das All." Im Grundtext: ὅλον, ohne Artikel. Es folgt: „denn der Ausdruck Ganzes hat auf den Begriff der Größe Beziehung; er aber ist der Vater des Alls." Die letzteren Worte scheinen Staudenm. irre geleitet zu haben. Sie enthalten den Nebengedanken, daß Gott über jede Größe unendlich erhaben gedacht werden müsse, selbst über das All, dessen Urheber er ist, und daß er um so weniger als Ganzes bezeichnet werden dürfe, da dieser Begriff den der Größe voraussetze. Daß ὅλον hier Ganzes, nicht All, sei, folgt überdies aus dem unmittelbar sich anschließenden Gegensatze: er sei auch nicht Theil, und nicht einmal theilbar.

[3]) Οὐ κατὰ τὸ ἀδιεξίτητον (leg. ἀδιεξίτητον aut ἀδιεξήγητον) νοούμενον. Staudenm.: „nicht weil er im Begriffe nicht durchgangen werden kann." Clemens will sagen, daß er nicht deshalb, weil wir ihn nicht zu fassen vermögen, sondern an sich der Unendliche sei.

[4]) Κατὰ τὸ ἀδιάστατον.

[5]) Ἀσχημάτιστον.

[6]) Τὸ ἕν. In der Cohort. 72 nennt er ihn die μοναδικὴ οὐσία, auch die ἀγαθὴ μονάς, und findet diese Bezeichnung Strom. IV, 633 angemessen, weil sie den Gegensatz zur Vielheit und Gespaltenheit des creatürlichen Daseins ausdrücke: ἑνὸς ὄντος τοῦ θεοῦ κατὰ τὴν ἀμετάστρεπτον τοῦ ἀεὶ θεεῖν (s. über dieses Wort Potter zu Cohort. 24) τὰ ἀγαθὰ ἕξιν. Hingegen im Paedag. I, 140 sagt er: ἓν δὲ ὁ θεός, καὶ ἐπέκεινα τοῦ ἑνός, καὶ ὑπὲρ αὐτὴν μονάδα.

[7]) Νοῦς.

[8]) Αὐτὸ τὸ ὄν. Vgl. Strom. I, 425: „Gott ist noch ἐπέκεινα τῆς πάντων κρατίστης οὐσίας."

dies nicht, als ob wir damit seinen Namen aussprächen, sondern in Ermangelung eines solchen bedienen wir uns dieser trefflichen Worte, damit der Gedanke daran haften könne, nicht abirre. Nicht diese einzelnen Namen bezeichnen Gott, sondern alle zusammen weisen hin auf die Macht des Allmächtigen. Denn alle Prädikate beziehen sich entweder auf die accidentellen oder inneren Verhältnisse des Gegenstandes, und bei Gott lassen sich weder diese, noch jene annehmen."

Außer Zeit und Raum, fern von uns seinem Wesen nach, ist er uns nahe durch seine alles umfassende Macht[1], seine ewige, in den Dingen wirkende und specielle Vorsehung[2], unbedingte Präscienz und Allwissenheit[3]; alles durchdringt er in dieser Weise[4], nicht so, wie die pantheistischen Stoiker es darstellen[5]. Er ist wandellos und unveränderlich[6], ohne jedes Begehren, ohne Leidentlichkeit[7], durch sich selber der Gute[8], ein geistiges Urlicht[9]. In seiner Güte wollte er Wesen, die ihn zu erkennen

---

1) Strom. II, 431. In der Stelle Cohort. 59, welche Gott einen Aufenthalt im Raume ($ἄνω\ που\ περὶ\ τὰ\ νῶτα\ τοῦ\ οὐρανοῦ$) anzuweisen scheint, drückt Clemens nur die Denkweise des frommen Heiden aus, und entlehnt überdies aus Hom. Il. II, 159.

2) Ibid. I, 347; IV, 598. Man vgl. unten in der Lehre vom Logos die Stelle über die göttliche Vorsehung.

3) Ibid. VII, 832. 858.

4) Ibid. V, 729: $τοῦ\ πατρὸς\ ἄρα\ καὶ\ ποιητοῦ\ τῶν\ συμπάντων\ ἐμφύτως\ καὶ\ ἀδιδάκτως\ ἀντιλαμβάνεται\ πάντα\ πρὸς\ πάντων·\ τὰ\ μὲν\ ἄψυχα,\ συμπαθοῦντα\ τῷ\ ζώῳ·\ τῶν\ δὲ\ ἐμψύχων,\ τὰ\ μὲν\ ἤδη\ ἀθάνατα\ καθ'\ ἡμέραν\ ἐργαζόμενα\ κ.\ τ.\ λ.$

5) Ibid. I, 346; V, 712.

6) Ibid. I, 418.

7) Ibid. II, 467. 472: $ἀνενδεὲς\ γὰρ\ τὸ\ θεῖον\ καὶ\ ἀπαθές$. Vergl. Ibid. V, 687; Paedag. IV, 250, und die Parallelen aus Philo, die Potter zu letzterer Stelle gesammelt hat.

8) Paedag. I, 150: $ὥστε\ ἀγαθὸς\ μὲν\ ὁ\ θεὸς\ δι'\ ἑαυτόν·\ δίκαιος\ δὲ\ ἤδη\ δι'\ ἡμᾶς$.

9) Adumbr. in Ep. I. Io. p. 1009: lumen ergo Deus est seqq. Strom.

vermöchten, und die er um ihrer selbst willen lieben könnte ¹); so wurde er Urheber der Schöpfung ²). Um die Welt hervorzubringen, ward der Vater des Alls in reger Empfindung für die Geschöpfe, die er wollte, gleichsam Mutter derselben, Ursprung des abgeleiteten Daseins und Lebens; und vor allem, in der Fülle der Ewigkeit, entstand die erste Frucht seiner Liebe, der Sohn, oder, was schon bei Clemens ³) ganz einundasselbe ist, der Logos, den er aus seinem Wesen zeugte ⁴).

Darin bleibt Clemens überall sich gleich, daß er, ob er schon eine absolute Uranfänglichkeit allein dem ewig Ungezeugten beilegen konnte ⁵), doch den Ursprung des Logos vor alle Zeit setzt ⁶) und als einen solchen bezeichnet, der ohne (zeitlichen) Anfang ist ⁷). Schneller als die Sonne, so stellt er es dar, tauchte derselbe aus dem väterlichen Willen hervor ⁸), in zeitloser, ewiger Gegenwart, jenem göttlichen Heute ⁹), oder, was dasselbe ist, dem uranfänglichen Tage ¹⁰), von wo die Urweisheit ¹¹) und die Gnosis, das wahre Licht ¹²), zu uns herüberleuchtet, und der noch dann ist, wann wir einst alles ererben und das All der Dinge, in seinem

---

I, 418: δηλοῖ (τοῦτο) τὸ ἄτρεπτον αὐτοῦ φῶς καὶ ἀσχημάτιστον. Auch nennt er den Logos φωτὸς ἀρχέτυπον φῶς. So Cohort. 78.

1) Paedag. I, 102.
2) Ibid. I, 150.
3) Nicht erst bei Origenes, wie Hagenbach angiebt, Dogmengesch. S. 129.
4) Quis dives salv. 956, und zu dieser Stelle Neander, gnostische Systeme S. 209; auch Guerike de Schola Alex. II, 127.
5) Strom. VI, 769.
6) Πρὸ αἰώνων, Ib. VII, 829.
7) So nennt er an der zuletzt angeführten Stelle den Sohn die ἄχρονος καὶ ἄναρχος ἀρχή τε καὶ ἀπαρχὴ τῶν ὄντων, τὸ πρεσβύτερον ἐν γενέσει, τὸ πρέσβιστον καὶ πάντων εὐεργετικώτατον.
8) Cohort. 86. 9) Pf. 2, 7.
10) Ἀρχίγονος ἡμέρα.
11) Ἡ πρώτη σοφία, d. i. der Logos.
12) Πρώτη τῷ ὄντι φωτὸς γένεσις, d. i. nicht des sinnlich wahrnehmbaren Lichtes (1 Mos. 1, 3), sondern des geistigen.

Lichte [1]), überschauen. Deshalb nennt er auch den Logos den Anfang und das Ende der Zeiten [2]), das Alpha und zugleich das Omega, und sagt, daß sein Anfang zugleich Ende, sein Ende Anfang ist, ohne irgend ein Auseinander [3]). Und so konnte er denn auch behaupten [4]): Der Anfang der Zeugung des Sohnes fällt mit dem Ursein des Schöpfers zusammen; denn wenn Johannes sagt: „was von Anfange war [5])", so deutet er auf die anfangslose Zeugung des Sohnes, der zugleich mit dem Vater da ist, und giebt so eine Ewigkeit desselben ohne Anfang zu erkennen. Er ist derselbe von jeher, und nicht in dem Sinne, wie die anderen Hervorbringungen des Vaters, geschaffen [6]).

In der Lehre vom Wesen des Sohnes finden wir ihn unstreitig auf der Seite derer, welche eine völlige Gleichheit desselben mit dem des Vaters [7]) behaupteten. Denn nicht nur redet er von einem „Gott in menschlicher Gestalt" [8]), einem Gott Logos, der „in" dem Vater, wie zur Rechten des Vaters, und in

---

1) ... ἐν ᾧ τὰ πάντα συνθεωρεῖται καὶ πάντα κληρονομεῖται. S. diese ganze Stelle Strom. VI, 810, und vgl. zu Erläuterung des Begriffes jenes göttlichen σήμερον Cohort. 70: ... μέχρι δὲ συντελείας καὶ ἡ σήμερον (Ps. 95, 7) καὶ ἡ μάθησις διαμένει· καὶ τότε ἡ ὄντως σήμερον, ἡ ἀνελλειπὴς τοῦ θεοῦ ἡμέρα, τοῖς αἰῶσι συνεκτείνεται. Ähnlich Cic. de Nat. Deor. I, c. 9: Saecula nunc dico, non ea, quae dierum noctiumque numero annuis cursibus conficiuntur; nam fateor ea sine mundi conversione effici non potuisse. Sed fuit quaedam ab infinito tempore aeternitas, quam nulla temporum circumscriptio metiebatur, spatio tamen, qualis ea fuerit, intelligi potest: quod ne in cogitationem quidem cadit, ut fuerit tempus aliquod, nullum cum tempus esset. Vgl. auch meine Anmerkung zu Orig. de Princ. p. 4.
2) Ἀρχὴ καὶ τέλος αἰῶνος, Paedag. II, 215.
3) ... οὐδαμοῦ διάστασιν λαβών, Strom. IV, 635.
4) Adumbr. in Ep. 1. Ioan. p. 1009.
5) 1. Joh. 1, 1.
6) ... sempiternus est et infectus.
7) Cohort. 86: ὁ τῷ δεσπότῃ τῶν ὅλων ἐξισωθείς, ὅτι ἦν υἱὸς αὐτοῦ.
8) Θεὸς ἐν ἀνθρώπου ὀχήματι, Paedag. I, 99.

Wesen des Logos.

und mit seiner Menschheit Gott ist [1]), einem Gott und Herrn über Alles voll Demuth [2]): er bedient sich auch derjenigen Bezeichnung [3]), welche die damalige Theologie nur der höchsten Gottheit selber im Unterschiede von denen beilegte, die an ihr vermöge ihrer Gottverwandtschaft Theil haben. So wenn er sagt [4]): Schmecket und sehet, daß Christus „der Herr" [5]) ist. In dieser Überzeugung lehrt er denn auch ihn göttlich verehren, anbeten [6]), und richtet sehr häufig in seinen Werken, in die er Hymnen zum Preise des Logos aufnahm, Gebete an ihn. Man könnte sogar in manchen seiner Ausdrücke den Sabellianismus zu erkennen meinen [7]). Denn als Arm, Kraft, Wille, Wirkung, Offenbarung der höchsten Gottheit und als die erscheinende und wirkende Gottheit selber bezeichnet er ihn [8]); und wenn er die bisher übliche Unterscheidung

---

[1]) Paedag. II, 190.
[2]) Ibid. l. c. Vgl. Strom. VII, 866.
[3]) Des Wortes θεός mit dem Artikel, welches so schon Philo (de Somn. I, 655) in jener Weise braucht, in welcher es der Bedeutung des hebräischen הָאֱלֹהִים im Gegensatze zu אֱלֹהִים, entspricht, indem letzteres das göttliche Wesen, die Gottheit, hingegen jene Form den einen und wahren Gott bezeichnet. Doch beobachtet Philo nicht durchgängig diesen Unterschied: Ritter, Gesch. der Phil. IV, 443. S. auch Clemens Strom. III, 548; Origenes Tom. II. in Ioan. p. 50.
[4]) Cohort. 72.   [5]) Ὁ θεός.
[6]) Strom. VII, 851.
[7]) So Souverain, Platonismus der Väter S. 185.
[8]) Ὁ φανερώτατος ὄντως θεός, d. i. der offenbar der wahre Gott ist: Cohort. 86; ὁ παντοκράτωρ καὶ πατρικὸς λόγος, Paedag. I, 148; σοφία πατρική, Ibid. 156; βραχίων κυρίου, δύναμις τῶν ὅλων, τὸ θέλημα τοῦ πατρός, Cohort. 93; ἀγαθοῦ πατρὸς ἀγαθὸν βούλημα, Paedag. III, 309; πατρική τις ἐνέργεια, Strom. VII, 832. Indeß keiner dieser Ausdrücke muß in dem sabellianischen Sinne gedeutet werden. Wie man die Engel δυνάμεις nannte, ohne ihre Persönlichkeit leugnen zu wollen (s. Münscher's Dogmengesch. I, 431), so konnte ohne Heterodoxie auch der Sohn auf jene Weise bezeichnet werden. Hingegen zeigt sich allerdings in der Art, wie Clemens dem Sohne nur um der Geschöpfe willen ein selbstständiges Dasein beilegte (s. oben S. 109) eine gewisse Hin-

eines ausgesprochenen und eines dem Wesen des Vaters imma=
nenten Wortes [1]) mißbilligte, so wollte er hiedurch nicht, wie
dies im allgemeinen die Kirche bei der Verwerfung des Ausdrucks
beabsichtigte, die numerische Verschiedenheit in der Trinität [2]),
sondern die Wesensgleichheit des Logos hervorheben [3]). Nichts=
destoweniger hat er anderweitig wie diese, so auch die selbststän=
dige Persönlichkeit desselben bestimmter geltend gemacht, als alle
früheren Väter. Er verließ jene Unterscheidung des ausgesproche=
nen und immanenten Wortes, um mit Philo, und in altplatoni=
scher Weise, den Logos als ewige Idee oder Urgedanken des gött=
lichen Verstandes darzustellen, und an eben diese Auffassung knüpfte
er die Behauptung eines selbstständigen Daseins desselben [4]). Um
so unentbehrlicher war in seinem System diese Hypostasirung, als

---

neigung zur sabellianischen Lehre. Und im Paedag. I, 140 sagt
er: (θεός) καθὸ μὲν πατὴρ νοεῖται, ἀγαθός· καθὸ δὲ υἱός, ὢν ὁ
λόγος αὐτοῦ, ἐν τῷ πατρί ἐστιν, δίκαιος προσαγορεύεται, ἐκ τῆς πρὸς
ἄλληλα σχέσεως ἀγάπης ἰσότητι μεμετρημένον ὄνομα δυνάμεως. Indeß
welcher Ausdruck: „ἐν τῷ πατρί ἐστιν", der nicht die tertullianische Lehre
enthält, sondern wohl an Joh. 17, 21 sich anschließt, und der Gedanke,
der in den Schlußworten liegt, gestatten uns doch selbst hier nicht den Sa=
bellianismus zu finden. Aus diesen Bemerkungen erhellt auch der Sinn
der Worte: ἐν αὐτῷ γὰρ (τῷ πατρί) ὁ υἱός, καὶ ἐν τῷ υἱῷ ὁ πατήρ,
Paedag. I, 129.

1) Λόγος προφορικός, im Gegensatze zu dem λόγος ἐνδιάθετος, s. Münscher
am a. O. S. 425.
2) S. Neander KG. I, 659.
3) Strom. V, 646: ὁ γὰρ τοῦ πατρὸς τῶν ὅλων λόγος, οὐχ οὗτός ἐστιν ὁ
προφορικός, σοφία δὲ καὶ χρηστότης φανερωτάτη τοῦ θεοῦ, δύναμίς τε
αὖ παγκρατὴς καὶ τῷ ὄντι θεῖα. — Hienach ist das: προελθὼν δὲ ὁ
λόγος δημιουργίας αἴτιος, Strom. VI, 654, aufzufassen: es geht auf
seine zeitlose, ewige Zeugung, und soll die vollkommene Immanenz
des Logos nicht ausschließen.
4) Ibid. V, 654, wo sich Clemens ausdrücklich auf Platos Phädrus be=
ruft, die Stelle, die er anführt, jedoch mißversteht (s. Potter zu d. St.).
S. auch Cohort. 78.

er noch die menschliche und göttliche Natur des Erlösers nicht unterschied, vielmehr ihn immer nur als den in einen Körper hinabgestiegenen Logos dachte. Der Logos, sagt er [1]), zeugte später sich selbst, als er Fleisch wurde, um so sichtbar zu erscheinen — in einer Natur [2]), die, wie er selber das Abbild des Vaters, so wieder von ihm das freilich unvollkommene Bild ist. Und so erklärt sich, wie Clemens das Verhältniß zwischen dem einen wahren Gott und dem, welcher der Anfang aller Dinge, der erstgeborene Sohn ist [3]), in Ausdrücken bezeichnen konnte, die in einer späteren Zeit allerdings Häresie waren. Auf Erden, meinte er, ist der frömmste Mensch das erste der Wesen; im Himmel sind es die Engel: über alle ist die vollkommenste und heiligste, allherrschende, leitende, königlichste und wohlthätigste Natur, die des Sohnes, welche dem allein Allmächtigen „am nächsten" steht [4]). Sie besitzt den erhabensten „Vorrang", indem sie alles nach dem Willen des Vaters ordnet, das All aufs weiseste leitet, und mit unermüdlicher, wie unzerstörbarer Kraft Alles wirkt; das ganze Heer der Engel ist ihr, um dessen willen, der es ihr untergeordnet hat, unterworfen [5]). — Um so weniger darf diese Stelle, die unverkennbar im Keime die Lehre der Subordinatianer enthält, ganz im Sinne des nicänischen Symbols gedeutet werden [6]), als Clemens mehrfach den Sohn ausdrücklich einen Diener Gottes nennt [7]), und zwar bisweilen ohne alle Beziehung auf seine menschliche Natur [8]). Auch nennt

---

1) Strom. V, l. c.
2) Diese Angabe findet sich Cohort. 78.
3) Strom. VI, 769.
4) Die Heterodoxie dieses Ausdrucks hat Möhler in der Patrologie, wo er ihn anführt, nicht bemerken mögen.
5) Strom. VII, 831.
6) Bull Defensio fidei Nic. II, c. 6, 9, 13. Unbefangen urtheilt dagegen Petavius de Theoll. dogmatt. II, 4 p. 16.
7) Strom. VII, 832; Paedag. III, 251.
8) So in der eben angeführten Stelle der Stromaten.

er ihn das zweite Princip ¹), und soll sogar ihn und den heiligen Geist als die ersten, vor allen geschaffenen Kräfte bezeichnet haben, die zwar die Unwandelbarkeit im Guten besitzen, aber doch immer in gewissem Sinne nur auf gleicher Stufe mit den Engeln und Erzengeln stehen ²). So befindet sich denn Clemens hier, wenn wir seine Lehre vom Standpunkte der späteren Orthodoxie betrachten, in einem unauflösbaren Widerspruche mit sich selber; aber für ihn fand ein solcher noch gar nicht statt. Denn noch galt die Bezeichnung der Zeugung des Logos als einer Erschaffung nicht für häretisch, und die gesammte Geisterwelt wurde als ein eng in sich verbundenes, eben durch den Logos zusammen gehaltenes Ganze betrachtet. Je nachdem ihn also Clemens ausschließlich als Ausstrahlung des Urgrundes, oder von derjenigen Seite auffaßt, nach welcher er den Geschöpfen, als Vermittler der Schöpfung, verwandt ist, je nachdem wählt er die Ausdrücke. Und unerschüttert bleibt auch dann sein Glaube an die gleiche Wesenheit des Sohnes und Vaters, wenn er nur diesem ein absolutes Dasein beilegen kann, und von jenem sagt, daß er eine Hervorbringung des Vaters sei, dessen ewige Zwecke vollziehe und in so fern ihm diene. Des Sohnes und Vaters Wesen ist nach Clemens ein und dasselbe; als selbstständige Persönlichkeit konnte er den Sohn nur unterordnen.

Man hat geglaubt, ganz die plotinische Auffassung in Clemens Lehre vom Logos zu bemerken ³). Beruht diese Ansicht auf

---

1) Τὸ δεύτερον αἴτιον, Strom. VII, 838.
2) Adumbr. in Ep. I. Ioan. p. 1009: Hae namque primitivae virtutes ac primo creatae (Filius et Spiritus s), immobiles existentes secundum substantiam, et cum subiectis angelis et archangelis, *cum quibus vocantur aequivoce*, diversas operationes efficiunt. Vgl. Phot. cod. 109: τὸν υἱὸν εἰς κτίσμα κατάγει (sc. Clemens) und Münscher I, 457, dem ich in der Art, wie er diese und andere Beschuldigungen bei Photius begründet, nur beistimmen kann.
3) Dähne am a. O. p. 95.

einem Mißverstande ¹), so findet dahingegen eine unverkennbare Verwandtschaft zwischen ihm und Philo statt, den wohl auch schon Pantänus genutzt haben mochte, und dessen Philosopheme von nun an durch die alexandrinischen Lehrer der Kirche bei den Christen in Aufnahme kamen. Mit Philo betrachtet er den Logos als den Anfang und das Ende, Ziel und Halt aller Dinge, der Welt Bildner, Ordner und Wiederhersteller ²), und legt ihm nicht anders, als dem Vater, eine magnetisch alles, nicht bloß die mit Vernunft begabten Geschöpfe, durchdringende Kraft, wie eine auf alles

---

1) Clemens soll nur ausnahmsweise den Urgrund νοῦς genannt haben, während seine eigentliche Meinung darin sich zu erkennen gebe, daß er vielmehr den Logos als ὅλον τὸν νοῦν bezeichnete: so meint Dähne am a. O. Allein niemals hat Clemens den Logos auf diese Weise bezeichnet, auch nicht Strom. VII, 831, bei Sylburg, den Dähne anführt, p. 702: er sagt hier, der Logos sei ὅλος νοῦς, ὅλος φῶς πατρῶον, ὅλος ὀφθαλμός, πάντα ὁρῶν κ. τ. λ., und so ist der Sinn deutlich genug. Andere Stellen, auf die sich Dähne beruft, werden wir unten bei der Lehre vom Erkennen des Geistes erörtern. Im übrigen ist die ganze Darstellung, die ich hier versuche, eine indirecte Widerlegung seiner Ansicht. Hier hebe ich nur dies noch hervor, daß es nicht die Überfülle von Kraft im Urgrunde, wie Plotin meinte, auch nicht die nackte logische Nothwendigkeit neuerer Metaphysiker war, worin Clemens den Grund für das Hervorgehen des Logos fand. Die Liebe des Vaters, der auch bevor er schuf die realste aller Wesenheiten war, gab dem Sohne, so lehrte Clemens, das Dasein. Und nur darin nähert er sich der neuplatonischen Auffassung, daß er diese Liebe des Vaters vor allem auf die Geschöpfe gerichtet dachte, und nur um dieser willen (s. oben S. 109) den Sohn hervorgehen ließ. Bei dieser Ansicht konnte der Sohn folgerichtig nur als Mittelglied zwischen dem Urgrunde und der Schöpfung, nothwendig um ihretwillen, erscheinen; eine, wie bemerkt, dem Sabellianismus verwandte Ansicht. Hingegen ist die Übereinstimmung zwischen der Lehre des Clemens und der valentinianischen, die darin bestehen soll, daß beide den Logos aus dem Nus herleiteten, und an welcher noch Münscher, Dogmengesch. I, 455, Anstoß nahm, nichts als ein leerer Schein, der bei genauerer Betrachtung sehr bald verschwindet.

2) Strom. V, 654; Cohort. 5.

sich erstreckende Fürsorge bei [1]). Denn auch vom Logos sagt Clemens, daß er Alles beschaue [2]), erfülle [3]), den Seelen einwohne [4]) und sie erleuchte [5]), die Erziehung unseres Geschlechts leite [6]), durch die Propheten und durch Wunder sich bekundet habe [7]), und daß er wie Schöpfer, so auch Vollender der Menschen sei [8]). Überdies ist er, als der offenbar gewordene Gott, die höchste Schönheit und das wahre Licht [9]).

---

1) Paedag. I, 101; Hymn. II. in Paedag. p. 213. v. 38 sqq. — Alles ist dem Sohne, dem ἡγεμὼν τῶν ὅλων (Paedag. I, 137), von dem Vater übergeben (Strom. I, 417), und auf alles erstreckt sich sein, wie des Geistes Wirken: er ist ὁ τῶν ὅλων λόγος, wie jener ὁ τῶν ὅλων πατήρ, und auch der Geist ist überall (— ἕν, καὶ τὸ αὐτὸ πανταχοῦ). S. Paedag. I, 123 und zu der Stelle Bull am a. O. II, c. 6, 3. Die zuletzt angeführten Worte können dem Zusammenhange gemäß keinen anderen Sinn haben, als den welchen Bull und Hervetus darin finden: — — et Spiritus sanctus unus, et ipse est ubique. In jedem Falle enthält die Stelle die Lehre von der Allwirksamkeit der Personen. Man vergl. noch Strom. V, 729 über die bis in die Materie hinein sich verbreitenden Einflüsse des Geistes. — Wenn Clemens Strom. VII, 834 die Wirksamkeit des Logos auf die Guten zu beschränken scheint, so ist zu erwägen, daß er die Bösen nur sofern sie böse sind der positiven Einwirkung des Logos entzogen denkt.
2) Ὁ παντεπόπτης λόγος, Paedag. III, 280.
3) ... πάντῃ κεχυμένος, Strom. VII, 840.
4) Als σύνοικος des λογιστικόν der Seele: Paedag. III, 251; vermittelst des πνεῦμα αἰσθήσεως, d. i., der Empfänglichkeit für das Höhere, Göttliche: Strom. I, 330. 337. Um so näher ist er der Seele, jemehr sie sich vergeistigt: Strom. IV, 611.
5) Cohort. 72. 88, und besonders 59: ὅς ἐστιν ἥλιος ψυχῆς.
6) Gern denkt er ihn als ἀγαθός, θεῖος παιδαγωγός aller Menschen: Paedag. III, 157; Strom. I, 638.
7) Cohort. 7.
8) Indem er den Erdgeborenen zu einem heiligen und himmlischen Menschen umwandelt und bewirkt, daß wir, geschaffen nach dem Bilde Gottes, auch die Ähnlichkeit (1. Mos. 1, 26) mit ihm erlangen, als ἐκθεούμενοι: Paedag. I, 156.
9) Strom. II, 439.

Der Logos als Erlöser.

Zu diesen Bestimmungen fügte Clemens diejenigen hinzu, welche der Glaube an die Erscheinung des Logos im Fleische gewinnen ließ. Er nennt ihn den Gottmenschen [1]), der zugleich König, Priester und prophetischer Lehrer ist [2]), ein weiser Arzt [3]), strenge und mild in seinem Wirken [4]). Unter einem andern Bilde bezeichnet er ihn als den rechten Mystagogen [5]), der allein die wahren Mysterien enthüllt [6]), und was mehr ist, als dies, den Erneuer aller Dinge [7]) und Urheber des Heils für die gefallenen Wesen [8]), welcher diese hoch über die frühere Stufe emporhebt [9]), und für sie die ganze Welt zu einem unermeßlichen Meere der Gnadengüter umwandelte durch seine Erlösung [10]), überall auf Erden einen ewigen Frühling [11]), und den Himmel selber einheimisch machte [12]). Und weit davon entfernt, gleich Philo die Möglichkeit einer jemaligen Erhebung der Seele über den Logos hinauf zum Schauen des Urgrundes zu lehren [13]), denkt er jede Erkenntniß des Absoluten durch jenen vermittelt [14]), und legt

---

1) Cohort. 7: ὁ μόνος ἄμφω, θεός τε καὶ ἄνθρωπος. Zahlreiche andere Stellen hat Guerike II, 145 gesammelt.

2) Strom. II, 439. 3) Cohort. 8.
4) Paedag. I, 136. 155. 5) Strom. IV, 637.
6) Cohort. 91. 7) Strom. II, 436.
8) Ἁπάντων ἡμῖν αἴτιος τῶν ἀγαθῶν, Cohort. 7.
9) Ὦ θαύματος μυστικοῦ· κέκλιται μὲν ὁ κύριος, ἀνέστη δὲ ἄνθρωπος· καὶ ὁ ἐκ τοῦ παραδείσου πεσών, μεῖζον ὑπακοῆς ἆθλον, οὐρανοὺς ἀπολαμβάνει, Cohort. 86. — Quis div. salv. 956: διὰ τοῦτο τὰ ἀνθρώπων ἑκὼν ἔπαθεν, ἵνα πρὸς τὴν ἡμετέραν ἀσθένειαν, οὓς ἠγάπηοε, μετρηθείς, ἡμᾶς πρὸς τὴν ἑαυτοῦ δύναμιν ἀντιμετρήσῃ.
10) Ibid. l. c.: δι᾽ ὅν, ὡς ἔπος εἰπεῖν, τὰ πάντα ἤδη πέλαγος γέγονεν ἀγαθῶν. 11) Paedag. I, 110.
12) Cohort. 88. 125.
13) Die höchste Vollendung der Seele im künftigen Leben besteht darin, daß sie gelangt ἕως τῆς ἐπαναβεβηκυίας καὶ προσεχοῦς τοῦ κυρίου ἐν ἀϊδιότητι θεωρίας, Strom. VII, 834. Eine höhere Stufe giebt es nicht als die: τῶν ὑπὸ τῷ σωτῆρι πρώτων τεταγμένων, Ibid. VII, 865.
14) Strom. IV, 638: ὅθεν καὶ διδάσκαλος μόνος ὁ μόνος ὑψίστου ἁγνοῦ

ihm, seiner Allerhabenheit wegen, eine theilweise Unbegreiflichkeit bei [1]).

Die biblische Trinitätslehre hat eine durchaus praktische Richtung. Sie verpflichtet uns zu einer Andacht, in welcher wir die unendliche Erhabenheit Gottes über Alles, die Unerkennbarkeit seines überweltlichen, in sich verborgenen Seins nicht minder, als die gleichfalls unermeßliche Herablassung verehren, in der er durch die Offenbarung seiner erlösenden Liebe uns nahe getreten ist; zeigt eben so klar die hohe Bestimmung unserer menschlichen Natur, wie ihren tiefen Verfall, beides durch die Behauptung der göttlichen Würde unseres Erlösers, und gewährt uns so eine unendlich erhebende Zuversicht, welche die Empfindungen wahrer Demuth begleiten. Eine solche Lehre ist eine ungleich größere Aufgabe für die Gesinnung, als für das speculative Denken: wäre sie nur, zumal in der späteren griechischen Kirche, in ihrem wahren Wesen erkannt worden.

Clemens war keineswegs ohne Sinn für die ethischen Elemente der Lehre, wenn er sie schon nicht alle erkannte, und die

---

(lege υἱὸς s. γόνος Sylb.) πατρὸς, ὁ παιδεύων τὸν ἄνθρωπον. Cohort. 9 nennt er Christus die Thür (Joh. 10, 11), weil er uns alle Pforten der Himmel öffne. „Niemand, fährt er fort, hat Gott erkannt, als nur der Sohn, und wem ihn der Sohn offenbart. Der aber die bis dahin verschlossene Thür öffnete, enthüllt auch später, wohl weiß ich es, was drinnen ist, und zeigt was zuvor gleichfalls nur von denen erkannt werden konnte, die durch Christus eingingen, durch welchen allein Gott geschaut wird." Den Beweis hiefür gründet Clemens nicht etwa nur auf Christi Erscheinung und Lehre, durch welche allein Gott uns wahrhaft bekannt geworden (Paedag. I, 109), sondern deutlich sagt er, daß nur Christus, kein anderes Wesen, Gott vollkommen erkenne (Strom. VI, 666), und leitet allein von ihm jene Einsichten in die Geheimnisse her, die das natürliche Fassungsvermögen überschreiten (τὰ ἀκατάληπτα), und die allein der wahre Gnostiker erfassen kann: Strom. VI, 775. Vgl. Cohort. 59: δι' οὗ μόνου — τοῦ νοὸς καταυγάζεται τὸ ὄμμα.

[1]) Strom. IV, 635: ἀπαρέμφατος δέ ἐστι τῆς περὶ ἑκάστης αὐτοῦ τῶν δυνάμεων ἐννοίας..

er erkannte nicht allseitig entwickelte: der damalige niedere Standpunkt des Dogmas gestattete dies nicht. Aber im Gefühle ergriff er das Rechte, und mit einer Begeisterung, welche unmöglich ein nur verständiges Denken, vielmehr allein der Glaube an die göttliche Würde und Kraft des Erlösers gewähren konnte, preist er ihn, so oft er sein Wirken bezeichnet.

„Köstlicher, sagt er [1]), ist uns das Wort, das uns erleuchtete, als Gold und Edelgestein; süßer als der Honigseim dem Munde [2]). Wie sollten wir nicht dessen begehren, welcher den in Finsternissen gleichsam begrabenen Geist wieder hell machte [3]), und die Sehkraft der Seele schärfte, die noch für das Licht empfänglich war. Wenn die Sonne fehlte, so würden die übrigen Gestirne die Nacht nicht verscheuchen, die alsdann alles umflösse: so würde, wenn wir nicht das Wort erkannt hätten und nicht von ihm erleuchtet wären, unser Zustand der Finsterniß jener Gemächer gleichen, worin man das Geflügel mästet, bevor es geschlachtet wird. Lasset uns doch also das Licht fassen, um Gott zu fassen; lasset uns das Licht fassen und des Herrn Jünger werden. Er hat dies dem Vater versprochen: ich will deinen Namen meinen Brüdern verkündigen, in der Versammlung [4]) dich preisen. O preise ihn und verkündige mir deinen Vater, Gott! Dein Preisgesang wird mich belehren, wie ich bisher im Suchen nach Gott irre ging; und wenn du, Herr, mich zum Lichte führst und ich Gott finde durch dich, und von dir den Vater empfange, so werde ich auch dein Miterbe [5]), weil du dich nicht schämtest mich Bruder zu heißen [6]). Ihm wollen wir zujauchzen: sei gegrüßt, o Licht; denn uns, die wir im Dunkel begraben, von Todesschatten umfangen waren, leuchtete vom Himmel ein Licht [7]) entgegen, reiner als Sonnen-

---

1) Cohort. 87. 2) Pf. 19, 10.
3) Ich übersetze nach der Lesart ἐναργῆ, für ἐνεργῆ.
4) Ἐν μέσῳ ἐκκλησίας. Ps. 22, 22.
5) Röm. 8, 17. 6) Hebr. 2, 11.
7) Matth. 4, 16; Jes. 9, 2.

licht, süßer als dieses Leben! Dies Licht ist das ewige Leben: was an ihm Antheil hat, lebet; und die Nacht scheut das Licht, schwindet und weicht dem Tage. Alles ist nun ein Licht geworden, das nie sinkt: der Untergang glaubte dem Aufgange [1]. — Doch es ist Zeit, mit diesen Worten beschließt er den Pädagogus [2], daß ich aufhöre, euch ferner zu leiten, und ihr den Lehrer selber vernehmet. Er wird euch aufnehmen und nach der guten Vorübung die Gottessprüche lehren. Trefflich lehrt die Kirche und der Bräutigam, der alleinige Lehrer, der des guten Vaters gutes Wollen ist, die ächte Weisheit, des Wissens Heiligung. Er ist die Versöhnung für unsere Sünden, wie Johannes sagt [3], das ist, der, welcher uns, wenn wir ihm angehören, Leib und Seele genesen macht [4]; ein Heiland, nicht allein für unsere Sünden, sondern auch für die der ganzen Welt. Und daran erkennen wir, daß wir ihn kennen, wenn wir seine Gebote halten. Wer da sagt, ich kenne ihn und hält seine Gebote nicht, ist ein Lügner, und in ihm ist keine Wahrheit; wer aber sein Wort hält, in dem ist wahrhaft die Liebe Gottes vollkommen: daran erkennen wir, daß wir in ihm sind. Wer da sagt, daß er in ihm bleibe, muß so wandeln, wie er gewandelt hat [5]. — Alles macht und lehrt und ziehet der Logos. Das Pferd wird an dem Zügel und der Ochse im Joch geführt, das Wild fängt man in Netzen: der Mensch aber wird durch den Logos umgebildet. —— Lasset uns deshalb zum Schlusse in Gemeinschaft derer, welche als Lichter in dieser verkehrten Welt leuchten, an ihn dies Gebet richten:

Sei uns gnädig, Erzieher der Menschen, deinen Pfleglingen, du Vater, Wagenführer in Israel, Sohn und Vater, zugleich beides, o Herr! Verleihe uns, deinen Geboten Folge zu leisten und so die Ähnlichkeit mit dem Bilde, nach welchem wir geschaffen

---

[1] $Καὶ\ ἡ\ δύσις\ ἀνατολῇ$ (occidens orienti) $πεπίστευκεν$.
[2] Paedag. III, 309.   [3] 1 Joh. 2, 3.
[4] Clemens spielt auf die Bedeutung des Namen Jesus an, den er von $ἰᾶσθαι$ ableitet.   [5] 1 Joh. 2, 4. 5. 6.

Gebet an den Logos.

worden, ganz zu erreichen; auch inne zu werden, so viel wir können, daß Gott gütig sei, nicht ein hartherziger Richter. Gewähre du selber uns allen, die du aus den Fluthen der Sünde gerettet und hinüberversetzt hast in deinen Gottesstaat, zu wandeln in deinem Frieden, damit wir in tiefer Stille uns mitbewegt fühlen mit dem heiligen Geiste, in unaussprechbarer Weisheit bei Nacht und Tage, harrend auf den Anbruch des vollen Tages, in Dankliedern zu loben und in Lobliedern Dank zu sagen dem, der allein Vater und Sohn, Sohn und Vater ist [1]), dem Sohne, der Erzieher und Lehrer ist, wie auch dem heiligen Geiste: dem Alleinen [2]), in welchem alles, durch welchen alles eins, durch welchen die Ewigkeit ist; dessen Glieder alle sind, dessen Ehre die Äonen [3]); dem Allgütigen, dem Allherrlichen [4]), dem Allweisen, Allgerechten, welchem die Ehre jetzt und in Ewigkeit sei. Amen."
Hierauf folgen die beiden Lobgesänge auf den Erlöser, von welchen der erstere, vermuthlich ein sehr alter kirchlicher Hymnus, den Clemens in sein Werk aufnahm, der bekanntere ist, der andere mit

---

1) Irrig bezieht Guerike II, 135 diese Doxologie auf die göttliche Trias, indem er erst die später folgenden Worte: πάντα τῷ ἑνὶ κ. τ. λ. an den Sohn gerichtet denkt. Allein schon hier wird Christus, wie im Anfange des Gebets, der, welcher Vater und Sohn zugleich ist, genannt: Vater, als Erzieher und Lehrer der Menschen, und nach Jes. 9, 6 (πατὴρ αἰώνιος); Sohn, theils seiner göttlichen, theils der menschlichen Natur nach, und in Folge der angeführten Stelle des Jesaias, V. 6 zu Anfange. In eben diesem Sinne nennt Clemens den Sohn: υἱὸς ἐν πατρὶ καὶ πατὴρ ἐν υἱῷ, Paedag. I, 112. Auch diese Stellen enthalten also nicht die sabellianische Lehre.

2) Πάντα τῷ ἑνὶ d. i. dem Alleinen, s. Strom. IV, 635: καὶ δὴ οὐ γίνεται ἀτεχνῶς ἕν, ὡς ἕν, οὐδὲ πολλὰ, ὡς μέρη, ὁ υἱός· ἀλλ' ὡς πάντα ἕν· ἔνθεν καὶ πάντα.

3) So übersetzt richtig Grabe zu Bull Defensio fidei Nic. II, 6: cuius gloria sunt saecula. Die gewöhnliche Interpunction ist diese: οὗ δόξα, αἰῶνες, cuius sunt gloria et saecula.

4) Πάντα τῷ καλῷ.

Sicherheit, aus inneren Gründen [1], für ein Werk des Clemens gehalten wird.

Clemens bezeichnet die Gottheit als heilige Trias [2], und lehrt auch an den heiligen Geist Gebete richten [3], den er überhaupt, wie wir fanden, neben den Sohn, auf dieselbe Stufe stellte. Wir dürfen deshalb nicht zweifeln, daß er die Gottheit desselben anerkannte. Man könnte sogar meinen, daß er ihm eine auf alles sich erstreckende Macht und Fürsorge beigelegt habe, indem er ihn in derselben Weise als Vermittler der Wirksamkeit des Sohnes bezeichnet, wie er diesen Kraft, Arm, Wirkung des Vaters nannte: die Kraft des Logos, sagt er, ist der Geist, wie das Blut die des Fleisches [4]; anderwärts nennt er ihn den Mund des Herrn. Indessen sagen doch diese Stellen bei genauerer Betrachtung nicht mehr, als was er anderweitig ausdrücklich angiebt, daß derselbe in den Propheten, Aposteln, in allen Gläu-

---

[1] Nur wenn jener Hymnus nicht von Clemens, dieser hingegen sein eigen ist, erklärt sich das κἀγώ in dem ersten Verse:

Σοὶ τόνδε κἀγώ, Παιδαγωγὲ, προσφέρω
Λόγοισι πλέξας στέφανον κ. τ. λ.

Auch ist die Anrede an den Erlöser: Παιδαγωγὲ, ein Idiotismus dieses Verfassers. Piper in seiner fleißigen Schrift über den sogenannten ersten Hymnus des Clemens (Clementis Alex. Hymnus in Salvat., Gotting. 1835) ist anderer Meinung. Indessen ist, was er für die Ächtheit des ersteren Hymnus sagt, gehaltlos, und auch sein verwerfendes Urtheil über den zweiten hat er nicht versucht zu begründen. Die beste deutsche Übersetzung des ersteren trefflichen Lobgesanges ist, so viel ich urtheilen kann, die in Rheinwald's Repertorium, Jahrg. 1836. Bd. 14. S. 114. Man vgl. auch die Schrift von Eylert: Clemens von Al., als Philosoph und Dichter. Berl. 1832.

[2] Strom. V, 710. Zuerst unter allen christlichen Schriftstellern hatte Theophilus Ant. das platonische Wort in diesem Sinne gebraucht.

[3] In der so eben aus Paedag. III. mitgetheilten Stelle, wo es heißt (p 311): εὐχαριστοῦντας αἰνεῖν τῷ μόνῳ πατρὶ καὶ υἱῷ — οὐν καὶ τῷ ἁγίῳ πνεύματι. Vgl. auch Guericke de Schola Alex. II, 134.

[4] Paedag. II, 177.

bigen wirkt¹). Überhaupt hat Clemens in seinen uns erhaltenen Schriften dieses Dogma nirgend entwickelt²), und es war auch jene Zeit noch so ausschließlich mit der Speculation über den Logos beschäftigt, daß sich von ihr keine gründliche Weiterbildung der Lehre vom Geiste erwarten läßt. Nur das noch hat Clemens hervorgehoben, daß man eben durch ihn zur Unverweslichkeit³) gelange.

Da Gott ein durchaus übersinnliches Wesen ist⁴) und von unbegrenzter Allmacht⁵), so genügte allein sein Wollen, um das All hervorzubringen⁶). Auch die Materie, die an sich gut ist⁷), die Elemente, rief er hervor, außerhalb aller Zeit und daher nicht in allmäliger Folge. Wenn die Schrift eine solche angiebt, so nimmt sie nur auf die Beschränktheit unserer Fassungskraft Rücksicht, und deutet zugleich den Vorzug an, den die einen Geschöpfe

---

1) Paedag. II, 208; Strom. VII, 870 und besonders die Auseinandersetzung Ibid. V, 698, in welcher diese Worte entscheidend sind: ἀλλ' ἡμεῖς μὲν „τῷ πεπιστευκότι" προσεπιπνεῖσθαι τὸ ἅγιον πνεῦμα φαμέν.

2) Strom. V, 699 verspricht er, da wo er von der Weissagung und dem Wesen der Seele handeln werde (ἐν τοῖς περὶ προφητείας κἂν τοῖς περὶ ψυχῆς), zu entwickeln, was der heilige Geist sei. Die Abhandlung περὶ προφητείας kündigt er außerdem noch Ibid. IV, 605, die über die Seele Ibid. III, 516 an. Doch wollte er wohl nicht selbstständige Werke über diese Gegenstände liefern, sondern sie in späteren Abschnitten der Stromaten berühren.

3) Paedag. II, 177. An einer andern Stelle nennt er unbestimmter Gott ihren Urheber: Strom. II, 430.

4) Strom. V, 689. Vgl. Ibid. VII, 853: ὅλος ἀκοὴ καὶ ὅλος ὀφθαλμός, ἵνα τις τούτοις χρήσηται τοῖς ὀνόμασιν, ὁ θεός.

5) Paedag. I, 102: οὐδὲν δὲ, ὃ μὴ δύναται ὁ θεός.

6) Ψιλῷ τῷ βούλεσθαι δημιουργεῖ, καὶ τῷ μόνον ἐθελῆσαι αὐτὸν ἔπεται τὸ γεγενῆσθαι, Cohort. 55. Die Welt ist nichts anders als der ins Leben tretende Wille Gottes: τὸ θέλημα αὐτοῦ ἔργον ἐστί, καὶ τοῦτο κόσμος ὀνομάζεται, Paedag. I, 114.

7) Adumbr. in Ep. 1. Ioan. p. 1011: non creatura, sed saeculares homines — in maligno constituti sunt (1 Ioan. 5, 19). Strom. II, 457. Clemens hatte hier wohl die Stelle 1 Mos. 1, 31 im Auge. Vgl. auch Strom. V, 700.

vor den andern haben ¹). Denn wohl haben sie als solche alle, die Geister und die körperlichen Dinge, ein und dasselbe Wesen miteinander gemein ²), indem die Materie keineswegs, wie die Häretiker vorgeben, der absolute Gegensatz der geistigen Welt ist: sie ist ebenso wenig böse an sich, als die Seele an sich gut ³); zu ihrer Entwickelung soll dieser jene dienen ⁴). Doch giebt es einen Rangunterschied der Wesen; alle vernunftlosen Geschöpfe, selbst die Himmelskörper, sind nur um der Menschen willen vorhanden ⁵). Und mehr als die Menschen sind die Engel ⁶), ob diese gleich, selbst die obersten, zu ihrem Dienste bestellt sind ⁷); mehr als die Engel die Erzengel, welche sich jedoch auch noch nicht auf der Stufe der Unwandelbarkeit im Guten befinden; denn diese ist allein dem Urgrunde, dem Sohne und heiligen Geiste eigen ⁸). Vollkommener als die Erde, die im Mittelpunkte des Weltalls, nicht in der Tiefe, befestigt ist ⁹), sind die Himmel, über deren achtem, dem unbeweglichen Firmamente, die Ideenwelt sich befindet ¹⁰). Geringer als die Menschen sind die Thiere, deren Seele von grö-

---

1) Strom. VI, 813. Clemens schließt sich hier dem Philo (de Opif. mundi) im Wesentlichen treu an. Man findet einen trefflichen Auszug aus dieser Schrift bei von Cölln, biblische Theol. I, 382.

2) Ibid. IV, 639: ἑνὸς γὰρ τὰ πάντα θεοῦ· καὶ οὐκ ἄν τις εἴη φύσει τοῦ κόσμου ξένος· μιᾶς μὲν τῆς οὐσίας οὔσης, ἑνὸς δὲ τοῦ θεοῦ.

3) Ibid.: οὔτε ἀγαθὸν ἡ ψυχὴ φύσει, οὔτε αὖ κακὸν φύσει τὸ σῶμα.

4) Ibid. 638. Auch 591: Geist und Körper sollen einen heilsamen Kampf mit einander führen (ὡς συμφερόντως μαχόμενα).

5) Cohort. 55.   6) Strom. IV, 566, nach Ps. 8, 5.

7) Gott hat sie demselben gegen einen großen Lohn unterworfen: Quis div. salv. p. 952.

8) Adumbr. in Ep. 1. in Ioan. p. 1009: Hae namque primitivae virtutes ac primo creatae (Filius et Spiritus s.), *immobiles existentes secundum substantiam*, et cum subiectis angelis et archangelis, cum quibus vocantur aequivoce, diversas operationes efficiunt. Bis zu dem siebenten Himmel hinauf findet die Gefahr des Wechsels und der Veränderung statt: der achte ist die unbewegliche Welt der Ideen, Strom. IV, 636.

9) Strom. V, 665.   10) Ibid. IV, 636.

Geist des Menschen. 125

berem Stoffe ist, und des göttlichen Lebensodems, der dem ersten Menschen eingehaucht ward, wie der Ebenbildlichkeit mit dem Logos ermangelt [1]), die in der Vernunft besteht. Um der Geschöpfe willen ist Gott, der Urgute, nun auch der Gerechte: gut um sein selbst willen, unsertwegen gerecht, jedoch, so lehrte Clemens im Gegensatze zu dem Dualismus der Gnostiker, ein und derselbe sofern er der Gute und der Gerechte ist [2]).

Der Geist des Menschen ist nicht, wie Philo, Plotinus und selbst Kirchenväter der ältesten Zeit [3]) lehrten, gleichen Wesens mit Gott, oder gar ein Theilchen desselben [4]): nicht einmal den Antheil, den wir an dem heiligen Geiste besitzen, tragen wir als einen Theil der Gottheit in uns [5]); eben so wenig wird das Wesen des Logos das unsere [6]). Doch ist unser Geist unmittelbar von Gott, nicht mittelbar durch die Zeugung [7]), durch welche nur der Körper entsteht [8]). Fragen wir näher nach Clemens Lehre vom Ursprunge der Seele, so bemerken wir allerdings bei ihm hin und wieder einige Annäherung an die Annahme einer Präexistenz, die später Lehre der Alexandriner war. Bald unterscheidet er die Thatsünden von denen, in welchen jemand geboren worden [9]), bald spricht er von Seelen, welche auserwählter sind, als die Auserwählten, ein göttlicher Same; sagt, daß sie in die Fremde und Pilgrimschaft herniedergesendet wurden, und daß nach ihrer

---

1) Strom. V, 698. 703. 2) Paedag. I, 141. 150.
3) Wenn auch nicht, wie gewöhnlich angegeben wird, Justinus: s. Daehne p. 90.
4) Strom. II, 467. 469.
5) Ibid. V, 698; vgl. VI, 808.
6) Wir haben an ihm wohl $\varkappa\alpha\tau\dot{\alpha}\ \delta\acute{\upsilon}\nu\alpha\mu\iota\nu$, aber nicht $\varkappa\alpha\tau'\ o\dot{\upsilon}\sigma\acute{\iota}\alpha\nu$ Theil: Strom. VI, 810.
7) $T\dot{o}\ \dot{\eta}\gamma\varepsilon\mu o\nu\iota\varkappa\dot{o}\nu,\ \ddot{\omega}\ \delta\iota\alpha\lambda o\gamma\iota\zeta\acute{o}\mu\varepsilon\vartheta\alpha,\ o\dot{\upsilon}\ \varkappa\alpha\tau\dot{\alpha}\ \tau\dot{\eta}\nu\ \tau o\tilde{\upsilon}\ \sigma\pi\acute{\varepsilon}\rho\mu\alpha\tau o\varsigma\ \varkappa\alpha\tau\alpha\beta o\lambda\dot{\eta}\nu\ \gamma\varepsilon\nu\nu\acute{\omega}\mu\varepsilon\nu o\nu$, Strom. VI, 808. Die Seele ist eine $\varkappa\tau\acute{\iota}\sigma\iota\varsigma\ \tau o\tilde{\upsilon}\ \pi\alpha\nu\tau o\varkappa\rho\acute{\alpha}\tau o\rho o\varsigma$, Strom. III, 554; $\tau o\tilde{\upsilon}\ \tau\dot{\eta}\nu\ \psi\upsilon\chi\dot{\eta}\nu\ \nu\acute{\varepsilon}\mu o\nu\tau o\varsigma$, Quis div. salv. 950.
8) Strom. IV, 581. 559; VI, 808. 819.
9) Quis div. salv. p. 956: — — $\varkappa\ddot{\alpha}\nu\ \dot{\varepsilon}\nu\ \dot{\alpha}\mu\alpha\rho\tau\acute{\eta}\mu\alpha\sigma\iota\nu\ \ddot{\eta}\ \gamma\varepsilon\gamma\varepsilon\nu\nu\eta\mu\acute{\varepsilon}\nu o\varsigma$. Hier können kaum andere Sünden als selbstverschuldete verstanden werden.

Einsammlung die Welt, ihre Übungsschule oder ihr Kampfplatz, unverzüglich werde aufgelöst werden [1]; und stets hebt er hervor, daß die geistige Welt früher als die materielle war. „Da Gott gut ist [2], so schuf er wegen des Edelsten in der Schöpfung — das Edelste aber von allem ist der Geist [3] — um es zu wahren, später auch das Übrige, und verlieh diesem sowohl dazusein, als auch in einem jeden seiner Bestandtheile, nach Maßgabe der Natur dieser einzelnen Theile, zum Besseren fortzuschreiten", d. h. der stufenweisen Läuterung und Verklärung fähig zu sein. Andrerseits bekämpft er mit Nachdruck an zahlreichen Stellen die platonische und gnostische Lehre von einem vorweltlichen bessern Dasein der Geister, wie von ihrem Hinabsinken in die Materie sei es durch eigene Schuld, oder vermittelst irgend einer physischen Naturnothwendigkeit [4]. Und so schwankend zwischen Creatianismus und Präexistenz, jedoch in entschiedener Abneigung gegen diese, die bisher nur von Häretikern oder heidnischen Philosophen gelehrt wurde, jenem sich zuneigend, vermittelte er durch folgende geistvolle Auffassung.

Wie die geistige Welt überhaupt früher ist, als die materielle, so ist auch jeder einzelne Geist früher als der Körper, wenn er gleich erst in diesem zum Bewußtsein gelangt. Zwischen beiden in der Mitte steht die Seele, die nicht eine gesteigerte körperliche Kraft, sondern ein gebundenes oder erkaltetes Theilchen des Geistes ist [5]. Und in ihr ist die Ursache der Verschiedenheit der Individuen: erst indem sich die allen Menschen gemeinsame, durchaus

---

[1] Quis div. salv. p. 955.
[2] Man findet diese Stelle Strom. VI, 819.
[3] Ibid. IV, 632.
[4] Strom. III, 516. 541, und ganz besonders p. 554; IV, 600. 638, wo er p. 640 mit diesen Worten schließt: οὔκουν (non ergo) οὐρανόθεν καταπέμπεται δεῦρο ἐπὶ τὰ ἥττω ψυχή· ὁ Θεὸς γὰρ ἐπὶ τὰ ἀμείνω πάντα κατεργάζεται.
[5] Ibid. VI, 808. Auch er leitet ψυχή von ψύχω ab.

gleichartige geistige Wesenheit als Seele bestimmt, wird sie zum Individuum. Denn wie die menschliche Natur als solche [1]) nach Maßgabe des ihr entsprechenden Geistes [2]) in der geheimnißvollen Werkstätte der Natur bereitet wird, die eben diesem angemessenen Sinne und Kräfte erhält, so richtet sich die besondere Ausstattung des Menschen nach der Gestaltung der Seele; diese aber ist Folge ihrer freien, im Keime sogleich als begehrende Hinneigung vorhandenen Selbstbestimmung [3]).

Auf diese Weise ergab sich ihm, daß die Vereinigung des Geistes mit dem Körper, wie auch dieser bisweilen uns drücken mag [4]), dennoch kein Übel, vielmehr ein herrliches Werk der göttlichen Allmacht sei [5]). Nur in einem Körper, durch den der Geist allein sich zu äußern, zu handeln im Stande ist, kann derselbe seine volle Bestimmung erreichen: Leiblichkeit ist die Vollendung, nicht eine Einkerkerung des Geistes [6]), und selbst der Erlöser mußte einen Körper annehmen, um sein Werk auszuführen [7]). Deshalb

---

[1]) Ὁ ἄνθρωπος ἁπλῶς οὗτος.

[2]) Τοῦ συμφυοῦς πνεύματος, d. i. des Menschengeistes, im Gegensatze zu dem der höheren Wesen und den Seelen der Thiere.

[3]) ... ὁ δὲ τὶς ἄνθρωπος, κατὰ τύπωσιν τὴν ἐγγινομένην τῇ ψυχῇ, ὧν ἂν αἱρήσηται, χαρακτηρίζεται, Strom. IV, 632. Vgl. Ibid. VI, 808. — Es bedarf noch der Bemerkung, daß Clemens, während er hier und an anderen Stellen Seele und Geist bestimmt unterscheidet, nicht selten auch beide Begriffe zusammenfaßt, und dann sich des Wortes ψυχή bedient. So z. B. Strom. III, 516. 530.

[4]) Wir sind, so lange wir im Körper leben, den Muschelthieren nicht unähnlich, in einem gebundenen Zustande: ὀστρέου τρόπον δεδεσμευμένοι, Strom. V, 732 (vgl. V, 647), gelangen aus den Stürmen des Lebens in den Hafen hinüber, Quis div. salv. 955, und sollen uns als Fremdlinge und Pilgrimme in dieser Welt betrachten: Strom. III, 554; IV, 639.

[5]) Strom. IV, 571: Ἐπεὶ δ' οἱ ψευδώνυμοι οὗτοι τὸ σῶμα διαβάλλουσι, μαθέτωσαν, ὅτι καὶ ἡ τοῦ σώματος εὐαρμοστία συμβάλλεται τῇ διανοίᾳ πρὸς τὴν εὐφυΐαν, κ. τ. λ.

[6]) Strom. III, 554; IV, 600 seqq. 637.

[7]) Strom. VI, 819.

ist die Zeugung nicht sündlich¹), wenn schon die Enthaltung besser ist²).

Die ersten Menschen waren weder gefallene Geister, noch auch hatten sie eine anerschaffene Gerechtigkeit. Vielmehr ist der Mensch seinem geistigen Theile nach ein Bild des vollkommenen Ebenbildes Gottes, seines Sohnes³), wie er andrerseits die sittliche Ähnlichkeit mit Gott durch freies Handeln erringen soll und kann⁴): in diesem Sinne sagt die Schrift, er sei zum Bilde und zur Ähnlichkeit Gottes geschaffen⁵). Diese Fähigkeit, die durch Unterricht und Erziehung entwickelt werden muß, ist allen mitgegeben⁶): Adam, dessen Adel darin bestand, von keinem leiblichen Vater abzustammen und Vater aller zu sein⁷), besaß nur den Vorzug, alle Anlagen, deren die menschliche Natur fähig ist, in sich zu vereinigen, und sollte sie ebenmäßig ausbilden⁸).

Zwischen zwei Gebieten steht der Mensch in der Mitte, der Wahrheit sowohl und der Unsterblichkeit angehörig, für die er von Anfange an bestimmt war⁹), als auch zugleich der Welt des Wechsels, Irrthums und der Vergänglichkeit, in die er hinabsank¹⁰).

---

1) Strom. III, 532. 554; IV, 630.
2) Ibid. IV, 631, nach 1 Cor. 7, 38.
3) S. besonders Cohort. 79 und Potters Anmerk. daselbst, welcher andere gleichlautende Stellen anführt. Zu diesen gehört auch Cohort. 52.
4) Strom. VI, 788: ὅτι τέλειος κατὰ τὴν κατασκευὴν οὐκ ἐγένετο (ὁ Ἀδάμ), πρὸς δὲ τὸ ἀναδέξασθαι τὴν ἀρετὴν ἐπιτήδειος. — ἡμᾶς δὲ ἐξ ἡμῶν αὐτῶν βούλεται σώζεσθαι (ὁ θεός).
5) 1 Mos. 1, 26. 27 nach der Septuaginta.
6) Strom. I, 336. 7) Ibid. II, 481.
8) Ibid. IV, 632.
9) Θνητὸν ἀθανάτου βίον, ἀλλ' οὐκ εἰς τέλος, ἀνθυπηλλάξατο, Strom. II, 481.
10) Über die Hinneigung des Menschen zu Irrthum und Täuschung s. Strom. II, 458; über seine Verwandtschaft mit der Wahrheit: Strom. VI, 788; mit dem Himmel: Strom. IV, 578; auch Cohort. 21: ἔμφυτα ἀρχαῖα πρὸς οὐρανὸν κοινωνία. Vgl. Ibid. p. 59: πᾶσι γὰρ ἁπαξαπλῶς ἀνθρώποις ἐνέστακταί τις ἀπόρροια θεϊκή. Die Allgemeinheit des Gottesbewußtseins behauptet er Strom. V, 729.

Bestimmung des Menschen.

Ihm ist eine tiefe, an sich unbestimmte Sehnsucht eingeboren; sie soll sich auf das Ewige wenden [1]), und in der vollkommenen Selbstbeherrschung [2]), Liebe [3]) und Gotteserkenntniß [4]) ihr Ziel finden. Auf diesem Wege gelangt man zur Gottähnlichkeit [5]), und endlich zur höchsten Stufe des geschaffenen Daseins, der Unwandelbarkeit [6]). Diese ist unwandelbare Gemeinschaft mit Gott durch den Logos [7]). Auch sind wir zur Gemeinschaft miteinander bestimmt [8]).

In der Lehre von den Vermögen und Kräften des Menschen unterscheidet Clemens bisweilen, zu allegorischen Zwecken, mit Philo, deren zehn [9]); am häufigsten jedoch nur folgende drei: die Fähigkeit die sinnlichen Eindrücke wahrzunehmen; das auf die Verhältnisse der irdischen, endlichen Dinge zu einander gerichtete, verständige Denken; und das Vermögen für das Höhere und Über-

---

1) Paedag. II, 232: εἰ δὲ ὅλως ζητητικοὶ γεγόναμεν, μὴ εἰς τρυφὴν τὸ ζητητικὸν ἀπολύωμεν, ἀλλὰ εἰς τὴν εὕρεσιν τῆς ἀληθείας ἀναζωπυρήσωμεν.   2) Strom. IV, 567.

3) Quis div. salv. 951.

4) Paedag. I, 158: τὸ γάρ τοι ζῷον τὸ λογικόν, τὸν ἄνθρωπον λέγω, ἄλλο τι φαμὲν ἢ θεάσασθαι τὸ θεῖον δεῖν; θεάσασθαι δὲ καὶ τὴν ἀνθρωπίνην φύσιν φημὶ χρῆναι, ζῆν τε ὡς ὑφηγεῖται ἡ ἀλήθεια.

5) Die ὁμοίωσις oder ἐξομοίωσις τῷ θεῷ, Cohort. 79, Strom. II, 500, nach Plato und der alexandrinischen Auslegung von 1 Mos. 1, 27.

6) ἀφθαρσία, ἀθανασία, Strom. IV, l. c. Quis div. salv. 951. Strom. II, 450.

7) Strom. II, 490, wo Clemens mit den Worten des Briefes des Barnabas (c. 16) redet.

8) Paedag. II, 242: Παρήγαγεν δὲ τὸ γένος ἡμῶν ἐπὶ κοινωνίᾳ ὁ θεός, αὐτὸς τὸν ἑαυτοῦ πρότερον μεταδοὺς καὶ κοινὸν πᾶσιν ἀνθρώποις τὸν ἑαυτοῦ ἐπικουρήσας Λόγον, πάντα ποιήσας ὑπὲρ πάντων.

9) Bald auf folgende Weise: Leib und Seele, die fünf Sinne, das Vermögen zu sprechen, sich fortzupflanzen, zu denken (Strom. II, 455); bald in dieser Anordnung: die fünf Sinne, das Vermögen zu sprechen, sich fortzupflanzen, der Lebensodem, die Denkkraft, der heilige Geist (Strom. VI, 808).

Origenes, Abth. 1.

sinnliche, die Vernunft, den Keim des göttlichen Lebens in uns [1]). In diesem letzteren besteht die uns angeborene Verwandtschaft mit dem Himmel, die wir von alters her besitzen, von der aber das Bewußtsein durch ein Vergessen der Wahrheit [2]), sich verdunkelte und in eine tiefe Unwissenheit überging [3]). Dies ist eine Folge der Sünde.

Der Sinnenwelt vermöge des Körpers verwandt, ist die Seele der sinnlichen Erregung und Begierde, oder den Affecten ausgesetzt [4]). Der Affect ist die Aufhebung des Ebenmaßes oder der Übereinstimmung zwischen Sinnlichkeit und Vernunft, der übermäßige Trieb, welcher dem Vernunftgebote widerstreitet. Derselbe rührt nicht aus dem Körper her [5]), sondern ist ein Fehler des Geistes [6]),

---

[1] Strom. II, 455: ἐν ἡμῖν γὰρ αὐτοῖς τρία μέτρα — αἴσθησις μὲν, αἰσθητῶν· λεγομένων δὲ, ὀνομάτων καὶ ῥημάτων, ὁ λόγος· νοητῶν δὲ, νοῦς. Auch diese Dreitheilung entlehnt er, fast wörtlich, aus Philo de Congr. quaer. erudit. gr. p. 438: die Unterscheidung zwischen dem irdisch menschlichen und dem menschlich göttlichen Vermögen (Cohort. 93) verdankt er Plato. S. Strom. I, 419 und Ib. 417, an welcher letzteren Stelle im Widerspruche mit der so eben aus dem zweiten Buche angeführten νοῦς (Verstand) das geringere, λογισμός (Vernunft) das höhere Vermögen bezeichnet, indem jenem die φρόνησις, diesem die σοφία entsprechen soll. Strom. I, 331 unterscheidet er die geistige Auffassung überhaupt und die durch die Sinne, und Paedag. III, 250 theilt er, ganz nach Plato, die Seele in das νοερὸν s. λογιστικόν, θυμικόν und ἐπιθυμητικόν.

[2] Λήθη τῆς ἀληθείας. Cohort. 88.

[3] Ἀγνοίᾳ μὲν ἐσκοτισμένη (ἡ ἀρχαία πρὸς οὐρανὸν ἀνθρώποις κοινωνία). Cohort. 21.

[4] Der Mensch ist ἐμπαθὴς κατὰ τὴν οὐσίαν, durch die ἀνδρεία wird er ἄφοβος und ἀήττητος, und mit sich selber eins (μοναδικός): Strom. IV, 632. 633.

[5] Strom. III, 526: ἡ ὄρεξις οὐ τοῦ σώματός ἐστι, κἂν διὰ τὸ σῶμα γίνηται.

[6] Ibid. II, 487: τὰ πάθη πάντα ἐναπερείσματα τῆς ψυχῆς, τῆς μαλθακῆς καὶ εἰκούσης, καὶ οἷον ἐναποσφραγίσματα τῶν πνευματικῶν δυνάμεων, πρὸς ἃς ἡ πάλη ἡμῖν. Ganz folgerichtig lehrt nun auch Cle-

Die Affecte.

und als solcher widernatürlich[1]), indem er die Seele durch Lust oder Leid, zu fest mit dem Körper zusammenkettet [2]). Denn keineswegs gehören die Affecte wesentlich zu unserer Natur, so wenig als die Lustempfindungen selber, die auch nur ein Hinzugekommenes, nicht um ihrer selbst willen vorhanden sind, nicht ein Theil unseres Wesens, sondern nur beihelfende Motive; ganz ebenso, wie das Salz ein Accidens der Nahrungsmittel ist. Sie entstehen aus schlaffer Nachgiebigkeit der Seele, nicht ohne Mitwirkung der bösen Geister, die uns, vermittelst der Gegenstände, von ihrer eigenen Beschaffenheit, so viel sie können, wie ein Gepräge eindrücken, uns trügerisch reizen, indem sie der Seele Schönheit, Ehre, Wollust und ähnliche Blendwerke entgegenhalten, wie die Viehtreiber das Vieh durch vorgehaltene Zweige locken. Umgiebt nun das Blendwerk lange die Seele, so läßt es einen Eindruck zurück, und die Seele trägt dann, dieser Ursachen nicht kundig, in sich das Bild des Affects, welches aus der Verlockung und unserer Beistimmung entstand [3]).

Schon der erste Mensch fiel, da er nicht der Lust sich enthielt, sondern betrogen durch die Schlange, d. i. durch die sinnliche Lust[4]), schon im Jünglingsalter, frühzeitiger als er sollte, sich der geschlechtlichen Liebe hingab [5]). Dies war die erste Sünde, welche nachmals, wie wenig sie als eine erbliche betrachtet werden darf [6]),

---

mens, daß noch die künftige vom Körper befreite Seele den Affecten unterworfen sein könne: Strom. VI, 764.

1) Ὁρμὴ μὲν οὖν φορὰ διανοίας ἐπί τι, ἢ ἀπό του· πάθος δὲ, πλεονάζουσα ὁρμή, ἢ ὑπερτείνουσα τὰ κατὰ τὸν λόγον μέτρα, ἢ ὁρμὴ ἐκφερομένη καὶ ἀπειθὴς λόγῳ. παρὰ φύσιν οὖν κίνησις ψυχῆς κατὰ τὴν πρὸς τὸν λόγον ἀπείθειαν τὰ πάθη. Strom. II, 460. Clemens befolgt hier ganz die stoische Definition. S. Potter zur angeführten Stelle.

2) So schon Plato: Strom. II, 486.   3) Ibid. 487.
4) Cohort. 86.   5) Strom. III, 559.
6) Nicht die Erbsünde bezeichnen die Worte: ἐὰν ἐν ἁμαρτήμασίν τις ᾖ γεγεννημένος (Quis div. salv. 956). Namentlich sagt er von Hiob, daß

doch auf das ganze Geschlecht insofern sich verbreitete, als alle späteren Sünden jener ersten ähnlich sind [1]). Und in der That ist kein Mensch ohne wirkliche Sünden, oder doch ohne Hinneigung zu Irrthum und Leidenschaft [2]). Denn vollkommen sündlos ist allein der über jedes Bedürfen und jede Leidentlichkeit erhabene, allein vollkommene Gott, und Christus [3]), der in dem Vater ist, wie der Vater in ihm [4]). Sünde aber, die nie als Substanz für sich existirt, und auf keine Weise das Werk Gottes ist, sondern immer die That des mit Freiheit begabten Geschöpfes [5]), ist alles, so definirt er auf stoische Weise, was die rechten Verhältnisse aufhebt, das seinem Wesen nach Disharmonische [6]): diejenige Störung der Seele, mag sie im Mangel an Kenntniß des Rechten bestehen, oder in dem Unvermögen es zu thun [7]), die als Begierde, Furcht und Lust sich äußert [8]), das Vergessen der Wahrheit zur

---

derselbe (nach Hiob 1, 21) nackt und rein „von Sünde" auf die Welt gekommen sei. Vgl. auch Quis div. salv. 955.

1) Adumbr. in Ep. Iudae 1008: peccato Adae subiacemus secundum peccati similitudinem.   2) Strom. II, 458.

3) Paedag. I, 99; III, 307. Ferner, Christus allein ist sittlich vollkommen (Strom. IV, 623; Paedag. I, 108: $\dot{o}$ $\mu\acute{o}\nu o\varsigma$ $\dot{\epsilon}\nu$ $\delta\iota\varkappa\alpha\iota o\sigma\acute{v}\nu\eta$ $\tau\acute{\epsilon}\lambda\epsilon\iota o\varsigma$), und ohne alle Affecte: Strom. VII, 875.

4) Paedag. I, 129.

5) Strom. IV, 605: $\dot{\alpha}\mu\acute{\epsilon}\lambda\epsilon\iota$ $\tau\grave{o}$ $\dot{\alpha}\mu\alpha\varrho\tau\acute{\alpha}\nu\epsilon\iota\nu$ $\dot{\epsilon}\nu\epsilon\varrho\gamma\epsilon\acute{\iota}\alpha$ $\varkappa\epsilon\tilde{\iota}\tau\alpha\iota$, $o\dot{v}\varkappa$ $o\dot{v}\sigma\acute{\iota}\alpha$· $\delta\iota\grave{o}$ $o\dot{v}\delta\grave{\epsilon}$ $\check{\epsilon}\varrho\gamma o\nu$ $\vartheta\epsilon o\tilde{v}$, — ($\dot{\alpha}\lambda\lambda$') $\dot{\epsilon}\varkappa$ $\pi\varrho o\alpha\iota\varrho\acute{\epsilon}\sigma\epsilon\omega\varsigma$. — $o\dot{v}\delta\grave{\epsilon}\nu$ $\gamma\grave{\alpha}\varrho$ $\dot{\eta}$ $\check{\epsilon}\chi\vartheta\varrho\alpha$ $o\dot{v}\delta$' $\dot{\eta}$ $\dot{\alpha}\mu\alpha\varrho\tau\acute{\iota}\alpha$ $\check{\alpha}\nu\epsilon\nu$ $\tau o\tilde{v}$ $\dot{\epsilon}\chi\vartheta\varrho o\tilde{v}$ $\varkappa\alpha\grave{\iota}$ $\tau o\tilde{v}$ $\dot{\alpha}\mu\alpha\varrho\tau\acute{\alpha}\nu o\nu\tau o\varsigma$. Vgl. Ibid. 641: Gott ist $\dot{\alpha}\nu\alpha\acute{\iota}\tau\iota o\varsigma$ $\varkappa\alpha\varkappa\acute{\iota}\alpha\varsigma$ $\tau\epsilon$ $\varkappa\alpha\grave{\iota}$ $\dot{\alpha}\delta\iota\varkappa\acute{\iota}\alpha\varsigma$. Und Strom. VII, 873: $o\dot{v}\delta\acute{\epsilon}\nu$ $\dot{\epsilon}\sigma\tau\iota$ $\tau\tilde{\omega}\nu$ $\dot{v}\pi o\sigma\tau\acute{\alpha}\nu\tau\omega\nu$ $\ddot{o}$ $\mu\grave{\eta}$ $\vartheta\acute{\epsilon}\lambda\epsilon\iota$ ($\dot{o}$ $\vartheta\epsilon\acute{o}\varsigma$).

6) Paedag. I, 158: $\pi\tilde{\alpha}\nu$ $\tau\grave{o}$ $\pi\alpha\varrho\grave{\alpha}$ $\tau\grave{o}\nu$ $\lambda\acute{o}\gamma o\nu$ $\tau\grave{o}\nu$ $\dot{o}\varrho\vartheta\acute{o}\nu$, $\tau o\tilde{v}\tau o$ $\dot{\alpha}\mu\acute{\alpha}\varrho\tau\eta\mu\acute{\alpha}$ $\dot{\epsilon}\sigma\tau\iota$.

7) Strom. II, 462: $\tau\grave{o}$ $\delta\grave{\epsilon}$ $\dot{\alpha}\mu\alpha\varrho\tau\acute{\alpha}\nu\epsilon\iota\nu$ $\dot{\epsilon}\varkappa$ $\tau o\tilde{v}$ $\dot{\alpha}\gamma\nu o\epsilon\tilde{\iota}\nu$ $\varkappa\varrho\acute{\iota}\nu\epsilon\iota\nu$ $\ddot{o}$, $\tau\iota$ $\chi\varrho\grave{\eta}$ $\pi o\iota$-$\epsilon\tilde{\iota}\nu$ $\sigma\upsilon\nu\acute{\iota}\sigma\tau\alpha\tau\alpha\iota$, $\ddot{\eta}$ $\tau o\tilde{v}$ $\dot{\alpha}\delta\upsilon\nu\alpha\tau\epsilon\tilde{\iota}\nu$ $\pi o\iota\epsilon\tilde{\iota}\nu$. Schon die Unkunde des Rechten erklärt er für Sünde, da es in unserer Gewalt stehe, diesem Mangel durch Annahme der Belehrung abzuhelfen: Ibid. l. c.

8) Ibid. l. c.: $\dot{\epsilon}\pi\iota\vartheta\upsilon\mu\acute{\iota}\alpha$, $\varphi\acute{o}\beta o\varsigma$, $\dot{\eta}\delta o\nu\acute{\eta}$. Die Stoiker fügten noch die $\lambda\acute{\upsilon}\pi\eta$ hinzu, die Clemens an andern Stellen gleichfalls erwähnt.

Folge hat ¹), und ihrer Art nach ewiger Tod ist ²). Letzteres insofern sie die Menschen von dem Guten, welches allein wahrhaft ist ³), entfremdet und den Thieren ähnlich, ja thierisch macht ⁴).

Das tiefe Verderben der Menschen erfüllte Gott, dessen Menschenfreundlichkeit eben so unermeßlich ist, als sein Haß gegen das Böse ⁵), nicht mit Zorne, — denn er zürnt nicht, — sondern mit der zärtlichsten, erbarmendsten Liebe. So sucht er die Menschen, die er um ihrer selbst und ihrer Gottverwandtschaft willen liebt ⁶), fortwährend alle ⁷), wie der Vogel die aus dem Neste gefallenen Jungen sucht ⁸). Seine Allmacht, welcher nichts unmöglich ist ⁹), weiß alles Böse zu überwinden und zum Guten zu wenden ¹⁰). Er drohte freilich und strafte, aber doch nur um zu bessern ¹¹); und wenngleich im öffentlichen Vortrage die Fruchtlosigkeit der Buße nach dem Tode behauptet werden muß ¹²), so werden doch

---

1) Die λήθη τῆς ἀληθείας, Cohort. 88.
2) Der leibliche Tod ist kein Übel; Tod ist: ἡ ἐν σώματι κοινωνία τῆς ψυχῆς, ἁμαρτητικῆς οὔσης· ζωὴ δὲ, ὁ χωρισμὸς τῆς ἁμαρτίας, Strom. IV, 568. θάνατος γὰρ ἀίδιος, ἁμαρτία, Cohort. 89.
3) Paedag. III, 303: — τὰ ὄντως ὄντα, ἀγαθὰ ὄντα.
4) Ibid. I, 159: οὐκέτι, φησὶ (ἡ γραφή), λαλεῖ ὁ ἄνθρωπος (μοιχός)· οὐ γάρ ἐστι λογικὸς ἔτι ὁ παρὰ λόγον ἁμαρτάνων· θηρίον δὲ δὴ ἄλογον ἔκδοτον ἐπιθυμίαις, ᾧ πᾶσαι ἐπικάθηνται ἡδοναί. Vgl. Ibid. 285 die Worte: τὸ ἄλογον μέρος τῆς ψυχῆς, τὸ περὶ ἡδονὰς καὶ ὀρέξεις — ἐκθηριούμενον. Diese Ausdrücke beruhen auf Ps. 48, 12. 20; 49, 13. 21; Jerem. 5, 8, Stellen, die er Strom. IV, 568 anführt, um zu beweisen, die Lasterhaften seien θηρία μᾶλλον ἢ ἄνθρωποι, οἱ παρομοιωθέντες τοῖς κτήνεσι.
5) Cohort. 82: οὗ δὴ ἄρρητος ἡ φιλανθρωπία, τούτου ἀχώρητος ἡ μισοπονηρία. Vgl. Paedag. I, 140.
6) Cohort. 89. Strom. VII, 832.   7) Cohort. 74.
8) Paedag. I, 102.   9) Ibid. l. c.   10) Strom. I, 369.
11) Paedag. I, 137. 142. 149. Diesem Zwecke ordnet er ferner den zwiefachen unter, abzuschrecken und vor Beeinträchtigungen zu sichern, Strom. IV, 634.
12) Dies geschieht Cohort. 74, Paedag. III, 302; wogegen in den für die Fortgeschrittenen bestimmten Stromaten die Ewigkeit der Höllen=

einst nicht nur diejenigen Verzeihung erhalten, die von Christus nicht hörten [1], sondern es steht auch zu hoffen, daß die härtere Strafe, welche die muthwillig Ungläubigen erwartet [2], nicht das Ziel ihrer Führungen sein werde [3]. Denn unverlierbar ist dem Menschen, wie jedem geistigen Wesen, die Freiheit der Selbstbestimmung [4]. Und vermöge dieser haben zu allen Zeiten edlere Gemüther unter der zu jedem höheren Aufschwunge [5] unentbehrlichen Beihülfe der Gottheit [6], — in welcher allein auch die tugendhaf-

---

strafen und die Unveränderlichkeit des Schicksals der Verstorbenen durchgängig geleugnet wird. Man s. Strom. VI, 763; VII, 895. Die Stelle Strom. III, 530, die eines ἀθάνατον κακὸν für die Sünder erwähnt, macht keine Ausnahme, indem der Ausdruck aus Hom. Od. XII, 118 entlehnt ist.   1) Cohort. 79.

2) Ibid. l. c.   3) Strom. VI, 764.

4) Die Freiheit faßt Clemens, wie die griechischen Kirchenlehrer überhaupt, im Geiste des früheren thatkräftigen hellenischen Alterthums, und im Gegensatze zu orientalischem Fatalismus und Dualismus, ausschließlich von derjenigen Seite auf, von welcher sie freies Wahlvermögen ist. Er nennt sie αἵρεσις καὶ φυγὴ αὐτοκρατορική, Strom. II, 434, oder nach dem gewöhnlichen, platonischen Ausdrucke, τὸ αὐτεξούσιον, τὸ ἐφ ἡμῖν, Ibid. V, 731; II, 465. Und so erklärt er Sünde und Gerechtigkeit für Ergebnisse freier, d. i. durch keine zwingende Nothwendigkeit erfolgender Wahl (Strom. II, l. c., Cohort. 90), und behauptet eine ewige Besserungsfähigkeit der Creaturen (s. oben). Auch lehrt er folgerichtig, obschon die Sündlichkeit der bösen Neigung an sich verkennend, daß unwissentliche Sünden nicht zugerechnet werden (Strom. II, 461), wofern nicht die Unwissenheit verschuldet ist (Ibid. p. 462): in diesem Falle sei man verantwortlich, da der Mensch sich frei für Irrthum und Wahrheit entscheidet (Strom. I, 371). Eine zwingende Gnade kennt Clemens nicht (Strom. VII, 832, gegen welche Stelle das ἐκβιάζονται, Ibid. 835, nur scheinbar einen Widerspruch enthält). Die wahre oder absolute Freiheit, die im Guten, nennt er nach Joh. 8, 36 ἐλευθερία (Strom. III, 531). — Seine Definition des Willens s. Fragm. p. 1017.   5) Strom III, 537; VI, 822.

6) Überall lehrt er, wie er die Schöpfung als Werk der Liebe Gottes, nicht als Naturnothwendigkeit, betrachtet, die Unentbehrlichkeit der

ten Gedanken [1]), jede Kunst, Geschicklichkeit und Wissenschaft, wie die Kraft zum Guten überhaupt, theils mittelbar, theils unmittelbar, ihren Ursprung haben [2]), — sich emporgerungen aus Unwissenheit und tiefem Sittenverfalle, und Gott, wie der Wahrheit, bald in hohem Grade, bald unvollkommener sich angenähert.

Alle diese Tugendbestrebungen und Fortschritte der Verstandeserkenntniß sind auf das Wirken des Logos zurückzuführen, durch welchen allein Gott erkannt werden kann. Und wie er vermittelst unseres Geistes den Seelen einwohnt [3]), alle erleuchtend, beaufsichtigend, durchdringend, so hat er auch von Anbeginn, lange bevor Gesetz und Offenbarungsurkunden waren [4]), unaufhörlich gleichsam herabträufelnd, wie ein fruchtbarer Regen auf verschiedenes Ackerland [5]), bald vollständiger, in den Uroffenbarungen und den heiligen Schriften, bald nur sehr mangelhaft, in allen Graden der Abstufung [6]), sich kund gegeben. Denn die Wahrheit gleicht

---

Gnade. So Quis div. salv. 947: ὅτι κατ' αὐτὸν μὲν ἀσκῶν. καὶ διαπονούμενος ἀπαθείαν ἄνθρωπος, οὐδὲν ἀνύει· ἐὰν δὲ γένηται δῆλος ὑπερεπιθυμῶν τούτου καὶ διεσπουδακώς, τῇ προσθήκῃ τῆς τοῦ θεοῦ δυνάμεως περιγίνεται. Hiebei unterscheidet er verschiedene Grade der Einwirkung (Strom. V, 695) und erklärt die anfänglichen Tugendbestrebungen für ein Werk des Menschen (Ibid. III, 537), zu welchem derselbe verpflichtet ist, Strom. V, 647: χάριτι γὰρ σωζόμεθα· οὐκ ἄνευ μέν τοι τῶν καλῶν ἔργων· ἀλλὰ δεῖ μὲν πεφυκότας πρὸς τὸ ἀγαθὸν σπουδήν τινα περιποιήσασθαι πρὸς αὐτό. Daher spricht er von einem συνεργεῖν Gottes und des Menschen, Strom. VII, 860, und sagt, daß das Wirken Gottes durch das unsere bedingt sei. S. Quis div. salv. 947: βουλομέναις μὲν γὰρ ὁ θεὸς ταῖς ψυχαῖς συνεπιπνεῖ. εἰ δὲ ἀποσταῖεν τῆς προθυμίας, καὶ τὸ δοθὲν ἐκ θεοῦ πνεῦμα συνεστάλη. τὸ μὲν γὰρ ἄκοντας σώζειν, ἔστι βιαζομένου· τὸ δὲ αἱρουμένους, χαριζομένου.

1) Strom. V, 696.
2) Ibid. VI, 820; I, 330. 337.   3) Cohort. 5.
4) Strom. I, 332.   5) Ibid. 337.
6) Ibid. 332: — καὶ καθ' ἕνα ἕκαστον τρόπον ποιότητός τε καὶ ποσότητος πάντως σώζει τινὰς ἔν τε τῷ χρόνῳ, ἔν τε τῷ αἰῶνι· ὅτι πνεῦμα κυρίου πεπλήρωκε τὴν οἰκουμένην (Sap. Sal. 1, 7).

einem ewigen Strome, der nur Ein Flußbett hat, in welches jedoch Nebenarme von allen Seiten einfließen ¹).

Die vollkommenste der Offenbarungen, abgesehen von der Erscheinung des Logos im Fleische, ist die uns unmittelbar von Gott durch den Sohn mitgetheilte, welche in der heiligen Schrift, dem Alten und Neuen Testamente, enthalten ist ²). Diese ist ein Werk göttlicher Eingebung, einer Einhauchung ³), und deshalb nicht nur unbedingt und allein um ihrer selbst willen glaubwürdig ⁴), sondern auch in sich vollkommen, in allen einzelnen Buchstaben und Sylben, überall in gleichem Maße ⁵). Und wenn sie von allem Prunk und Schmucke der Rede sich fern hält, so geschieht dies absichtlich ⁶), indem sie dem allgemeinen menschlichen Fassungsvermögen sich anbequemt ⁷). Als weiseste Führerin zu einem heiligen Leben kann sie selbst den in Lastern schon untergesunkenen Menschen wieder emporheben, mit ein und demselben Worte die verschiedensten Leidenschaften heilen, die Wechselfälle dieses Lebens verachten lehren, und alles dasjenige mittheilen, was Menschen bedürfen, vermissen und suchen ⁸). Deshalb muß sie täglich gelesen wer-

---

1) Strom. 331.   2) Ibid. V, 697.
3) Mindestens nannte er die Propheten ὄργανα θείας φωνῆς, Strom. VI, 827, nicht anders als Athenagoras (Legat. p. 8. ed. Paris.: — πνεύματι ὡς ὀργάνα κεκινηκότι τὰ τῶν προφητῶν στόματα). Vgl. Strom. VII, 868: διὰ στόματος ἀνθρωπίνου κύριος ἐνεργῶν. Und auch er dachte das Einwirken Gottes auf die Seele ähnlich dem des Hauches auf die Flöte: ἵν᾽ ἡ μὲν (ἡ ψυχὴ) κρέκῃ · τὸ δὲ (τὸ πνεῦμα) ἐμπνέῃ, Cohort. 5. Vgl. Strom. VI, 820.
4) Als ἀρχὴ ἀναπόδεικτος, indem sie Wort des durch sich selber Glaubwürdigen, des Herrn, ist (πασῶν ἀποδείξεων ἐχεγγυωτέρα, μᾶλλον δὲ ἡ μόνη ἀπόδειξις οὖσα τυγχάνει). Ihre Gewißheit und Wahrheit wird den gläubigen Forschern, nachdem sie in unmittelbarem Ergreifen des Geistes, ohne Demonstration, sie anerkannt haben, nur nachträglich und zum Überflusse, vermittelst der Gnosis immer klarer einleuchtend: Strom. VII, 891. Vgl. Ibid. VIII, 917.
5) Cohort. 71.   6) Ibid. 66.   7) Strom. II, 467.
8) Cohort. 66. 71: Vgl. über die Genugsamkeit der tiefer gedeuteten hei-

Die heilige Schrift.

ben ¹). Doch ist sie nicht die höchste und letzte Offenbarung, die wir vielmehr von einem künftigen Leben erwarten ²). Und wie der Logos, ein und derselbe im Worte und in menschlicher Natur, als er im Fleische erschien zwiefacher Natur ward, so hat auch die heilige Schrift neben dem äußeren Wortsinne einen inneren Sinn, und muß, fast überall, allegorisch gedeutet werden ³). Dies läßt sich schon vorläufig aus der Nothwendigkeit die Geheimlehre unter der Hülle des Buchstabens zu verbergen, aus der Unmöglichkeit das Unaussprechliche klar in Worte zu fassen ⁴), wie aus dem Umstande schließen, daß auch die besten Philosophen nicht umhin konnten eben dieser Vortragsweise sich zu bedienen ⁵), wobei sie die Schrift nachahmten ⁶). Zur Gewißheit wird diese Wahrheit, wenn uns der höhere Sinn in dem Alten Testament durch das

---

ligen Schrift Strom. V, 646: ὁ θεὸς — περὶ ἑνὸς ἑκάστου, ὧν ἐπιζητῶ, παριστὰς ἐγγράφως. Sie ist die alleinige Richtschnur der Gnosis: Strom. VII, 829.

1) Paedag. II, 228. Strom. VII, 860. Vgl. Constitt. App. VI, c. 27 und zu d. St. Cotelerius. 2) Strom. VI, 774.

3) Σχεδὸν γὰρ ἡ πᾶσα ὡδέ πως (δι' αἰνιγμάτων) θεοπίζεται γραφή, Strom. V, 664. Von Jesus sagt er, nach Anführung einer längeren Rede desselben: ὡς οὐδὲν ἀνθρωπίνως ὁ σωτήρ, ἀλλὰ πάντα θείᾳ σοφίᾳ καὶ μυστικῇ διδάσκει τοὺς ἑαυτοῦ, Quis div. salv. 938. Vgl. auch Eclogg. p. 998. Die Hauptstellen über allegorische Schriftauslegung finden sich Strom. V, 657, wo Clemens die ägyptische dreifach geartete Hieroglyphenschrift in Vergleichung bringt. Strom. I, 426 erkennt er noch bestimmter einen dreifachen Schriftsinn an, den buchstäblichen, moralischen und prophetischen, indem er den allegorischen in diese beiden zerlegt. — Mosheim (de Rebus Christ. ante C. M. p. 300), welcher die Lesart: τετραχῶς beibehält, hat diese Stelle mißverstanden. Die βούλησις, τοῦ νόμου σημεῖον ἐμφαίνουσα ist der buchstäbliche Sinn. — Die Eintheilung des mosaischen Gesetzes in die vier Bestandtheile: τὸ ἱστορικόν, νομοθετικόν, ἱερουργικόν, θεολογικὸν εἶδος (Strom. I, 424), ist wörtlich von Philo entlehnt.

4) Strom. V, 659.   5) Ibid. 681.

6) Ibid. II, 429.

138   Clemens Lehre.

Neue enthüllt wird [1]), wie durch die Aufschlüsse, welche der Glaube an Christus und die christliche Gnosis gewähren [2]).

Die allegorische Auslegung muß der Glaubensregel [3]) und der Lehre Christi gemäß sein. Dieser ist der untrügliche Ausleger des Gesetzes, weil er selber es gegeben hat [4]). Sie muß mit sittlich reinem Sinne, in redlichem Ringen nach Vollkommenheit durch Gehorsam gegen die heiligen Gebote, geübt werden [5]); denn ohne Reinheit des Herzens und Tugend giebt es keine wahre Erkenntniß [6]). Dies übersehen in eitler Selbstüberhebung die Häretiker [7]). Wider sie muß man geltend machen, daß die heilige Schrift nichts enthalten kann, was nicht Gott geziemend, seinem Wesen angemessen wäre, und daß sie selber ihre beste Auslegerin ist, indem dunkle Stellen durch deutliche ihr Licht erhalten [8]).

Nur einen Urheber haben das Alte und Neue Testament, und in beiden stellt sich nur ein und dieselbe Wahrheit dar [9]), da Gesetz und Evangelium von dem Einen höchsten Gotte herrühren [10]), und miteinander eine Einheit bilden [11]). Gleichwohl ist das Neue Testament vollkommener als das Alte, indem dieses erst durch jenes seinem ganzen inneren Sinne nach verständlich wurde [12]), die nothwendigen Vervollständigungen [13]) und den kräftigeren Nach-

---

1) Strom. V, 684.   2) Ibid. IV, 625.
3) Ibid. VI, 802.   4) Ibid. I, 421.
5) Ibid. I, 422.   6) Ibid. I, 334.
7) Ibid. VII, 892.   8) Ibid. 891.
9) Ibid. III, 550.   10) Ibid. I, 424.
11) Ibid. VII, 899: — πίστεως μιᾶς τῆς κατὰ τὰς οἰκείας διαθήκας, μᾶλλον δὲ κατὰ τὴν διαθήκην τὴν μίαν διαφόροις τοῖς χρόνοις. Strom. II, 444: — ἐπειδὴ δύο αὗται ὀνόματι καὶ χρόνῳ, καθ᾽ ἡλικίαν καὶ προκοπὴν οἰκονομικῶς δεδομέναι, δυνάμει μία οὖσαι. Vgl. auch Strom. VI, 761. Und Paedag. I, 133 sagt er: das Evangelium ist uralt, und in den Buchstaben des Alten Testaments gleichsam hineingeprägt (κεχαραγμένη). Alle diese Stellen sind gegen die gnostische Unterscheidung des Urhebers des Gesetzes von dem höchsten Gott gerichtet.
12) Strom. IV, 625.
13) Ibid. 623. Quis div. salv. p. 940: Das Evangelium fügte z. B. dem

druck¹) erhielt, und insbesondere insofern eine niedere Stufe einnahm, als es nur durch Furcht, nicht durch Liebe erzog²). Es bildete uns erst zu Knechten, dann zu Verehrern Gottes, bevor wir Kinder und Freunde wurden³), und gebot — so urtheilte Clemens irrthümlich — nur Enthaltung vom Bösen und Mäßigung, diese Grundtugend⁴), nicht Ausübung des Guten selber und sittliche Vollkommenheit⁵). Deshalb konnte es auch nicht das ewige Leben gewähren⁶); selbst dann nicht, wenn jemand es in der That ganz erfüllte, wie der reiche Jüngling im Evangelium⁷). Es ist nur der Pädagogus auf Christus⁸), und während es in sich die Keime des ewigen und uralten, vor Grundlegung der Welt von Gott gewollten Evangeliums enthält⁹), ist es seinem positiven Inhalte nach nunmehr veraltet¹⁰).

Wie dem jüdischen Volke das alttestamentliche Gesetz verliehen ward, um es der Erkenntniß der vollen Wahrheit entgegenzuführen, so ist den Hellenen die Philosophie zu Theil geworden¹¹). Diese, die ihrem Wesen nach ein beständiges Streben und Ringen

---

Gesetze den Rath hinzu: Verkaufe was du hast (Mark. 10, 21): ferner den Rath eine zweite Ehe zu vermeiden: Strom. III, 548; ehelos zu leben: Strom. III, 551.

1) — διὰ τῆς πρὸς τὸν κύριον ἀγάπης, Strom. IV, 570. Im Evangelium tritt er uns ganz nahe, im Gesetze redet er nur wie aus der Ferne zu uns: Strom. III, 549.
2) Paedag. I, 133. Strom. II, 445.
3) Strom. I, 423.
4) Z. B. durch die Speisegesetze und ähnliche Vorschriften: Ibid. 484.
5) Quis div. salv. 940.
6) Quis div. salv. l. c. 7) Mark. 10, 17.
8) Strom. II, 445, nach Gal. 3, 24.
9) Paedag. I, 133.
10) Νέαν ἡμῖν διέθετο διαθήκην· τὰ γὰρ Ἑλλήνων καὶ Ἰουδαίων παλαιά, Strom. VI, 761. Vgl. Jerem. 31, 31.
11) Strom. VI, 773: τὴν δὲ φιλοσοφίαν Ἕλλησιν οἷον διαθήκην δεδόσθαι.

nach Wahrheit [1]), oder Erkenntniß des Guten [2]), durch entsinnlichendes Denken ist, und von Sokrates mit Recht eine Erwägung des Todes genannt wurde [3]), ist insofern der absoluten Wahrheit verwandt, als auch sie Wahrheit enthält, und keine andere Wahrheit sucht, als eben diejenige, von welcher der Herr sagt: Ich bin die Wahrheit [4]). Denn nur Eine Wahrheit giebt es, die in der Geometrie die geometrische ist, in der Musik die musikalische, in dem was Wahres in der Philosophie ist, die hellenische Wahrheit; nicht anders, als das Geld immer Geld ist, ob es gleich, wenn es dem Schiffsherrn gegeben wird, Fracht, wenn dem Zolleinnehmer, Zoll, wenn dem Hausbesitzer, Miethe, wenn dem Diener, Lohn, und wenn dem Verkäufer, Angeld ist [5]). Und wie alle Weisheit von dem Herrn und bei ihm ist ewiglich [6]), so ergeben die verschiedenen orientalischen und hellenischen Systeme, wenn man sie mit einander und mit dem Christenthum in die rechte Verbindung bringt, auf dieselbe Weise zusammengenommen die ganze Wahrheit, wie die verschiedenen Saiten einer Leier die Harmonie, die geraden und ungeraden Zahlen die arithmetische Größe bilden, Kreis, Dreieck, Quadrat und die übrigen Figuren die Größen der Geometrie, und wie alle noch so verschiedenen Dinge in der Welt miteinander das All ausmachen [7]). Inzwischen steht die

---

1) Cohort. 87: φιλοσοφία δὲ, ἥ φασὶν οἱ πρεσβύτεροι, πολυχρόνιός ἐστι συμβουλὴ σοφίας, ἀΐδιον μνηστευομένη ἔρωτα. — Sie ist ὄρεξις τοῦ ὄντως ὄντος, καὶ τῶν εἰς τοῦτο συντεινόντων μαθημάτων, Strom. II, 453. Vgl. Strom. I, 335: ζήτησιν ἔχει περὶ ἀληθείας, καὶ τῆς τῶν ὄντων φύσεως. Die σοφία selber ist: ἐπιστήμη θείων καὶ ἀνθρωπίνων, καὶ τῶν τούτων αἰτίων, Ibid. 333.

2) Ihre Aufgabe ist: αὐτοῦ τοῦ ἀγαθοῦ ἐπιστήμη καὶ τῆς ἀληθείας, Strom. I, 373. Ich führe diese Stelle nach dem berichtigten Texte bei Potter in der Note an.

3) Μελέτη θανάτου, Strom. V, 686.

4) Joh. 14, 6. Strom. I, 335.   5) Strom. I, 376.

6) Jes. Sir. 1, 1. Strom. I, 331.

7) Ibid. 349. Vgl. auch die sehr äußerliche Darlegung der Verwandtschaft

Philosophie insofern unter dem Alten Testamente, als sie nicht unmittelbar von Gott ist ¹). Sie hat ihre Quelle theils in dem Gesetz und den Propheten ²), die in griechischer Übersetzung, jenes schon vor der Septuaginta ³), vorhanden waren, und überdies vermittelst der ägyptischen und orientalischen Lehren den Hellenen zukamen ⁴), theils in den Aussagen niederer, gefallener Engel ⁵), welche noch manche Rückerinnerungen an ihren früheren Zu-

---

zwischen philosophischen, besonders platonischen Lehren, und dem Christenthum, zum Theil vermittelst allegorischer Deutungen: Strom. V, 708 seqq.

1) Nicht κατὰ προηγούμενον (principaliter), wie das Alte und Neue Testament, sondern κατ' ἐπακολούθημα, Strom. I, 331. 337.

2) ... ἐκ τῆς βαρβάρου (i. e. hebraicae) φιλοσοφίας πᾶσιν φερομένην τὴν παρ' Ἕλλησι ἐνδεικνύμενοι φιλοσοφίαν, Strom. V, 733. Weshalb alle Philosophen von dem Herrn Joh. 10, 1 Diebe genannt werden: Ibid. l. c. und I, 377. V, 698; und dies mit um so größerem Recht, als sie diesen Raub für ihr Eigenthum ausgaben und theils durch Zusätze verfälschten, theils auf andere Weise entstellten: Strom. I, 369, auch wechselseitig einander bestahlen: Ibid. VI, 737. Doch haben sie auch Manches selber gefunden (Ib. I, 369), und thaten zu dem Geraubten den Schmuck der Form hinzu (Ib. VI, 768). So vor allen Plato: ὁ τὴν ἀλήθειαν ἐζηλωκὼς τῶν φιλοσόφων, τὸ ἔναυσμα τῆς ἑβραϊκῆς φιλοσοφίας ζωπυρῶν, Paedag. II, 176; ὁ καὶ ἐν τούτῳ ζηλωτὴς Μωσέως, ὁ πάντα ἄριστος Πλάτων, Ibid. III, 286.

3) Strom. I, 411; eine Meinung, in welcher sich Clemens dem Aristobulus anschließt.

4) Cohort. 60. Strom. I, 359. V, 660, und Potter's Note zu letzterer Stelle.

5) Strom. I, 366: εἴτ' οὖν δύναμις, ἢ ἄγγελος, μαθών τι τῆς ἀληθείας, καὶ μὴ καταμείνας ἐν αὐτῇ, ταῦτα ἐνέπνευσε καὶ κλέψας ἐδίδασκε. Dies unter Zulassung des Herrn, der es zum Guten leitete: Ibid. l. c. Vgl. Strom. VII, 832: οὗτός (ὁ κύριος) ἐστιν, ὁ διδοὺς καὶ τοῖς Ἕλλησι τὴν φιλοσοφίαν διὰ τῶν ὑποδεεστέρων ἀγγέλων. Ferner Strom. V, 650: „Die lüsternen Engel (1 Mos. 6) theilten den Weibern höhere Wahrheiten mit." Auf diese Weise vermittelte Clemens nicht ohne mancherlei Schwankungen zwischen der strengeren christlichen Ansicht, welche den Teufel als Urheber der Philosophie betrachtete, und der freieren alexandrinischen, welche die Philosophie schätzte, ohne sie dem Christenthum gleich zu stellen, oder gar wissentlich über dasselbe zu erheben.

stand bewahren. Andrerseits beruht sie freilich auch auf den Resten der natürlichen Gotteserkenntniß [1]), und auf den Einwirkungen des Logos [2]) auf die edleren, nach Wahrheit verlangenden Gemüther: ihnen wurden so manche vereinzelte Lichtblicke gewährt [3]), wie die Erkenntniß der Einheit Gottes und andere Lehren, die sie vermöge göttlicher Einwirkung erkannten [4]). Beide, Reste der natürlichen Erkenntniß von Gott, wie jene Einwirkungen, müssen bei den Weisen unter den Heiden anerkannt werden. Räumte schon Xenokrates ein, daß die vernunftbegabten Wesen ein Gottesbewußtsein besitzen, und leugnete Demokrit dasselbe nicht, ungeachtet die Annahme mit seinem System im Widerspruche ist: wie sollte der Christ ein solches in Abrede stellen, der doch überzeugt ist, daß Gott seinen Odem dem Menschen einblies [5]),

---

1) Cohort. 59: πᾶσιν γὰρ ἁπαξαπλῶς ἀνθρώποις, μάλιστα δὲ τοῖς περὶ λόγους ἐνδιατρίβουσιν, ἐνέστακταί τις ἀπόρροια θεική. οὗ δὴ χάριν καὶ ἄκοντες μὲν ὁμολογοῦσιν ἕνα τε εἶναι θεὸν ἀνώλεθρον καὶ ἀγένητον· τοῦτον ἄνω που περὶ τὰ νῶτα τοῦ οὐρανοῦ ἐν τῇ ἰδίᾳ καὶ οἰκείᾳ περιωπῇ ὄντως ὄντα ἀεί. Hiemit scheint Clemens auf das testimonium animae naturaliter christianae, wie Tertullian es nannte, anzuspielen. Ferner sagt er Strom. V, 698: θεοῦ μὲν γὰρ ἔμφασις, ἑνὸς ἦν, τοῦ παντοκράτορος, παρὰ πᾶσι τοῖς εὖ φρονοῦσι πάντοτε φυσική· καὶ τῆς ἀϊδίου κατὰ τὴν θείαν πρόνοιαν εὐεργεσίας ἀντελαμβάνοντο οἱ πλεῖστοι, οἱ καὶ μὴ τέλεον ἀπηρυθριακότες πρὸς τὴν ἀλήθειαν.

2) Cohort. 59: οὐδὲ γὰρ Ἥλιος ἐπιδείξει ποτ' ἂν τὸν θεὸν τὸν ἀληθῆ. Diese Worte beziehen sich auf eine Stelle des Menander, die Clemens so eben angeführt hatte. Er fährt fort: οὐδὲ (leg. ὁ δὲ Sylb.) Λόγος ὁ ὑγιής, ὅς ἐστιν ἥλιος ψυχῆς, δι' οὗ μόνου ἔνδον ἀνατείλαντος ἐν τῷ βάθει τοῦ νοῦ, καὶ τοῦ νοὸς αὐτοῦ καταυγάζεται τὸ ὄμμα.

3) Cohort. 64: ἐναύσματά τινα τοῦ λόγου τοῦ θείου λαβόντες Ἕλληνες.

4) ... κατ' ἐπίνοιαν τοῦ θεοῦ, Cohort. 61. — Eine Ausgleichung der oben mitgetheilten Erklärungen über den Ursprung der hellenischen Philosophie habe ich in der vierten Beilage Nr. I versucht.

5) 1 Mos. 2, 7. — Die oben mitgetheilte Stelle findet sich Strom. V, 698. — Clemens konnte das natürliche Wissen von Gott um so weniger bezweifeln, als er die menschliche Natur nicht in dem Grade, wie die abendländische Kirche, durch den Sündenfall verändert dachte.

und überdies an eine spätere Ausgießung des heiligen Geistes glaubt [1]).

Wenn nun gleich die Philosophie manche Wahrheiten besitzt, so ist sie doch auf keine Weise eine vollständige Einsicht. Nur Bruchstücke sind ihr Eigenthum, nicht die ganze Wahrheit [2]); es ist ihre Thorheit, daß sie sich im Besitze der ganzen Wahrheit glaubt. „Während die Wahrheit nur eine ist, das Falsche hingegen unzählige Abwege hat, prunken die verschiedenen philosophischen Secten, barbarische und hellenische, die jene, wie die Bacchen die Glieder des Pentheus, auseinander gezerrt haben, eine jede mit dem, was sie gerade erhalten, als ob es die ganze Wahrheit wäre. Aber bei dem Aufgange des Lichtes [3]) wird alles erleuchtet, und deutlich wird einst an den Tag kommen, daß sämmtliche Hellenen und Barbaren, so viele sich um die Wahrheit bemühten, die Einen nicht Weniges, die Andern kaum nur ein Theilchen der wahren Lehre besitzen [4])." Insbesondere mangelt der Philosophie die Lehre von dem Sohne und der Heilsordnung, welche die Vorsehung veranstaltete, während sie allerdings die Lehre von dieser, wie auch die von der künftigen Vergeltung im Umrisse, nicht mit Genauigkeit und bis ins einzelne, richtig vorträgt [5]). Es fehlt ihr also an Umfang der Erkenntnisse, indem sie über die jenseitigen, transscendenten Dinge nicht mit wissenschaftlicher Sicherheit urtheilen kann [6]), und auch in der That nur mit der Erforschung der endlichen Dinge [7]) sich beschäftigt. Aristoteles nannte dies

---

Daher sagt er Cohort. 21: ἦν δέ τις ἔμφυτος ἀρχαία πρὸς οὐρανὸν ἀνθρώποις κοινωνία, ἀγνοίᾳ μὲν ἐσκοτισμένη, ἄφνω δέ που διεκθρώσκουσα τοῦ σκότους καὶ ἀναλάμπουσα. Und überhaupt hebt er gern hervor, daß alle Menschen ohne Ausnahme ein Gottesbewußtsein haben. 3. B. Strom. V, 729.   1) Strom. V, 698.

2) Sie erfaßt dieselbe nur μερικῶς, Strom. VI, 768. 781.

3) Joh. 8, 12.   4) Strom. I, 349.   5) Ibid. VI, 802.

6) Ibid. 768: πλέον γ' οὖν τοῦ κόσμου τούτου οὐκ ἴσασιν οὐδέν.

7) Sie ist δήλωσις τῶν ὄντων.

Metaphysik, Plato Dialektik. Wenn dieselbe bis zu der ersten der Wesenheiten, ja über diese hin zu dem Gott des Alls aufzusteigen wagt, so kann sie ihn nur in so weit erreichen, als es die ihr beigemischten Keime der göttlichen Wahrheit möglich machen, oder der Logos ihn ihr zu erkennen giebt [1]. Und da sie das Beste, was sie besitzt, den heiligen Schriften der Christen verdankt, so ist es nicht zu verwundern, wenn sie diejenigen Lehren, die in denselben unter der Hülle der Allegorie vorgetragen werden, weder verstand, noch auch sich aneignen konnte [2]. Auch Klarheit der Beweise, göttliche Kraft und Ähnliches sind ihr nicht in dem erforderlichen Maße eigen [3]; sondern, wie eine Zeichnung oder ein Gemälde vermittelst der Perspective und der Lichter künstlich die Gegenstände nachahmt, indem es Erhabenheiten, Flächen und Vertiefungen darstellt, so entwerfen die Philosophen, nach Art der Malerkunst, ein Abbild der Wahrheit [4]. Sie verehren zwar denselben Gott, der in der Kirche angebetet wird, aber nicht mit vollständiger Einsicht [5]. Denn wohl haben alle Nationen eine gewisse Gotteserkenntniß, und angeregt durch barbarische Lehren erkannten ihn am deutlichsten die griechischen Philosophen. Als den mächtigsten, weisesten, unsichtbaren Urheber des Alls, dem sie auch die Vorsehung beilegten, haben sie ihn verehrt; aber ohne fernere Belehrung konnten sie weder die Folgesätze aus diesen Lehren, noch die rechte Weise der Gottesverehrung auffinden: sie wissen nicht was Gott ist, noch wie er Herr, Vater und Schöpfer ist; die übrigen Heilslehren sind ihnen vollends unbekannt [6]. Die Gläubigen lehrt der Vater den Sohn, die Hellenen die Schöpfung

---

1) Strom. I, 425.   2) Ibid. V, 650.
3) Es mangelt ihr an μεγέθει γνώσεως, καὶ ἀποδείξει κυριωτέρᾳ, καὶ θείᾳ δυνάμει, καὶ τοῖς ὁμοίοις, Strom. I, 376.
4) Strom. VI, 768.
5) ... οὐ κατ' ἐπίγνωσιν παντελῆ, Strom. VI, 760; οὐ κατὰ τὴν γνῶσιν τὴν τελείαν, wie die Christen: Ibid. 817.
6) Strom. I, 370.

Mängel der Philosophie. 145

den Schöpfer kennen [1]), und so fehlen diesen gerade die Lehren, welche die wichtigsten [2]) sind, und bei denen der christliche Weise am liebsten verweilt: was sie besitzen ist nur ein Außenwerk, gleichsam ein Nachtisch, den man nach eingenommenem Mahle verzehrt [3]). Wie könnte es auch anders sein, da der unbekannte Gott [4]) allein durch seine Gnade vermittelst des Logos, der bei ihm ist, erkannt werden kann [5]), und nicht die Wissenschaft, deren Gegenstand das Demonstrirbare ist, sondern nur der Glaube, dieses unmittelbare Wissen, sich bis zu dem Urprincip des Alls erhebt [6]). Weder Thales, noch selbst Anaxagoras haben dasselbe in seiner unendlichen Erhabenheit über die Materie erkannt [7]), und schon eine alte petrinische Schrift [8]) hat der Philosophie die vollkommene Erkenntniß abgesprochen [9]).

Selbst ihre Belehrungen über dasjenige, worüber sie unterrichtet ist, sind nicht durchgängig annehmbar und genießlich; es muß von dem Kerne die Schale entfernt werden [10]). Sie wirkt selbst verderblich theils im allgemeinen durch den eitlen Hochmuth, welchen sie nährt [11]), theils insbesondere in gewissen Richtungen und Lehrsätzen. Vor allem müssen die epikureische Schule und die Sophisten gemieden [12]), und die nachtheiligen Folgen ihrer Lehren

---

1) Strom. VI, 731.   2) Τὰ κυριώτατα.
3) Strom. VI, 821. 825.   4) Apostelgesch. 17, 23.
5) Strom. V, 696; I, 425.   6) Ibid. II, 435.
7) Ibid. l. c.
8) Die apokryphische Praedicatio Petri.
9) Strom. VI, 759.   10) Ibid. I, 319.
11) Die φιλαυτία, eine geistige ἡδονή, die ein Hauptfehler des Heidenthums ist: Strom. II, 454.
12) Häufig eifert er gegen Epikur, den κατάρχων ἀθεότητος, Strom. I, 316. 346; II, 495; VI, 774. Gegen die Sophisten ist Strom. I, 329. 339 gerichtet. Auf diese Schulen bezieht er den Tadel des Paulus Col. 2, 7. 8; und die Worte Col. 2, 8: ἡ κατὰ τὰ στοιχεῖα τοῦ κόσμου (φιλοσοφία), hält er für eine Bezeichnung der Lehre von der ewigen Materie: Strom. I, 346.

vom höchsten Gute [1]), wie von dem vorweltlichen Dasein der Seelen [2]), gezeigt werden.

Andrerseits ist die Philosophie auch so das dankenswertheste Geschenk Gottes [3]), sofern sie theils viele wichtige Wahrheiten vorträgt [4]), theils da, wo sie das Wahre nicht trifft, mindestens den Irrthum aufdeckt [5]), das Verständniß weckt [6]), den Geist übt, über die Empirie erhebt, Gewißheit und Sicherheit der Erkenntnisse gewährt [7]), zur Gottheit hinleitet [8]), die Tugendbemühungen erleichtert [9]), selbst manche Wahrheiten, die sie selber nicht ganz versteht, ausspricht [10]), und in der angemessensten Weise die heidnische Welt auf das Evangelium vorbereitet. Überdies gewährt sie dem gebildeten Christen, der sie eklektisch [11]), und zwar tiefeingehend, nicht wie ihre Verächter nur oberflächlich [12]), auffaßt, die Mittel zu einer vollständigen, wissenschaftlichen Erkenntniß der Glaubenslehren.

Würde nicht schon dies von Nutzen sein, wenn sie sonst kei-

---

[1]) Nach Epikur, den Cyrenaikern, Dinomachus, Callipho, den Peripatetikern, Hieronymus, Zeno und vielen Anderen: Strom. II, 495.

[2]) Strom. III, 520.

[3]) Ibid. I, 327: sie ist θεία δωρεά Ἕλλησι δεδομένη, ἀληθείας οὖσα εἰκὼν ἐναργής.

[4]) Eine große Reihe derselben s. Cohort. 61 sqq.

[5]) So widerlegten die Philosophen die Mythologie (Cohort. 57), indem sie ὀλίγα ἄττα τῆς ἀληθείας ἐφθέγξαντο, ... οὐκ ἐφικόμενοι τοῦ τέλους, Cohort. 64.   [6]) Strom. I, 335; V, 686.

[7]) Ibid. I, 335: ἀκριβῆ πίστιν ἐντίθησι τῇ ψυχῇ κ. τ. λ.

[8]) Ibid. I, 425.

[9]) Vornehmlich indem sie Enthaltsamkeit gebietet: Strom. I, 333.

[10]) So haben Hellenen, wie Isokrates, die Seligkeit des beschaulichen Lebens, welches der wahre Gnostiker führt, andere, wie Euripides, die Gottheit des Vaters und Sohnes beschrieben; jedoch ohne ihr Wissen, ohne wirkliche Einsicht: sie hatten nur die Worte, nicht die Sache, weil es ihnen an der erforderlichen Gesinnung gebrach (Strom. V, 687. 688; VI, 817. 819).

[11]) Strom. I, 338.   [12]) Ibid. 327.

nen Nutzen gewährte, nachzuweisen, daß sie unnütz sei ¹)? Und würde nicht, wie so vieles, was nicht zu Erreichung eines bestimmten Zweckes unentbehrlich ist, auch die Kenntniß ihrer Lehren uns zur Zierde gereichen? würde sie nicht in Verbindung mit einer ausgebreiteten, mannichfachen Gelehrsamkeit vornehmlich den, welcher die Glaubenslehren vorträgt, den Zuhörern empfehlen, ihm ihre Bewunderung gewinnen, und so der Wahrheit sie zuführen? Nun dient sie außerdem die Glaubenslehren in ein helleres Licht zu setzen, zu erweisen und in uns zum Wissen zu erheben ²).

Eine ganz vollkommene, mangellose Erkenntniß ist dem Menschen nicht erreichbar. Immer bleibt, unserer menschlichen Schwachheit und Sündhaftigkeit halber, unser Erkennen getrübt ³); wir sind hier nur Unmündige, Kinder und Kleine im Vergleiche zu dem, was wir einst sein werden ⁴). Dies räumte Clemens nicht nur beständig ein: es war seine innerste lebendige Überzeugung. Und doch hat man so mühsam den Schein zu erregen gesucht, als ob er zu jenen Weisen gehörte, für die es kein Jenseits giebt, weil sie schon hier eine vollkommene Erkenntniß zu besitzen meinen. Wenn Clemens mit Begeisterung das höhere, allumfassende Wissen des christlichen Gnostikers preis't ⁵), so betrachtet er dasselbe als einen unendlicher Entwickelung fähigen Keim, der seiner Entfaltung im künftigen Leben entgegenharrt ⁶). Dort werden uns die vollkommenen Güter mitgetheilt werden ⁷), und alsdann wird unser Erkennen dem des Sohnes gleich sein, welchem nichts unbegreiflich ist, und der jede Wahrheit auch mittheilen kann ⁸); dort werden wir von Angesicht zu Angesicht schauen, nicht hier ⁹). Es ist

---

1) Strom. I, 327; VI, 825. 2) Ibid. I, l. c.
3) Ibid. I, 324.
4) Paedag. I, 129. Quis div. salv. 952.
5) S. vor allem Strom. VI, 774. 6) Ibid. V, 732; VI, 804.
7) Quis div. salv. 956. 8) Strom. VI, 775.
9) Paedag. I, 120.

ein sehr wesentlicher Unterschied zwischen dem Hingelangen ans Ziel und der Vorempfindung des Hingelangens [1].

Ganz so weit, als sie dem Menschen faßlich ist, wurde die Wahrheit im Christenthum geoffenbart, welches in dieser Hinsicht als vollkommene, mangellose Weisheitslehre verehrt werden muß [2]. Mitgetheilt von der Weisheit, die alle Dinge geschaffen hat [3], umfaßt es alles, das Verborgene und Offenbare, das Gegenwärtige und Zukünftige, Weltanfang und Ende, das Geschehene, wie es geschehen ist, das Seiende, wie es ist, das Künftige, wie es sein wird [4]. Es ist die Vollendung des Gesetzes sowohl [5], als auch der Philosophie. Man braucht, seit Christus zu uns herabgekommen, nicht ferner die Wissenschaft in Athen und Hellas und Jonien aufzusuchen: alles lehrt er, und das All ist durch ihn zu einem Athen und Hellas geworden [6]. Unmündig und Kindern gleich [7] ohne Christus, wurden die Philosophen durch ihn zu Männern [8]. Und dadurch bewirkte er dies, daß er uns Gott, den Schöpfer, als Vater, und seine speciellste Vorsehung, auch die Kraft, die uns Gott ähnlich macht, kennen lehrte [9]. So brachte er gerade die wichtigsten Wahrheiten, die Heilslehren, hinzu; und er gewährte uns eine lebendige Erkenntniß Gottes, indem er ihn selber darstellte [10]. Auch führte er uns zugleich in das tiefere Verständniß unseres eigenen Wesens ein; lehrte Enthal-

---

1) Zwischen der ἄφιξις πρὸς τὸ πέρας und πρόληψις ἀφίξεως. Erst die Auferstehung vollendet, I. c. 115: ἔστι γοῦν, ὡς εἰπεῖν, ὁρμὴ μὲν ἡ πίστις ἐν χρόνῳ γεννωμένη· τέλος δὲ τὸ τυχεῖν τῆς ἐπαγγελίας, εἰς αἰῶνας βεβαιούμενον.

2) Αὐτοτελὴς μὲν οὖν καὶ ἀπροςδεὴς (d. i. keiner Ergänzung von außen her bedürftig) ἡ κατὰ τὸν σωτῆρα διδασκαλία, δύναμις οὖσα καὶ σοφία τοῦ θεοῦ, Strom. I, 377. Sie ist τελεία τῷ ὄντι καὶ ἀληθής, Ibid. II, 430.   3) Weisheit Sal. 7, 21.
4) Strom. II, l. c. VI, 778.   5) Ibid. II, 446.
6) Cohort. 86.   7) Gal. 4, 1.
8) Strom. I, 347; vgl. Eph. 4, 13.
9) Ibid. V, 731.   10) Ibid. I, 370; VI, 824.

tung, nicht wie die Philosophen, allein von der sündlichen That, sondern auch von dem Begehren [1]), gab uns dazu die Macht, und bildete uns zu göttlichen Wesen um [2]). Es verhält sich also die Wahrheit in der Philosophie zu der christlichen Lehre, wie zur Sonne das Bild von ihr, welches sich im Brennglase darstellt, — wie der Schein zu dem Sein: nur einen Vorschmack [3]) der Wahrheit bietet jene; eine Grundlage ist sie, auf welche weiter gebaut werden muß. Oder sie ist ein schlechtes Bild, welches sich sehr merklich von dem guten unterscheidet; eine unzüchtige Musik, im Gegensatze zu einer heiligen: den Namen und die Form besitzt sie, aber nicht die Sache selber, die allein in der christlichen Lehre dargereicht wird [4]). Nur in Christus erfaßt man die Gottheit [5]). Das Christenthum ist die allein vollkommene, in allen Theilen wahre Philosophie [6]). Denn der Logos ist die einige Wahrheit; in ihm ist sie in aller Fülle [7]).

Manchmal und auf mancherlei Weise hatte sich der Logos, beständig gleichsam hinabträufelnd auf das dürre Gefilde, kund gegeben. Dann erschien er, in einem Körper, den er selber erzeugt hatte [8]), und der zwar nicht nur sinnlich wahrgenommen werden konnte [9]) und ursprünglich Erregbarkeit für jede Sinnenempfindung besaß [10]),

---

1) Strom. III, 537. 2) Cohort. 88.
3) Πρόληψις. 4) Strom. VI, 817. 818.
5) Cohort. 87. 90.
6) Strom. II, 430: ἡμῖν οὖν βάρβαρος φιλοσοφία, ἣν μετίεπομεν (d. i. die aus dem Judenthum hervorgegangene christliche Lehre: ἡ κατ' ἡμῖν φιλοσοφία, wie er auf der folgenden Seite substituirt; vgl. Strom. VI, 767 seqq.), τελεία τῷ ὄντι καὶ ἀληθής.
7) Strom. II, 434.
8) Strom. V, 654: προελθὼν δὲ ὁ λόγος, δημιουργίας αἴτιος, ἔπειτα καὶ ἑαυτὸν γεννᾷ, ὅταν ὁ λόγος σὰρξ γένηται, ἵνα καὶ θεαθῇ.
9) Eine αἰσθητὴ σάρξ, Strom. VII, 833, von unscheinbarem Äußeren: Paedag. III, 252, nach Jes. 53, 2. 3.
10) Hinsichts jedes der Sinne: αἰσθήσεων πεντάδι, Strom. V, 665. Diese Erregbarkeit nennt Clemens εὐπάθεια.

aber doch durch ihn über jede Leidentlichkeit erhoben und immer völliger vergeistigt ward [1]), so daß er weder Hunger, noch Durst empfand und ganz ohne Affecte der Lust, wie des Schmerzes war [2]). Jesus konnte, wenn er wollte, verletzt und getödtet werden, nicht aber Schmerz oder Bedürfnisse empfinden [3]). Eine göttliche Kraft erhielt ihn. Jedoch war sein Körper kein Phantom, wie Jesus dadurch, daß er aß und trank, zu erweisen beabsichtigte [4]); er war vielmehr so ganz von der Art des unsrigen, daß wir Jesu Wandel als ein Beispiel betrachten dürfen und sollen, wie vollkommen die menschliche Natur den Geboten Gottes Folge leisten könne [5]). Mit diesem Körper verband sich der Logos, ob ihn gleich derselbe nur wie ein Gewand umgab [6]), so innig, ohne Vermittelung eines menschlichen Geistes oder einer Seele [7]), daß er selbst im Grabe mit ihm vereinigt blieb [8]).

Durch seine Lehre vor allem, die sich wunderbar schnell verbreitete [9]), und durch sein Beispiel [10]), verstärkt durch die Macht seines

---

1) Strom. VII, 832: ... ὅς γε καὶ τὴν σάρκα τὴν ἐμπαθῆ φύσει γενομένην ἀναλαβὼν εἰς ἕξιν ἀπαθείας ἐπαίδευσεν.

2) Paedag. I, 112. Hier bedient sich Clemens sogar des Ausdrucks: μὴ παθών — ἀνέστη (ὁ κύριος).

3) Cohort. 84.   4) Strom. VI, 775.
5) Ibid. VII, 833.   6) Ibid. V, 669.

7) Beider gedenkt Clemens auf keine Weise, da das Dogma von den beiden Naturen noch völlig unentwickelt war; vielmehr nennt er den Logos σαρκὶ ἐνδεθείς, Cohort. 86, und σαρκοφόρος γενόμενος, Strom. V, 665. Und so theilt er den Standpunkt, den später Eunomius einnahm (s. Klose über Eunomius, Kiel 1833, S. 57), und von welchem Apollinaris ausging, mit einer gewissen Hinneigung zu dem nachmaligen Monophysitismus, die ganz im Geiste der ägyptischen Speculation war. Aber Doket war er nicht. In der vierten Beilage Nr. 11 ist dies erwiesen worden.

8) Cohort. 23: ζῶν γὰρ ὁ λόγος, καὶ συναφθεὶς Χριστῷ, συνυψοῦται θεῷ. Vgl. Potter zu d. St. — Zu dieser Annahme kam Clemens durch jene andere, daß der Leib des Herrn nur durch den ihm einwohnenden Logos belebt wurde. Sie ist der Keim des Aphthartodoketismus.

9) Cohort. 85.

10) Die Beweisstellen s. bei Guerike de Schola Alex. II, 147.

Teufel und Tod überwindenden Leidens, vollbrachte Christus das Werk der Erlösung. Wie Menschen, sich aufopfernd, in ihrem Kreise für Andere leiden können, die Apostel für die Gemeinden litten, die sie gestiftet hatten [1]), und nach ihrem Beispiele der christliche Weise bereit sein soll, zur Erbauung der Gemeinden zu leiden: so trank auch Jesus den Leidenskelch, und zwar für alle Menschen, selbst für seine Verfolger und für die Ungläubigen [2]). Und die entsündigende Kraft seines Todes besteht nicht darin allein, daß derselbe Licht und Erkenntniß verbreitet [3]); sondern auch göttliche, vollkommene Liebe, die entsündigend wirkt, strömt von ihm in die Herzen ein. Denn deshalb ist der Logos herabgekommen, Mensch geworden, und hat freiwillig gelitten, um uns, indem er unserer Schwachheit sich gleichstellte, mit seiner Kraft zu erfüllen. Und im Begriffe sich selber als Lösegeld für uns [4]) darzugeben, hinterließ er uns das neue Testament: Meine Liebe gebe ich euch. Was für eine Liebe? eine wie große? Für einen jeden von uns gab er sein Leben dahin, welches an Werthe das All aufwiegt [5]).

Die Erlösung ist ihrem Wesen nach Bekehrung [6]); die Bekehrung zunächst ein Wiedergewinnen der rechten Erkenntniß [7]), durch Enthüllung der wahren Mysterien [8]), sodann jene Wieder-

---

1) Eph. 3, 13.   2) Strom. IV, 597.
3) Ibid. I, 419. Hier sagt Clemens von dem Kreuze des Herrn, daß es ein heiliges Licht über Himmel und Erde ausbreitet.
4) Quis div. salv. 948, wo dem Erlöser die Worte in den Mund gelegt werden: ὑπὲρ σοῦ πρὸς τὸν θάνατον διηγωνισάμην καὶ τὸν σὸν ἔξτισα θάνατον, ὃν ὤφειλες ἐπὶ τοῖς προημαρτημένοις καὶ τῇ πρὸς θεὸν ἀπιστίᾳ.
5) Quis div. salv. 956. — Doch leitet Clemens die Macht des Erlösers, Sünden zu vergeben, die allein der Gottheit zustehe (Ibid. 957), nicht aus seinem Leiden, sondern aus seinem göttlichen Wissen um den innersten Grund des Gemüthes her: Paedag. 1, 138.
6) Auf diese kommt Clemens stets vorzugsweise zurück, wenn er von der Erlösung handelt.
7) Strom. V, 654.
8) Cohort. 91. Strom. V, 684; VII, 831.

herstellung des inneren Ebenmaßes in der Seele, vermöge deren wir aus der Fehlbarkeit und Unseligkeit des sündebehafteten Daseins uns zur vollkommenen Einheit [1]), zur engsten Verwandtschaft mit Christus [2]), und zur Unwandelbarkeit im Guten [3]), der wahren Unsterblichkeit und Unvergänglichkeit [4]), erheben.

Die Wahrheiten des Evangeliums eignet man sich durch den Glauben an. Dieser ist wie das einzige, so auch das vollkommen allgemeine Heilsmittel für die Menschheit [5]), indem alle berufen sind zu glauben [6]), nicht, wie die Basilidianer und Valentianer lehren [7]), nur einzelne, dem Lichtreiche verwandte Seelen. Und — keineswegs eine Naturnothwendigkeit, ist der Glaube ein Werk [8]) und Gnadengeschenk [9]) des Logos, dem die Seele selbstthätig in freier Zustimmung sich hingiebt. Beides, sein Wirken in uns, wie unsere freie Hingebung an ihn, ist auf gleiche Weise erforderlich. Denn weder ist es möglich, ihn ohne einen freien Willensact in sich aufzunehmen, noch liegt dies allein an unserm Wollen: aus Gnaden werden wir selig [10]).

---

1) Strom. IV, 635: διὸ δὴ καὶ τὸ εἰς αὐτὸν (τὸν λόγον) καὶ τὸ δι' αὐτοῦ πιστεῦσαι, μοναδικόν ἐστι γενέσθαι, ἀπερισπάστως ἑνούμενον ἐν αὐτῷ· τὸ δὲ ἀπιστῆσαι, διστάσαι ἐστὶ καὶ διαστῆναι καὶ μερισθῆναι. Vgl. Ib. 633.

2) Paedag. 1, 127: Πάντῃ τοίνυν ἡμεῖς τὰ πάντα Χριστῷ προςῳκειώμεθα, καὶ εἰς συγγένειαν, διὰ τὸ αἷμα αὐτοῦ, ᾧ λυτρούμεθα· καὶ εἰς συμπάθειαν, διὰ τὴν ἀνατροφήν, τὴν ἐκ τοῦ Λόγου· καὶ εἰς τὴν ἀφθαρσίαν, διὰ τὴν ἀγωγὴν τὴν αὐτοῦ.

3) Einer unverlierbaren ἕξις im Guten: Strom. VI, 779; VII, 859. 874. Insofern wird unsere Natur durch die Erlösung über die ihr ursprünglich zukommende Stufe emporgehoben.

4) Paedag. l. c. Strom. IV, 575.

5) Cohort. 116: ὅτι γε μία καθολικὴ τῆς ἀνθρωπότητος σωτηρία, ἡ πίστις.

6) Cohort. 116.   7) Strom. II, 433.

8) Paedag. I, 127: Χριστός, ὁ ἀναγεννήσας ἡμᾶς.

9) Strom. I, 338: δωρεὰ ἡ διδασκαλία τῆς θεοσεβείας, χάρις δὲ ἡ πίστις. Ibid. V, 696: die σοφία ist θεόσδοτος, und die Erkenntniß, was Gott sei, wird nicht χάριτος ἄνευ τῆς ἐξαιρέτου gewonnen.

10) Ibid. V, 647: οὔτε γὰρ ἄνευ προαιρέσεως τυχεῖν οἷόν τε· οὐ μὴν οὐδὲ

Der Glaube.

Man darf sagen, der Glaube setze die Erkenntniß der Unvollkommenheit alles bloß menschlichen Wissens oder unseres Nichtwissens, wie auch eine verständige Prüfung voraus [1]), und erfordere ein reines Herz, ohne welches Gott weder erkannt, noch auch göttliche Kräfte empfangen werden können [2]). Indessen muß nicht nothwendig weder diese Erkenntniß schon in klaren Begriffen vorhanden, noch auch eine vollkommene Reinheit des Herzens schon errungen sein; das eigentliche Glaubensvermögen des Menschen besteht vielmehr in jener inneren Sehnsucht, in welcher sich sein Bedürfen einer höheren Offenbarung ausspricht, und welches schon in sich die Ahnung des Göttlichen, den ersten Keim der wahren Gotteserkenntniß, enthält [3]). Und so ist der Glaube die freie Beistimmung, die der Mensch vermöge jenes in ihm vorhandenen Wahrheitsgefühls der ihm verkündigten Wahrheit giebt: eine Überzeugung von dem Dasein der unsichtbaren Güter, Gegenwart des Gehofften [4]); eine Hingabe des ganzen Herzens an Jesus Christus [5]), die uns das wahre Sein und Leben verleiht [6]); eine

---

τὸ πᾶν ἐπὶ τῇ γνώμῃ τῇ ἡμετέρᾳ κεῖται· χάριτι γὰρ σωζόμεθα. — Mit gleicher Unbestimmtheit, fast wörtlich übereinstimmend, erklärte sich Erasmus in der Schrift de Libero arbitrio.

1) Strom. II, 436. Vgl. Ibid. V, 654: ἀγνοήσας τις (d. i. sein Nichtwissen einsehend), ἐζήτησεν, καὶ ζητήσας εὑρίσκει τὸν διδάσκαλον, εὑρών τε, ἐπίστευσεν κ. τ. λ. Ähnlich sagt Lactantius (Institutt. I, c. 23): primus sapientiae gradus est, falsa intelligere, secundus, vera cognoscere.

2) Strom. II, 332; III, 530; VI, 794.

3) S. oben S. 129, und Staudenmaier Scotus Erigena S. 247.

4) Strom. II, 433: . . . ἑκούσιος πρόληψις, θεοσεβείας συγκατάθεσις, ἐλπιζομένων ὑπόστασις, πραγμάτων ἔλεγχος οὐ βλεπομένων. Vgl. Hebr. 11, 1. 2.

5) Glaube ist: τὸν Σωτῆρα ἐνστερνίσασθαι, Paedag. I, 123. Vgl. Strom. II, 439: καλὸς μὲν (ὁ σωτὴρ), ὡς ἀγαπᾶσθαι μόνος πρὸς ἡμῶν, τὸ καλὸν τὸ ἀληθινὸν ἐπιποθούντων.

6) Πίστις ist nach Clemens Etymologie: ἡ περὶ τὸ ὂν στάσις τῆς ψυχῆς. Strom. IV, 629.

geistige [1]), göttliche [2]), seligmachende Kraft; Kraft zum ewigen Leben [3]).

Weiter hat Clemens den Begriff durch folgende Bestimmungen entwickelt, in welchen er an die bekannte Definition des Briefes an die Hebräer [4]) sich anschließt. Nachdem er, gleichfalls mit den Worten dieses Briefes, den Glauben die Bedingung genannt hat, unter welcher allein wir das Wohlgefallen Gottes erlangen, sagt er: derselbe sei eine solche Dahingabe an unsichtbare Gegenstände, die eine Einigung der Seele mit diesen [5]) zur Folge hat, und unterscheide sich hierin von derjenigen Überzeugung [6]), die auf Demonstration beruht und mit Evidenz aus dem Bekannten auf das Unbekannte [7]) schließt. Der Glaube sei unzertrennlich verbunden mit einem geistigen Begehren [8]) und trage in sich nicht nur den mächtigen Trieb zu seiner Vollendung in der Gnosis, sondern sei auch nothwendig der fruchtbare Keim guter Handlungen [9]). Denn nicht nur beschwichtige er, vermöge seiner Wunder wirkenden Kraft [10]), die Affecte des Fleisches [11]): es sei ihm auch so wesentlich zugleich Gehorsam zu sein [12]), daß man ihn die folgsame Unterwerfung unter den Logos [13]) nennen dürfe, oder ein beständiges ins Werk Richten [14]) dessen, was er gelehrt hat [15]).

---

1) Πνευματικὴ δύναμις, Strom. V, 695.
2) Θεῖόν τι, Strom. II, 457; δύναμις θεοῦ, ἰσχὺς οὖσα τῆς ἀληθείας, Ib. 454.
3) Strom. II, 457: ... ἰσχὺς εἰς σωτηρίαν καὶ δύναμις εἰς ζωὴν αἰώνιον.
4) Hebr. 11, 1. 2.
5) ἀφανοῦς πράγματος ἑνωτικὴ συγκατάθεσις.
6) ἀπόδειξις.
7) φανερὰ συγκατάθεσις πράγματος ἀγνοουμένου.
8) προαίρεσις ὀρεκτική τινος οὖσα, und zwar eine ὄρεξις διανοητική.
9) ... ἀρχὴ πράξεως. Man findet das Angeführte Strom. II, 433.
10) Ib. 454.   11) Paedag. I, 123.   12) Strom. II, 455.
13) τοῦ λόγου ὑπακοή.
14) τῶν ὑπὸ τοῦ λόγου διδασκομένων ἀδιάπτωτος ἐνέργεια.
15) S. Paedag. I, 159. Auch Strom. V, 697 nennt er die Pistis eine ἐργάτις ἀγαθῶν, καὶ δικαιοπραγίας θεμέλιος.

Er ist also der Liebe aufs nächste verwandt, ihre Quelle sowohl, als ein Ausfluß der Liebe [1]. Denn die Urkunde des Glaubens für die, welche sich nicht auf Schrift verstehn, ist die Liebe, diese göttliche Handschrift, die auch dem Unwissenden lesbar ist, ein Buch des Geistes [2]. Und wie die Zeit aus Vergangenheit und Zukunft, und unser Wissen aus Erinnerung und Hoffen besteht, so richtet sich der Glaube nicht nur zurück auf das Vergangene, sondern auch hinauf zu dem Zukünftigen, welches er mit Liebe umfaßt: er ist Hoffnung [3]; Hoffnung gleichsam die Seele des Glaubens, dieser ihre Verkörperung [4]. Beide erblicken im Geiste die zukünftigen und nur geistig intelligiblen Dinge [5].

Fragen wir näher nach dem Gegenstande des Glaubens, so nennt uns Clemens vor allem den überweltlichen, allein ewigen Gott, dessen Dasein nicht von dem Verstande erkannt wird. Wenn jemand behaupte, daß die Wissenschaft [6] demonstrirbar sei vermöge des Verstandes [7], und also leugne, daß sie des Glaubens bedürfe, so sei zu erwiedern, daß sich schon für das Dasein der Urprincipe kein Beweis führen lasse, indem diese weder durch die Kunst — d. i. das schöpferische Vermögen des menschlichen Geistes —, noch durch verständige Betrachtung [8] erkannt werden können; denn letztere erstrecke sich nur auf die Veränderungen an den Dingen: jene sei zwar schöpferisch, aber nicht zugleich auch Anschauung oder Wahrnehmung [9]. Deshalb müsse man sagen, daß allein der Glaube das Urprincip des Alls erreiche. Denn jedes Wissen, fährt er fort, ist lehrbar: das Lehrbare beruht auf erkannten Voraussetzungen [10]; das Urprincip aber, die allererste

---

1) Strom. II, 445: ἡ δὲ πίστις, ἕδρασμα ἀγάπης, ἀντεπάγουσα τὴν εὐποιΐαν.
2) Paedag. I, 299.
3) Strom. II, 457. Vgl. Ibid. 443. 445.
4) Paedag. I, 121.   5) Strom. V, 653.
6) ἐπιστήμη.   7) λόγος.   8) φρόνησις.
9) Man lese: ἡ δὲ, ποιητικὴ μόνον, οὐχὶ δὲ καὶ θεωρητική, nach Petavius bei Potter.
10) ἐκ προγινωσκομένου.

der Voraussetzungen, haben selbst die Griechen nicht erkannt. Das Wissen unterliegt der Demonstration; aber der Glaube ist eine Gnadengabe, die von demjenigen her, was nicht demonstrirt werden kann (d. i. dem Unendlichen und Ewigen in uns), zu dem Allgemeinsten [1]) hinaufleitet, dem Ureinfachen, welches weder neben einer Materie besteht, noch Materie, noch auch in der Materie ist [2]). In diesem Sinne werde gesagt, daß wir durch den Glauben erkennen, die Welt sei durch Gottes Wort bereitet worden, und nicht aus Erscheinendem das Sichtbare hervorgegangen [3]).

So ist denn nach Clemens der Glaube die nothwendige Voraussetzung jeder höheren, die übersinnlichen Dinge betreffenden Einsicht, und darin findet er in der hier mitgetheilten Stelle den wesentlichsten Mangel der hellenischen Philosophie, daß ihr eben mit dem Glauben die Grundlage und der Ausgangspunkt der wahren wissenschaftlichen Erkenntniß fehlte; ein Mangel, den die neuplatonische Speculation zu ersetzen suchte, indem sie jenen kühnen Aufschwung über das verstandesmäßige Erkennen in das Absolute nahm, den Plotinus intellectuelle Anschauung [4]) nannte. Und nicht anders benannte auch Clemens schon jenes unmittelbare Ergreifen des Urprincips, wenn er, im Gegensatze zu dem auf sinnlicher Wahrnehmung und Verstandesthätigkeit beruhenden Erkennen, dasselbe mit eben jenem Worte als geistiges Schauen, oder als Gehör des Geistes für die höheren Dinge [5]) bezeichnete. Die Philosophie ist nämlich, wie er sagt, eine nützliche Grundlage für die beginnende christliche Erkenntniß: diese entsteht dann, wenn der Geist höheren Wahrnehmens [6]) des Denkers sich bemächtigt. Dieser Geist ist ein Vernehmen [7]), welches, wenn es sich auf die Urprincipe richtet, geistige Wahrneh-

---

1) τὸ καϑόλου.   2) Man findet diese Stelle Strom. II, 435.
3) Ib. 434. Hebr. 11, 3.   4) ϑεωρία.
5) Strom. V, 644, mit Berufung auf Matth. 11, 15: „wer Ohren hat, zu hören, der höre."
6) Πνεῦμα αἰσϑήσεως. S. 2 Mos. 28, 3.   7) φρόνησις.

Des Glaubens Art.

mung [1]) genannt wird; wenn es diese letztere durch Demonstration befestigt, heißt es Gnosis und Sophia und Wissenschaft [2]). Bei den einfachen Frommen ist es ohne Forschung, eine bloße Pistis; in den empirischen Wahrheiten ist es diejenige Meinung, die das Wahre trifft [3]); in den Handwerken, Kunstfertigkeit [4]); ohne Erforschung der Ursachen und Gründe, Empirie; aber allezeit ist dasselbe ein dem heiligen Geiste verwandtes Sein [5]).

Vier Stücke sind es, so drückt er diese Gedanken im Zusammenhange aus, durch welche und in welchen die Wahrheit gewonnen wird: Wahrnehmung, Intelligenz, Wissen, Meinung [6]). An sich ist die Intelligenz das erste; für uns aber, und im Verhältnisse zu uns, die Wahrnehmung: in Wahrnehmung und Intelligenz (Einsicht) besteht das Wesen des Wissens, indem Intelligenz und Wahrnehmung gemeinsam mit einander die Evidenz [7]) ergeben; und zwar ist die Wahrnehmung die Vorstufe des Wissens [8]). — Hier hätte nun Clemens, um den Gedanken bündig weiterzuführen, auf den Unterschied der sinnlichen und der geistigen, unmittelbaren Wahrnehmung, die er Glaube nennt, kommen und dann erst den Unterschied zwischen diesem und dem Meinen hervorheben sollen. Statt dessen geht er sogleich hiezu über, und sagt, daß der Glaube, wenn er gleich durch sinnliche Wahrnehmungen den Weg zu uns nehme [9]), — vermuthlich meint er das Hören der Predigt [10]), — dennoch das Meinen weit hinter sich zurücklasse, indem er zu dem Untrüglichen hineile und in der Wahrheit sich festsetze [11]).

Jedoch der Glaube, der in seinem Entstehungsmomente zunächst die Anerkennung des überweltlichen, einigen Gottes ist,

---

1) νόησις. 2) ἐπιστήμη. 3) δόξα ὀρθή.
4) τέχνη. 5) Strom. VI, 820.
6) αἴσθησις, νοῦς, ἐπιστήμη, ὑπόληψις.
7) τὸ ἐναργές. 8) Strom. II, 435.
9) διὰ τῶν αἰσθητῶν ὁδεύσασα. 10) Röm. 10, 17.
11) εἰς τὴν ἀλήθειαν καταμένει.

bleibt nicht bei diesem Ergebnisse stehen. Er erweitert sich sofort zu gläubiger Annahme der gesammten in der heiligen Schrift geoffenbarten und in der Glaubensregel zusammengefaßten Grundwahrheiten der christlichen Lehre, deren Mittelpunkt und Inbegriff Jesus Christus ist. Und indem er die Zeugnisse und Offenbarungen Gottes in der Schrift ergreift, die an sich das Allersicherste und Gewisseste, keines Beweises bedürftig sind [1]), insbesondere aber an dem Ansehn Christi unbedingt sich genügen läßt [2]), ist es ihm eigen, über die Erkenntniß des Heilandes nicht hinauszuverlangen. So bestimmt hat sich Clemens hierüber erklärt, daß es auffallend ist, bei dem neusten Bearbeiter die Behauptung zu finden, er sei hierin von seinem kühnen und geistvollen Schüler Origenes übertroffen worden, indem dieser die Theologie in eine weit engere Verbindung mit der Person des Erlösers gesetzt habe [3]). Sagt doch auch Clemens schon, daß wenn dieser die Wahrheit, Weisheit und Kraft Gottes ist, alles wahre Wissen nur darin bestehe, ihn zu erkennen, und den Vater durch ihn [4]).

Während sich Clemens auf der einen Seite mit so viel Wärme und Klarheit über Wesen, Art und Würde des Glaubens ausspricht, finden wir nicht nur bei Vergleichung seiner früheren Schriften mit der späteren, den Stromaten, sondern auch in eben diesem Werke, bisweilen nahe neben einander, Erklärungen, die den bisher mitgetheilten scheinbar völlig entgegengesetzt sind und deshalb Anlaß gaben, ihn gerade in dieser Lehre des offenbaren Widerspruchs mit sich zu zeihen [5]). Es ist wahr, daß er bei der Bestimmung des Begriffs auf einen Abweg gerieth, indem er die dem Ausdrucke nach unvereinbaren Auffassungen des Paulus und

---

1) Strom. II, 433.
2) Mit Recht bediene sich der Christ des αὐτὸς ἔφα, Strom. II, 441. Vgl. Ibid. V, 694.
3) Thomasius, Origenes S. 34. Ähnlich Baumgarten-Crusius in dem Lehrb. der Dogmengeschichte.
4) Strom. II, 457.   5) Neander KG. I, 616.

Jacobus eben dadurch auszugleichen suchte, daß er das Wort Glauben in einer sehr weiten, den Sprachgebrauch beider umfassenden Bedeutung nahm. Aber sicher findet sich in allen seinen Erklärungen über diesen Gegenstand die durchdachteste Einheit, und es ist wichtig dieselbe nachzuweisen, um genauer, als dies bisher geschah, die Richtung anzugeben, in die er das Dogma hineinwies, und in welcher es späterhin leider stets einseitiger entwickelt wurde. Hiebei kommt es zunächst darauf an, die verschiedenen Bedeutungen bemerklich zu machen, in welchen er sich des Wortes Pistis bedient.

Zu Grunde liegt allen seinen Erörterungen über diese die Begriffserklärung des Briefes an die Hebräer, die er jedoch durch die Auffassung des Apostels Paulus vervollständigte; denn diesem schloß überhaupt die alexandrinische Theologie sich mit Vorliebe an. Wie nun Clemens einer Zeit angehört, in welcher zuerst sich ein bestimmterer kirchlicher und dogmatischer Sprachgebrauch unter manchen Schwankungen bildete, so nimmt er jenes Wort gern in dem weiteren, umfassenden Sinne, in welchem es so viel ist, als Annahme des Christenthums überhaupt, und also zugleich Erkenntniß und Gesinnung einschließt. In dieser Weise gebraucht er das Wort beständig in seinen vorbereitenden Schriften, dem Protreptikus und Pädagogus, weil er hier das Gebiet der esoterischen Wahrheiten absichtlich nur von außen berührt; und so ganz fallen ihm von diesem Standpunkte aus die Pistis und Gnosis in einander, daß er, wohl unbewußt, beide Worte in völlig gleicher Bedeutung abwechselnd, und zwar auf ein und demselben Blatte in fast unmittelbarer Folge, anwendet [1]). Hingegen in den Stromaten nimmt er die Pistis nur in den wenigen Stellen, wo er des volleren, unzergliederten Begriffes bedarf, in jenem umfassenden Sinne [2]). Alsdann ist ihm der Glaube die wahre und höchste Weisheit, der Keim und Inbegriff aller Vollkommenheit

---

1) So Paedag. I, 115. 2) So z. B. Strom. VI, 820.

und Güte, die Vollendung aller Erkenntniß [1]). In diesem Sinne sagt er: die Lehre des Erlösers ist in sich vollkommen und bedarf keines Anderen, da sie Gottes Kraft und Weisheit ist, und wenn die griechische Philosophie hinzukommt, so macht sie die Wahrheit selber nicht mächtiger [2]). Den Glauben erlangt man vermöge der Liebe, seines göttlichen Elementes, ohne jedes noch so geringe weltliche Wissen [3]); und ist er vorhanden, so bedarf man alsdann nicht etwa nachträglich der Wissenschaft, die ihm Beweise liefere: gegründet auf die Aussprüche Gottes, ist er selber eine unwidersprechliche Gewißheit [4]), die durch Beweisgründe nicht fester werden kann, als sie an sich ist [5]). Er ist mehr als das Wissen [6]), ist, als Zustimmung der Seele, ein Urtheil über das Gewußte; weshalb denn auch schon Aristoteles diejenige Zustimmung, die aus der wissenschaftlichen Einsicht hervorgeht, Pistis genannt habe [7]).

Andererseits fand Clemens theils den Sprachgebrauch des Jacobus vor, welcher von einem Glauben ohne Werke redet, der an sich todt sei [8]), theils konnte er schon in der damaligen Christenheit so viele bemerken, die man weder für Ungläubige erklären, noch auch zu den lebendigen Gliedern zählen durfte. So sahe er sich genöthigt, dem Worte Pistis eine beschränktere Bedeutung zu geben, und unterschied nun dieselbe nicht nur von ihrer

---

1) $M\alpha\vartheta\acute{\eta}\sigma\varepsilon\omega\varsigma$ $\tau\varepsilon\lambda\varepsilon\iota\acute{o}\tau\eta\varsigma$.
2) Paedag. III, 299. Denselben Gedanken wiederholt er Strom. I, 376. 377.
3) „Fast alle haben wir ohne encyclopädisches Wissen und griechische Philosophie, viele sogar ohne Kenntniß der Buchstaben, im Geiste erregt durch die göttliche, barbarische Philosophie, vermittelst des Glaubens die Lehren von Gott in Kraft überkommen, unterrichtet durch die selbstständig lehrende Weisheit ($\alpha\dot{v}\tau o v \varrho\gamma\tilde{\omega}$ $\sigma o \varphi\acute{\iota}\alpha$ $\pi\varepsilon\pi\alpha\iota\delta\varepsilon\upsilon\mu\acute{\varepsilon}\nu o\iota$).“ Strom. I, 376; auch Paedag. III, l. c.
4) ... $\dot{\alpha}\pi\acute{o}\delta\varepsilon\iota\xi\iota\varsigma$ $\dot{\alpha}\nu\alpha\nu\tau\iota\acute{\varrho}\varrho\eta\tau o\varsigma$.   5) Strom. II, 433.
6) ... $\kappa\upsilon\varrho\iota\acute{\omega}\tau\varepsilon\varrho o\nu$ $\dot{\varepsilon}\pi\iota\sigma\tau\acute{\eta}\mu\eta\varsigma$.   7) Strom. II, 436.
8) Jac. 2, 17.

wissenschaftlichen Entwickelung und Begründung, der Gnosis, sondern auch von dem sittlichen Handeln, von welchem sie immer hätte begleitet sein sollen, und welches doch bei jenen Halbchristen vermißt ward. Hätte sich nun Clemens allein an die paulinische Auffassung binden mögen, so würde er diesen Scheingläubigen die eigentliche und wahre Pistis ganz abgesprochen, und diese stets als eine an sich lebendige, unausbleiblich wirksame Heilserkenntniß bezeichnet haben. Allein dies gestattete ihm jene damals herrschende Ansicht nicht, nach welcher man die heiligen Bücher, so viele für apostolische Aufzeichnungen galten, sämmtlich gleich werth achtete und aus ihren verschiedenartigen Aussprüchen, oft nachdem man sie aus dem Zusammenhange gerissen, den Katholicismus der Kirchenlehre zusammenschmolz. Überdies sind die Unterschiede zwischen dem in der That völlig äußerlichen, und dem in der regeren Entwickelung nur wie von außen her gehemmten Glauben, so fließend, daß sich unmöglich in dem einzelnen Falle die Grenzlinie sicher bestimmen läßt. Clemens glaubte deshalb, jene schwächeren Christen in liebevoller Anerkennung desjenigen Guten, welches sich doch auch bei ihnen fand, als Zugehörige der Kirche betrachten, ihre freilich sehr ungenügende Anerkennung der Heilslehre, dem schon üblichen Gebrauche des Wortes gemäß, Glaube nennen zu müssen, und war so genöthigt, jenem Glauben der Menge eine sehr niedrige Stufe anzuweisen. Nichts destoweniger ist diese Ausdehnung des Begriffs von den unglücklichsten Folgen gewesen, da die griechische Kirche nur zu geneigt war, den Glauben lediglich als ein Erkennen zu betrachten, welches von Handlungen nebenher begleitet sein müsse. Es ist später, bei dem Eindringen ganzer Scharen Halbbekehrter im vierten Jahrhundert, aus diesem Mißverstande jene völlige Verwechselung des Christenthums mit todter Orthodoxie hervorgegangen, deren Verderblichkeit erst durch die Reformation aufgedeckt worden ist, und die noch jetzt die Annäherung der getrennten kirchlichen Genossenschaften so wesentlich erschwert.

Schon Clemens spricht von einem Glauben, welcher nicht einmal ein festes Vertrauen auf die Wahrheiten einschließt, die er doch anerkennt [1]); findet, daß manche Gläubige allein durch die eigennützigen Motive der Furcht und Hoffnung sich bestimmen lassen, und daß deshalb ihr Glaube nicht als Selbstzweck [2]), sondern nur weil er einigermaßen die Sünde fliehen lehre, geschätzt werden dürfe [3]); daß er, wenn er nicht sich weiter entwickele, unmöglich weder zu vollkommener Tugend [4]), noch zur höchsten Stufe der Seligkeit führen könne [5]); endlich, daß es, wie einen Glauben, welcher Überzeugung ist, so auch einen Glauben gebe, der mit dem bloßen Meinen auf gleicher Stufe steht [6]), und schon deshalb eine wissenschaftliche Einsicht unentbehrlich sei, vermöge deren die Wahnvorstellungen von den wahren gesondert werden, wie ächte und unächte Münzen von den Kennern [7]). — Die

---

[1] Πλεῖόν ἐστι τῆς πίστεως τὸ πεποιθέναι, Strom. V, 697; wogegen er nach der weiteren, sogleich näher zu bestimmenden Auffassung des Begriffes Pistis Strom. II, 444 sagen kann: πεποίθησις δὲ, διάληψις βεβαία περί τινος, διὸ πιστεύομεν, ᾧ ἂν πεποιθότες ὦμεν.

[2] ... δι' αὐτὴν αἱρετόν.   [3] Strom. VI, 789.

[4] Die das Gute allein um sein selbst willen liebt: Strom. IV, 576. Nur einzelne Tugenden kann er hervorbringen, nicht die christliche Vollkommenheit: Ibid. VII, 883.

[5] Diejenigen, deren Glauben noch nicht ihre Laster und Leidenschaften vertilgt hat, gelangen nach schweren Büßungen im künftigen Leben zu dem ihnen bestimmten und angemessenen Wohnort (οἰκεία μονή), die gebesserten Gläubigen zur Seligkeit, deren höchste Stufe jedoch nur dem Gnostiker zukommt. Die andern können dieselbe nur durch neue Fortschritte erringen: Strom. VI, 794.

[6] Strom. II, 454: πίστεως οὔσης διττῆς, τῆς μὲν ἐπιστημονικῆς, τῆς δὲ δοξαστικῆς. Vgl. Ibid. 436: ὑποκρίνεται δὲ τὴν πίστιν ἡ εἰκασία, ἀσθενὴς οὖσα ὑπόληψις. — Der christliche Weise vollbringt κατορθώματα (perfecta officia), der Pistiker hat nur eine μέση πρᾶξις, da er noch nicht mit vollem Bewußtsein handelt, demjenigen vergleichbar, welcher auf der Leier oder Flöte Töne hervorbringt, ohne sich auf Musik zu verstehen; die Handlungsweise des Heiden ist sündlich: Strom. VI, 796. Vgl. Ibid. VII, 867.   [7] Strom. II, 436.

hier angeführten Stellen finden sich, dies darf nicht übersehen werden, insgesammt in den Stromaten.

Wie wenig dieselben mit denjenigen Erklärungen zu stimmen scheinen, welche zu Anfange angeführt wurden, und wie schwer es bei dem damaligen Inspirationsbegriffe fallen mußte, die Auffassung des Jacobus mit der paulinischen zu vereinigen, so hat doch Clemens nicht unterlassen, seine Lehre mit beiden, wie innerlich mit ihr selber, in Einklang zu bringen, und dies in einer solchen Weise, daß allen den nachtheiligen Folgen, welche sich später entwickelten, vorgebeugt war, sobald man seine ganze Darstellung in aller Schärfe bewahrte.

Nur einen Ausweg gab es hier für Clemens: ein zweiter scheint sich darzubieten und ist neuerlich mit vielem Scharfsinne als die wahre Ansicht des Clemens bezeichnet worden; aber er führt nicht zum Ziele. Es soll nämlich Clemens jenen nicht entwickelten Glauben für ein unbewußtes Erfassen der Wahrheit, und den so aufgenommenen Inhalt, wie er dem Subjecte ganz äußerlich bleibe, für leer, müßig und ungenügend erklärt haben. Hierauf beruhe seine Forderung, die er an alle richtet, zu einer tieferen Erkenntniß des Inhalts desselben aufzusteigen, seiner Gründe sich bewußt zu werden und ihn zum Gegenstande wissenschaftlicher Untersuchung zu machen; indem dies geschehe, entstehe das Wissen, die Gnosis [1]).

Für diese Auffassung konnten neben den Stellen, auf welche sie, nicht ganz ungezwungen, gegründet worden, vor allem diejenigen angeführt werden, wo Clemens sagt, der gewöhnliche Glaube der Menge sei eben derselbe seiner Art nach, wie derjenige, welcher dem christlichen Weisen eigen ist. Die Gerechtigkeit Gottes, so lauten die Worte an einer dieser Stellen, wird in dem Evangelium geoffenbart aus Glauben in Glauben [2]). Hiemit scheint der Apostel einen zwiefachen Glauben zu bezeichnen. Doch sei

---

1) Thomasius S. 24. 2) Röm. 1, 17.

derselbe nur einer, obschon fähig zu wachsen und sich zu vervollkommnen. Denn der gewöhnliche Glaube [1] bilde gleichsam die Grundlage, auf welcher mit Hülfe der Wissenschaft, wie der Beobachtung der Gebote des Logos weitergebaut werde [2]). Der erste Grad des Glaubens, heißt es an einer andern Stelle, besteht in dem Erkennen Gottes; danach muß es uns, haben wir der Lehre des Erlösers Glauben geschenkt, als Pflicht erscheinen, auf keine Weise durch irgend ein Unrecht mit jener Erkenntniß in Widerspruch zu treten [3]).

So scheint denn Clemens ein todtes, an sich träges Fürwahrhalten zum Entstehungspunkte des thätigen, im Wissen sich vollendenden Glaubens zu machen; und wäre dies seine Meinung, hätte er geglaubt, aus dem todten Auctoritätsglauben wachse der lebendige Glaube hervor, so fänden wir ihn alsdann in der That in einem Widerspruche sowohl mit Paulus, als auch mit seinen eigenen Bestimmungen. Inzwischen fehlt es nicht an einer entscheidenden Stelle, wo er das Rechte treffend, zu dem entgegengesetzten Auskunftsmittel greift, jene bloß äußerliche Beistimmung zwar auch als eine geistige Lebensregung gelten läßt, jedoch nur als eine solche, die alsbald im Entstehen, ehe die Erkenntniß in die Gesinnung überging, wieder erstarrte. Für ein frühzeitiges Wiedererkalten in dem ursprünglich stets in Lebenswärme hervortretenden, neuen geistigen Sein, oder ein Erschlaffen der kaum erst sich regenden höheren Kräfte, erklärt er diese falsche Gläubigkeit, und rettet so die Würde des Glaubens. Indem man ihn ungepflegt läßt, schwindet er in sich zusammen; weil man ihn versäumt, zerrinnt er.

Ich behaupte, sagt er, daß der Glaube nicht müßig und sich beschränkend auf sich, sondern mit dem Triebe zu suchen und zu forschen, glanzvoll in sein Dasein treten müsse. Denn ich sage

---

1) Κοινή πίστις.   2) Strom. V, 644.
3) Strom. VII, 831, und daselbst Sylburg.

nicht, daß man (als Gläubiger) auf keine Weise weiter zu suchen und zu forschen habe¹). Suche, heißt es, so wirst du finden:

— — Denn was gesucht wird,
Ist zu erreichen: es zerrinnt Versäumtes,

nach Sophokles. Und ähnlich der Komiker Menander:

— Das alles, was gesucht zu werden pflegt,
Bedarf der Pflege, wie die Weisen sagen²).

So also erklärte sich Clemens die befremdende, und doch so allgemeine Erscheinung, daß es eine Gläubigkeit giebt, die weder als ein vollständiger Glaube anerkannt, noch dem völligen Unglauben gleichgeachtet werden darf. Und nun wird deutlich, wie er die Pistis bald das Höchste und in sich vollkommen, bald eine niedere, unzugängliche Stufe des christlichen Lebens nennen konnte. Thut er das erstere, so bedient er sich des Wortes in der allgemeinern, populären und dem Gebrauche bei Paulus im Wesentlichen entsprechenden Bedeutung, in welcher es die Hingabe an das Christenthum bezeichnet; im andern Falle meint er das schon in seinen ersten Regungen, gehemmt von außen, oder durch die Schuld des Neubekehrten selber, wieder zurückgedrängte geistliche Leben, welches nur mühsam noch sein Dasein fristet. Immer aber ist ihm der Glaube ein an sich lebensvoller Keim des gesammten christlichen Erkennens und Handelns, der, wo er gepflegt wird, mit Nothwendigkeit immer völliger sich erschließt; ein geistiges Verständniß, obschon ohne wissenschaftliche Einsicht³), die erst später hinzutritt⁴); ein frommes Ergreifen des uranfänglichen

---

1) Etwa nach der Lehre der traditionellen Theologie, die Tertullian und Irenäus repräsentirten.
2) Strom. V, 650. Mit dieser Auffassung trafen im pietistischen Streite die Orthodoxen insofern zusammen, als sie gegen Spener und seine Anhänger behaupteten, der Glaube sei bei seinem Entstehen, als rechtfertigender Glaube, noch todt, da er als solcher noch keine Werke vollbringe.
3) Φρόνησις ἄνευ θεωρίας.
4) Als γνῶσις, σοφία und ἐπιστήμη.

Logos [1]), welches das Wissen, noch unentwickelt, in sich enthält [2]); ein kurzer Inbegriff des Nothwendigen; ein in der Seele niedergelegtes Gut, indem man von Gott, ohne ihn auf wissenschaftlichem Wege zu suchen, bekennt, daß er ist, und ihn preist als den Seienden [3]); ein Anfang heilsamer Regungen im Innern, die Quelle göttlicher Furcht, Hoffnung und Sinnesänderung, der Selbstbeherrschung, Geduld, Liebe und des höheren Wissens [4]).

Liegt in dieser Auffassung eine Veranlassung zum Mißverständnisse, so ist sie allein in dem Umstande zu suchen, daß Clemens, anstatt das Gemeinsame bei Jacobus und Paulus hervorzuheben, vielmehr auch den äußerlichen, todten Glauben als ein Glauben gelten ließ; und dazu verleitete ihn wohl neben der ihm eigenen Selbstbescheidung und Milde, in welcher er auch die schwächsten der Brüder liebevoll als Brüder anerkannte, der damalige Sprachgebrauch. Auch darf nicht übersehen werden, daß er die Grundlehre des Evangeliums von der Erlösung und Versöhnung nur mangelhaft erkannte, da dies auf seine Ansicht vom Glauben nothwendig zurückwirken mußte. Denn wenn er die Erlösung sich fast ausschließlich als Belehrung der Welt dachte, die Versöhnung kaum irgend zu würdigen wußte, so mußte ihm auch die Aneignung des Heils zunächst in einer Erneuerung unseres Erkennens bestehen, die auf Gesinnung und Handlungsweise nur zurückwirke, während doch nach Paulus der Glaube eine Gesinnung ist, die sich in Erkenntnissen und Handlungen vollendet. Im übrigen besteht nicht darin sein Irrthum, daß er ungerecht den Glauben herabsetzte, auf dessen lebensvolle, allseitige Bethätigung vielmehr eben er so angelegentlich drang, sondern daß er die Gnosis, die er als durchaus unerläßliche Fortbildung der Pistis betrachtete, überschätzte und für sie, irre geleitet durch die

---

1) Ἀρχικὸς λόγος.   2) Strom. VI, 821.   3) Ibid. VII, 864.
4) Καὶ δὴ ἡ πρώτη πρὸς σωτηρίαν νεῦσις, ἡ πίστις ἡμῖν ἀναφαίνεται κ. τ. λ. Strom. II, 445. Auch p. 443 ebendas. leitet er die Sinnesänderung aus dem Glauben her.

Einflüsse des übermächtigen Zeitgeistes, ein viel zu weites Gebiet absteckte. Und eben hierin ist die spätere Zeit, welche die Pistis und Gnosis völlig mit einander vermischte, der einmal gewiesenen Spur nur zu treu gefolgt.

Wenn er der wissenschaftlichen Begründung und Entwickelung des Geglaubten den Vorzug vor der einfachen, entweder regungslos erstarrenden, oder noch unentfalteten Pistis gab, so darf nicht dies getadelt werden. Wer kann leugnen, daß derjenige in der That bevorzugt sei, der bei gleicher innerer Erregtheit für die Grundlehren des Evangeliums, vor Andern eine allgemeine wissenschaftliche Bildung und theologische Gelehrsamkeit voraus hat? Denn obschon Wissenschaft und Gelehrsamkeit, als irdische, weltliche Vorzüge, werthlos erscheinen im Vergleiche zu den höchsten und ewigen Gütern des Geistes, so sind sie doch weder an sich gleichgültig, noch auch ohne Bedeutung für den Glauben selbst; sie sind ihm zu seiner Reinerhaltung und allseitigen Entwickelung unentbehrlich.

Auch darf nur gebilligt werden, daß Clemens auf gleichmäßige Fortschritte im Erkennen und in der sittlichen Veredlung des Geistes drang, die Abhängigkeit beider von einander hervorhob. Sind doch allein diejenigen Einsichten wahrhaft unser Eigenthum, welche die ihnen widersprechenden irrigen Gedanken und fehlerhaften Neigungen unsers Herzens aufheben, indem sie Gemüth und Willen durchdringen. Und am wenigsten können wir, dies leuchtet wohl ein, in der Erkenntniß der religiösen Wahrheiten zu unserem Heile fortschreiten, wofern nicht der irdische Sinn dem himmlischen weicht.

Aber Clemens übersah den Unterschied zwischen einer logisch richtigen Verstandeserkenntniß und einer lebensvollen geistigen Einsicht; darin griff er fehl. Einen todten, regungslosen Glauben findet er sich genöthigt anzuerkennen im Gegensatze zu dem lebendig thätigen; auch konnte ihm nicht entgehen, daß bei heidnischen Philosophen und Häretikern nicht selten eine große Masse historischer Kenntnisse, wie selbst ein fragmentarisches Wissen um die

Wahrheit sich zeigte, während sie doch nicht als Jünger derselben gelten durften; aber wo er die richtige Erkenntniß des ewigen Urprincips und der christlichen Grundlehren vermöge des Glaubens gewonnen dachte, da maß er ohne weiteres den Höhepunkt des geistlichen Lebens nach dem Umfange der Kenntnisse, indem er jede Erweiterung derselben von Fortschritten in der Entsündigung und Vergeistigung der Seele abhängig glaubte. Andrerseits erkannte er sittliche Fortschritte, wo sie wirklich sein mochten, nicht an, wenn sie nicht von einer Bereicherung des Wissens begleitet waren. Wissen und Nichtwissen betrachtet er schlechthin als das Äußerste von Glück und Übel [1]. Aus seiner ganzen Auffassung des Begriffes Gnosis geht dies deutlich hervor.

Das Erkennen ist mehr als der Glaube [2]. Die Gnosis ist die Vollendung des Menschen, eine vollkommene Erkenntniß der göttlichen Dinge, die ihn in Wandel, Sitte und Lehre sowohl mit sich selber, als mit dem göttlichen Logos in Übereinstimmung bringt. In ihr vollendet sich der Glaube, und allein durch sie wird der Gläubige vollkommen. Der Glaube ist ein in das Herz eingesenktes, unentwickeltes Gute, die Grundfeste der Gnosis: Christus aber ist beides, Grundfeste und Gebäude, das auf derselben aufgeführt wurde; durch ihn ist der Anfang und das Ende, d. h. Glaube und Liebe. Dem Glauben wird die Gnosis, dieser die Liebe gegeben [3]. — Ist der Glaube die compendiarische Erkenntniß des Nothwendigsten, so ist die Gnosis die bündige, feste Beweisführung für dasjenige, was man im Glauben aufgenommen. — Die erste heilsame Veränderung erfolgt, wenn der Heide sich zum Glauben bekehrt: die zweite, wenn der Glaube in die Gnosis sich verwandelt. Diese vollendet sich in Liebe und befreundet den Erkennenden mit dem Erkannten; sie macht den Engeln gleich [4]. An einem andern Orte stellt er diese Stufen-

---

[1] Strom. V, 733.
[2] Πλέον δέ ἐστι τοῦ πιστεῦσαι τὸ γνῶναι, Strom. VI, 794.
[3] Strom. VII, 864.   [4] Ibid. 865.

folge noch vollständiger dar. Dem ungebildeten, aber gläubigen Hellenen gebühre, sagt er, der Vorrang weit vor dem ungläubigen Philosophen [1]), wie diesem der Vorrang vor dem Häretiker zukomme. Bei den Heiden herrsche die Unwissenheit und Wollust, bei den häretischen Gnostikern Wahn und Streitsucht; der Pistiker besitze Glauben und Freude: der christliche Weise, ein im Fleische wandelnder Gott, das Wissen und Seligkeit [2]).

Und fragt man nach dem Umfange seines Wissens, so erwiedert Clemens: die Gnosis ist das feste, unwandelbare Erkennen und Haben der Wahrheit, die Erkenntniß der göttlichen und menschlichen Dinge [3]). Sie verbreitet sich auf alles, was Gegenstand der Erkenntniß ist, bis ins Einzelnste, indem sie Jedes ganz so wie es ist, und zwar deutlich erkennt [4]). Alles weiß der christliche Weise. Er begreift nicht nur das erste Princip und das aus diesem entstandene zweite (den Logos), woran er auch unwandelbar und unbeweglich festhält: sondern auch über Gutes und Böses, über alles Entstandene, mit einem Worte, über alles, was der Herr geredet, hat er die genauste, eine Weltanfang und Weltende umfassende Erkenntniß [5]). Bis zu diesem Punkte erweiterte Clemens den Gedanken, der in dem Worte Jesu liegt: sein Geist werde in die ganze Wahrheit leiten [6]), d. i. in den vollen Zusammenhang seiner Lehre nach ihrem ganzen Umfange. Doch bleibt ihm stets die Erkenntniß Gottes durch Christus das Wichtigste und Höchste [7]), der Ausgangspunkt für alles andere Wissen [8]).

---

1) Strom. VII, 834.   2) Ibid. 894.
3) Strom. VII, 874.   4) Ibid. I, 425.   5) Ibid. VI, 779.
6) Joh. 16, 13. Vermuthlich las Clemens, wie Origen. Tom. in Ep. ad Rom. IX, 659, nach den Codd. AB: εἰς τὴν ἀλήθειαν πᾶσαν, und nicht geht er weiter, als dieser, wenn er Strom. VII, 867 sagt: περὶ μὲν οὖν τῶν ὅλων ἀληθῶς καὶ μεγαλοπρεπῶς διείληφεν (ὁ γνωστικός), ὡς ἂν θείαν χωρήσας διδασκαλίαν. Ähnlich, und gewiß ganz unverfänglich sagte der fromme Johann Arndt: Omnia nos Christi vita docere potest. S. seine Vorrede über das erste Buch vom wahren Christenth. S. 1.
7) Θεωρία μεγίστη, Strom. II, 454.   8) Ibid. 453. 457.

Ja er nimmt nicht Anstand zu sagen, Christus selber sei unsere Gnosis und unser geistliches Paradies [1]).

Wie nun der christliche Weise zu allem Wissen vollkommenen Zugang hat, so ist er auch im Besitze aller Dinge [2]). Dem Herrn aller Dinge, so folgert Clemens, gehört alles, wir sind seine Freunde und Kinder: diesen ist alles mit dem Geliebten gemein [3]), und er erfüllt alle ihre Bitten [4]). Endlich ist die Gnosis schon durch die Bedingungen ihres Entstehens [5]) so nahe der Sittlichkeit und strengster Enthaltung von allem, was Leidenschaft erregen und nähren könnte, verwandt [6]), daß man durch sie in der That zu vollkommener, uneigennütziger Tugend [7]), zu einer Unwandelbarkeit im Guten [8]) gelangt, welche auch durch die Zustände unwillkürlicher Erregung, Schlaf und Traum, nicht gestört wird [9]). Der christliche Weise ist schon daheim bei dem Herrn, durch die Liebe zu ihm, und wenn allerdings seine Hütte noch auf der Erde gesehen wird, so entzieht er sich zwar nicht selber dem Leben, — denn dies ist ihm nicht gestattet, — aber seine Seele hat er, — das ist ihm vergönnt, — den Affecten entzogen; so lebt er mit ertödteten Begierden, und bedarf nicht weiter des Leibes; nur das Nothwendige bietet er ihm zum Gebrauche, um ihm nicht Ursache der Auflösung zu werden [10]). Die

---

1) Strom. VI, 736. 768. Vgl. oben S. 117.
2) Was Clemens Strom. II, 481 mit 1 Mos. 33, 11 nach den LXX belegt, und paßlicher aus 1 Cor. 3, 21 hätte herleiten können. Denselben Gedanken drückt er am a. O. p. 438 aus, wo er das Ideal des stoischen Weisen in dem wahren Christen wiederfindet, auch Ib. 439.
3) Cohort. 94. Vgl. Potter zu d. St., der die Parallelen aus Philo und Diogenes, dem Cyniker, anführt.
4) Paedag. III, 275.
5) Paedag. I, 98. 116. Strom. I, 344; II, 432. 450. 453; IV, 568 und zahlreiche andere Stellen.
6) Strom. VI, 778; VII, 870. 878.   7) Ibid. IV, 625.
8) Ἕξις, Strom. VII, 874; VI, 789.   9) Ibid. IV, 627.
10) Strom. VI, 777.

Vollendete Gnosis.

Gnosis wird in ihm, durch Übung, eine beständige, unwandelbare Contemplation [1]), das Denken ein stetes Denken, dieses eine ewig lebendige Substanz [2]), und zuletzt er selber ganz Wissen und Einsicht [3]). Er wird ein völlig entsinnlichtes Wesen, gleich denen, welche die Schrift [4]) und auch Plato [5]), Göttliche oder Götter nennt [6]).

---

1) Strom. VI, 768. 2) Ibid. IV, 626. 631.
3) Strom. IV, 581. 4) Pf. 82, 6.
5) Strom. IV, 634, und Potter zu Cohort. 88. Vgl. auch Strom. II, 494; Ibid. 484; VII, 865, 894, wo Clemens den Gnostiker $\vartheta εοειδής$, $\vartheta εοείκελος$, $\vartheta εούμενος$, $\vartheta εοποιούμενος$, $εν σαρκί περιπολών \vartheta εός$ nennt. Diese auffallenden Ausdrücke, die sich in der indischen Philosophie, namentlich der Wedanta, wiederfinden (Ritter Gesch. d. Phil. IV, 410, 414), entlehnte Clemens von Plato und Philo (Ritter am a. O. 472). Auch schon in der Weisheit Sal. 6, 20 heißt es von einem heiligen Leben, es bewirke dasselbe das $εγγύς είναι τῷ \vartheta εῷ$, und Cap. 5, 5 erhalten die Frommen nach dem Tode eine Stelle unter den $υιοί \vartheta εοῦ$, d. i. den Engeln; vgl. auch Sacharja 3, 5 und die Ausleger zu der St. Ähnlich lehrten Plotin (Enn. VI, 9, 9; Ritter IV, 563) und die neueren Stoiker (Ritter IV, 416). Aber auf das bestimmteste weist Clemens die irrthümliche Vorstellung der letzteren zurück, daß eine Gottgleichheit dem Wesen nach erreichbar sei, mit den Worten: $ού γάρ καθάπερ οι Στωικοί αθέως πάνυ την αυτήν αρετήν ανθρώπου λέγομεν καί \vartheta εοῦ· αδύνατον γάρ καί αμήχανον, ως ο \vartheta εός εστι, γενέσθαι τινα τέλειον$ (Strom. VII, 886). Es giebt keine $ισότης κατ' ουσίαν$ zwischen Gott und den Menschen: Strom. II, 469, da ja die Seele keinesweges ein $μόριον τοῦ \vartheta εοῦ$ ist (Ib. 466). Unser Ziel ist Gottähnlichkeit $εις όσον δυνατόν$, Strom. IV, 640; II, 470. 480, oder: $\vartheta εόν μιμεῖσθαι, εις όσον δύναμις$, Ibid. IV, 642. Ähnlich erklärte sich Origenes c. Cels. IV, 179; ähnlich Gregor von Nazianz, wenn er Orat. II, p. 23 sagt, daß durch Gottes Menschwerdung der Mensch Gott werden solle (Ullmann's Greg. von Naz. S. 452. 501). Am ausgeführtesten findet sich bei Theodorus von Mopsuestia der Gedanke, daß durch den Gottmenschen, der Mensch aus der Wandelbarkeit und Vergänglichkeit des irdischen Daseins zur Unverweslichkeit und sittlichen Unwandelbarkeit erhoben werde. Vergleicht man endlich Theophilus (ad Autol. p. 101. 103. ed. Par.), so ergiebt sich, daß die Väter im Gegensatze zu der heidnischen Lehre von Söhnen der Götter, die auf Erden wandeln, wie zu

172 Clemens Lehre.

Dieses ist das Ideal, welches Clemens von seinem christlichen Weisen mit Vorliebe entwirft [1]). Nicht anders verweilte gern der heilige Johannes in seinen Briefen bei der Schilderung eines christlichen Wandels, wie er sein würde bei vollendeter Heiligung. Aber Clemens nannte auch die Demuth die Tugend der Fortgeschrittenen, die nicht Heilige scheinen wollen, und erröthen, wenn man sie als solche betrachtet; die in der Tiefe des Gemüthes die unaussprechlichen Geheimnisse bergen und zu stolz sind, um ihren Adel in dieser Welt bemerklich zu machen [2]). Und so verhehlte er denn auf der anderen Seite nicht, daß jedes dem Menschen während dieses Lebens erreichbare Wissen nur insofern als absolute Vollendung des Geistes betrachtet werden dürfe, als es dazu der Keim ist; daß es hier jedoch immer ein sehr mangelhaftes und getrübtes bleibe, ja auch jenseits nur sehr allmälig sich entwickele, um einst an seinem Ziele ganz dem des Logos zu entsprechen [3]). Mit Nachdruck hob er dies alles im Gegensatze zu den häretischen Gnostikern hervor, weil diese schon hier vollkommen sein und von Angesicht zu Angesicht schauen wollten.

---

der pantheistischen Vergötterung des menschlichen Wesens bei den Philosophen, dem Ausdrucke derselben sich anschließend, wie sich Paulus in der Rede zu Athen an Aratus anschloß (Ap. Gesch. 17, 28), und gestützt auf die angeführte Stelle in den Psalmen, eben nur den Gedanken Jesu umschreiben wollten: Ihr sollt vollkommen werden, wie der Vater im Himmel ist (Matth. 5, 48). Sie wollten sagen, daß wir durch den Glauben Kinder und Söhne des Allerhöchsten werden. Sicher gilt dieses beide, ein υἱὸς θεοῦ und θεός werden, bei Clemens gleich viel. S. Strom. VI, 816: τοὺς ἐπιγνόντας αὐτὸν υἱοὺς ἀναγορεύει καὶ θεούς. 6) Strom. II, 494. Vgl. Ibid. 484.

1) Die ausführliche Schilderung des wahren Gnostikers s. Strom. II, 453; seiner Tugend, die vollendete Liebe ist, Ibid. II, 457; IV, 625. 627; Quis div. salv. 956; seiner Gottesverehrung, Strom. VII, 830; seines äußeren sittlichen Wandels, Ib. VI, 789; VII, 882.

2) Quis div. salv. 955. Vgl. auch Strom. II, 430 die Ausführung von Proverb. 3, 5, und Ibid. 454 die Berufung auf 1 Cor. 8, 1.

3) S. oben S. 147.

Vollendung der Gnosis.

Wie das Universum — diesen Gedanken führt er in den Stromaten aus — und das ganze Naturleben einer Entwickelung in der Siebenzahl unterworfen ist [1]), so gelangt auch der Gnostiker nur durch die heilige Hebdomas zu seinem letzten Ziele, wo er bleibendes, ewiges, völlig unwandelbares Licht sein wird [2]). Auf welche Weise auch diese Hebdomas zu erklären sein mag, sei sie eine Zeit, die im Laufe von sieben bestimmten Perioden ihren Zielpunkt erreicht, oder bedeute sie die sieben Himmel, und mag dann etwa die wandellose Sphäre, welche der intelligiblen Welt nahe ist, Ogdoas genannt werden, — immer steht fest, daß der Gnostiker sich hindurchringen muß durch die Welt des Werdens und der Sünde. Und weil in sieben Tagen die Weltschöpfung vollendet wurde, deshalb werden eben so viele Tage lang Opferthiere für die Sünden geschlachtet, und sieben Tage finden Reinigungen statt. Die vollkommene Reinigung aber ist der durch das Gesetz und die Propheten gewonnene, gnadenreiche Glaube an das Evangelium, und die durch vollkommenen Gehorsam erlangte Reinheit, verbunden mit jener Ablegung des Weltlichen, die so lange währt, bis einst die Seele ihre Hütte, die sie gebraucht hat, mit Dank zurückgiebt [3]). In der letzten Vollendung [4]) werden wir Gott sehen, der uns hier nicht deutlich erkennbar war [5]), und zwar dadurch, daß wir fest, in Wort, That und Geist, an dem Sohne hangen [6]). Hier ist unser Wissen beschränkt [7]), und wir können unmöglich hier völlig sündlos sein [8]). Wir streben einem unbegrenzten Ziele [9]) zu, der Ähnlichkeit mit Christus, so weit sie erreichbar ist [10]), der Erlangung der vollkommenen Kind-

---

1) Strom. VI, 813.   2) Ibid. VII, 866.
3) Strom. IV, 636. Ich folge hier meist Baur's freier Übersetzung, Gnosis 511.
4) Ἐσχάτη τελείωσις.   5) Strom. V, 647.
6) Ibid. VII, 886.   7) Quis div. salv. 953. 955.
8) Paedag. I, 99; Strom. IV, 622.
9) Τέλος ἀτελεύτητον.
10) Ἡ πρὸς τὸν ὀρθὸν λόγον ὡς οἷόντε ἐξομοίωσις.

schaft durch den Sohn, in welcher wir ewig den Vater durch jenen großen Hohenpriester preisen werden, der uns gewürdigt hat, seine Brüder und Miterben zu heißen [1]). Droben in der oberen Kirche, wo die Philosophen Gottes, die wahren Israeliten, versammelt werden [2]), ist das Ende der Gnosis, die ewige Ruhe [3]); dort werden wir erkennen wie der Sohn erkennt, aber niemals weder über ihn hinausgelangen, noch auch je ihm dem Wesen nach [4]) gleich sein. Wir sind nicht, wie der Herr, und können es nicht sein; denn kein Schüler ist über den Meister: es ist genug, wenn wir werden wie dieser [5]), und dies nicht dem Wesen nach; denn es ist unmöglich, daß hinsichts des Seins [6]) das Hinangebildete und Angenommene [7]) gleich sei dem, was von Natur ist, wie es ist [8]).

Bei der Art, wie Clemens den Begriff der Gnosis faßte, war es unvermeidlich, daß er sie als die nothwendige, unerläßlich gebotene Fortbildung der Pistis betrachtete. Wie dem, der Hände hat, das Tasten natürlich ist, und dem gesunden Auge das Verlangen nach Licht, so ist es nach Clemens dem Gläubigen eigen, nach der Gnosis zu streben und auf den Grund, der gelegt worden, Gold, Silber und Edelsteine zu bauen [9]). Glaube und Gnosis sind durch Gott selber wechselseitig aufs engste miteinander verbunden [10]); letztere ist die Vollendung des Glaubens [11]).

Und so machte Clemens Allen ohne Ausnahme das gnostische Wissen zur angelegentlichen Pflicht. Auch die Frauen können der gnostischen Weihe theilhaft werden [12]), und zwar Knechte wie

---

1) Strom. II, 500.   2) Ibid. VI, 793.
3) Ἀνάπαυσις (Pf. 15, 1); Paedag. I, 116.
4) Κατ' οὐσίαν.   5) Matth. 10, 24. 25.
6) Πρὸς τὴν ὕπαρξιν.   7) Τὸ θέσει.
8) Τῷ φύσει, Strom. II, 469.
9) 1 Cor. 3, 12. Strom. VI, 819.
10) Θείᾳ τινὶ ἀκολουθίᾳ τε καὶ ἀντακολουθίᾳ, Strom. II, 436.
11) Ἡ ἀκρότης πίστεως, Ibid. VI, 825.
12) Strom. IV, 563. 590.

Die Wissenschaften.

Freie, Barbaren wie Hellenen, alle vor dem Herrn einander gleich, und alle berufen, ein und dieselbe Tugend zu besitzen [1]. Es bedarf nicht nothwendig selbstständiger gelehrter Bemühungen. Die in allem vollkommenen Apostel [2] und die Propheten kamen durch Offenbarungen in den Besitz der Geheimlehre [3]; Abraham gewann seine Gotteserkenntniß durch die Betrachtung des gestirnten Himmels, und Isaak ist Typus derer, die unmittelbar in Geduld (Rebecca bedeute dieselbe) und durch Glauben die höheren Aufschlüsse erlangen [4]. Im Allgemeinen steht fest, daß man zwar glauben, aber nicht wissen könne, ohne Wissenschaft [5], und daß weder Mann noch Weib in irgend einem Punkte ohne Unterweisung, Beschauung und Ascese gelehrte Einsicht besitzen [6].

Hieraus ergiebt sich zunächst der Werth und die Bedeutung der weltlichen Wissenschaft. Sie ist nicht Ursache, sondern nur beihelfende Mitursache der höheren Erkenntniß, wie denn die Meisten ohne wissenschaftliche Vorbildung und Philosophie, Viele selbst ohne lesen zu können, durch den Glauben die göttliche Lehre in sich aufgenommen und durch die selbstwirkende Weisheit ihren Unterricht erhalten haben [7]. Die christliche Lehre ist in sich vollkommen und bedarf nicht der Philosophie, da sie göttliche Kraft und Weisheit ist: tritt jene hinzu, so macht sie die Wahrheit nicht mächtiger; aber da sie dazu dient, die Beweisführungen der Sophisten zu entkräften und die listigen Angriffe aus dem Felde zu schlagen, so ist sie Zaun und Mauer des Weinbergs [8] genannt worden. Die Wahrheit, die wir durch den Glauben gewinnen, ist, wie das Brodt, nothwendig zum Leben: die gelehrte Vorbildung gleicht der Zukost und dem Nachtische [9].

---

1) Paedag. I, 103.
2) Strom. IV, 625. Nur Judas machte eine Ausnahme: Ibid. VI, 792.
3) Ibid. I, 342.   4) Ibid. I, 334.   5) Ibid. 336.
6) ... $μάθησει, μελέτῃ, ἀσκήσει ... ἐλλόγιμον εἶναι$, Strom. IV, 620.
7) Strom. I, 376.   8) Sprüchw. 21, 11.
9) Strom. I, 377; VI, 824.

Inzwischen ist es doch die Gelehrsamkeit, die dazu mitwirkt, die Glaubenslehren in ein helleres Licht zu stellen, zu erweisen, und in uns zum Wissen zu erheben [1]). Dialektisch gebildet, so gründlich als möglich, muß man zu der Schrift kommen, um tief in sie einzubringen [2]); dies ist dem, welcher sich zum Gnostiker bilden will, unerläßlich [3]). Und zwar sind alle Wissenschaften von Nutzen, auch die Kenntniß der Dichter, die freilich meist ganz im Irrthume waren [4]), und nur einzelne Lichtblicke hatten [5]), unter denen sich jedoch auch die prophetische Sibylle befindet [6]); und von Nutzen ist selbst die verführerische bildende Kunst [7]); die Philosophie von um so größerem, als sich die andern, ihr dienenden Wissenschaften, ebenso zu ihr verhalten, wie sie selber zur christlichen Lehre [8]). Man benutze sie alle mit Vorsicht, wie man die Rose, die von Dornen umgeben ist, und die Perle aus der Muschel behutsam bricht [9]).

Quelle der Gnosis, lehrt Clemens, die, wie der Glaube, unmöglich ohne besondere gnädige Beihülfe Gottes [10]) und zahlreiche angestrengte Bemühungen [11]) gewonnen werden kann, ist zunächst die durch öffentliche Überlieferung fortgepflanzte Glaubensregel [12]); ferner die Geheimlehre, die von Christus ausgeht [13]), welcher weislich so vieles nur in Gleichnissen und Räthseln vortrug und nur den Jüngern, zum Theil ausschließlich den dreien, die ihm am nächsten standen, Petrus, Jacobus, und Johannes, erklärte [14]); sodann die heilige Schrift, die geheimnißvolle, nicht

---

1) S. oben S. 147.   2) Strom. I, 426.
3) Ibid. I, 337. 341; VI, 779; VII, 838.
4) Cohort. 52.   5) Ibid. 64.   6) Ibid. 66.
7) Ibid. 61.   8) Strom. I, 332.
9) Ibid. II, 430. — Über das Verhältniß der Philosophie zur Gnosis s. Neander, KG. I, 608 und Baur's Gnosis S. 520; auch Thomasius, Origenes S. 26.   10) Strom. V, 696.
11) Ibid. VI, 788.   12) Ibid. 855. 888.
13) Ibid. 771; Fragm. ap. Euseb. HE. II, 1. 2; Strom. VII, 865. 896.
14) Ibid. V, 694.

Die Vereinfachung.

allen in ihrem tieferen Sinne verständliche Urkunde der Offenbarung [1]). Die Philosophie benutzt der christliche Gnostiker durchaus nur eklektisch [2]), und wie diese, so leistet ihm seine gesammte sonstige Bildung nur beihülflich Dienste [3]).

Den Glauben, den Clemens, wie oben gezeigt wurde, als den rege gewordenen Sinn für das Göttliche betrachtete, fordert er als die nothwendige, überall unerläßliche Grundlage der Gnosis [4]). Der Gnostiker ist in der Pistis festgewurzelt, in welcher er den sichern Zugang zu dem Unwandelbaren besitzt [5]). Unter den verschiedenen Elementen der Gnosis ist sie das wesentlichste, unentbehrlich für sie, und von ihr unzertrennlich, da sie eben so gewiß stets gläubig sein muß, als dem Glauben der Trieb einwohnt, sich in ihr zu vollenden [6]). Zu diesem Zwecke entfaltet sich die Pistis und stellt sich dar als läuternde Buße [7]), als Liebe [8]), Streben nach Affectlosigkeit [9]) durch Entsinnlichung und uneigennützige Göttergebung [10]). So gewinnt man die Vereinfachung der Seele, welche nunmehr durch Abstraction den Begriff des mathematischen Punktes sich vergegenwärtigt, worauf sie der Betrachtung der Erhabenheit und Größe des Sohnes Gottes sich überläßt, in heiliger Gesinnung in die Unendlichkeit sich versenkt, und so die erste einigermaßen genügende Einsicht in das Wesen des Allmächtigen gewinnt, nicht indem sie erkennt, was er ist, sondern was er nicht ist [11]). Von diesen Anfängen wird der christliche Gnostiker immer weiter hinein in die Erkenntniß der Tiefen der Gottheit geleitet und zu sittlicher Gottähnlichkeit gebildet, indem er, wie der Anker diejenigen an sich zieht, welche ihn an sich zu ziehen schei-

---

1) Strom. VII, 891.   2) Ibid. I, 373.
3) Ibid. I, 375; VI, 780; VIII, 838.
4) Ibid. V, 643.   5) Ibid. II, 456.
6) Ibid. 445.   7) Ibid. V, 689.
8) Ibid. II, 452.   9) Ibid. III, 530.
10) Ibid. IV, 581.   11) Ibid. V, 689.

nen, so zu Gott hingezogen, durch sein Anschauen [1]) ihm ähnlich und eins wird mit sich selber [2]); nicht unbedingt, wie Gott es ist, der gar nichts zu meiden und zu fürchten hat, sondern im Gegensatze zu Zweifel und innerem Zwiespalt [3]). Denn überhaupt bleibt die Vollkommenheit des Gnostikers hier auf Erden immer nur eine relative, und wird, wie dies schon oben berührt worden, nicht anders als durch den Sohn Gottes gewonnen, mit welchem jener stets vollkommner sich einigt [4]).

Noch bedürfen die ethischen Grundansichten des Clemens einer kurzen Erörterung. Ihn leitet der Gedanke des strengsten Maßhaltens in allem [5]), einer Ascese, welche weder aus häretischer Verachtung des Körpers und der körperlichen Dinge auf Ertödtung der Sinne ausgeht, noch auch nur dem erlaubtesten sinnlichen Genusse um dieses selber willen sich hingiebt [6]); welche jedes Niedere allein als Mittel zu höheren Zwecken betrachtet, ebendeshalb aber nicht in ihr selber, als äußeres Werk, ihren Werth hat, sondern allein durch die Gesinnung ihn erhält, in welcher sie

---

[1] Ἐποπτεία. [2] Μοναδικός.
[3] Strom. IV, 633. [4] Ibid. 635.
[5] Paedag. II, 175: ἀγαθὴ μὲν ἡ μέση κατάστασις ἐν πᾶσι μὲν, οὐχ ἥκιστα δὲ καὶ ἐν τῇ ἀμφὶ τὴν ἑστίασιν παρασκευῇ· ἐπεὶ αἱ μὲν ἀκρότητες, σφαλεραί· αἱ μεσότητες δὲ, ἀγαθαί· μέσον δέ ἐστι πᾶν τὸ ἀνενδεὲς τῶν ἀναγκαίων· αἱ γὰρ κατὰ φύσιν ὀρέξεις, αὐταρκείᾳ περιορίζονται. Vgl. Paedag. III, 284: πανταχοῦ δὲ τοῦ μέτρου στοχαστέον —; man vermeide τρυφὴ und φειδωλία.
[6] Paedag. II, 169: „Nicht dürfen wir schwelgerisch, ähnlich dem verlorenen Sohne im Evangelium, die Gaben des Vaters mißbrauchen, sondern sollen uns ihrer bedienen wie Gebietende, ohne Neigung (ὡς ἄρχοντας, ἀπροσκλιτῶς i. e. ἀπροσπαθῶς); denn zu herrschen und über sie zu schalten sind wir bestimmt, nicht den Speisen zu dienen." Als Beispiel diene Paedag. III, 281: „es gebe vier Ursachen, weshalb man Bäder besuche: es geschehe der Reinheit, Hitze, Gesundheit und des Vergnügens halber; die vierte, sagt er, darf nicht statt finden: ἡδονῆς μὲν οὖν ἕνεκα λούσασθαι, παραπεμπτέον". Ebenso Ibid. 284: οὐ πρὸς ἡδυπάθειαν τετράφθαι χρή.

Pflichtenlehre.

geübt wird ¹). Wie es nur eine Pflicht giebt, die der Liebe, die jedoch in mehrere Gebote sich zerlegen läßt ²), oder die der wahren Gottesverehrung ³), oder endlich, was dasselbe ist, die, Christo, dem allein Sündlosen, ähnlich zu werden, so viel wir vermögen ⁴), so giebt es auch nur eine Tugend, welche nach ihren verschiedenen Beziehungen und Äußerungen verschieden benannt wird ⁵). In der Mäßigung oder Selbstbeherrschung wurzelt sie ⁶). Letztere muß als die Grundtugend betrachtet werden, da Gott selber eben das Gesetz, das Maß und Halt aller Dinge ist ⁷), und da der Vorzug des Menschen vor den todten, vernunftlosen Wesen darin besteht, daß er zur Gottähnlichkeit, allseitig bestimmbar, durch eigene freie Entschließungen sich hinanbilden kann. Hiebei nun leitet ihn die Idee des harmonischen Ebenmaßes, einer inneren Einheit ⁸), durch welche er mit sich selber und den andern Wesen

---

1) Strom. IV, 579. Auch ist das ganze Buch Quis div. salv. nichts anders, als eine Ausführung dieses Gedankens. Über das geistige Fasten, die Enthaltung von allem Bösen, s. Strom. VII, 877; vgl. Paedag. III, 305. Überhaupt ist nach Clemens der wahre Gottesdienst Entsinnlichung (Strom. V, 686), Nachahmung Christi (Paedag. 1, 157 seq.), ein steter Wandel in Christi Gegenwart (Ibid. III, 273; Strom. I, 318).

2) Paedag. III, 304.   3) Θεοσέβεια, Cohort. 87.

4) Paedag. I, 99.

5) Strom. I, 376: „Bei genauerer Betrachtung ergiebt sich, daß die Wahrheit nur Eine ist, und nur, je nachdem sie von dieser oder jener Seite in die Erscheinung tritt, bald Klugheit, bald Mäßigung, bald Mannhaftigkeit, bald Gerechtigkeit genannt wird." Vgl. Ibid. II, 470.

6) Ibid. 484: θεμέλιος ἀρετῶν ἐγκράτεια. Unter dieser versteht er Beherrschung aller Begierden: Ibid. III, 540. Daher ihm die Wollust der Grundfehler ist, der im Heidenthume hervortritt: s. oben.

7) Cohort. 60: θεός, τῆς τῶν ὄντων ἀληθείας τὸ μέτρον. Strom. I, 427: θεὸς δὲ, παρὰ τὴν θέσιν εἴρηται, καὶ τάξιν, τὴν διακόσμησιν, weshalb Petrus in den Kerygmaten den Herrn Gesetz und Logos nenne. Vgl. Ibid. II, 438.

8) Strom. IV, 638: δικαιοσύνη δὲ, συμφωνία τῶν τῆς ψυχῆς μερῶν. Vgl. Ibid. 571: auch Plato sage, man müsse den Leib pflegen ψυχῆς ἕνεκα

sich im Einklange erhält, und die ihm nicht minder das Übermaß in der Enthaltsamkeit und Zurückziehung von den weltlichen Dingen verbietet, als die rückhaltlose Hingabe an diese [1]). Öffentliche Ämter darf man übernehmen [2]), auch Handel treiben, jedoch zu festen Preisen [3]), in seinem Geschäfte ein jeder, der Krieger als Krieger, der Schiffer als solcher, Gott dienen [4]), Reichthümer besitzen, ob sie schon leicht, eben wie Armuth [5]), an die Erde fesseln; nur daß man sie wohl anwende [6]). Auch darf man in der Ehe leben, wenn man ohne alle sinnliche Neigung, allein um der Ordnung Gottes willen, zu Erhaltung des Geschlechts, sie vollzieht, und einer völligen Enthaltung den Vorzug läßt [7]). Wein und Fleisch darf man genießen [8]), da ein übertriebenes Fasten nachtheilig ist; jedoch soll man lieber noch beider sich enthalten [9]), und ersteren, namentlich in der Jugend [10]), nur als Arzeneimittel brauchen. Körperliche Übungen vernachläßige man nicht, und vermeide dabei nur die Übermüdung [11]); man schlafe auf hartem

---

ἁρμονίας. S. auch Philo de Poenit. c. 2. und dazu von Cölln, bibl. Theol. I, 453.

1) Christus selber trank Wein, und segnete ihn beim Abendmahle: dies ist den Enkratiten entgegen zu halten. Paedag. II, 186. — Selbst bei der Arbeit finde kein Übermaß statt: Paedag. III, 284. Clemens Polemik gegen häretische Enthaltsamkeit s. Strom. III, 529.
2) Ibid. 299: πολιτεύσασθαι ἔξον.   3) Ibid. l. c.
4) Cohort. 80.
5) Strom. IV, 573. Dagegen ist sie, um Christi willen übernommen, ein Märtyrerthum (Ibid. 575), und kann der wahre Christ unmöglich verarmen: Paedag. III, 277.
6) S. die Schrift: wie der Reiche beschaffen seyn müsse, um selig zu werden.
7) Strom. VI, 790; IV, 631; wogegen er in der Schrift Quis div. salv. 874 die Vorzüge, welche das Leben in der Ehe durch größere Mannichfaltigkeit der Pflichten und Schwierigkeit ihrer Erfüllung habe, hervorhebt.
8) Strom. III, 550.
9) Paedag. II, 178; wie überhaupt freiwillig in Entsagungen sich üben: Paedag. III, 276.   10) Ibid. 179.
11) Ibid. III, 284.

Ascetik.

Ruhekissen, hüte sich in gänzliche Bewußtlosigkeit zu versinken, und suche, so viel als möglich, nur leise zu schlummern [1]). Das Weib gehe in schmucklosen Schuhen, der Mann barfuß einher [2]); beide mögen sich der einfachsten Kleidung, am liebsten von weißer Farbe, bedienen [3]), und in allem, mit Vermeidung des Gesuchten und Künstlichen, der Natur treu bleiben, damit die Einfachheit des Äußern der Einfalt des Herzens entspreche [4]) und das ganze Leben, Gewohnheit, Verhalten und Sitte, dem Christenberufe gemäß sei [5]). Auf diese Weise wird man, in beständigem Kampfe mit sich selber, zur Heiligung [6]), durch Entsagung zu endlich vollkommener Affectlosigkeit [7]), die unsere Aufgabe ist [8]), eingehen, um in ihr die innigste, zärtlichste Liebe zu hegen, welche keinesweges eine Leidentlichkeit der Seele, ein Affect, sondern ein befriedigtes Verlangen, eine liebevolle Vereinigung der Seele mit Gott, ihre

---

1) Paedag. II, 216.
2) L. c. 240. Doch baut er diese Vorschrift nicht auf die Stelle Luc. 10, 4, die er allegorisch auffaßt: Ibid. 276.
3) Ibid. 234; vgl. III, 252. 285.   4) Ibid. III, 286.
5) Ibid. II, 190. Der Zweck des Pädagogus ist zu zeigen: ὁποῖόν τινα εἶναι χρὴ παρ' ὅλον τὸν βίον τὸν Χριστιανόν. Ibid. II, 162.
6) Strom. II, 492.
7) So daß nur die zur Erhaltung des Körpers nöthigen Begehrungen bleiben: Strom. VI, 778; IV, 633. Die Affecte sind Krankheiten der Seele; von denen frei zu werden die erste Sorge sein muß: Paedag. I, 99.
8) Und die man stufenweise erreicht. Der niedrigste Standpunkt ist, nicht lange in Sünden verharren; der nächst höhere, nicht oft unabsichtliche (ἀκούσια) Fehltritte begehen. Mehr ist es, nie wider seine Überzeugung (κατὰ γνώμην) handeln. Vollkommen sündlos ist allein Gott: Paedag. I, l. c. — In der Lehre von der Buße schloß Clemens der strengeren Ansicht im Pastor des Hermas sich an, welche nur eine einmalige Buße nach der Taufe gestattet: Strom. II, 459. Jedoch bleibt er den Hauptvoraussetzungen seines Systems in so fern vollkommen treu, als er keinem Sünder die Möglichkeit der Entsündigung abspricht: Strom. IV, 634. — Die Erzählung am Schlusse des Buches Quis div. salv. 958 von dem durch Johannes geretteten Jünglinge, theilt er als Beispiel einer heilsamen Buße nach der Taufe mit.

wahre Bestimmung und ihre Lebenskraft ist ¹). Und so wird man Gott, dem allein völlig Bedürfnißlosen, ähnlich, ja erhoben über Lust und Leid, Freude und Schmerz des irdischen Daseins, über Versuchung, Kampf und jeglichen Wechsel ²), ganz und in allem nur Erkenntniß Gottes und Liebe zu ihm ³), ein auf Erden wandelndes göttliches Wesen ⁴).

Das Märtyrerthum, welches man nicht aufsuchen darf ⁵), ist zwar keinesweges an sich der Beweis vollkommenster Liebe zu Christus, da es zunächst nur von mangelloser Treue im äußeren Bekennen zeugt ⁶), während doch der Christ wie im Tode, so auch im Leben, sich als ein treuer Zeuge Jesu und Gottes bewähren, und das irdische Leben, welches von Sünden nicht frei ist, als Tod, das Freiwerden vom Sündigen als Leben betrachten soll ⁷). Doch ist der Tod des Bekenners, wenn er sich aus reiner Gottesliebe dahingiebt, in welcher man das Gute ohne Nebenabsichten allein um sein selbst willen und Gott als das höchste Gut liebt ⁸), die vollendetste Liebesthat, der Gipfel menschlicher Vollkommenheit ⁹).

---

1) Strom. VI, 776. Daher diese Fülle zartester Mitempfindung, die Clemens nicht selten in seinen Schriften durchblicken läßt. Man s. besonders Quis div. salv. 953. 954. Eben so wenig als die Liebe ist die Furcht Gottes, aller Weisheit Anfang, ein Affect: Strom. II, 446. 457. Sie ist nichts anders, als ἔκκλισις κακοῦ, Strom. II, 430. Hätte nur Clemens schärfer zwischen dem Affect, der die Wärme ist, mit welcher das Gemüth die Ideen ergreift, und demjenigen unterschieden, welchen äußere Gegenstände, die Vernunftthätigkeit überwältigend, in uns erregen. Dieser ist Leidenschaft, jener die höchste, edelste Thätigkeit der Vernunft. S. Theremin, Die Beredtsamkeit eine Tugend, zweite Aufl. S. 106; auch Quintilian. Inst. orat. VI, c. 2.

2) So daß er selbst im Gebete der stillsten Ergebung genießt, und sein ganzes Leben nur Ein Gebet ist (Strom. VII, 875; VI, 791).

3) Strom. II, 457.   4) S. oben S. 171.
5) Strom. VII, 871.   6) Ibid. IV, 623.
7) Ibid. 568.   8) Ibid. 576.

9) L. c. 581. Man sehe auch die Auszüge in Möhlers Patrologie I, 480, die Clemens Ansicht über das Märtyrerthum enthalten.

Der Zustand, in welchen wir nach dem Tode übergehen, ist, mehr oder minder für alle [1]), ein Zustand der Läuterung, in welcher durch immer gesteigerte [2]) Schmerzen der Reue das Werk unserer Entsündigung vollbracht und endlich allen, selbst den Widerstrebenden, geholfen wird [3]). Inzwischen erfolgt der Weltbrand [4]) und die Auferstehung der vergeistigten, himmlischen, unverweslichen Körper [5]), endlich das Gericht [6]). Hierauf folgt die stets fortschreitende, nach den verschiedenen Stufen der gewonnenen Erkenntniß und Reinheit des Herzens niedere oder höhere Beseligung [7]), und nach erlangter Unwandelbarkeit im Guten die vollendete Verklärung des Geistes. Doch sind in diese Zustände dem Menschen nur wenige schwache Blicke vergönnt, weshalb der Weise darüber schweigt, und gern still den Geist in das Lob des Herrn versenkt [8]).

Die Verfolgung des Septimius Severus.

Im Jahre 202 erhob sich die Christenverfolgung unter Septimius Severus, die wider Erwarten ein viel ernsteres Ansehen, als jede frühere, annahm. Bisher waren die Christen immer nur

---

1) Strom. VII, 865. Guerike II, 162.
2) Ibid. VI, 794.   3) Ibid. VII, 835.
4) Ibid. V, 711.
5) Die wie die Ähre zu dem Saatkorn, so zu dem irdischen Körper sich verhalten: Paedag. 1, 125. Die andern, nicht eben zahlreichen Stellen, theilt Guerike p. 164 mit. Das Werk de Resurrectione, auf welches Clemens im Pädagogus am a. O. verweis't, ist verloren.
6) Strom. VII, 835.   7) Ibid. 579. 613.
8) Τὰ δ' ἄλλα σιγῶ, δοξάζων τὸν κύριον, Ibid. l. c.

in einzelnen Städten oder Provinzen den Feindseligkeiten des Volkes und der Statthalter ausgesetzt, indem die Verbote fremder Culte und staatswidriger Verbindungen zwar fortwährend in Gültigkeit blieben, aber noch nicht planmäßig gegen die Kirche in Anwendung kamen. Gerechte und milde Kaiser hatten sogar stürmischen Angriffen gewehrt, und der Blutgier des Volks, wie der Habsucht der Statthalter, Schranken gesetzt. Wenn nun gleich fortwährend die Heiden sich manche Gewaltthätigkeiten zu Schulden kommen ließen [1]), so hatten doch die Christen seit dem Tode des Marcus Aurelius etwa zwanzig Jahre hindurch einer allgemeinen, fast ununterbrochenen Ruhe genossen. Der grausame Commodus beschützte die Christen; Septimius Severus war ihnen lange Zeit nicht abgeneigt: der Sage nach, weil er heiligem Salböl die Genesung von einer Krankheit verdankte. Im zehnten Jahre seiner Regierung finden wir ihn umgestimmt, wie es scheint durch den erneuerten Freiheitskampf des jüdischen Volkes [2]), häufigere Bekehrungen, vielleicht auch montanistische Schwärmereien; jedoch hielt ihn auch jetzt seine Achtung vor einem schon nicht mehr ganz neuen, tief eingewurzelten Glauben ab, zu Verfolgungen den Befehl zu geben. Nur die weitere Ausbreitung der Kirche gedachte er zu hemmen, als er in dem angegebenen Jahre den Übertritt zum Christenthum bei schwerer Strafe verbot [3]). Obgleich er hiedurch die Kirche in ihrem bisherigen Umfange gewissermaßen so-

---

1) Schon während der früheren Regierungsjahre des Septimius Severus: Mosheim de Aetate Apologetici Tertulliani et initio persecutionis Christianorum sub Severo. Dissertt. ad Hist. Eccl. pertt. I, p. 1. Zu Alexandria waren, wie es scheint in den Unruhen nach Commodus Tode, zahlreiche Märtyrer, die letzten, so viel bekannt ist, vor dem Ausbruche der severischen Verfolgung gefallen: Clemens Alex. Strom. II, 494.

2) Spartianus in Severo c. 16: Senatus Severo ob res in Syria bene gestas Iudaicum triumphum decrevit.

3) Id. ibid. c. 17: In itinere Palaestinis plurima iura fundavit. Iudaeos fieri sub gravi poena vetuit. Idem etiam de Christianis sanxit.

Art der Verfolgung.

gar anerkannte, so wurde doch nichts desto weniger eben jetzt ihr ganzes Dasein gefährdet. Wer aus einer christlichen Familie abstammte war nicht darum schon Mitglied der Kirche. So lange der Gebrauch der Kindertaufe nicht allgemein war, geschahe es, daß selbst Söhne von Bischöfen die Annahme des Christenthums verweigerten oder sehr lange verschoben [1]); und wer in reiferem Alter sich taufen ließ, mußte den Obrigkeiten als Abtrünniger erscheinen, gleichviel ob von christlichen Eltern geboren, oder nicht. Legte überdies das Evangelium die Pflicht auf, neue Bekenner zu werben, so setzte eine Verordnung, welche zunächst nur die Neubekehrten treffen sollte, unausbleiblich auch die Lehrer der Bestrafung aus. Endlich waren gleichzeitig die Gesetze gegen die geheimen Vereine erneuert worden [2]), und so begannen Verfolgungen in allen Provinzen, welche während der ganzen ferneren Regierung des Kaisers nicht wieder aufhörten [3]) und in manchen Gegenden so schreckenvoll wütheten, daß man die letzten Zeiten nahe glaubte [4]).

Am schwersten litt die ägyptische Kirche, welche ungeachtet mancher früheren, heftigen Angriffe schon über das ganze Thebais hin sich ausgebreitet hatte [5]). Aus allen Gegenden der Provinz

---

1) Marcion war der Sohn eines Bischofs zu Sinope: Epiphan. Haer. XLII, 1. Daß der Vater ihn excommunicirt habe, ist eine Fabel dieses Schriftstellers. Unstreitig trat M. erst in reiferem Alter zur Kirche über: Neander KG. I, 502. Commodianus, der Verfasser der Instructionen, war der Sohn christlicher Eltern, und unbemerkt eine zeitlang Heide.

2) Ulpian. Dig. I, Tit. 12, 14.

3) Pagi Crit. I, 197, ad ann. 207.

4) So Judas, Verfasser einer Schrift über die Jahrwochen Daniels: Euseb. HE. VI, 7.

5) Ibid. VI, 1. Über die Lesart τῆς Θηβαΐδος ἁπάσης s. Heinichen zu d. St. — Der Grund der schnellen Ausbreitung des Christenthums in Ägypten liegt in der Übereinstimmung vieler Lehrsätze desselben mit den dort herrschenden Ansichten. Für das hohe Alter der ägyptischen Gemeinden (Euseb. HE. II, 16) zeugt der frühe Ursprung des Evange-

wurden Christen nach Alexandria vor den römischen Präfecten Lätus geführt, um verhört und hingerichtet zu werden. Unter den ersten, welche verhaftet wurden, befand sich Origenes Vater [1]). Wir mögen vermuthen, daß er zu jenen besonnenern Christen gehörte, welche die Gefahr nicht aufsuchten. Im allgemeinen war in der alexandrinischen Kirche die Ansicht herrschend, daß es, dem ausdrücklichen Gebote der Schrift [2]) gemäß, Pflicht sei, den Verfolgungen auszuweichen; die angesehensten Lehrer, Pantänus und Clemens, verließen die Stadt, und der letztere mißbilligt in seinen Schriften entschieden den unverständigen Eifer, in welchem manche freiwillig dem Tode sich darboten [3]).

Origenes war nicht frei von einem ungestümen Verlangen nach der Märtyrerkrone. Noch hatte er sein achtzehntes Jahr nicht erreicht [4]); doch besaßen weder die Reize des Lebens, noch die Todesfurcht Gewalt über ihn: freiwillig wollte er der Obrigkeit sich zu erkennen geben, und durch ein standhaftes Bekenntniß seinen Glauben besiegeln. Die Verhaftung des Vaters brachte seinen Vorsatz zur Reife, welchen die Bitten der Mutter nicht zu ändern vermochten; nur die Ausführung zu verhindern gelang ihrer ängst-

---

lium$ κατ' Αἰγυπτίους. Die ausführliche Sage über die Entstehung der ägyptischen Kirche (die nach dem Chronic. Alex. in das dritte Jahr des Claudius fällt) durch Marcus s. bei Niceph. HE. II, 15. 43; Procopius Encomium in Marcum (in Possini Catena in Marc. init.), in den Actis Sanctor. unter Marcus, oder dem römischen Martyrologium zum 25. April. S. auch Eutychii Contextio gemmarum sive Annales ad annum usque 940, ed. E. Pocockius, Oxon. 1659. Aus diesem Werke hat J. Seldenus zu London 1642 die Origines Alexandrinae herausgegeben. Auch ist hier Le Quien, Oriens Christ. zu nutzen. Von den Neueren s. Fritzsche Prolegg. in Marc. p. xxv und Credner, Einl. in das N. T. I, 99.

1) S. die Stelle aus dem Chronikon des Eusebius, welche in der ersten Beilage mitgetheilt ist.
2) Matth. 10, 23.
3) Clem. Strom. IV, 597; VII, 871.
4) Euseb. HE. VI, 2: ἐπτακαιδέκατον οὐ πλῆρες ἄγων ἔτος καταλείπεται.

lichen Vorsicht[1]). Origenes folgte dem Vater nicht in den Kerker; aber er bat ihn in einem Briefe, freudig bei seinem Bekenntnisse zu beharren. Seine spätere Schrift von dem Märtyrerthum[2], welche vollständig erhalten ist, mag als ein verstärkter Nachhall jenes jugendlichen Zurufes betrachtet werden; aus dem Briefe selber sind nur die Worte auf uns gekommen: „Hüte dich, daß du nicht unsertwegen anderen Sinnes werdest"[3]. Leonidas blieb standhaft und wurde enthauptet[4]; die Hinterlassenschaft verfiel dem Staate.

Da die Zurückgebliebenen in drückenden Mangel geriethen, so nahm eine reiche und edle Frau den jungen Origenes bei sich auf[5].

---

1) ... τὴν πᾶσαν αὐτοῦ ἀποκρυψαμένη ἐσθῆτα, οἴκοι μένειν ἀνάγκην ἐπῆγεν. — Über Origenes Mutter finden sich keine weiteren Nachrichten. Irrig bezieht Guerike (de Schola Alex. I, 48) auf sie eine Stelle bei Hieronymus (Ep. 22 ad Paulam, Opp. IV, 2. p. 54). Hier wird von Bläsilla, der verstorbenen Tochter der Paula gerühmt, daß sie nicht nur Griechisch und Latein verstand, sondern auch: quod in Origene illo Graecia tota miratur, in paucis non dicam mensibus, sed diebus, ita Hebraeae linguae vicerat difficultates, ut in discendis canendisque Psalmis cum matre contenderet. Selbst wenn die Lesart matre unverdächtig wäre, könnte nur Paula, die Mutter der Bläsilla, gemeint sein; da aber der Paula die Kenntnisse ihrer Tochter als etwas ganz Ausgezeichnetes genannt werden, so möchte wohl magistro emendirt werden müssen. Woher sollte auch Hieronymus, der was er von Origenes weiß, fast nur aus Eusebius schöpft, von der Mutter desselben Kenntniß gehabt haben? Endlich lernte Origenes erst nach seiner Reise nach Rom das Hebräische, im reiferen Mannsalter, wo seiner Mutter nicht mehr Erwähnung geschieht.

2) Exhortatio ad Martyrium, Opp. I, 274. S. auch über das Glück des Märtyrerthums die schöne Stelle Hom. VII in Iud. p. 473. — Trefflich sind schon manche Auffassungen desselben im zweiten Buche der Makkabäer. Auf diese haben die Kirchenlehrer weitergebaut.

3) Ἔπεχε, μὴ δι' ἡμᾶς ἄλλο τι φρονήσῃς. Ap. Eusebium HE. VI, 2. Vgl. Pamphilus ap. Photium cod. 118; Suidas s. v. Origenes.

4) Nach dem römischen Martyrologium am 22ften April.

5) Nicht an Sohnes Statt, wie Nicephorus V, 4 den Eusebius mißversteht.

Sie gehörte zu denjenigen Christen, welche durch ein lebhaft erregtes Verlangen nach Wahrheit zu dem Evangelium hingeführt wurden, aber leicht auch durch eitle Vorspiegelungen von der Einfalt desselben sich abwenden ließen. Ein durch Beredtsamkeit [1]) ausgezeichneter Irrlehrer, Paulus, aus Antiochien, dem Sitze der unchristlichsten gnostischen Häresien, hielt in ihrem Hause Vorträge, zu welchen nicht allein Häretiker, sondern auch rechtgläubige Christen zahlreich sich einfanden; und so ganz hatte er die Gunst seiner Freundin zu erwerben gewußt, daß sie ihn an Sohnes Statt annahm. Origenes konnte sich mannichfachen Berührungen mit ihm nicht entziehen, ließ aber durch nichts sich bewegen, an seinen Gebeten theilzunehmen; eine Nachgiebigkeit, die ihm ein Verrath an der Kirche schien [2]). Es machte ihn nicht irre, daß andere sich bereitwillig finden ließen; vielmehr zeigte er jetzt schon jene Festigkeit, mit welcher er an der erkannten Wahrheit festhielt, und die bei seinem nur zu kühnen Streben, die Kirchenlehre tiefer zu begründen, allein ihn davor schützen konnte, einer falschen Gnosis

---

1) ... διὰ τὸ δοκοῦν ἱκανὸν ἐν λόγῳ τοῦ Παύλου, Euseb. HE. VI, 2. Stroth übersetzt: „weil er in dem Ansehen eines sehr gelehrten Mannes stand"; hingegen Valesius richtig: eo, quod eloquentia excellere videretur.

2) Clemens stellt die Hinneigung zu Häresien als Verrath an Christus dar, den wir mehr als Vater und Mutter zu lieben verpflichtet seien: Strom. VII, 889; und p. 890 sagt er, daß die Umwandlung, welche beim Abfalle zur Häresie mit dem Menschen vorgehe, derjenigen gleich sei, welche bei den Gefährten des Ulysses das Gift der Circe bewirkte: sie wurden Thiere; man höre nämlich dann auf, göttlich gesinnt zu sein (ἄνθρωπος εἶναι τοῦ θεοῦ), wie umgekehrt der Häretiker, welcher von seinem Irrthume abläßt, aus einem Menschen zum Gotte, d. i. göttlich gesinnt wird. Vgl. auch p. 893 v. f. die Worte: καθάπερ τοίνυν ἐν πολέμῳ οὐ λειπτέον τὴν τάξιν, ἣν ὁ στρατηγὸς ἔταξεν τῷ στρατιώτῃ κ. τ. λ., und was im Folgenden über die Verwahrung gegen die Irrlehre gesagt wird; auch die ausgezeichnete, beredte Stelle in dem Buche Quis div. salv. p. 948, welche den Ausspruch Jesu Luk. 14, 26 erläutert.

sich hinzugeben¹). Mit verdoppeltem Eifer vervollständigte er die grammatischen Kenntnisse, welche er unter der Leitung des Vaters erworben hatte, um sich bald selber seinen Unterhalt verschaffen und die ihm drückende und gefährliche Umgebung verlassen zu können.

Wie man bisher Origenes frühste geistige Richtung mit seiner späteren Denkweise im Widerspruche geglaubt hat²), so könnte man auch in seiner Lossagung von dem Antiochener einen Beweis dafür finden mögen, daß es ihm anfangs an jener Milde und Freisinnigkeit des Urtheils gefehlt habe, welche nachmals in hohem Grade ihm eigen war. Doch seine Abneigung gegen den Irrlehrer hatte keinesweges in einer unduldsamen, engherzigen Gesinnung ihren Grund: die syrische, streng dualistische Gnosis mußte jedes regere christliche Gefühl tief verletzen, und wer den Glauben der Kirche theilte, konnte unmöglich zu dem Phantom einer verworrenen, hochmüthigen Speculation um den Sieg über den Gott, welchen die heiligen Schriften einstimmig lehren, beten oder zu beten den Schein annehmen³). Wann hätte auch Origenes jemals milde geurtheilt über die Grundlehren des Gnosticismus, den er nie zu bekämpfen aufhörte⁴)?

---

1) ... „ἐθίζουσι" γὰρ ἀμηγέπη (αἱ αἱρέσεις) τὸν ὄντα μὴ γινώσκουσαι θεόν d. i. sie verführen durch Gewöhnung an die irrigen Sätze. Strom. VII, 889.

2) Neander KG. I, 784. 787. Ganz irrig behauptet Ernesti (de Origene interpretationis librorum sacrorum grammaticae auctore, c. 31): sed ad eam (allegorice interpretandi) stultitiam senex demum et post grammatica in sacros libros opera venisse videtur. In entgegengesetztem Sinne sagt Hieronymus (Praef. in Orig. in Luc., Opp. Orig. III, 932: alia sunt virilia eius et senectutis seria.

3) Noch in der Commentt. in Matth. Series p. 901 sagt Origenes: melius est cum nullo orare, quam cum malis orare. Man findet an dieser Stelle seine Lehre von dem gemeinsamen Gebet und der Nothwendigkeit der Ausschließung Unwürdiger, vornehmlich der Häretiker, in hinlänglicher Ausführlichkeit.

4) Commentt. in Matth. Series p. 852: Et malum quidem est, invenire aliquem secundum mores vitae errantem, multo autem peius

Überhaupt zeigte er, wie oft dies bisher verkannt worden ist [1]), als Knabe ganz dieselbe Gesinnung und Denkweise, welche er in jeder seiner Schriften ausgesprochen und bis ans Ende bewahrt hat. Ein heiliger Ernst und innige Andacht, eine Begeisterung für das Evangelium, welche meist nur den in reiferen Jahren plötzlich Bekehrten eigen ist, glühende Wißbegier und ein weltverleugnender, nie wankender Glaube, bilden den inneren Kern seines Wesens. Daneben zeichnet ihn früh eine ungewöhnliche, bisweilen ungestüme Lebhaftigkeit der Empfindung, Selbstständigkeit des Willens und Beharrlichkeit, im Vereine mit den seltensten geistigen Anlagen aus, von welchen die Gabe schneller, wie bestimmter Auffassung, und die oft bewunderte Stärke seines Gedächtnisses [2]) am schnellsten sich entwickeln mochten [3]).

---

arbitror esse in dogmatibus aberrare et non secundum verissimam regulam scripturarum sentire. Quoniam sicut in peccatis mortalibus, puniendi sumus amplius propter dogmata falsa peccantes. Diese Schrift hat Origenes nach seinem sechszigsten Jahre verfaßt (Huet. Origen. I, 3, 11), und in den Selecta in Iob. p. 501 sagt er: καὶ ὁ αἱρετικὸς ὅταν εὔξηται, — ὅταν δοκῇ κατεστηρίχθαι, τότε εἰς τέλος ἀπολεῖται· ἡ γὰρ εὐχὴ αὐτοῦ λογίζεται αὐτῷ εἰς ἁμαρτίαν. Ausführliche Erklärungen des Origenes über Wesen und Verderblichkeit der Häresie hat Pamphilus (Fragm. Apol. Pamph., Opp. Orig. IV, 694) gesammelt. S. auch unten seine Lehre von der Kirche. Ähnlich wie er, lehrte vor ihm Clemens (Adumbrationes in ep. 2 Ioan. p. 1011): Tales (haereticos) salutare probibet et in hospitium suscipere. Hoc enim in huiusmodi non est inhumanum —. Arbitror autem, quia et orare cum talibus non oportet, quoniam in oratione quae fit in domo, postquam ab orando surgitur, salutatio gaudii est et pacis indicium.

1) Eine Ausnahme macht nur Schnitzer, Origenes über die Grundlehren der Glaubenswissenschaft S. IV. XXXIX, wo Origenes Jugendrichtung eine eigenthümlich ernste und hohe genannt wird. Und im Grunde ist selbst Neander, der sie beschränkt findet, in so fern einverstanden, als er sagt, daß in früheren Jahren bei Origenes „die Herzensrichtung" vorgewaltet habe.
2) Epiphan. Haer. LXIV, 3. Suidas s. v. Origenes.
3) Hieronym. Ep. 41 ad Pammach. et Ocean. p. 346.

So ausgestattet für eine große Laufbahn in der Kirche, trat er in das Leben hinaus, und von Anfange an haben ihn seine Schicksale, wenn sie gleich dem Anscheine nach oft nur ungünstig waren, seiner Bestimmung glücklich entgegengeleitet.

Origenes beginnende Wirksamkeit.

Die Verfolgung, deren erwähnt wurde, schien der katechetischen Schule ein Ende zu machen. Der Unterricht hörte eine zeitlang ganz auf, da diejenigen, die ihn damals ertheilten [1]), durch Flucht der Gefahr sich entzogen hatten [2]). Der bedeutendste unter ihnen, Clemens, hat seine Ansichten über das Märtyrerthum mit so viel innerer Wahrheit in seinen Schriften ausgesprochen [3]), daß wir mit Überzeugung behaupten, Scheu vor dem Schmerze habe keinen Antheil an seinem Ausweichen gehabt. „Gerüstet mit den Waffen des Geistes, sagt er, begehrt der christliche Weise: Gieb mir, o Herr, Gelegenheit, und nimm dagegen meine Bewährung. Komme nur, was Schrecken erregt; ich verachte die Gefahren in der Kraft meiner Liebe zu Dir [4])."

Inzwischen fuhr Origenes fort in der Grammatik und alten Literatur zu unterrichten. Schon hiebei bot sich ihm, da bei der Erklärung der Schriftsteller überall auch die Götterlehre zur Sprache kam, wohl häufig Gelegenheit dar, seinen Glauben zu bekennen; er versäumte sie nicht. Denn schon wandten sich einzelne Heiden, welche im Christenthum Unterricht wünschten, an ihn. Zwei Brüder, Plutarchus und Heraklas, der eine frühe und ruhmvoll als

---

1) Euseb. HE. VI, 3 init.
2) Indem sie den Feindseligkeiten der Heiden vorzugsweise ausgesetzt waren: Ibid. med.
3) Strom. IV, 569. S. oben S. 182.
4) Ibid. p. 588. Vgl. L. VII, 869. 882.

Märtyrer vollendet [1]), der andere Ascet, katechetischer Lehrer, und später auch Bischof von Alexandria [2]), waren die Erstlinge seines Wirkens [3]). Hierauf wurde er, da es an Männern fehlte, die zu Katecheten geeignet waren, noch nicht achtzehn Jahre alt [4]), von dem Bischofe Demetrius mit dem Lehrgeschäft beauftragt [5]).

Um dieselbe Zeit wurde an Lätus Stelle Aquila Proconsul von Ägypten. Er bezeichnete seinen Amtsantritt durch verdoppelte Grausamkeit gegen die Christen. So brach die Verfolgung, ein Jahr nachdem sie begonnen hatte, von neuem und heftiger aus. Wie hätte Origenes, der nicht nur durch seine Vorträge die Aufmerksamkeit auf sich zog, sondern auch den eingekerkerten Christen bis zum letzten Augenblicke unerschrocken beistand, vielfachen Angriffen entgehen mögen? Aber wunderbar ward er erhalten. Mehr als einmal wurde er auf dem Richtplatze, wenn er den Märtyrern

---

1) ... μετὰ τὸ βιῶναι καλῶς, Euseb. HE. VI, 4. Derjenigen Bedeutung von βίος und βιοῦν zufolge, welche unserem Ausdrucke: „leben", in dem Sinne: in der Welt leben, entspricht, bezeichnen diese Worte das Gegentheil einer ascetischen Zurückziehung. S. Valesius zur angeführten Stelle und Hasselbach de Catechumenorum ordinibus p. 19, welcher diese Bedeutung trefflich nachweis't, und mir nur darin zu irren scheint, wenn er glaubt, Valesius leugne, daß der Ausdruck auch von Clerikern gebraucht werden könne. Bei diesem ist vita saecularis nicht der Gegensatz zur vita clericalis, sondern zur vita spiritualis. — Zu den Beweisstellen für jene Bedeutung gehört auch Orig. Sel. in Ps. p. 695: quomodo accipis *vivens?* seqq.

2) Euseb. l. c. VI, 26.

3) Nach Origenes eigener Angabe: ὥς που καὶ αὐτὸς ἐγγράφως ἱστορεῖ, Euseb. l. c. VI, 3.

4) Id. ibid. VI, 3. De la Rue behauptet in der Anmerkung zu Huetius Origeniana I, 1, 8, daß Demetrius erst später Origenes als Katecheten anerkannt habe, weil Hieronymus (Catal. c. 54) sage: postea a Demetrio in locum Clementis confirmatus. Indessen Hieronymus ist in seinen Zeitbestimmungen nicht eben genau, und hat keine andere Quelle als den Eusebius.

5) ... αὐτῷ μόνῳ τῆς τοῦ κατηχεῖν διατριβῆς ἐπιτετραμμένης, Euseb. l. c. VI, 3.

Muth einsprach und sich durch den Bruderkuß zu ihnen bekannte, mit Steinwürfen überhäuft und gefährlich verletzt. Auch geheimen Nachstellungen entkam er, und selbst damals, als der zusammengerottete Haufe, verstärkt durch kaiserliche Soldaten, seine Wohnung umstellte, und er aus einem Hause in das andere flüchten mußte, überall von der Menge seiner Schüler wieder aufgesucht und von neuem vertrieben, wurde man dennoch seiner nicht habhaft. Einst ergriff, so berichtet ein Schriftsteller, der wo er lobt, viel zuverlässiger ist, als wo er tadelt [1]), den schon oft Geschmähten und grausam Gemißhandelten ein heidnischer Volkshaufe. Man beschor ihm das Haupt, führte ihn auf die Stufen des Serapistempels und befahl ihm Palmenzweige, nach der Sitte der Priester dieses Heiligthums, an die Hereintretenden auszutheilen. Er nahm die Zweige, theilte sie aus und rief laut mit fester Stimme: „Nehmet hin, nicht die Palme des Götzen, sondern die Palme Christi."

Plutarchus, welchen er bis zum Augenblicke des Todes nicht verließ, fiel unter den ersten Opfern der erneuten Verfolgung. Ihm folgten bald manche andere von Origenes Schülern: Serenus, welcher verbrannt wurde; Heraklides, noch Katechumen, und Hero, der erst vor kurzem die Taufe erhalten, endeten durch das Schwert; ebenso, nach vielfachen Martern, ein zweiter Serenus. Die gefeierte Potamiäna war nicht von Origenes unterrichtet worden [2]); Herais hingegen gehörte zu denen, welche er zu Christen und Märtyrern bildete.

Da man der Unerschrockenheit und der freundlichen Liebe, mit welcher er den christlichen Kämpfern, die er kannte und nicht kannte, unermüdlich beistand, Achtung und Bewunderung nicht ver-

---

1) Epiphan. Haer. 64, 1. Baronius (Annales ad ann. 205, 6) irrt in der Vermuthung, daß schon jetzt Origenes aus Alexandria geflohen sei, und bei Juliana in Cäsarea (Palladius Laus. c. 147) sich aufgehalten habe.

2) Wie man aus Euseb. HE. VI, 5 schließen dürfte.

sagen konnte ¹), so stieg sein Ruf fortwährend, und nicht nur mehrte sich beständig die Zahl seiner Zuhörer, welche die Verfolgung nicht abzuschrecken vermochte, sondern es fanden sich zu diesen, ungeachtet seiner Jugend, auch philosophisch gebildete Heiden ein ²).

Jene aufopfernde Gesinnung, in welcher er stets sein Leben hinzugeben bereit war, und die Innigkeit seines weltüberwindenden Glaubens bewies er noch auf eine andere, ganz dem Geiste des Zeitalters entsprechende Weise. Lange schon hatte die griechisch römische Welt, übersättigt durch Genuß, durch Überfeinerung entnervt, im Verlangen nach befriedigenden Gütern von Epikur der Stoa, von Zeno, unter den Einflüssen des Orients, dem als Freund der Götter und Muster vollkommener Entsagung gefeierten Pythagoras mit der letzten Kraft sich zugewendet ³); man legte jetzt den Begriffen Philosophie und Ascese fast gleiche Geltung bei, indem jede tiefere Einsicht nur durch Sittenstrenge erreichbar schien. Der Kirche blieb diese Denkweise von Anfange an um so weniger fremd, als die jüdische Gesetzlichkeit mit dem späteren Platonismus in eben dieser Richtung zusammen traf, und

---

1) ... διαβόητον ἐκτήσατο παρὰ πᾶσι τοῖς ἀπὸ τῆς πίστεως ὁρμωμένοις τοὔνομα, Euseb. HE. VI, 3.

2) ... ὥστε ἤδη καὶ τῶν ἀπίστων ἐθνῶν, τῶν τε ἀπὸ παιδείας καὶ φιλοσοφίας, οὐ τοὺς τυχόντας, ὑπάγεσθαι τῇ αὐτοῦ διδασκαλίᾳ, Ibid.

3) S. über das Wiederaufleben und die weitere Verbreitung des Pythagoreismus in diesem Zeitalter, Baur in der Abhandlung: Apollonius von Tyana. — Er schließt sich hier Creuzer's Ansichten an (Symbolik und Mythologie IV, 407). — Von dem damaligen Zustande der Sittlichkeit handelt Meiners' Geschichte des Verfalls der Sitten im römischen Reich. Aus dem Leben gegriffene Schilderungen s. besonders bei Clemens im Pädagogus, bei Lucianus im Nigrinus; über das proconsularische Afrika die Instructionen des Commodianus. Spätere Zustände schildert Gregorius von Nazianz Orat. XIV, 17. Die übermäßige Vorliebe der Alexandriner für weichliche Musik rügt Dio Chrysost. Orat. in Alex. p. 365. S. auch Heyne de Geno saec. Ptol. p. 111.

auch nach der Lehre des Neuen Testamentes Erkenntniß und Wandel wechselweise einander bedingen ¹). Zwar bildete das Klosterleben sich erst dann aus, als nach dem Aufhören der Verfolgungen die Bewährung in vollkommener Gottesliebe allein in der Zurückziehung aus der Welt erreichbar schien: die ersten Keime des christlichen Mönchthums mögen wir schon in jenen Entsagungen und äußeren Übungen finden, welche von den frühsten Zeiten der Kirche an, empfohlen durch den ehrwürdigen Namen des Bruders Jesu, Jacobus, in allen Gemeinden geschätzt, und nur zu häufig übertrieben wurden. Wo ein glühendes Klima und eine üppige, kaum zu zügelnde Sinnlichkeit den Geist gewaltsam niederzog ²), da mußte der Gedanke entstehen, durch Ertödtung der natürlichen Triebe ihn zu entfesseln. Ägypten wurde ein zweites Vaterland des noch jenseit Indiens einheimischen ascetischen Lebens ³), welchem jetzt Christen, Juden und Heiden mit gleicher Selbstverleugnung sich hingaben.

Origenes widerstand diesen Einflüssen des Zeitalters um so

---

1) Paulus, Jacobus, Johannes widersprechen einander in der Bestimmung des Begriffes Glaube nicht. Wo Letzterer Glaube und Werke unterscheidet, thut er es nur, um die nothwendige Zusammengehörigkeit beider ins Licht zu setzen: 1 Joh. 1, 6; 2, 3; 3, 24. Paulus und Jacobus fassen den Begriff des Glaubens ganz auf dieselbe Weise, ungeachtet ihres Widerspruches im Ausdrucke. S. Neander, Gelegenheitsschriften S. 1; Apost. Zeitalter II, 657.

2) Weisheit Sal. 9, 15 (vgl. Gfrörer, kritische Geschichte des Urchristenthums I, 2, 240 und von Cölln, bibl. Theol. I, 427): Der vergängliche Leib drückt die Seele nieder, und die Hütte aus Staub beschwert den vieldenkenden Geist. S. auch Johannsen, Blick auf die nordafrikanische Geschichte, im Hermes 1831, Bd. 3, Heft 2. — Der Fatalismus des Islam und die augustinische Prädestinationslehre sind nicht ohne die Einflüsse eines Klimas, welches die Triebe gewaltiger erregt, und die innere Selbstbestimmung zum Guten gleichfalls als zwingende Macht erscheinen läßt, entstanden.

3) Über die ersten Spuren desselben im Judaismus, bei Daniel und den hellenistischen Apokryphen, s. v. Cölln am a. O. S. 444.

minder, als auch Clemens, sein Lehrer, sie in sich aufgenommen hatte [1]), und wenige mögen ihn in der Strenge der Übungen übertroffen haben [2]). Ermüdet durch die Unterrichtsstunden, und durch beständige Entbehrungen geschwächt, verwendete er den größeren Theil der Nacht [3]) auf die Durchforschung der heiligen Schrift; dann legte er sich auf bloßem Boden für kurze Zeit zur Ruhe nieder, als Jüngling schon ehern, wie die Nachwelt ihn nannte, die mit Recht seinen Fleiß und die Festigkeit seines Körperbaues

---

1) Clemens Alex. Strom. VII, 849.

2) Eusebius wendet (HE. VI, 3) auf ihn das Sprichwort an: οἷος ὁ λόγος, τοῖος ὁ βίος. Die Stelle lautet: οἷον γοῦν τὸν λόγον τοιόνδε, φασί, (d. i. wie man sprichwörtlich sagt) τὸν τρόπον, καὶ οἷον τὸν τρόπον, τοιόνδε καὶ τὸν λόγον ἐπεδείκνυτο. Vgl. Seneca Ep. 114 ad Lucilium: Apud Graecos in proverbium cessit *talis hominibus fuit oratio, qualis vita* (Erasmus Adagg. Chil. I, p. 58; Potter zu Clem. Strom. III, 531; VII, 893. Philo de Praem. et poen. 922). — Die Verbindung der Ascese mit dem Studium des Gesetzes fordert auch die jüdische Theologie. S. Maimonides Tract. Talmud Tora s. de studio legis c. 2, 3 in der Ausgabe von Clavering, Oxon. 1705, p. 11. Ich theile die Stelle in der lateinischen Übersetzung mit: Haec enim est vera methodus legis notitiam acquirendi, ut panem cum sale comedas, aquam maceratam bibas, humi dormias, vitam agas severam, et legi discendae semper laborem impendas et industriam.

3) Maimonides sagt am a. O. c. 3, 12 p. 15, daß auch viel Beschäftigte bei Tage und Nacht im Gesetze zu forschen pflegten, und p. 12: Etsi praeceptum sit, legis studio noctu et interdiu incumbere, unusquisque tamen noctu in sapientia acquirenda felicius procedit. Quicunque itaque legis corona donari cupit, unaquaque nocte aliquid discet, et cavendum est, ne vel unica nox aut somno, conviviis et compotationibus aut sermonibus serendis et istius modi rebus consumatur, sed legis potius et sapientiae studio est impendenda. Er verlangt, daß man nur drei Stunden des Tages seinem Geschäfte, neun dem Gesetze widme, a. a. O. c. 1, 10 p. 5, und meint ebenda, daß am besten von diesen neun Stunden der dritte Theil der Schrift, drei andere der mündlichen Überlieferung, drei der philosophischen Betrachtung zugewiesen würden. Anders Zarchi: s. Clavering am a. O. p. 119.

bewunderte [1]). Am Tage übte er sich in Fasten und in denjenigen Kasteiungen, die Jesus geboten zu haben schien: er hatte nicht mehr als ein Gewand, welches ihn schwach gegen Kälte schützte; eine Reihe von Jahren ging er barfuß; Wein [2]) und was zur Lebenserhaltung nicht nothwendig ist, genoß er nicht. So wurde es ihm, selbst bei den geringsten Mitteln, nicht schwer, der Sorge für den kommenden Tag, wie Jesus geboten, sich zu entschlagen; aber er legte auch so den Grund zu körperlichen Leiden [3]), welche, wenn sie seine rastlose Thätigkeit nicht zu hemmen vermochten, die Reizbarkeit seiner Empfindung erhöhten, und seine krankhafte Strenge gegen sich verdoppelten.

Dieselben Grundzüge des Charakters, welche Origenes im Knabenalter darlegte, lassen sich in diesem jugendlichen Ringen sehr deutlich wiedererkennen. Das Jenseitige und Überschwengliche war sein Ziel, und ein heißer Durst nach Erkenntniß die Seele seines Strebens. Auch als Jüngling forschte und lebte er in der Schrift, und wie er frühe schon in ihr das Großartige und Ungewöhnliche aufsuchte, so bemühte er sich jetzt, ihren Anforderungen

---

1) Man nannte ihn $\chi\alpha\lambda\kappa\acute{\epsilon}\nu\tau\epsilon\rho\sigma\varsigma$: s. die zweite Beilage.
2) Vom Weine und Fleische sagt Clemens: $\ddot{\alpha}\vartheta\epsilon\tau\sigma\varsigma$ $\sigma\mathring{v}\nu$ $\mathring{\eta}$ $\tau o\iota\alpha\mathring{v}\tau\eta$ $\tau\varrho o\varphi\mathring{\eta}$ $\pi\varrho\grave{o}\varsigma$ $\sigma\mathring{v}\nu\epsilon\sigma\iota\nu$ $\mathring{\alpha}\kappa\varrho\iota\beta\tilde{\eta}$ — sie erregen die sinnlichen Lüste, und mit dem Fleische komme die thierische Seele in den Menschen. Die pythagoreische Begründung des Speiseverbotes durch die Lehre von der Seelenwanderung verwerfend, schloß er sich an Xenokrates in dem Werke $\pi\epsilon\varrho\grave{\iota}$ $\tau\tilde{\eta}\varsigma$ $\mathring{\alpha}\pi\grave{o}$ $\tau\tilde{\omega}\nu$ $\zeta\acute{\omega}\omega\nu$ $\tau\varrho o\varphi\tilde{\eta}\varsigma$ an, und an Polemon $\pi\epsilon\varrho\grave{\iota}$ $\tau o\tilde{v}$ $\kappa\alpha\tau\grave{\alpha}$ $\varphi\acute{v}\sigma\iota\nu$ $\beta\acute{\iota}o v$ an: Strom. VII, 849. 850.
3) Nämlich zu großer Magenschwäche: $\delta\iota\alpha\varphi\vartheta o\varrho\acute{\alpha}$ $\tau o\tilde{v}$ $\vartheta\acute{\omega}\varrho\alpha\kappa o\varsigma$, Euseb. HE. VI, 3; Suidas s. v. Origenes. — Er war von kleiner Statur. Als er in der Verfolgung des Decius auf die Folter gespannt wurde, konnte man seine Füße nur in die vierte Öffnung bringen: $\tau o\grave{v}\varsigma$ $\pi\acute{o}\delta\alpha\varsigma$ $\mathring{v}\pi\grave{o}$ $\tau\acute{\epsilon}\sigma\sigma\alpha\varrho\alpha$ $\tau o\tilde{v}$ $\kappa o\lambda\alpha\sigma\tau\eta\varrho\acute{\iota}o v$ $\xi\acute{v}\lambda o v$ $\pi\alpha\varrho\alpha\tau\iota\vartheta\epsilon\grave{\iota}\varsigma$ $\delta\iota\alpha\sigma\tau\acute{\eta}\mu\alpha\tau\alpha$, Euseb. VI, 39, und Valesius zu d. St. Aus den Ausdrücken, deren sich Gregorius Thaumat. Panegyr. in Orig. p. 57 bedient, darf man bei der rhetorischen Färbung derselben wohl nicht auf Origenes Körperbeschaffenheit schließen.

um so williger Folge zu leisten, je strenger sie lauteten; keiner derselben entzog er sich, wie wenig ihm manche willkommen sein mochte. Hiebei hielt er sich an den Wortsinn der biblischen Stellen. Er verzichtete jetzt auf die Märtyrerkrone, wie gern er seinem an Entbehrungen reichen Leben sie vorgezogen hätte, weil er fand, daß ein bestimmter Ausspruch Jesu die Flucht in der Verfolgung gebietet [1]). Der Glaube an die Göttlichkeit der heiligen Schrift zügelte seinen gewaltigen schwärmerischen Eifer; ein Beispiel des noch nicht genug beachteten Einflusses, welchen einzelne Sätze

---

1) Matth. 10, 23. Nie scheute er die Gefahr: Eine Versuchung, sagt er (Tom. X in Matth. p. 473), welche uns ohne unser Zuthun trifft, müssen wir muthig und getrost besiegen; aber verwegen ist es, nicht auszuweichen, wenn wir können. — Ganz denselben Inhalt hat die schöne Stelle Tom. XXVIII in Ioan. p. 397, wo er an dem Beispiele Jesu (Joh. 11, 54) zeigt, wie sowohl Muth in der Todesgefahr, die uns betroffen hat, als das sorgsamste Ausweichen, Pflicht sei. In Hom. in Iud. IX, 477 sagt er sogar, daß das Gefühl des Mangels an Kraft Grund sein dürfe, der Verfolgung sich zu entziehen. — S. auch die gleichlautende Erklärung des Origenes Tom. XVI in Matth. p. 709, wo er sagt, daß der Jünger Jesu mit Weisheit erwäge, wann es Zeit sei, die Gefahr zu meiden, und wann er ihr trotzen solle. In den Büchern c. Cels. I, 380 führt er das Beispiel des Aristoteles an, welcher auch seinen Verfolgern sich entzog. Er betrachtet die Verfolgungen als Veranstaltungen des Satans und der Dämonen, die sie erregen (Commentt. in Matth. Series p. 898), und, wenn sie finden, wie das Märtyrerthum ihrem Reiche Abbruch thut, wieder einstellen (c. Cels. VIII, 774). Und ebenda erklärt er, daß der Christ nur um des Gebotes seines Herrn willen, nie aus thörichter Furcht, dem Märtyrertode sich entziehe. Aber das, was er in dieser doch so späten Schrift über den Werth des irdischen Lebens sagt, kann nicht genügen. S. L. VIII, p. 783. Dasselbe gilt von den Stellen Sel. in Psalm. p. 695, die jedoch, wie die in Hom. I in Ps. 37 p. 681; Hom. 1 in Ps. 38 p. 691, einen schönen Beweis des tiefen Ernstes enthalten, mit welchem er das Leben und die Verantwortung desselben betrachtete. Und man sieht, der Ungestüm, mit dem er als Knabe dem Vater in den Tod zu folgen verlangte, war nicht mehr in dem Jünglinge und Manne.

derselben auf Denkweise, Lehrbestimmungen und Einrichtungen der Christen gehabt haben [1]).

Dieser Gesinnung des Jünglings entspricht durchaus eine Nachricht, gegen deren Glaubwürdigkeit ein Neuerer, der sie überdies mißverstanden hat, einige scheinbare Gründe geltend zu machen suchte [2]). Da die Katechumenen, welche jetzt nur an

---

[1] So beruht die Überschätzung des Märtyrerthums und der Confessoren auf Matth. 5, 10; 10, 32; der Ascese auf 1 Cor. 9, 25; das Quadragesimalfasten auf Matth. 4, 1; das kanonische Stundengebet auf Pf. 119, 164; die Übertragung des Rechtes zu firmeln auf die Bischöfe, auf Apostelgesch. 8 und 6, 6); die Kindercommunion auf Joh. 6; die Ausschließung der Verschnittenen vom Kirchendienste auf 5 Mos. 23, 1; die Ablehnung obrigkeitlicher Ämter zum Theil auf Matth. 20, 25 (Mark. 10, 42; Luk. 22, 25). In den Lehrstreitigkeiten waren Jes. 53, 8: *generationem eius quis enarrabit*, oder Joh. 14, 28 „der Vater ist größer als ich" für die Parteien entscheidend. Die Verehrung der Engel kam wegen Col. 2, 18, Apok. 19, 10 nie recht in Aufnahme. Nach 2 Mos. 7, Apok. 17, nahm man zehn Christenverfolgungen an; nach Jes. 49, 8 die einjährige Dauer des Lehramtes Jesu; nach Apok. 12, 13 die Himmelfahrt der Maria. Die freien Städte des deutschen Reiches entsprechen den Levitenstädten im A. T.; die kirchlichen Verbote gegen Wucher, Zinsennehmen u. s. w. beruhen gleichfalls auf demselben. Eitle Mönche brauchten die Worte Matth. 19, 20; die Verwerfung der Todesstrafe gründet Alcuin (Ep. 176) auf Ezech. 33, 11; die Annahme, daß Jesus ein unscheinbares Äußere gehabt, beruht auf Jes. 53; die entgegengesetzte auf Pf. 45, 3. u. s. w. — Gerade von dieser Seite wurde die Gleichstellung des Alten und Neuen Testaments nachtheilig: das kirchliche Priesterwesen beruht auf der Verkennung der Bestimmung, welche das mosaische Priesterthum hatte. Und schon das N. T. enthält manche Spuren des Einflusses, welchen das Alte auf die entstehende Kirche hatte. Das Dogma von der übernatürlichen Zeugung Jesu hat sich an Jes. 7, 14 gebildet; die Geschichte von den heiligen drei Königen haftete zunächst an Jes. 60, 3. 6. (vgl. Sulpiz Boisserée in Schwab's Legende der heil. drei Könige nach Johannes von Hildesheim, Stuttg. u. Tüb. 1822).

[2] Ernesti, de Origene interpretationis gramm. auctore c. 7: Nam quod idem Eusebius (VI, 3) ait, eum suscepto Catechetae in Alexandrina schola munere *abdicasse grammaticae literaturae professionem*,

den einen Lehrer gewiesen waren, in großer Anzahl sich einfanden [1]), so brach Origenes den grammatischen Unterricht ab, auf den er nicht ferner Zeit verwenden wollte, weil er den wichtigeren beeinträchtige [2]). Jener Gelehrte hat diese Angabe dahin gedeutet, als habe Origenes zugleich mit dem Unterrichte auch die grammatischen Studien aufgegeben, und hiegegen angeführt, daß er viel später noch die Grammatik nebst den übrigen encyklischen Wissenschaften als Vorschule und Hülfsmittel der christlichen Erkenntniß schätzte und empfahl [3]). In der That war er, weit entfernt von den Ansichten über Unterricht in der Grammatik, welche nachmals Gregor der Große aussprach [4]), zu keiner Zeit, weder als Jüngling [5]), noch im Greisenalter [6]), Verächter der Wissenschaft und

quippe inutilem et sacris disciplinis contrariam: ea vel Eusebii ipsius, vel alius, unde sua sumsit compilator, inficeta admodum et ridicula interpretatio est, volentis imitari bonos historicos, qui rerum earum, quas tradunt, factorumque rationes et consilia de coniectura addunt: quam convincit ipse post (c. 18) narrans Origenem ad extremum usque literas humaniores, mathematicas disciplinas, philosophiamque coluisse et docuisse, ea, qua diximus ante, de causa.

1) Euseb. HE. VI, 3. 15.
2) ... ἀσύμφωνον ἡγησάμενος τὴν τῶν γραμματικῶν λόγων διδασκαλίαν τῇ πρὸς τὰ θεῖα παιδεύματα ἀσκήσει, μὴ μελλήσας ἀποῤῥήγνυσιν, ἅτε ἀνωφελῆ καὶ τοῖς ἱεροῖς μαθήμασιν ἐναντίαν, τὴν τῶν γραμματικῶν λόγων διατριβήν. Ibid. VI, 3.
3) Origenis Ep. ad Greg. Thaumat., Opp. Origen. I, 3. 4, und c. Cels. III, 476. Er legte auf diese Studien so entschiedenen Werth als Plato (Republ. VII, 522), die Neupythagoreer (Iustini M. Dial. c. Tryph. p. 219 ed. Frankf. 1686) und Neuplatoniker (Creuzer vor Plotin. de Pulchrit. p. cvii), während Philo (Ritter, Gesch. der Phil. IV, 424. 430. 469. 475. 478), in Folge seiner Hinneigung zur orientalischen Lehre, und manche griechische Philosophen (Ritter am a. O. S. 46) geringschätzig über die encyklischen Wissenschaften, jener bisweilen über die Philosophie selber, urtheilen. Über Clemens s. Baur, Gnosis 521.
4) Gregorii Ep. ad Desiderium Viennensem, L. XI, 54.
5) Nach der gewöhnlichen Annahme: s. oben.
6) So Cruesti am a. O. c. 31.

Gelehrsamkeit. Nur so viel mögen wir zugeben, daß er die spitzfindige und geschmacklose Weise der alexandrinischen Grammatiker nicht durchaus zu der seinigen machte, — doch eine peinliche Genauigkeit finden wir ja auch in seinen Exegesen nicht selten, — und daß die glühende Begeisterung, ohne welche er nichts ergriff, bei Durchforschung der profanen Literatur mehr und mehr wich, je weniger deren Vollendung in der Form ihn ansprach, und je tiefer er in den Inhalt der Schrift eindrang. Jedenfalls hörte er einstweilen auf, einzelne Lehrstunden ganz dem weltlichen Wissen zu widmen [1]; aber beständig wies er Fähigere zur gelehrten Erforschung des Alterthums an [2].

Um diese Zeit verkaufte er seine eigenhändig angefertigten Abschriften alter Werke [3] gegen Entrichtung von täglich vier Obolen auf mehrere Jahre, um vermöge dieser für seine geringen Bedürfnisse hinreichenden Einnahme Unterstützungen und Geschenke der Katechumenen zurückweisen zu können. Umsonst wollte er, weil Jesus es geboten [4], was er umsonst empfangen hatte, mittheilen, und so brachte er freudig ein gerade ihm sehr schmerzliches Opfer.

---

1) Guerike I', 105.   2) Euseb. HE. VI, 18.

3) ... ὥσπερ ἦν αὐτῷ λόγων ἀρχαίων πρότερον συγγράμματα φιλοκάλως ἐσπουδασμένα. Richtig übersetzt Rufinus: bibliothecam gentilium scriptorum. Λόγοι sind nicht Reden, wie Christophorson übersetzte, — auf solche verwandte Origenes keinen besonderen Fleiß; sondern das Wort ist in der weiteren Bedeutung zu nehmen, welche Valesius zu d. St. nachweis't.

4) Matth. 10, 8. Vielleicht bestimmte ihn auch die Stelle Matth. 19, 21: Willst du vollkommen sein, so gehe hin verkaufe was du hast u. s. w. Solche Aussprüche hielt er nicht für praecepta, aber für consilia evangelica, Comment. in Ep. ad Rom. III, 507: — Et iterum praeceptum est, ut hi qui Evangelium annunciant, de Evangelio vivant. Paulus tamen dicit, *quia nullo horum usus sum*, et ideo non inutilis erat servus, sed fidelis et prudens. Auch die jüdische Theologie gebot, in den Lehren der Überlieferung nur unentgeltlich zu unterrichten: Maimonides in dem vorhin angeführten Tract. Talmud Tora.

Stets hat er die Armuth geliebt, nicht ganz ohne falsche Werthschätzung, von welcher noch Clemens frei war [1]). In einer Schrift, die er etwa dreißig Jahre später verfaßte [2]), rechnet er sich unter die Armen, und an einer anderen Stelle sagt er: „Ich erzittere, wenn ich gedenke, wie Jesus Verleugnung alles Besitzes von seinen Jüngern fordert. Als mein, vor allen mein Ankläger trete ich dann auf, und mir spreche ich das Verwerfungsurtheil: ich will meine Schuld nicht verhehlen, um nicht doppelt schuldig zu werden. Die Forderung des Herrn will ich predigen, auch wenn ich mir bewußt bin, bisher ihr nicht nachgekommen zu sein. Aber lasset uns nun wenigstens eilen Priester des Herrn zu werden, deren Erbtheil nicht auf Erden, deren Erbtheil der Herr ist" [3]).

Gleichfalls noch im ersten Jünglingsalter gab er, bald nach jenem Verkaufe [4]), in freilich krankhafter Überspannung, einen andern Beweis, wie ihm sein katechetisches Lehramt und, um dieses Amtes willen, ein unbescholtener Ruf über alles wichtig war. Verpflichtet, auch Frauen und Jungfrauen [5]), unter denen Herais uns namentlich bekannt geworden, in der Religion zu unterrichten, wohl gar, so lange die Verfolgung währte, in den Stunden der Nacht [6]), und eintretend in ein Lebensalter, in welchem die

---

In den Büchern c. Cels. I, 380 vertheidigte Origenes jedoch auch die, welche für ihren Unterricht Gaben annahmen.

1) Quis div. salv. p. 941. 946. Man vgl. Tauler, Nachfolgung des armen Lebens Christi in der Spener'schen Ausgabe II, 2 ff.
2) Exhortatio ad Martyrium p. 284. Vgl. Tom. in Ioan. VI, 153.
3) Hom. in Gen. XVI, 104. S. auch Tom. in Matth. XV, 674; XIII, 585. Sel. in Ps. p. 661.
4) Mit willkührlicher Genauigkeit berechnet Baronius für die zu erwähnende Handlung des Jünglings das vierzehnte Jahr des Severus, d. i. das einundzwanzigste des Origenes. Sicherer setzen wir sie früher, bald nach dem Beginne seines katechetischen Wirkens, da Eusebius den Tod des Severus erst, nachdem er schon spätere Ereignisse in Origenes Leben mitgetheilt hat, am Ende des angegebenen Kapitels meldet.
5) Euseb. HE. VI, 8.
6) Ibid.: νύκτωρ καὶ μεθημέραν.

sinnlichen Triebe zuerst in ganzer Stärke erwachen, glaubte er dem Gebote Jesu gemäß zu handeln, wenn er jenes Wort [1]) im buchstäblichen Sinne an sich vollzog, welches die Verschmähung der Ehe um einer höheren, rein geistigen Gemeinschaft willen unter einem bekannten auffallenden Bilde empfiehlt. Auf diese Weise hoffte er nicht minder alle Veranlassung zu Verdacht und Verleumdungen zu entfernen, als auch bei sich jede Regung sündhafter Sinnlichkeit zu ertödten.

Jesu Absicht ist unverkennbar. Nachdem er die Heiligkeit der Ehe erwiesen, die er im allgemeinen für unauflöslich erklärt, wollte er auch diejenige Enthaltung anerkennen, in welcher Einzelne ihr Leben ganz der Verkündigung des Gottesreiches weihen. Er vergleicht die freiwillige Verzichtleistung auf das eheliche Leben mit derjenigen, welche die Folge physischer Unfähigkeit ist; und damit er nicht, wenn er den Gedanken nackt, als Behauptung oder Vorschrift, hinstellte, jene Überschätzung des Cölibates veranlasse, die gleichwohl früh in gewissen gnostischen Schulen, später in der Kirche auf lange herrschend geworden ist, bedient er sich einer Gnome, welche umsichtige Deutung fordert. Wer es fassen kann, so beginnt und so beschließt er dieselbe, der fasse es: wer die besondere Gabe der Enthaltsamkeit besitzt, verwende sie im Dienste des Evangeliums.

Wie ferne immer der heutigen Schriftauslegung das Mißverständniß liegt, welches wir bei Origenes wahrnehmen, so wird doch, wer jene Zeiten und die klimatischen Einflüsse Ägyptens kennt, die jeden Druck empfindlicher fühlbar und zum Wagen entschlossener machen, die Handlung des Jünglings nicht unglaublich finden [2]). Von altersher betrachtete der Orient, und so nach-

---

1) Matth. 19, 12. Vielleicht bestimmte ihn auch die Stelle Jes. 56, 4. 5.
2) So Schnitzer S. xxxiii, aus Gründen, welche ich theils sogleich, theils in der fünften Beilage zu entkräften suche; und Baur in den Berliner Jahrbüchern 1837, Band II, 652.

mals die pythagoreische und platonische Philosophie[1]), die Materie als Quelle des Übels, den Körper als Kerker der Seele, eine Versenkung des Geistes in sich, bei welcher jede Thätigkeit der Sinne aufhört, als Befreiung[2]): man glaubte die Schuld der sündlichen Gelüste, in welche man sich verstrickt fand, auf die Außenwelt abwälzen zu dürfen. Die häretische Gnosis baute auf dieser Grundlage, und die Denkweise des Zeitalters war von solchen Ansichten durchdrungen; sie lebten im Volke. Man brauchte nicht, um sie zu theilen, Kenner der philosophischen Systeme, oder, wie Origenes, lange der nahen Berührung mit einem antiochenischen Gnostiker ausgesetzt zu sein; am wenigsten zu Alexandria, wo das Streben nach Entsinnlichung und Affectlosigkeit durch Ascese bei jüdischen Theosophen und heidnischen Philosophen, wie

---

1) Über die Lehre von der Einkerkerung der Seele in den Körper s. Creuzer Plot. de Pulchrit. p. xxxiv; von Cölln's bibl. Theol. I, 426. Durch Cicero's Hortensius (Opp. ed. Bipont. XIII, 308) hatte sich die Lehre auch in den Occident verbreitet. — Wie Neupythagoreer und Neuplatoniker namentlich die Zeugung als ein Übel betrachteten, s. bei Clemens Strom. III, 515. 519, und daselbst die Noten von Potter. Über Pythagoras s. Diog. Laert. VIII, 9; Stobaeus Serm. 15; die Hauptstellen des Plato finden sich im Phaedo p. 48, de Republ. p. 572, Cratylus p. 275. Am übereinstimmendsten mit diesen Philosophen dachten unter den alexandrinisch jüdischen Religionsphilosophen der Verfasser des Buchs der Weisheit, Philo und die Essener (s. von Cölln am a. O.), unter den Gnostikern Marcion, Tatianus und Julius Cassianus: Clemens Strom. III, 515. Vielleicht sieht man mit Recht in diesen Lehren eine Reaction gegen die ältesten, auf den Begriff der Zeugung gebauten Naturreligionen.

2) Plato Phaedo l. c.; Clemens Strom. V, 686, wo nach Erwähnung der Verpflichtung zu fünfjährigem Schweigen, welche die Pythagoreer auferlegten (Plutarchus de Curiosit. p. 309; Diog. Laertius in Pythag. VIII, 10), die Worte folgen: $\dot{o}$ $\gamma\grave{a}\varrho$ $\mu\acute{\eta}\tau\varepsilon$ $\tau\grave{\eta}\nu$ $\ddot{o}\psi\iota\nu$ $\pi\alpha\varrho\alpha\tau\iota\vartheta\acute{\varepsilon}\mu\varepsilon\nu o\varsigma$ $\dot{\varepsilon}\nu$ $\tau\tilde{\wp}$ $\delta\iota\alpha\nu o\varepsilon\tilde{\iota}\sigma\vartheta\alpha\iota$, $\mu\acute{\eta}\tau\varepsilon$ $\tau\iota\nu\grave{\alpha}$ $\tau\tilde{\omega}\nu$ $\ddot{\alpha}\lambda\lambda\omega\nu$ $\alpha\dot{\iota}\sigma\vartheta\acute{\eta}\sigma\varepsilon\omega\nu$ $\dot{\varepsilon}\varphi\varepsilon\lambda\kappa\acute{o}\mu\varepsilon\nu o\varsigma$, $\dot{\alpha}\lambda\lambda'$ $\alpha\dot{\upsilon}\tau\tilde{\wp}$ $\kappa\alpha\vartheta\alpha\varrho\tilde{\wp}$ $\tau\tilde{\wp}$ $\nu\tilde{\wp}$ $\tau o\tilde{\iota}\varsigma$ $\pi\varrho\acute{\alpha}\gamma\mu\alpha\sigma\iota\nu$ $\dot{\varepsilon}\nu\tau\upsilon\gamma\chi\acute{\alpha}\nu\omega\nu$, $\tau\grave{\eta}\nu$ $\dot{\alpha}\lambda\eta\vartheta\tilde{\eta}$ $\varphi\iota\lambda o\sigma o\varphi\acute{\iota}\alpha\nu$ $\mu\acute{\varepsilon}\tau\varepsilon\iota\sigma\iota\nu$ $\kappa.$ $\tau.$ $\lambda.$

in der Kirche von jeher in hoher Achtung stand [1]). Zwar stellte die christliche Gotteslehre ein wesentlich neues Dogma vom Ursprunge und Wesen der Materie auf, welches sich im Kampfe gegen die Gnostiker allmälig ausbildete, und sogleich auch auf die Lehre von der menschlichen Natur zurückwirkte [2]); und schon war auch eine besonnene, wenngleich keinesweges richtige Auslegung eben jener Schriftstelle gefunden [3]). Doch wurde hiedurch nicht sogleich jede Verirrung eines überreizten frommen Gefühls verhütet.

---

[1]) Philo Leg. Alleg. II, 25; III, 45, und was er über die Therapeuten mittheilt (s. Ritter, Gesch. der Phil. IV, 472). Über seine und der jüdischen Alexandriner Ansicht von der ehelichen Verbindung, s. v. Cölln, bibl. Theol. I, 437. 442. 447. 453. Nach den Clementinen ist jeder Besitz sündhaft, Hom. 15, 9 p. 729 Cotel.; die Ascese nothwendig, Hom. 9, 10. 11 p. 688 (vgl. Credner über die Ebioniten in Winers Zeitschr. II, 285; Baur, christliche Gnosis S. 347). Den Genuß des Fleisches haben die gefallenen Engel eingeführt: Hom. 8, 13 p. 683. Vgl. über die Enthaltung von demselben, welche die Weisen und Priester verschiedener orientalischer Völker beobachteten: Porphyrius de non necandis ad epulandum animantibus L. 4.; Diogenes Laert. I, c. 6; Strabo XV, 822. Clemens dachte über den Werth dieser Enthaltung sehr gemäßigt, man darf sagen, richtig.

[2]) Clemens Alex. widerlegte sehr treffend die gnostische und pythagorisch platonische Lehre vom Körper (Strom. III, 516. 518) und der Zeugung (Ib. 529. 532; IV, 638; s. Baur, Gnosis 493), — eine Lehre, die wohl auch schlechthin $\gamma\nu\tilde{\omega}\sigma\iota\varsigma$ genannt werde (Strom. III, 12 p. 547), — indem er die Bestimmung des leiblichen Daseins im Sinne der Schrift anerkannte. Doch betrachtet auch er den Körper, bevor ihn die Heiligung des Geistes durchdringe, als $\tau\acute{\alpha}\varphi\mathrm{o}\varsigma\ \tau\tilde{\eta}\varsigma\ \psi\upsilon\chi\tilde{\eta}\varsigma$ (Strom. III, 545), und hofft auf eine jenseitige Erlösung von dieser Hülle, in welche wir uns jetzt, wie das Muschelthier an die Schale gebannt finden (s. oben S. 127). Die Neuplatoniker nennen den Körper $\chi\iota\tau\grave{\omega}\nu\ \delta\varepsilon\rho\mu\acute{\alpha}\tau\iota\nu\grave{\mathrm{o}}\varsigma$, $\pi\alpha\chi\acute{\upsilon}\varsigma$, — $\gamma\varepsilon\tilde{\omega}\delta\varepsilon\varsigma$, $\mathrm{o}\sigma\tau\rho\varepsilon\tilde{\omega}\delta\varepsilon\varsigma\ \pi\varepsilon\rho\acute{\iota}\beta\lambda\eta\mu\alpha$, $\gamma\acute{\eta}\iota\nu\mathrm{o}\nu\ \kappa\acute{\varepsilon}\lambda\upsilon\varphi\mathrm{o}\varsigma$ u. s. w., Synesius de Insomn. p. 137. 140.

[3]) Clemens Strom. III, 534 versteht sie von dem Verzichten der Geschiedenen auf Wiederverheirathung. Noch viel spätere Exegeten, Chrysostomus, Theodoret, Gregor von Nazianz und andere haben den rechten

Allerdings hatte Clemens in der Hauptsache das Rechte getroffen, wenn er lehrte, daß Jesus diejenigen, welche der Lust nicht dienen wollen, nicht die, welche sich äußerlich dazu unfähig machten, bezeichne [1]; er erinnerte, daß viele jener Verstümmelten den schändlichsten, eigennützigsten Zwecken dienten [2]. „Enthaltsamkeit, sagt er, ist eine Verachtung des Körpers, welche unserem Bekenntnisse zu Gott gemäß ist; denn die Enthaltsamkeit betrifft nicht allein das Verhältniß der beiden Geschlechter, sondern auch die andern Dinge, welche die sündhafte, mit dem Nöthigen nicht zufriedene Seele begehrt. Auch in Hinsicht der Zunge und des Besitzes, des Gebrauches und des Begehrens, findet Enthaltsamkeit statt. Und nicht nur lehrt sie Maß halten, sondern sie reicht auch, sofern sie eine Kraft und göttliche Gnadengabe ist, die Mäßigung selber dar" [3]. Ferner betrachtet er die Enthaltsamkeit, die nicht allein in der Unterlassung der That, sondern auch in der Unterdrückung des Begehrens bestehe, als eine Arbeit der Seele, und findet sie unabhängig von den Zuständen des Körpers [4]. Doch es darf auch andrerseits nicht übersehen werden, wie Clemens, nur die platonische Liebe anerkennend, schon ein Begehren erregendes Wohlgefallen an der sinnlichen Schönheit für verdammungswürdig erklärte [5], und wie er nicht nur den eigentlichen Sinn der streitigen Stelle nicht faßte [6], sondern auch eben jenes Wort, welches

---

Sinn nicht getroffen. Ihre Auslegungen hat Suicer im Thesaurus I, 1256 gesammelt.

[1] Paedag. III, 269: εὐνοῦχος δὲ ἀληθής, οὐχ ὁ μὴ δυνάμενος, ἀλλ' ὁ μὴ βουλόμενος φιληδεῖν. Quis dives salv. p. 945: — οὐδὲ τῶν μελῶν οὐδὲν ἀπολλύει (τὸν ἄνθρωπον)· ἀλλ' ἡ τούτοις ψυχὴ χρωμένη τὴν αἰτίαν ἐφ' ἑκατέραν (sc. ζωὴν ἢ ἀπώλειαν) παρέχεται.

[2] Ibid.: εὐνοῦχοι πολλοί, καὶ οὗτοι μαστροποί κ. τ. λ.

[3] Strom. III, 511.   [4] Ibid. III, 533.

[5] Ibid. IV, 616, wo er, ganz dem Sprachgebrauche der Stoiker gemäß, ὄρεξις und ἐπιθυμία unterscheidet.

[6] Auch diejenige Erklärung der Stelle, welche er gelegentlich Strom. III, 538 giebt: εὐνουχίζειν ἑαυτὸν πάσης ἐπιθυμίας, trifft nicht zu.

dem Origenes zum Anstoße gereichte[1]), schlechthin in der Bedeutung Enthaltsamkeit brauchte. Und überhaupt hat er die Abscheidung des Geistes vom Körper und seinen Affecten für das gottgefällige Opfer, den wahren, nie gereuenden Gottesdienst erklärt[2]).

Vielleicht ward Origenes auch hieburch zu einem religiösen Mißverständnisse verleitet, welches, wenn der alte und weit verbreitete Ritus der Beschneidung in der That aus noch früher üblicher wirklicher Entmannung hervorgegangen sein sollte[3]), bis zu den Anfängen unseres Geschlechts hinaufreichen würde, und welches sicher späterhin in dem mittleren Asien, dem Stammsitze des streng dualistischen Gnosticismus, so gewöhnlich war, daß ein edessenischer Fürst gegen Ende des zweiten Jahrhunderts mit gesetzlichen Verboten einschreiten mußte[4]). Gewisse orientalische Culte, vor allen die Verehrung des Atys und der Cybele, erforderten verschnittene Priester, die Gallen; bei den Athenern

---

1) Εὐνουχία, Strom. III, 511. 534. Er folgte hierin dem Sprachgebrauche jener Zeit. Polykrates nennt (Ep. ad Victorem ap. Euseb. HE. V, 24) den Melito von Sardes, weil er unverheirathet war, einen εὐνοῦχος. Rufinus fügt hinzu: *propter regnum Dei* eunuchum. S. über die metaphorische Bedeutung des Wortes Suicer Thes. I, 1259.

2) Ibid. V, 686: θυσία δὲ ἡ τῷ θεῷ δεκτή, σώματός τε καὶ τοῦ τούτου παθῶν ἀμετανόητος χωρισμός· ἡ ἀληθὴς τῷ ὄντι θεοσέβεια αὕτη. Vgl. Plato Phaed. p. 48 (65 Steph.): ὁ φιλόσοφος ἀπολύων ὅτι μάλιστα τὴν ψυχὴν ἀπὸ τῆς τοῦ σώματος κοινωνίας κ. τ. λ.

3) P. von Bohlen, zur Genesis S. 194. Anders Hoffmann in der Halle'schen Encykl. IX, 267. Unentschieden läßt diese Frage Tuch, zur Genesis S. 344. Zu beweisen ist diese Hypothese von Bohlen so wenig, als die meisten seiner so willkührlichen Vermuthungen; indeß wenn die Beschneidung auch nur, nach Hoffmann, die Reinheit des Gliedes bedeuten sollte, dürfte doch der Ritus von einer Unreinachtung desselben zeugen. Sicher ist, daß der Mosaismus auch den ehelichen Umgang (ähnlich die Babylonier, Herod. 1, 198 und Wesseling zu d. St.) und gewisse naturgemäße Absonderungen für verunreinigend erklärt. S. Winer's RWB. I, 174; II, 372.

4) Chronicon Edessenum ap. Asseman. Biblioth. Orient. I, 389.

war eine Entsündlichung durch Gebrauch des Schierlings nicht unbekannt [1]); und so wenig war es eine unerhörte Erscheinung, wenn Christen, um der Kirche würdiger dienen zu können, zu ähnlichen Mitteln griffen, daß schon ein sehr alter kirchlicher Kanon [2]) diesen Verirrten die priesterliche Weihe versagen mußte. Zahlreiche andere theils gleichzeitige, theils spätere Gesetze verwerfen, oder erschweren die Handlung [3]). Domitianus erließ eine Verordnung in diesem Sinne [4]); zu Alexandria war die Erlaubniß

---

[1]) Origenes c. Cels. VII, 729.
[2]) Canon Apost. 22 (vgl. 5 Mos. 23, 1, eine Stelle, die noch Clemens nur allegorisch von demjenigen erklärt, welcher in guten Werken unfruchtbar ist, Strom. III, 556): ὁ ἀκρωτηριάσας ἑαυτὸν μὴ γινέσθω κληρικός. S. auch den Canon 23 und Arsenius Monach. in Synopsi Canonum p. 758. Daß dieser Canon mindestens älter, als die Synode von Nicäa sei, welche ihn in ihrem ersten Canon wiederholt, giebt selbst Schnitzer S. xxxv zu. Viele, wie Rösler in der Biblioth. der Kirchenv. IV, 236, glauben, der Canon sei erst in Folge jener That des Origenes entstanden, weil sich sonst keine Veranlassung für denselben ergebe. Die sogleich anzuführenden Stellen reichen zur Widerlegung hin. — Noch beachte man hier, daß die Eunuchen im Alterthum als oberste Diener der Fürsten eine sehr ehrenvolle Stelle einnahmen, und ihre Verstümmelung an sich auf keine Weise für verunehrend galt: Rittershus. Lectt. sacr. V, c. 8. Noch Epiphanius leitet das Wort εὐνοῦχος her: ἀπὸ τοῦ εὐνοεῖν δύνασθαι (τὸν εὐνοῦχον) ἀφαιρουμένων τῶν μέλων καὶ μὴ ἐπεντρίβεσθαι μίξει τῶν σωμάτων ὡς τῶν ὀργάνων ἀφῃρημένους, Haer. 58, und Phavorinus theilt uns (s. voc.) die Meinung einiger Erklärer mit, nach welchen der Ausdruck gewählt sei: παρὰ τὸ εὖ νοῦν ἔχειν (τὸν εὐνοῦχον). Es findet sich eine übermäßige Werthschätzung des ehelosen Standes und der Enthaltung, auch wenn sie in physischem Mangel ihren Grund hat, im Buche der Weisheit 3, 13. 14; 4, 1. 2. Eben dieses Buch verkennt in essenischem Geiste die Würde des Weibes, von dem es bekanntlich die Sünde herleitet (Cap. 10, 1. 2). Vgl. Winzer de Philosophia morali in libro Sap. exposita. Witteberg. 1811.
[3]) Canon Apost. 24; Can. Nic. 1; Can. Arelat. 7.
[4]) Suetonius in Domit. c. 7; Cassius Dio LXVII, 2. Nerva erneuerte dieses Gesetz: Ibid. XLVIII, 2. In wie großer Anzahl sich damals

Eunuchen.

des Präfecten zur Vollziehung der Verstümmelungen erforderlich [1]). Einem christlichen Jünglinge, welcher durch eine solche zu zeigen wünschte, wie fälschlich man die Christen lüsterner Wollust beschuldige, wurde der Erlaubnißschein verweigert [2]). Und noch um die Mitte des dritten Jahrhunderts gab es manche Christen, die jene Stelle bei Matthäus buchstäblich auffaßten und sich verstümmelten [3]). Schriften, welche hiezu aufforderten, oder in die=

Eunuchen fanden s. ebendas. LXXV, 14: Plautianus, ein Günstling des Septimius Severus, hatte hundert in seinem Hause.

1) Iustinus M. Apol. I. c. 29.
2) Ibid. l. c.
3) Orig. Tom. XV in Matth. p. 654. Huetius (Origen. I, 1, 13) und Schnitzer vermuthen, daß Origenes hier die Secte der Valesier (s. Epiphan. Haer. 58; Praedest. 37) im Auge habe. Doch ist wahrscheinlicher, daß Epiphanius, mit welchem auch Augustin. Haer. 27 und Nicephor. Thes. orthod. IV, c. 30 zu vergleichen sind, der nur durch ihn bekannten Partei willkührlich nach seiner Weise einen Irrthum aufbürdet, von welchem er dunkle Kunde erhalten hatte. Wie manches ist nicht den Gnostikern ohne Grund Schuld gegeben worden? Schon Clemens mißversteht durchaus die basilidianische Auslegung von Matth. 19, 12, welche er Strom. III, 508 mittheilt. Auch den Basilidianern ist die Ehe ein heiliger Stand; die Schlußworte ihrer Auslegung: οἱ δὲ ἕνεκα τῆς αἰωνίου βασιλείας εὐνουχίσαντες ἑαυτοὺς κ. τ. λ., Clem. l. c. p. 509, bezeichnen dem Zusammenhange nach nur diejenigen, welche ehelos bleiben, um, nicht gestört durch irdische Sorgen, für die höhere Welt zu leben. Nicht einmal die φυσικὴ πρὸς γυναῖκα ἀποστροφὴ ἐκ γενετῆς, zu Anfange des Excerpts, darf mit Clemens auf die Lehre vom Unterschiede der Seelenklassen zurückgeführt werden: sie bezeichnet nach der authentischen basilidianischen Erklärung, welche Clemens nicht mitzutheilen unterläßt, eine besondere φυσικὴ σύγκρασις, ein eigenthümliches Temperament. Noch ungerechter beurtheilt Clemens die Auffassung der Stelle 1 Cor. 7, 9 bei dieser Secte: s. Grabe (Spicil. II, 66) und Potter zu Clemens am a. O. Epiphanius schreibt (Haer. 32) den Clemens gedankenlos und mit bitterer Gehäßigkeit gegen die Häretiker aus. — Von einem späteren, der Verirrung des Origenes völlig entsprechenden Falle berichtet Socrates HE. II, 21: Λεόντιος, ἡνίκα πρεσβύτερος ἦν, ἀφῃρέθη τῆς ἀξίας, ὅτι τῶν γεννητικῶν ἐξέτεμεν ἑαυτόν. S. über die=

Origenes, Abth. 1.

sem Sinne gedeutet wurden, standen damals in hohem Ansehen [1]), und mit einer Angelegentlichkeit spricht Origenes von dem verführerischen Irrthum, welche nicht zweifeln läßt, daß es immer noch der nachdrücklichsten Zurechtweisung und Warnung bedurfte. Ist doch auch selbst die neueste Zeit keinesweges so ganz über das Mißverständniß hinaus, daß nicht bisweilen noch jetzt ruchtbar würde, wie Schwärmerei und sittliche Selbstverzweifelung in dasselbe zurückgeführt haben [2]).

Wenn es deshalb keine unglaubhafte Angabe ist, daß einst auch Origenes den Irrthum theilte, so spricht für diese Thatsache

---

sen Leontius und sein Vergehen auch Theodoret. HE. II, 29 und Nicephorus HE. IX, 29. Und noch Chrysostomus fand es nöthig gegen solche Selbstverstümmelungen zu eifern, zu Gal. 5, 12 p. 753 und zu Matth. 19, 12, Hom. in Matth. 62. An letzterer Stelle erklärt er sie für manichäische Häresie; an der ersteren nennt er sie ἐσχάτης παρανομίας καὶ σατανικῆς παραπληξίας.

[1]) Origenes Tom. XV in Matth. l. c. Hier wird die Stelle Philo's (Deteriorem pot. insid. solere p. 186): ἐξευνουχισθῆναι ἄμεινον, ἢ πρὸς συνουσίας ἐκνόμους λύτταν angeführt, und aus den Gnomen des Sextus das Folgende: πᾶν μέρος τοῦ σώματος τὸ ἀναπεῖθόν σε μὴ σωφρονεῖν, ῥῖψον· ἄμεινον γὰρ χωρὶς τοῦ μέρους ζῆν σωφρόνως, ἢ μετὰ τοῦ μέρους ὀλεθρίως, nebst den Worten: ἀνθρώπους ἴδοις ἂν ὑπὲρ τοῦ τὸ λοιπὸν τοῦ σώματος ἔχειν ἐρρωμένον ἀποκόπτοντας αὐτῶν καὶ ῥίπτοντας μέρη· πόσῳ βέλτιον ὑπὲρ τοῦ σωφρονεῖν. Dieser Sextus ist der römische Sextius unter Augustus, dessen Seneca häufig mit Auszeichnung erwähnt. Sein Enchiridion, welches er griechisch schrieb, ist noch in der lateinischen Übersetzung des Rufinus unter dem Titel Annulus vorhanden, und öfter, zuletzt von Orelli (Opuscc. Graecorum veterum sententiosa et moralia, vol. I) herausgegeben worden. Gegen Orelli's Unterscheidung dieses Sextus und desjenigen, welchen Seneca kannte, s. Schoell. Histoire de la lit. grecque V, 50 (ed. 2) und Ritter, Geschichte der Phil. IV, 171. Letzterer weist auch die Interpolation des Enchiridion mit christlichen Lehrsätzen nach. Gerade die mitgetheilten Stellen, bei Rufinus die 12te Gnome, tragen unverkennbar das Gepräge der Unächtheit.

[2]) S. Örtel, Sendschreiben an D. von Niethammer, Ansbach 1840, S. 9.

Sinnlichkeit. Ehe.

die zuverlässigste geschichtliche Überlieferung, die sich bis auf Origenes selber zurückführen läßt [1]). Wir versagen ihr um so weniger unsern Glauben, als es so durchaus in seinem Geiste ist, die Regungen der Sinnlichkeit an sich für Sünde zu halten [2]), daß man eben diese Ansicht Origenismus zu nennen pflegt. Auch in späteren Jahren, als er sein jugendliches Mißverständniß, in den stärksten Ausdrücken warnend, mißbilligte, wußte er die Heiligkeit des ehelichen Verhältnisses nicht zu würdigen, indem er es zwar nicht für sündlich, aber doch für unrein erklärte [3]): eine Meinung,

---

1) Eusebius hatte seine Nachrichten von noch damals lebenden Schülern des Origenes (HE. VI, 2 init.), zu welchen vermuthlich der Presbyter Pamphilus gehört, der in Palästina und in Alexandria lebte. Außerdem beruft er sich auf Origenes Briefe, am a. O.

2) Hom. VI in Num. p. 288; Tom. XVII in Matth. p. 827. Die Stelle de Princ. III, 304, welche die entgegengesetzte Auffassung enthält, indem sie den geschlechtlichen Trieb für eben so natürlich erklärt, als Hunger und Durst, ist die Behauptung des Gegners, welchen Origenes widerlegt. Leider hat Rufinus in dem ganzen Abschnitte seinen Pelagianismus so künstlich in den Text hineingewoben, daß die Urschrift an dieser Stelle nicht wieder hergestellt werden kann. Origenes lehrte: Initia quaedam et velut quaedam semina peccatorum ab his rebus, quae in usu naturaliter habentur (d. i. von den natürlichen Trieben: Schnitzer S. 202), accipimus. De Princ. III, 279.

3) Connubia quidem legitima carent quidem peccato, nec tamen tempore illo, quo coniugales actus geruntur, praesentia sancti Spiritus dabitur, etiamsi Propheta esse videatur, qui officio generationis obsequitur, — Hom. VI in Num. l. c.; vgl. 3 Mos. 15. Auch die alten Ägypter dachten auf diese Weise, indem es von ihnen heißt: ἐν ἱεροῖς μίσγεσθαι γυναιξὶν ἐκώλυσαν, μηδ' εἰς ἱερὰ εἰσιέναι ἀπὸ γυναικὸς ἀλούτους ἐνομοθέτησαν, Clemens Strom. I, 361. — Noch deutlicher ist die in der vorigen Note angeführte Stelle, aus den Tomi in Matth.: ... ἐν μολυσμῷ πως ὄντων καὶ ἀκαθαρσίᾳ τινὶ τῶν χρωμένων ἀφροδισίοις. Eben denselben Gedanken findet man in der Schrift de Orat. p. 198, nach 1 Cor. 7, 5; auch Hom. XXIII in Num. p. 358, wo er mit diesen Worten schließt: unde videtur mihi, quod illius est solius offerre sacrificium indesinens, qui indesinenti et perpetuae se devoverit castitati. Und de Orat. p. 168 deutet er an, daß der Ort einer Vereini-

welche Hierar von ihm, wie es scheint, entlehnte, und als die Hauptlehre des Neuen Testamentes betrachtete. Endlich spricht

---

gung jener Art entweiht bleibe, so daß man da nicht beten möge. Denn eine jede sinnliche Liebe hielt er als solche für verdammlich. Sehr stark drückt er dies Hom. I in Cantic. p. 13 aus, mit den Worten: — et quomodo est quidam carnalis cibus, et alius cibus spiritalis, et alia carnis potio, alia spiritus: sic est quidam amor carnis a Satana veniens, alius amor spiritus a Deo exordium habens; et nemo potest duobus amoribus possideri. Si carnis amator es, amorem spiritus non capis. Si omnia corporalia despexisti — —, potes amorem capere spiritalem. Und in der Hom. II in Cantic. p. 17 sagt er: Unus de animae motibus amor est, quo bene utimur ad amandum, si sapientiam amemus et veritatem. Quando vero amor noster in peiora corruerit, amamus carnem et sanguinem. Und wenn der Apostel von der Liebe des Mannes zu dem Weibe rede (Eph. 5,25), so füge er doch sogleich auch hinzu, daß diese Liebe derjenigen entsprechen solle, mit welcher Christus die Gemeinde liebt. An diesen Stellen wird man die Treue des Übersetzers, Hieronymus, gewiß nicht verdächtig finden; sie waren ganz in seinem Sinne, und bei Origenes gehen sie aus einer Ansicht von der Nichtigkeit und Niedrigkeit des Körpers (de Princ. I, 152; III, 321) hervor, die ihn von dessen Schönheit sagen läßt, daß sie nichts als Scheußlichkeit sei ($\pi\tilde{\alpha}\sigma\alpha$ $\tau\nu\gamma\chi\acute{\alpha}\nu o\nu\sigma\alpha$ $\alpha\tilde{\iota}\sigma\chi o\varsigma$, de Orat. p. 226). Auch stimmen sie mit seiner Herleitung des sinnlichen Triebes aus lediglich physischen Ursachen (Ibid. III, 303) überein.

Dennoch erkennt er andererseits die göttliche Einsetzung der Ehe an, zu Matth. 19, 3, und erklärt sie für ein $\chi\acute{\alpha}\rho\iota\sigma\mu\alpha$, d. i. für einen Stand, den Gott seiner Gnadenerweisungen würdige, nicht minder als den Cölibat, vorausgesetzt daß die eheliche Liebe eine rein geistige, in dem oben angegebenen Sinne (nach Eph. 5, 25), bleibt, Tom. XIV in Matth. p. 639, und allein die Erzeugung zum Zwecke hat, Comm. in Ep. ad Rom. II, 494. Sie ist um unserer Schwachheit willen erlaubt (Commentt. in Matth. Ser. XXIII, 836) und durch das Beispiel selbst mancher Apostel gerechtfertigt (Comm. in Ep. ad Rom. IX, 644), aber nicht besser, als der ehelose Stand, c. Cels. VIII, 783; Comm. in Ep. ad Rom. III, 507. Letzterer ist ein consilium apostolicum, und wer dasselbe erfüllt, thut mehr, als wer nur den praecepta nachkommt: hoc opus (virginitas) super praeceptum est. Vgl. auch Hom. in Ierem. XIX, 267, wo er es für einen Irrthum, aber für einen sehr heilsamen

Eingeſtändniß. 213

ſich Origenes über die unglücklichen Folgen der erwähnten Verirrung in einer Weiſe aus, welche uns erkennen läßt, wie beſtimmt dies in Abrede geſtellt worden iſt, daß er aus Erfahrung rede [1]), und nur glaubte, ein ausdrückliches Eingeſtändniß ſich erſparen zu dürfen [2]).

Irren erklärt, ſelbſt die einmalige Ehe, oder doch eine zweite, für verboten zu halten. Denn erlaubt iſt auch dieſe Comm. in Ep. ad Rom. VI, 578, obſchon die Eheloſigkeit nach Auflöſung der erſten Verbindung um vieles beſſer iſt, und eine dritte und vierte Ehe von den höheren Stufen der Seligkeit ausſchließt, Hom. XVII in Luc. p. 954. S. auch Hom. in Ierem. l. c. p. 272 ſein Lob einer Aſceſe, die durch Enthaltſamkeit von mancher Speiſe und andere Entſagungen (vergl. Hom. X in Levit. p. 246; c. Cels. VII, 729) den Trieb ertödtet.

1) So urtheilt Neander KG. I, 784 über die Stelle Tom. XV in Matth. p. 651, während Schnitzer S. xxxvii entgegengeſetzter Meinung iſt. Man beachte, daß Schnitzer zwar dieſe Worte anführt: „— wodurch ſie (diejenigen, welche den Ausſpruch Jeſu mißverſtanden,) nicht bloß bei denen, welche unſerm Glauben fern ſtehen, ſondern überhaupt bei ſolchen in Schmach, vielleicht ſelbſt in Schande geriethen, die allen menſchlichen Handlungen eher verzeihen —"; aber die unmittelbar darauf folgenden Worte verſchweigt er. Sie lauten: „— als einer allerdings nur vermeintlichen Gottesfürchtigkeit und einem unbedingten Streben nach Keuſchheit, welches Schmerz, Verſtümmelung und ſonſtige Folgen nicht ſcheut." Im übrigen ſ., namentlich über dieſe Folgen, welche Origenes an ſich erfuhr, die vierte Beilage.

2) Er ſagt Tom. XV in Matth. l. c.: ... ἡμεῖς δὲ Χριστὸν θεοῦ, τὸν λόγον τοῦ θεοῦ, κατὰ σάρκα καὶ κατὰ τὸ γράμμα ποτὲ νοήσαντες, νῦν οὐκέτι γινώσκοντες. Man ſieht, was dem Jünglinge vor der That tiefere, richtige Auslegung ſchien, betrachtete der Greis als fleiſchlichen Irrthum. Gleichwohl würde man aus dieſer Stelle vergeblich zu beweiſen ſuchen, daß Origenes in früheren Jahren überhaupt einer buchſtäblichen Schriftauffaſſung huldigte. Dies ſetzt Schnitzer am a. O., hin und wieder zu weit greifend, ins Licht; aber es iſt ganz das Rechte, wenn er die Stelle als eine Rückerinnerung des Origenes an jene aſcetiſche Strenge betrachtet, in welcher er einſt auf den Wortſinn verſchiedener Ausſprüche Jeſu zu viel Gewicht legte. Denn an der

Selbst die Beweggründe, welche ihn leiten mochten, lassen sich mit Wahrscheinlichkeit angeben. Gewohnt keine Forderung, welche die heiligen Bücher enthalten, von sich zu weisen, und diejenigen, die Jesus selber ausgesprochen, am höchsten zu achten [1]), war er zugleich überzeugt, daß der Wortsinn allein dann, wenn er handgreiflich unhaltbar sei, ganz aufgegeben und nur in diesem einen Falle neben der allegorischen Deutung keine andere angewendet werden dürfe [2]). Nun konnte bei der ascetischen Richtung, welche er theilte, jene Gnome bei Matthäus ihm

---

angeführten Stelle räumt Origenes auch dies ein, daß die Worte bei Luk. 22, 35 gleichfalls geistig aufgefaßt werden müssen. Dem besonnenen Manne erschien manche seiner jugendlichen Bestrebungen als werthlos an sich, und mehrfach gedenkt er derselben mit der ihm eigenen Bescheidenheit und Demuth. Schnitzer hat S. xxxix die Stellen gesammelt. Aber noch als Greis läßt er (am a. O.) nicht unerwähnt, daß er einst die Stelle folgerichtiger (ἀκολουθότερον) als Andere aufgefaßt habe, indem in jedem Falle ein und dasselbe Wort in den verschiedenen Theilen des Satzes in derselben Bedeutung genommen werden müsse, und nur insofern will er für einen ehemaligen φίλος τοῦ γράμματος gehalten sein, als er einst nicht erkannte: ὅτι καὶ ταῦτα ἐν παραβολαῖς ἐλάλησεν ὁ Ἰησοῦς, καὶ πνεύματι εἴρηται, d. i. daß an dieser Stelle der Wortsinn gar nicht stattfinde, sondern dieselbe zu denen gehöre, welche den Zweck haben, die Nothwendigkeit der tieferen Interpretation fühlbar zu machen: de Princ. IV, 64. 68. — Ausdrücklich hat Origenes in seinen Werken, so viele sich erhalten haben, der That nirgend sich angeklagt. Auch vermied er lange, selbst wo sich ihm die nächste Veranlassung bot, den mißgedeuteten Ausspruch zu erwähnen: de Princ. IV, 70; Comm. in Ep. ad Rom. II, 493; und c. Cels. I, 336 tadelt er sogar unter anderem an den heidnischen Göttern, daß unter ihnen τὰ αἰδοῖα ἀποτέμνοντες seien. Sein Übersetzer Rufinus schaltet an ersterer Stelle eine Anspielung auf die Handlung ein. Sollte nicht in dieser Behutsamkeit des Origenes ein schweigendes Eingeständniß der Schuld gesucht werden dürfen?

1) Tom. in Ioan. XX, 355: διὰ τοῦτο οὐδένα τοῦ Ἰησοῦ λόγον, καὶ ταῦτα ἀναγραφῆς ἀξιωθέντα ὑπὸ τῶν ἁγίων μαθητῶν αὐτοῦ, ὡς ἔτυχεν ἐκδεκτέον· ἀλλὰ πᾶσαν βάσανον — προσακτέον κ. τ. λ.

2) De Princ. IV, 64.

um so eher auch den eigentlichen Sinn zuzulassen scheinen, als auch der Apostel fordert, daß man die irdischen Glieder tödte [1]); und wenn Jesus an andern Stellen sagt, daß es heilsam sei, Hand, Fuß und Auge abzuhauen oder auszureißen, sobald uns diese Glieder zum Ärgernisse gereichen [2]), so haben ja noch neuere Exegeten übersehen können, daß hier der Herr das Werkzeug der Lust und des Genusses statt dieser selber nennt, und behauptet, daß die Worte in gewissem Sinne ganz eigentlich verstanden werden müßten [3]). Freilich hat niemand, so viel bekannt ist, sich der Hand oder des Auges um dieses Ausspruches willen beraubt [4]), indem kein Irrthum so völlig ins Leben zu treten pflegt, daß er Vernunft und Gewissen ganz übertäuben könnte.

Origenes, dem die Regungen der Sinnlichkeit an sich als Sünde erschienen, konnte es nur mit innerstem Abscheu empfinden, wie diese Regungen auch wohl in die heiligsten Gefühle sich einmischen, und mußte bei jener Voraussetzung verkennen, daß sie, richtig geleitet, diesen sehr nahe verwandt sind. Die Lauterkeit seines Wirkens wurde ihm selber, geschweige Argwöhnischen und Verleumdern, verdächtig; und überreizt durch die äußerste Härte, mit welcher er sich die Befriedigung fast aller sinnlichen Bedürfnisse versagte, konnte ihn der verführerische Gedanke überwältigen, das Gelüsten für immer, nach dem Vorgange Vieler, und wie er sich über-

---

1) Col. 3, 5.
2) Matth. 5, 30. auch 18, 8. 9. Marc. 9, 43. 47.
3) Olshausen, biblischer Commentar I, 552. Ähnlich Tholuck in der Auslegung der Bergpredigt zu Matth. 5, 30.
4) Über den Philosophen Democritus, welcher sich der Augen beraubte, weil er kein Weib ansehen konnte, ohne ihrer zu begehren, s. Tertullian. Apolog. c. 46, und Wieland's Werke XIX, 137 der Ausgabe von Gruber. — Jene Gnome Jesu erklärte schon Clemens im Paedag. III, 294 ganz richtig, während er sich doch in der Schrift Quis dives salv. p. 949 unmittelbar an die Worte hält. Mißverstanden hatte sie der Interpolator des Sextus, und Origenes findet nöthig vor der wörtlichen Auffassung zu warnen: Tom. XV in Matth. p. 653.

redete, ganz im Sinne des Erlösers, zu ertödten auf jene Weise. So vollbrachte er eine That, zu welcher der Entschluß vielleicht ebenso langsam in ihm reifte, als er sie bei der ihm eigenen leicht erregbaren Gemüthsart [1]) nach gefaßtem Entschlusse schnell ausgeführt haben mag. Wenn wir bei seiner Achtung vor den Anordnungen der Kirche mit Recht voraussetzen, daß ihm jene Verbote der Selbstverletzung bisher nicht bekannt waren, so gebietet sie unbedingt mindestens Schonung [2]). Ob ihm Schierling, oder die Schärfe des Eisens zu seinem Zwecke diente, ist eine müßige, viel besprochene und nicht zu erledigende Frage [3]).

---

1) Eine solche verräth sein Bekenntniß, daß es sehr schwer sei, den Zorn zu meiden: Hom. II in Ps. 36 p. 661, besonders die Worte: Verum ex hoc saltem incipiamus emendare nosmetipsos rell. Auch sagt Origenes Hom. I in libr. Regn. p. 481: Nolite ergo in nobis illud requirere, quod in Papa Alexandro habetis. Fatemur enim, quod omnes nos superat in gratia lenitatis. Dieser Alexander ist der Bischof von Jerusalem, sein vieljähriger Freund. Der Umstand, daß er hier gerade die Sanftmuth und Milde desselben hervorhebt, gestattet uns wohl einen Blick in sein eigenes Gemüth.

2) Die Urtheile des Baronius, Halloir, Huetius s. bei Letzterem Origeniana I, 1, 13. De la Rue hat in seinem Abdrucke dieses Werkes das seinige hinzugefügt: Opp. Orig. IV, App. p. 85. Hieronymus urtheilte noch als Origenes Gegner: voluptates in tantum fugit, ut zelo Dei, sed tamen non secundum scientiam, ferro truncaret genitalia, Ep. 41 ad Pammach. et Ocean. p. 346. Eusebius nennt die Handlung πρᾶγμά τι φρενὸς μὲν ἀτελοῦς καὶ νεανικῆς, πίστεώς γε μὴν ὁμοῦ καὶ σωφροσύνης μέγιστον δεῖγμα περιέχον, HE. VI, 8. Vgl. Heinichen zu d. St.

3) Es war schon zu Epiphanius Zeiten streitig (Haer. 64, 3): οἱ μὲν λέγουσι νεῦρον ἀποτετμηκέναι —, ἄλλοι δὲ οὐχί φησιν, ἀλλὰ ἐπενόησέ τι φάρμακον ἐπιθεῖναι τοῖς μορίοις καὶ ἀποξηρᾶναι. Daß Origenes Tom. XV in Matth. p. 656 die Vernunft, als das rechte Werkzeug der Enthaltsamen, einer μάχαιρα vergleicht, und dagegen c. Cels. VII, 729 von dem Schierlinge, welchen athenische Priester anwendeten, mit vollkommener Unbefangenheit spricht, dürfte für die im Texte vorangestellte Vermuthung entscheiden, um so mehr als die Gallen der Messer, und zwar von Stein, zu ihrer Verstümmelung sich bedienten: Plinius NH.

Wie natürlich es ist, daß Origenes die That gern verheimlicht hätte, so hat man dies gleichwohl unerklärlich gefunden, und entweder vermuthet, er habe sie nur eine Zeitlang verbergen wollen [1]), oder einen innern Widerspruch darin gesehen, daß er eine Handlung ungern allgemein bekannt werden sah, durch die er gerade den Argwohn und die Verleumdungen der Christenfeinde habe widerlegen wollen [2]). Diesen Beweggrund schiebt sein ältester Geschichtschreiber der Handlung unter, während wir durch seine eigenen Schriften nur auf das Bestreben, völlig das Gelüsten abzutödten, gewiesen werden. Welche Rücksichten ihn auch geleitet haben, und wie klar oder undeutlich bestimmte Zwecke ihm vorschwebten; mag noch das vollbrachte Vorhaben ihm löblich erschienen sein, oder alsbald ihn enttäuscht haben: immer war es das Gerathenste für ihn, zurückzuhalten und weder als sein eigener Lobredner, noch als Ankläger gegen sich aufzutreten. Und glaubte er, die Regungen des sinnlichen Triebes wirklich ertödtet zu haben, so konnte ihm auch genügen, jede Veranlassung zu Lästerungen den Widersachern entzogen zu haben.

Das Gerücht von dieser Verirrung des Jünglings, welche anfangs nur Wenigen bekannt war, verlautete bald allgemein. Als sie Demetrius erfuhr, soll er die liebevollste Theilnahme geäußert, Origenes aufopfernde Berufstreue anerkannt, seine kühne Entschlossenheit bewundert, ihm Muth eingesprochen, und ihn zur Fortsetzung des katechetischen Lehrgeschäfts ermuntert haben [3]).

35, 46. — Die Abhandlung von P. Zorn, de Eunuchismo Origenis, Giessae 1708, die den ersten Versuch einer Hinweglegung der Thatsache enthält (s. Fabric. Biblioth. Gr. V, 239), kenne ich nur durch Mittheilungen Anderer. Sie befindet sich nicht in der Sammlung seiner Commentationen.

1) Stolberg KG. VIII, 426.
2) So I. G. Walch Hist. Eccl. N. T. p. 959 und Schnitzer S. xxxvi.
3) So wurde im neunten Jahrhundert, im Streite über Ignatius Berech-

Daß Origenes für jetzt in seinem Amte blieb, ist Thatsache, und der Umstand, daß er der Ermunterung und des Trostes beburfte, gestattet uns einen Blick in sein Inneres. Er scheint den Irrthum augenblicklich erkannt, und von manchen Seiten vielleicht jetzt schon gehäßig beurtheilt [1]), mit dem ihm eigenen sittlichen Zart= gefühle sich tief gedemüthigt zu haben. Aber mit Unrecht hat man geglaubt, daß die Reue über diese Verirrung eine Umwande= lung seines ganzen Wesens zur Folge gehabt habe, indem er jetzt von einem roh buchstäblichen Schriftverständnisse der allegorisch mystischen Interpretation und überhaupt jener Gesinnung und Denkweise sich zugewendet habe, die zu Alexandria die herrschende war. Diese war ihm vielmehr nicht allein durch seine früheste Erziehung eigen: sie war auch die angeborne Grundrichtung sei= nes Gemüthes, und es ist eben die Überfülle eines recht eigentlich alexandrinischen Geistes, der in der Handlung des Jünglings un= heimlich hervortritt. Späterhin änderte Demetrius seine Gesin= nungen, nicht ohne erhebliche Ursachen, und auch nicht frei von kleinlichen Beweggründen: einstweilen fuhr Origenes unangefochten und mit verdoppeltem Eifer zu unterrichten fort, indem er nun frei und freudig [2]) alle, welche sich einfanden, bei Nacht und Tage

---

tigung zu dem bischöflichen Stuhle von Constantinopel, von seinen An= hängern der Umstand nicht für entscheidend gehalten, daß er mit Orige= nes, jedoch unfreiwillig, in demselben Falle war.

1) Es mag sein, daß man ihm die oben erwähnten Kirchengesetze, oder 5 Mos. 23, 1 tadelnd vorhielt: er sagt zur Warnung Anderer (Tom. XV in Matth. p. 655): ἐπιλογισάσθω οὖν ὁ μέλλων τὸ τοιοῦτο τολμᾶν, ἃ πείσεται ὑπὸ τῶν ὀνειδιζόντων καὶ χρωμένων τῷ· „οὐκ εἰσελεύσεται θλαδίας καὶ ἀποκεκομμένος εἰς ἐκκλησίαν κυρίου (Deut. 23, 1).“

2) Euseb. HE. VI, 8: ἀφυλάκτως. Rufinus *velut abscissis omnibus im= pedimentis liber prorsus et cum omni fiducia.* Musculus *sine discri= mine.* Christophorson *nulla habita personarum ratione.* Valesius *libere et absque nullo impedimento.* Sollte nicht in dem Worte auch die Bedeutung liegen: „dem Argwohn nicht ferner ausgesetzt“, da Eu= sebius sogleich folgen läßt: νύκτωρ καὶ μεθημέριον. Die Verfolgung

aufnahm und für das Evangelium zu gewinnen suchte, unermüdet im Lehren und Lernen.

Wer möchte leugnen, daß nach so manchen heißen Kämpfen der Jüngling zum Manne gereift war? Das Anrecht auf diesen Namen hat er nicht eingebüßt. Nichts wird sich in feurigen Gemüthern gewöhnlich gestalten; alles ergreifen sie mit einem Anfluge leidenschaftlicher Begeisterung. Wie könnte in Origenes Leben der wichtigste Zeitraum in alltäglicher Weise an den voraufgehenden sich angereiht haben?

Gelehrte Ausbildung.

Marcellus von Ancyra ist der erste, welcher den Einfluß der platonischen Lehren auf Origenes überschätzte. Er meinte, daß dieser früher die weltliche Gelehrsamkeit und Philosophie, als die Lehren der heiligen Schrift in sich aufnahm. Schon Eusebius hat diese Ansicht widerlegt [1]), zu der man gleichwohl sich gegenwärtig wieder hinneigt [2]). Andere nehmen eine mehr oder minder plötzliche Umwandelung seiner Ansicht und Denkweise an, die in seinem Jünglingsalter erfolgte, über deren Eintritt jedoch das Nähere nicht zu ermitteln sei [3]). Wir wollen versuchen, seinem Bildungsgange schrittweise zu folgen.

Die Verwaisung, in welche er zurücktrat, als er das Haus

---

war die Ursache, daß auch Frauen Nachts, wie zu gottesdienstlichen Zusammenkünften, zu dem katechetischen Unterrichte sich einfanden. Auch jüdische Lehrer ertheilten wohl einen Unterricht in den Stunden der Nacht: Maimonides Talmud Tora, in der Iad Chassaka I, 3.

1) Euseb. c. Marc. lib. I, p. 23, und HE. VI, 19. Vgl. meine Prolegg. zu Origenes de Princ. p. xx.
2) Schnitzer S. xxi seines Wiederherstellungsversuchs.
3) Neander KG. III, 788.

seiner Pflegerin verließ, bestimmte ihn, sich zunächst zum Lehrer der Grammatik zu bilden, weil man leicht Gelegenheit fand in dieser Wissenschaft zu unterrichten, und sie überdies ihm wichtig sein mußte bei seinen Bemühungen um ein tieferes Schriftverständniß. Man hat um so trifftigeren Grund anzunehmen, daß er anfangs seine Studien auf die Grammatik beschränkte, als sie im antiken Sinne des Worts so manche Disciplinen umfaßt, welche wir jetzt als selbstständige Wissenschaften betrachten: außer der Wortkritik und derjenigen, welche über die Ächtheit der Schriften entscheidet, wie der Kenntniß der Commentare und Lexicographen, die gesammte Alterthumskunde, die Mythologie, Literaturgeschichte, Ästhetik und Theorie der Musik. Überdies nahm ihn der katechetische Unterricht, den er seit seinem achtzehnten Jahre ertheilte, bald den ganzen Tag über in Anspruch; die Nächte verwendete er zumeist auf das Lesen der heiligen Schrift [1].

Von der Methode der alexandrinischen Grammatiker ist oben geredet worden. Dem Zeitalter des Origenes stehen unter diesen am nächsten Apollonius, der unter Hadrian und Antoninus Pius lebte, mit dem Beinamen Dyskolus [2], sein Sohn Älius Herodianus, und der Metriker Hephästion; es sind von ihnen theils vollständige Werke, theils Bruchstücke auf uns gekommen. Athenäus von Naukratis, der vielseitig gelehrte Verfasser der Deipnosophisten, und Longinus, ein ausgezeichneter Kenner der Stils, sind seine Zeitgenossen, letzterer bedeutend jünger, als er [3]. Dieser Umstand berechtigt uns die Angabe in Zweifel zu ziehen, nach welcher Origenes mit seinen Schriften sich viel beschäftigt haben soll [4]; sicher hat Longinus auf seine Jugendbildung keinen Ein-

---

1) Euseb. HE. VI, 3. 15.
2) Er erhielt ihn von der Schwierigkeit der Aufgaben, die er im Museum vorlegte.
3) Er lebte bis 273, wo Aurelian ihn als Rathgeber der Zenobia hinrichten ließ: Vopiscus, Aurelian. c. 30.
4) Porphyr. ap. Euseb. HE. VI, 19, und Valesius zu d. St.

fluß gehabt. Origenes kommt ihm nicht gleich an feinem, gebildeten Sinne für Auffassung des Geistes der Schriftsteller, wie der Eigenthümlichkeit des Ausdrucks. Kleine Unterschiede, Äußerlichkeiten bemerkte er mit großer Sorgfalt, aber es gelang ihm weder im allgemeinen jenes Sprachidiom, mit welchem er sich als Schriftausleger beschäftigte, noch auch was den verschiedenen Verfassern eigen ist, mit Schärfe aufzufassen. Es fehlte ihm hiezu, nicht allein so lange er die Bibel nur griechisch las, sondern auch später, eine gründlichere Kenntniß des biblischen Hebraismus, den man freilich zu Alexandria in jener Zeit, wenn schon Philo ihrer entbehrte, wohl auch nicht erwerben konnte. Auch waren die Christen damals gewöhnt, die heiligen Schriften fast immer nur als ein zusammengehöriges Ganze, nicht als eine Sammlung verschiedener Bücher zu betrachten; und wenngleich eben Origenes, als erster grammatischer Bibelinterpret, diejenigen Eigenschaften, die sie mit jedem anderen Werke theilen, zu beleuchten anfing, so konnten doch seine Leistungen, die der Weise des Zeitalters entsprachen, unmöglich frei sein von mancher Einseitigkeit. Man wird es erklärlich finden, wenn ihn nicht selten gerade sein Streben nach exegetischer Schärfe zu Mißgriffen verleitete. So legt er, um zwischen dem Geist und der Kraft des Elias [1] unterscheiden zu können, den Ausdrücken „der heilige Geist", und „die Kraft des Allerhöchsten" [2], eine verschiedene Bedeutung unter [3]; findet, wenn Jesus sich den Meister und Herrn der Jünger nannte [4], daß letzteres Wort auf den die Jünger einst beherrschenden Knechtessinn deute [5], müht sich zu zeigen, daß der Gedanke nicht ein und derselbe sei, wenn es in der Schrift bald heißt, den Tod schmecken, bald, ihn sehen [6], und mißversteht hebraisirende Redeweisen [7].

---

1) Luc. 1, 17.   2) Luc. 1, 35.
3) Tom. VI in Ioan. p. 112.   4) Joh. 13, 12.
5) Tom. XXXII in Ioan. p. 421.   6) Ibid. Tom. XX, 367.
7) Z. B. das neutestamentliche καλεῖσθαι für εἶναι, Luc. 1, 35, das umschreibende ἤρξατο, u. s. w.

Nächst der Grammatik mögen ihn auch diejenigen der encyklischen Wissenschaften jetzt beschäftigt haben, in denen er, wie erwähnt, schon als Knabe einen guten Anfang gemacht hatte. Seine Schriften bekunden eine Gelehrsamkeit, die sich mehr oder minder auf diese alle erstreckte, wie sie überhaupt das gesammte damalige Wissen umfaßte. Nur mathematische Kenntnisse mag er nicht Gelegenheit gefunden haben in seinen uns erhaltenen Werken in Anwendung zu bringen, ob er sie gleich nach dem Zeugnisse der alten Berichterstatter besaß [1]). Auch manche andere Disciplinen boten dem gelehrten Schriftausleger entweder keine, oder nur sehr oberflächliche Berührungspunkte dar; die Lehren der Rhetorik schienen ihm ohne vorzüglichen theologischen Werth, hingegen die Logik erklärte er für ein Haupterforderniß der Interpretation, fand in dem Mangel an folgerichtiger Auslegung die Quelle häretischer Lehren [2]), und wendete, unbekannt mit den Gesetzen des biblischen Parallelismus, die ihrigen nicht selten im Übermaße an [3]). In der Astronomie scheint er sich allein an Ptolemäus gehalten zu haben [4]); die damalige Astrologie suchte er aus der Reihe der Wissenschaften hinauszuweisen, ob er gleich in ihr [5]) Wahrheit erkannte, insofern auch er die Bewegungen der Gestirne als Vorzeichen der zukünftigen Dinge betrachtete; sie versuche eine Flammenschrift zu entziffern, die für die Engel und die schon Vollendeten im Himmel, nicht für die Menschen bestimmt sei [6]). Wichtig war ihm, was man damals Naturgeschichte benannte. Über die Perlen und Edelsteine war er in der Weise seiner Zeit, die jene aus dem Thau entstehen ließ, genau unterrichtet: er kannte die Schriftsteller, welche über diesen Gegenstand geschrieben hatten [7]);

---

1) Hieron. in Catal. c. 54, nach Eusebius HE. VI, 2.
2) Fragm. e Tom. III in Gen. p. 23.
3) So z. B. zu Joh. 13, 3 L. 32 und schon im johanneischen Prolog zu 1, 1—3.
4) Comment. in Gen. p. 17, und Huetius zu d. St.
5) Eben wie in der Magie: Hom. XIII in Num. p. 319.
6) Fragm. III in Gen. p. 17 sqq. 7) Tom. X in Matth. p. 448.

ob er aber dem Juba oder Megasthenes sich anschloß, mag auch nach dem gelehrten Streite der kundigsten Forscher [1]) noch ferner unentschieden bleiben. Über die Natur des Magnets, auch des Naphtha, urtheilte er, wie über die Wirkung des Spiegels, im Wesentlichen richtig [2]); er leugnete die Existenz des Bockhirsches, Tragelaphus, während er an die der Greife glaubte [3]) und überzeugt war, daß dem Hirsch, als Typus des mit dem Antichrist siegreich kämpfenden Christus der Biß giftiger Schlangen nicht schade [4]).

An historischer Gelehrsamkeit scheint Origenes seinen Lehrer Clemens nicht erreicht zu haben. Man findet bei ihm nicht jene ausführlicheren chronologischen Excurse, in welchen dieser eine bewundernswürdige Belesenheit an den Tag legt, und selbst seine spätesten Schriften verrathen keine umfassendere historische Kenntniß; selbst in der Schrift hat er das Geschichtliche geringgeschätzt. Noch weniger mochte er, was er wußte, geordnet und in innern Zusammenhang zu bringen versucht haben; ein Mangel, der sich aus der allgemeinen Richtung des Zeitalters zur Genüge erklärt. Hiemit steht sein Unvermögen, sich frühere Zustände so wie sie waren, zu vergegenwärtigen, in unmittelbarem Zusammenhange. Was er in den Büchern gegen Celsus über das Mysterienwesen der Vorzeit mittheilt, beruht auf einer fast durchgängigen Vermischung früherer und späterer Zeiten [5]), und selbst die hebräische Archäologie, die er ausschließlich aus der heiligen Schrift geschöpft zu haben scheint, war ihm nur sehr unvollständig bekannt. Sehr wortreich verbreitet

---

1) Ich meine Huetius und Isaak Voß. S. diese bei De la Rue am a. O.
2) Tom. X in Matth. p. 466. Tom. XIII in Ioan. p. 229.
3) De Princ. IV, 68.
4) Tom. XI in Matth. p. 508. S. auch Huetius zu d. St.
5) Was Augustinus den Manichäern zum Vorwurfe macht, das gilt auch von der rechtgläubigen Kirche seiner, wie dieser Zeiten: quia sensu non valent causas contexere saeculorum priorum aliarumque gentium, quas experti non sunt, cum his quas experti sunt. Conff. III, 7.

er sich über die Lage des Gazophylakions im jüdischen Tempel, aber seine Erläuterungen bestehen nur in der Vergleichung einiger biblischen Stellen [1]. Und wo er von den sechs und vierzig Jahren redet, in welchen der Tempel erbaut ward, verbreitet er sich über den Aufbau des salomonischen Tempels, gedenkt desjenigen, den Esra aufführte, und schweigt von dem herodianischen [2]. Ob die Juden seiner Zeit die Metempsychose lehrten, wisse er nicht: daß sie eine Geheimlehre hatten, ist ihm nicht unbekannt, seine Vorstellung von dieser jedoch nicht die rechte, wenn er glaubt, daß vermöge einer solchen die Namen der Dämonen allmälig in Umlauf kamen, die sich im Alten Testamente nicht finden, zur Zeit des Neuen aber den Juden bekannt sind, und daß diese Geheimlehre aus den Apokryphen entlehnte [3]. Dagegen irrt er nicht, wenn er sagt, daß auch die Samariter eine Geheimlehre hatten, und die Irrlehren des Dositheus und anderer samaritanischen Sectenstifter kannte er genau. Aber die Art, wie er den Namen des Volkes erklärt, beweis't, daß er bisweilen auch wohl Schriftstellen, die ihn richtig leiten konnten, übersah [4]. Wenn er von der Topographie Palästinas genauere Kunde hat [5], so ist daran sein Aufenthalt in diesem Lande, welches er schon vor seiner Vertreibung aus Alexandria öfter bereiste, und wo er die spätere Hälfte seines Lebens zubrachte, nicht ohne Antheil.

Unverkennbar ist, daß ihn bei so mannichfachen gelehrten Bestrebungen vor allem die Rücksicht leitete, diejenigen Kenntnisse ein-

---

[1] Tom. XIX in Ioan. p. 288. S. auch was er irrig über das Recht des Herodes die Todesstrafe zu verhängen bemerkt, Tom. X in Matth. p. 469 und Huetius zu d. St.

[2] Tom. X in Ioan. p. 200.   [3] Ibid. Tom. XIX, 296.

[4] Tom. XX in Ioan. p. 355 leitet er Namen und Ursprung der Samariter davon ab, daß die Assyrer sie zu Hütern der Israeliten bestellten ($\Sigma\omega\mu\eta\varrho$ $\mu\acute{\epsilon}\nu\tau o\iota\gamma\epsilon$ $\mathrm{'E}\beta\varrho\alpha\tilde{\iota}o\iota$ $\lambda\acute{\epsilon}\gamma o\upsilon\sigma\iota$ $\tau\grave{o}\nu$ $\varphi\acute{\upsilon}\lambda\alpha\varkappa\alpha$, — vgl. Hom. in Luc. xxxiv, 972), nach 2 Kön. 17, 24. Aber schon zu Omri's Zeiten wird Samaria erwähnt: 1 Kön. 16, 24.

[5] Tom. XIII in Ioan. p. 222.

zusammeln, welche dem gelehrten Schriftausleger die unentbehrlichsten sind. Wir dürfen deshalb vermuthen, daß er gleichfalls früh die kirchliche Literatur, insbesondere die so eben beginnende exegetische, genutzt haben werde. Er pflegte die vielen Schriftsteller, die er gelesen, die Lehrer, die er gehört hatte, die Sachkundigen, welche er häufig befragte [1]), noch ungleich seltener namhaft zu machen, als die meisten anderen Väter [2]). Kein Tadel kann ungerechter sein, als der, daß er mit seiner unermeßlichen Belesenheit geprunkt habe [3]): nur in dem Werke gegen Celsus, wo es auf Belege und Zeugnisse ankam, hat er seine Quellen genannt [4]). In den früheren Schriften, in welchen er gewöhnlich nur Bibelstellen, und zwar ohne genauere Angabe, anführt, erwähnt er außer diesen fast allein die apostolischen Väter, die neutestamentlichen Apokryphen, die, welche vor ihm Beiträge zur Schriftauslegung geliefert, bald billigend, bald, wenn es nöthig ist, ausführlich widerlegend, und verräth überall seine Kenntniß des Philo und anderer jüdischer Verfasser [5]). Nur Josephus Archäologie scheint er minder beachtet zu haben [6]).

1) So der häufig von ihm erwähnte Ἑβραῖος, wovon unten, und die: περὶ ταῦτα δεινοί, Tom. in Ioan. XIII, 229. 276.
2) Fast sämmtlich führen sie ungern die Schriften von Nichtchristen an. Clemens citirte vielleicht von allen am meisten. Chr. Wolterech hat zuerst die Namen der Schriftsteller, die er anführt, gesammelt; man findet dies Verzeichniß bei Potter p. 1045. Wenn die früheren Kirchenväter die Namen ihrer Lehrer anzuführen vermeiden, so erinnert dies an die entsprechende jüdische Sitte, deren Maimonides im Tract. Talmud Tora c. 4, 5, bei Clavering p. 18, gedenkt.
3) Theophilus Alex. Ep. paschal. 1.
4) S. meine Anmerkung zu de Princ. I, 3 p. 124. Die Schriftsteller, die er citirte, führt Fabricius in der Bibl. Gr. V, 240 auf.
5) Was er entlehnte, pflegte er gewissenhaft zu bezeichnen. Hom. XIII in Exod. p. 177: De bis dixerunt quidam ante nos: et sicut non decet aliena furari, ita conveniens puto bene dictis alterius non abuti fatentem. Und Hom. XIX in Ierem. p. 264 sagt er, daß man dasjenige, was man von den Früheren überkommen habe, nicht nur aufbewahren

Längere Zeit beschränkte er sich auf die bisher erwähnten Gebiete des Wissens, ohne weder die Philosophie, noch auch die Lehre der häretischen Parteien, zum Gegenstande seiner Forschung zu machen. Indessen gerade sein katechetisches Amt, das Zutrauen, welches er in demselben erwarb, nöthigte ihn, auch die Irrlehren, wie die verschiedenen philosophischen Systeme kennen zu lernen. „Da ich mich ganz der Theologie gewidmet, — dies sagt er in einem Briefe, worin er die Vorwürfe wegen seiner Beschäftigung mit der Philosophie zurückweist [1]), — und da von meiner Kenntniß der theologischen Wissenschaften sich der Ruf schon verbreitete und theils Häretiker zu mir kamen, theils solche, die die griechischen Wissenschaften, auch wohl insbesondere die Philosophie studirt hatten, so fand ich es gut, sowohl die Lehrsätze der Häretiker, als auch dasjenige, was die Philosophen von der Wahrheit zu lehren versprechen, zu untersuchen."

Auch über den Zeitpunkt, wann er die Philosophie zu studiren anfing, enthält dieser Brief eine Andeutung. „Hierin hatte ich, fährt er fort, theils Pantänus zum Vorgänger, der schon vor mir vielen nützlich geworden ist, theils Heraklas, der jetzt in dem Presbyterium zu Alexandrien sitzt. Diesen fand ich bei dem Lehrer der philosophischen Wissenschaften, dessen Zuhörer er schon fünf Jahre lang gewesen war, ehe ich anfing seine Vorträge zu hören. Er legte deswegen sogar die gewöhnliche Kleidung, die er bisher getragen hatte, ab und kleidete sich in das Philosophengewand, welches er bis jetzt beibehalten; auch hört er nicht auf, die Werke der Griechen mit allem Fleiß zu lesen."

---

und wie jenes anvertraute Talent (Matth. 25, 25) vergraben, sondern auch vermehren ($\pi\lambda\varepsilon o\nu\alpha\sigma\mu\grave{o}\nu$ $\pi o\iota\widetilde{\eta}\sigma\alpha\iota$) müsse.
6) Dies verrathen z. B. seine Mittheilungen über die Samariter am a. O., wo er weder jene, noch auch Nehem. 13, 28 berücksichtet. Doch finden wir den Josephus Hom. in Gen. XVII, 108, Sel. in Ps. p. 765 angeführt und benutzt.
1) Bei Euseb. HE. VI, 19.

Aus dieser Angabe läßt sich ungefähr berechnen, wann Origenes anfing die philosophische Schule, die er erwähnt, zu besuchen. Heraklas gehört zu denen, die er durch seine katechetischen Vorträge für das Christenthum gewonnen hat [1]), und nur in die Zeit nach seiner Bekehrung kann dasjenige, was Origenes mittheilt, gehören, da es nur in diesem Falle von ihm geltend gemacht werden durfte. Überdies sagt Eusebius, daß Heraklas durch Origenes für die ascetische oder philosophische Lebensweise [2]) bestimmt ward. Setzen wir nun auch Heraklas Bekehrung gleich in den Anfang der katechetischen Wirksamkeit des Origenes und berechnen nur eine kurze Zeit für den Zwischenraum zwischen Heraklas Taufe und dem Beginn seiner philosophischen Studien, so ergiebt sich, wenn er sich fünf Jahre früher, als Origenes, bei dem philosophischen Lehrer einfand, daß dieser die philosophische Schule erst im männlichen Alter, nicht viel vor dem dreißigsten Jahre, besuchte [3]). Dieser Annahme entspricht die Sitte jener Zeiten.

Aufs bestimmteste folgt zugleich aus jener Stelle, daß Origenes Beschäftigung mit der Philosophie keinesweges die Folge einer plötzlichen Umänderung seiner theologischen Ansicht und Richtung war, etwa hervorgerufen durch jene jugendliche Verirrung. Und man wird, wenn man sich überzeugte, wie eben die vielbesprochene That aus einer immer von ihm gehegten Gesinnung hervorging, nicht lange fragen, was ihn zu den philosophischen Studien hinzog. Vielmehr kann es befremden, wenn er versichert, nur durch seinen äußeren Beruf zu diesen geleitet zu sein. Man scheint mit Recht zu erwarten, daß den Schüler des Clemens der Werth, welchen dieser auf die Philosophie legte, wie der eigene innere Trieb, von Anfange an für sie bestimmte. In der That hat ein neuerer scharfsichtiger Gelehrter nicht Anstand genommen, hiefür zu entscheiden [4]).

---

1) Euseh. HE. VI, c. 3.   2) Φιλοσόφου βίος καὶ ἄσκησις, ibid. l. c.
3) Ebenso rechnet Basnage ad ann. 203 c. 15.
4) Schnitzer am a. O.

Eine vorläufige Kenntniß der wichtigeren philosophischen Systeme hatte Origenes ohne Zweifel schon in Clemens Schule, und später im Verkehr des täglichen Lebens erworben. Allein die katechetischen Vorträge des Clemens, an welchen er theilnahm, berührten doch, wie wir sahen, nicht das Verhältniß der Philosophie zur wissenschaftlichen christlichen Erkenntniß; und auferzogen im Schooße einer christlichen Familie, von frühster Kindheit an gewöhnt, in den Lehren des Evangeliums die unvergleichlich vollkommene Weisheit zu verehren, konnte gar wohl Origenes erst bei fortschreitender Entwickelung sich getrieben finden, gründlicher die philosophischen Lehren kennen zu lernen. Und ohne jene Befangenheit zu theilen, in welcher damals viele die Philosophie als Werk des bösen Geistes verdächtigten, mochte er gerade als öffentlicher Lehrer der Gemeinde den Besuch einer heidnischen Philosophenschule so lange vermeiden, bis bewährte Christen, wie Heraklas, durch ihr Beispiel gezeigt hatten, daß der Unterricht eines Philosophen auch für den nicht ohne Werth sei, welcher im Glauben die vollste Befriedigung fand.

Aber gewiß ist auch, daß Origenes schon längere Zeit bevor er die philosophische Schule besuchte, die Schriften berühmter Philosophen, und zwar zumeist eben jene gelesen hat, die oben [1]) erwähnt wurden. Bedarf es dafür, daß er früher aus Schriften, als aus dem mündlichen Lehrvortrage schöpfte, unter den dargelegten Verhältnissen eines Beweises, so bietet ihn jener Brief, den wir anführten. Man bemerkt hier, wie Origenes, seit der Ruf von seiner Gelehrsamkeit sich zu verbreiten anfing, allmälig und immer entschiedener der Philosophie sich zuwendete: welche Werke es waren, die er mit Vorliebe las, sagt uns Porphyrius, der als Jüngling den damals seinem Lebensende nahen Origenes in Tyrus kennen lernte [2]). Und was er sagt, wird hinlänglich durch die Übereinstimmung mit dem Zeugnisse, welches die

---

1) S. 28 zu Ende. 2) Euseb. HE. VI, 19.

Schriften des Origenes ablegen, beglaubigt. „Er beschäftigte sich immer, meldet Porphyrius [1], mit dem Plato, Numenius, Moderatus, Nikomachus, und war mit den Werken der berühmtesten unter den Pythagoreern genau bekannt". Außer diesen nennt derselbe, gleichfalls mit Recht, die Stoiker Chäremon, Cornutus, Apollophanes [2], und sagt, was allenfalls von Origenes späterem Lebensalter gelten mag, daß er auch den Longinus viel gelesen habe. Es ließe sich dieses Verzeichniß, wollte man alle diejenigen Philosophen aufführen, deren Werke Origenes eklektisch benutzte, vielleicht zu einem Verzeichnisse aller angesehenen Philosophen des Alterthums erweitern, und manche mag er gelesen haben, die jetzt längst vergessen sind. Denn wie er später seinen Schülern anrieth, sich gründlich mit den verschiedensten Philosophemen, nur nicht mit dem so verhaßten epikureischen, bekannt zu machen [3], so wird er selber keins der namhaften Systeme unbeachtet gelassen haben. Selbst das epikureische, vor welchem er seine Schüler nachdrücklich zu warnen pflegte, weil ihr gottgeweihter Sinn nicht durch die atheistischen, die Vorsehung hinwegleugnenden Lehren getrübt werden sollte [4], war wohl ihm, der nur selbstständig urtheilte, aus den Quellen bekannt. Nachweisen läßt sich dies nicht, da er dem System, dessen treffliche Kanonik wohl Beachtung verdient hätte, keinerlei Einfluß auf das seine gestattete. Überhaupt war es fast ausschließlich der Platonismus in jener Gestalt, in welcher er unmittelbar nach der Erneuerung des Pythagoreismus wiederauflebte, dessen Lehren auf ihn entscheidend einwirkten. Denn längst schon erfüllte ihn jener alexandrinische mystische und ascetische Geist. Er war von Natur ihm eigen, und hatte sich frühe in ihm durch die elterliche, recht eigentlich mystagogische Erziehung befestigt.

---

1) Bei Euseb. l. c.
2) Ebendas. Vgl. über diese Philosophen Valesius zu d. St.
3) Gregor. Thaumat. Panegyr. in Orig., Opp. Orig. IV, App. p. 72.
4) Ibid. l. c.

Später bestärkte ihn Clemens in dieser Richtung, die überdies auf ihn fortwährend mittelbar, durch ihren Einfluß auf die allgemeine Ansicht und Denkart, einwirkte. Und um so empfänglicher war er für die damalige alexandrinische Philosophie, als sie sich durch so manche dem Christenthum verwandte Elemente empfahl.

Kein anderer, als Ammonius Sakkas, ist jener Lehrer, dessen Schule Origenes aufsuchte. Wir haben hiefür nicht nur das Zeugniß des Porphyrius, welchem Eusebius beistimmt [1]), sondern dürfen auch wohl Origenes selber als Zeugen betrachten. Zwar nennt er den Lehrer nicht, dessen Vorträge er hörte, und Manche lehrten damals zu Alexandria; aber liegt nicht eben in dem Umstande, daß er den Namen verschweigt, und zwar in einem Schreiben aus einer Zeit [2]), wo des Ammonius Ruf am höchsten stand, ein Beweis, daß er nicht einem namenlosen Lehrer sich anschloß, sondern dem, welchen zahlreiche Schüler mit Begeisterung hörten? Und welche Schule sollte ihn zu fesseln vermocht haben, wenn nicht diese [3]) ?

---

1) Euseb. HE. VI, 19.
2) Sicher nicht nach 232, in welchem Jahre Heraklas, der hier noch als Presbyter erwähnt wird, Bischof wurde: Euseb. HE. VI, 26.
3) Zu denen, welche gegenwärtig jene Verbindung zwischen Origenes und Ammonius in Abrede stellen, gehört auch Ritter, Gesch. d. Phil. IV, 541. Wenn Origenes selbst erzählt, sagt Ritter, daß er den Philosophen hörte, welchen Heraklas gehört hatte, so entscheidet dies nicht für den Ammonius, da es zu Alexandria unstreitig viele Lehrer einer ähnlichen Philosophie gab. — Allein Origenes sagt nicht dies nur, was R. ihn sagen läßt, sondern bedient sich auch, um den gemeinsamen Lehrer zu bezeichnen, eines Ausdrucks, welcher uns diesen als einen allbekannten Philosophen vorführt: ὅντινα εὗρον, heißt es am a. O., παρὰ „τῷ διδασκάλῳ" τῶν φιλοσόφων μαθημάτων ἤδη πέντε ἔτεσιν αὐτῷ προσκαρτεροῦντα, πρὶν ἐμὲ ἄρξασθαι ἀκούειν ἐκείνου τῶν λόγων. Und gewiß behauptete Ammonius, der nach Ammianus Marcellinus zu den Mitgliedern des Museums gehörte, schon damals ein nicht unbedeutendes Übergewicht über andere dortige Philosophen: s. Valesius zu Amm. Marcellin. XXII, c. 16. — Wenn Porphyrius den Origenes,

Begab sich Origenes nur wenige Zeit vor seinem dreißigsten Jahre in Ammonius Schule, so erwartet man, daß der Einfluß dieses Lehrers auf seine theologische Denkweise äußerst gering war. Hatte er doch unstreitig schon sowohl seine Überzeugungen im allgemeinen bis zu einem gewissen Grade abgeschlossen, als auch sein Urtheil über den Werth der philosophischen Speculation und ihre rechte Benutzung festgestellt, und dies in völliger Übereinstimmung mit Clemens. In der That hat Ammonius, dem er keineswegs bis zu den letzten Ergebnissen folgte, nicht umbildend auf ihn eingewirkt; aber bei der Übereinstimmung beider in den wichtigsten obersten Voraussetzungen, in Verfahren und Richtung, geschahe es, daß Origenes vielfach seine eigenen Ansichten und Überzeugungen, nur entwickelter und in schulgemäßem Ausdrucke, theils wiederfand, theils wiederzufinden glaubte. Und hieraus erklärt sich die große Gefügigkeit, mit welcher er dieser Lehre sich hingab; denn so bestimmt erinnerte sie an die der Kirche, daß sie ihre begeistertsten Anhänger für die Schöpfung eines Mannes nahmen, der einst Christ war [1]). Allseitig vorbereitet, nach Maßgabe jener Zeiten, durch seine gelehrte Kenntniß des Alterthums und der encyklischen Wissenschaften, vollendete in seiner Schule Origenes nun auch seine philosophische Ausbildung.

---

fährt Ritter fort, einen Schüler des Ammonius nenne, so beruhe dies auf seiner Verwechselung eines heidnischen und christlichen Origenes. — Über diese Verwechselung siehe, was ich in der zweiten Beilage bemerkt habe. Nur darin irrte Porphyrius, wenn er unsern Origenes für einen geborenen Heiden hielt; ein Irrthum, welcher sich aus des letzteren Bildung und Lehrweise hinlänglich erklärt, während unbegreiflich bliebe, wie Porphyrius, der ihn persönlich kannte und über seine theologische Richtung von dem eigenen Standpunkte aus sehr treffend urtheilte, in jener Angabe irren konnte. — Daß endlich Origenes nicht leicht einen Apostaten zum Lehrer gewählt haben werde, ist wohl eine Vermuthung von geringem Gewichte.

1) Porphyr. ap. Euseb. l. c.

Die heilige Schrift.

Nach welchen Grundsätzen Origenes die damalige platonische Lehre, wie die älteren Philosopheme benutzte; wiefern er philosophische Vorstellungen, welche den biblischen Urkunden fremd sind, in sein System aufnehmen und gleichwohl dieses für eine in allen ihren Theilen vollkommen schriftgemäße Lehre halten konnte: dies ergiebt sich aus seiner Ansicht über Christenthum und Philosophie, Offenbarung und Vernunft, wie über ihr Verhältniß zu einander.

Es ist vornehmlich seine Lehre von der heiligen Schrift, die über diesen Gegenstand ein helleres Licht verbreitet. Und wie dieselbe unverkennbar die Grundlage seines ganzen theologischen Lehrgebäudes ist, so hat er sie in demselben gewiß auch früher festgestellt, als jedes andere Dogma. Aus diesem zwiefachen Grunde findet sie hier ihre Stelle.

Wie in den ersten Zeiten der Kirche der Glaube an die Erfüllung der Verheißungen des alten Bundes durch die Sendung Jesu das alleinige Erforderniß der Aufnahme war, und unter Juden und Heiden die Apostel, wie ihre Gehülfen, seine göttliche Sendung vornehmlich aus der Übereinstimmung aller Begebenheiten seines Lebens mit den Vorherverkündigungen erwiesen: so hatten die Christen von Anfange an die Schriften herübergenommen, welche den Kanon der jüdischen Synagoge ausmachten. Hiebei blieb, indem man sich bei den kirchlichen Vorlesungen, und wohl fast ganz allgemein auch im Privatgebrauche, der alexandrinischen Übersetzung bediente, dies unbeachtet, daß in ihr manche Schriften hinzugekommen waren, denen doch selbst die alexandrinischen Juden keine kanonische Geltung beilegten. Sie schätzten dieselben als Bestandtheile ihrer Nationalliteratur; aber wie sie schon den sogenannten Propheten und Hagiographen einen geringeren Werth zuerkannten, als den mosaischen Schriften, so stellten sie die spätesten Erzeugnisse des palästinensischen, oder ägyptischen Judenthums tief unter jene; sie rechneten sie nicht zu den im engeren Sinne heiligen Schriften, welche allein in den Synagogen aufbewahrt und vorgelesen wurden. Einen anderen Kanon, als die Palästinenser, hatten sie nicht, und konnten sie nicht haben [1]). Die Christen hingegen, die von den Juden mit jenen Schriften den Glauben an die Inspiration im allgemeinen, nicht diese feineren Unterscheidungen, sich angeeignet hatten, übertrugen auf die gesammte jüdisch griechische Literatur dieselbe Verehrung, welche sie den eigentlichen Offenbarungsurkunden zuwendeten. Und da überhaupt Schriftensammlungen in jenen Zeiten nur durch die Art, wie und wo man sie aufbewahrte [2]), ein äußerlich abgeschlossenes Ganze bildeten, so erklärt sich desto leichter jene Unbestimmtheit der Abgrenzung [3]).

Lange Zeit unterblieb bei den Christen wohl ganz die Untersuchung über Zahl und Umfang der alttestamentlichen Bücher, und als in der letzten Hälfte des zweiten Jahrhunderts zuerst, so viel wir wissen, die Frage in Anregung kam, waren es nur Einzelne, die von dem Ergebnisse Kenntniß nahmen. Melito von Sardes übersandte, als er in Palästina war, an Onesimus, der eine zuverlässige Richtschnur gewünscht hatte, das Verzeichniß der Schriften, welche

---

1) S. die Einleitungen in das A. T. von de Wette, Eichhorn und Bauer gegen die Ansicht Semler's und derer, die ihm beistimmten. Wenn Herbst, Einleitung in das A. T., herausgegeben von Welte, Karlsr. 1840. I, 17, die Semler'sche Annahme wieder erneuerte, so ist er wohl befangen durch das Urtheil seiner Kirche. Sicher ist, daß zur Zeit des Origenes selbst die ägyptischen Juden im Streite mit den Christen das Ansehen der Septuaginta nicht gelten ließen, und des Hebräischen unkundig, auf Aquila sich beriefen: Orig. Ep. ad Iul. Afric. p. 13. M. vgl. jedoch auch die vermittelnde Auffassung Bertholdt's, Einleit. I, 94.

2) Hug, Einleitung ins N. T. I, 119. 3. Aufl.

3) Konnte doch das Buch Daniel in der Übersetzung des Theodotion allmälig Aufnahme unter die Bestandtheile der Septuaginta erhalten.

den Kanon der Juden ausmachten [1]). Man sieht, es kam ihm nicht in den Sinn, daß es für die Christen einen anderen alttestamentlichen Kanon, als den jüdischen, geben könne. Indessen dieses Schreiben blieb ohne Einfluß auf die allgemeine Ansicht der Kirche; wir finden nicht, daß von nun an die alttestamentlichen Apokryphen ihre Geltung bei den Christen verloren. Noch Clemens hat sie nicht nur ganz auf dieselbe Weise wie die kanonischen Bücher benutzt [2]): es scheint auch, daß er die Verschiedenheit des Umfangs beider Sammlungen, der alexandrinischen und palästinensischen, ganz übersah, und vielleicht nur jene kannte. Erst Origenes fand sich wieder veranlaßt, den jüdischen Kanon zu beachten. Vermuthlich waren es die Berührungen mit palästinensischen Juden auf seinen Reisen durch Palästina von Alexandrien aus, die zuerst seine Untersuchungen auf diesen Gegenstand hinleiteten [3]). Die Juden, vornehmlich die Palästinenser, leugneten die Zuverlässigkeit der Texte, deren sich die Christen bedienten, und spotteten über Anführungen, die sich im Hebräischen nicht fanden [4]). Deshalb war es wichtig, die Septuaginta mit den hebräischen Texten genau zu vergleichen. Es scheint, Origenes habe eben um dieses Zweckes willen das Hebräische gelernt; gewiß ist, daß sein großes kritisches Unternehmen, die Hexapla, keinen anderen hatte. Durch dieses Werk hatte er nun von allen Abweichungen beider Texte von einander, durch ebendasselbe, wie durch die Angaben der Juden, von dem verschiedenen Umfange des jüdischen und des bisher üblichen alttestamentlichen Kanons der Christen, genaue Kunde.

---

1) Euseb. HE. IV, 26. S. Münscher's Dogmengesch. I, 267 und Piper über Melito, in d. theoll. Studien u. Kritt. Jahrg. 1838, Heft 1, S. 61.
2) Euseb. HE. VI, 13; Guerike de Schola Alex. II, 7, und besonders Herbst am a. O. S. 24 ff.
3) Möglich ist auch, daß Origenes in Alexandria selber auf die Verschiedenheit der Texte aufmerksam wurde. Dort war es Aquila, dessen Übersetzung die Juden den Vorzug gaben: Origen. Ep. ad Iul. Afric. p. 13.
4) Origen. l. c. p. 17.

Man ersieht das eine aus seinem Briefe an Julius Afrikanus, das andere aus seinem Verzeichnisse der zweiundzwanzig heiligen Bücher der Juden, welches er in einer seiner frühsten exegetischen Schriften [1]) mittheilt, und zwar in einer Weise, die nicht verkennen läßt, wie er jener Zahl eine mystische Geltung beimaß [2]). Aber es ist ein Irrthum, wenn man glaubt, daß er diesen Kanon, wie früher Melito, zu dem seinigen gemacht habe [3]). Die Apokryphen waren nun einmal in der Kirche eingebürgert; der ascetische Inhalt der einen, der speculative der anderen, empfahl sie, vornehmlich in Alexandria; das einstimmige Zeugniß der Gemeinden, wie die Göttlichkeit des Inhalts dieser Schriften und also ihre Abfassung durch inspirirte Verfasser, — beides die Merkmale heiliger Bücher, — waren oder schienen nachweisbar; den Widerspruch der Juden, welche in der That den Christen ihre Beweisstellen zu entwinden suchten, nahm man nur mit Argwohn auf, und war seit lange, aus großer Achtung vor dem Heiligen, wie aus Mangel an eigenem Urtheil, geneigter anzuerkennen, als zu verwerfen [4]). Daraus erklärt sich, wie Origenes das jüdische Verzeichniß kennen und selbst für eine allegorische Deutung nutzen

---

1) Fragm. e Tom. I in Ps. theilweise in der Philokalie, und dem wichtigeren Bestandtheile nach bei Euseb. HE. VI, 25 oder Niceph. HE. V, 16, auch bei Suidas s. v. Origenes. S. Orig. Opp. II, 528. Das Buch der kleinen Propheten ist nur durch die Nachlässigkeit der Abschreiber ausgefallen.

2) . . . ὡς γὰρ τὰ κβ΄ στοιχεῖα εἰσαγωγὴ δοκεῖ εἶναι εἰς τὴν σοφίαν καὶ τὰ θεῖα διδάγματα τοῖς χαρακτῆρσι τούτοις ἐντυπούμενα τοῖς ἀνθρώποις· οὕτω στοιχειώσίς ἐστιν εἰς τὴν σοφίαν τοῦ θεοῦ καὶ εἰσαγωγὴ εἰς τὴν γνῶσιν τῶν ὄντων τὰ κβ΄ θεόπνευστα βιβλία, Orig. l. c. — Über die Zahl der heiligen Bücher, die später der Talmud auf vierundzwanzig erhöhte, s. Gfrörer, das Jahrhundert des Heils I, 238.

3) So Guerike am a. O. p. 12.

4) Schon auf die Feststellung des jüdischen Kanons war diese Geneigtheit von Einfluß. M. vgl. was ich darüber in den theoll. Studien und Kritt. Jahrg. 1833 Heft 4, S. 866 gelegentlich bemerkt habe.

konnte, ohne es für untrüglich zu halten. Und vermuthlich hat er auch eben da, wo er es anführt, diejenigen Schriften, welche in der griechischen Übersetzung hinzugekommen waren, aufgezählt und ihre Geltung bei den Christen gerechtfertigt [1]). Zwar verlassen uns hier unsere Quellen, und wären wir allein an jenes Bruchstück gewiesen, so müßte zweifelhaft bleiben, ob Origenes zu Gunsten oder zum Nachtheile dieser späteren Schriften entschied. Indeß schon der Umstand, daß er alle minder umfangreichen Einschaltungen der Übersetzer, und selbst ganze eingelegte Stücke für ächte Bestandtheile des ursprünglichen Textes hält [2]), die von den Juden aus manchen Gründen [3]) hinweggeschnitten wurden, läßt vermuthen, er werde auch eine Beseitigung ganzer Bücher nicht unglaublich gefunden und so für jene Apokryphen entschieden haben. Nun führt er überdies dieselben nicht nur häufig an, und zwar ohne nähere Bestimmung ihres Werthes und bisweilen ohne die Angabe, welchem Buche sie angehören [4]), — schon dies ist bei ihm ein Zeichen der Anerkennung ihres göttlichen Ursprungs [5]), — sondern schöpft auch aus ihnen seine dogmatischen Beweise [6]), für

---

1) Das Verzeichniß reicht nur bis zu den vieldeutigen Worten: Ἔξω δὲ τούτων ἐστὶ τὰ Μακκαβαϊκά, ἅπερ ἐπιγέγραπται Σαρβηθ Σαρβανὲ ἔλ. — Unter den vielen Erklärungen dieser letzteren Worte scheint mir die von Wernsdorf als die leichteste den Vorzug zu verdienen.

2) Die wichtigste Quelle ist hier der Brief an den Jul. Afrikanus (Opp. I, 10 seqq.) ganz. Andere beachtenswerthe Stellen führe ich im Folgenden an. Außer diesen s. noch über den Abschnitt von Susanna und Daniel Hom. in Lev. I, 185. Tom. III in Gen. p. 7, Tom. in Ioan. XXVIII, 373; über das Gebet des Asarja de Orat. 220.

3) Meist deshalb, weil ihr Inhalt für sie nicht ehrenvoll war (Ep. ad Iul. Afric. p. 12), oder weil sie den tieferen Sinn nicht verstehen konnten (Hom. in Lev. XII, 253).

4) Sel. in Ps. p. 775. 815. Hom. in Lev. V, 207. Sel. in Ierem. p. 303, und an sehr vielen anderen Stellen.

5) Vgl. oben S. 225.

6) So benutzt er Sel. in Gen. p. 28, Hom. in Ierem. II, 137 die Stelle

Die Apokryphen.

deren Quelle ihm doch allein die heilige Schrift galt [1]). Und hin und wieder hat er Stellen aus ihnen ausdrücklich unter dem Namen der Schrift angeführt [2]); wobei eine unbewußte Verwechselung, selbst wenn er frei aus dem Gedächtnisse anführt, um so weniger stattfinden konnte, je verwerflicher ein Irrthum dieser Art bei seiner Ansicht von der Unvergleichlichkeit der Offenbarungsurkunden erscheinen mußte. Endlich sagt er ausdrücklich, daß die Juden, wie jene Einschaltungen, so auch ganze Bücher beseitigten, oder von Anfange an nicht besaßen [3]). Bei weitem am häufigsten hat er von den Apokryphen das Buch der Weisheit gebraucht, welches er nicht für ein Werk des Salomo [4]), aber doch für inspirirt hielt [5]); fast nicht minder häufig bediente er sich des Jesus

---

der Weisheit 1, 13, und Cantic. III, 75 das Beten des Jeremias für sein Volk, 2 Makk. 15, 14.

1) Hom. in Ierem. I, 129. Tom. in Ioan. XXVIII, 379, und besonders Commentt. in Matth. Series p. 842. 849. 864.

2) So den Tobias de Orat. 213, Commentt. in Ep. ad Rom. VIII, 640; die Bücher der Makkab. de Princ. II, 165.

3) De Orat. p. 220: τῇ τοῦ Τωβὴτ βίβλῳ ἀντιλέγουσιν οἱ ἐκ περιτομῆς, ὡς μὴ ἐνδιαθήκῳ. Wenn er Ep. ad Iul. Afric. p. 26 von eben diesem Buche, und beiläufig auch von dem Buch Judith sagt, daß die Juden sie nicht brauchen, und daß sie gar nicht hebräisch, selbst nicht als Geheimschriften (ἀπόκρυφα), vorhanden seien, so wollte er durch diese Angabe nicht ihre Glaubwürdigkeit verringern, sondern dem Jul. Afrikanus, welcher aus dem Buche Tobias einen Scheinbeweis gegen die Glaubwürdigkeit des Abschnitts von Susanna und Daniel entlehnt hatte, das Folgewidrige dieses Verfahrens vorrücken.

4) S. Prolog. in Cantic. p. 31. Auch auf den folgenden Seiten erkennt er immer nur die drei Schriften dieses Verfassers an, welche die hebräische Sammlung enthält, und findet eben in der Dreizahl, wie in ihrer Stufenfolge, eine mystische Beziehung.

5) So c. Cels. III, 494: — θεῖος λόγος, ein Begriff, der allerdings um einiges weiter ist, als der: ἐμπνευστος λόγος, im allgemeinen jedoch ihm entspricht. Dagegen wird von dem Buche de Princ. IV, 375 gesagt: qui liber utique non ab omnibus in auctoritate habetur. Ich möchte die Worte für einen Zusatz des Rufinus halten. Sie sind nicht recht

Sirach [1]); die Bücher der Makkabäer führt er oft an, namentlich in den Schriften vom Märtyrerthume und vom Gebet das zweite, Tobias und Judith nicht selten, den Baruch und den Brief des Jeremias minder häufig, letzteren ausdrücklich als Werk des Propheten [2]); den apokryphischen Esra [3]) hat er, wohl durch Zufall, nirgend angeführt.

Man könnte also den Unterschied zwischen seiner Ansicht von dem, was wir jetzt nach späterem Sprachgebrauche den Kanon nennen, und derjenigen, welche Clemens theilte, für ganz unwesentlich halten. In der That darf man nicht glauben, Origenes habe zwischen kanonischen und apokryphischen Schriften im jetzigen Sinne unterschieden, und die alttestamentlichen Apokryphen von seinem Kanon entweder völlig ausgeschlossen [4]), oder doch nur

---

in Origenes Sinne, und der Satz mit utique ist mir in diesem Zusammenhange verdächtig.

1) Auch dieses Buch wird θεῖος λόγος genannt c. Cels. VIII, 778.
2) In jenem Verzeichnisse des jüdischen Kanons bei Euseb. HE. VI, 25. Es scheint also dieses Stück hin und wieder bei den Juden für kanonisch gegolten zu haben. M. vgl. über alle diese Anführungen des Origenes auch die zweckmäßige Zusammenstellung bei Herbst am a. O. S. 26 ff., Welte in der Tübinger theol. Quartalschrift, Jahrg. 1839 Heft 2, 224, und wenn man Vollständigkeit wünscht, die sehr zuverlässigen Indices bei de la Rue.
3) Ich meine dasjenige Buch, welches man bald das erste, bald das dritte oder zweite des Esra nennt, und dessen Inhalt von sehr geringem Werthe ist. Vermuthlich befand sich dasselbe schon damals in der alexandrinischen Sammlung. Dagegen das vierte Buch, dessen sich noch Clemens (Strom. III, 556) unbedenklich bediente, hat Origenes wohl sicher nicht zur Diathefe gerechnet, und vielleicht deshalb nicht angeführt. Er mag es mit den Pseudepigraphen, die ich weiter unten nenne, in gleiche Reihe gestellt haben.
4) Guerike (I, 12) und Huetius zu Tom. XIII in Ioan., bei de la Rue p. 226. Auch J. R. Wetstein glaubte, Origenes habe in seinem Briefe an Jul. Africanus die Zusätze der Septuaginta nur für werthvolle Schriften, nicht für Bestandtheile der kirchlichen Sammlung erklären wollen: s. seine Noten zu diesem Briefe in seiner Ausgabe von Origen.

Begriff des Kanons.

aus Gewöhnung, wider seine eigentliche Absicht, gebraucht [1]). Das Wort Kanon hatte noch überhaupt nicht die Bedeutung eines Verzeichnisses der heiligen Schriften, und selbst der Name „kanonische" Bücher ist Origenes völlig fremd; erst seine lateinischen Übersetzer, die seine Schriften ihrem Zeitalter auf jede Weise näher bringen wollten, haben das Wort in diese eingeführt [2]). Und wenn er von Apokryphen spricht, so sind darunter immer nur entweder

---

Exhort. ad Martyr. rell. Basil. 1674. Ihn hat de la Rue, Orig. Opp. I, p. VII, widerlegt. Wenn die Worte am Schlusse des Briefes an den Afrikanus p. 29 andeuten sollen, wie ich nicht bezweifeln kann, daß der Abschnitt von Susanna einen besonders tiefen allegorischen Sinn habe, so ist auch aus diesem Grunde gewiß, daß ihn Origenes durchaus als heiligen Text betrachtete.

1) De Wette, Einleitung in das A. T. S. 47. Was de Wette hier von der Zeit des Origenes sagt, das gilt erst von der des Athanasius und später. Und gewiß hatte gerade Origenes, durch seine Hexapla, an der spätern strengeren Scheidung den größten Antheil.

2) Man findet bei Rufin in der Übersetzung des Prolog. in Cantic. p. 36, de Princ. IV, 375 das Wort *canonicae* scripturae, in der Commentt. in Matth. Series p. 916 die entsprechende Bezeichnung *regularis* liber, und p. 848 seq. *canonizati* libri. Indessen kann im Griechischen nicht κανονιζόμενα, noch weniger κανονικά (γράμματα) gestanden haben. Letzterer Ausdruck ist überhaupt so spät, als selten; und auch erst seit dem vierten Jahrhundert sagte man: κανονιζόμενα oder κεκανονισμένα, im Gegensatze zu ἀκανόνιστα. Origenes braucht das Wort ἐνδιάθηκος, oder αἱ ἐν διαθήκῃ βίβλοι (bisweilen schwanken die Texte: Sel in Ps. 528). Man könnte sagen, der alexandrinische Kanon der Classiker habe die Herübernahme des Wortes in den kirchlichen Sprachgebrauch veranlassen können; aber es müßten sich dann doch Spuren davon finden, und es läßt sich auch denken, daß man einstweilen Anstand nahm, die heilige Sammlung mit dem gleichen Ausdrucke zu bezeichnen. Hätte schon Origenes das Wort gebraucht, so würden wir es sicher auch bei Eusebius finden. Wie frei übrigens Rufin die Büchertitel übersetzte, sieht man aus seiner Anführung Hom. in Num. XVIII, 340: In libro, qui *apud nos* quidem inter Salomonis volumina haberi solet, et Ecclesiasticus dici, *apud Graecos* vero sapientia Iesu filii Sirach appellatur, scriptum est rell.

solche Bücher zu verstehen, die Geheimnisse enthalten, oder die geheim gehalten werden [1]). Wie kann er also unsere alttestamentlichen Apokryphen in dem Sinne, welchen erst das vierte Jahrhundert dem Worte gab, von den kanonischen Büchern überhaupt nur unterschieden haben? Hingegen hat er auf andere Weise zur Ausbildung des Begriffs einer kanonischen Literatur allerdings beigetragen, und im Grunde schon alles dasjenige, was dieser wesentlich in sich faßt, zusammengestellt.

Zunächst führte Origenes dadurch weiter, daß er die innere Einheit und Zusammengehörigkeit der heiligen Urkundensammlung aufs bestimmteste nachwies. Schon die Glaubensregel lehrte Altes und Neues Testament als ein gleichartiges, nur von häretischer Willkühr zerstückeltes Ganze betrachten [2]), und dieselbe Ansicht hatte Clemens hervorgehoben [3]). Ganz im Sinne seines Lehrers bezeichnete Origenes nachdrucksvoll beide Testamente als die eine Bundesurkunde [4]), deren erster Theil aus Gesetz und Propheten [5]), der zweite aus dem Evangelium und Apostolos [6]) bestehe. Wo es jedoch an einer unbestimmteren Bezeichnung genügt, da faßt er das Ganze bald unter dem Namen Propheten, Evangelien und Apostolos zusammen, bald nennt er es die Schriften der Propheten und Apostel [7]). Näher bestimmt er den Inhalt, wenn er sagt,

---

1) S. Gieseler's Abhandlung, was heißt apokryphisch? in den theoll. Studd. und Kritt. Jahrg. 1829, Heft 1, S. 140, und Herbst, Einleitung ins A. T. I, 49.

2) De Princ. I, 92.   3) S. oben S. 138.

4) Ἡ διαθήκη. Er nennt oft die biblischen Bücher: τὰ ἐν διαθήκῃ (γράμματα, βιβλία), τὰ ἐνδιάθηκα, und diese Bezeichnung entspricht dem späteren κανονιζόμενα. So entschieden gelten ihm beide Testamente für gleichartig, daß er die unterscheidenden Benennungen, Altes, und Neues Testament, gern als nur herkömmliche, nicht durchaus angemessene Ausdrücke aufführt. So de Princ. I, 43; Tom. in Ioan. V, 99.

5) Hom. in Num. XII, 313.

6) Hom. in Ierem. XIX, 264. Series in Matth. p. 864.

7) S. c. Cels. V, 580.

Begriff des Kanons.

das Gesetz enthalte die Gebote, die Propheten die Rüge, die apostolischen Schriften im engeren Sinne die Tröstung, die Evangelien das Heilmittel [1]).

Auch drang Origenes auf scharfe Abgrenzung der Sammlung: es sollte so wenig hinzugefügt, als das Geringste preisgegeben werden. Jenes Vierfache genüge: es könne nie einer Erweiterung des Kanons bedürfen; unbedingt sei eine solche abzuweisen. Selbst wenn künftig Schriften inspirirter Verfasser neu aufgefunden werden sollten, dürften sie nicht dem Verzeichnisse hinzugefügt werden. Es bedürfe in dieser Beziehung der äußersten Vorsicht [2]). Und hier hob nun Origenes das Merkmal des historisch Gegebenen, die Wichtigkeit der Überlieferung, hervor. Was wir jetzt kanonische Schriften nennen, das nennt er allgemein anerkannte und für die öffentliche Vorlesung bestimmte Schriften [3]), und fordert ein beständiges Beharren bei dem einmal Gegebenen: man verrücke nicht die Grenzbestimmungen, welche die Väter festgestellt haben [4]). Gott veranstaltete den Untergang mancher hei-

---

1) Hom. in Gen. XVI, 104.
2) Oportet ergo caute considerare, ut nec omnia secreta, quae feruntur in nomine sanctorum, suscipiamus propter Iudaeos, qui forte ad destructionem veritatis Scripturarum nostrarum quaedam finxerunt, confirmantes dogmata falsa, nec omnia (fort. omnino) abiiciamus, quae pertinent ad demonstrationem Scripturarum nostrarum. Magni ergo viri est audire et adimplere quod dictum est: *Omnia probate, quod bonum est tenete* (1 Thess. 5, 21). Tractt. in Matth. p. 848.
3) Κοινὰ καὶ δεδημοσιευμένα, im Gegensatze zu den ἀπόκρυφα βιβλία, Tom. in Matth. X, 465. Was δεδημοσιευμένα sei, sieht man am deutlichsten aus der Umschreibung Series in Matth. p. 916: (libri,) qui in ecclesiis leguntur. Vgl. auch Herbst am a. O. S. 7. — Auch nennt schon Origenes diese Schriften ὁμολογούμενα, Tom. in Matth. XIV, 644. Tom. in Ioan. V, 95. Comment. in Ep. ad Hebr. p. 698 (ap. Euseb. HE. VI, 25); oder ὁμολογούμενον πρᾶγμα παρὰ τοῖς πεπιστευκόσιν, Tom. in Matth. XVII, 827, und nennt den Hirten des Hermas γραφήν, οὐ παρὰ πᾶσιν ὁμολογουμένην εἶναι θείαν, Ibid. XIV, 644.
4) Ep. ad Iul. Afric. p. 16, nach Proverb. 22, 28. Prolog. in Cantic. p. 36. Einst hatten die Juden die Gabe, die Geister zu unterscheiden,

ligen Schriften, wie namentlich so vieler salomonischen Werke [1]). Und deshalb mußten sie uns entzogen werden, weil sie Einiges enthielten, was die menschliche Fassungskraft übersteigt, oder weil sich zu viele Textentstellungen und Verfälschungen eingeschlichen hatten. Wenn Apostel und Evangelisten nicht selten andere zwar erhaltene, aber nicht in die Diathese aufgenommene Schriften benutzen, so konnten sie dies ohne Nachtheil; der heilige Geist lehrte sie, was auszuwählen oder zu verwerfen sei: wir würden nicht ohne große Gefahr aus diesen Schriften schöpfen, da wir ein viel geringeres Maß des Geistes besitzen [2]). Auf der anderen Seite wollte er von dem einmal Hergebrachten nicht das Geringste missen, und war im Grunde, eben wie die ersten Sammler, um vieles geneigter anzuerkennen, als zu verwerfen; mit Recht, wenn der Verlust des Werthvollen ein unersetzlicher Nachtheil ist, während die Aufbewahrung des minder Wichtigen nur vorübergehende Mißverständnisse erzeugen kann. Und so vertheidigte er denn mit fast leidenschaftlicher Befangenheit in seinem Briefe an Julius Afrikanus die Ächtheit jener alexandrinischen Zusätze zu dem jüdischen Kanon. Er konnte nicht glauben, daß die Vorsehung, welche den Kirchen Christi die heiligen Bücher übergeben, eine Täuschung derer, für welche Christus gestorben, zugelassen habe, und redete sich ein, die Juden hätten böswillig den hebräischen Text durch Wegschneiden jener Stellen verstümmelt [3]). Aber diejenigen alttesta=

---

und bestimmten vermöge derselben die Zahl der prophetischen Schriften (Hom. in Luc. I, 932); jetzt erfüllt sie ein geheimer Widerspruch gegen die Weissagungen (Tom. in Matth. X, 472). Es ist jetzt der Vorzug der rechtgläubigen Kirche, allein das göttliche Wort unversehrt und ohne falsche Zusätze zu bewahren, Series in Matth. p. 864: Sola Ecclesia neque subtrahit —, neque addit quasi Prophetiam aliud aliquid. S. auch Hom. in Luc. XXVIII, 966 und die Rüge der Gewissenlosigkeit, mit welcher man sich eine Veränderung der Texte erlaubte, Tom. in Matth. XV, 671. Sel. in Oseam p. 438.

1) 1 Kön. 4, 29 ff.   2) Prolog. in Cant. l. c.
3) Ep. ad Iul. Afric. l. c. Dies ist noch jetzt der Glaube der Kirche in

mentlichen Pseudepigraphen, die sich nicht in der alexandrinischen Sammlung fanden, hat er auch nicht zur Diatheke gerechnet. Ihren Werth mochte er überschätzen, wenn sie mystische oder ascetische Lehren in seinem Sinne enthielten, aber wo hätte er sie wohl jenen Büchern gleichgestellt? Wenn er zugeben will, daß man von ihnen eines und das andere als eine heilige Schrift ansehe [1]), so hatte dieser Begriff damals einen unbestimmten, beträchtlich weiteren Umfang, als derjenige, welchen er mit dem Urtheile verband, es gehöre eine Schrift zur Diatheke [2]). Und wohl konnte er von ein und demselben Buche sagen, ohne sich zu widersprechen, daß es immerhin als ein heiliges gelten möge, und doch nicht allgemein zur Diatheke gerechnet werde. In dieser Weise urtheilte er über das Buch Henoch [3]); in demselben Sinne nannte er die Testamente der zwölf Patriarchen, die Himmelfahrt Moses, wie noch manche andere ähnliche Aufsätze [4]), werthvolle Schriften, und fand das sogenannte Gebet Josephs, welches die Lehre vom Herabsteigen der Engel in menschliche Körper enthielt, der Beachtung würdig [5]). Vermuthlich hat er jedoch nicht einmal die Unächtheit dieser Machwerke übersehen, sondern sie nur als Aufzeichnungen im Sinne derer, welche die Aufschrift nennt, betrachtet: mindestens hat er, und zwar unter allen Kirchenlehrern zuerst, die Unächtheit der sibyllinischen Orakel angedeutet [6]). Schriften dieser

---

Griechenland nach Wenger, Beiträge zur Kenntniß des gegenwärtigen Geistes und Zustandes der griechischen Kirche in Griechenland und der Türkei. Berlin 1839.

1) Dies sagt er von dem Buche Henoch, Tom. in Ioan. I, 142.
2) Hingegen sind schon bei Euseb. HE. III, 31 $\beta\iota\beta\lambda\iota\alpha$ $\H{v}\gamma\iota\alpha$ und $\dot{o}\mu o\lambda o\gamma o\acute{v}\mu\varepsilon\nu\alpha$ einander entsprechende Ausdrücke. Bei Origenes sind die ersteren im allgemeinen nur werthvolle Schriften kirchlich gnostischen Inhalts.
3) S. c. Cels. V, 619 und daselbst Spencer.
4) S. Lardner, deutsch von Bruhn und Heilmann, II, 1, 624; 2, 212.
5) Tom. in Ioan. II, 85. Comment. in Gen. p. 15.
6) S. c. Cels. V, 625, und Spencer zu d. St.; auch Bleek in der Berliner theol. Zeitschr. I, 120.

Art sind es, die er gemischte nennt. Denn wenn er ächte, un=
ächte und gemischte Schriften ¹) unterscheidet, so bezieht sich diese
Bezeichnung zunächst auf den Inhalt: die einen, will er sagen,
enthalten die reine kirchliche Lehre, und müssen unbedingt als Quelle
und Richtschnur der Glaubenslehre gelten; die anderen sind häre=
tische Aufsätze, welche eine verfälschte Lehre vortragen; noch an=
dere enthalten vieles Treffliche neben Unsicherem, oder wohl auch
manches Falsche ²). Sind nun offenbar jene ersteren Schriften in
seinem Sinne die ächten, die anderen unächt, so sind es die drit=
ten, die er gemischte nennt. Da nun aber ferner nur die Kirche
selber über die Lauterkeit oder Verwerflichkeit des Inhalts entschei=
den konnte, und jene Schriften erst ihr sich als zuverlässige Richt=
schnur erweisen mußten, bevor sie dafür gelten durften, so mußten
auch die Begriffe ächt, unächt, gemischt, und, anerkannt, verwor=
fen, theilweise anerkannt, in einander fließen. So erhielten jene
Ausdrücke, die Origenes brauchte, einen Sinn, in welchem sie
denjenigen entsprechen, die später Eusebius wählte, um eine be=
stimmtere Abgrenzung des Kanons herbeizuführen ³).

Den Inbegriff aller jener Schriften, welche die allgemeine An=
erkennung der Kirche vor den sämmtlichen übrigen so wesentlich aus=
zeichnete, erklärte nun auch Origenes schon, wie wir fanden, für
die Regel und Richtschnur des christlichen Lehrbegriffes, und leitete
sie von inspirirten Verfassern her. Wir vermissen also bei ihm in

---

1) Tom. in Ioan. XIII, 226: ... πότερόν ποτε (τὸ βιβλίον) γνήσιόν
ἐστιν, ἢ νόθον, ἢ μικτόν.
2) Für diese Auffassung entscheidet mich die Stelle im Prolog. in Cant. p. 36.
3) Euseb. HE. III, 25. 31. Auch ich finde in diesen Stellen, geleitet durch
die Worte in c. 31, nur drei Classen von Schriften unterschieden: die
ὁμολογούμενα (bei Origenes γνήσια), die νόθα im Sinne von νοθευ=
όμενα s. ἀντιλεγόμενα (bei letzterem μικτά), und die νόθα des Orige=
nes, bei Eusebius c. 31: παντελῶς νόθα καὶ τῆς ἀποστολικῆς ὀρθο=
δοξίας ἀλλότρια. Clemens hatte sie ἀπόκρυφα καὶ νόθα genannt, d. i.
außer öffentlichem Gebrauche und häretischen Inhalts, Strom. III, 437.

der That keines der Merkmale, die man später ausdrücklich dem Begriffe Kanon zugewiesen hat ¹).

Origenes alttestamentliche Kritik betraf nicht, wie später die der antiochenischen Schule, die Ächtheit der einzelnen Bücher und Stücke; überall verließ er sich hier auf die Überschrift. Den gesammten Pentateuch, dessen Authentie noch niemand bezweifelt hatte ²), nahm auch er als Werk des Moses ³), und räumte ihm einen gewissen Vorrang vor den übrigen alttestamentlichen Schriften ein ⁴), jedoch nicht mehr in philonischer Weise. Er glaubte, daß ein Hiob im frühsten Alterthum, vor Moses, lebte ⁵), hielt das Buch unter seinem Namen für eine streng historische Darstellung seiner Leiden, seiner Wiedererhebung, und die Reden darin für wörtlich treue Aufzeichnungen aus seinem Munde ⁶). David

---

1) S. über diesen Begriff Augusti's historisch dogmatische Einleitung in die heilige Schrift S. 178 und Nitzsch, System der christlichen Lehre S. 92.

2) Es ist ein Irrthum, wenn man in dem Widerspruche mancher gnostischen Secten gegen das mosaische Gesetz eine Leugnung der Authentie finden will: sie bekämpften nur das Ansehen des Pentateuchs, nicht den Glauben an den mosaischen Ursprung. Nur in den Clementinen finden wir (Hom. 2, 38. 40; 3, 47) die Behauptung, nicht Moses habe das Gesetz geschrieben, sondern durch Überlieferung fortgepflanzt, sei es mehrere Jahrhunderte später schriftlich aufgezeichnet worden. Aber auch nach dieser Ansicht bleibt Moses der Urheber, und es sind nur einzelne Einfügungen des bösen Princips, die wieder ausgeschieden werden müssen. S. Neander, KG. I, 411 und Credner in Winer's Zeitschr. für wissenschaftliche Theol. II, 256.

3) Tom. in Ioan. V, 95. Und c. Cels. II, 428 sagt Origenes, daß selbst die Nachrichten über Moses Tod und Grab (Deuteron. 34, 5) von ihm selber herrühren.

4) Er nennt ihn $\pi\rho\omega\tau o\gamma \acute{\epsilon}\nu\nu\eta\mu\alpha\ \tau\tilde{\omega}\nu\ \gamma\rho\alpha\varphi\tilde{\omega}\nu$, insofern er die Reihe der heiligen Schriften eröffnet, nicht in dem Sinne, in welchem er das Evangelium des Johannes als die $\dot{\alpha}\pi\alpha\rho\chi\acute{\eta}$ derselben auszeichnet: Tom. in Ioan. I, 4. Aber mit Nachdruck nennt er Moses den $\vartheta\epsilon\rho\acute{\alpha}\pi\omega\nu$. S. de Mart. p. 306, und dazu Wetstein bei de la Rue am a. O.

5) Hom. in Exod. VII, 152.

6) Hom. in Lev. VIII, 229; de Princ. III, 276. Die besonderen Ansich-

hielt er für den Verfasser der meisten Psalmen, Moses für den des neunzigsten Psalms und der nächstfolgenden[1]), fand in der Reihenfolge der sogenannten Stufenpsalmen besondere Mysterien[2]), und glaubte, daß wohl bei der Anordnung der Sammlung überhaupt die mystische Geltung der Zahlen entschieden habe[3]).

Wenn zuerst bei Origenes die neutestamentlichen Schriften mit dem Namen des Neuen Testaments[4]) bezeichnet werden, so darf man aus diesem Umstande schließen, daß die beiden früher gesonderten Sammlungen, das Evangelium und der Apostolos, jetzt als zusammengehöriges Ganze galten.

Bekannt ist, daß Origenes nur unseren vier Evangelien ein kanonisches Ansehen beilegte[5]). Den Matthäus hielt er ganz, mit Einschluß der beiden ersten Capitel[6]), für das Werk des Evangelisten, welcher früher als die übrigen Evangelisten in hebräischer Sprache[7]) geschrieben und seine Darstellung vorzugsweise für jüdische Leser bestimmt habe[8]). Marcus, den zweiten der Zeitfolge nach, dachte er sich von Petrus, Lucas von Paulus abhängig[9]),

---

ten des Commentars über das Buch Hiob, welcher sich in Orig. Opp. II, 850 sqq. findet, übergehe ich, weil derselbe nicht von Origenes ist. Schon Huetius zeigte die unverkennbare Unächtheit.

1) Nach sorgfältigem Befragen bei dem jüdischen Patriarchen Jullus und einem anderen kundigen Juden, wie nach eigener Forschung, entschied er sich für die Annahme von elf mosaischen Psalmen. Die welche auf den neunzigsten, nach jetziger Zählung, folgen und keine Überschrift haben, führte er, nach damaliger jüdischer Weise, auf Moses zurück. S. Sel. in Ps. p. 514.
2) Sel. in Ps. p. 818. S. auch Schröckh, KG. IV, 62.
3) Ibid. p. 524. 4) De Princ. IV, 43.
5) Hom. in Luc. I, 933. Tom. in Matth. I, 440. (ap. Euseb. HE. VI, 25).
6) Tom. in Ioan. I, 6.
7) Lardner's Meinung, daß Origenes später einen griechischen Grundtext angenommen haben möge, beruht nur auf der Bemerkung, daß er sich niemals um die Auffindung des hebräischen Originals bemühte.
8) Tom. in Matth. l. c. Tom. in Ioan. VI, 132.
9) Tom. in Matth. l. c.

und übertrug so auf diese Schriften das apostolische Ansehen. Das Evangelium des Johannes erklärte er, wegen der Bevorzugung der Reden Jesu, und weil es dessen göttliche Würde hervorhebe, für das erste oder vorzüglichste [1]) der Evangelien.

Das Evangelium der Hebräer schätzte er, um der darin enthaltenen Lehre willen, der heilige Geist sei die Mutter des Herrn [2]), und wollte diese Schrift, wenn nicht als Beweisquelle, so doch als Fundgrube aufhellender Erläuterungen gelten lassen [3]). Er beurtheilte sie also wohl um vieles günstiger, als das Evangelium der zwölf Apostel, das der Ägypter, des Basilides, Thomas, Matthias, Jacobus [4]) und die sogenannte Predigt des Petrus [5]), von welchen allen er ausdrücklich sagt, daß sie nicht auf Antrieb des heiligen Geistes geschrieben wurden [6]).

Die Apostelgeschichte hielt er für ein Werk des Lucas [7]); die Zahl der paulinischen Briefe, unter welchen er auch das Sendschreiben an den Philemon öfter angeführt hat [8]), bestimmte er im

---

1) Ἀπαρχή, Tom. in Ioan. I, 6.   2) Tom. in Ioan. II, 63.

3) Hom. in Ierem. XV, 224. Vermuthlich ist aus diesem Evangelium auch die Stelle, die Origenes de Orat. p. 219 anführt, und auf welche sich c. Cels. VII, 726 eine Anspielung findet. S. auch Hieron. Catal. c. 2. Die Stelle Tom. in Matth. XV, 671, die Guerike anführt, findet sich nur in der Vetus interpretatio, nicht im griechischen Texte, und ist ein Zusatz des Übersetzers.

4) Hom. in Luc. I, 933. Wenn das Evangelium der zwölf Apostel, welches hier mit den übrigen Evangelien der Häretiker in dieselbe Reihe gestellt wird, wirklich nur eine Überarbeitung des Ev. der Hebräer ist, so muß dieses schon zu Origenes Zeit in der zwiefachen Gestalt vorhanden gewesen sein. Aber es dürfte wohl hier die Treue des Hieronymus, der diese Homilien übersetzte, verdächtig sein.

5) S. de Princ. I, 94 und daselbst meine Anmerkung. Angeführt und benutzt wird die Schrift als Werk des Clemens von Rom Comment. in Gen. p. 20.   6) Hom. I in Luc. l. c.

7) Hom. in Ios. VII, 412; (ap. Euseb. VI, 25).

8) Hom. in Ierem. XIX, 263. Ser. in Matth. p. 889, und öfter. Auch hatte er über diesen Brief einen Commentar verfaßt, von welchem uns

Grunde auf vierzehn [1]). Denn in dem Briefe an die Hebräer hielt er die Gedanken, obschon nicht den Ausdruck, für Eigenthum des Paulus: jene ständen denen in des Apostels anerkannt ächten Schriften nicht nach; die Sprache sei reiner hellenisch, als in diesen, die freie Darstellung paulinischer Lehrvorträge. Ob man die Aufzeichnung Lucas oder dem römischen Clemens, wie Frühere angegeben hatten, oder einem andern Verfasser verdanke, ließ er unbestimmt [2]), und führte das Sendschreiben meist schlechthin als ein paulinisches an [3]). Auch bei einigen anderen paulinischen Briefen glaubte er mehrere Verfasser betheiligt. Diejenigen, deren Anfangsworte neben Paulus den Silas, Sosthenes oder Timotheus nennen, hielt er für eine gemeinschaftliche Arbeit dieser Verfasser [4]). Der Widerspruch mancher gegen den zweiten Brief an Timotheus schien ihm ohne alles Gewicht [5]).

Die Apokalypse hielt er für das Werk des Zebedaiden Johannes [6]). Daß er sie zu den Büchern der Diathese rechnete, folgt überdies aus seinem Vorhaben, sie durch einen Commentar zu erläutern [7]): nur die heiligen Bücher konnte er auslegen wollen.

---

in der Apologie des Pamphilus ein Bruchstück erhalten ist. Es findet sich in der Benediktiner Ausgabe Vol. IV, 696.

1) So ausdrücklich Hom. in Ios. l. c.
2) Comment. in Ep. ad Hebr. p. 698 (ap. Euseb. HE. VI, 25).
3) Aus der Stelle Ser. in Matth. p. 848 sieht man von neuem, daß dem Origenes der Brief nur deshalb für einen Bestandtheil der heiligen Sammlung galt, weil man ihn auf Paulus zurückführte. Die Worte lauten: — sed pone, aliquem abdicare Epistolam ad Hebraeos, *quasi non Pauli*, necnon et secretum adiicere (fort. abiicere) Isaiae, rell.
4) Hom. in Ierem. VIII, 174, und besonders Tom. in Matth. XIV, 615, wo er die Stelle Matth. 18, 19 erklärt. Auch Comment. in Ep. ad Thess. p. 692.
5) Er leitete ihn allein aus der Anführung in diesem Briefe Cap. 3, 8 her, und sagt: Unde ausi sunt quidam Epistolam ad Timotheum repellere, quasi habentem in se textum alicuius secreti, sed non potuerunt.
6) Tom. in Ioan. I, 16; II, 100 und oft an anderen Stellen.
7) Ser. in Matth. p. 867.

Apokryphen des N. T. 249

Vermuthlich würde bei seinem richtigen Urtheile über die Schreibart des Briefes an die Hebräer auch hier die Verschiedenheit des Stils ihm nicht entgangen sein, hätte nicht der geheimnißreiche Inhalt, der ergiebigste Stoff allegorischer Deutungen, ihn bestochen.

Hingegen den zweiten Brief des Petrus, ferner den zweiten und dritten des Johannes, deren Inhalt ihm zu unbedeutend scheinen mochte, wollte er lieber verwerfen, als anerkennen [1]). Für den Brief des Jacobus erklärte er sich minder entschieden, als für den des Judas [2]). Diesen hat er ein zwar kurzes, aber an kräftigen Worten der himmlischen Gnade reiches Lehrschreiben genannt [3]); doch nennt er auch jenen eine göttliche Schrift [4]).

Wenn manche Neuere geglaubt haben, daß er den Brief des Barnabas, weil er ihn ein katholisches Sendschreiben nannte [5]), zu den Schriften der Diatheke zählte, so haben sie übersehen, daß er, wie Clemens [6]), jedes Sendschreiben, welches für einen weiten Umkreis, nicht für einzelne Leser oder besondere Gemeinden, bestimmt war, ein katholisches [7]) zu nennen pflegte. Er hat nirgend zu erkennen gegeben, daß er den Brief den apostoli-

---

1) Nämlich als Bestandtheile der Sammlung, weil ihnen das Merkmal allgemeiner Anerkennung fehlte. Er selber hielt wohl diese Schriften für ächt: Tom. in Ioan. V, 95 (ap. Euseb. HE. VI, 25), verglichen mit Hom. in Ios. VII, 412. Und gewiß war sein Urtheil nicht ohne Einfluß auf die spätere Anerkennung dieser Briefe.
2) Tom. in Ioan. XIX, 306: ἡ φερομένη Ἰακώβου ἐπιστολή.
3) Tom. in Matth. XXII, 814.
4) An mehreren Stellen, die wir jedoch sämmtlich nur in der Übersetzung des Rufinus besitzen. S. besonders die Homilien über Josua a. a. O.
5) L. c. Cels. I, 378.
6) Strom. IV, 512, wo der Brief der Apostel, Apostelgesch. 15, ein katholisches Sendschreiben genannt wird.
7) S. Lücke über den Sprachgebrauch und Begriff ἐπιστολαὶ καθολικαί und epistolae canonicae, in den theol. Studien und Kritt. Jahrg. 1836, Heft 3, S. 643. Nicht durchaus richtig ist die Begriffsbestimmung, die Mayerhoff in der Einleitung in die petrinischen Schriften S. 41 gegeben hat.

schen Schriften gleichstellte. Auch das Sendschreiben des Clemens von Rom führt er niemals in dieser Weise [1] an. Beide, dieser Clemens und Barnabas, waren ja auch weder Apostel, noch hatten sie unter apostolischem Einflusse geschrieben, und so konnte Origenes ihre Schriften nicht zu den Urkunden der Diathese rechnen wollen. Höher hingegen schätzte er wohl den Hirten des Hermas, in welchem man die Offenbarungen eines Engels verzeichnet fand. Dieses Buch erklärt er für eine inspirirte und sehr nützliche Schrift [2], die der römische Hermas [3] verfaßt habe, aber er räumte auch ein, daß selbst dieser höhere Ursprung derselben nicht allgemein anerkannt werde [4].

Aus den Acten des Paulus führte er das Wort: „von neuem soll ich gekreuzigt werden" als einen Ausspruch Jesu an [5]. Für einen solchen hielt er auch jenes vielverbreitete Wort, welches uns verpflichtet, „geschickte Geldwechsler" [6] zu werden, ob sich gleich ohne Mühe hätte erkennen lassen, aus welchen Parabeln des Herrn dasselbe gebildet worden [7].

Man sieht, es war bei Origenes die neutestamentliche Diathese minder scharf begrenzt, als die alttestamentliche Sammlung, und man muß bei ihm unterscheiden, welche Schriften er selber

---

[1] Weber de Princ. II, 174 deutet er irgend an, daß dieser Brief zu den heiligen Urkunden gehöre, noch kann die ehrenvolle Erwähnung des Clemens, Tom. in Ioan. VI, 153, von einer Überschätzung seines Briefes zeugen sollen.

[2] Tom. in Ep. ad Rom. X, 683; Hom. in Luc. XXXV, 973, wo jedoch Hieronymus nicht ganz treu übersetzt zu haben scheint. Schon die *huiusmodi Scriptura* scheint mir den Pastor des Hermas bezeichnen zu sollen.   [3] Röm. 16, 14.

[4] Tom. in Matth. XIV, 644: — $εἰ δὲ χρὴ τολμήσαντα καὶ ἀπό τινος φερομένης μὲν ἐν τῇ ἐκκλησίᾳ γραφῆς, οὐ παρὰ πᾶσι δὲ ὁμολογουμένης εἶναι θείας, τὸ τοιοῦτον παραμυθήσασθαι$. Vgl. Hom. in Num. VIII, 294.

[5] Tom. in Ioan. XX, 522.

[6] Ibid. XIX, 289 und öfter. S. Huetius am a. O.

[7] S. Matth. 25; Luc. 19.

für ächte apostolische Aufzeichnungen hielt [1]), und von welchen er sagt, daß sie eine allgemeine kirchliche Anerkennung genossen. Nur diese letzteren dürfen als damaliger Kanon betrachtet werden, während an dessen allmäliger Erweiterung gewiß eben jene, den bisher nicht allgemein anerkannten Apostelschriften so günstigen Urtheile des berühmten Kirchenlehrers den größten Antheil hatten. War indessen Origenes unstreitig geneigter anzuerkennen, als zu verwerfen, so darf man ihm doch, bei der damals so großen Anzahl unächter Schriften, keine übermäßige Vorliebe für diese apokryphische Literatur und keine solche Auswahl, welche dem Geiste der kirchlichen Regel widersprochen hätte, schuld geben. Vielmehr bestimmte er sein Urtheil je nach der Übereinstimmung der verdächtigen Schriften mit der öffentlichen Kirchenlehre oder demjenigen System, zu welchem er sie erweitert hatte. Und bei jeder zweifelhaften Schrift erinnerte er gewissenhaft fast immer, aus Achtung vor der Einheit der Kirche, an den Mangel allgemeiner Anerkennung, oder an die Anzeichen der mangelnden Inspiration [2]). Nur wenn sich diese fanden, verwarf er unbedingt, und benutzte den Inhalt solcher Schriften nicht anders, als jedes profane Buch; aber hielt er eine Schrift, die nicht allgemein dafür galt, entweder für apostolisch, und in diesem Falle stets auch für göttlich, heilig, inspirirt, oder für eine göttliche, inspirirte, obschon nicht apostolische Schrift, so rechnete er sie zu den gemischten, in jener schwankenden zwiefachen Bedeutung des Worts [3]). Er bezeichnete mit demselben in diesen Fällen bald apostolische Schriften, welche ihm eine allgemeine kirchliche Anerkennung zu verdienen schienen, in der sie bisher nicht standen, bald werthvolle Aufzeichnungen kirchlich gnostischen Inhalts, die man heilige oder göttliche

---

1) Die Hauptstelle ist hier die angeführte aus den Homilien über das Buch Josua.
2) So in der Stelle Hom. in Luc. I, 933.
3) S. oben S. 244.

nennen dürfe. Diese letzteren bilden gleichsam die geräumigen Vorhallen um das Heiligthum der Diatheke.

Wenn Origenes auf diese Weise die Sammlungen der Urkunden des neuen, wie des alten Bundes, mit Schriften umgab, welche gleichsam den Vorhof derselben bildeten, so entspricht dieses Verfahren ganz seiner Ansicht von dem Verhältnisse jener Bücher zu einander. Er unterschied in der Schrift ein Allerheiligstes von dem Heiligen. Wie er die Evangelien für die vorzüglichsten der heiligen Schriften erklärte [1]), und das johanneische wieder höher stellte, als die übrigen Evangelien, so gab er dem Prediger vor den Proverbien, dem Hohen Liede vor beiden salomonischen Schriften den Vorzug [2]). Auch mißbilligte er nicht die jüdische Ansicht, nach welcher die ersten Capitel der Genesis, wie die ersten und letzten des Ezechiel, nur von den Fortgeschrittenen gelesen werden sollten [3]). Im Neuen Testamente erklärte er die Aussprüche Christi für gewichtiger, als die der Apostel; denjenigen Stellen, wo Gott selber redend eingeführt wird, räumte er vor allen den Vorrang ein [4]). Hieraus erklärt sich denn auch, wie er theilweise dem Alten Testament vor dem Neuen einen Vorzug zuerkennen konnte [5]). Und in jenen Bestimmungen finden wir die ersten Anfänge eben der Unterscheidung der Schrift von dem Worte Gottes, welche die Theologie unserer Zeit beschäftigt, und deren Ergebnisse die Grundlage einer neuen Gestaltung dieser Wissenschaft bilden werden.

---

1) Tom. in Ioan. I, 4.
2) Prolog. in Cant. p. 26. 35. Diese drei Schriften entsprechen, wie er meint, den Wissenschaften der Physik, Ethik und der Theoria, dem Schauen des Geistes.
3) Ibid. p. 26.
4) Tom. in Ioan. 1, l. c. und X, 172. S. auch meine Anmerkung zu de Princ. III, 276.
5) Man vgl. unten seine Lehre vom Verhältnisse der beiden Testamente zu einander.

Inspiration.

In Origenes Lehre von der Inspiration zeigt sich sogleich, wie dieses Dogma, auf der Grundlage einer bestimmteren Auffassung der Selbstoffenbarung Gottes in dem Sohne und der besonderen Wirksamkeit des heiligen Geistes, eine festere Gestalt erhalten konnte. Der Logos, als der lebendige Inbegriff der göttlichen Gedanken, galt ihm für das erste, vor allem um sein selber willen, nicht, wie Clemens lehrte, nur der Schöpfung wegen, nothwendige Glied in der Reihe der göttlichen Hervorbringungen. Der heilige Geist, den er als selbstständige, durch den Sohn hervorgebrachte Persönlichkeit bezeichnete, und von diesem nicht nur das Sein, sondern auch die eigenthümliche Beschaffenheit desselben, die Theilnahme an der Intelligenz, Weisheit und Gerechtigkeit des Sohnes empfangen ließ, ist in seinem System dasjenige Wesen, welches die gesammten göttlichen Gnadengaben in sich aufbewahrt, und sie verwaltet [1]. Überdies versuchte er, die Verschiedenheit dieser drei Urmanifestationen der Gottheit durch Abgrenzung der Gebiete ihres Wirkens zu bestimmen: der Vater durchdringe die gesammte Schöpfung; das selbstthätige Einwirken des Sohnes beschränke sich auf die vernunftbegabten Creaturen; der heilige Geist wirke nur auf diejenigen ein, welche schon durch den Logos von der Sünde befreit und geistig erneuert worden, die Heiligen. Daher wurden von dem Geiste vor der Erscheinung Christi, so lange der Logos nur hin und wieder Einzelnen sich mittheilte, auch nur Wenige, die Väter und Propheten des alten Bundes nebst einigen anderen Frommen, erleuchtet; erst nach Christi Auferstehung breitete sich sein Wirken weiter aus in der Kirche. Aus der ihm einwohnenden Fülle der Gnadengaben theilt er den Heiligen mit, wessen jeder am meisten bedarf, und was er zu empfangen würdig ist [2]: so führt er sie alle zu immer höheren

---

[1] Tom. in Ioan. II, 6, und dazu die Emendation von Gieseler, KG. I, 263.
[2] De Princ. II, 204.

Stufen der Erkenntniß und Heiligung, zu vollkommener Verklärung in Gott ¹).

Wenn Origenes die höhere Begeisterung der heiligen Schriftsteller unstreitig als eine der Gnadengaben betrachtete, indem er zu diesen ausdrücklich die Gabe der Weisheit, des tieferen Erkennens und des Glaubens rechnete ²), so konnte in seinem Sinne die Inspiration immer nur durch den heiligen Geist vermittelt sein. Der letztere ist nicht die Quelle der Gaben, welche er herniedersendet; was er hat, besitzt er durch den Sohn, wie dieser nichts anderes, als eine immerwährende Ausstrahlung des Vaters ist: aber es ist doch immer die Mittheilung derjenigen Erkenntnisse, Empfindungen und Kräfte, durch welche wir in die innigere, vollkommnere Gemeinschaft mit dem Sohne, wie durch diesen mit dem höchsten Wesen treten, das Werk des heiligen Geistes. Denn wohl ist es der Vater, welcher als Schöpfer auch der geistigen Wesen, dem Sohne, der die ewige Vernunft ist, in diesen seinen Sitz hat und wirksam ist, oft ohne von ihnen erkannt zu sein ³), die Stätte seiner Wirksamkeit bereitet; und wiederum ist es der Sohn, welcher durch Erregung unserer Vernunftthätigkeit, wie der sittlichen Kraft in uns, dem heiligen Geiste Bahn macht in unseren Seelen ⁴). Aber wir kommen doch erst durch diesen ganz nahe zu dem Sohne, und durch den Sohn endlich, in einem jenseitigen Dasein, in eben die Nähe des Vaters, in welcher er selber ist ⁵).

So steht denn zunächst unter dem in seiner verborgenen Wesensfülle den Geschöpfen unerkennbaren und unbegreiflichen Gott, dem Namenlosen, auf der höchsten Höhe des entstandenen Daseins der Sohn, welcher ihn erkennt ⁶), offenbart und gleichwie im

---

1) Ich verweise hier vorläufig auf Thomasius S. 112. 144.
2) Tom. in Ioan. II, 77; de Princ. II, l. c.
3) Tom. in Ioan. VI, 137; c. Cels. V, 586.
4) De Princ. I, 127. 131.   5) Ibid. I, 132.
6) Tom. in Ioan. I, 31; II, 80. Das Nähere über den Umfang der Erkenntniß des höchsten Wesens durch den Sohn s. unten an seinem Orte.

Spiegelbilde seine Herrlichkeit darstellt [1]), eine hell leuchtende Sonne der geistigen Welt. Ihre Strahlen dringen hinab bis zu den äußersten Grenzen des Daseins vernunftbegabter Wesen: es vermindert sich jedoch mehr und mehr ihr Glanz, je tiefer sie sinken, indem die Bewohner der dunkleren Gebiete nicht die ganze Strahlenfülle ertragen können. Und so zeigt sich der Sohn in vollerem Lichte den Engeln und Geisterwesen der oberen Welt, für die es auch nicht der Vermittelung des heiligen Geistes bedarf; sie werden von dem Logos, der göttlichen Weisheit selber, erleuchtet und erkennen die Wahrheit in übermenschlicher Weise [2]): uns wird in dem nächtlichen Dunkel dieses Lebens durch die weise Güte des Herrn nur der nächste Umkreis unseres Daseins erhellt; der erste Ursprung und das Endziel der Dinge sind uns ein Geheimniß: die Welten, welche vor der unsrigen waren, die, welche auf die gegenwärtige folgen werden, kennen wir nicht; nur aus dem, was jetzt ist, schöpfen wir unsere Kunde von Gott. Ein schönes Gleichniß dieser begrenzten Einsichten sind in dem Gesichte des Jesajas [3]) die beiden Seraphim vor dem Throne Gottes, welche sein Angesicht und seine Füße [4]) mit ihren Flügeln decken; sie bedeuten den Sohn und den heiligen Geist [5]).

Es ist dieser Geist, welcher uns die Offenbarungen zuführt, und die Lichtstrahlen aus der oberen Welt zu uns herüber leitet [6]); der Sohn kann so wenig, als der höchste Gott selber, mit der menschlichen Natur unmittelbar in die nächste Berührung treten. Selbst als der Logos im Fleische erschien, war es der Geist, der

---

1) Tom. in Ioan. XIII, 235. 245.
2) Ibid. XIII, 217, und die Stellen, die ich zu de Princ. I, 131 angeführt habe.   3) Jes. 6.
4) So faßte Origenes irrig die Worte auf.
5) Man findet diese Stelle Hom. in Ies. I, 107. Eine Einschiebung des Rufinus daselbst, hat schon Hieron. Invect. II diesem vorgeworfen. Ähnlich wie hier erklärt sich Origenes de Princ. IV, 366.
6) De Orat. p. 197.

ihm die Stätte bereitet hatte: Jesus ward gesalbt, erfüllt mit heiligem Geiste, um das Gefäß des Logos zu sein [1]). Es nimmt nun zwar auch der Geist Theil an der vollen Erkenntniß, die der Sohn von sich ausstrahlt; allein so wenig, als dieser sich, die ganze Wahrheit, hier völlig uns zu erkennen giebt, eben so wenig konnte der heilige Geist alles uns offenbaren; hier ist alles Bild und Gleichniß, trübe Abspiegelung des Vollkommenen, Jenseitigen [2]); nur in farblosem Schattenrisse stellen sich uns die wahren Verhältnisse dar [3]). Und während dieses ganzen Lebens wage niemand über dasjenige hinauszugehen, was der heilige Geist in der Schrift offenbarte [4]).

Jenen Erklärungen, welche die Eingebung der heiligen Schrift auf die stete Vermittelung des heiligen Geistes zurückführen, und so die Annahme solcher Schriftworte, die unmittelbar Gott oder der Logos redeten, ausschließen, scheinen diejenigen Stellen bei Origenes zu widersprechen, wo bald von dem Sohne, bald von Gott gesagt wird, daß sie zu den Vätern und Propheten geredet haben, und wo solchen Worten der Schrift, die sich als Ausspruch des Allerhöchsten ankündigen, vor allen übrigen der Vorzug zuerkannt wird [5]). Um beide Auffassungen auszugleichen, sagte Origenes: der heilige Geist nehme, wie er häufig den Männern, deren Geschichte die Bibel erzählt, dem Volke, den Frommen im Volke, oder den Gottlosen, Worte in den Mund lege [6]), — alles, was die Schrift enthält, betrachtete Origenes als Hülle geheimnißvoller, göttlicher Wahrheiten, — so bisweilen auch Gottes, oder des Sohnes

---

1) Hom. in Ios. III, 110 v. f.
2) Sel. in Ps. p. 698. Dieselbe Ansicht theilten die späteren Akademiker, indem sie lehrten: ὅτι οὐδὲν αἰσθητὸν ἀληθινόν, ἀλλ᾽ οὐχὶ ψεῦδος — ἀναλογίαν ἔχει. S. Cic. Acadd. Quaest. 4.
3) Tom. in Ioan. X, 178.   4) Ibid. XXXII, 404.
5) Ibid. I, 4: σοφὰ μὲν καὶ πιστὰ — καὶ σφόδρα ἐπιτεταγμένα τὰ ἀποστολικά, οὐ μὴν παραπλήσια τῷ· „τάδε λέγει κύριος παντοκράτωρ."
6) Tom. in Matth. XVII, 452.

Namen an, kleide sich gleichsam in ihre Person ein ¹), und sei dennoch immer derselbe heilige Geist ²). Und bei den Offenbarungen an die Propheten ist seine Vermittelung nicht ausgeschlossen ³).

Die nothwendige Bedingung jener höheren Erleuchtung, deren sich die heiligen Schriftsteller erfreuten, war ein vernunftgemäßes und als solches von dem Logos bewirktes Verhalten, eine vorzügliche Heiligkeit der Gesinnung ⁴), bei welcher auch der Körper auf keine Weise den Gesetzen des tugendhaften Lebens widerstrebte ⁵). Die jüdischen Propheten waren entweder schon weise, bevor sie weissagten und göttliches Besitzthum wurden, oder eben dann, wenn dies geschah, wurden sie weise ⁶). Und ihre Weisheit bestand in jener so schwer erreichbaren, wechsellosen und wahrhaft freien, in Tod und Gefahr unerschütterlichen Festigkeit des Gemüths ⁷), die alles, was griechische Philosophen durch Enthaltsamkeit und Ascese errungen, weit übertraf: in einem beständigen Hinblicken auf Gott und die übersinnlichen Dinge. Moses, Jeremias, Jesajas, Daniel, die Patriarchen sind Beispiele und Muster der prophetischen Lebensweise. Nur so wurden sie die Organe und Vermittler der göttlichen Offenbarungen für die minder lauteren, einer unmittelbaren Durchleuchtung unfähigen Menschen ⁸). In diesem Sinne erklärte Origenes jene Stelle in der Vision des Jesajas, die von der Entsündigung des Propheten handelt. Es näherte sich ihm einer der Seraphim und berührte

---

1) Τὸ πνεῦμα τὸ ἅγιον λαλεῖ ἐκ προσώπου τοῦ Χριστοῦ, τοῦ θεοῦ, τοῦ λαοῦ, Tom. in Ioan. II, 62.
2) Hom. in Luc. III, 935; in Act. IV, 457; in Num. VI, 287.
3) De Princ. IV, 63: ... τῷ φωτίζοντι πνεύματι, προνοίᾳ θεοῦ, διὰ τοῦ ἐν ἀρχῇ πρὸς τὸν θεὸν λόγου, τοῖς διακόνοις τῆς ἀληθείας, προφήτας καὶ ἀποστόλους κ. τ. λ. De Orat. p. 200: ... φωτίζοντος πατρός, διδάσκοντος λόγου, πνεύματος ἐνεργοῦντος. Vgl. Sel. in Thren. p. 349 sq.
4) L. c. Cels. IV, 506. 575.
5) L. c. Cels. VII, 696. 6) Ibid. p. 698.
7) Τὸ τοῦ βίου — πάντῃ πρὸς θάνατον καὶ κινδύνους ἀκατάπληκτον.
8) Ibid. III, 449.

seine Lippen mit der glühenden Kohle. Dieser Seraph ist Christus; er entsündigte den Propheten, während das Volk in der Sünde blieb, und öffnete so den Mund des Propheten zur Verkündigung der göttlichen Worte [1]).

Wie Origenes die Entwickelung der Vernunft in unserm Bewußtsein als ein Erkennbarwerden, eine Offenbarung Gottes im Menschen vermöge einer inneren Willens- und Wesensgemeinschaft beider [2]) dachte, dieses innere Licht auch den Heiden nicht absprach und was sie Wahres gelehrt als göttliche Mittheilung betrachtete, so stellte sich ihm auch die Eingebung, die er ein Tragen Gottes in dem Gemüthe [3]) nannte, nur als höhere Stufe derjenigen Erleuchtung dar, welcher alle Frommen gewürdigt werden [4]). Und gar keine Verwandtschaft habe sie mit dem ekstatischen Zustande der heidnischen Wahrsager; vielmehr erfordere sie die höchste Besonnenheit, Klarheit und Freiheit des Geistes [5]). Er gründet diese Behauptung auf jenen Ausspruch des Apostels, welcher dem begeisterten Redner dann, wenn ein Anderer Offenbarungen empfängt, Schweigen gebietet [6]), indem er aus dieser Stelle folgert, daß die heiligen Redner sprachen und schwiegen, je nachdem sie selber wollten [7]). Andrerseits könne aus der Schrift bewiesen werden, daß die jüdischen Propheten allerdings der Herabkunft eines Edleren sich erfreuten, und gleichsam durch Berührung des heiligen Geistes mit ihrer Seele durchsichtigeren Geistes wurden, wie daß so ihre Seele einen helleren Glanz erhielt [8]). Auch von dem Sinne des Gehörs entlehnte er die Bilder, durch welche er die Art, wie die Eingebung erfolge, veran-

---

1) Hom. in Ies. I, 107.
2) L. c. Cels. VI, 631; VII, 717. Vgl. Weisheit Sal. 12, 1. 2. Origenes entlehnte diese Bestimmung von Plato: c. Cels. VI, l. c.
3) Θεοφορία, c. Cels. III, 501.   4) Ibid. VII, 731.
5) Ibid. VII, 695. 699; de Princ. III, 293.
6) 1 Cor. 14, 30.   7) Hom. in Ezech. VI, 376.
8) C. Cels. VII, 696.

schaulichte. Der Mensch, so lehrte er mit Clemens [1]), hat einen inneren Gehörssinn für die göttliche Wahrheit [2]); an diesen richtet sich Gott und spricht zu den Menschen durch die heiligen Gedanken, die in ihnen aufsteigen [3]). Und wenn er, unkörperlich wie er ist, auch wohl durch Lufttheilchen, die er in Bewegung setzt [4]), redet, so ist doch jene Weise der Mittheilung die allein gewöhnliche [5]). Überhaupt findet bei der Eingebung eine geistige Erhebung des Gemüthes statt [6]). Denn nicht durch ein bloß menschliches verständiges Denken, nur durch ein geistiges Schauen vermöge göttlicher Einflüsse, können Menschen die wahre Gotteserkenntniß gewinnen, die über die natürliche Weltbetrachtung hinausgeht [7]). Und allein Gott konnte die Thatsachen und Begebenheiten offenbaren, die Moses aufgezeichnet hat, ohne von ihnen durch Menschen Kunde zu haben [8]).

Die Theopneustie erstreckt sich auf die sämmtlichen biblischen Bücher. Er nennt diese alle die von Gott eingegebene Schrift [9]); sie sind, sagt er, nicht Aufsätze, welche Menschen verfaßten, sondern wurden durch das Eingeben des heiligen Geistes in Folge des Willens des Allvaters unter dem Mitwirken Jesu Christi aufgezeichnet [10]). Und so ergießt sich durch alle ihre Theile, Gesetz und Propheten, Evangelium und Briefe, die Fülle der göttlichen Majestät [11]). Über die ganze heilige Schrift ist die Weisheit Gottes ausgebreitet: sie erstreckt sich bis in den zufälligen Buch-

---

1) S. oben S. 130. 156.
2) Die $\alpha\ddot{\imath}\sigma\vartheta\eta\sigma\iota\varsigma$ $\vartheta\epsilon\iota\sigma\tau\epsilon\rho\alpha$, c. Cels. VII, 718. 720 sq.
3) Sel. in Ps. p. 636.
4) Dies sagt Origenes wohl in Beziehung auf die Bat Kol, Matth. 3, 17 und öfter. 5) Hom. in Gen. III, 67.
6) Ein $\Theta\epsilon\tilde{\imath}o\varsigma$ $\mu\epsilon\tau\epsilon\omega\rho\iota\sigma\mu\acute{o}\varsigma$, Tom. in Ioan. II, 49.
7) L. c. Cels. VII, 728. Vgl. Ibid. 720, und de Orat. p. 196; auch Tom. in Ioan. XX, 365, wo Origenes von dem Einwirken des Logos auf die Propheten redet. 8) C. Cels. I, 360.
9) Tom. in Ioan. X, 202: $\dot{\eta}$ $\vartheta\epsilon\acute{o}\pi\nu\epsilon\upsilon\tau o\varsigma$ $\gamma\rho\alpha\phi\acute{\eta}$.
10) De Princ. IV, 56. 11) Hom. in Ierem. XXI, 282.

staben, und wohl sagte deshalb der Heiland, daß kein Jota und kein Strichlein vom Gesetze vergehen solle [1]). Denn wie die göttliche Kunst nicht allein an den Gestirnen und Himmelskörpern, sondern auch an den irdischen, hinfälligen Dingen sich kund giebt, so nehmen wir an, daß jedem Buchstaben der sämmtlichen vom heiligen Geiste eingegebenen Schriften Spuren der Weisheit, so viel es sein konnte, eingeprägt wurden. Wer den Urheber der Welt und der Schrift für dasselbe Wesen hält, kann hierüber nicht zweifelhaft sein [2]).

Wie tief er diese, im allgemeinen durch die Glaubensregel gebotene [3]) Überzeugung in sich aufgenommen, beweis't die ganze Art seiner Schriftauslegung. Einen Irrthum der Verfasser in noch so geringfügigen Umständen hielt er für unmöglich. Zeigt sich in unsern Evangelien bei zweimaligem Berichte ein und derselben Thatsache die geringste Verschiedenheit, so nimmt er zwei verschiedene Vorgänge an. So sagt er auf Veranlassung der völlig unerheblichen Abweichung in der Anführung eines Ausspruchs des Täufers bei Matthäus und Marcus [4]), daß keiner von beiden getäuscht sein, keiner täuschen konnte, und daß folglich Johannes zweimal, zu verschiedenen Zeiten, jenen Gedanken in verschiedener Wendung ausdrückte; denn nie, fügt er hinzu, haben, wie einige meinen, diese Berichterstatter dieselben Vorgänge auf verschiedene Weise aufgefaßt, oder irgend ein Wort, irgend eine Thatsache ungenau angemerkt [5]). War jener Ausweg verwehrt, weil der Widerspruch deutlich zu Tage lag, so nahm er seine Zuflucht zu allegorischen Deutungen. Da der Widerspruch, bemerkt er an einer anderen Stelle [6]), nicht zu lösen ist, so muß die Wahrheit im Gebiete des geistigen Verständnisses [7]) liegen, oder die Evangelien

---

1) Matth. 5, 18.
2) Sel. in Ps. p. 527.   3) De Princ. I, 93.
4) Matth. 3, 11. Marc. 1, 7.
5) Tom. in Ioan. VI, 134.   6) Ibid. X, 162.
7) Ἐν τοῖς ιοη/ιοις.

sind nicht wahre, in gotterfülltem Geiste mit Sorgfalt abgefaßte Schriften. Indessen hebe die anagogische Auffassung den scheinbaren Widerspruch [1]). Und oft bezeichnet er sein Streben, Widersprüche zu lösen, als den Grund weitläuftiger allegorischer Interpretationen, und die Unmöglichkeit einer anderen Auskunft, als Grund, diesen beizustimmen [2]).

Gleichwohl blieb er entfernt von jener älteren Auffassung, welche die heiligen Verfasser als willenlose Werkzeuge des Geistes betrachtete. Wenn man nicht mit Unrecht zweierlei Ansichten von Inspiration unterschieden hat, die in der ältesten Kirche meist getrennt neben einander bestanden, die heidnisch platonische, welche eine Überwältigung des menschlichen Geistes und Gemüthes durch die Gottheit lehrte, und die jüdische, freiere, welche der göttlichen Kraft nur einen begeisternden, fördernden Einfluß auf das Leben und die Schrift der heiligen Männer beimaß [3]), so finden wir bei Origenes eine eigenthümliche geistvolle Vermittelung. Nicht nur forderte er, wie schon bemerkt wurde, von den heiligen Sehern die vollkommenste Besonnenheit, sondern er unterschied auch verschiedene Grade der Inspiration, die er von dem sittlichen Zustande der Empfänger abhängig dachte. Er sagte: es ist nichts Verwundernswerthes, wenn zu gewissen Zeiten Seher auftraten, welche erhabnere göttliche Aufschlüsse, als frühere, spätere oder gleichzeitig lebende Propheten empfingen; in der größeren Ordnung und Kraft ihres inneren Lebens liegt hiefür der Grund. Und so ist es auch nicht zu verwundern, wenn eine Zeit eintrat, wo ein einzig Großartiges (die Erscheinung Christi) der Menschheit zu Theil wurde, welches über alles Frühere und Spätere hervorragt, und nicht von dem ungeweihten Sinne begriffen werden kann [4]). Und nicht allein die Eingebungen, welche Jesus empfing, stellte er über diejenigen,

---

[1] Τὴν δοκοῦσαν διαφωνίαν.   [2] Ibid. p. 164. 183.
[3] Baumgarten-Crusius Dogmengeschichte II, 883. Vgl. Credner's Beiträge zur Einleitung in die bibl. Schriften I, 4 ff.
[4] L. c. Cels. IV, 506.

deren die Apostel gewürdigt wurden [1]), sondern auch den Paulus erblickte er eine Stufe höher, als Timotheus und Lucas [2]). Selbst Fortschritte nahm er an, die die Apostel allmälig im Schreiben machten. Paulus zeige in dem Briefe an die Römer eine größere Vervollkommnung, als in den übrigen Briefen [3]); der zweite an die Corinther zeuge von Fortschritten, die er seit Abfassung des ersten Briefes machte [4]). Doch auch so erkennt er selbst in dem Lehrschreiben an die Römer eine bisweilen verworrene, schwerfällige Schreibart [5]), und nimmt keinen Anstand auszusprechen, was noch vor etwa hundert Jahren große Kenner der Grammatik und des Stils nicht zu sehen vermochten, daß unsere heiligen Bücher Soloecismen und verfehlte Ausdrücke enthalten [6]). Man nehme, sagt er, hieran keinen Anstoß. Vielmehr unterscheide man das Wort, gleichsam den Klang und das Zeichen, von dem Inhalte [7]). Dieser ist stets richtig; in den Worten fehlten bisweilen die Verfasser. Sie wußten es selber, daß sie nicht eben die Kunst der Rede besaßen, nannten sich in dieser Beziehung Idioten, und im Namen

---

[1] Hom. in Luc. XXIX, 966: eodem modo et Iesus et Paulus pleni erant Spiritu s., sed multo vas Pauli minus erat vase Iesu, et tamen erat secundum mensuram suam utrumque completum. Nämlich nur auf Jesu ruhete bleibend der heilige Geist: Hom. in Ies. III, 111, und zwar siebenfach (nach Jes. 11, 1): Hom. in Num. VI, 287. Und an die Propheten geschahe das Wort: Christus war das Wort, Tom. in Ioan. II, 49. Deshalb muß gegen die Juden behauptet werden, daß er noch um vieles glaubwürdiger sei, als die Propheten (c. Cels. I, 360) und Moses, wie als alle heidnischen Philosophen (Ibid. 337).

[2] Sel. in Ierem. p. 300: jener konnte das Haus der Kirche in bewährter Weise bauen, diese nur einzelne Hallen derselben, und zwar so, daß noch eine Feuerprobe (1 Cor. 3, 13) nöthig war.

[3] Praef. in Commentt. in Ep. ad Rom. p. 459. Philocal. c. 9.

[4] Tom. ir Ep. ad Rom. X, 678.   [5] Ibid. Praef. p. 458.

[6] S. das Fragm. e Tom. IV in Ioan. über die Soloecismen dieses Evangelisten in der Philocalie, bei de la Rue p. 93.

[7] *Τὰ σημαινόμενα* und *τὰ πράγματα καθ' ὧν κεῖται τὰ σημαινόμενα*, Fragm. e Tom. in Ioan. III, 93.

aller sagte Paulus, daß er den köstlichen Schatz in irdenem Gefäß bewahre [1]). Der Schatz ist die Fülle der Erkenntniß und Weisheit, das irdene Gefäß der schmucklose, von den Hellenen meist mit Geringschätzung zurückgewiesene Ausdruck der Schrift. Und so sollte es sein, damit man den Sieg der Wahrheit nur der göttlichen Kraft, nicht menschlicher Kunst verdanke [2]); zugleich sollte der Vortrag den verschiedensten Stufen menschlicher Bildung entsprechen [3]). Allein die heiligen Verfasser waren doch auch weder ungeeignete, noch leichtfertige Schriftsteller. Manche Vorbildung hatte Moses genossen; er war der ägyptischen Weisheit kundig [4]). Und keinesweges schrieben diese Verfasser sogleich, was ihnen in den Sinn kam; sie erwogen alles Einzelne mit großer Sorgfalt. Wenn sich Johannes des Wortes, Grundlegung der Welt, bediente, so geschah dies nicht zufällig, sondern absichtlich bildeten die Heiligen dieses Wort, für welches ein anderes ihnen zu Gebote stand [5]). Und so ist auch die Gliederung der Sätze ein Zeugniß wundernswerther Sorgfalt [6]) und selbst dialektischer Kunst, in welcher die heilige Schrift das Ausgezeichnete aufweist [7]). Auf diese Weise ergab sich ihm, daß dem Inhalte nach die heilige Schrift in allen ihren Theilen göttlich, und fast überall unmittelbare göttliche Eingebung ist. Denn Moses, die Propheten und Apostel haben Einiges dem geoffenbarten Inhalte aus eigener Anregung hinzugefügt [8]); es schließen jedoch auch diese Aufzeichnungen den tieferen Sinn ein, und jene beabsichtigten ihn. Die Anordnung

---

1) 2 Cor. 4, 7.   2) Tom. in Ioan. IV, 94.
3) C. Cels. VI, 630; IV, 356; III, 499.
4) Hom. in Gen. II, 62.
5) Tom. in Ioan. XIX, 305. Hom. in Cantic. I, 16: quaere, et invenies scripturam divinam non frustra seu fortuitu unumquemque usurpare sermonem. Hom. in Exod. IV, 140; I, 129.
6) Tom. in Ioan. XX, 325.
7) Hom. in Ierem. I, 131; Hom. in Gen. I, 59: observanda sane est sanctae scripturae etiam in verborum ratione cautela rell.
8) Hom. in Num. XVI, 330, nach Matth. 19, 8; 1 Cor. 7, 12.

der Gedanken ist das Werk selbstständiger kunstvoller Thätigkeit der Verfasser; der Ausdruck, gleichfalls die Frucht eigener, menschlicher Bemühung, nicht vollendet, wenn man die Muster der Griechen vergleicht, aber um so geeigneter, die Göttlichkeit des Inhalts ins Licht zu setzen. Den Antrieb zu reden, sagt er in diesem Sinne, gab Gott, aber die von ihm Begeisterten bedienten sich frei der eigenen Zunge, um das, was er zu ihnen gesprochen, auszudrücken [1]).

Etwas anders bestimmte sich Origenes Urtheil über die Schreibart der alexandrinischen Version. Da er, eben wie Philo, auch diese für inspirirt hielt, und bei einer Übersetzung die Inspiration sich nur auf die Worte beziehen konnte, so fand er in ihren Dunkelheiten und Soloecismen besondere Mysterien, oder setzte sie, wenn er sie nicht zu erkennen vermochte, gläubig voraus [2]). Und so getreu blieb er dieser Ansicht, daß er, wo neutestamentliche Citate mit jener Übersetzung nicht wörtlich übereinstimmen, viel eher in dem neutestamentlichen Texte eine verderbte Lesart finden, als einen Fehler der Septuaginta eingestehen mochte [3]). Nicht anders gab er den Abweichungen derselben von den hebräischen Lesarten vor diesen den Vorzug [4]).

Die Beweise für die Inspiration hat Origenes an keiner Stelle vollständiger gesammelt und lichtvoller geordnet, als in seiner Schrift über die Grundlehren [5]). Die geoffenbarte Lehre, so beginnt er, hat einen Einfluß, eine Anerkennung gewonnen, wie keins der Lehr-

---

1) Sel. in Deuteron. p. 386.
2) Sel. in Oseam p. 438.
3) Hom. in Ies. II, 109, wo er die Stellen Jes. 7, 14 und Matth. 1, 23 mit einander vergleicht.
4) Hom. in Gen. III, 68: — nos in codicibus Ecclesiae habemus scriptum —, vos in Hebraeis exemplaribus rell. Auch den Text der Septuaginta sollten die Juden verstümmelt haben, jedoch nur in einigen Exemplaren: Hom. in Ierem. XVI, 234, und dazu Huetius.
5) Im vierten Buche zu Anfange.

Beweise für die Inspiration.

systeme menschlicher Weisheit: jene wurde fast schon von allen Völkern aufgenommen; diese haben, mit wie vielen Beweismitteln sie hervortreten mochten, nicht einmal Einem Volke, am wenigsten der Menge, sich empfehlen können. Schon dieser Umstand zeugt von der Wahrheit der Weissagungen in den heiligen Schriften; denn die Propheten haben auch ihn vorhergesagt. Überdieß finden wir im Gesetz, den Psalmen und Propheten das Leben, Leiden und Sterben Jesu vorgezeichnet, seine Auferweckung verkündigt. Ferner zeigt sich in dem gesammten Wirken und Thun der Apostel eine höhere Kraft, die den göttlichen Ursprung ihrer Lehre verbürgt. Endlich werden wir desselben durch innere Erfahrung gewiß: den Leser berührt noch jetzt das Wehen des Geistes, der in diesen Schriften sich aussprach. Vor Christi Erscheinen konnte übrigens die Göttlichkeit der heiligen Schriften nicht völlig überzeugend erwiesen werden; jetzt liegt die innere Öconomie derselben, ihre Göttlichkeit, insbesondere ihr tiefer pneumatischer Gehalt deutlich allen vor Augen; das Alte Testament wurde durch das Neue enthüllt. Und dieses steht in keiner Beziehung hinter dem Alten zurück: ein und derselbe Geist, der auch von demselben Gott ausgegangen ist, that an Evangelisten und Aposteln, was er an den Propheten gethan hatte [1]. Die gesammte heilige Schrift ist also eine Trägerin dieses Geistes, und weder das Gesetz, noch die Propheten, weder das Evangelium, noch die apostolischen Briefe enthalten irgend etwas, worin nicht die Fülle der göttlichen Majestät zu uns sich herniederließe [2].

Den Gesammtinhalt dieser Schriften kann man nicht treffender mit einem Wort bezeichnen, als indem man sagt, sie enthalten das Wort Gottes [3]. Der Sinn, in welchem sich Origenes dieses

---

[1] De Princ. IV, 66.
[2] ... quod non a plenitudine divinae maiestatis descendat. Hom. in Ierem. XXI, 282. S. auch Ser. in Matth. p. 864.
[3] Ep. ad Greg. Thaumat. p. 32: ἐν αἷς (ταῖς γραφαῖς) οἰκεῖ λόγος θεοῦ, τροπικῶς Βαιθὴλ καλουμέναις.

Ausdrucks bedient, ist jedoch ein ganz anderer, als der, in welchem die neuere Theologie den religiösen Inhalt der Schrift in seiner gesammten Entfaltung, die christliche Wahrheit, als das in ihr enthaltene göttliche Wort bezeichnet. Origenes hielt die heilige Schrift für eine Wohnstätte des Logos, und da er diesen als die höchste Vernunft, den Inbegriff aller Wahrheit, nicht allein der religiösen, betrachtete, so will er sagen, der Logos selber, die ganze Wahrheit werde in ihr aufbewahrt. Ihr wichtigster Zweck ist, speculative Erkenntniß mitzutheilen; nächst dem enthält sie auch ethische Anweisungen [1]). Eben diese Unterordnung des praktischen Elements unter das theoretische ist hier der verderbliche, durch die herrschende Richtung des Zeitalters verschuldete Grundirrthum. Es wurde durch ihn eine richtige Auffassung des Einzelnen, wie ein unbefangenes Urtheil über den wesentlichen Inhalt der Schriftlehre, in der That unmöglich.

Indem Origenes diesen Inhalt angeben will, ordnet er zwar diejenigen geheimen Lehren, welche unsere Menschennatur betreffen, allen übrigen vor, aber sogleich hier findet er sich hinübergeleitet in das transcendente Gebiet. Er verstehe, fährt er fort [2]), unter Menschen, die gegenwärtig im Körper befindlichen Seelen, welche die Bestimmung haben, Einsicht in die sämmtlichen göttlichen Willensgesetze zu gewinnen, vermöge der heiligen Schrift. Und wenn so zuerst er, durch Hervorheben des ethisch religiösen Inhalts der Offenbarungsurkunden, die Richtung einzuschlagen suchte, die allein zu einer rechten Würdigung der Schrift führt, so war es die damals allgemeine Verwechselung von Theologie und Spe-

---

1) Fragm. e Tom. III in Gen. p. 20: καθάπερ ἐν τοῖς παρ' ἡμῖν βίβλοις ἃ μὲν γέγραπται, ἵνα γινώσκωμεν, οἷον τὰ περὶ κοσμοποιίας καὶ ἄλλα μυστήρια· ἃ δὲ, ἵνα γινώσκοντες ποιῶμεν, ὥσπερ τὰ περὶ τὰς ἐντολὰς καὶ τὰ προστάγματα τοῦ θεοῦ. S. auch die wichtige Stelle de Princ. IV am a. O., wo er sagt, daß jene theoretischen Belehrungen vorzugsweise (προηγουμένως) Zweck des heiligen Geistes waren.
2) De Princ. IV, 64.

culation überhaupt, wie jene Unterordnung des Ethischen unter das Religiöse, die ihn verhinderte, dem Wahren näher zu treten. Die Lehre von den Seelen setze, so meinte er, da diese zu ihrer Vollkommenheit nicht anders, als durch die reichen und weisheiterfüllten Lehren über das Wesen Gottes gelangen könnten, nothwendig die Dogmen von Gott und seinem eingeborenen Sohne voraus, und zwar die Beantwortung der Fragen, welcher Natur dieser sei, in welchem Sinne er der Sohn Gottes heiße, welche Ursachen seine Menschwerdung nöthig machten, wie er wirke, auf welche Menschen, und zu welcher Zeit? Wie hierüber, so habe die heilige Schrift zugleich über die uns verwandten anderen geistigen Wesen, sowohl die erhabneren, als auch die, welche am tiefsten gefallen, ferner über die Ursachen ihres Falles, Auskunft ertheilen müssen; nicht minder hätten wir Aufschluß bedurft über die verschiedene Beschaffenheit der Seelen, deren Ursache, die Beschaffenheit des Weltalls, und weshalb es geworden, endlich darüber, woher des Bösen so viel und so arges auf der Erde sei, und ob allein auf der Erde, oder auch anderwärts.

Man sieht, die Bibel galt ihm als Fundgrube aller derjenigen speculativen Erkenntnisse, welche je das Nachdenken der Menschen beschäftigt hatten. Und so ist ihm die Aufgabe des Auslegers der alttestamentlichen Schriften, zu ermitteln, welche himmlischen Zustände in dem Schattenbilde des jüdischen Gottesdienstes sich darstellten, welcher zukünftigen Güter Schatten das Gesetz gezeigt habe [1]). Hätte Origenes unter letzteren allein die Segnungen der neutestamentlichen Lehre verstanden, so war diese Bestimmung, wie er sie denn auch aus einem apostolischen Lehrschreiben [2]) entlehnte, in der That nicht irrig. Allein auch das Neue Testament hielt er nicht für das Ziel der Offenbarungen Gottes an die Menschen. Auch dieses verhält sich zu der höchsten und vollkommenen Wahrheit nicht anders, als das Alte Testament zu

---

1) De Princ. IV, 61. 2) Hebr. 8, 5.

dem Neuen ¹): es wartet seiner Enthüllung durch die Wiederkunft Christi, und ist selber nur Schatten und Abbild derjenigen Dinge, welche nach dem Ablaufe unseres Äons sein werden; es ist zeitlich, veränderlich, und wird einst sich in ein ewiges Evangelium verwandeln ²).

Anfang und Ende sind hier uns verborgen; kein Sterblicher kann den Ursprung der Dinge ergründen; auch die geistigen Naturen nicht, welche göttlicher sind, als die unsrige: es vermag dies kein geschaffenes Wesen. Indessen erkennen doch die höheren Wesen mehr, als wir; sie werden von der ewigen Weisheit, dem Logos, unmittelbar erleuchtet, und schauen, wie es Engel mit ihren übermenschlichen Kräften können, die Wahrheit der Dinge: uns sind nur die ersten Anfangsgründe erkennbar. Bis auch wir höher hinauf gelangen, muß uns die Speise, welche die Schrift bietet, genügen, ob sie schon nicht jenem himmlischen Manna, der Speise der höheren Wesen, gleich kommt, und nur für die Gegenwart nützlich ist. Sie giebt in der finsteren Nacht ³) des diesseitigen Lebens unserm Geiste die angemessene Nahrung ⁴). Künftig erkennen auch wir nicht ferner stückweise, sondern immer völliger zeigt sich uns der Sohn; völlig ⁵), wie er ist, am Ziele des Entwickelungsganges der jetzigen Welt.

Bisweilen drückt sich Origenes sehr stark über die Unvollkommenheit der in der heiligen Schrift enthaltenen Belehrungen aus. Wie wenn er sagt: Alle Menschen sind Thoren in der Erkenntniß, auch die Apostel; dasjenige, was ein Paulus ⁶) erkannte, ist im Vergleiche zu jenen vollkommenen Erkenntnissen, die wir im Him-

---

1) De Princ. III, 327; IV, 364.
2) Tom. in Ioan. XIII, 216. 220 verglichen mit Comment. in Ep. ad Rom. I, 465. 471.
3) Dieser Ausdruck ist eine Anspielung auf die Feier des Passamahles zur Nachtzeit.   4) S. oben S. 255.
5) De Princ. III, 313. Series in Matth. p. 842.
6) Diesen nennt er als den gelehrtesten unter den Aposteln.

mel empfangen werden, nichts als Thorheit, und wenn man die Apostel weise nennt, so geschieht dies in demselben Sinne, in welchem man die Sodomiten Gerechte nennen könnte, weil sie immer noch besser waren, als die verstockten Augenzeugen des Lebens Jesu zu Jerusalem. Nur einen kleinen, unendlich kleinen Theil der Wahrheit erblickte Paulus [1]). Sagte er doch selber, daß alle Weisheit auf Erden, auch die in ihm und in Petrus [2]) und den übrigen Aposteln, nur das Thörichte in Gott sei [3]). Und so ist alle Weisheit, die auf diese Erde sich herniedersenkte, wie nichts im Vergleiche zu jener überhimmlischen, überweltlichen Weisheit, obschon die Offenbarungen in der heiligen Schrift erhaben genug sind, um völlig die weltliche Weisheit zu verdunkeln. Es gehört hiezu nur wenig, indem es für die Streitunterredung mit einem Unkundigen, einem Thoren, keiner großen Kunst und Bildung bedarf. Und so muß man es einräumen, die Schrift sei, sogar richtig verstanden, nicht die höchste Wahrheit selber, und fasse nicht alle Mysterien in sich; auch müsse, wer von ihr trinkt, immer wieder dürsten [4]).

Indeß ist es doch nicht der einzige Vorzug der Schrift, daß sie mehr giebt, als die Philosophie; die in ihr enthaltenen Lehren bleiben stets die alleinige Grundlage der Erkenntnisse, welche uns die Ewigkeit gewähren wird. Möchten wir deshalb nie, so lange wir in diesem Leibe wallen, noch auch wenn wir einst frei

---

1) Hom. in Ierem. VIII, 174 sq.   2) Dem Apostelfürsten.
3) 2 Cor. 1, 25. Vgl. mit der angeführten Stelle auch Hom. in Ies. VII, 120, wo im Wesentlichen dasselbe gesagt wird, und Sel. in Ezech. p. 408; Tom. in Ep. ad Rom. X, 675, nach 1 Cor. 13, 9. Auch als Paulus in den dritten Himmel entrückt ward (2 Cor. 12, 3), sah er zwar dort die Abgrenzungen und Gebiete des himmlischen Staats, deren Gegenbild der durch Josua ausgetheilte palästinensche Boden war (Hom. in Ios. XXIII, 452); aber die Herrlichkeit der inneren Gemächer im oberen Heiligthume schaute auch er nur wie aus der Ferne und im Vorbeigehen: Tom. in Ep. ad Rom. V, 545.
4) Tom. in Ioan. XIII, 215 sq.

von ihm werden, die Spuren des Evangeliums verlassen; nur so können wir im Paradiese zum Genuß göttlicher Seligkeit gelangen [1]). Die Schrift ist die alleinige Führerin zu jenen höheren Erkenntnissen, nicht die eigne Vernunft, nicht ein inneres Licht [2]): nur durch die Belehrungen, die sie uns ertheilt, tritt die Seele in immer engere Verbindung mit dem Logos [3]). Und sie allein ist die Quelle vollkommen sicherer Erkenntnisse [4]).

Allerdings entfernt sich diese Ansicht, nach welcher die Schrift die ganze Wahrheit nur in einigen Grundzügen kennen lehrt und höhere Wesen ein vollkommneres Evangelium besitzen, von dem Worte des Apostels, daß auch die Engel gelüste, die von ihnen nicht getheilte Seligkeit der Begnadigten und Erlösten zu empfinden [5]). Und Paulus sagte, daß verflucht sei, wer ein anderes Evangelium, als das von dem gekreuzigten Christus verkündige, und wäre er ein Engel vom Himmel [6]). Allein Origenes erklärte doch auch ausdrücklich die heilige Schrift für die Quelle der höchsten Erkenntnisse, welche dieses Leben dem Menschen gewähren könne, und nur Christus war ihm der Inhaber und Spender jener höheren Aufschlüsse in dem den Engeln vielleicht schon jetzt geoffenbarten Evangelium [7]). Christus, sagte er, ist, wie vieles Andere, so auch das Evangelium selber, und so muß er auch wohl unter dem ewigen Evangelium verstanden werden [8]). Und auch jenseits bleibt er der Vermittler [9]); nur das geschriebene

---

1) Tom. in Ioan. XXXII, 404.
2) Die Stelle Ibid. I, 27, wo es heißt, daß wer unmittelbar von Christus erleuchtet werde, weder der Apostel, noch selbst der Engel bedürfe, bezieht sich auf den jenseitigen Zustand der Menschen.
3) Hom. in Gen. X, 87.   4) Hom. in Ierem. 1, 129.
5) 1 Petr. 1, 12.   6) Gal. 1, 8.
7) Tom. in Ep. ad Rom. I, 465.
8) Ibid. p. 471.
9) Ser. in Matth. p. 899. Hom. in Luc. XXIII, 961, wo von Christus und dem heiligen Geiste gesagt wird, daß sie auch die Engelgeister unterweisen.

Wort vergeht, Christus bleibt ewig [1]). Den Umfang also der Wahrheiten, die wir hier zu erkennen anfangen, wie die Form, in welcher sie auf den verschiedenen Stufen unseres Daseins uns mitgetheilt werden, hielt er für wandelbar, nicht die Wahrheit selber, die immer sich selber gleich bleibe.

In diesen Überzeugungen hat jene Angelegentlichkeit ihren Grund, mit welcher Origenes ein beständiges Lesen der heiligen Schrift empfiehlt. Man dürfte befürchten, da er in diesen Urkunden einen tief geheimnißvollen, nur den Geweihten vernehmbaren Sinn verehrte, daß er nicht allen ohne Unterschied den Gebrauch gestattet haben werde; und diese Vermuthung gewinnt eine um so größere Wahrscheinlichkeit, wenn wir bemerken, wie er Mißverständnisse des heiligen Textes als die Quelle des jüdischen Unglaubens und der beschränkteren Einsichten ununterrichteter Christen, und so auch der verschiedensten Häresien, betrachtete [2]). Nichts destoweniger forderte er alle auf, die Schrift mit größtem Fleiße zu lesen, und wollte, daß man selbst den Heiden nicht das Anhören der öffentlichen Vorlesungen wehre. Auch denen, sagt er, die draußen sind, lesen wir die göttlichen Belehrungen vor, und ermahnen sie, ihr Heil zu suchen [3]). Denn der heilige Inhalt der Schrift gereicht denen zur Förderung, welche Förderung bei ihr suchen, die sie aber mißverstehen, schmähen ihren Inhalt [4]). Und nicht allein das Verständniß des Gelesenen ist heilsam, auch das bloße Anhören des Buchstabenlautes ist von Nutzen, und darf einer heiligen Incantation verglichen werden. Wie die Schlangenbeschwörer durch magische Formeln auf diese Thiere, die ohne Verstand sind, einwirken, so hat schon das Ertönen der heiligen Laute die Kraft, Leidenschaft und Krankheit der Seele zu

---
1) Ser. in Math. p. 873. Hom. in Luc. XXVIII, 966.
2) De Princ. IV, 54.   3) Hom. in Ierem. IX, 180.
4) Tom. in Ioan. XXVIII, 396.

bannen ¹); eine in sofern nicht völlig irrige Ansicht, als auch eine dumpfe, nicht bis zu klarem Bewußtsein gesteigerte Andacht immer doch eine Vermehrung der frommen Empfindungen ist. Und mit Nachdruck erklärt er ein fortgesetztes Lesen der Schrift für die Bedingung eines immer kräftigeren Gedeihens unseres geistlichen Lebens. Jede vernunftbegabte Natur, sagt er, bedarf einer ihr angemessenen Nahrung; die wahre Speise unserer geistigen Natur ist das Wort Gottes ²). Kein Jota, kein Strichlein sei in der Schrift, das nicht eine heilsame Kraft in sich fasse, wie keins von allen Kräutern, welche die Erde hervorbringt, ohne wirksame Kraft ist, wenn man es nur anzuwenden versteht: kein unnützes Wort enthalte jenes Buch ³); jede einzelne Stelle, jedes Wort der Schrift gleiche einem Samenkorn ⁴). Rebekka kam täglich zu den Brunnen, und schöpfte täglich Wasser daraus: laßt uns täglich zu den Brunnquellen der Schrift, dem Wasser des heiligen Geistes kommen, und immer schöpfen, immer ein angefülltes Gefäß mit in unsere Häuser nehmen ⁵). Mögen wir die Geschichten des Alten Testaments und die Propheten, die Evangelien und alle Briefe des Paulus lesen und sie in unsere Herzen schreiben, auch leben nach diesen göttlichen Vorschriften, damit nicht auch wir den Scheidebrief erhalten, sondern Miterben mit Christus Jesus werden ⁶). Die Schrift führt uns aufs weiseste in die Gemeinschaft mit Christus ein. Fürs erste überwältigt sie den Stolz unseres Herzens, macht uns dann demüthig, richtet uns wieder auf und tröstet uns; wie Gott selber zuerst seine Strenge, dann seine Güte uns zu erkennen giebt ⁷). Des Herrn Wort darf einem weisen Arzte verglichen

---

1) Hom. in Ios. XX, 442 sqq. Vgl. über diese ἐπῳδή Hasselbach de Catechumenorum ordinib. p. 20.
2) Hom. in Num. XXVII, 374.
3) Fragm. ex Hom. in Ierem. XXXIX, 285.
4) Hom. in Exod. I, 129.
5) Hom. in Gen. X, 87; XI, 91.
6) Hom. in Ierem. IV, 147. 7) Ibid. p. 144.

werden¹), und es gleichen einem solchen auch die Propheten. Immer werden wir finden, daß die Schrift zuerst die ernsten Wahrheiten, hierauf das Erfreuende mittheilt: erst tödtet der Herr, danach macht er lebendig²). Denn die gesammte heilige Schrift ist zwar wohl überall heilsam und lieblich, aber immer erfüllt sie doch vor allem den Geist mit der Bitterkeit demüthigender Selbsterkenntniß. Und so war es nöthig, wenn unserm Geschlechte Heilung werden sollte³).

Die gnostischen Irrlehrer leugneten die Einheit der heiligen Schrift, indem sie den Demiurgen, welcher den Juden sich geoffenbart habe, dem Urheber des Neuen Testaments tief unterordneten, und so entweder das ganze Alte Testament oder doch das Gesetz verwarfen, oder eine völlig beliebige Auswahl trafen. Im Gegensatze gegen diese Irrthümer hob die alte Kirche sowohl die Identität des Weltschöpfers und des Vaters Jesu Christi, des Urhebers des Neuen Testaments, als auch die Zusammengehörigkeit und Einheit der gesammten heiligen Schriften, letztere mit einseitigem Nachdruck, hervor. Keiner von allen Lehrern der Kirche hat geflissentlicher, als Origenes, dieses Dogma festzustellen gesucht. Die unauflösliche Verbindung zwischen beiden Testamenten, die Unzulänglichkeit des einen ohne das andere, die vollkommene Einheit beider, sind Gegenstände, die er glaubte nicht oft genug zur Sprache bringen und nie zu vollständig erweisen zu können. Deshalb ist ihm dieser Gegenstand denn auch so geläufig, daß er, wo er eine Erörterung der göttlichen Einheit ankündigt⁴), nicht nöthig fand, hinzuzufügen, daß er die Einheit der heiligen Schrift meine. Seinen Bemühungen gelang, den Glauben an diese Einheit in der Kirche fest zu gründen; aber während ihm, bei seiner

---

1) Comment. in Exod. p. 114.
2) Hom. in Ierem. I, 135, nach 5 Mos. 32, 39.
3) Tom. in Ioan. V, 98.
4) Ἡ θεία ἑνότης, Tom. in Ioan. XIII, 269.

Überzeugung von einer uns jenseits bevorstehenden großen Erweiterung des Umfangs, wie der Form unserer Erkenntnisse, leicht gewesen sein müßte, auch die Vorzüge des Neuen Testaments vollständiger wahrzunehmen, erhob er sich doch nicht über die damals in der rechtgläubigen Kirche herrschende Annahme [1]) einer fast völligen Einerleiheit. Und nur bemüht die gnostische Häresie zu beseitigen, befestigte und vermehrte er die Irrthümer, welche im Widerspruche gegen sie Geltung gewonnen hatten.

Wie wichtig ihm die Einheit der Schrift war, mag schon die Sorgfalt zeigen, die er auf die Feststellung des Kanon verwandte, wie der oftmalige Gebrauch, den er, bei Anführungen, von jenen Namen machte, welche die biblischen Bücher als ein zusammengehöriges Ganze bezeichnen. Näher bestimmte er die innere Einheit auf folgende Weise. Die Rolle des Buchs, sagt er an einer Stelle, wo er diesen Ausdruck der Psalmen und des Briefes an die Hebräer [2]) erläutert, ist nichts anders, als der Inbegriff der sämmtlichen (biblischen) Schriften: alle bilden Ein Ganzes, indem sie die Lehre von Christus, so wie sie auf uns gekommen, in Eins zusammenfassen [3]). Und als einen untheilbaren Körper, gleich dem des Paschalammes, welches unzerstückt aufgetragen werden mußte, sollen wir die Schrift ansehen, und sollen die festen und starken Bänder ihrer Zusammenfügung weder auflösen noch zerschneiden, wie die, welche die Einheit des in allen Schriften enthaltenen Geistes, so viel sie konnten, verflüchtigt haben [4]). Alle diese Schriften stimmen mit einander aufs vollkommenste überein, und die dies erkennen, sind es, welche Jesus die Friedensstifter nannte und selig pries [5]). Nichts Unharmonisches, nichts Verschrobenes [6]) finden sie in der gesammten Schrift, sondern überall in ihr vollkommenen Frieden, vollkommene Übereinstimmung. Denn Altes und Neues

---

1) S. oben S. 138.   2) Pf. 40 (39), 8; Hebr. 10, 7.
3) Tom. in Ioan. V, 97.   4) Ibid. X, 178.
5) Matth. 5, 9.
6) .‘. . οὐδὲ σκολιόν (21), οὐδὲ στραγγαλιῶδες.

Ihre Einheit. 275

Testament, Gesetz, Propheten und Apostel stimmen alle aufs vollkommenste mit einander überein. Aber wie eine Harfe oder Cither verschiedenen Klang giebt, je nachdem man gewisse Saiten berührt, und nur die Kenner der Musik ihren Einklang hervorlocken, so ist nur der, welcher in der göttlichen Kunst Unterweisung erhielt und zu einem David, im mystischen Sinne des Wortes, sich bildete, fähig, die Harmonie der heiligen Schrift ertönen zu lassen und durch sie böse Genien und Geister zu verscheuchen, oder zu bannen [1].

Wenn der Herr bei seinem Einzuge in Jerusalem auf zwei Eseln ritt, so bedeutet dies, daß er von dem Alten, wie von dem Neuen Testament getragen wird [2]. Beide sind auf gleiche Weise von Gott: in beiden ist er selber der Lehrer [3]. Die Erscheinung des Mose und Elias bei der Verklärung des Herrn [4] versinnlicht uns die Übereinstimmung des Gesetzes und der Propheten mit dem Evangelium; sie sagt uns, daß diese sämmtlich, bei geistlichem Verständnisse, in gleichem Glanze leuchten [5]. Und wenn das Christenthum Wahrheit aus Glauben in Glauben genannt wird [6], so deutet diese Benennung an, wie aus dem Glauben an das Gesetz der Glaube an das Evangelium hervorgeht, oder wie, wenn jemand früher diesen Glauben, als jenen, in sich aufgenommen, derselbe von diesem zu jenem hinübergeleitet wird; das eine hat nicht ohne das andere vollkommenes Leben [7].

Sogleich in der Art, wie Origenes diese Behauptungen begründet, zeigt sich die Einseitigkeit des Standpunktes, welchen hier die alte Kirche einnahm. Hatte lange bevor es neutestamentliche Schriften und eine Sammlung derselben gab, das Alte Testament, zumeist durch seine Weissagungen, als zulängliche Quelle

---

1) Tom. in Matth. II, 440 (Philoc. c. 6).
2) Tom. in Ioan. X, 189.   3) Hom. in Ierem. X, 182.
4) Matth. 17.
5) Comm. in Ep. ad Rom. Tom. I, 469.
6) Röm. 1, 17.
7) Comm. in Ep. ad Rom. I. c. p. 471.

18*

der christlichen Glaubenslehren gelten müssen, so glaubte man auch
jetzt, deren ganzen nunmehrigen Inhalt vollständig in den früheren
Urkunden wieder finden zu müssen, und wollte nirgend einen ei=
gentlichen Unterschied anerkennen. Die Verschiedenheit der Zei=
ten, das Gesetz der Allmäligkeit, nach welchem auch die göttlichen
Offenbarungen nur im Verlaufe von Jahrhunderten entwickelter
und lauterer hervortraten, blieben unbeachtet [1]). Auf mathemati=
schem Wege bewies Origenes die Einerleiheit des Urhebers beider
Urkunden, indem er durch ein Ineinanderziehen und Zusammen=
rechnen von Schriftstellen zeigte, daß Jesus und die Apostel den
Gott des Alten Testaments für den ihrigen erklärt hatten [2]). Ein
Verfahren, welches allerdings geeignet war, die gleichfalls spitzfin=
digen Argumente der Häretiker zu entkräften, bei welchem jedoch,
indem auf keine Weise die innere Öconomie des Ganzen ins
Licht trat, nur der eine wesentliche Unterschied zwischen den beiden
Testamenten sich ergab, daß im Neuen Bunde Eigenthum aller
geworden, was im Alten nur den Propheten und wenigen anderen
erleuchteten Frommen zu Theil wurde, nämlich die Gabe des hei=
ligen Geistes. Aber zu jeder Zeit sollte dieser in die ganze Wahr=
heit geleitet haben. Vor den Zeiten der Apostel, sagt Origenes,
wurde das Gesetz nur von Wenigen seinem geistigen Sinne nach
verstanden; jetzt verstehen denselben Viele: aber was von den Tie=
ferblickenden erkannt wird, war immer ein und dasselbe [3]).

---

1) Nur bei oberflächlicher Betrachtung kann die Stelle Hom. in Lev. I,
187 diese Behauptung zu widerlegen scheinen. Wenn Origenes hier un=
terscheidet: Legis principia, profectus qui in Prophetis accesserit, ple-
nitudo perfectionis in Evangeliis, so zeigt sogleich das Nächstfolgende,
daß er hier Gedanken im Sinne habe, wie die, welche oben S. 241
berührt wurden. Und in eben diesem Sinne sagt er auch c. Cels. II,
389, daß die Schriften Moses und der Propheten, buchstäblich aufge=
faßt, die εἰσαγωγή des Christenthums seien, bei tieferem Verständnisse
hingegen den Gläubigen zur προκοπή gereichen. Wie viel treffender sind
nicht die Bestimmungen der Concordienformel (de triplici usu legis, c. 6).
2) S. besonders de Princ. II, 180 sqq. 3) Am a. O. p. 201 sqq.

Einerleiheit. 277

Denn auch jene Frommen des Alten Bundes sind nach der vorbereitenden Wahrnehmung der Schattenbilder, geleitet von Christus und dem heiligen Geiste, zum Schauen der Wahrheit gelangt. Derselbe Christus, welcher uns die göttlichen Geheimnisse eröffnet, machte sie auch ihnen kund, und sie besaßen mehr, als jetzt die Menge, welche über die Glaubensregel nicht hinausgeht. Sie schauten nicht nur Engel, sondern auch die Erscheinungen Gottes, welche sämmtlich Christuserscheinungen sind, und indem sie das Ebenbild des unsichtbaren Gottes sahen, — wer den Sohn sieht, hat ja den Vater gesehen, — wurden sie als solche, die Gott im Geiste erkennen [1]) und seine Aussprüche würdig vernommen haben, in das Lebensbuch eingezeichnet. Und so ist klar, daß Moses im Geiste die in dem Gesetz verhüllte Wahrheit der Dinge, die Bedeutung der von ihm aufgezeichneten Geschichten, welche einen allegorischen Sinn haben, erkannte. Der Weise, sagt ja die Schrift, versteht, was er selber sagt, und auf seinen Lippen ist nur, was er auch versteht [2]). Dasselbe gilt von Josua und den anderen Heiligen der Vorzeit: nicht Geringeres, als was den Aposteln von Christus geoffenbart worden, erkannten die Vollkommenen der früheren Geschlechter; derselbe, welcher den Aposteln die tiefsten Geheimnisse der Gottseligkeit, und zwar nur mündlich, mittheilte, belehrte auch sie. So waren denn die Apostel nicht etwa im Besitze einer tieferen Einsicht, als Moses, die Propheten und die, welche um ihrer Tugend willen zahlreiche Gotteserscheinungen hatten und der Enthüllung der „großen Mysterien" gewürdigt wurden [3]).

---

[1]) Dies ist nach Origenes die höchste Stufe menschlichen Erkennens.
[2]) Proverb. 16, 23. Moses und die Propheten hatten die volle noetische Erkenntniß: Tom. in Ioan. XIII, 257; sie wußten, was sie schrieben, aber verdeckten es: Comm. in Ep. ad Rom. X, 688; Hom. in Num. V, 284. Und vieles von dem, was sie wußten, haben sie nicht aufgeschrieben: c. Cels. VI, 633.
[3]) Tom. in Ioan. VI, 102 sqq.

der christlichen Glaubenslehren gelten müssen, so glaubte man a
jetzt, deren ganzen nunmehrigen Inhalt vollständig in den frühe
Urkunden wieder finden zu müssen, und wollte nirgend einen
gentlichen Unterschied anerkennen. Die Verschiedenheit der
ten, das Gesetz der Allmäligkeit, nach welchem auch die göttli
Offenbarungen nur im Verlaufe von Jahrhunderten entwicke
und lauterer hervortraten, blieben unbeachtet [1]). Auf mathem
schem Wege bewies Origenes die Einerleiheit des Urhebers bei
Urkunden, indem er durch ein Ineinanderziehen und Zusamm
rechnen von Schriftstellen zeigte, daß Jesus und die Apostel
Gott des Alten Testaments für den ihrigen erklärt hatten [2]).
Verfahren, welches allerdings geeignet war, die gleichfalls spitz
digen Argumente der Häretiker zu entkräften, bei welchem jed
indem auf keine Weise die innere Öconomie des Ganzen
Licht trat, nur der eine wesentliche Unterschied zwischen den bei
Testamenten sich ergab, daß im Neuen Bunde Eigenthum a
geworden, was im Alten nur den Propheten und wenigen ande
erleuchteten Frommen zu Theil wurde, nämlich die Gabe des
ligen Geistes. Aber zu jeder Zeit sollte dieser in die ganze Wa
heit geleitet haben. Vor den Zeiten der Apostel, sagt Origen
wurde das Gesetz nur von Wenigen seinem geistigen Sinne n
verstanden; jetzt verstehen denselben Viele: aber was von den
ferblickenden erkannt wird, war immer ein und dasselbe [3]).

---

1) Nur bei oberflächlicher Betrachtung kann die Stelle Hom. in Lev
187 diese Behauptung zu widerlegen scheinen. Wenn Origenes hier
terscheidet: Legis principia, profectus qui in Prophetis accesserit,
nitudo perfectionis in Evangeliis, so zeigt sogleich das Nächstfolge
daß er hier Gedanken im Sinne habe, wie die, welche oben S.
berührt wurden. Und in eben diesem Sinne sagt er auch c. Cels.
389, daß die Schriften Moses und der Propheten, buchstäblich au
faßt, die εἰσαγωγή des Christenthums seien, bei tieferem Verständni
hingegen den Gläubigen zur προκοπή gereichen. Wie viel treffender
nicht die Bestimmungen der Concordienformel (de triplici usu legis, c.
2) S. besonders de Princ. II, 180 sqq.   3) Am a. O. p. 201 s

Denn auch jene Frommen des Alten Bundes sind nach der vorbereitenden Wahrnehmung der Schattenbilder, geleitet von Christus und dem heiligen Geiste, zum Schauen der Wahrheit gelangt. Derselbe Christus, welcher uns die göttlichen Geheimnisse eröffnet, machte sie auch ihnen kund, und sie besaßen mehr, als jetzt die Menge, welche über die Glaubensregel nicht hinausgeht. Sie schauten nicht nur Engel, sondern auch die Erscheinungen Gottes, welche sämmtlich Christuserscheinungen sind, und indem sie das Ebenbild des unsichtbaren Gottes sahen, — wer den Sohn siehet, hat ja den Vater gesehen, — wurden sie als solche, die Gott im Geiste erkennen [1]) und seine Aussprüche würdig vernommen haben, in das Lebensbuch eingezeichnet. Und so ist klar, daß Moses im Geiste die in dem Gesetz verhüllte Wahrheit der Dinge, die Bedeutung der von ihm aufgezeichneten Geschichten, welche einen allegorischen Sinn haben, erkannte. Der Weise, sagt ja die Schrift, versteht, was er selber sagt, und auf seinen Lippen ist nur, was er auch versteht [2]). Dasselbe gilt von Josua und den anderen Heiligen der Vorzeit: nicht Geringeres, als was den Aposteln von Christus geoffenbart worden, erkannten die Vollkommenen der früheren Geschlechter; derselbe, welcher den Aposteln die tiefsten Geheimnisse der Gottseligkeit, und zwar nur mündlich, mittheilte, belehrte auch sie. So waren denn die Apostel nicht etwa im Besitze einer tieferen Einsicht, als Moses, die Propheten und alle die, welche um ihrer Tugend willen zahlreiche Gotteserscheinungen hatten und der Enthüllung der „großen Mysterien" gewürdigt wurden [3]).

---

1) Dies ist nach Origenes die höchste Stufe menschlichen Erkennens.
2) Proverb. 16, 23. Moses und die Propheten hatten die volle noetische Erkenntniß: Tom. in Ioan. XIII, 257; sie wußten, was sie schrieben, aber verdeckten es: Comm. in Ep. ad Rom. X, 688; Hom. in Num. V, 284. Und vieles von dem, was sie wußten, haben sie nicht aufgeschrieben: c. Cels. VI, 633.
3) Tom. in Ioan. VI, 102 sqq.

Unter dieser Voraussetzung erklärte sich Origenes über den Inhalt des Alten Testaments in folgender Weise. Die Zeugnisse der Propheten betreffen keineswegs etwa nur die Erscheinung Christi, oder gar nur den nackten Umstand, daß diese erfolgen sollte, sondern enthalten auch eine ausführliche Belehrung über die göttlichen Dinge, insbesondere über das Verhältniß des Vaters zum Sohne und des Sohnes zum Vater. Die Einsicht in dieses Verhältniß läßt sich ganz ebenso durch das, was die Propheten darüber aussagen, als durch die Zeugnisse der Apostel gewinnen [1]). Bis zu dieser Behauptung führte die einseitige Entwickelung jener Ansicht der ältesten Kirche über das Alte Testament: auch die dogmatischen Lehrentwickelungen späterer Jahrhunderte wollte man darin wiederfinden. Und hatte man einst die evangelischen Berichte aus dem Inhalte der Weissagungen ergänzen und vervollständigen wollen [2]), so unterließ dies jetzt auch Origenes nicht. In dem vierzigsten und vier und funfzigsten Psalm fand er eine Charakterzeichnung des Judas Ischarioth [3]), und suchte auch in manchen andern Psalmen Züge, die er in die Geschichte Jesu verwob.

Noch auffallender als dies, ist eine Erklärung, durch welche er, wenn wir sie ganz so, wie sie lautet, auffassen dürften, dem Alten Testament unbedingt vor dem Neuen den Vorzug zuerkannt haben würde. Er sagt unmittelbar nach Anführung jener Stelle des Psalms: ich sage, daß ihr Götter seid und alle Söhne des Höchsten [4]), — daß das Neue Testament solche Zusicherungen nicht enthalte, und daß, wenn einmal frevelhafter Weise zwei einander feindliche göttliche Principe angenommen und dem einen von beiden Testamenten der Vorzug gegeben werden müßte, unbedenklich er für das Alte entscheiden würde, weil darin die Liebe Gottes um

---

1) Tom. in Ioan. II, 87.
2) Man vgl. was ich darüber im vorjährigen Göttinger Osterprogramm zu Anfange bemerkt habe.
3) Tom. in Ioan. XXXII, 436.   4) Pf. 81, 67.

vieles herrlicher, als in dem Neuen, sich kund gebe ¹). Daß er jedoch nur in der Polemik gegen gnostische Herabwürdigungen des Alten Testaments sich in dieser Weise erklären konnte, folgt aus den zahlreichen Stellen, in welchen er alles Licht, welches darin für den kundigen Deuter enthalten ist, von dem Evangelium herleitet. An sich habe es im Vergleich mit diesem keine größere Klarheit, als die der Lampe beim Leuchten der Sonne. Man findet die Herrlichkeit des Evangeliums auch im Gesetze; aber nur dann ist auch das Alte Testament ein Evangelium, wenn man es im Lichte des Neuen deutet. Und das mattere Leuchten der früheren Urkunde war eine weise Veranstaltung der erziehenden göttlichen Liebe: es sollte uns allmälig gewöhnen, den helleren Glanz der Herrlichkeit Christi aufzufassen ²).

Warf man ein, daß doch das Hangen am Alten Testament so vielen Juden ein Hinderniß der Bekehrung werde, so erwiederte er, daß freilich nur das rechte Verständniß des Gesetzes und der Propheten förderlich sein könne. Wer den geistigen Sinn des Gesetzes und der Propheten kennt, ist eben hiedurch auf den tieferen Inhalt der Evangelien und alles dessen was Christus gesagt und gethan hat, hingewiesen. Verstehen wir hingegen jene Urkunden nicht, so sind sie für uns stumm, wie einst Zacharias, der Vater des Täufers, verstummte, und Moses lange schwerer Zunge war ³). Und hat jemand die Einsicht in das Evangelium gewonnen, so hat alsdann für ihn das Alte Testament nicht mehr den geringsten Werth: es ist nur dem Dünger — zu solchen Erklärun-

---

1) Hom. in Ezech. I, 359. Man kann zweifelhaft sein, ob man hier in dem Satze: multo maiorem in Veteri Testamento ostendi humanitatem, quam in Novo, das Wort humanitas, wofür sich im Grundterte wohl kaum ἀνθρωπότης fand, von der menschlichen Natur verstehen solle, deren Erhabenheit jener Ausspruch des Psalms in das hellste Licht stelle, oder von der göttlichen Güte und Liebe. Bei genauer Erwägung wird man allein das letztere zulässig finden.

2) Tom. in Matth. X, 452.   3) Hom. in Luc. V, 937.

gen verleitete ihn hier der Eifer, mit welchem er jüdische Anmaßungen bekämpfte, — zu vergleichen, der seinen Zweck erreicht hat, wenn er die Frucht des Weinstocks zeitigen half [1]). Wie der Glanz des die Nacht erhellenden Gestirns erbleicht, wenn die Sonne aufgeht, so verschwindet die Herrlichkeit Moses vor der, die in Christus uns kund ward; unendlich erhabener ist Christus, als Moses: seine Herrlichkeit vernichtet die von ihr weit überstrahlte Herrlichkeit, die Moses hatte [2]).

Worin Origenes, in durchgängiger Übereinstimmung mit Clemens, die Vorzüge des Neuen Testaments fand, dies sagen folgende Stellen. Das Alte Testament kennt zwar den wahren Gott, aber als Vater lehrt es ihn nicht kennen, oder doch nur dann, wenn wir den geheimen Sinn verstehen; Christus zuerst verkündigte Allen den Vater. Er allein ist die Thür zur Erkenntniß des Vaters; in ihm nur schauen wir den Vater an: „wer den Sohn siehet, der siehet den Vater" [3]). Und ob es gleich wahr ist, sagt er in Beziehung auf eine andere, oben mitgetheilte Erklärung, daß der Weise versteht, was er sagt, nichts auf seinen Lippen ist, was er nicht versteht, und deshalb Moses und die Propheten das genaueste Verständniß aller der Mysterien besaßen, die ihre Schriften enthalten, so heißt es doch auch, ein Weiser lobe das weise Wort, welches er hört, und füge zu demselben hinzu [4]). Aber was es denn sei, was sie hinzufügten, dies ließ Origenes völlig unbestimmt; und gewiß, er konnte auch keine sichere Grenze ziehen, wenn er in dem Alten Testamente das alles fand, was er daraus schöpfen wollte, und durch seine Deutungen hineintrug, so viel ihm genehm war. Er mußte sich begnügen ein ganz unbestimmtes Mehr den Aposteln zuzuweisen. Die Apostel, sagt er, erfreuten sich noch verborgenerer, tieferer Wahrheiten, und zahlreicherer Blicke in die göttliche Weisheit: Jesus richtete ihre Augen

---

1) Tom. in Matth. l. c. 2) Tom. in Ioan. XXXII, 449.
3) Ibid. XIX, 281 sq. 4) Sirach 21, 18.

empor und erleuchtete ihren Geist. Moses und die Propheten waren freilich nicht etwa geringer, als die Apostel. Nicht in ihnen selber dürfen wir den Grund suchen, weshalb sie nicht alles sahen, was bei Christi Erscheinen den Aposteln offenbar ward: sie gehörten einer Zeit an, welche die Bestimmung hatte, zu warten auf das Erscheinen dessen, der über Alles erhaben ist, und von welchem auch Größeres, als alles, was je gesagt oder geschrieben worden, enthüllt werden sollte [1]). Im Neuen Testament ist die Erfüllung aller Dinge [2]). Durch Christi Ankunft wird die Schrift erfüllt, und durch ihre Erfüllung ward sie klar: er selber, der göttliche Logos, macht alle Stellen der Schrift durch seine Menschwerdung deutlich und hell [3]). Wie er zu Kana das Wasser in Wein verwandelte, so hat er auch die Schrift, die gleichsam Wasser war, bevor er erschien, und der bei seiner zweiten Zukunft eine neue, herrlichere Wandlung bevorsteht, für uns in Wein verwandelt [4]). Sie ist jene verschlossene Thür zum Heiligthume [5]), die nicht geöffnet wird, und durch die niemand geht, bevor Gott, der Herr, durch sie hindurchgeht. Bevor nun Gott kam, war das Gesetz verschlossen, und verschlossen der Propheten Rede, verhüllt der alttestamentliche Text [6]). Durch seine erste Ankunft ward dieses heilige Buch noch nicht von allen seinen Siegeln befreit. Zwar zerriß bei Jesu Tode der Vorhang im Tempel; aber auch das Allerheiligste ist durch einen Vorhang vom Heiligthume geschieden, und dieser zerriß nicht bisher: noch erkennen wir nur stückweise; einst zerreißt auch dieser Vorhang [7]).

So besteht denn im Grunde, bei vollkommen gleichem Inhalte, der Vorzug des Neuen Testaments vor dem Alten darin, daß, während in diesem die Wahrheit nur verhüllt gefunden wird, jenes

---

[1]) Tom. in Ioan. XIII, 258.   [2]) Hom. in Gen. III, 70.
[3]) Tom. in Ioan. XIII, 253.   [4]) Ibid. 277.
[5]) Ezech. 44, 3.   [6]) Hom. in Ezech. XIV, 405.
[7]) Ser. in Matth. p. 926.

dieselbe in hellem Lichte zeigt [1]. Wie der Schatten sich zu dem Körper verhält, so das, was Gesetz und Propheten zu erkennen gaben, zu dem Inhalte des Neuen Testaments. Der Erlöser erschien, er, das Evangelium selber, in einem irdischen Körper: durch ihn wurde alles klar. Vermittelst des Evangeliums, oder was dasselbe ist, des Neuen Testaments, — das ganze neue Testament ist Evangelium, — ward Alles in ein solches umgewandelt. Doch wird mit Recht dasjenige, vermöge dessen auch des Alten Testaments evangelischer Inhalt ins Licht trat, vorzugsweise Evangelium genannt [2]. Der neue Geist ist in allen biblischen Büchern enthalten, aber nur von dem Lichte derjenigen Einsicht, die aus dem Neuen Testament entspringt, erhalten alle ihr Licht. Dieses ist also gleichsam ein selbstständig leuchtendes Licht, das Alte ein abgeleitetes, oder auch jenes der erste Aufgang des Lichtes, dieses der vollere Lichtglanz. Zwischen beiden in der Mitte steht, als Repräsentant des ersteren, Johannes der Täufer, das eine abschließend, das andere einleitend, nicht größer als die Propheten, sondern ihnen gleich, und doch auch in der That ein Apostel, ein Herold des Herrn: er die Stimme, Christus das Wort. Der Schall muß zuvor vernommen werden, sodann faßt man die Bedeutung auf [3].

Die hier mitgetheilten Ansichten würden sich, hätte Origenes sie minder bestimmt ausgesprochen, deutlich schon daraus ergeben, wie er die alttestamentlichen Stellen auslegt, mit neutestamentlichen zusammenstellt, neutestamentliche Gedanken in sie hinüberträgt und zwangsweise die frühere Urkunde zu einem Behälter aller kirchlichen Dogmen umschafft. Als Beispiel genüge seine Angabe des Inhalts, den er in dem Buche Josua findet. Dasselbe gilt ihm nicht eben

---

1) Dies sagt auch die Stelle c. Cels. V, 624, wo Origenes in der Art des Schriftverständnisses den Unterschied zwischen Juden und Christen findet.   2) Tom. in Ioan. I, 8.
3) S. Tom. in Ioan. II an manchen Stellen.

als eine Darstellung dessen, was jener Josua, der ein Sohn des Nun war, gethan hat: es bildet, sagt er, das heilige Thun und Leben meines Jesu, unseres Herrn, ab [1]). Und so erklärt er denn auch in seinen Homilien sehr häufig, daß es seine Absicht sei, den Text auf Christus zu deuten. Sagte nicht auch Augustinus, man solle die Bibel so lesen, als ob sie ganz mit Christi Blut geschrieben sei [2])? Beide suchten im Alten Testamente das Neue, vervollständigten die Berichte und Lehren des letzteren aus jenem, und waren überzeugt, daß beide gleichen Inhalts, beide vollkommen gleichartig seien.

Verkannte Origenes schon im allgemeinen die Eigenthümlichkeit, die sie von einander unterscheidet, und hielt er die Verschiedenheit lediglich für eine formale, so läßt sich nicht erwarten, daß er das innerliche Verhältniß zwischen Gesetz und Evangelium genügend aufgefaßt haben werde. In der That übersah er ganz die ethische und pädagogische Bestimmung des ersteren, irregeleitet durch jene dem Zeitalter eigene Bevorzugung des speculativen Elementes vor dem praktischen, und ließ, ungeachtet des großen Werthes, den er auf die Ascese legte, selbst dasjenige unbeachtet, was er für diese aus dem mosaischen Gesetze gewinnen konnte. Immer betrachtete er dasselbe nur als Vorbild und Schatten der christlichen Zustände. Und außer Stande in das eigentliche Wesen und die Bedeutung des Mosaismus einzubringen, faßte er jedes einzelne Gebot, jede dargestellte Begebenheit, jedes Wort vereinzelt auf, um so in demselben die Beziehung aufzufinden, in die er es zu dem Neuen Testament stellte. So können uns denn bei ihm selbst Urtheile nicht überraschen, welche den mosaischen Institutionen nur ein äußerst geringes legislatives Verdienst einräumen. Fasse ich, sagt er [3]), allein den Buchstaben auf, so kann ich nur

---

1) Hom. in Ios. I, 397.
2) „Biblia ita legenda sunt, ac si tota sanguine Christi scripta essent."
3) Hom. in Lev. VII, 226.

mit Erröthen Gott den Urheber dieser Gesetze nennen. Viel trefflicher und vernunftgemäßer erscheinen mir dann die Gesetze der Menschen: die römische, athenische, spartanische Gesetzgebung. Die meisten mosaischen Gesetze sind ihrem Wortverstande nach zum Theil abgeschmackt, zum Theil unausführbar, und zwar letzteres nicht etwa vermöge des durch die Sünde geschwächten sittlichen Vermögens der Menschen, sondern weil sie keinen verständigen Sinn haben [1]). Viele dieser Gesetze sollten auch in der That nie als gesetzliche Vorschriften gelten. Nur sage man nicht, daß alle lediglich als Symbole aufgefaßt werden sollten. Man unterscheide die, welche die Überschrift (Ceremonial-) Gesetze nennt, von den Geboten: erstere waren nur Typen der zukünftigen Dinge; letztere enthalten sittliche Vorschriften, zum Theil ewige und allgemeingültige, wie der Decalog [2]) und jenes Gebot, welches Jesus selber das größte von allen genannt hat [3]).

Fand Origenes in dem Gesetze einen evangelischen Inhalt, so erschien ihm das Evangelium als eine neue, nur minder drückende gesetzliche Veranstaltung. Dasselbe ist ihm ein zweites, nur in einigen Bestimmungen verändertes Gesetz [4]), durch welches jedoch alles zur Vollendung gelangt [5]). Aber um vieles sanfter ist das Joch, welches es auferlegt, leichter die Last, als die man früherhin trug. Schwer drücken beide Gesetze; aber wie Jesus reitend auf einem Esel und einem Eselsfüllen einzog in Jerusalem, und dem Füllen nur die leichtere Last aufgelegt wird, so hat auch die neue Urkunde eine geringere Schwere, als die ältere [6]). So ist das Evangelium, schon die Wortbedeutung lehrt es, die lange ersehnte

---

1) De Princ. IV, 69. 351; c. Cels. VII, 708.
2) Hom. in Num. XI, 304, und dazu Mosheim (de Rebus Christ. p. 653).
3) Ser. in Matth. p. 831. Nur die Ceremonien schaffte Jesus ab; den wahren Sinn des Gesetzes hat er festgestellt: c. Cels. II, 391.
4) C. Cels. VII, 712; eine Stelle, die nur zu deutlich zeigt, wie wenig Origenes Blick hier in die Tiefe drang.
5) De Princ. IV, 363. 6) Tom. in Ioan. X, 189.

Freudenbotschaft von der endlichen Erscheinung des Erstgeborenen aller Creatur [1]). — Man wird in dieser Ansicht nicht den so hemmenden Einfluß verkennen, welchen das Emporkommen der judaistischen Richtung auf die kirchliche Lehrentwickelung ausgeübt hat. Ein tieferes Verständniß der Erlösung, die er fast immer nur als Befreiung des Geistes durch Wahrheit auffaßte [2]), war bei solchen Grundanschauungen unmöglich.

Auch auf die Würdigung der didactischen Elemente des Evangeliums wirkten dieselben nachtheilig ein. Dieses ist, nach Origenes, nicht die vollkommene Offenbarung: wie das Gesetz zu dem Evangelium, so verhält sich dieses zu dem, was uns die Zukunft jenseits enthüllen wird [3]). Aber wie er auch das innere Wesen der Erlösung durch Christus und hiemit zugleich die unbedingte Vollkommenheit, in welcher die Gnade Gottes in ihm sich offenbarte, verkennen und von dem Jenseits eine Bereicherung der christlichen Lehre erwarten mochte: immer verehrte er doch Christus als den lebendigen Inbegriff aller Güter, aller Erkenntnisse, deren der Mensch bedarf und nach welchen er Verlangen trägt: er nannte ihn das Gute selber, im vollsten Sinne des Wortes, den Ersehnten, in welchem alles, wonach wir verlangten, alles Heilbringende, im vollsten Maße ist [4]). So fand er das Wesen des Evangeliums in der Botschaft, daß endlich dieser Christus erschien und in ihm Allen ewiges Heil ward. Denn auch er bezeugte, daß Christus der König aller Könige und Herr aller Herrn, der Schatz über alle Schätze, die köstlichste Perle ist: in ihm ist die Fülle aller Güter; mögen wir nur ihn nicht verlieren [5]). Und wie er so im allgemeinen ganz richtig erkannte, worin das Wesen des Evangeliums bestehe, so sagte er auch treffend im

---

1) Tom. in Ioan. I, 7.   2) Ibid. XXXII, 429.
3) S. oben S. 268, und Sel. in Ezech. p. 408.
4) Tom. in Ioan. I, 7; Comm. in Ep. ad Rom. II, 483.
5) Tom. in Ioan. I, 10 sqq Hom. in Cant. I, 14.

allgemeinen, das alte Testament sei der Anfang des Evangeliums, dieses aber die Krone der gesammten heiligen Schrift [1]).

Es ist seine Lehre von Weissagung und Typus, von welcher dasjenige, was er über die Gleichheit des Inhalts beider Testamente sagt, ein neues Licht empfängt.

Wie ein und derselbe Gott Propheten und Apostel begeisterte, so ist es auch derselbe Christus, den beide vor Augen hatten; mit beiden ging er um, zu beiden und aus beiden redet er. Sehr viele Weissagungen sind nur als Worte, die Christus selber spricht, aufzufassen [2]); sein Geist war in den Propheten. Alle einzelnen Vorgänge seines Lebens ließ er sie, gleichsam im Spiegel, erkennen. Sie konnten deshalb seinen Geburtsort, seine Reisen, seine Schicksale, seine Lehre mit allen Dogmen, die sie in sich faßt, aufs genaueste vorherverkündigen. Über alles und jedes, was geschehen sollte, finden wir uralte Weissagungen. Von Christus zeugen der Pentateuch, wie jeder der Propheten, und die Psalmen, und überhaupt die gesammte heilige Schrift [3]). Indessen muß man die deutlichen und directen Weissagungen, von den nur dem Kundigen verständlichen Andeutungen unterscheiden [4]). Zu jenen gehören im Pentateuch nur drei Stellen: der Segen Jacobs, der Spruch des Bileam und Moses Segen; alles übrige hat nur eine typische Beziehung auf Christus; es enthält nur Andeutungen [5]). Demnach war Origenes wohl geneigt die Zahl der Stellen, welche die damalige Kirche als eigentliche Weissagungen gelten ließ, zu verringern; er verließ bisweilen ganz die herkömmliche Auffassung [6]).

---

[1] Tom. in Ioan. I, 4.   [2] Ibid. VI, 138.
[3] Ibid. II, 87; V, 97. De Princ. IV, 331 sqq.
[4] C. Cels. I, 366: λεκτέον οὖν πρῶτον, ὅτι πολλοὶ προφῆται παντοδαπῶς προεῖπον τὰ περὶ Χριστοῦ, οἱ μὲν δι' αἰνιγμάτων, οἱ δὲ δι' ἀλληγορίας, ἢ ἄλλῳ τρόπῳ, τινὲς δὲ καὶ αὐτολεξεί.
[5] Ibid. p. 368. 374.
[6] So deutet er Jes. 61, 1 nicht auf Christus, sondern fand, daß hier der Prophet von sich spreche: Tom. in Ioan. VI, 138. S. auch Ibid. I, 31.

Auch dürfen Weissagung und Vorhersagung nicht mit einander verwechselt werden. Jene betrifft die Erscheinung des Logos in Jesu und sein Reich [1]), diese nur untergeordnete Dinge; und wenn man bei den Propheten auch solche Vorhersagungen findet, so sollten hiedurch die Juden nur für die ihnen verbotenen mantischen Wahrsagungen entschädigt werden [2]), wie überhaupt das Weissagen ein dieser entsprechendes Höhere ist [3]). Und wer nicht, bei vollkommen klarer Besonnenheit, auch des Verständnisses der Mysterien, die er schaute, sich erfreute, ist kein Prophet; ja es kann sein, daß einen solchen nicht der Geist des Herrn, sondern eine biabolische Macht, oder irgend eine zufällige Veranlassung, in Ekstase versetzte [4]). So war Bileam nur ein Wahrsager, und auch Kaiphas war kein Prophet; so wenig als der, welcher eine gerechte Handlung vollbrachte, sogleich ein Gerechter ist, oder der ein Arzt, dem die Heilung eines Kranken gelang [5]). Denn die Wahrsagung als solche ist weder gut noch böse an sich, eins der Mitteldinge, und nur durch Ursprung und Zweck wird sie eine heilige Begeisterung [6]). Bisweilen ist selbst eine unsittliche Gesinnung geeignet, Blicke in die Zukunft zu thun, die jedoch in der Regel nur einem heiligen Sinne gewährt werden. Denn wohl kann der heilige Geist vorübergehend auch eine unheilige Seele berühren, und selbst die unreinen Geister legen von Christus Zeugniß ab [7]). Ist er doch das Ziel aller Dinge, alles, was geschieht, wir mögen wollen, oder nicht, ihm dienstbar. Aber in gerader Richtung weisen auf ihn nur diejenigen Vorherverkündigungen hin, die der Geist des Herrn eingab. Und sie alle haben den Zweck, das Bild des Heilandes im treusten Abrisse darzustellen. Diese Genauigkeit der Angaben war unerläßlich: sie ist geeignet

---

1) C. Cels. VII, 706.
2) Ibid. I, 354.
3) Ibid. III, 448.
4) Tom. in Ioan. XXVIII, 390. 394.
5) Ibid. p. 385.
6) C. Cels. IV, 574. Hom. in Num. XVI, 331.
7) Tom. in Ioan. XXVIII, 385.

die Ungebildeteren, für die es der auffallenden Wahrzeichen bedarf, zum Glauben hinzuleiten¹), und alle wird die heilige Liebe erheben, mit welcher die Propheten des Kommenden gewartet haben ²).

Der größte aller Propheten ist Johannes der Täufer, nicht eine erhabnere Natur, als sie ³), sondern durch seine Stellung als Vorläufer des Herrn, hier auf dieser Erde und in der Unterwelt, in die er vor Jesus hinabstieg ⁴). Als der größte von allen, die vor ihm geboren wurden ⁵), ist er auch größer als Moses, ausgezeichnet, bevor er geboren wurde, im Schoße der Mutter ⁶); er ist einer jener höheren Geister, von welchen man vermuthen darf, daß sie aus ihrem vorweltlichen Dasein mit besonderem göttlichen Auftrage herniedergesendet wurden ⁷). Mit ihm, den man auch wohl das Ende des Gesetzes und der Propheten nennen darf ⁸), dem Repräsentanten des Alten Bundes, dem Vorboten des Neuen ⁹), erlosch die Weissagung unter den Juden ¹⁰).

Die Typen verhalten sich zu der Wahrheit, welche sie abbilden, nicht anders als der Zustand derer, die unter bestimmten Formen auf äußerliche Weise Gott anbeten, zu der Anbetung im Geist und in der Wahrheit. Wie aber selbst die wahren Anbeter bisher nur das „Unterpfand" des heiligen Geistes empfingen und dann erst, wenn sie einst diesen in aller Fülle besitzen, den Vater wahrhaft im Geiste anbeten, während hier alles Erkennen wie durch einen Spiegel geschieht: so sind auch die Typen des Alten Testaments nicht unmittelbare Typen der wahren Verhältnisse, sondern Typen von Typen, und ihre volle Bedeutung wird hier vermittelst des Geistes erkannt; jenseits schauen wir sie ¹¹).

---

1) Tom. in Ioan. II, 87.
2) Ibid. VI, 121.   3) Ibid. p. 122.
4) Ibid. l. c. Hom. in Luc. V, 937.
5) Matth. 11, 11. Luc. 7, 28.   6) Hom. in Luc. X, 944.
7) Tom. in Ioan. II, 82. Vgl. de Princ. III, 312.
8) Ser. in Matth. p. 864 sq.   9) Tom. in Ioan. I, 15 sq.
10) Hom. in Luc. XXII, 959.   11) Ibid. XIII, 228.

Deshalb ist nur diejenige Deutung der alttestamentlichen Typen eine vollständige, die sich nicht begnügt sie auf die Begebenheiten der evangelischen Geschichte zu beziehen, sondern die auch hinaufweis't zu den oberen, ewigen Verhältnissen der Dinge. Geschichtliche Begebenheiten sind mehr, als bloß Typen andrer geschichtlicher Vorgänge, und die äußerlichen Dinge deuten nicht etwa nur auf andere äußerliche Verhältnisse hin: das Äußerliche ist Abbild des Geistigen, das faktische Abbild des Intelligiblen [1]. So ist die jüdische Paschafeier nicht nur Vorbild des heiligen Mahles der Christen; es giebt ein drittes, allbeseligendes Pascha, welches in der Versammlung von Myriaden der Engel gefeiert wird [2]. — Diese an sich nicht eben durchaus verwerfliche Ansicht wurde, bei dem damaligen atomistischen Zerstückeln des Schriftganzen, die Grundlage eines regellosen, schwärmerischen Spiels der Einbildungskraft; und indem sich der eigentliche Mittelpunkt der biblischen Offenbarungen unmöglich auffinden ließ, seit man den einen und untheilbaren Organismus irrig für ein Aggregat lebloser Atome genommen hatte, geschahe es, daß Origenes selbst das Leiden und den Tod des Erlösers als Abbild einer Kreuzigung desselben im Himmel betrachtete [3]. Seine Lehre von einer ewigen Fortbewegung, einem stets wechselnden Steigen und

---

1) Tom. in Ioan. X, 197.

2) Ibid. p. 178. Nur selten, wie es in der Natur der Sache liegt, führt Origenes diesen zweiten Sinn der alttestamentlichen Typen aus. Um so fruchtbarer ist er, wenn es die Deutung des A. T. auf Christus und die Zustände unter dem N. T. gilt. Alle seine Commentare bieten hier die reichste Ausbeute; als Beispiele hebe ich unter vielem hervor: die Vergleichung Christi mit Joseph, Hom. in Luc. XXVIII, 966; mit Salomo, Prol. in Cantic. p. 34, und die Symbolisirung der Arche Noahs, Hom. in Gen. II, 60 sqq., wie der Stiftshütte und ihrer Geräthe, Hom. in Num. V, 284.

3) De Princ. IV, 79; II, 173; IV, 364. Vgl. meine Anmerkung zu der zuerst angeführten Stelle.

Sinken der Geister, war nicht ohne Antheil an diesem Mißverständnisse.

Außer jenem Hauptzwecke, der Mittheilung der Wahrheiten, deren Umkreis hier bezeichnet worden, hat die Schrift noch einen zweiten. Absichtlich verbarg und verhüllte sie eben jene Lehren, um nicht das schwächere Auge zu blenden [1]).

Wie alles Irdische und Sichtbare ein Höheres abspiegelt, so ist auch die Geschichte, welche unsere heiligen Schriften erzählen, das Bild der Vorgänge in der oberen Welt, nicht völlig entsprechend, so wenig als diese materielle Welt der getreue Abdruck der höheren Zustände ist, aber fast entspricht sie doch völlig. Ihrer bediente sich deshalb der heilige Geist als der Hülle, in welche er seine Geheimnisse kleidete, und so fern das Geschehene jene Verhältnisse der Geisterwelt wirklich abspiegelt, stellt er es unverändert dar. Wo die Erzählung des wirklichen Herganges aufhören würde, sie getreu abzubilden, da schiebt er das Nichtgeschehene, bisweilen das Unmögliche, ein; im Neuen Testamente nicht minder, als in dem Alten. So ist kein Berg so hoch, daß Jesus von seinem Gipfel aus alle Reiche der Erde hätte erblicken können; dennoch erwähnt die Schrift eines solchen Berges. Und es giebt in ihr sehr viele ähnliche Angaben, selbst Vorschriften und Gebote, die dem Wortsinne nach das Unmögliche oder Unwahre enthalten [2]). Denn vor allem suchten die Evangelisten Jesu wunderbare, unaussprechliche Macht und Hoheit ins Licht zu setzen, und sie besaßen manche besondere, rein geistige Offenbarung, die nur durch die Einfügung gewisser nicht thatsächlicher Nebenumstände in die Erzählung der Begebenheit versinnlicht werden konnten. Hierin haben manche Umstellungen der Thatsachen, bei Wundererzählungen die verschiedene Angabe der Zeit, des Orts, der Personen, ihren Grund, und wer kann die heiligen Verfasser tadeln wollen, wenn

---

[1]) De Princ. IV, 64. [2]) Ibid. p. 66 sqq.

sie, um höhere mystische Betrachtungen zu veranlassen, diese freiere Darstellung sich gestatteten [1]).

Denke dir, sagt Origenes, daß einige von denen, die mit dem Auge des Geistes Gott schauen und wissen, welcher Art sein Umgang mit den Seelen der Heiligen ist, sich vorsetzten, diese geheimnißvollen Berührungen zu beschreiben. Denke dir, es seien der Erzähler vier: der eine berichtet, was in der Seele irgend eines frommen Mannes, gleichviel wo er wohnen mag, sich zutrug; der andere, was einem Anderen geschah, und so der dritte und vierte. Diese vier Berichterstatter werden in Vielem zusammenstimmen, Einiges hingegen sehr verschieden erzählen; es wird dasjenige, was das Innerste des Herganges betrifft, in der Sache bei allen dasselbe sein: die äußeren Umstände der Geschichte, durch welche sie ihre Gedanken auszudrücken suchten, werden hingegen kaum von ferne einander gleichen. Ort, Zeit und Person werden sie beliebig angeben, und so von einander völlig abzuweichen scheinen. Wer nun hier die geschichtliche Einkleidung für die Hauptsache nimmt, wohl gar meint, daß Gott räumlich an einem Orte gegenwärtig sei, nicht gleichzeitig Mehreren geistig vernehmbar werden, noch auch mehreres zugleich sagen oder thun, zugleich sitzend und stehend dargestellt werden könne: dem müssen diese vier Erzähler nothwendig das Unwahre zu berichten und sogar entgegengesetzte Dinge auszusagen scheinen. Aber blickst du tiefer, erkennst du, was ihr Geist anschaute, so verschwinden die Widersprüche. Ihre Absicht, das geistig und klar Wahrgenommene darzustellen, haben sie trefflich erreicht. Denn wo sie konnten, haben sie die nackte, einfache Geschichte erzählt, die dann sowohl geistige, als geschichtliche, materielle Wahrheit [2]) ist; wo die Vereinbarung unmöglich war, haben sie die geistige Wahrheit vermittelst einer, wie man sich ausdrücken möchte, materiellen Lüge [3]) dargestellt.

---

1) Tom. in Ioan. X, 164.
2) Ich glaube für: $\dot{\eta}$ $\delta\iota\dot{\alpha}$ $\varepsilon\iota\kappa\acute{o}\nu o\varsigma$, lesen zu müssen: $o\dot{\upsilon}$ $\delta\iota\dot{\alpha}$ $\varepsilon\iota\kappa\acute{o}\nu o\varsigma$.
3) ... $\dot{\varepsilon}\nu$ $\sigma\omega\mu\alpha\tau\iota\kappa\tilde{\omega}$ $\dot{\omega}\varsigma$ $\ddot{\alpha}\nu$ $\varepsilon\ddot{\iota}\pi o\iota$ $\tau\iota\varsigma$ $\psi\varepsilon\acute{\upsilon}\delta\varepsilon\iota$.

Allein eben diese Unrichtigkeiten schließen Wahrheiten von einer solchen Wichtigkeit und solchem Umfange in sich, daß im Vergleiche mit diesen das Unwahre der Angabe völlig verschwindet. So sagte Jacob die Unwahrheit, als er sich für den Erstgeborenen ausgab; aber sofern er wirklich die Rechte der Erstgeburt erworben hatte, sprach er die Wahrheit. Und so führt Jesus sehr verschiedene Namen, und stellt sich von sehr verschiedenen Seiten dar: er ist wirklich der Sohn Gottes und des Menschen Sohn, Herr und Knecht, wie noch vieles andere. Wenn schon Paulus den Juden ein Jude, den Griechen ein Grieche wurde, und sich anders zu Corinth, anders in anderen Gemeinden gab, ein Petrus bald als der Fischer aus Capernaum, bald als Felsmann auftrat, und der Täufer Johannes, welcher nach dem Berichte der synoptischen Evangelisten früher, nach Johannes später verhaftet worden ist, gleichzeitig frei und als Gefangener erscheint: sollte da nicht vielmehr der Herr, der ja göttlicher Natur ist, von sehr verschiedenen Seiten sich kund gegeben haben, während sein Wesen unverändert dasselbe blieb? Nichts ist verderblicher, als bei ihm sich auf eine einseitige Auffassung beschränken, bald ihn allein von der menschlichen Seite, bald allein als göttliches Wesen betrachten: ganz, wie er war, soll er uns vor Augen stehen; alles, was in ihm ist, sollte uns kund werden. Und dies vermöge der evangelischen Darstellungen, die gegenseitig einander ergänzen, und nicht alle genau dasselbe wiederholen. Doch auch so kann niemand ganz und vollkommen das Bild des Herrn, wie es aus den vier Evangelien sich zusammensetzen läßt, auffassen und so sich aneignen, daß nichts daran fehlt, nichts vermißt wird [1]).

Seltsam ist, daß Origenes nur deshalb der Schrift so vieles Unwahre aufbürdete, weil er wünschte, ihr eine vollkommene Unfehlbarkeit beizulegen. Überall sieht man die fromme Angelegentlichkeit, womit er jeden Widerspruch, welchen die Schrift enthält

---

1) Tom. in Ioan. X, 163. 166; VI, 150.

Ihre Wahrheit.

oder zu enthalten scheint, hinwegzuräumen¹) und in jeder ungenauen Angabe eine Absicht nachzuweisen sucht. Jene alexandrinische Mikrologie, welche, wie später die der paläſtinenſiſchen Juden, Sylben und Buchſtaben zählte, und dabei freilich über der äußeren Form nicht selten das Wesentliche verkannte, schien ihm vor allem bei den heiligen Urkunden unerläßlich. Sie zieht sich durch alle ſeine Schrifterklärungen hindurch; auf jedes Einzelne legt er ein übermäßiges Gewicht, und ſelbſt das Schweigen der Schriftsteller glaubt er als ein vielsagendes Zeugniß betrachten zu müſſen. So behauptet er, die Brüder Jeſu ſeien nicht auf der Hochzeit zu Cana geweſen, denn ihre Gegenwart werde nicht angezeigt, und unterſucht ausführlich, weshalb ſie nicht kamen²). Die Seethiere, meint er, seien der Herrschaft des Menschen nicht unterworfen geweſen, denn sie würden in dem Verzeichniſſe nicht aufgeführt³). Und nichts, gar nichts wollte er für überflüſſig und unfruchtbar halten; es fordere und lohne jedes einzelne Wort die sorgfältigste Erwägung⁴).

Frühzeitig hat man Origenes vorgeworfen, er leugne die ganze heilige Geschichte hinweg, und zerstöre den Glauben ſelbſt an die Thatsachen des Lebens Jeſu. Gegen diese Anklage führte Pamphilus, nicht ohne Parteilichkeit, seine Vertheidigung⁵). Es war nicht schwer, eine große Anzahl von Stellen seiner Schriften an einander zu reihen, aus welchen hervorging, wie viel deſſen

---

1) Über dieſes Streben der ganzen alten Kirche, welches wir namentlich bei Juſtin antreffen, f. Auguſti dogmatiſche Einleitung S. 307. Es verleitete Origenes zu der willkührlichſten Kritik. So glaubt er, daß die Worte Matth. 22, 39: ἀγαπήσεις τὸν πλησίον σου ὡς σεαυτόν, hier nur der Zuſaß eines Unkundigen sein könnten, weil ſie ſich bei Marcus und Lucas nicht finden: Tom. in Matth. XV, 672. An anderen Stellen erkennt er jedoch die Ächtheit an. So Hom. in Luc. XXXIV, 972; Fragm. in Luc. p. 981 und öfter.
2) Tom. in Ioan. X, 168.   3) Sel. in Gen. p. 26.
4) Tom. in Ioan. XIX, 288.
5) Apologia Pamphili pro Origene, Opp. Orig. Vol. IV. App. p. 35. 37.

sei, was er als Thatsächliches anerkannte. Hatte er doch gelehrt, daß Christus einen wirklichen menschlichen Körper besaß, allen Verrichtungen desselben sich unterzog, gegessen, getrunken, Wunder gethan, gelitten habe, gekreuzigt und auferstanden sei; daß ferner die heilige Geschichte des Alten Testaments geschichtliche Wahrheit sei; daß Adam zuerst geschaffen, Eva aus seiner Rippe gebildet, Henoch in den Himmel aufgenommen worden sei; daß Noah die Arche baute, Abraham drei Männer, deren einer der Herr war, bewirthete. Allein gegen manches Andere erregte er doch auch Zweifel, oder leugnete die Thatsache unbedingt. In der Kosmogonie, in der Erzählung von den Brunnen, welche Isaak grub, und von dessen Opferung, fand er nicht historische Wahrheit; im Neuen Testamente war ihm der Einzug Jesu in Jerusalem [1]), die Tempelreinigung [2]), das Fußwaschen [3]), wie mancher geringfügigere Umstand, verdächtig. Doch entscheidender als diese Einzelnheiten, ist, was er selber über die historische Glaubwürdigkeit der biblischen Berichte sagt.

Origenes unterschied Wunder und Zeichen, und legte auf jene, unter denen er ungewöhnliche, die Aufmerksamkeit stark erregende Vorgänge verstand, geringen Werth: sie haben ihn nur für die rohe Menge, die vor allem aus ihrer Gleichgültigkeit geweckt werden muß. Die Zeichen hingegen erklärte er für Symbole [4]) geistiger Dinge, und hielt die symbolische Geltung für das Hauptsächliche [5]). So galten ihm selbst das Leiden und der Tod des Erlösers zumeist als große Veranschaulichungen ewiger Wahrheiten. Damit jedoch niemand glaube, erklärt er, daß nichts in unsern

---

1) Vielleicht wegen der Annahme, daß Jesus auf zwei Eseln dort eingeritten sei.
2) Weil sie eine niedere Leidenschaftlichkeit verrathe.
3) Es mochte ihm der Würde Jesu nicht angemessen scheinen. S. Tom. in Ioan. XXXII, 423.
4) Δηλωτικά τινων παρὰ τὰ γινόμενα σημεῖα.
5) Ibid. XIII, 279. Vgl. über die Wunder auch c. Cels. I, 382; II, 425.

Historische Unglaubwürdigkeit. 295

Evangelien wahre Geschichte sei, weil manches nicht wirklich geschah, und kein Gesetz dem Wortsinne nach beobachtet sein wolle, weil manches dem Wortverstande nach unverständig oder unausführbar ist, oder daß gar dasjenige, was über den Heiland berichtet wird, nicht auch buchstäblich [1]) Wahrheit sei, oder keines seiner Gebote befolgt werden müsse, so ist nöthig zu sagen, daß von manchen Dingen [2]) die geschichtliche Wahrheit völlig ausgemacht ist. So wurde Abraham wirklich in der Doppelhöhle zu Hebron begraben; dort ruht auch Isaak und Jacob. Jeder von diesen hatte wirklich ein Weib. Sichem wurde dem Joseph zum Erbe gegeben, und Jerusalem ist die Hauptstadt von Judäa, wo Salomo den Tempel erbaute. Und so ist noch unzähliges Andere wahr. Denn sehr viel mehr ist dessen, was auch geschichtliche Wahrheit hat, als derjenigen hineingewebten Stellen, im Neuen, wie im Alten Testament [3]), welche allein die pneumatische Deutung zulassen. Diese sind, wenn sie wörtlich verstanden handgreifliche Ungereimtheiten [4]) enthalten, Fingerzeige, oder, wie schon Philo es nannte, Anstöße im Wege [5]), welche den denkenden Leser nöthigen, das tiefere Verständniß zu suchen. Und dies fordere auch der Vorgang der Apostel [6]), wie so manche unverkennbare Andeutung der Schrift [7]).

Gewiß lautet diese Erklärung bedenklich, da sie nicht etwa nur hin und wieder Einzelnes als unhaltbar ausscheidet, sondern den ganzen Stoff gleichsam in zwei Theile zerlegt, von welchen der eine zwar ungleich größer, der andere jedoch auch nicht unbe-

---

1) Κατὰ τὸ αἰσθητόν.   2) Περὶ τινων.
3) Tom. in Ioan. X, 162 sqq.; de Princ. IV, 69. 71.
4) Wie die Stellen Luc. 10, 4, Matth. 5, 39 — weil, wer mit der rechten Hand schlägt, die linke Seite treffe, nicht die rechte —, 1 Cor. 7, 18 und viele alttestamentliche Stellen. S. de Princ. IV, 56. 68 sq.
5) Σκάνδαλα.
6) 1 Cor. 19, 9; 2, 7; 10, 4; Gal. 4, 24. S. de Princ. l. c. 61.
7) 2 Mos. 32, 19. Comm. in Ep. ad Rom. II, 498.

trächtlich ist. Und Origenes fügte, wie Clemens, hinzu, das Kennzeichen der Wahrheit sei die Übereinstimmung mit andern Aussagen der Schrift [1]), und „mit der Vernunft" [2]), das Gotteswürdige [3]). Indeß die Vernunft, welche Origenes hier im Sinne hat, ist die göttliche, der Logos, und seine Zweifel, die bei der Maßlosigkeit der allegorischen Deutungen und der Geringschätzung des Factischen, zu welcher der damalige Idealismus führte, leicht ihm jede Gewißheit hätten zerstören können, zügelte seine Ehrfurcht vor der kirchlichen Regel, dem gemeinsamen Glauben, und ein richtiges Gefühl [4]). Die Geschichte des Leidens und der Auferweckung Jesu hat er, hievon zeugt seine Auslegung des Matthäus, nicht nur nicht angefochten, sondern vielmehr eben diesen Thatsachen eine ewige Realität zuerkannt [5]). Waren es doch auch nicht die Bedenklichkeiten des Verstandes, von denen sein Widerspruch ausging: keine der transcendenten kirchlichen Lehren hat er zu zersetzen unternommen; seine Zweifel waren die Folge einer überschwänglichen Gläubigkeit.

Was Origenes über die Auslegung der Schrift gesagt hat, das alles ruht auf den Ergebnissen, zu welchen vorlängst die

---

1) Tom. in Ioan. X, 164. Ser. in Matth. p. 893.
2) De Princ. IV, 69.
3) Hom. in Ierem. XII, 193; XIX, 262; wobei es ihm vor allem darauf ankam, daß der gerechte Gott zugleich auch als der Gute erkannt werde: Sel. in Exod. p. 125.
4) Es gilt hier dasselbe, was oben S. 101 über Clemens gesagt wurde. Nur ist allerdings dessen, was dem Origenes nicht gotteswürdig schien, noch mehr, als was sein Vorgänger verdächtigt hatte. In die Art der alttestamentlichen Ökonomie konnte er sich durchaus nicht finden, und alles was die Vielweiberei der Alten betrifft oder seinen Begriffen von Sittlichkeit und Ascese widersprach, vergeistigte er ganz beliebig.
5) Hom. in Lev. I, 187: omnia ergo haec, quae in corpore a Salvatore gesta sunt, coelestis ignis absumsit et ad divinitatis eius naturam cuncta restituit. — Die dem Origenes eigenthümliche Häresie dieser Worte wird unten ihre Erläuterung erhalten. S. auch c. Cels. II, 439.

alexandrinisch jüdische Gnosis gelangt war [1]), und die schon fast die gesammte Kirche beherrschten. Selbst im Abendlande, wo man, im Kampfe mit den härctischen Gnostikern, die Geltung des historischen Sinnes hervorhob [2]) und die kirchliche Überlieferung als oberste Regel betrachtete [3]), wurden die allegorischen Deutungen keineswegs unbedingt verworfen [4]). Und im ganzen Umfange der griechisch kirchlichen Literatur dieser Zeiten, finden wir nur eine Schrift, welche sich mit Entschiedenheit gegen jedes Übermaß willkührlicher pneumatischer Deutungen erklärt [5]); in allen übrigen zeigt sich die alexandrinische Richtung. Wir mögen in diesem Verhältnisse den Maßstab für die Ausbreitung finden, welche der Glaube an einen geheimen Sinn der heiligen Schriften in den einzelnen Gemeinden gewonnen hatte. Auch in diesen gab es wohl überall manche Gegner der allegorischen Deutung [6]), aber sie waren, insbesondere wenn man das Gewicht der Stimmen berechnet, nicht nach Köpfen zählt, ein sehr unbeträchtlicher Theil: war doch schon selbst in die Regeln des Glaubens die Bestimmung übergegangen, daß es einen allegorischen Schriftsinn gebe [7]). Aber über die Art, ihn aufzufinden, war nichts festgestellt, als daß die Kunst der Auslegung eine Gnadengabe des heiligen Geistes

---

[1] Außer Gfrörer und Dähne s. noch Coneybeare's Geschichte der allegorischen Interpretation der heiligen Schrift durch Philo, in Tholuck's Anzeiger im Jahrg. 1831, Nr. 44.

[2] Iren. adv. Haer. II, 46; V, 30.

[3] Tertull. de Praescr. Haer. c. 37. 38 und öfter.

[4] Nur dies ist nicht genugsam in der trefflichen Darstellung von Klausen, Hermeneutik des N. T. S. 126. 173 ff. anerkannt worden. Doch führt auch er das Hiehergehörige aus Iren. l. c. II, 46 an, und erwähnt die Typologie der lateinischen Kirche.

[5] Es sind die clementinischen Pseudepigraphen. S. bes. Recogn. X, 42 und dazu Klausen am a. O. S. 135.

[6] Selbst zu Alexandria, wie Origenes häufige Invectiven beweisen, und der Widerspruch, welchen er erfuhr: Hom. in Gen. XIII, 95; in Luc. XXV, 962.   [7] De Princ. I, 94; IV, 56.

sei [1]). Daß die heiligen Schriften, sagt Origenes, Mysterien enthalten, geben, so viel ich weiß, alle Gläubigen zu, auch die Einfältigeren unter ihnen. Was jedoch der Sinn der geheimnißreichen Stellen ist, dies ist meist unbekannt, wie die Wohlgesinnten und Bescheidenen gern eingestehen. Wenn sie deshalb jemand über die Töchter des Lot befragt, oder über die beiden Weiber, die Abraham hatte, oder die beiden Schwestern, die Jacob zu Weibern hatte, und die beiden Mägde, mit denen er sich verband, so werden sie nur antworten, daß dies Geheimnisse seien, die sie nicht zu deuten wissen. Und so werden sie, wenn etwa der Abschnitt gelesen wird, welcher von der Zubereitung der Stiftshütte handelt, in der Überzeugung, daß sie das Vorbild einer zukünftigen Stiftung war, sich bemühen, mit jeder einzelnen Angabe einen höheren Sinn zu verbinden, bei der Ausbeutung selber jedoch manche Mißgriffe thun [2]). In dem allen fand Origenes die Aufforderung, die ihrer Art nach so unklare Lehre, welche eine wissenschaftliche Durchführung gar nicht gestattete, bestimmter auszubilden, durch Ermittelung fester Regeln der Auslegung. Er ist nicht der Vater der allegorischen Auslegung, aber er hat versucht, sie wissenschaftlich zu begründen. Und nur hiebei fand er, um mancher seiner Bestimmungen willen, so vielfachen Widerspruch, nicht als Allegorist überhaupt [3]). Indessen hat er doch, wie mangelhaft sein Versuch uns erscheinen muß, in der That so viele geschmacklose Spielereien des Zeitalters beseitigt; viele Verkehrtheiten der cabbalistischen Interpretation, die schon das Zeitalter aufnehmen wollte [4]), finden in seiner Theorie keine Stelle. Und was in die-

---

1) De Princ. I, l. c. Ebenso Origenes selber; er nannte dieses Charisma τὸ χάρισμα τῆς σοφίας, auch donum sermonis (λόγου) et sapientiae, und erklärte es für die höchste aller Gaben, Ser. in Matth. p. 835.
2) De Princ. IV, 55 sq.   3) Mosheim de Rebus Christ. p. 632.
4) Ich meine die Gematria, Temura und das Notarikon. S. hierüber Hartmann's enge Verbindung des A. T. mit dem N. S. 534. Nur auf die mystische Zahlengeltung hat auch Origenes Werth gelegt.

Zwiefacher Sinn.

ser das Bedenklichste ist, die Leugnung des historischen Sinnes zahlreicher Stellen, war zum Theil die Folge besonderer Mißdeutungen, die eine solche Abhülfe einigermaßen entschuldigen [1]).

Daß die heiligen Schriften einen Geheimsinn enthielten, folgte für jenes Zeitalter schon daraus, daß sie heilige Schriften sind: es galt für ein und dasselbe, glauben an ihre Göttlichkeit, und anerkennen, daß sie einen geheimen Sinn enthalten [2]). Der Buchstabe ist die sichtbare Hülle; jener, der von ihr umschlossene Geist. An vielen Stellen unterscheidet Origenes nur diesen zwiefachen Sinn [3]), und man wird die Principe seiner Auslegung nur dann richtig verstehen, wenn man festhält, daß er im Grunde einen solchen, nicht einen dreifachen Schriftsinn, voraussetzt. Denn überall, wo ein mystischer Sinn anerkannt wird, ist es im Wesentlichen nur eine zwiefache Auslegung, die man geltend macht [4]). Indessen war schon Clemens, nicht ohne Beziehung auf jene Zweitheilung der geistigen Natur des Menschen, welche die Willenskraft und das Denkvermögen gesondert betrachtet, zu einer neuen Unter-

---

[1] Die besten Darstellungen der Grundsätze für die Schriftauslegung, die Origenes aufstellte, sind noch immer die von Mosheim (de Rebus Christ. p. 637) und der hiehergehörige Abschnitt in dem Werke eines ungenannten französischen Verfassers über die Lehre der Väter von dem buchstäblichen und mystischen Schriftsinn, Paris 1727. Man kennt dieses Werk durch die Auszüge, welche de la Rue vor dem zweiten Bande des Origenes mittheilt. Auch ist ausgezeichnet Io. Iac. Bochinger de Origenis allegorica Scripturae sacrae interpretatione, Partt. 3. Argentor. 1830, und Car. Rud. Hagenbach, Observatt. historico-hermeneuticae circa Origenis Adamantini methodum interpretandae s. Scripturae, Basil. 1823. 8. Ich gebe hier nur dasjenige, was zur Bibliologie gehört, um die Grundsätze und Methode seiner grammatischen Erklärung da, wo ich von seinen kritischen Arbeiten reden werde, darzulegen.

[2] Dähne über Philo S. 60. Hagenbach DG. S. 90.

[3] Hom. in Lev. I, 184; V, 205. Hom. in Ierem. IV, 143.

[4] So auch in der Hermeneutik der Rabbinen. S. Gfrörer, Urchristenthum II, 289. 516.

scheidung gelangt. Er zerlegte den höheren Sinn von neuem in den moralischen und prophetischen, und gewann so eine Dreitheilung, die ihm der dreifachen Schriftweise der Ägypter zu entsprechen schien. Und schon die Therapeuten, wie rabbinische Ausleger, hatten die Schrift mit einem Thier, die buchstäblichen Vorschriften mit dem Leibe, den geheimen Sinn mit der Seele verglichen [1]). Origenes glaubte um einen Schritt weiterzuführen, wenn er die Schrift mit dem edelsten der Organismen, der Natur des Menschen verglich, und hiebei die platonische Dreitheilung zu Grunde legte [2]). Er unterschied in ihr Körper, Seele und Geist, und erhielt so neben dem buchstäblichen Sinne, den psychischen, den er den tropischen oder ethischen nannte, und den pneumatischen oder allegorischen Sinn.

Der buchstäbliche Sinn ist nach Origenes nicht ganz dasselbe, was wir jetzt unter dem grammatisch historischen Sinn verstehen. Wer jedes Wort, abgesehen von dem Zusammenhange, stets in der eigentlichen Bedeutung auffaßt, unbekümmert um die Angemessenheit des auf diesem Wege gewonnenen Sinnes, eine buchstäbliche Erfüllung der alttestamentlichen Verheißungen erwartet, die anstößigen Vorgänge, die das Alte Testament berichtet, nicht hinwegdeutet, oder nicht mindestens in ihnen Mysterien ahnet, die Lösung der Widersprüche nicht sucht, oder nicht findet, und überhaupt nicht hinausgeht über den Sinn des Wortlautes, der haftet an dem Buchstaben und entbehrt des tieferen Verständnisses [3]).

---

1) Philo de Vita contempl. p. 483. S. auch Döpke's Hermeneutik der neutestamentlichen Schriftsteller S. 110; Klausen S. 93.

2) Die wichtigsten Stellen unter sehr vielen sind: Hom. in Gen. XI, 91; in Lev. II, 193; V, 205. 209; de Princ. IV, 59; Hom. in Gen. II, 65. Auch verglich wohl Origenes den höheren und buchstäblichen Sinn der göttlichen und menschlichen Natur des Herrn, Ser. in Matth. p. 846.

3) S. besonders de Princ. IV, 53 sqq. Wie hätte auch sonst Origenes behaupten können, daß so viele Stellen des buchstäblichen Sinnes ermangeln, und nur die allegorische Wahrheit enthalten: Ibid. p. 60, Hom. in Gen. II, 65.

Der buchſtäbliche Sinn.

Es erklärt ſich leicht dieſe Beſtimmung; gab es doch bisher keine grammatiſch hiſtoriſche Interpretation, zu welcher eben Origenes ſelber den erſten dürftigen Grund legte. Freilich würde auch dieſe, wäre ſie zu ſeiner Zeit ſchon geweſen, von ihm immer nur eine buchſtäbliche genannt worden ſein, oder die ſchlichte, wortgemäße, die welche zunächſt ſich darbietet, die einfach hiſtoriſche, die oberflächliche [1]), vermuthlich auch die, die nur den Körper auffaßt, und die irdiſche [2]). Nur würde er ſie ſchwerlich, gleich dem, was er unter dem buchſtäblichen Sinn verſtand, die ſinnliche, fleiſchliche, jüdiſche genannt haben, die an der Form und am Lehm haftet [3]).

Doch auch dieſe buchſtäbliche Auffaſſung verachtete er nicht durchaus; er erklärte den Buchſtaben für die Form des geiſtigen Inhalts, und fand, daß dieſer nur aus der Form, durch die genauſte Auffaſſung, gewonnen werde und ihr ſtets vollkommen entſprechen, ſie decken müſſe: deshalb hat er die buchſtäbliche Auslegung durch die Anwendung ſeiner grammatiſchen Kenntniſſe geregelt und feſtgeſtellt. Und nicht ſelten ſieht er auch in dem Buchſtaben ſchon einen erbaulichen Inhalt [4]), und läßt es dann bei der Entwickelung des buchſtäblichen Sinnes [5]). Auch ſchon die Hülle der geiſtigen Wahrheiten, ſagt er, die an der Schrift das Körperliche iſt, enthält vieles Fruchtbringende, und kann viele, wenn ſie empfäng-

---

1) Man findet hiefür bei Origenes dieſe Bezeichnungen: κατὰ τὸ ἁπλοῦν, κατὰ ῥητόν, κατὰ τὸ γράμμα, κατὰ λέξιν, κατὰ τὸ ῥητὸν τῆς λέξεως, κατὰ τὴν πρόχειρον ἐκδοχήν, κατὰ τὸ πρόχειρον τῆς λέξεως, κατὰ ψιλὴν ἱστορίαν, ... ἐπιπολαιότερον und Ähnliches.

2) Corpus, corporea expositio; beides bei Origenes faſt ſo viel als niedrig, gemein.

3) Terrena, sensilis, lutea, carnalis, Iudaica. S. Bochinger II, 2. Wegwerfende Urtheile über den buchſtäblichen Sinn findet man Hom. in Ios. II, 401; in Cant. II, 19; in Ies. II, 109; in Ierem. XII, 193; Tom. in Matth. XI, 494 sq.

4) S. oben S. 53.

5) 3. B. Hom. in Ierem. XIV. XV. XVII.

lich sind, bessern[1]); dies beweist die große Zahl derer, die schlicht und aufrichtig glauben[2]). Die buchstäbliche Auslegung, welche diejenigen erbaut, die nichts Höheres fassen können, wird mit Recht Milch genannt[3]); wer aber von der Milch entwöhnt ist, wie Isaak[4]), sucht in der ganzen Schrift feste Speise, die von jener sich unterscheidet, welche zwar auch Speise ist, aber doch kein festes Nahrungsmittel[5]). Wie das Schöpfen aus tiefem Brunnen etwas anders ist, als das Abschöpfen des obersten Sprudels, so unterscheidet sich das Eindringen in den geistigen Sinn von dem Haften an der Oberfläche des Buchstabens[6]).

Kann und soll das Auffassen des Buchstabens das tiefere Verständniß vorbereiten, und gab es eine Zeit, wo das Gesetz buchstäblich sollte beobachtet werden, so ist doch jetzt das hartnäckige Festhalten am Buchstaben verderblich. Seit Christus die Decke von dem Gesetze hinwegnahm, die den wahren Sinn desselben verhüllte, wie Moses glänzendes Angesicht dem Anblick entzogen war, und den göttlichen Inhalt der prophetischen Reden, auch den Geist des Gesetzes, klar machte[7]), ist jenes Hangen am äußerlichen Sinne Ursache des Unglaubens bei den Juden, wie der Befangenheit so vieler Christen. Und es hat ja dasselbe bis zu dem Morde Jesu geführt; eine Schuld, die noch immer auf den Juden lastet, weil sie noch immer den geheimen Sinn des Gesetzes und der Propheten nicht auffassen[8]). Jener Weheruf Jesu über die Schriftgelehrten und Pharisäer[9]) bezieht sich auf alle, welche weder den moralischen, noch den mystischen Schriftsinn kennen, indem sie allein den Buchstaben geltend machen[10]). Man kann diese Auslegung das Amt des Todes nennen[11]).

---

1) De Princ. IV, 65.
2) Ibid. 61; c. Cels. IV, 541; Hom. in Ierem. XII, 199.
3) 1 Petr. 2, 2; 1 Cor. 3, 2.   4) 1 Mos. 21, 8.
5) Tom. in Matth. XII, 550.   6) Hom. in Ierem. XVIII, 244.
7) De Princ. IV, 50.   8) Hom. in Ierem. XII, 203.
9) Matth. 23.   10) Tom. in Matth. X, 458.   11) Ibid. XV, 652.

Buchstäbliche Auffassung.

Innerhalb der Kirche zeigt sich das Verderbliche derselben vor allem in so manchen Häresien, wie in der Verbreitung vieler arger Irrthümer selbst unter den Gläubigen. Wie viele von diesen legen nicht Gott, einzelne Schriftstellen mißdeutend, Gesinnungen bei, die man dem grausamsten und ungerechtesten der Menschen nicht zuschreiben würde [1]). Manche gläubige Weiber waschen sich nicht am Sabbat, weil sie den Buchstaben, nicht den geheimen Sinn des Gebotes, auffassen, und kehren so zu den kümmerlichen Anfangsgründen zurück. Aber Christus kam, um uns von den Anfangsgründen des Gesetzes zur evangelischen Vollkommenheit zu führen [2]). Und wer noch als Christ das jüdische Fasten beobachtet, wie die, welche nichts von der Zeit des Heils wissen, verkennt die Heilslehre in ihrer Tiefe; nur von außen her kennt er sie [3]).

Das bloße Verständniß des Buchstabens kann also entweder nur als niedere vorbereitende Stufe gelten, oder muß selbst als Quelle häretischer Irrthümer und unwürdiger Vorstellungen von Gott betrachtet werden. Schadlos ist es, wenn es von der Überzeugung begleitet ist, in Gott könne nur Gutes sein, und alle die Schriftstellen, welche das sagen, was nicht Gottes würdig ist, müssen einen geheimen Sinn enthalten. Aber macht man den buchstäblichen Sinn jener Aussprüche geltend, die Gott ein Zürnen, Reue oder ähnliche Eigenschaften beilegen, so führt dies zur gnostischen Unterscheidung eines Gottes des Alten Testaments von dem Gott des Neuen, oder zur Verwerfung der sämmtlichen heiligen Urkunden. Deswegen ist jener Glaube an ihren verborgenen Sinn, wozu sich die allgemeine Kirche bekennt, wie diejenige Bescheidenheit, die niemals sich weigert, in dunklen Stellen Geheimnisse anzuerkennen, das Haupterforderniß eines unschädlichen Verweilens bei dem buchstäblichen Verständnisse.

Diejenigen, welche sich eines schärferen Blicks erfreuen, finden

---

1) De Princ. IV, 55. 2) Hom. in Ierem. XII, 203.
3) Ibid. p. 204.

in dem Wortsinne Belehrungen, welche wahrhaft des Wortes Gottes würdig sind. Deshalb muß freilich stets zuerst der Wortsinn erwogen werden; sodann aber, wenn der Herr uns auf den Weg des Verständnisses leitet, folge die Versenkung in den mystischen Sinn [1]). Dieser findet sich überall in der Schrift: der buchstäbliche Sinn ist hin und wieder nicht Wahrheit; aber tiefere Aufschlüsse, bald moralische, bald mystische, bald eine Vereinigung beider, oder eines mehrfachen mystischen Sinnes, sind in jeder Stelle verborgen. Darauf deuten jene Wasserkrüge auf der Hochzeit zu Kana [2]), welche je zwei oder drei Maß faßten: sie sagen uns, daß die Schriftstellen entweder den dreifachen Sinn haben, oder nur die moralische und pneumatische Deutung zulassen [3]). Der mystische Sinn, gleichsam die Seele innerhalb des Körpers, darf der himmlische, geistige, geistliche, anagogische, symbolische, tropologische, mystische, geheime Sinn, auch der höhere, oder der tiefere genannt werden [4]). Unerschöpflich ist Origenes in Ausdrücken, welche diesen zweiten Sinn bezeichnen [5]), und da er von ihnen

---

1) De Princ. IV, 59.   2) Joh. 2, 6.
3) De Princ. IV, 6. Diese Stelle, wie der gesammte Zusammenhang der Lehre, widerlegt Rosenmüller's Meinung (Hist. interpret. III, 134), daß Origenes in manchen Schriftworten nur den buchstäblichen Sinn gefunden habe. Überall erkennt er einen höheren Sinn an, (man sehe noch die Stellen c. Cels. I, 336; Tom. in Ioan. V, 97; XX, 318,) auch wo ihm nicht gelingen will, in seine Tiefen einzudringen. Und überall, so lehrt er, sind ethische und speculative Belehrungen zu gewinnen, ob es gleich dem Ausleger oft genügen muß, allein die einen oder die anderen hervorzuheben. Daher die ausschließlich praktische Richtung so mancher seiner Homilien.
4) Sensus coelestis, intelligibilis ($\nu o\eta\tau\acute{o}\varsigma$), anagogicus, symbolicus, tropologicus, mysticus, arcanus ($\mathring{\alpha}\pi o\rho\mathring{\rho}\eta\tau o\varsigma$), sublimior, profundior. Diese Bezeichnungen des mystischen Sinnes sind Origenes die geläufigsten. S. Bochinger III, 2.
5) Wie Wiseman (Horae Syriac. I, 55; vgl. Lengerke de Ephraemi Syr. hermeneutica p. 169) fünfundvierzig syrische Bezeichnungen des typischen (mystischen) Sinnes zusammengestellt hat, so will ich hier die vorzüglichsten

Tiefere Auffassung.

einzelne häufig, fast beständig, in bestimmten Beziehungen braucht, so hat man nicht nur den tropischen oder moralischen Sinn von dem mystischen unterschieden, sondern auch geglaubt, diesen wieder in den allegorischen und anagogischen zerlegen zu müssen: so er-

---

der Namen, die Origenes wählte, mittheilen, da sie für die Sache nicht ohne Wichtigkeit sind. Er sagt: κεκρυμμένως (κρύπτως) ἀκούειν, ἀκριβῶς νοεῖν, ἐπαναβεβηκὼς νοεῖσθαι, κατὰ βαθύτερον λόγον, κατὰ ἀγωγήν, κατὰ μεταφοράν, κατά τινα ἀναλογίαν, κατὰ τὸ νοούμενον, — μεταλαμβάνειν εἰς ἀλληγορίαν, συνετώτερον κατὰ τὸ δυνατὸν ἐπισκέπτεσθαι, ἐπιμελέστερον καὶ θεοπρεπέστερον, ὀξύτερον, — βλέπειν τι θειότερον, βαθύτερόν τι, μυστήριον, μυστικώτερον καὶ ἀποῤῥητότερον, τινὸς τι σύμβολόν ἐστι, — ἐπὶ τὰ βάθη τῆς γραφῆς φθάνειν, ἀναφέρειν, ἀνάγειν, ἱεροπρεπῶς νοῆσαι, τὸν λόγον ἔχειν τινός, βαθύτερον ἐνορᾶν τῷ νῷ τῶν γραφῶν, εἰδέναι ἀναγινώσκειν τὰ γραφόμενα, τί βούλεται ἐν τούτοις δηλοῦσθαι, τί τὸ βούλημα τοῦ τόπου τὸ μυστικόν, τροπολογεῖν. Ferner: αἱ κατὰ ἀγωγὴν ἀλληγορίαι, μυστικὸς τόπος, ἀναγωγή, περίνοια, πνευματικὴ ἐκδοχή, τὸ ἴδιον τῆς θεοπνεύστου γραφῆς, ὁ κεκρυμμένος τοῖς πολλοῖς νοῦς, τὸ προηγουμένως δηλούμενον (praecipuus ac principalis sensus), τὸ νοητῶς, καθαρῶς τετρανωμένον, τροπικῶς εἰρημένον, ἐμφαντικὴ λέξις. Außerdem sagt Origenes: τοιοῦτό τι αἰνίσσεται, ἅμα δὲ διδάσκει ταῦτα πνευματικῶς, σημαίνει τοιοῦτόν τι, δηλοῖ (ἡ γραφή), — ἄλλως γε φήσεις u. s. w. Bisweilen verbindet er zwei oder mehrere Prädikate, wie Hom. in Gen. II, 59: spiritalis intelligentiae mysticus et allegoricus sensus, und unterscheidet in dem tieferen Sinne verschiedene Stufen. So ist der altior intelligentiae gradus Hom. in Gen. IV, 72 der moralische Sinn, über diesem steht der sensus mysticus (Ibid.), und es giebt einen cumulus sacramentorum, Ibid. Hom. IX, 84. Hingegen braucht er von diesem Sinne nicht schlechthin, wie Barnabas, in seinem Briefe, das Wort γνῶσις, sondern etwa nur, um ihn anzukündigen, die Formel: ἵνα γνωσθείη, Tom. in Ioan. XXXII, 404. Auch das Wort ὑψηλός habe ich nicht in diesem Zusammenhange gefunden, ob man gleich in den lateinischen Texten dem intellectus celsior begegnet: Hom. in Ios. II, 401. Und hier führt auch Origenes das Bild ausführlich durch: Legis litera humi posita est, et deorsum iacet. Nusquam ergo adscendit, qui legis literam sequitur. Si vero potueris a litera adscendere ad spiritum, et ab historia ad intellectum conscendere celsiorem, tunc vere adscendisti locum editum et excelsum, quem a Deo in haereditate percipies.

hielt man einen vierfachen Schriftsinn ¹). Unter dem allegorischen
Sinne soll Origenes diejenigen Anwendungen des Textes verstan=
den haben, welche sich auf die Kirche in ihrem gegenwärtigen Zu=
stande beziehen; der anagogische Sinn weise hinauf in die obere
Welt. Man stützt diese Behauptung durch die andere, daß bei
Origenes die geistige, übersinnliche Welt als eine zwiefache er=
scheine: die himmlische, jenseitige, und die Kirche. Allein ob er
gleich diese im Commentar über Johannes ²) als einen Theil der
verborgenen mystischen Welt bezeichnet und sie hier die irdische
mystische Welt nennt, so ist doch diese Unterscheidung, auf die ihn
zufällig der Text führte, sicher keine seiner Grundgedanken, indem
er alles Diesseitige, auch die Kirche in ihrer irdischen Entwickelung,
als Gegenbild der höheren, jenseitigen Dinge ansieht. So berech=
tigt denn jene Stelle nicht zu einer solchen Zertheilung des mysti=
schen Sinnes ³). Vielleicht würde Origenes auf eine solche ge=

---

1) Mosheim de Rebus Christ. p. 640. Anders Huetius zu Tom. in Matth.
X, 458. Hier möchte er einen allegorischen, moralischen und anagogi=
schen Sinn unterscheiden. Der erstere betreffe die im A. T. enthaltenen
Vorbilder, der zweite gebe sittliche Vorschriften, der letzte enthülle
im Buchstaben des N. T. das Jenseitige. Diese Eintheilung, die übri=
gens Huetius selber nicht weiter verfolgt hat (s. die besonders in dieser
Lehre unklaren Origeniana II, 2, 13), ist durchaus unhaltbar. Vgl.
Rosenmüller Historia interpretat. Libror. ss. III, 101.

2) Tom. VI, 158.

3) Eine andere Stelle, die Mosheim nicht anführt, Hom. 1 in Ps. 36.
p. 655, scheint nachdrucksvoller für seine Ansicht zu sprechen. Aliquando
quidem, sagt hier Origenes, ineffabilia sacramenta nos edocet (Deus)
in his, quae loquitur, aliquando autem de Salvatore et de eius ad-
ventu nos instruit, interdum vero mores nostros corrigit et emendat.
Propter quod nos tentabimus per loca singula Scripturae divinae hu-
iuscemodi differentias assignare, et discernere ubi prophetiae sint et
de futuris dicatur, ubi autem mystica aliqua indicantur, ubi vero
moralis est locus. Indessen auch diese Stelle beweist nur, daß Ori=
genes einen im Grunde zwiefachen, nicht dreifachen Schriftsinn annahm,
den buchstäblichen und den höheren, welcher letztere hier in moralischen,

Der tiefere Sinn.

kommen sein, hätte er seine Lehre von dem Schriftsinne vollständig durchbilden können: es müßte sich ihm dann wohl ergeben haben, daß jede alttestamentliche Stelle zunächst Typus dessen sei, was in der Kirche des Herrn verwirklicht erscheint, eben um deßwillen aber zugleich die jenseitigen Dinge, in verjüngtem Maßstabe, durchscheinen lasse, und daß das Neue Testament ausschließlich auf eben diese hinweise. Statt dessen finden wir in seinen mystischen Auslegungen des Neuen Testaments nur selten Beziehungen auf das Jenseits; in jede Stelle trägt er beliebig aus seinem Vorrathe von christlichen Erkenntnissen, oder die er für christlich hielt [1]),

---

dort in typischen, anderwärts in anagogischen Auslegungen besteht, und dies so, daß manche einzelne Stelle wohl auch einen mehrfachen höheren Sinn einschließt. Und entscheidend gegen Mosheim ist Hom. in Lev. II, 193, wo Origenes diejenige Deutung der Opfer, welche zeigt, wiefern sie ὑποδείγματα und σκιὰ τῶν ἐπουρανίων sind, die pneumatische, die Anwendung auf gegenwärtige Zustände die psychische nennt. Man sieht, er hatte den Umfang des moralischen Sinnes nicht scharf begrenzt und zieht bald dies, bald jenes zu dem mittleren Sinne. Er will bisweilen sondern „quod nobis ad doctrinam cedat, quod ad increpationem, quod ad disciplinam, quod ad iustitiam", nach 2 Tim. 3, 16, Hom. in Iud. V, 469; aber es fließt doch alles in einander.

1) Die Quelle ist Jesus, dessen Wahrheit in dem Ausleger ein lebendiges Wasser geworden sein muß. Und der Zuhörer soll streben, allmälig auch selber sich Schriftausleger zu werden: Tenta ergo et tu, o auditor, habere proprium puteum, et proprium fontem (Prov. 5, 15. 18), ut et tu, cum apprehenderis librum Scripturarum, incipias etiam ex proprio sensu proferre aliquem intellectum, et tenta — et tu bibere de fonte ingenii tui. Est intra te natura aquae vivae, sunt venae perennes, et irrigua fluenta rationabilis sensus, si modo non sint terra et ruderibus oppleta. Sed satis age fodere terram tuam, et purgare sordes, id est, ingenii tui amovere desidiam, et torporem cordis excutere. Audi enim quid dicit Scriptura: *Punge oculum, et profert lacrymam; punge cor, et profert sensum* (Eccles. 22, 19). Purga ergo et tu ingenium tuum, ut aliquando etiam de tuis fontibus bibas, et de tuis puteis haurias aquam vivam. Si enim suscepisti in te verbum Dei, si accepisti ab Iesu aquam vivam, et fideliter accepisti, fiet in te fons aquae salientis in vitam aeternam. Hom. in

hinein, was sich so eben anschließen ließ. Seine Auslegungen sind nur eine Masse zum Theil unförmlicher Bruchstücke. Und erschien ihm die Schrift selber nur als ein Fragment, so konnten auch ihre Belehrungen alle immer nur wieder Fragmente sein. Daß Origenes in der That keinen zwiefachen mystischen Sinn unterschied, das geht schon aus seinem Gebrauche der Namen und Worte hervor, welche diesen Sinn nach seiner zwiefachen Richtung bezeichnen sollen. Denn nicht etwa nur bisweilen [1]) nennt er Auslegungen, welche auf die obere jenseitige Welt Beziehung haben, allegorische Deutungen, nicht anagogische, sondern jede höhere Deutung des Buchstabens, selbst die moralische [2]), ist ihm eine mystische; er konnte ferner eine jede, die unsere Gedanken emporhebt zu den göttlichen Dingen, eine anagogische nennen [3]). Auch sind es nicht diese beiden Bezeichnungen allein, die er in gleicher Bedeutung braucht: vielleicht alle Ausdrücke, mit welchen er den höheren Schriftsinn bezeichnet, hat er gegeneinander vertauscht. Überdies findet er gern in ein und derselben Stelle eine ganze Reihe von geheimen Aufschlüssen, häuft die Deutungen, und stellt wohl auch solche, welche die obere Welt und die Kirche betreffen, neben einander.

Ist jene Unterscheidung eines zwiefachen mystischen Sinnes

Gen. XII, 93. S. auch Tom. in Ioan. XIII, 253: λευκαὶ δὲ αἱ χῶραι πρὸς θερισμὸν ἤδη εἰσίν (Ioan. 4, 35), ὅτε πάρεστιν ὁ τοῦ θεοῦ λόγος, σαφηνίζων καὶ φωτίζων πάσας τὰς χώρας τῆς γραφῆς, πληρουμένης ἐν τῇ ἐπιδημίᾳ αὐτοῦ. Und: quamdiu non venit Deus meus, clausa erat Lex, clausus sermo Propheticus, velata lectio Veteris Testamenti: reserata nunc omnia. Hom. in Ezech. XIV, 405. Die Art, wie er den mystischen Sinn aufsuchte, verglich er L. in Cant. III, 84 einer Jagd durch Gestrüpp, und gewiß, paßlicher konnte er sie nicht bezeichnen.

1) Dies räumt selbst Mosheim ein.
2) Hom. in Gen. X, 88; in Exod. II, 133. Noch andere Beispiele hat Rosenmüller am a. O. p. 123 gesammelt.
3) S. Rosenmüller p. 116. 130. Sel. in Ezech. p. 433 nennt er sogar die einfache Erklärung einer Parabel die anagogische Deutung.

Der moralische Sinn.

unhaltbar, so schied doch Origenes um vieles strenger den moralischen und den im engeren Sinne mystischen Inhalt der Schrift. Um jener platonischen Dreitheilung willen hebt er oft hervor, daß der höhere Sinn ein zwiefacher sei. Wie das, was im Menschen das Unsichtbare ist, ein Zwiefaches, Seele und Geist ist, so sei auch in der Schrift ein psychischer und pneumatischer Sinn. Und ist die Seele, nach seiner Theorie, zwischen Geist und Körper das Mittlere, so stellt er auch den psychischen Sinn zwischen den pneumatischen und den Buchstaben in die Mitte [1]. Nirgend in seinen uns erhaltenen Schriften finden wir eine Erklärung über das Wesen des psychischen Sinnes. Aber aus seinen Auslegungen geht hervor, daß derselbe in denjenigen Anwendungen des Textes bestehen sollte, die zur Veredlung der Gesinnung beitragen können, die auf Sitte und Sittenlehre von heilsamem Einflusse schienen. Von diesem moralischen Sinne sagt er, daß er überall in der heiligen Schrift anzutreffen sei, und erklärt es für minder schwer, ihn aufzufinden. Der Apostel Paulus habe hiezu in jener Stelle Anleitung gegeben, wo er aus dem alttestamentlichen Verbot, dem Ochsen, welcher drischt, das Maul zu verbinden [2], das Anrecht der kirchlichen Beamten auf die Gaben der Gemeinde herleitet. Wendet man, einer sittlichen Anleitung bedürftig, in solcher Weise jeden biblischen Ausspruch auf die Verhältnisse an, in welchen man so eben ist, so erfaßt man den moralischen Sinn.

Veranschaulichend sind folgende Beispiele. Jesu Einzug in Jerusalem bezeichnet die Art, wie der Logos bei den Seelen einkehrt.

---

[1] De Princ. IV, 59. Eine andere Abgrenzung zwischen dem moralischen und pneumatischen Sinn, s. Hom. in Gen. XVII, 106, wo er den Segen Jacobs auslegt. Er sagt hier: benedictiones historiae locum servent, prophetia vero (d. i. das in dem Segen enthaltene Prophetische) mysticum ac dogmaticum, morum correptio et obiurgatio moralem dirigat stylum. Also bald soll hier der Text ausschließlich für mystische Deutung genutzt, bald praktisch angewendet werden.

[2] 1 Cor. 9, 9.

Die Eselin, welche die Jünger losbanden, ist der Buchstabe des Alten Testaments, den gleichsam zwei Jünger in lebendigen Geist verwandeln, indem der eine das Geschriebene zur Heilung der Seele verwendet, der andere darin den Schatten der zukünftigen und wahren Güter nachweist. Das Eselsfüllen bedeutet das Neue Testament, worin gleichfalls Wahrheiten enthalten sind, welche die Seele läutern können. Nicht ohne Begleitung kommt Jesus zu ihr; auch nicht begleitet von Wenigen: vieles muß in uns dem Worte, welches uns vollenden soll, voraufgehn, und sehr vieles andre folgen, alles aber ihn loben und preisen, des eigenen Gewandes und Schmuckes sich entledigen, um ihm ihn unterzubreiten: damit auch das, wovon der vom Himmel Herabgestiegene getragen wird, nicht diese Erde berühre. Und damit die Erhabenheit der Worte des Alten und Neuen Testaments, die ihn uns zuführen, um so völliger einleuchte, deshalb werde gesagt, daß man von den Bäumen Zweige hieb, über welche die Zugthiere hinschritten. Oder die Menge, welche voranging und folgte, deutet auf die Dienstleistungen der Engel hin: einige von ihnen bereiten ihm den Weg zu den Herzen, andere folgen seinem Einzuge bei uns [1]).

Wenn Jesus einst die Käufer und Verkäufer aus dem Tempel austrieb, so weist dies auf die Verbannung der irdischen, thörichten und thierischen Affecte, die Jesus, sofern er die Vernunft ist, austreibt. Und zwar bezeichnet der Ochse, weil er zum Umpflügen des Bodens gebraucht wird, die irdischen Affecte; die Schafe bedeuten die thörichten und viehischen Gemüthsbewegungen, den Leichtsinn und Wankelmuth; die Tauben, die leichtfertigen und unstäten Gedanken; die Münzen dasjenige, was man mit Unrecht für gut hält [2]).

Pharao ließ die Knaben tödten, die Mädchen verschonte er: so sucht der Fürst dieser Welt die Vernunft, die das Übersinnliche auffaßt, zu tödten; den fleischlichen Sinn läßt er fortbestehn [3]).

---

1) Tom. in Ioan. X, 189.   2) Ibid. p. 185.   3) Hom. in Exod. II, 133.

Der moralische Sinn. 311

Mit dem Fische, in dessen Maule Petrus den Stater fand[1]), vergleicht Origenes den Geizigen, der vor seiner Bekehrung nur von Geld und Geldeswerth redete, aber durch einen Petrus geheilt wird, indem dieser nicht nur aus seinem Munde, sondern auch aus seiner Gesinnung den Stater, d. i. den Geiz, hinwegnimmt. Vorher befand sich der Geizige im Meere, in dem unruhigen Treiben des Geschäftslebens, und ward von Geiz und Sorge hin und her geworfen; aber am Hamen der Vernunft wurde er aus dem Meere hervorgezogen und von einem Petrus, der ihn die Wahrheit lehrte, wurden statt des Staters göttliche Worte in seinen Mund gelegt[2]).

Jesus ward vor dreien seiner Jünger auf einem Berge verklärt am sechsten Tage. Die Sechszahl bezeichnet die irdische und sichtbare, in sechs Tagen erschaffene Welt. Wer über diese zu der geistigen Welt, welche durch den Berg bezeichnet wird, sich emporschwingt, erblickt die Herrlichkeit Jesu. Wer den Berg nicht mit hinansteigen kann, weil er Jesus nur nach dem Fleische kennt und am Wortsinne der Evangelien haftet, der schaut nicht des Herrn Verklärung. Sein Gewand sind seine Reden und die evangelischen Berichte, in die er gleichsam gekleidet ist; auch die apostolischen Lehrschreiben gehören zu seinem Gewande, und erscheinen denen, welche mit Jesus den hohen Berg ersteigen, glänzend. Wer nun Jesus in seiner himmlischen Klarheit erblickt, erkennt zugleich auch Moses und Elias, das ist, das Gesetz und die Propheten, wie sie übereinstimmen mit Jesus, und so erscheinen ihm auch diese verklärt[3]).

Die angeführten Beispiele gehören zu den feineren, geistvollen Spielen seiner Einbildungskraft und diejenigen, welche zuletzt angeführt wurden, zu einem Gedankenkreise, den Origenes im Grunde als den höchsten bezeichnet. Man kann sehr zweifelhaft sein, ob man sie unter die psychischen oder pneumatischen Ausle-

---

1) Matth. 17, 14.   2) Tom. in Matth. XIII, 586.
3) Ibid. Tom. XII, 557.

gungen rechnen soll. Und hierin eben liegt der Beweis, daß er diese beiden Gebiete keineswegs scharf sonderte, vielmehr beide als höhere Einheit zusammenfaßte. Andere seiner moralischen Deutungen sind flach, und oft wiederholt er dieselben Gedanken. Wie konnte es anders sein, wenn er sich in ganzen Reihen von Homilien, zumeist in denen über die Psalmen und über Jeremias, auf die Entwickelung des psychischen Sinnes beschränkte? Seine moralische Deutung ist die Auflösung des Individuellen in allgemeine Begriffe, oder die Anwendung des Gesagten auf Gemüthszustände. Hiebei unterschied Origenes nicht zwischen den willkührlichen Spielen seines Geistes oder dem Stoffe, den die damalige Ethik darbot, und denjenigen Anwendungen, zu welchen der heilige Text aufforderte. Und wenn man auch in vielen seiner Deutungen ein edles Streben, einen Sinn und Geschmack, wie jene Zeiten ihn besaßen, erkennt, so ist es doch kein erfreuliches Geschäft, in alle die Windungen und Irrgänge ihm zu folgen, in die sein Scharfsinn uns einführen wollte.

Dasselbe gilt von seinen pneumatischen Auslegungen, deren theilweise Unfruchtbarkeit, wie das Gezwungene der Combination, einen um so ungünstigeren Eindruck zurückläßt, je größeren Werth er selber auf diese Mysterien legt, und je mehr dessen ist, was seine Ankündigungen erwarten ließen.

Bezeichnet er das Verständniß des buchstäblichen Sinnes als Vorstufe [1]) zur Auffassung des pneumatischen Inhalts, und erscheint ihm jenes im Grunde völlig nutzlos, wenn es nicht zu diesem hinüberführt [2]), so nennt er die Kunst der allegorischen Deutungen die edelste aller Künste, aller Wissenschaften [3]), und findet, daß durch die beseligende Beschäftigung mit ihnen der eine Körper der Wahrheit nach und nach zusammengefügt und so die Freude aller Arbeiter eine vollkommene wird [4]).

---

1) Ἐπιβάθρα, Tom. in Ioan. XX, 309.
2) Ibid. I, 10.   3) Ibid. XIII, 257.   4) Ibid. p. 258.

Der pneumatische Sinn.

Das pneumatische Verständniß besteht in dem Hindurchschauen zu der oberen himmlischen Welt, das ist, in der Wahrnehmung ihrer Natur, ihres Zustandes und der Veränderungen in ihr. Von ihr sind die irdischen Dinge und Begebenheiten [1]), zumeist die heilige Geschichte und das Gesetz [2]), ein Abbild im Schattenrisse. Ist doch diese Welt, die wir bewohnen, nach dem Bilde jener geistigen Welt hervorgebracht, die wir schon hier im Geiste erblicken, und deren volleres Anschauen einst uns erfreuen wird, bis wir zuletzt zum Anschauen Gottes, sofern ein solches möglich ist, übergehen [3]). So vollkommen entspricht jene Welt der materiellen, daß selbst die Reiche, Provinzen und Städte auf der Erde dort oben ihr Gegenbild haben [4]): es giebt auch ein himmlisches Palästina, Jerusalem, Tyrus, Sidon, Ägypten, Persien und Arabien. Diese himmlischen Gebiete werden von Seelen oder Geistern bewohnt: ihre Könige und Fürsten sind Engel, gute wie böse [5]). Und es läßt sich diese Parallele bis ins Einzelne durchführen. Die Vertheilung des heiligen Landes durch Josua deutet auf die besonderen Wohnungen hin, die den so verschiedenen Klassen von Seelen in Folge ihres Verhaltens angewiesen wurden [6]). Die zwölf Geschlechter Israels bedeuten zwölf edle Seelenklassen, Ordnungen von Engeln, deren erste in der höchsten Höhe des Himmels, einem oberen Jerusalem, ihren Wohnsitz erhielt, wäh-

---

1) Comm. in Cant. III, 81; c. Cels. VI, 644; VII, 716 und dazu Thomasius, Origenes S. 287. Dieser übersieht nur, daß die widerstreitende Stelle de Princ. II, 175 wohl ein Zusatz des Rufinus ist. S. meine Anmerkung zu der Stelle.

2) De Princ. IV, 61.   3) Tom. in Ioan. XIX, 305.

4) Hom. in Lev. II, 193: ὁ ποιήσας τὰ βλεπόμενα, δέδωκε καὶ τὰ μὴ βλεπόμενα, οὕτω δὲ ἔχει συγγένειαν, ὥστε τὰ ἀόρατα τοῦ θεοῦ ἀπὸ κτίσεως κόσμου τοῖς ποιήμασι νοούμενα καθορᾶσθαι. συγγένειαν ἔχει καὶ τὰ βλεπόμενα τοῦ νόμου καὶ τῶν προφητῶν πρὸς τὰ μὴ βλεπόμενα, ἀλλὰ νοούμενα τοῦ νόμου καὶ τῶν προφητῶν. κ. τ. λ.

5) De Princ. IV, 73.   6) Hom. in Ios. XX, 442.

renb die übrigen elf in niedere Gegenden gewiesen wurden [1]). Und so ist auch alles, was die Schrift von dem Volke Israel und seiner Königsstadt Jerusalem berichtet, auf die reineren Seelen im Himmel zu beziehn: alles, was von der heiligen Stadt geschrieben ist, muß von dem himmlischen Staate und jenem Raume, der die Staaten des wahren heiligen Landes in sich faßt, verstanden werden. Eben so nothwendig ist, die Orakel wider Ägypten, Babylon, Tyrus und andere heidnische Staaten von (bösen) Geisterwesen zu verstehen. Es ist unziemend, bei dem, was Ezechiel von Pharao sagt, an einen Menschen, der über Ägypten Herrscher war, zu denken; und was von dem Fürsten von Tyrus, oder von Nebukadnezar gesagt wird, kann nicht von Menschen gelten. Wer kann bei gesunden Sinnen die Weissagung Ezechiels von der Verwüstung Ägyptens in vierzig Jahren [2]) auf dasjenige Ägypten deuten, welches an Äthiopien grenzt [3])? Sagt doch auch Paulus [4]), daß es ein oberes Jerusalem giebt; und sind nicht auch wir gekommen zu diesem himmlischen Jerusalem, und also auch zu dem himmlischen Judäa, mit der Pflicht, so die feindlichen Mächte und Gewalten zu bekämpfen, wie die Israeliten aus dem irdischen Judäa Kananiter, Pheresiter und Heviter austrieben [5])?

Auch die Geschichte der irdischen Reiche ist eine Wiederholung von Vorgängen in der oberen Welt. Dort giebt es Kämpfe und Kriege: die guten Engel streiten wider die bösen, und auch dort werden Gefangene gemacht. Und wenn sich zeigt, daß die heilige Geschichte keineswegs überall historische Wahrheit ist, so ist um so gewisser, daß dem Buchstaben Begebenheiten in der geistigen Welt, die uns versinnlicht werden sollten, entsprechen müssen [6]).

---

1) Tom. in Matth. XV, 688.   2) Ezech. 29, 13.
3) De Princ. IV, 76. Hom. in Ierem. XVIII, 242.
4) Gal. 4, 26. Hebr. 12, 22.
5) Hom. in Num. VII, 292.
6) De Princ. IV, 359. Diese Lehre kennt auch das palästinensische Judenthum, schon im Zeitalter Jesu.

Hätte Origenes, mit Festigkeit diesen Gedanken durchführend, überall in ebenmäßigen Zügen neben den buchstäblichen Sinn seine obere geistige Welt und ihre Geschichte hingezeichnet, so würde er ein wahrhaft gespenstisches Phantom erhalten haben, dessen einzelne Bestandtheile der Speculation keine Ausbeute gewähren konnten. Vielleicht wäre ihm dann auch die Nichtigkeit der Ansicht klar geworden. Allein wir finden nicht, daß er eine solche Durchführung versuchte; er hielt das Ziel für erhabener, als daß Menschen es erreichen könnten. Die Geheimnisse jener Welt, so glaubte er, sind unausforschlich; selbst die Schrift kann uns nur sehr Weniges enthüllen [1]), und was sie enthält, kann auch der Begabteste nur äußerst mangelhaft auffassen.

Aus eigner Vernunft und Kraft kann niemand im Buchstaben die Wahrheit selber erkennen: nur der heilige Geist reicht uns die mystischen Deutungen dar [2]); die Kunst sie aufzufinden, ist seine Gnadengabe, die Gabe der Weisheit und Einsicht [3]). Wie aber der heilige Geist nicht die Quelle, sondern nur Aufbewahrer und Spender aller Gnadengaben ist, so ist auch die Gabe des tieferen Schriftverständnisses ein Ausfluß der göttlichen Urvernunft, welche nicht minder die heilige Schrift, als die gesammte materielle und intelligible Welt, und so auch die Vernunft des Menschen hervorbrachte. Und nicht willkührlich spendet der Geist seine Gaben. Nur so viel kann der Einzelne fassen von dem tieferen Schriftsinne, als ihn Glaube und Liebe zu Christus [4]), oder, was im Wesentlichen bei Origenes dasselbe ist, eine wahre Vernünftigkeit, befähigen. Wäre nun irgend ein menschlicher Geist völlig frei von Sünde und Irrthum, im Besitze der ursprünglichen Vollkommenheit, so würde er Welt und Schrift vollkommen verstehen. Jetzt ist auch den Besten nur ein theilweises Verständniß erreichbar.

---

1) S. oben S. 268.   2) Hom. in Ezech. II, 362.
3) De Princ. I, 94. S. oben S. 298 die erste Anmerkung.
4) Tom. in Ioan. X, 189.

Doch allen bleibt die Möglichkeit zu immer völligerer Erkenntniß zu kommen: denn durch kein Laster und keine Verkehrtheit kann die Vernunft, das Vermögen die göttlichen Dinge zu fassen, völlig in uns getilgt werden. Die Häretiker irren, wenn sie einer ganzen Klasse menschlicher Seelen jene Fähigkeit absprechen. Jedoch die Stufen der Erkenntniß, wie das Maß der Empfänglichkeit für die Wahrheit, sind sehr verschieden. Auf der niedrigsten Stufe befinden sich die, welche Irrlehren und philosophischen Systemen huldigen, die die Vorsehung leugnen, und nicht Sitte und Tugend als das höchste Gut betrachten. Höher stehen die, welche sich zu besseren philosophischen Lehren bekennen, jedoch diese irrthümlich für die höchste Wahrheit halten. Auf der dritten und höchsten Stufe stehen die Christen, unter welchen sich wieder die, welche in einfältigem Glauben am Buchstaben haften, sehr bemerklich von denen unterscheiden, die auch die Gründe des Glaubens erkennen und in die Tiefe der Wahrheit eindringen. Diese letzteren haben wieder ebenfalls eine mangelhaftere oder vollständigere Einsicht, je nachdem ihnen die Läuterung und Ausbildung ihrer Vernunft gelang, je nachdem ihre Liebe zu dem Sohne Gottes inniger ist, oder lauer. Nur nach Maßgabe ihres Wünschens, Betens und Strebens giebt sich ihnen der Logos im heiligen Geiste dar [1]).

Bei solchen Überzeugungen mußte Origenes das Geschäft des Schriftauslegers für eine große heilige Aufgabe achten.

Als ihn endlich Ambrosius vermocht hatte, die heilige Schrift durch Commentare zu erläutern, erklärte er immer wieder, mehr übernommen zu haben, als er leisten könne, und setzte seine Hoffnung auf die Kraft der Gebete seines Freundes, zu welchen er

---

1) Tom. in Ioan. II, 52. Und im Grunde ist es der psychische oder moralische Sinn, an welchem man während dieses Lebens sich halten soll: τὸ σῶμα μὲν (τῆς γραφῆς ἦν) τοῖς πρὸ ἡμῶν· ψυχὴ δὲ ἡμῖν, πνεῦμα δὲ τοῖς ἐν τῷ μέλλοντι αἰῶνι κληρονομήσουσι ζωὴν αἰώνιον καὶ μέλλουσι ἥκειν ἐπὶ τὰ ἐπουράνια καὶ ἀληθινὰ τοῦ νόμου. Hom. in Lev. II, 193. S. auch Hom. in Exod. IX, 162.

diesen fast flehend aufforderte [1]). Er selber eröffnete fast jeden der zahlreichen Tomen, die er verfaßt hat, wie fast alle Homilien mit Gebeten um Entsündigung und Erleuchtung. Denn er hielt das Gebet für ein unentbehrliches Mittel des Schriftverständnisses [2]). Und sollte auch jener schöne Zug [3]), welchen Epiphanius in der Absicht mittheilt, ihn herabzusetzen, ersonnen sein, so war ihm doch die Gesinnung nicht fremd, die in der Sage sich ausspricht. Nicht ohne trübende Unlauterkeit, sagte er [4]), ist mein Verstand, und die Augen sind nicht so beschaffen, wie die Augen der edlen Braut Christi [5]) sein sollten; aber doch will ich auch so nicht säumen, jene Worte des Lebens zu ergreifen, und versuchen, ob ich die Kraft auffassen könne, die von ihnen auf den Gläubigen ausfließt. An einer andern Stelle [6]) nennt er das Hinsinken an Jesu Brust, einen Umgang mit ihm, wie Johannes ihn hatte [7]), die Bedingung alles tieferen Schriftverständnisses, und so betet er, daß wie einst die Feuersäule in der Wüste den Israeliten, so Christus ihm vor Augen sei, vorangehe und die Schrift erhelle [8]). Wie oft versichert er, nicht aus sich selber die richtige Auslegung finden zu können, sondern dessen Erleuchtung zu bedürfen, welcher die Weisheit, das Wort, die Wahrheit ist [9]). Aber Jesus, fügt er hinzu, ist gegenwärtig, wo zwei oder drei in seinem Namen

---

1) Sel. in Ps. p. 526. Die fromme Demuth, mit welcher der Jude sich der Schrift nahte, s. bei Maimonides im Talm. Tora p. 18.
2) Ep. ad Greg. Thaumat. p. 32; Tom. in Matth. XV, 694; de Princ. IV, 382; Hom. in Exod. XII, 174.
3) Origenes soll einst, als sein Blick auf die Worte des neunundvierzigsten Psalms V. 16 fiel: „Was verkündigest du Sünder meine Rechte, und nimmst meine Bündnisse in deinen Mund?" vor der Versammlung unter Thränen verstummt sein: Epiphan. Haer. LXIV, 2; Niceph. V, 32. Guerike verwirft die ganze Erzählung; richtiger hält Schröckh (KG. IV, 36) nur das Motiv bei Epiphanius für erdichtet.
4) Tom. in Ioan. X, 189.   5) Hohelied 1, 15.
6) Tom. in Ioan. I, 6.   7) Joh. 13, 23. 25; 21, 20.
8) Tom. in Ioan. XXXII, 404.   9) Hom. in Ierem. XVIII, 254.

versammelt sind, und durch seine Kraft und Weisheit will er die Herzen derer erleuchten, welche gern die Wahrheit fassen möchten: wie er einst seinen Jüngern alles insgeheim erklärte, so will er auch uns alle die Schätze aufschließen, die in seinen Gleichnissen, umhüllt von tiefem Dunkel, liegen, uns unterrichten und gewisse Einsicht gewähren [1]).

Die Bescheidenheit, womit er alle seine Deutungen vorträgt, hat seinem Stil die Farbe gegeben [2]). Nur auf die, welche völlig den pneumatischen Schriftsinn leugneten und diejenigen anfeindeten, die ihn aufsuchten, blickte er bisweilen mit einigem Selbstgefühl herab. Aber immer ist er doch bereit, wenn nur anerkannt wird, daß es einen geheimen Schriftsinn gebe, seine Meinung gegen jede bessere zurückzunehmen, und niemals hat er sich ein eitles Selbstrühmen, wie manche Ausleger vor ihm [3]), gestattet. Häufig stellt er selber mehrere Deutungen hin, zwischen denen er den Lesern die Wahl läßt. Auch sagt er oft am Schlusse seiner Entwickelungen, er wage nicht die Entscheidung von Fragen, die ein fortgesetztes Eindringen erfordern und nur durch größere Einsicht, als die seinige, erledigt werden könnten [4]).

Manche, die solche Gesinnungen theilten, haben die Wirkungen des Gebets für einen hinreichenden Ersatz eigener Bemühungen gehalten. Von Origenes ist bekannt, wie er mit einem Fleiße, der ihm den Beinamen des Ehernen [5]) erwarb, bei Tage und Nacht, in der ersten Frühe und über Tische, arbeitete [6]), ohne je

---

1) Tom. in Matth. XIII, 589.
2) Vielleicht bediente niemand sich häufiger, als er, eines: ὅρα εἰ μή, τύχα, ἐπίστησον εἰ μή, μήποτε, εἰ δὲ χρὴ τολμῆσαι, und ähnlicher Wendungen.
3) Man erinnere sich des Philo, oder Barnabas.
4) S. hierüber Pamphili Apolog. p. 18.
5) Χαλκέντερος.
6) S. Orig. Ep. ad Ambros. p. 3. Auch sagt Origenes: duo esse necessaria ad intelligendas Scripturas, studium et orationem. Hom. in Exod. XII, 172.

Ihre Dunkelheit.

Anstrengungen zu scheuen, von welchen er sich neue Aufklärung versprach. Diesem Fleiße konnten weder ein nicht selten eintretendes körperliches Leiden [1]), noch das höhere Alter, Schranken setzen. Alle seine exegetischen Schriften sind, wie vieles sie enthalten mögen, was nicht eben die Frucht langer und wiederholter Überlegung ist [2]), doch auch überall ein Beweis eines so vielseitigen, als regen und ernsten [3]) Bemühens.

Stets erschienen ihm die heiligen, unermeßlich inhaltreichen Schriften wie umgeben von einem tief geheimnißvollen Dunkel, welches nur die Ewigkeit vollkommen aufhellen könne. Zwar gestand er dem Ausdruck der heiligen Bücher im allgemeinen eine gewisse Einfachheit und Faßlichkeit zu, die er im Widerspruche gegen die, welche an der Schrift eine barbarische Formlosigkeit tadelten, für einen besonderen Vorzug erklärte, weil es eine schöne

---

1) Vielleicht deuten auf ein solches die Worte Tom. in Ioan. XXXII, 404: διεξελθῶμεν τὸ εὐαγγέλιον, μὴ ἐκκακοῦντες ἀπὸ τοῦ μακροῦ τῆς ὁδοιπορίας, μηδὲ ἀποκάμνοντες διὰ τὴν ἡμετέραν ἀσθένειαν, ἀλλ' ἐκβιαζόμενοι κατ' ἴχνη βαίνειν τοῦ στύλου τῆς ἀληθείας. Es findet sich nämlich sogleich im Folgenden ein Hinblick auf seine Auflösung, die bald bevorstehen könne. Sicherer wird man hieher ziehen, was er Tom. in Matth. XV, 655 sagt.

2) Schon Marcellus vermißte eine solche bei ihm, bei Euseb. c. Marc. I, c. 4. Fände sie sich überall, so würde dessen, was Origenes geschrieben hat, nicht so viel sein. Es hat ihm selber nicht entgehen können, daß er zu viel schrieb, und es war ihm peinlich, an die Stellen im Prediger Sal. 12, 12 und Proverb. 10, 19 sich erinnert zu finden. Ἰλιγγιᾶν μοι ἐπέρχεται, schrieb er dem Ambrosius, σκοτοδινιῶντι, μὴ ἄρα πειθαρχῶν σοι οὐκ ἐπειθάρχησα θεῷ οὐδὲ τοὺς ἁγίους ἐμιμησάμην. Indessen beruhigte ihn, daß der Gegenstand, welchem er seine schriftstellerische Thätigkeit widmete, nur einer war, und er meinte: οὐ πολυλογοῦσι οἱ ἅγιοι τοῦ σκοποῦ τοῦ κατὰ τὸν ἕνα ἐχόμενοι λόγον — ἐκ τῶν δογμάτων κρίνεται ἡ πολυλογία — πάντα ἅγια ἓν βιβλίον. Dies hängt mit seiner Ansicht von Böse und Gut zusammen, nach welcher jenes das in sich Zerrissene, Getheilte, dieses stets eins ist. Auch habe ja Salomo viel geschrieben: 1 Kön. 4, 32. S. Tom. in Ioan. V, 94. 96.

3) Tom. in Ioan. XX, 508.

Pflicht des Lehrers der Wahrheit sei, wo möglich allen zu nützen, auch solchen, die eine sehr geringe Fassungsgabe haben [1]). Aber wo er ohne Seitenblicke auf Mißgünstige den Ausdruck biblischer Bücher beurtheilt, da hebt er die theilweise Dunkelheit hervor. Die Propheten, die Briefe der Apostel, vor allem der an die Römer, die Apokalypse, die an Schwierigkeit alle andern Schriften übertreffe, seien nur mühsam zu entziffern; letztere, weil sie die tiefsten Geheimnisse enthalte, jene weil der Ausdruck bisweilen unklar sei, die Gedankenfolge verworren, der Gebrauch der Worte schwanke und der Inhalt auf die schwierigsten Streitfragen Bezug habe [2]). So hat denn die Schrift bei ihrer Verständlichkeit doch auch vieles Dunkle. Sie gleicht hierin den übrigen Werken Gottes. Wie in diesen so manches unerklärlich bleibt, so in den göttlichen Aussprüchen. Und auch in dem, was uns bei oberflächlicher Betrachtung vollkommen deutlich schien, zeigt sich, wenn wir tiefer eindringen, sehr vieles Dunkle und Schwere [3]). Die Schrift selber kündigt ihre Dunkelheit an [4]). Sie gleicht einem Gebäude, welches aus zahlreichen, unter Einem Dache vereinigten Zellen besteht. Bei jeder Zelle findet man einen Schlüssel, aber nicht den, welcher zu ihr gehört; die Schlüssel sind ohne Ordnung durch das ganze Haus zerstreut, und es ist schwer, sie aufzufinden und richtig zu wählen. Diesen Vergleich, der so treffend das Bemühen der Allegoristen bezeichnet, entlehnte Origenes von einem jüdischen Lehrer [5]).

---

1) C. Cels. VI, 629.
2) De Princ. IV, 57. Comm. in Ep. ad Rom. an vielen Stellen, besonders in dem griechisch erhaltenen Abschnitt, Philoc. c. 9.
3) Hom. in Exod. IV, 139 sagt er: ita gestorum contexta narratio est, ut si singula diligenter inspicias, plura in quibus haereat intellectus, quam in quibus expedire se possit, inveniat. Und an einer anderen Stelle: invenies etiam in iis, in quibus valde confidis, tam multa obscura et difficilia, ut si hanc sententiam (obscura et difficilia protinus fugienda esse) teneas, sit tibi etiam inde recedendum.
4) Apok. 5, 1. Jes. 29, 11.
5) Sel. in Ps. 525. 527. Bei Späteren kehrt er in mannichfacher Wendung

Was in der heiligen Schrift dunkel ist, sind also nicht sowohl die Worte, obgleich auch ihr Gebrauch im einzelnen und die Construction bisweilen große Schwierigkeiten darbieten, als vielmehr der darin verborgene mystische Sinn [1]). Deshalb sucht denn auch Origenes den Grund jener Dunkelheit nicht eben in der Abfassung der biblischen Bücher von verschiedenen Verfassern, die in so verschiedenen Zeiten lebten: er glaubte, daß Gott dieses Dunkel beabsichtigte [2]). Unser Geist sollte sich in der Anstrengung, welche diese Schwierigkeiten nöthig machen, sammeln, von den körperlichen Dingen abwenden, und nun die Wahrheit erkennend zu einem heiligen Leben sich entschließen [3]). Geschieht das nicht, so will auch die Schrift nicht verstanden sein [4]).

Es ist unsere Sündhaftigkeit, die uns die Wahrheit verhüllt [5]). Der letzte Grund, weshalb wir sie nur mühsam erkennen, liegt in uns selber, nicht in der Schrift [6]); aber durch Glaube [7]), Heiligung und Gebet zerstreuen wir die Finsternisse um uns; nicht völlig, — dies

---

wieder, z. B. in der Expositio Psalmorum, die man unter die Werke des Hieronymus aufgenommen hat, bei Martianay im T. II, App. p. 523. Jene Stellen bei Origenes bestätigen unwiderleglich, was oben über das Fragmentarische seiner allegorischen Interpretationen gesagt wurde. Bei der Überzeugung, die er hier ausspricht, konnte er gar nicht zusammenhängende Bilderkreise aufsuchen wollen.

1) Und in diesem eben liegt der Grund, weshalb die Worte so oft dunkel sind: Quae observationes ostendunt, Scripturam divinam non, ut plurimis videtur, inerudito et agresti sermone compositam, sed *secundum disciplinam divinae eruditionis aptatam*, neque tantum historicis narrationibus, quantum *rebus et sensibus mysticis* servientem. Hom. in Gen. XV, 99.
2) — quod Spiritus s. mysteriorum formas obtectas inesse voluit in Scripturis divinis, et non palam et in propatulo haberi. Lib. in Cantic. I, 41. Comm. in Prov. p. 4.
3) Hom. in Ezech. XI, 394.
4) Tom. in Ioan. XIII, 251. Vgl. Matth. 13, 11 ff.
5) Hom. in Ierem. V, 154.   6) Tom. in Ioan. XX, 355.
7) Hom. in Ierem. XXXIX, 286.

ist während des irdischen Lebens unmöglich, — aber doch zu großem Theile. Jenseits werden wir die Wahrheit ohne Hülle schauen, und doch bleibt uns auch dort von dem, was die Schrift enthält, Einiges unverständlich. Wahrheiten faßt sie in sich, die kein geschaffenes Wesen erkennen kann [1]).

Das Mittel eines tiefer eindringenden Schriftverständnisses bietet zunächst die Schrift selber dar: sie ist ihre eigene Erklärerin. Wie die Schlüssel zu jenen Zellen nicht außerhalb des Hauses gesucht werden dürfen, so empfängt die Schrift nicht von außen her ihr Licht, sondern wechselseitig erläutern sich die einzelnen Stellen. Paulus leitet uns an, die geistlichen Wahrheiten mit andern geistlichen Wahrheiten zusammenzustellen, zu vergleichen [2]). Man befleißige sich daher einer richtigen Vergleichung der Gedanken und Worte, beachte den Sprachgebrauch [3]) und vermeide eine ungleichmäßige Auffassung, die nicht die ganze Stelle umdeutet, sondern die Worte nur theilweise im höheren Sinne nimmt, theilweise die buchstäbliche Deutung beibehält [4]). Was hiedurch nicht klar wird, die geheimen Tiefen des inneren Sinnes, diese treten durch Christi Erscheinen, unsere Liebe zu ihm, den beständigen Beistand, den er uns leistet, ins Licht. Den Sinn des Gesetzes und der Weissagung eröffnete er, alle Siegel hat er gelös't [5]); und auch der heilige Geist ist Dolmetscher der göttlichen Schriften. Selbst die kirchliche Glaubensregel muß man immer im Auge haben [6]), ob sich gleich der vollkommene Christ nicht strenge an sie binden darf, vielmehr über sie hinausgeht, um von stets hellerem Lichte um-

---

[1]) De Princ. IV, 365.   [2]) 1 Cor. 2, 13. Sel. in Ps. p. 527.
[3]) Tom. in Matth. X, 461.
[4]) Hom. in Ierem. I, 128. Tom. in Ioan. X, 206. Doch gelte diese Regel nicht ohne Ausnahme: Sel. in Ps. p. 723.
[5]) S. oben S. 281.
[6]) De Princ. IV, 56: ... ἐχομένοις τοῦ κανόνος τῆς Ἰησοῦ Χριστοῦ κατὰ διαδοχὴν τῶν ἀποστόλων οὐρανίου ἐκκλησίας. S. auch Sel. in Ps. p. 671; de Princ. I, 90, und dazu Klausen, Hermeneutik S. 176.

Regel der Auslegung.

floffen, den Vater anzubeten [1]). Denn es ist keinesweges allein die äußere Tradition, am wenigsten diejenige, welche durch die ununterbrochene Succession der Bischöfe vermittelt wird, die dem Schriftausleger die tieferen Einsichten zuführt: es ergießen sich die Ströme Geistes, deren Quelle Christus ist, und die der heilige Geist zu uns hinüberleitet, tief innen in den Gemüthern, und von daher müssen die Lehrer der Kirche ihre Weihe empfangen [2]). So ordnete es Gott, der den ersten Rang in der Kirche den Aposteln anwies, den zweiten, den Propheten, den dritten, den Lehrern der Kirche. Von diesen erwartet Gott, daß sie in so fern seien, wie ihr Meister und Herr, als sie nicht weiter selber des Lehrers bedürfen, sondern geeignet sind Lehrer für Andere zu werden [3]). In gewissem Sinne stehen sie mit den Aposteln auf gleicher Stufe, indem alle, die Christum verkündigen, seien es Engel oder himmlische Kräfte, Propheten oder Christen aus der Menge, wohl Apostel heißen dürfen. Jene Zwölf, so meinte er, haben nur darum ein vorzügliches Anrecht auf diesen Namen, weil die Anzahl derer so groß ist, zu welchen sie gesendet wurden. Aber man glaubt ja nicht an sie, sondern nur an ihre Zeugnisse; in ihnen nimmt man den auf, der sie gesandt hat [4]). Inzwischen besitzen sie in der That ein größeres Ansehen, als ihre späteren Nachfolger: Paulus, sagte Origenes, war mehr, als Timotheus; dieser ist mehr, als ich [5]). Und wenn auch so noch die Würde der neueren Lehrer der Kirche, insonderheit der Schriftausleger, sehr groß erscheint,

---

1) Tom. in Ioan. XIII, 225.

2) Die Glaubensregel ist den Alexandrinern im Grunde nur das allen Christen Gemeinsame, Wesentliche der Heilslehre; nicht irgend eine fest abgegrenzte Lehrnorm, sondern „der freie geistige Verkehr der Ideen innerhalb der Kirche." So bezeichnet sie treffend Hagenbach DG. S. 93, und Origenes konnte statt ihrer auch die veritas nennen: Hom. in Ezech. VII, 382.

3) Tom. in Ioan. XXXII, 420.   4) Ibid. p. 431.

5) Hom. in Ezech. XIV, 406.

so ist desgleichen ihre Verantwortlichkeit eine große. Sie müssen mit äußerster Sorgfalt verhüten, daß auch nur einer durch sie von der Wahrheit abgewendet, oder in seinem Entwickelungsgange gestört werde; sie dürfen ihr eigenes Meinen, auch wenn es Wahrheit ist, dennoch nicht als Gewißheit hinstellen [1]). Mit unermüdlichem Fleiß sollen sie die Zuhörer vorbereiten, nach dem Ausspruche der Schrift [2]), welcher das Fruchtfeld sorgfältig zu bestellen und nicht auf Dornen zu säen vorschreibt. Denn dies Wort ist vor allem den Lehrern gesagt, die nicht eher ihren Zuhörern die Lehre anvertrauen sollen, als bis sie deren Seelen zu einem wohl bereiteten Saatfelde umgewandelt haben [3]). Und was sie lehren, sollen sie, wenn sie es nicht unmittelbar aus der heiligen Schrift entlehnen, mit Beweisstellen aus ihr belegen, weil nur so ihre Gedanken und ihre Auslegungen die Beglaubigung erhalten [4]). Sie werden nur auf diese Weise die feurigen Pfeile des Teufels auslöschen, der auf sie seine heftigsten Angriffe richtet, um durch ihren Fall sehr Vielen ein Ärgerniß zu geben [5]).

Diese Stellung wies Origenes dem kirchlichen Lehrer und Schrifterklärer an, und so trat er auf die Seite derer hinüber, welche die Nothwendigkeit einer inneren, geistigen Succession um so nachdrücklicher geltend machten, je einseitiger ein großer Theil der Kirche von Anfange eine Vererbung der geistigen Kräfte durch Handauflegung behauptet hatte. Diese Ansicht herrschte unter den petrinischen Christen; jene, die Origenes vertrat, ist eine Frucht der freieren paulinischen Auffassung.

Christenthum und Philosophie.

Da nach Origenes die heilige Schrift in allen ihren Theilen nichts anders, als eine Aufzeichnung, gleichsam eine Verkörperung

---

[1]) Tom. in Ioan. XX, 309. [2]) Jerem. 4, 3. [3]) Hom. in Ierem. V, 157.
[4]) Ibid. I, 129. [5]) Hom. in Ezech. VII, 382.

der christlichen Wahrheit ist, so dürfen wir auch alles, was er zur Verherrlichung dieser göttlichen Bücher sagt, als sein Urtheil über den Werth der geoffenbarten Lehre betrachten. Unvergleichlich erhaben ist diese über alle Weisheit der Menschen, indem allein sie die Keime einer völlig irrthumsfreien und mangellosen Erkenntniß in sich trägt. Wie jedoch die heilige Schrift nicht der absolut vollkommene Abdruck der höchsten Wahrheiten ist, sondern nur eine dem Dunkel unseres diesseitigen Daseins angemessene Belehrung [1]), so ist auch die christliche Lehre, wie die Menschen sie ausbilden und erweitern mögen, immer nur ein nicht überall gleichmäßig ausgefülltes Gefäß jener Offenbarungen, die der Logos den Menschen herniedersendet. Von Anfange an hat er in einzelnen mannichfach gebrochenen Lichtstrahlen unserem Geschlecht sich mitgetheilt. Bei fortgesetztem Bemühen, diese alle zu sammeln, erhalten wir das Licht in stets reinerem Glanze, wie in immer wachsender Fülle. Denn an sich ist freilich die Wahrheit nur eine und dieselbe, und immer ist sie sich selber unveränderlich gleich; aber aller Menschen Erkennen ist Stückwerk, auch das Wissen derer, die Christus erleuchtete. Nur in einem gewissen beschränkteren Sinne ist es wahr, daß diese alles wissen, und keines Lehrers, selbst nicht der Apostel bedürfen [2]). Die Anfänge des Wissens, deren sie gewürdigt wurden, umfassen alle die Grundelemente, aus welchen immer völliger sich die ganze Wahrheit entwickelt, alle die Kriterien, mit deren Hülfe sie das Wahre, wo sie es finden, von dem Irrthume unterscheiden und dem Umkreise ihrer bisherigen Erkenntnisse hinzufügen können.

Das Erscheinen Jesu betrachtet Origenes als das Ziel aller früheren Selbstoffenbarungen der ewigen Urvernunft, die unaufhörlich den Menschen sich kund gab. Selber der geistige Inbegriff aller Erkenntnisse, gleichsam eine körperliche Idealwelt [3]), ist der

---

1) S. oben S. 268. 2) Tom. in Ioan. I, 27. S. oben S. 270.
3) Ibid. I, 39. S. Thomasius, Origenes S. 131. 287.

Logos auch das Licht, das immerdar hineinleuchtete in die Finsterniß, um sie zu zertheilen ¹), und nachdem es allmälig heller geworden, zuletzt in vollem Glanze über der harrenden Menschheit aufging. Er ist der Gehoffte ²) der Menschheit. Und man trenne nicht das Wahre und Gute. Beides ist Christus: wie die Wahrheit, so auch das Gute, welches nicht minder, als jene, seine Wesenheit ist ³) und in Verbindung mit ihr die höchste, wesenhafte Weisheit ausmacht; diese, die Gottheit, ist in ihm erschienen. Auch ist er der Weg und die Thür, der Hirt und Erzieher der Menschen ⁴); nur durch ihn kann man Gott erkennen, und nur sein Herabkommen in das Fleisch, wodurch er uns völlig anschaubar wurde ⁵), gewährt uns die ihrem Wesen nach irrthumsfreie Erkenntniß.

Hierin stimmt Origenes ganz mit Clemens überein, aber eigen ist ihm die Bemühung, sowohl Erkenntniß der Wahrheit und Tugend, als auf der andern Seite, in Christus, Sündlosigkeit und Wahrheit, in die innerlichste Verbindung zu bringen und so die Erleuchtung der Menschen zugleich als Erlösung darzustellen. Hatte schon Clemens einen engen Zusammenhang zwischen unsern Fortschritten in der Erkenntniß und in den Tugendübungen behauptet, so zeigte Origenes den Grund, weshalb der Logos von den Menschen vor Christus immer nur theilweise erkannt werden konnte, in dem Umstande, daß von ihnen allen keiner ohne Sünde war, und daß sie bis zu einem gewissen Grade alle die Wahrheit in Ungerechtigkeit aufhielten ⁶). Es mußte vor allem eine Entsündigung der Menschheit bewirkt werden ⁷). Und eigenthümlich ist ferner dem Origenes die Lehre, daß Christus eben durch die Ver-

---

1) C. Cels. IV, 503.
2) Ὁ ἐλπιζόμενος, τὸ προσδοκώμενον ἀγαθόν, Tom. in Ioan. I, 7.
3) Ibid. p. 13. 41. De Princ. I, 120.
4) Tom. in Ioan. I, 30 sqq.   5) C. Cels. VI, 684.
6) Ibid. p. 632. Die Sünden verhüllen uns die Wahrheit: Hom. in Ierem. V, 153.   7) C. Cels. III, 487 sqq.

einigung göttlicher und menschlicher Natur in ihm selber das neue
Leben der Menschheit, ihre Erlösung und Erleuchtung bewirkte [1]).
Hieraus ergab sich, daß die heidnische Philosophie tief unter der
durch Christus geoffenbarten Wahrheit stehe.

Die Weisheit ist ihrer Art nach im Grunde nur eine zwie=
fache, eine weltliche, die Thorheit bei Gott ist, aber doch zur Vor=
übung des Geistes gereicht, und eine göttliche, das Ziel alles
Wissens [2]). Bei näherer Betrachtung zeigt sich innerhalb jener
ein neuer Unterschied, und man kann also von einer dreifachen
Weisheit reden. Man unterscheide die Weisheit dieser Welt, fer=
ner eine Weisheit der Fürsten derselben, und die geheime, lange
verborgene Weisheit Gottes, welche bei den Vollkommenen Weis=
heit ist. Die Weisheit dieser Welt sind die encyklischen Discipli=
nen; die ihrer Fürsten, die Geheimlehren der Ägypter, Chaldäer,
Juden und die hellenische Speculation: von den Geistern, die die
Geschicke dieser Völker leiten, ihren unsichtbaren Fürsten haben diese
Lehren wie ihren Ursprung, so auch den Namen. Wie nun die
Weisheit der Welt und die der Fürsten der Welt mit einander eine
höhere Einheit bilden, so läßt sich auch die Weisheit bei den Voll=
kommenen, wenn man ihr näher tritt, wieder als eine zwiefache
betrachten. Obgleich immer nur eine und dieselbe, ist sie doch
nicht immer in der Klarheit, in welcher sie in Christus erschien,
den Menschen kund gewesen. Durch sie war schon ein Salomo
weise, und doch sagte der Erlöser, daß er mehr als Salomo
brachte und lehrte. Die eine göttliche Weisheit wurde also voller
und klarer durch Christus offenbart, als in den frühern Zeiten [3]).

Wir erblicken hier gegenüber der vollen Wahrheit in Christus
eine dieser feindselige Weisheit, die Origenes jedoch lieber für eine
irrende, als für eine böslich feindselige erklärt, und zwischen beiden
ein niederes Erkennen: auf der einen Seite ein aus der Unwissen=

---

[1] C. Cels. III, 465. Vgl. Thomasius, Origenes S. 215.
[2] Ibid. VI, 639.   [3] De Princ. III, 288.

heit zum Lichte emporstrebendes Forschen, auf der andern eine unter mannichfachen Hemmungen herniederstrahlende Wahrheit. Ist nun selbst die dem Christenthum feindselige Weisheit nicht durchaus böse und selbst nicht ohne allen wahren Gehalt, so gewähren auch nicht nur die beiden mittleren Stufen einander wechselseitig eine gewisse Ergänzung, die selbst die Weisheit bei den Vollkommenen nicht von sich weisen darf, sondern es wird auch diese die Elemente der Wahrheit aus den Geheimlehren und speculativen Systemen aller Zeiten und Völker, und wo sie sie finden mag, an sich ziehen und so den Ausbau ihres Lehrbegriffs fördern.

Diese Gedanken zeigen uns das Verhältniß, in welchem bei Origenes weltliches Wissen und Christenthum stehen. Nur Christus ist jene köstliche Perle, deren Besitz jeden anderen werthlos macht [1]. Auch verdient allein Christus der Baum des Lebens zu heißen [2], da nur er Inbegriff aller göttlichen Kräfte und Wesenheiten ist [3], das A und das O des himmlischen Alphabets [4], der Offenbarer und die Quelle aller Weisheit und Kraft, aller Heiligung und Erlösung [5]. Indessen ist das Christenthum nicht seine einzige Offenbarung: sein Reich begann nicht erst mit seinem Sichtbarwerden im Fleische; es umfaßt seine Herrschaft von Anfange alle vernunftbegabten Wesen, die er, jedes aufs angemessenste, leitete und ohne Aufhören zu fördern sucht. So gewährte er denn dem Menschen schon in den frühsten Zeiten manche heilsame Erkenntnisse, und selbst in den Irrthümern der ältesten Vorzeit lassen sich Spuren der Wahrheit entdecken. Zunächst im Gestirndienst der alten Welt, indem er, wenn er gleich den Juden und Christen, als Verehrern des wahren Gottes, nur untersagt werden konnte [6], immer doch im Vergleiche mit noch gröberen Irr-

---

1) Hom. in Ierem. VIII, 174.   2) Tom. in Ioan. XX, 355.
3) Ibid. I, 40; Hom. in Ierem. VIII, 171.
4) Tom. in Ioan. I, 34.
5) C. Cels. I, 372. Sel. in Ierem. p. 298.
6) C. Cels. V, 582.

Die Philosophie.

thümern als etwas Gutes erscheint [1]). Denn die Sterne sind ja höhere Geisterwesen, die auf ihre Erlösung harren, und dem wahren Gott ihre Anbetung darbringen [2]). Die Götter der heidnischen Welt sind hingegen böse Dämonen [3]), und die meisten Arten der Götterverehrung verdienen den strengsten Tadel [4]). Vieles Gute enthält auch schon der alte Homer, der Beste unter den Dichtern [5]), welchem nur eine große Befangenheit ein vielfältiges Lob versagen würde [6]). Folgen wir weiter dem Entwickelungsgange der Geschichte, so begegnen wir den philosophischen Lehren. Diese sind zwar von sehr ungleichem Werthe, indem in einigen die Feindseligkeit gegen die Wahrheit das überwiegende Element ist, ein gemeines sinnliches Wohlsein zum höchsten Gute erhoben, die Vorsehung geleugnet und die Götterverehrung beschönigt wird [7]), wogegen andere der Erkenntniß der Wahrheit nahe kamen, ja selbst im Besitze einzelner ihrer Theile waren [8]). Gilt das erstere von Epikur und den atheistischen Lehrern, so sind es vor allen die Platoniker [9]), deren Lehren hohe Achtung verdienen und nach freilich sorgfältiger Prüfung genutzt werden sollen [10]). Überhaupt ist auch die Philosophie von Gott, theils unmittelbar, theils sofern sie aus Moses und den Propheten entlehnte; und auf jeder Stufe ihrer Entwickelung würde sie eine relative Vollkommenheit zeigen, hätten nicht sowohl die Menschen, die sie vortrugen, als auch die Dämonen, ihre Überlieferer an die Menschen, sie entstellt und verderbt [11]).

---

1) Tom. in Ioan. II, 52. 2) C. Cels. V, 585. 587.
3) Ibid. V, 579. 4) Ibid. III, 498.
5) Ibid. VII, 698. 6) Ibid. IV, 571.
7) Ibid. III, 478; Comm. in Ep. ad Rom. I, 472; Hom. in Ierem. XVI, 234; Sel. in Ierem. p. 298.
8) C. Cels. III, 500; IV, 524.
9) Und unter diesen ragen wieder Plato selber und Numenius hervor: Ibid. I, 332; IV, 543. 10) Hom. in Exod. XI, 171.
11) Comm. in Ep. ad Rom. I, 473; c. Cels. VI, 631 und dazu Mosheim in der Übersetzung; Hom. in Num. XVIII, 341.

Auf diese Weise ist denn die weltliche Weisheit immer nur ein sehr untergeordnetes, mangelhaftes und trügliches Wissen [1], und wer nur Philosophen und Dichter zu seinen Führern erwählt, gleicht dem Blinden, der sich einem Blinden anvertraut [2]. Erkannte doch selbst Plato nicht den wahren Gott, wie er ist, und wie er nur durch den Sohn offenbart ward [3]. Und weichen nicht die Philosophen so merklich von uns ab, wenn sie behaupten, daß die Materie gleich ewig mit Gott sei, daß sich Gott nicht um die Angelegenheiten der Sterblichen bekümmere, sondern seine Vorsehung gleichsam hinter die Wolken zurückgezogen habe? Sie schreiben ferner den Gestirnen einen Einfluß auf unsere Geburt und unsere Schicksale zu; sie halten die Welt (man beachte, daß Origenes eben dies wiederholt) für anfangslos und ewig. Und so giebt es noch sehr viele Punkte, in denen sie nicht mit uns übereinstimmen [4]. Gleichwohl bleibt der Wissenschaft eine große Bedeutung: Sie bildet die Vorstufen zu den Höhen jener obersten, der Menge verborgenen Weisheit [5].

Keine der encyklischen Wissenschaften ist hier ganz entbehrlich, selbst nicht die Rhetorik [6], die doch, mindestens sofern sie zu schöner Darstellung Anleitung giebt, von völlig untergeordnetem Werthe ist [7]. Wichtiger ist die Grammatik, als das Hülfsmittel einer allseitigen Schriftauslegung; die Dialektik wird in der heiligen Schrift ausdrücklich gefordert [8]; und ist doch selbst die Musik [9],

---

1) C. Cels. VI, 639 sq.   2) Ibid. VII, 723.
3) Ibid. VI, 643; VII, 725.   4) Hom. in Gen. XIV, 98.
5) C. Cels. III, 486: ἀναβιβάσαι ἐπὶ τὸ σεμνὸν καὶ ὑψηλὸν τῆς λεληθυίας τοὺς πολλοὺς χριστιανῶν μεγαλοφωνίας. S. auch Ibid. 480 und Ep. ad Greg. Thaumat. p. 30.   6) Hom. in Lev. VII, 217.
7) C. Cels. VI, 630.
8) Ibid. p. 634, nach Proverb. 10, 17; 1 Tim. 4, 13. Welche Dienste sie leiste, s. Fragm. e Tom. in Gen. III, 123. Doch sagte Origenes von ihr: quam utique disciplinam non tam separari, quam inseri ceteris convenit et intexi, Prolog. in Cantic. p. 31.
9) Hom. in Num. XVIII, 341.

nebst allen mechanischen Künsten, ein Geschenk, welches Gott den Menschen machte, und welches nur diese und, wie erwähnt, auch böse Dämonen, in besonderem Maße, verderbten.

Sind nun alle Künste, alle propädeutischen Disciplinen in bestimmter Reihenfolge [1]) von theils geringerem, theils größerem Werthe, so ist die Philosophie von vorzüglichem Einflusse. Sie wird zwar mit Recht als eine Quelle mancher Mißverständnisse und Häresien bezeichnet [2]), weicht jedoch keinesweges in allen ihren Lehren von eben der Wahrheit ab, die Gott im Gesetze, und die er im Evangelium offenbarte. „Viele Philosophen lehren, daß ein Gott sei, der Alles erschaffen habe, Einige fügen hinzu, daß Gott alles durch sein Wort gemacht habe, und daß es eben dieses Wort sei, wodurch er Alles regiere; und darin stimmen sie nicht nur mit dem Gesetz (dem A. Testament) überein, sondern auch mit den Evangelien. Die sogenannte ethische und physische Philosophie lehrt fast durchgängig dasselbe, was unsere Lehre enthält" [3]). Insbesondere ist die ethische Philosophie von sehr heilsamer Kraft, in Beziehung auf die Seele dem den Körper nährenden und stärkenden Brote gleich [4]), und im Stande, wirksam zu bessern, selbst Tugendmuster zu bilden [5]).

Allerdings zeigen diese Stellen, daß ihrem Urheber der innere wesentliche Unterschied zwischen Christenthum und Philosophie nicht klar war, indem er hier nur Einzelnes gegen Einzelnes gleichsam abzählt, ohne die Verschiedenheit der Principe hervorzuheben. Ihn entschuldigt, daß damals die Lehrsysteme, auch die, welche längst in einer gewissen Abgeschlossenheit vorlagen, immer nur stückweise aufgefaßt wurden, wie daß eine tiefere christliche Lehrentwickelung kaum erst begonnen hatte. Und ganz verkannte doch Origenes nicht die Verschiedenheit zwischen der christ-

---

1) Hom. III in Ps. 36. p. 666.   2) Hom. in Ios. VII, 414.
3) Hom. in Gen. XIV, 98.   4) Tom. in Ioan. I, 34.
5) C. Cels. III, 492.

lichen Lehre und der Philosophie, wenn er darin das Wesen der ersteren fand, daß sie nicht Offenbarung allein, sondern zugleich auch Erlösung ist, und Jesu vollkommene Sündlosigkeit als den Grund dafür bezeichnete, daß in ihm sich die Wahrheit rein und voll offenbarte. Die Sünde, so lehrte er, verbirgt den Menschen die Wahrheit, und nach den Graden der Heiligung richtet sich das Maß der Aufschlüsse und Einsichten, die Gott dem Geiste gewährt [1]). War nun niemand ganz ohne Sünde, als allein der Erlöser [2]), so konnte auch nur er die ganze Wahrheit in sich tragen; und wenn niemand ohne ihn, die alleinige Heiligungsquelle, rein vor Gott wird [3]), von einem jeden nur er, als die Kraft Gottes, die sittliche Schwachheit hinwegnimmt [4]), nur er die Seelen reinigt und mit neuem Leben erfüllt [5]), — mit einem Worte, wenn allein der Sündlose, unsere Erlösung [6]), und als der ewige Hohepriester, unsere Sühnung ist [7]), so kann auch ohne ihn niemand eine vollkommene Erkenntniß haben. Er nur hat das Dunkel und die Finsterniß um uns, eine Folge der Sünde, von uns und auf sich genommen [8]); er hat durch seine Menschwerdung uns hinangehoben, daß wir den Logos in ihm schauen können. Und so steht er wahrhaft zwischen Gott und der Menschheit in der Mitte: kleiner als dieser, und größer, als die Menschen [9]); sein Werk, die Erlösung, größer, als das der Schöpfung [10]). Wie könnte irgend ein philosophischer Sectenstifter, oder ein Wahrheitszeuge früherer Jahrhunderte, mit ihm verglichen werden! Wohl ist er

---

1) S. oben S. 257. 261.
2) Tom. in Ioan. XX, 348. Wiefern Christus auch durch die Annahme des Körpers nur verunreinigt, nicht sündig wurde, s. Hom. in Luc. XIV, 948.   3) Tom. in Ioan. XXXII, 414.
4) Ibid. I, 39.   5) Ibid. II, 72.
6) Ibid. I, 40; L. in Cantic. III, 86.
7) Tom. in Ioan. I, 41.   8) Ibid. II, 79.
9) Comm. in Ep. ad Rom. III, 514.
10) Ibid. IV, 533.

nicht der einzige höhere Geist, der zu den Menschen herabgekommen; aber nur auf der Seite der biblischen Offenbarung, nicht unter den heidnischen Denkern, dürfen jene Incarnationen gesucht werden, und nur Christus ist der Erlöser [1]. Auch war ja allein seine Lehre von einer wunderbaren göttlichen Kraft, die Seelen zu ergreifen und zu bewegen [2], begleitet; nur sie, durch Wunder bestätigt, hat eine allgemeine Ausbreitung unter allen Völkern erlangt. In allen Städten und Dörfern, von Gelehrten und Ungelehrten wird das Evangelium verkündigt; selbst Sclaven lehren die Familien ihrer Herrn [3]. Und wird dasselbe einst, wie dies bei seiner täglich fortschreitenden Verbreitung nicht zweifelhaft ist, der Glaube aller sein, so ist alsdann die Welterneuerung vollbracht, aller Krieg und Zwiespalt verbannt, und immerwährend ist dann Friede. Niemand wird dann die Göttlichkeit des Urhebers bezweifeln [4].

Die innere Verwandtschaft der Philosophie mit dem Christenthum ist theilweise eine sehr nahe, indem beiden die allgemeinen Ideen [5], diese wesentlichen Bestandtheile unserer Natur, vor allem die Ideen Gott und das Sittlichrechte, zu Grunde liegen. Man halte diese Ideen nicht für eine Erfindung des menschlichen Nachdenkens, für eine Abstraction unseres Geistes; sie sind eine primitive Offenbarung oder ein göttliches Licht in dem Menschen, welches ihm die Gnade Gottes huldvoll mittheilte [6], und treten nach oft lange anhaltender Verdunkelung immer wieder hervor: unser Wissen ist in seinem innersten Wesen Erinnerung [7]. Also Gott hat die Grundwahrheiten, mit seinem Finger, dem Menschen ins Herz geschrieben [8]. Auch ist es bei der Entwickelung ihres Inhalts durch die Geistesthätigkeit des Menschen stets die Hülfe von oben,

---

1) C. Cels. V, 618.   2) Ibid. III, 501; VI, 630.
3) Ibid. III, 453. 484.   4) Ibid. VIII, 793.
5) Ibid. I, 323; III, 473.   6) Ibid. VII, 726.
7) De Orat. p. 237.   8) C. Cels. I, 323.

welcher man das Gelingen verdankt ¹). Und Beides, die Ausstattung unserer Natur mit den Ideen wie diese fortwährende Hülfsleistung, muß eben auf den Logos zurückgeführt werden ²). Deshalb findet man denn auch in der Philosophie seine Spuren. Überdies haben ja die hellenischen Philosophen auch aus dem Alten Testament geschöpft; namentlich hat Plato die Propheten gelesen ³).

Aus solchen Überzeugungen flossen die Grundsätze, nach welchen Origenes manche Lehren der Philosophen in sein System aufnahm und mit denen der Schrift zu einem Ganzen zusammenfügte. Es kam noch dies hinzu: neben der öffentlichen, in der Schrift verzeichneten Kirchenlehre fand er jene geheime Überlieferung vor, die auch er auf Christus zurückführte ⁴), und die ihm eben jene Anschauungen und Lehrmeinungen zubrachte, zu welchen sich der damalige Platonismus bekannte. Wie leicht konnte nicht da manches dem Christenthume Frembartige unbemerkt einfließen? Aber weder das dem Christenthum durchaus Widersprechende hat Origenes aufgenommen, noch auch irgend eine der christlichen Grundlehren preisgegeben. Er sagte, es sei ein strafbares Vergehen, falsche Lehren in den christlichen Ausdruck zu kleiden, und eben ihn versuche der Teufel, um durch seinen Fall viele mit in das Verderben zu ziehen ⁵). Auch fand er gerade in einer solchen Vermischung der christlichen Sätze mit heidnischen die Quelle der Häresien eines Valentinus, Basilides und Marcion, welche das ganze Haus des Herrn verunstaltet haben ⁶). Und der, welcher die frembartigen und von den christlichen Lehrern verworfenen Sätze einführen will, dies erklärte er, ist so wenig ein Christ, als diejenigen Philosophen sind, welche die Vorsehung leugnen ⁷).

Nicht das wahre Wissen, sondern die Unwissenheit führt den Irrthum herbei, und unter allen Dingen stehen unerschütterlich

---

1) C. Cels. VII, 726.   2) Ibid. I. c.   3) Ibid. VII, 715.
4) Ibid. III, 487.   5) Hom. in Ezech. VII, 382.
6) Hom. in Ios. VII, 414.   7) C. Cels. V, 624.

allein Wissenschaft und Wahrheit fest¹). Der Glaube des Christen soll deshalb zu einem Wissen werden. Denn wie vieles Heilsame auch der einfache Glaube wirken mag, so ist doch weit besser, die christliche Lehre wissenschaftlich aufzufassen, und dies ist auch die Pflicht aller, welche dazu durch ihre äußeren Lebensverhältnisse, wie vermöge einer größeren geistigen Kraft befähigt sind²). In sehr vielen Aussprüchen empfiehlt die heilige Schrift dieses christliche Wissen, und kaum sind diejenigen, Wenige an Zahl, wirklich Christen, welche als Gegner desselben auftreten³). Auch fordert der Inhalt des Glaubens selber zu jener Bemühung auf, indem die Schrift so manches Dunkle und Räthselhafte, Gleichnisse und Aufgaben für ein tieferes Forschen enthält⁴). Und als die Offenbarung der höchsten Vernunft, ist das Christenthum in allen seinen Theilen vernunftgemäß; es kann durch dialektische Beweisführung erwiesen⁵), und wissenschaftlich, oder systematisch dargestellt werden⁶). Diese wissenschaftliche Einsicht hat Origenes die Weisheit, oder die göttliche Weisheit⁷) genannt, nicht Gnosis, wie dies bis auf seine Zeit, namentlich bei Clemens, das Gewöhnliche war⁸). Es scheint, daß die rechtgläubige Kirche jetzt bei größerer Verbreitung und Befestigung der häretischen Gnosis, einen Ausdruck wünschte, welcher dem Mißverstande vorbeugte. Aber die Weis-

---

1) C. Cels. I, 494. 2) Ibid. I, 328. 331.
3) Ibid. III, 475. 4) Ibid. III, 477.
5) Ibid. I, 320. 6) De Princ. I, 95.
7) Σοφία, ἡ θεία σοφία, c. Cels. VI, 639; Sel. in Ps. p. 568. Aber der Schriftstelle, in welcher man die Gabe dieses höheren Wissens bezeichnet glaubte, 1 Cor. 12, 8, und wo dasselbe λόγος σοφίας und λόγος γνώσεως genannt wird, bedient sich auch Origenes, wie er letzteres Wort überhaupt nicht durchaus umgeht; nur im Sinne der Früheren vermeidet er es, bei welchen es die höhere Stufe des christlichen Lebens als solche bezeichnet. Auch unterschied er verschiedene Stufen, und wies der σοφία die höhere, der γνῶσις die niedere Stelle an: s. unten.

8) Vermuthlich nach Weisheit Salom. 7, 17.

heit ist bei ihm im Wesentlichen ganz dasselbe, was sein Vorgänger Gnosis nannte.

Auch Origenes unterschied den Standpunkt dessen, welcher gläubig dem Zeugnisse der Kirche beipflichtet, von der höheren Stufe des Geförderten. Allein wir finden bei ihm das Wort Pistis nicht mehr in dem zwiefachen Sinne, in welchem es bei Clemens bald den Glauben im paulinischen Sinne, bald einen todten Auctoritätsglauben bezeichnet; Origenes ist entschieden der paulinischen Auffassung zugewendet. Waren jetzt schon der Namenchristen so viele, und trat ihre Schlaffheit widrig hervor, so sprach Origenes unumwunden aus, was noch Clemens nicht sagen mochte, daß jenes todte Fürwahrhalten kein wahrer Glaube sei [1]). Glaube, lehrt er, ist die Aufnahme des Geglaubten in das innerste Herz [2]); deshalb kann man nicht ein Gläubiger sein, und doch sündigen [3]). Wer nicht den Schild des Glaubens hat, in dessen Herz giebt der Teufel die bösen Gedanken und Lüste; aber jener Schild vermag nicht etwa nur einen oder zwei der feurigen Pfeile des Bösen, sondern sie alle auszulöschen [4]). Davon zeugt der Wandel derer, welche den Glaubenslehren willig Gehör geben [5]). Zwar ist eine völlige Sündlosigkeit hier auch dem Vollkommenen unerreichbar [6]); aber wer fortfährt zu sündigen nach wie vor, glaubt nicht

---

1) Kein $κυρίως\ πιστεύειν$, Tom. in Ioan. XX, 349, sondern ein Glauben, wie jener Juden, Joh. 8, 41, bei welchem man aus dem Teufel ist, Ibid. p. 323. Anderwärts unterscheidet Origenes einen zwiefachen Glauben: das menschliche, an sich werthlose Fürwahrhalten, und den von Gott gewirkten Glauben. S. Ser. in Matth. p. 886; Comm. in Ep. ad Rom. IX, 649. — Ich muß mich hier von Neander in nicht unwesentlichen Punkten entfernen, um demjenigen beizutreten, was Thomasius S. 233 gesagt hat.
2) $Κυρίως\ γὰρ\ πίστις\ ἐστὶ\ κατὰ\ τὸ\ βάπτισμα\ τοῦ\ ὅλῃ\ ψυχῇ\ παραδεχομένου\ τὸ\ πιστευόμενον$, Tom. in Ioan. X, 208.
3) Ibid. XX, 323, nach 1 Joh. 3, 9.
4) Eph. 6, 16. Tom. in Ioan. XXXII, 407.
5) C. Cels. III, 473.   6) Tom. in Ioan. XXXII, 405.

wahrhaft ¹) an Christus, und wenn man schon von einem Glauben ohne Werke redet, so ist doch, nach Jacobus, ein solcher Glaube todt. Wer anders ist also ein Gläubiger, als wer durch eine vernunftgemäße Gesinnung und innere Einigung mit dem Logos zunächst vor den sogenannten Todsünden ²) gesichert ist, und bald auch in nichts gegen die wahre Vernunft sündigt, wie es heißt: Jeder, der da glaubt, daß Jesus der Christus ist, der ist aus Gott geboren. Beim Glauben an den Erstgeborenen aller Creaturen ist es unmöglich, in den Sünden zu sterben. Wer an die Gerechtigkeit glaubt, wird nicht Unrecht thun; wer an die Weisheit glaubt, weil er schaute, was sie ist, wird nichts Thörichtes sagen oder thun, und der, welcher die Vernunft erkannte, die im Anfange bei Gott war, wird nichts Vernunftwidriges unternehmen. Wer es glaubt, daß Er unser Friede ist, wird nicht Streit und Zwist stiften. Und wenn Christus nicht allein die göttliche Weisheit, sondern auch die Kraft Gottes ist, so wird, wer an ihn glaubt, sofern er die Kraft ist, nicht ohnmächtig im Guten sein. Ebenso wirkt der Glaube an ihn auch Geduld und Beharrlichkeit; wem sie fehlen, der glaubt nicht an ihn, sofern er die Stärke ist. Und so sammle man nun auch noch die übrigen Beziehungen, in welchen Christus sich kund giebt ³). Es wird dann klar, welcher Art der lebendige Glaube sei, — der allein vor Gott gerecht macht ⁴), und ohne den niemand selig werden kann ⁵). Denn ohne ihn sind wir nicht aus der Wahrheit, und nicht aus Gott, sondern Kinder der Finsterniß und des Teufels; ein Mittleres giebt es nicht ⁶).

Den todten Auctoritätsglauben, dies zeigt sich klar, erkannte Origenes gar nicht an; er forderte, daß ein Glaube, welcher den

---

1) $\Pi\varrho\grave{o}\varsigma$ $\tau\grave{o}$ $\mathit{\mathring{\alpha}\lambda\eta\vartheta\acute{\epsilon}\varsigma}$.
2) Origenes erläutert an dieser Stelle den Ausspruch Jesu, Joh. 8, 24; daher die Beziehung auf die Todsünden.
3) Tom. in Ioan. XIX, 306.
4) Comm. in Ep. ad Rom. II, 479; IV, 534.
5) Hom. in Num. XXVI, 369.   6) Tom. in Ioan. XX, 350.

Namen verdiene, sogleich seine höhere Kraft offenbare. Ist doch auch schon der Glaube selber, wo und wie unvollkommen er sich zeigen mag, immer nur durch ein Wirken Gottes vorhanden [1]), selbst bei solchen Christen, die ihn nur dem Zufall [2]) zu verdanken scheinen: Gott kennt ihr Verhalten in dem vorweltlichen Dasein, und danach richten sich seine Verleihungen [3]); oder es ist die errungene größere Reinheit der Seele, diese geistige Schönheit derselben, welche den himmlischen Bräutigam (den Logos) herbeizieht, oder ihre Buße bestimmt ihn, sie zu erwählen [4]). Nun fühlt der von ihm Ergriffene, oder erkennt die Übereinstimmung der Glaubenslehren mit den allgemeinen, uns angeborenen Ideen [5]). Es ist wahr, der Glaube vieler ist ein Zustand, in welchem sie noch nicht den Geist der Kindschaft besitzen, sondern noch Knechte sind, die einen Geist der Furcht, nicht der Liebe empfangen haben [6]), — ihr Glaube an das zukünftige gerechte Gericht ist die

---

1) Tom. in Matth. X, 467.
2) Er entscheidet auch meist darüber, welchem der philosophischen Systeme sich die Einzelnen zuwenden: c. Cels. I, 328. Man kann glauben, ohne sich der Gründe bewußt zu sein ($\dot{\alpha}\lambda\acute{o}\gamma\omega\varsigma$ $\pi\iota\sigma\tau\epsilon\acute{\upsilon}\epsilon\iota\nu$, $\dot{\alpha}\lambda\acute{o}\gamma\omega$ $\tau\iota\nu\grave{\iota}$ $\varphi o\rho\tilde{\alpha}$, l. c.); dann liegt der Beweggrund in einem Unmittelbaren, welches über den Begriff erhaben ist. Denn es ist nicht etwa die Wahrnehmung der Wunder, die den Glauben bewirkt; ein bloßer Wunderglaube würde nur Unglaube sein: Hom. in Luc. I, 933.
3) C. Cels. III, 472.   4) Hom. in Cantic. I, 13. 15.
5) C. Cels. III, 473: $\tau\grave{\alpha}$ $\tau\tilde{\eta}\varsigma$ $\pi\acute{\iota}\sigma\tau\epsilon\omega\varsigma$ $\dot{\eta}\mu\tilde{\omega}\nu$, $\tau\alpha\tilde{\iota}\varsigma$ $\kappa o\iota\nu\alpha\tilde{\iota}\varsigma$ $\dot{\epsilon}\nu\nu o\acute{\iota}\alpha\iota\varsigma$ $\dot{\alpha}\rho\chi\tilde{\eta}\vartheta\epsilon\nu$ $\sigma\upsilon\nu\alpha\gamma o\rho\epsilon\acute{\upsilon}o\nu\tau\alpha$. Wer diese Übereinstimmung erkennt, hat eine $\pi\acute{\iota}\sigma\tau\iota\varsigma$ $\beta\epsilon\beta\alpha\iota\omega\mu\acute{\epsilon}\nu\eta$ $\dot{\epsilon}\xi\eta\tau\alpha\sigma\mu\acute{\epsilon}\nu\eta$, Ibid. p. 472. S. auch Hom. in Num. X, 303: — legem utique naturalem, quam dedit Deus humano generi, et in cunctorum mentibus scripsit: unde et initia sumimus, ac semina quaedam ad perscrutandam capimus veritatem. Quae semina si bene excolamus, fructum vitae afferent in nobis in Christo Iesu, Domino nostro.
6) Röm. 8, 15. — Man sieht, Origenes hatte Christen von jener beschränkten puritanischen Denkart im Auge, welche in der That nur einem niederen Standpunkte angehört. Was er hier meint, nennt er die $\psi\iota\lambda\grave{\eta}$

Triebkraft ihrer Handlungen¹): sie verstehen noch nicht die Liebe des Ewigen; und viele bemühen sich nicht, fortzuschreiten, um auch zu rufen, Abba Vater. Aber sie können nun doch Gottes Kinder werden; sie haben die Macht dazu empfangen, und es erleuchtet sie nun das wahre Licht²). Die äußere Form der Wahrheit, ihre geschichtliche Erscheinung kennen sie; den leidenden, gekreuzigten, sterbenden Erlöser haben sie, und es fehlt nur ein tieferes Eindringen in den wahren Sinn und Geist der Schrift: der Aufschwung des Geistes von der zeitlichen Erscheinung des Erlösers zu seiner göttlichen Herrlichkeit, seiner ewigen Wesenheit, wie er im Anfange bei dem Vater war. Dieser Fortschritt soll nicht ausbleiben. Stets soll der Glaube seine Kraft reicher entfalten, jemehr er ein völliger Glaube wird.

Indem nun Origenes angeben wollte, wie dies geschehe, entfernte er sich freilich von dem Wege, den Paulus gezeigt hatte. Im Sinne der damaligen griechischen Kirche betrachtete auch er das Christenthum vorzugsweise, fast ausschließlich, als dogmatische Lehre, und darin fand er die Erweiterung des Glaubenslebens, daß sich die Zahl der Sätze vermehrt, deren Wahrheit man erkennt. Es sind nämlich der Gegenstände des Glaubens sehr viele, mannichfach der Art nach, und der wahre Christ soll sie sämmtlich anerkennen; nicht ohne Gefahr würde man einräumen, daß dies Glaube

---

πιστις, bloßes Glauben, ohne tiefere Einsicht. Und so findet sich allerdings bei Origenes die Unterscheidung eines zwiefachen Standpunkts der Christen, eines fleischlichen und geistigen Christenthums (Tom. in Ioan. I, 10; in Matth. XV, 654), einer exoterischen und esoterischen Lehrart (c. Cels. I, 325; III, 499; Tom. in Ioan. l. c.); aber nie hat er Psychiker und Pneumatiker innerhalb der Kirche, wie Thomasius S. 237 zu glauben scheint, unter diesen bei den Häretikern üblichen Namen unterschieden. Selbst Tom. in Ioan. XIII, 267 findet sich nur letzteres Wort, und zwar in einer von Paulus (1 Cor. 2, 15) entlehnten Stelle; aber die Benennung Psychiker vermied Origenes durchaus.
1) Hom. in Gen. VII, 79; c. Cels. I, 328; IV, 507.
2) Tom. in Ioan. XX, 350. Joh. 1, 9.

sei, wenn jemand von einigen christlichen Lehren eine feste, uner=
schütterliche Überzeugung hat, während er andere bisher nur schwan=
kend anerkennt. Indeß ist doch — mit dieser Bestimmung lenkte
Origenes wieder zu Paulus hin — der Kleingläubige, das ist,
wessen Glaube noch von beschränkterem Umfange ist, indem ihm
einzelne Lehren zweifelhaft blieben, um vieles weiter, als derjenige,
welcher nicht mit Festigkeit das Geglaubte ergriffen hat. Man
hüte sich hier zu richten, damit man nicht auch gerichtet werde.
Das ist zu behaupten, daß diejenigen das Wesentlichste aufgefaßt
haben, welche die Lehre von dem einen Gott, dem Schöpfer aller
Dinge festhalten, an Jesus Christus, den Herrn, welcher Gott
und Mensch ist, und an den heiligen Geist glauben, wie an die
Freiheit des Willens und eine gerechte Vergeltung. Wer hingegen
die Einheit des Gottes des Gesetzes und des Evangeliums ver=
kennt, oder die übernatürliche Zeugung Jesu, während er seine
wahre Menschheit glaubt, oder wer den doketischen Irrthum hegt,
oder die göttliche Persönlichkeit des Herrn verwirft, dem fehlen
die wesentlichsten Lehren. Und doch soll unser Glaube ein ganzer
Glaube sein, welcher in allen Beziehungen, — es mögen ihrer wohl
hundert gezählt werden, — die Wahrheit mit fester, lebensvoller
Überzeugung ergreift. Denn ungeachtet des so mannichfachen In=
halts ist doch der Glaube eine in sich einige Tugendkraft aus Gott,
die stets in uns zunehmen soll [1]. Wenn daher jemand zu glau=
ben meint, und doch bisher nicht die Herrlichkeit Gottes schaute,
der lerne, daß er in der That nicht glaubte, weil er nicht Gottes
Herrlichkeit schaute; denn Er kann nicht lügen, der nicht nur der
Martha [2], sondern allen sagte: Wenn du glaubtest, solltest du die
Herrlichkeit Gottes sehen [3].

Kein Unterschied kann fließender sein, als der, welchen Origenes
zwischen Glauben und höherem christlichen Wissen machte. In

---

[1] Tom. in Ioan. XXXII, 428 sqq. Vgl. auch Tom. XX, 347.
[2] Joh. 11, 40. [3] Tom. in Ioan. XXVIII, 371.

Das Wissen.

jener Stelle; wo Paulus, in einem Verzeichnisse der Charismen, zuerst die Gaben der Weisheit, der Erkenntniß und des Glaubens [1]) aufführt, findet Origenes eine Hindeutung auf den Entwickelungsgang des christlichen Lebens. Wenn uns, sagte er [2]), unsere Sünden noch den klareren Blick in die Wahrheit verwehren, so mögen wir nur den anflehen, welcher der Arzt für die Augen der Seele ist, daß er durch seine das ganze Menschengeschlecht umfassende Weisheit und Liebe unsere Augen öffne. Er wird uns erhören, wenn wir die Ursachen unserer Blindheit, unsere Sünden, bekennen, und uns helfen, die Gabe des Glaubens zu empfangen, welche die dritte Stelle bei Paulus einnimmt, und die gewiß keine geringe Verleihung ist. Sind doch der Irrlehren, die alle auf Glauben Anspruch machen, so viele, welche alle der Gläubige, das Rechte unterscheidend, verwirft, wie ein kundiger Geldwechsler unächte Münzen, indem er keinem glaubt, als dem allein Wahrhaftigen. Man könnte ihn wohl einen Vollkommenen nennen, wie es ja im Briefe an die Hebräer heißt: Die sind die Vollkommenen, welche geübte Sinne haben, das Gute und Böse zu unterscheiden. — Hier ist also nach Origenes ein vollgültiger Anfang, — stark genug selbst Wunderkräfte aus Gott herbeizuziehen [3]). Aber der Grad des Glaubens kann sehr verschieden sein, je nachdem er seinen Gegenstand einseitiger oder vollständiger, mehr oder minder kräftig ergreift, und in fortschreitender Selbstverleugnung von aller Befleckung des Fleisches sich reinigt, Blüthen des neuen Lebens, Früchte der Gerechtigkeit bringt [4]). Aus dem Glauben entwickelt sich nur in allmäliger Folge ein immer höheres Wissen; zunächst die Erkenntniß, aus dieser die Weisheit [5]).

Wie Origenes verschiedene Stufen des gläubigen Fürwahr-

---

1) 1 Cor. 12, 9. Letzteren nimmt er irrig für die Pistis im damaligen Sinne.
2) Tom. in Ioan. XX, 349 sqq. Dieselbe Reihenfolge der Charismen macht Origenes in den Büchern gegen Celsus (III, 477) geltend.
3) Hebr. 5, 14. 4) Tom. in Matth. X, 466.
5) Hom. in Num. IX, 300.

haltens annahm, so unterschied er wieder verschiedene Grade des höheren Wissens und Geisteslebens. Es kann jemand zwiefältig mehr, als andere, ein Sohn der Hölle sein [1]: so giebt es auch Söhne des Lichts, des Lebens, der Weisheit, und so auch Söhne Gottes, die es zwiefältig, vielfältig, in allen Graden der Abstufung, mehr als andere sind. Je mehrere der Worte Gottes jemand vernimmt, um so völliger ist er aus Gott geboren. Auch die Worte kann man vernehmen, die unaussprechlich sind, und die kein Mensch sagen kann [2]; und der würde ganz aus Gott geboren sein, welcher alle seine Worte vernommen hätte; was jedoch von keinem gelten mag, der nur vermöge des Geistes der Kindschaft Sohn Gottes ist [3]. So ist denn ein unbegrenztes Fortschreiten möglich. Indessen sind es doch vornehmlich nur zwei Hauptunterschiede, die hier hervortreten: die frühere Stufe ist das Erkennen oder die Wissenschaft [4]; über ihr steht die Weisheit [5] im engeren Sinne, das unmittelbare Anschauen der Wahrheit [6].

Auf der Grundlage des einfachen Glaubens ruht das tiefere Verständniß [7]. Die Auffassung der äußeren Geschichte Jesu leitet zu der Einsicht in dasjenige, wovon sie Bild und Abdruck ist, zu der tieferen Wahrheit [8]. Mit Hülfe der allegorischen Auslegung entwickelt der Fortgeschrittene den Geist aus der Hülle des Buchstabens, sucht die in den historischen Thatsachen und Gleichnißreden versinnlichten Ideen auf, überträgt das sinnliche Evangelium in das geistige und schließt aus der zeitlichen Erscheinung des göttlichen Logos, zu ihm selber sich erhebend, auf sein ewiges göttliches Sein [9]. Hiezu bedarf es, wie einer mannichfachen weltlichen Gelehrsamkeit, so vor allem der Erleuchtung durch den heiligen Geist:

---

1) Matth. 23, 15.   2) 2 Cor. 12, 4.
3) Tom. in Ioan. XX, 352.   4) Ἐπιστήμη, γνῶσις.
5) Σοφία.   6) Θεωρία.
7) Nach Jes. 7, 9, im griechischen Texte.
8) Tom. in Ioan. XX, 348.   9) Ibid. I, 10; XIII, 216.

Das Schauen.

diese tiefere Exegese ist ein Charisma [1]). Sie giebt dem wissenschaftlichen Erkennen den Stoff. Und dieser Stoff muß nun systematisch, nach Anleitung der kirchlichen Glaubensregel, geordnet, aus den einzelnen Lehren und Sätzen eine zusammenhängende Reihe gebildet, für dieselben theils aus der Schrift, theils vermöge vernunftgemäßer Schlüsse der Beweis geführt und so ein festverbundener Körper, ein System gebildet werden [2]). In diesem Zwiefachen besteht das Wesen der christlichen Wissenschaft [3]). Sie ist mehr, als das bloße Glauben; sie blickt tiefer hinein in das Wesen der Glaubenslehre [4]), und durch sie gelangt man zur geistigen Gemeinschaft mit dem Herrn, vermöge deren man bei ihm schon daheim ist, während man noch im Fleische wallt. Den Leib (der Schrift) bewohnen die einfach Gläubigen, aber im Fleische wallend, kann man schon, wie der Apostel [5]), daheim bei dem Herrn sein [6]).

Das höhere Wissen vollendet sich in einem geistigen Schauen der Wahrheit. Auf dieser Stufe vernimmt man den Logos selber unmittelbar, schaut ihn selber und empfängt geistige Eindrücke von ihm, der auch ohne solche, die die Lehre überliefern, sich mittheilen kann [7]). Die Empfänglichkeit für diese Belehrungen ist es,

---

1) S. oben S. 315. Auch die Apostel verdankten ihr Verständniß der Worte Jesu nach seiner Auferstehung (Joh. 2, 22) nur der Erleuchtung des Geistes: Tom. in Ioan. X, 208.
2) De Princ. I, 95. S. auch die Excerpte des Procopius aus Origen. in Cantic. zu Cant. 4, 3, bei de la Rue T. III, 96: ἕκαστον ἐν τῷ ἰδίῳ τάγματι σεσωματοποιημένον ἐν τῷ ἡγεμονικῷ.
3) Das φιλοσοφεῖν τὰ τοῦ λόγου, c. Cels. IV, 507.
4) Tom. in Ioan. XX, 350. 5) 2 Cor. 5, 8.
6) Ibid. XIII, 266.
7) Ibid. p. 265: καὶ βέλτιόν γέ ἐστιν αὐτόπτην γενέσθαι τοῦ λόγου, καὶ χωρὶς ὀργάνων διδάσκοντος ἀκούειν αὐτοῦ, καὶ φαντασιοῦντος οὐ διὰ τῶν διδασκόντων τὸ ἡγεμονικὸν εὑρίσκειν (add. κατὰ) τρανότητα τοὺς τῆς ἀληθείας τύπους, ἤπερ μὴ ὁρῶντα αὐτὸν — ἀκούειν τὸν περὶ αὐτοῦ λόγον. Vgl. Ibid. Tom. XX, 353 und Hom. in Lev. XIII, 254: Qui perfectus est, ab ipso Deo docetur —, et homine ad haec di-

welche die Schrift[1]) den göttlichen Sinn nennt, das Vermögen für das höchste Übersinnliche, das Band, welches die Seelen mit einander und mit Gott verbindet. Und mit diesem Sinne soll man auch die Gegenstände der wissenschaftlichen Erkenntniß auffassen, mit diesem Sinn die Lehren derselben hören und lesen. Und was wir schweigend im Geiste bewegen, auch das weiß die Gottheit[2]).

Man gelangt also zum wahren Wissen auf einem Wege, welcher demjenigen entspricht, den schon Plato[3]) bezeichnete. Sagte dieser, daß zum Wissen von einem Gegenstande ein Dreifaches hinleite, der Name (als Klang des Wortes), das (gedachte) Wort, die Vorstellung, und daß das Wissen das Vierte sei, so wird in der Schrift Johannes der Täufer, als Vorläufer Jesu (und insofern Symbol alles dessen, was zu Jesu hinleitet), die Stimme genannt[4]), und diese Bezeichnung entspricht dem platonischen Namen; der Jesus im Fleische, den jener zeigte, ist, was bei Plato

---

scenda magistro non utitur, sed a Deo discit, si quis potest capere Dei vocem. — Prophetica vox magis intuitu mentis discitur, quam sono vocis, per quam (sc. mentem) veritas ipsa, non umbra et imago veritatis discitur. S. endlich auch Hom. in Ios. XVII, 438.

1) Proverb. 2, 5. Diese Stelle erläutert Origenes auch Lib. in Cant. I, 42. An einer andern Stelle Sel. in Proverb. p. 8 nennt er diesen Sinn die αἴσθησις τοῦ ὄντος.

2) S. de Princ. IV, 383 und dazu meine Anmerkung. Was hier Origenes sagt, entspricht der Lehre Philo's (Quod omnis prob. lib. p. 459; de Posterit. Caini p. 258; de Profug. p. 559), wie des Thomas von Kempen (de Imitat. Chr. I, 3), auch der Pseudoclementinen, über die man Baur's Gnosis S. 387 vergleichen möge. Aber eine weitere Erörterung über die Art dieses Schauens vermeidet Origenes, während Clemens (s. oben S. 177.) eine solche, auf plotinischem Wege, versucht hatte. Nur die Nothwendigkeit einer Erhebung über alles Körperliche hob er hervor: Lib. in Cant. IV, 88. 90; Hom. in Cant. I, 13. Und c. Cels. III, 501 nennt er die christliche Lehre eine διδασκαλία, παντὸς ἀφιστῶσα γεηΐου, προσαγάγουσα δὲ δι' ἐμψύχου καὶ ζῶντος λόγου τῷ ἐπὶ πᾶσι θεῷ.

3) Ep. VII. 4) Matth. 3, 3.

Schranken des Wissens.

das Wort (Logos) ist; der Vorstellung entsprechen die Eindrücke, welche der Seele bleiben, nachdem Christus in sie seine Wunden durch das Wort hineinprägte, und dem was Plato Wissen nannte, mag die Weisheit der Vollkommenen unter uns entsprechen, die Christus ist [1]). Christus selber ist das höhere Wissen, die Weisheit des Christen [2]).

„Gottes Gerichte sind unergründlich und unerforschlich seine Wege", sagt die Schrift [3]). Sie sagt nicht, daß sie schwer zu ergründen, schwer zu erforschen seien, sondern daß sie nicht ergründet und erforscht werden können. Wie eifrig man, gefördert durch die Gnade Gottes, fortschreite: an das letzte Ziel seines Forschens wird keiner gelangen; kein geschaffener Geist kann das: so bald man Einiges aufgefunden, erblickt man sogleich Anderes, und immer mehr des Anderen, das noch gesucht werden muß [4]).

Wenn schon Clemens, bei aller Überschätzung des höheren christlichen Wissens, deren man ihn zeihen mag, hervorhob, daß dasselbe sich hier, während dieses Lebens, in gemessenen Schranken bewege, von welchen es erst unser jenseitiges Dasein befreien werde,

---

1) C. Cels. VI, 636. Wie Christus nach der Stelle im Hohenliede 1, 2 mit der Seele sich liebend vereinige, ihr mittheile, s. L. in Cant. I, 37. Sie findet darin die höchste Beseligung, Ibid. p. 42.

2) Daß dies Origenes lehrte, hat Thomasius S. 34 richtig bemerkt; aber daß er eben hierin sich von Clemens unterschied, die Gnosis in eine weit engere Verbindung mit der Person des Erlösers setzte, und so weiterführte, kann ich nicht finden. Bei beiden ist es das Erfassen des Logos, nichts sonst, worin das Wesen des höheren Wissens besteht. Und auch Origenes sagte: ἡ σοφία ἐπιστήμη θείων ἐστὶ καὶ ἀνθρωπίνων πραγμάτων, καὶ τῶν τούτων αἰτίων, und fügt unmittelbar hinzu: ἡ, ὡς ὁ θεῖος λόγος (Sap. Sal. 7, 25. 26) ὁρίζεται, ἀτμὶς τῆς τοῦ θεοῦ δυνάμεως, καὶ ἀπόρροια τῆς τοῦ παντοκράτορος δόξης εἰλικρινής, καὶ ἀπαύγασμα φωτὸς ἀιδίου, κ. τ. λ. Auch er bezeichnet also den Logos hier nach seinem göttlichen Sein, nicht in seiner Verbindung mit der menschlichen Natur. S. diese Stelle c. Cels. III, 494.

3) Röm. 11, 33.   4) De Princ. IV, 365.

so zeigte Origenes nicht minder offen die große Unvollkommenheit alles menschlichen Erkennens. Auch er sprach von einem Gottwerden der Christen [1], und fand, das Stehen in der Wahrheit [2] sei das Mittel, um zu dieser Stufe des Seins zu kommen [3]. Aber alles in diesem Leben nannte er eitel, auch unser stückweises Erkennen [4]. Wohl zerriß bei Jesu Tode der Vorhang im Tempel vor dem Heiligthum, aber der Vorhang vor dem Allerheiligsten ist bisher nicht zerrissen [5]. Wer da meint, fügt er hinzu [6], in dem gegenwärtigen Leben die volle Erkenntniß zu haben, hat noch nicht erkannt, wie man erkennen muß; denn wer erkennt, der erkennt nur in Räthseln. Wir wandeln also in Abbildern der Wahrheit, nicht in jener Wahrheit selber, in welcher man von Angesicht zu Angesicht erkennt. Diese Abbilder sind mehr, als der Schatten, den das Gesetz hatte [7]; aber sie sind nicht die Wahrheit selber. Nur den engen Umkreis von Dingen, in deren Mitte wir stehen, können wir überschauen; darüber hinaus reicht unsere Sehkraft nicht [8], und ein geheimnißvolles heiliges Dunkel ist um Gott her verbreitet, durch welches jetzt nur Christus und der heilige Geist hindurchblicken [9]. Wie Klarheit des Geistes und Reinheit des Herzens, Irrthum und Sünde, immer einander bedingen [10], so kann uns hier nicht die ganze Wahrheit kund sein, weil hier niemand ganz von Sünden rein, von störenden Anfechtungen frei ist [11]. Und es konnte der Logos, als er auf der Erde erschien, nicht sich so uns zeigen, wie er im Himmel erkannt wird. Das

---

1) Exhort. ad Mart. p. 290; nach 2 Petr. 1, 4. Nicht anders noch Athanasius. S. Wetstein zu d. St.
2) Joh. 8, 44.   3) Tom. in Ioan. XX, 344.
4) Hom. I in Ps. 38, p. 695.   5) Ser. in Matth. p. 927.
6) Hom. II in Ps. 38, p. 696.   7) Hebr. 10, 1.
8) De Princ. IV, 365; Hom. in Ies. IV, 112; Comm. in Ep. ad Rom. X, 676.   9) Tom. in Ioan. II, 81.
10) Sel. in Ps. p. 676; Ser. in Matth. p. 838.
11) Hom. in Num. XXV, 369.

Schranken des Wissens. 347

Fleisch verhüllte seine Gottesherrlichkeit, und wenngleich der Wissende auch diese wahrnimmt und allerdings der ihm geoffenbarte Logos derselbe ist, den die Engel schauen, die ewig eine Wahrheit, Weisheit und Gerechtigkeit, so werden wir doch einst an ihm auf andere Weise Theil haben, ihn nach anderen Beziehungen[1]) auffassen, als jetzt. Bisher haben wir in Wahrheit und eigentlich[2]) nicht an ihm Theil. Denn wie haben wir an dem Leben Theil, wenn uns noch der Todesleib umgiebt, unser Leben bisher nur ein mit Christus in Gott verborgenes ist[3])? So wenig ist uns jenes Leben bekannt, daß vielleicht vor der zweiten, göttlicheren Wiederkunft Christi ein zweiter Johannes oder Elias auftreten wird, der von dem Leben Zeugniß geben wird; wie der erste Johannes von dem in das Fleisch gekommenen Logos zeugte, so würde dieser zweite Vorläufer von der Gottesherrlichkeit desselben und von seiner Weisheit Zeugniß geben: der erste kündigte nur den Fleisch Gewordenen an[4]). Durch den Tod treten die selig Vollendeten in ein vollkommenes Dasein hinüber, wo sie erkennen werden, wie wenig sie hier erkannten; sie schauen dort von Angesicht den Vater, wie Freunde den Freund schauen. Worte, wie sie Paulus bei seiner Entzückung hörte, wird man dort vernehmen, und, in Jesu Gefolge die Himmel durchziehend, nicht allein über die Erdengeheimnisse, sondern auch über die Himmel und die himmlischen Dinge sich erheben. In Gott sind Schätze der Einsicht verborgen, die keine der in einem Körper befindlichen Naturen vor ihrer Trennung von diesem fassen kann. Denn Größeres, als was Sonne, Mond und der Sterne Chor beschauen, ja viel Größeres, als der Chor jener Engel sieht, die Gott zu Winden und Feuerflammen machte[5]), ist in ihm verborgen und wird von ihm auf die Zeit aufbewahrt, wo alle Creatur von

---

1) Ἐπίνοιαι.   2) Κυρίως καὶ κατὰ τὸ ἀκριβές.   3) Col. 3, 4.
4) Tom. in Ioan. II, 54. 92. Sel. in Proverb. p. 10.
5) Pf. 104, 4, nach den LXX.

der Knechtschaft der Vergänglichkeit zur herrlichen Freiheit der Kinder Gottes erhöht sein wird [1]). Dann verstehen, die dessen würdig sind [2]), vollkommen die Schrift und empfangen die Speise des Logos selber, die unmittelbaren Einflüsse des allein selbstgenugsamen Vaters: eine Speise, welche die Jünger nicht kannten [3]); eben dieselbe unmittelbare geistige Kräftigung, dieselbe Speise, wie Christus [4]). Hier sehen wir den Vater in dem Sohne, und so wie wir, jetzt die Engel: aber wann der Sohn dem Vater das Reich übergiebt und dieser Alles in Allem ist [5]), dann werden wir, mit den Engeln, den Vater und was bei dem Vater ist, unmittelbar, in derselben Weise wie der Sohn, erkennen [6]). Das ist das ewig neue Evangelium im Himmel, welches nie veraltet [7]), und dort bedürfen wir nicht ferner des Heilands als unseres Lehrers, so wenig der Genesene noch des Arztes bedarf [8]); wir sind dort wahrhaft Götter und Söhne des Allerhöchsten [9]).

Origenes Lehre von Wesen und Art der höheren Erkenntniß ist die des Clemens: was der Christ hier erkennt, sagten beide, ist gleichartig dem, was ihm die Ewigkeit enthüllen wird, und in so fern ist er schon hier daheim bei dem Herrn; dem Umfange nach ist sein Wissen ein sehr beschränktes. Die Stellung des Lehrers dieser tieferen Weisheit zu den Gemeinden war zu Origenes Zeit schon eine andere. Es waren nun schon die kirchlich gnostischen

---

1) Röm. 8, 21. Exhort. ad Mart. p. 282.
2) Nicht ohne Unterschied alle: Hom. in Num. XI, 308.
3) Joh. 4, 32.
4) Tom. in Ioan. XIII, 245. Lib. in Cant. III, 84. Origenes nennt wohl jene Speise der Seele: fructus e regione palmarum terrae sanctae. Diese nährt sich von dreierlei Stoffen: dem weltlichen Wissen, bevor sie Ägypten (den Dienst der Welt) verläßt; in der Wüste dieses Lebens, wenn sie gläubig geworden, von dem Manna der heiligen Schrift; jenseits von jener Frucht. S. Hom. in Ios. VI, 410.
5) 1 Cor. 15, 28.   6) Tom. in Ioan. XX, 315.
7) De Princ. III, 327; IV, 364.
8) Tom. in Ioan. XXXII, 420.   9) Tom. in Matth. XVII, 797.

Dogmen, welche früherhin als Geheimlehren gegolten hatten und von Clemens als solche aufgezeichnet wurden, in weiterem Umkreise verbreitet, und wurden jetzt, ob man gleich nicht aufhörte, sie als geheime Überlieferungen zu bezeichnen, im Grunde ohne Rückhalt dargeboten. In den Homilien, wie in allen seinen Schriften hat sie Origenes vorgetragen. Zwar bringt auch er noch auf große Behutsamkeit in der Mittheilung [1]; aber er kann es nur beklagen, wenn so viele die Mühe des Lernens scheuten [2], so wenige mit ganzem Fleiß der tieferen Schriftforschung sich zuwendeten [3]. Man sieht, allen wünschte er das mitzutheilen, wovon schon Clemens, obgleich zurückhaltend in der Veröffentlichung selber, gesagt hatte, daß alle ein Anrecht darauf, wie die Pflicht, es zu erwerben, haben [4], und was er, entschiedener als jener, für allein wahres, lebendiges Christenthum hielt. Eben diese Bemühung ist die eigentliche Quelle seiner Verketzerung, wie seines weit ausgebreiteten Ruhms.

Origenes erste Reisen.

In Origenes sechsundzwanzigstem Lebensjahre starb Septimius Severus, nach einer achtzehnjährigen Regierung, im Jahre 211. Damals war Zephyrinus Bischof von Rom, welcher in einer

---

[1] C. Cels. III, 485.   [2] Tom. in Matth. XVII, 800.
[3] Hom. in Ezech. XIII, 404: — si cui divinae literae curae sunt; ad quam rem saepe exhortamur adolescentes, sed ut video, nihil proficimus, tantummodo tempora consumentes: non enim potuimus aliquos eorum ad id perducere, ut sacris voluminibus insisterent. Wenige sind, die in der Erforschung der kirchlichen Dogmen sich üben (φιλοσοφεῖν ἀσκοῦντες τὰ κατὰ τὸν λόγον): c. Cels. III, 499. Sehr wenige (σφόδρα ὀλίγοι) fassen die Wahrheit: Tom. in Ioan. XIX, 293.
[4] S. oben S. 174.

gleichfalls achtzehnjährigen Verwaltung den Kaiser um neun Jahre überlebte; er starb im ersten Jahre des Elagabalus [1]). So sind die sechs Jahre der Regierung des Caracalla die letzten seines Episcopats. Während Caracalla regierte, vermuthlich in den ersten Jahren seiner Herrschaft, reiste Origenes nach Rom, um, wie er selber gesagt hat [2]), die römische Gemeinde, diese älteste Metropole, kennen zu lernen [3]). Auch hielt er den wechselseitigen Austausch der Gedanken in Liebe für ein wesentliches Förderungsmittel [4]), und mag aus diesem Grunde gewünscht haben, die entfernte Gemeinde und ihre Lehrer zu kennen.

Rom genoß zwar im Morgenlande von Anfange an nicht dasselbe Ansehen, in welchem es in der occidentalischen Kirche stand, und gerade in Alexandria herrschte ein freierer, antihierarchischer Geist; jedoch wurden auch hier die Einheit und das Alter der wahren Kirche, im Gegensatze zu den vielen häretischen Schulen neueren Ursprungs, hervorgehoben [5]), und Petrus wurde der Erste der Apostel genannt, den Jesus vor allen auszeichnete [6]). Man hieß auch hier die Kirche eine Jungfrau und gute Mutter, die allein Jungfrau und Mutter sei [7]), des Herren Braut [8]), leitete ihren Namen von der Erwählung ihrer Mitglieder her [9]), und nannte sie den großen Tempel des Herrn, den Gläubigen einen Tempel im Kleinen [10]). Als Abbild der himmlischen Gemeinde wurde sie

---

1) Euseb. HE. VI, 21. Vgl. Pagi Crit. I, 201.
2) Ap. Euseb. l. c. 14.
3) Εὐξάμενος τὴν ἀρχαιοτάτην Ῥωμαίων ἐκκλησίαν ἰδεῖν.
4) Comm. in Ep. ad Rom. X, 676.
5) Clem. Strom. VII, 899. S. auch Ibid. p. 889.
6) Clem. Quis div. salv. p. 947: ὁ μακάριος Πέτρος, ὁ ἐκλεκτός, ὁ ἐξαίρετος, ὁ πρῶτος τῶν μαθητῶν, ὑπὲρ οὗ μόνου καὶ ἑαυτοῦ τὸν φόρον ὁ σωτὴρ ἐκτελεῖ (Matth. 17, 26).
7) Id. Paedag. I, 123 (s. diese Stelle in Möhler's Patrologie I, 482); III, 310.   8) Ibid. I, 111; Strom. III, 533. 544.
9) Paedag. I, 114. Cohort. 69. Strom. VII, 846.
10) Strom. VII, 882.

Die Kirche.

betrachtet: auch in ihr sei der Wille Gottes die herrschende Macht [1]). Eine Frucht der Menschwerdung des Herrn und seiner steten Mittheilung, genährt, belebt von ihm [2]), werde sie sein Leib geheißen, als ein heiliger Chor der Geistlichgesinnten; die Namenchristen seien an diesem Körper gleichsam das Fleisch [3]). Selbst von einer pneumatischen Kirche redete man, in einem Sinne, welcher theilweise dem neueren Begriffe der unsichtbaren Kirche entspricht [4]).

Diese unbestimmte Ansicht, über welche die Kirche der beiden ersten Jahrhunderte nicht hinausging, konnte auf zwiefache Weise eine festere Gestalt erhalten, je nachdem man bei der Bestimmung des Begriffs die äußere Seite des Kirchenthums, oder die innere geistige Verbindung der Christen in Einem Glauben, bevorzugte. Das Abendland wählte, im Streben nach festen Formen der Verfassung und bedrängt durch das Emporkommen des Separatismus, die erstere Richtung, seit Cyprianus. Hier trat immer bestimmter jene Auffassung hervor, nach welcher die Kirche die Gesammtheit aller Getauften ist [5]); man nennt sie jetzt die historische. Origenes, welcher den leeren Glauben der Namenchristen für nichtig erklärte [6]), wendete sich der entgegengesetzten Seite zu, und unterschied, bestimmter als Clemens, die äußere und die innere, unsichtbare

---

1) Strom. IV, 593. 642.   2) Paedag. 1, 124.
3) Strom. VII, 885.
4) Ibid. p. 873: πνευματικὴ γὰρ ὅλη γενομένη (ἡ γνωστικὴ ψυχὴ) πρὸς τὸ συγγενὲς χωρήσασα ἐν πνευματικῇ τῇ ἐκλησίᾳ, μένει εἰς τὴν ἀνάπαυσιν τοῦ θεοῦ. Diese Stelle erhält von den Bezeichnungen, welche Clemens weiter unten p. 885 wählt, ein hinlängliches Licht. An letzterer Stelle nennt er die Namenchristen das Fleisch an dem Leibe des Herrn: die Gemeinde der Geheiligten, als wahre Kirche, das σῶμα πνευματικόν. Und so erhellt, was die pneumatische Kirche ist. Sie umfaßt die wahren Christen auf Erden und jenes obere Reich des Herrn, dessen Abbild die äußere Kirche ist.
5) Optatus de Schismate Donatistarum lib II; Augustin. de Unitate ecclesiae. S. Rothe, Anfänge der christlichen Kirche S. 677.
6) S. oben S. 337.

Kirche. Die wahre Kirche ist ihm die Vereinigung und Gemeinschaft der Heiligen, welche vom Himmel bis auf diese Erde herniederreicht [1]), eine zwiefache einstweilen, eine Gemeinde der Engel und der Menschen [2]). In ihrer Einheit ist sie der Leib des Herrn, erwählt, belebt von ihm [3]), oder auch sein Haus, sein Tempel [4]): die eng zu einem Ganzen, durch die innigste geistige Einigung [5]), verbundene Gemeinde aller Heiligen [6]). Sie ist so alt, als die Welt, ist in gewissem Sinne, im Rathschlusse Gottes, vor Grundlegung der Welt gewesen [7]). Sie hat keinen Flecken, keine Runzel; sie ist heilig und ohne Tadel [8]). Die (wahrhaft) glauben, sind ihre Glieder [9]). Sie ist jenes obere Jerusalem [10]), zu welchem niemand hinansteigt, und in welches niemand eingeht, der irdisch gesinnt ist; dessen Bürger nur der sein kann, welcher einen edleren Sinn und jene geistige Sehkraft hat, die das Unsichtbare wahrnimmt [11]). Das ist die Kirche, außerhalb welcher kein Heil ist: die wahre aus den Fluthen rettende Arche [12]); wer sie verläßt, ist selber schuld an seinem Tode [13]). Man kann sie verlassen; auch der Beste kann wieder in die Sünde gerathen, und wer dann nicht schnell Buße thut, geht einst nicht in jenes Jerusalem ein, welches droben ist, sondern wird einem von jenen außerhalb des

---

1) Aber sie ist nicht die Emanation eines oberen Aeons: c. Cels. VI, 658. Diese wahre Kirche nennt er: ἡ κυρίως ἐκκλησία. De Orat. p. 229.
2) Ibid. p. 269.   3) C. Cels. VI, 670.
4) Tom. in Ioan. X, 206. Tom. in Matth. XIV, 640. S. vor allen die Stelle c. Cels. VI, 670, wo er Christus den belebenden Geist der Kirche nennt.
5) Tom. in Matth. XIV, 615. Hom. in Ezech. IX, 388: ut Pater et Filius unum sunt, sic qui unum spiritum habent, in unionem coarctantur.   6) Lib. in Cantic. I, 37.
7) Ibid. II, 62, nach Eph. 1, 4; Pf. 74, 2.
8) De Orat. p. 229. Lib. in Cantic. IV, 91.
9) C. Cels. VI, l. c.   10) Hom. in Ierem. XII, 196.
11) Tom. in Ioan. X, 183.   12) Hom. in Gen. II, 59 sqq.
13) Hom. in Ios. III, 404.

oberen Judäa gelegenen Gebieten angehören. Und in der (sichtbaren) Gemeinde, die den Namen der Kirche führt[1]), sind, ob sie gleich das Haus des lebendigen Gottes, ein Pfeiler und eine Grundfeste der Wahrheit heißt[2]), immer doch Wucherer, Geldwechsler und Verkäufer, wie die, welche Jesus einst mit Geißelschlägen hinaustrieb[3]). Die offenbaren Sünder soll man, nach vergeblicher ernster Zurechtweisung durch den Priester ins geheim, vor zwei oder drei Zeugen, endlich vor versammelter Gemeinde, hinausweisen, ohne Schonung, und als Heiden und Zöllner betrachten. Wer aus Furcht vor Verleumdung, oder aus falscher Nachsicht, den Einzelnen schonen will, setzt alle der Gefahr aus; durch Einen Sünder wird die ganze Gemeinde unrein, wie ein krankes Schaaf die ganze Heerde anstecken kann. Deshalb sollen die Priester und Diener der Kirche über den Wandel eines jeden wachen. Die Vorsteher der Gemeinden sind das Auge des einen Körpers der Gläubigen, die Einen Gott haben, welcher sie in Einigkeit erhält und befestigt, Christus; und jene sollen alles überblicken, umherschauen und auch das Künftige vorhersehen. Nicht um leichter Schuld willen werde der Einzelne ausgeschieden, aber wenn jemand, mehrfach gewarnt, gemahnt, keine Besserung zeigt, so verfahre man wie der Arzt, dessen letztes Heilmittel das Schneiden ist. Denn so spricht der Herr: Wenn dich deine rechte Hand ärgert, so schneide sie ab, und wirf sie von dir[4]). Er deutet damit an, daß selbst der Presbyter und Diener des Wortes, wenn er gegen die kirchliche Disciplin und die Regel des Evangeliums handelt, so daß er der Gemeinde ein Ärgerniß giebt, in allgemeiner Versammlung derselben, nicht nach einseitigem Urtheile, ausgestoßen und verworfen werden soll. Wegen Eines Sünders ruhte auf den Israeliten der Fluch, und sie wurden von ihren Feinden über-

---

1) Ἐν τῇ ὀνομαζομένῃ ἐκκλησίᾳ.   2) 1 Tim. 3, 15.
3) Tom. in Ioan. X, 183. 184. Tom. in Matth. XVI, 750.
4) Matth. 5, 30.

wunden[1]). — Freilich wird die vollkommene Läuterung der Kirche auf Erden niemals gelingen. Die Israeliten konnten nicht die Jebusiter aus Jerusalem vertreiben[2]), und der Herr sagte, daß man das Unkraut neben dem Weizen lassen solle, damit nicht, wenn man jenes ausrotte, auch der Weizen leide[3]). Namentlich die soll man dulden, deren Vergehen zweifelhaft oder geheim ist. Aber jeder sorge, daß er nicht Anstoß nehme oder gebe, und sorge so viel er kann für die Entfernung derer, welche unrein sind, in der Lehre oder im Leben[4]). Die Ausstoßung kann auch ungerecht sein, eine Folge des Neides eigensüchtiger Bischöfe: in diesem Falle schadet sie nicht, und schließt nicht vom Himmelreiche aus[5]); hingegen der Sünder ist ausgeschlossen, auch wenn dies nicht ausgesprochen wird[6]). Im allgemeinen wird man finden, daß die Gemeinden wirklich die Schlechten entfernten[7]), und diese werden verloren gehen, wenn sie nicht zeitig Buße thun[8]). Aber auch der Unschuldige unterwirft sich willig dem ungerechten Spruche, ohne je Widerstand und Parteiungen zu erregen[9]). Einst erfolgt ein vollkommen gerechtes Gericht. Auf dieses Gericht hindeutend sagt Jeremias: Der Herr hat seinen Schatz aufgethan, und die Gefäße seines Zorns hervorgebracht[10]). Sein Schatz ist die Kirche; in ihr sind viele, die Gefäße des Zornes sind. Einst wird er seinen Schatz öffnen: jetzt ist die Kirche gleichsam verschlossen; Gefäße des Zornes befinden sich neben Gefäßen der Gnade, Spreu neben dem Weizen, faule Fische sind nebst guten in den Netzen

---

1) Jos. 6. Hom. in Ios. VII, 413 sq. Vgl. Ser. in Matth. p. 901; c. Cels. III, 51; Hom. in Ierem. XII, 198.
2) Jos. 15.   3) Matth. 13, 29. 30.
4) Hom. in Ios. XXI, 447.
5) Ser. in Matth. p. 840. Tom. in Matth. XII, 531: „nur wer auch im Himmel gebunden ist, nicht auf der Erde allein, ist verloren".
6) Sel. in Ierem. p. 304.   7) C. Cels. IV, 521.
8) Sel. in Ierem. l. c.   9) Hom. in Ezech. X, 392.
10) Ierem. 50, 25.

gefangen worden. Öffnet er fie zur Zeit des Gerichts, so wird dann wohl, wer ein Gefäß der Gnade ist, zu den anderen, die ausgeschieden werden, sagen: "sie sind von uns ausgegangen; denn sie waren nicht aus unserer Zahl. Wären sie von den Unsrigen gewesen, so wären sie bei uns geblieben. Aber deshalb sind sie ausgegangen von uns, damit kund würde, daß nicht alle von den Unsrigen waren." Minder tadelnswerth, als diese, sind die außerhalb der Kirche, Knechten gleich, die ihres Herrn Willen deshalb nicht thun, weil sie ihn nicht kennen. Sie sind weder Gefäße des Zorns, noch der Gnade: wer in der Kirche ist, der ist immer das eine oder das andere [1]). Nicht alle, sagt Origenes zu einer Stelle im Ezechiel [2]), haben die Abwaschung — die Taufe — zu ihrem Heil empfangen. Unendlich schwer ist es, sie zum Heile zu empfangen. Kein Katechumen wolle das unbeachtet lassen. Wer sie zum Heile empfängt, der empfängt mit dem Wasser den heiligen Geist [3]). Unzählige gehen verloren; gezählt sind, die selig werden [4]). Und nicht alle, die gerettet werden, erhalten dieselbe Beseligung. Zur oberen Kirche werden nur die gehören, die keinen Flecken, keine Runzel haben; wer bei gutem Wandel, etwa durch eine zweite Ehe, fehlte, wird den niederen Grad der Beseligung erlangen, mit denen, die den Namen des Herrn anrufen, und in seinem Namen die Rettung finden [5]).

Die (äußere) Kirche ist eine Vielheit von Kirchen [6]), in jeder Stadt eine andere heimathliche Herberge, die der Logos errichtete [7]),

---

1) Hom. in Ierem. XX, 279.   2) Cap. 16, 4 nach den LXX.
3) Hom. in Ezech. VI, 379. Hom. in Luc. XXI, 957.
4) Hom. in Num. I, 276. Sel. in Ierem. p. 317.
5) Hom. in Luc. XVII, 953. Hier sagt Origenes auch, daß er auf Veranlassung der Stelle 1 Cor. 1, 2 ausführlich über diesen Unterschied der Ekklesia und derer, die den Namen des Herrn anrufen, gehandelt habe. Diese Auslegung der angeführten Stelle ist nicht auf uns gekommen.   6) C. Cels. III, 466.
7) Ibid. VIII, 798.

jede eine Erzieherin für die eine unsichtbare Gemeinde [1]). Ihre Lehrer haben ihr Amt von Gott [2]), und ihre Würde ist die der Könige [3]); doch sollen sie Diener der Gemeinde, die Bischöfe Diener der Diener, voll Demuth sein, nach dem Vorgange Jesu [4]). Die Gegenbilder ihrer Ämter sind im Himmel [5]), ihr Vorbild ist die alttestamentliche Hierarchie [6]). Diese Ämter sollen nicht vererbt werden, noch weniger bei den Wahlen Bestechung oder irgend Unordnung sein [7]). Man dränge sich nicht zu diesen Stellen, sondern ahme Moses nach, welcher sagte: „ersiehe dir einen Anderen", und vertraue dagegen Gott bei geringen äußeren Gaben [8]), wie dem Mitwirken der Engel, diesen unsichtbaren Hirten der Gemeinde, deren jeder ein besonderer Engel zugetheilt ist [9]). Und die Geister der heiligen Abgeschiedenen, die Engel, Christus selber, sind in den Kirchen gegenwärtig [10]). Aber auch der Teufel

---

[1]) C. Cels. III, l. c. Lib. in Cant. I, 41.

[2]) Tom. in Matth. XIII, 589. Man vgl. die Schrift von B. O. Lille, Patrum Eccl. saec. II et III de indole et auctoritate ministerii ecclesiastici sententiae, Helsingfors. 1840. 8. S. auch über Origenes Möhlers Patrologie I, 559, die jedoch, wo sie glauben macht, er habe eine durchgängige Nothwendigkeit der Verbindung mit der äußeren Kirche als Erforderniß zur Seligkeit gelehrt, nach obiger Darstellung zu berichtigen ist. Was Origenes über die Unschädlichkeit ungerechter Excommunication sagt, ist wohl entscheidend.

[3]) Hom. in Num. XII, 313. Tom. in Matth. XVI, 723. Man erkennt hier die Grundsätze der ignatianischen Briefe, die Origenes kannte und auch in den Homilien über Lucas angeführt hat.

[4]) Tom. in Matth. l. c. Hom. in Ies. VI, 116.

[5]) Ser. in Matth. p. 836: „die Diakonen entsprechen den sieben Erzengeln." Nach dieser Angabe läßt sich das Übrige ermessen.

[6]) Hom. in Ierem. XII, 196.

[7]) Hom. in Num. XXII, 356. — Die Söhne der Cleriker sollen sich nicht für die Ersten in der Gemeinde halten; sie könnten leicht die Letzten werden: Tom. in Matth. XV, 690. In dieser Stelle liegt zugleich eine Billigung der Priesterehe.

[8]) 2 Mos. 4, 13. Hom. in Ies. VI, 116; c. Cels. VIII, 798.

[9]) Hom. in Luc. XII, 945; XIII, 947.   [10]) De Orat. p. 269.

Die Kirchenämter.

stellt vorzugsweise den Geistlichen nach, um durch des Einen Fall viele zu stürzen[1]); und nicht das geistliche Amt[2]) verbürgt die Seligkeit dessen, der es hat[3]). Um so ernster ringe der Diener der Kirche nach wahrer Würdigkeit, die in dem Priester größer sein sollte, als in dem Diakonen, in diesem größer, als in dem Laien[4]). Im allgemeinen wird man finden, daß die Gemeinde=vorsteher sich sehr vortheilhaft vor den heidnischen Beamten aus=zeichnen[5]). Doch fehlt es auch nicht an unsittlichen, habsüchtigen Priestern und Bischöfen[6]), die es vergessen, daß man die geist=lichen Gaben, den Lehrunterricht nicht verkaufen soll[7]); die sich Schätze aus den Gütern der Kirche sammeln; auch Ehrsüchtige drängen sich in diese Ämter[8]). Den Worten solcher Unwürdigen folge man, nicht ihrem Wandel[9]), und bedarf man in Gewissens=sachen des leitenden Zuspruchs, so wähle man frei nach sorgfäl=tiger Prüfung den Seelsorger, dem man sich anvertrauen will[10]). Man leiste den kirchlichen Oberen Gehorsam; der Bessere ordne sich dem Vorgezogenen willig unter[11]), und wisse, daß schlechte Vorsteher oft eine Strafe der Gemeinde für Lauheit und Über=tretungen sind. Und der Priester wisse, daß die Schlüssel des Himmelreichs, die er trägt, und mit welchen er die verschlossenen Pforten des Himmelreichs, die von der Hölle Pforten überwältigt waren, wieder öffnet, Keuschheit und Gerechtigkeit sind, und jede andere Tugend. Nur diese Tugenden machen den wahren Prie=ster[12]). Wer des Petrus Bekenntniß, um dessentwillen der Herr

---

1) Hom. in Ezech. VII, 382.   2) Κλῆρος.
3) Sel. in Ierem. p. 291.
4) Hom. in Ierem. XI, 189. Hier braucht Origenes den Ausdruck: ὁ λαϊκός.   5) C. Cels. III, 466.
6) Tom. in Matth. XI, 490; XVI, 753. 756.
7) Hom. in Luc. XXXVIII, 977.
8) Ser. in Matth. p. 838.   9) Ibid. p. 836.
10) Sel. in Ps. p. 688.   11) Hom. in Luc. XX, 956.
12) Tom. in Matth. XII, 530.

ihm die Schlüssel des Himmelreichs übergab, mit Überzeugung, erleuchtet vom Vater, wiederholen kann, der ist, wie jener, ein Fels, auf welchen der Herr seine Kirche gründet. Dem Wortsinne nach ist der Ausspruch Jesu an Petrus gerichtet, aber tiefer aufgefaßt, gilt er von jedem, der dem Petrus gleich wird. In jedem, in welchem jener Verein von Lehren, Werken und Gedanken ist, die miteinander die volle Seligkeit ausmachen, ist die Kirche, die Gott erbaut hat; die unreine, befleckte Seele ist weder ein Fels, noch eine Kirche, noch ein Theil derselben [1]).

Der Kirche gehören auch schon die Katechumenen an, ob sie gleich die Einweihung [2]) noch nicht empfangen haben. Nur ein Stufenunterschied findet hier statt, keine wesentliche Verschiedenheit [3]). Doch sorgfältig muß die Kirche Gesinnung und Wandel der Angemeldeten prüfen, bevor sie zur Taufe zugelassen werden [4]). Einen eigentlichen Rangunterschied verschiedener Katechumenenklassen machte Origenes nicht [5]). Die Katechumenen besuchten die Predigten in der Kirche [6]).

---

1) Tom. in Matth. XII, 523. 526.

2) Τὰς παρ' ἡμῖν τελετάς, die Sacramente: c. Cels., III, 486. Von jenen sagt er auch, sie seien noch nicht „mysteriis imbuti": Hom. in Lev. IX, 243; sie gehören nicht zu denen „qui divinis mysteriis interesse consueverunt": Hom. in Exod. XIII, 176.

3) Pro modo *graduum* unusquisque torquebitur. Maiorem poenam habet, qui ecclesiis praesidet et delinquit. An non magis misericordiam promeretur ad comparationem fidelis catechumenus? Non magis venia dignus est laicus, si ad diaconum conferatur? Rursum comparatione presbyteri diaconus veniam plus meretur. Hom. in Ezech. V, 375. — Origenes oben mitgetheilte Ansicht war die der gesammten occidentalischen und orientalischen Kirche von Anfange an. S. Rich. Rothe de Disciplinae arcani, quae dicitur, in Ecclesia christ. origine, Heidelb. 1841. p. 6 sqq. . 4) C. Cels. III, 480 sq. 486 sq.

5) Man hat einen solchen in der Stelle c. Cels. III, 481 gefunden; und zwar meist drei verschiedene Klassen darin bemerken wollen. Origenes soll von einander die κατ' ἰδίαν ἀκροαταί, die ἄρτι ἀρχόμενοι καὶ εἰσαγόμενοι καὶ οὐδέπω τὸ σύμβολον τοῦ ἀπολελοῦσθαι ἀνειληφότες, und

Die Secten.

Von Anfange an, sagt Origenes, gab es Spaltungen in der Kirche, indem man über den wahren Sinn der heiligen Bücher stritt [1]), und viele, verführt durch die neidischen bösen Geister [2]) und irregeleitet durch die heidnische Philosophie [3]), sie willkührlich, ohne Folgerichtigkeit in den Erklärungen [4]), und im Widerspruche mit der Glaubensregel [5]), andere im Buchstaben befangen, deuteten [6]); ein Beweis der Vorzüglichkeit unserer christlichen Lehre, da nur über das Tiefsinnige ein dauernder Streit sein kann, und

---

die κατὰ τὸ δυνατὸν παραστήσαντες ἑαυτῶν τὴν προαίρεσιν, οὐκ ἄλλο τι βούλεσθαι ἢ τὰ χριστιανοῖς δοκοῦντα, unterschieden haben. So noch Böhmer in seiner christl. kirchl. Alterthumswissenschaft II, 287, und Rothe in der so eben angef. Abhandlung p. 13. Auf diese Weise würde man schon bei Origenes die Katechumenenklassen des vierten Jahrhunderts finden; deren Bona und Bingham bei verschiedener Abgrenzung vier, Maldonatus und Andere drei, die alten griechischen Kanonisten, Basnage, Suicer zwei, wiederum in verschiedener Weise, angenommen haben. Aber die Verwirrung in den Begriffen ist nur eine Folge des Mangels an Unterscheidung früherer und späterer, wie abendländischer und orientalischer Zustände. Die griechische Kirche kennt zu Origenes Zeit nur Einen in keine Rangklassen getheilten Katechumenenstand, obschon der Unterricht, verschieden nach den Fähigkeiten, vor gesonderten Abtheilungen der Zuhörer, oft von verschiedenen Lehrern, ertheilt wurde. S. oben, und was über die Einrichtung, die Origenes nach seiner Rückkehr von der Reise nach Rom traf, alsbald folgt. Daß die Stelle in den Büchern gegen Celsus nur Getaufte und Katechumenen, nichts sonst, unterscheidet, hat Hasselbach in dem zweiten der oben S. 58 angeführten Programme unwiderleglich gezeigt, und nur bei vorgefaßtem Urtheile konnte es verkannt werden.

6) Dies beweisen die so häufigen Anreden an dieselben, z. B. Hom. in Lev. VI, 216; in Num. III, 280.

1) C. Cels. III, 453.   2) De Princ. III, 293.

3) Hom. in Ios. VII, 414.

4) Tom. in Ioan. XIII, 225. 229. Daher so manche geringschätzige Äußerung des Origenes über Herakleons Exegese, wie Ib. Tom. VI, 117.

5) De Princ. IV, 56.

6) De Princ. IV, 53; Fragm. ex Strom. X, 41; Hom. IV in Ps. 36. p. 671.

nur von solchem die Kundigen angezogen werden [1]). Sind nun auf diese Weise, zumal indem die Häretiker lehren, nicht um den Menschen zu nützen, sondern um sie zu ergötzen [2]), freilich auch große Irrthümer entstanden, so entziehe man sich doch den Irrenden nicht, selbst denen nicht, die die reine Lehre verderben, sondern suche sie auf den rechten Weg zu leiten, — soll man doch selbst von dem Unreinsten und Zügellosen nicht sich abwenden, sondern ihn durch Umgang mindestens zu den Vernunftlehren, wo nicht zum Christenthum, bekehren [3]). Nur nach vergeblicher einmaliger oder zweimaliger Vermahnung meide man den Häretiker [4]). Dem Christen, welcher selbst die Idole der Heiden nicht schmähen [5]), und stets, sei es auch nur durch Schweigen und Reinheit des Wandels, diese zu gewinnen streben soll [6]), ziemt kein Ketzerhaß, sondern die Bemühung, die Irrenden zu bekehren [7]): die Füchse zu fangen, wie das Hohelied sagt, welche des Herrn Weinberg verwüsten [8]). Man mache sich zu diesem Zwecke sorgfältig mit den irrigen Systemen bekannt [9]), die auch deshalb zugelassen wurden, damit der wahre Glaube in thätiger Bewegung bleibe [10]). Und die Polemik wolle nicht etwa nur niederreißen, sondern suche auch aufzubauen [11]). Auch unterscheide man die so verschiedenen Arten und Richtungen der Irrlehre. Selbst unter den kirchlich Rechtgläubigen sind ja manche nicht unwesentliche Irrthümer verbreitet, wie schon die unter ihnen vorhandene Meinungsverschiedenheit zeigt; doch irren einige, bei wahrem Wohlmeinen [12]), nur wenig ab und können wieder zurückgeführt werden, andere haben sich sehr weit von der Wahrheit entfernt. Hieher gehören die Marcioniten, eine wahrhaft gottentfremdete und Gott verleugnende

---

1) C. Cels. III, 454.
2) Hom. in Ierem. IV, 145.
3) C. Cels. VIII, 778.
4) Ibid. V, 627; vgl. Tit. 3, 10.
5) Ibid. VIII, 768.
6) Ibid. I, 315.
7) Ibid. V, 627.
8) Cantic. IV, 91 zum Hohelied 2, 15.
9) C. Cels. III, 455.
10) Hom. in Num. IX, 296.
11) C. Cels. IV, 501.
12) Tom. in Ioan. XXXII, 412.

Secte, die Basilidianer und Valentinianer, die Anhänger des Apelles und die Ophiten [1]). Durch einen etwa tadellosen sittlichen Wandel lasse man nicht sich bestechen: der Irrthum ist schlimmer, als Unsittlichkeit, und kann nicht ohne letztere sein [2]); die scheinbar frommen Häretiker sind nur Heuchler, die der Satan mit höheren Kräften begabt [3]), um durch sie viele zu verführen: es giebt auch eine Keuschheit und Enthaltung, die vom Teufel ist [4]). Und niemals darf der Häretiker als Mitglied der wahren Kirche betrachtet werden [5]), die selbst Heiden die große nennen [6]). Alles, was jene thun, ist Sünde [7]); sie sind Götzendiener [8]), und stehen im Dienste des Antichristen [9]).

Mit einer richtigen Einsicht in das innere Wesen der Kirche verband also Origenes eine große Achtung vor ihrer äußeren Erscheinung und den Ordnungen des Kirchenthums. Die äußere Kirche erschien ihm als Abbild des oberen Zion, welches, herniederreichend in diese Welt, zugleich die innere Kirche ist. Denselben Gedanken hatte auch Clemens schon ausgesprochen. Die Durchführung dieser Vergleichung gestattete nun eine gewisse Bevorzugung der römischen Kirche. Zwar blieb Origenes bei jener ausdrücklichen Erklärung, daß nicht auf den Petrus allein, sondern auf den Glauben desselben und aller, die sein Bekenntniß zu dem ihrigen machen, der Herr die Kirche gründete, und fragte, ob denn nicht auch auf einem Johannes, Paulus und den andern Aposteln

---

1) Ser. in Matth. p. 852.   2) Ibid. p. 867.

3) An sich eine entsetzliche Behauptung, die jedoch durch das sogleich Folgende um einiges gemildert wird. Origenes hielt nun einmal jede übermäßige Ascese für eine höhere Kraft, und konnte also, das Thun jener billigend, nur die Quelle anklagen.

4) Hom. in Ezech. VII, 382.

5) Tom. in Matth. XII, 527: sie sind vielmehr Pforten der Hölle, welche dieselbe, nach Matth. 16, 18, bekämpfen.

6) Celsus ap. Orig. c. Cels. V, 623: $\dot{\eta}$ $\mu \varepsilon \gamma \acute{a} \lambda \eta$ $\dot{\varepsilon} \varkappa \varkappa \lambda \eta \sigma \acute{\iota} a$.

7) Comm. in Ep. ad Rom. X, 670.

8) Hom. in Ierem. XVI, 234.   9) Ser. in Matth. p. 850. 865.

das Gebäude der Kirche ruhe, oder etwa nur gegen jenen, nicht auch gegen diese, die Pforte der Hölle vergeblich kämpften [1]); aber er räumte doch dem Apostelfürsten, vermöge einer sehr geschraubten Deutung der Worte Jesu, diesen Vorzug ein, in allen Himmeln, nicht in einem nur, durch sein Binden und Lösen das Schicksal der Seelen entschieden zu haben [2]). Wenn er nun gleich keinesweges ein Forterben dieses Vorrechts auf die Nachfolger des Petrus in Rom annehmen konnte, so mußte ihm doch Rom als erste, ehrwürdigste Metropole der Kirche gelten, und wenn er sie die älteste nennt, so sieht man, daß Jerusalem schon damals hinter jenem Hauptsitze des Christenthums weit zurückstand, wie daß Alexandria ein gleichfalls hohes Alter nicht geltend machte. Auch später ehrte Origenes jene Kirche dadurch, daß er sich dem Fabianus über seine Rechtgläubigkeit auswies [3]), und wohl durfte sie, wenn über Lehren und Ordnungen der Kirche entschieden werden sollte, eine gewichtvolle Stimme haben. Es ist eine nicht unbegründete Behauptung, daß dort, während Johannes die kleinasiatischen Gemeinden ordnete, Paulus und Petrus gemeinschaftlich, am Schlusse ihrer apostolischen Laufbahn, den Grund zu einer wahrhaft katholischen, die ehemaligen Juden und die Gläubigen aus den Heiden einigenden Gemeinschaft legten. Aber freilich fällt schon in eben jene Zeit, da Origenes in Rom war, der so folgenreiche Sieg der petrinischen Partei über die paulinische. Diese war daselbst die länger einheimische, und überwog früherhin; unter Zephyrinus gewann zuerst der äußerliche Katholicismus, ein Nachbild der alttestamentlichen Theokratie, eine festere Gestalt.

Origenes Aufenthalt in Rom war kurz. Man setzt die Reise am wahrscheinlichsten in die Zeit vor dem dreißigsten Jahre seines Alters [4]).

---

1) Tom. in Matth. XII, 524.   2) Ibid. Tom. XIII, 613.
3) Euseb. HE. VI, 36. Hieronym. Ep. 65.
4) Nicht mit Pagi (ad ann. 215. p. 200) in das dreißigste. Dieses letztere

Die katechetische Schule. 363

Nach seiner Rückkehr trat er, auf besonderes Dringen des Demetrius, sein katechetisches Lehramt von neuem an [1]). Es scheint, daß er, bei dem außerordentlich vermehrten Andrange der Katechumenen, sich hatte zurückziehen wollen, vermuthlich um sich jetzt eine Zeitlang ausschließlich gelehrten Forschungen zu widmen. Als er nun, bei jenem Zudringen der Hörer, nicht ferner ihnen allen und zugleich jenem Zwecke genügen konnte, so theilte er sie in zwei größere Klassen: dem Heraklas, seinem früheren Schüler, einem Manne von theologischer und philosophischer Bildung, übertrug er die Unterweisung der Anfänger; die Lehrvorträge, die er selber hielt, bestimmte er für die Begabteren oder Fortgeschrittenen [2]).

In dieser Theilung darf man nicht eine Rechtfertigung jener oben [3]) erwähnten Ansicht finden, nach welcher es schon zu Anfange des dritten Jahrhunderts und früher mehrere kirchlich geschiedene Katechumenenklassen gegeben hätte. In ihr liegt nur, was sich aus der frühsten Einrichtung und Art der katechetischen Unterweisungen zu Alexandrien von selber ergab, und das, wodurch sie hervorgerufen wurde, ist nur theilweise zugleich Veranlassung zu der späteren Durchführung einer Klassenverschiedenheit. Jetzt war noch die vorbereitende Unterweisung im Christenthum, wie die Anleitung zu einem gottgefälligen Wandel, Hauptzweck des Katechumenats. „Überzeugung, sagt Origenes in einer seiner spätesten Schriften [4]), beabsichtigt unser Unterricht. Nicht sagen wir jedem, der hereintritt: Glaube vor allem, daß der, welchen wir verkündigen, der Sohn Gottes ist; sondern geübt, einem jeden Auskunft zu geben, wie sich's gebührt [5]), belehren wir jeden nach

---

würde das fünfte des Caracalla sein, in welchem Origenes Alexandrien wieder auf eine Zeitlang verließ, um dem Kriege auszuweichen. In die Zwischenzeit fällt, was ich oben mittheilte.
1) Euseb. HE. VI, 14. Hieronym. Catal. c. 54.
2) Euseb. HE. VI, 15: τῷ μὲν τὴν πρώτην τῶν ἄρτι στοιχειουμένων εἰσαγωγὴν ἐπιτρέψας, αὑτῷ δὲ τὴν τῶν ἐν ἕξει φυλάξας ἀκρόασιν.
3) S. oben S. 358.   4) C. Cels. VI, 637.   5) Col. 4, 6.

Maßgabe' seiner sittlichen und geistigen Kraft. Über jedes Einzelne bemühen wir uns, Belehrung zu ertheilen, und zwar mehr zu sagen, als hier (in diesen Büchern wider Celsus) mitgetheilt wurde". An einer andern Stelle [1]) sagt er: "Zur Verehrung des Gottes des Alls' und der Tugenden seines Thrones leiten wir hin, und bemühen uns, die Gemüther abzulenken von der Geringschätzung des Göttlichen, wie von allem, was wider die Vernunft geschieht. Denn, fügt er hinzu [2]), nicht dasselbe ist es, Kranke an der Seele zur Heilung, und Gesunde zur Einsicht und Erkenntniß der göttlichen Dinge rufen. Beider Geschäfte kundig leiten wir zuerst die Sünder zu den Worten, die uns die Sünde meiden lehren, und die Unverständigen zu denjenigen, welche das Verständniß mittheilen, die Unmündigen zum Hinanreifen im Verständnisse zu dem Mannesalter, mit einem Worte die Unseligen zum Wohlsein, oder, was richtiger ist, zur Seligkeit. Wenn dann die Fortgeschrittenen zeigen, daß sie von dem Logos gereinigt und, so viel möglich, besser wurden, dann rufen wir sie zu unseren geheimen Weihungen [3])." Und noch war die Stellung der Katecheten die alte [4]); selbst der Gang des Unterrichts unterschied sich nicht von dem, welchen wir bei Clemens fanden. Die Grundlage bildeten Bibelvorlesungen und Bibelauslegungen [5]); man wies denen, die neu herzutraten, das Thörichte des Götzendienstes, und leitete sie von

---

1) C. Cels. **III**, 480. 2) Ibid. p. 486.

3) Ἐπὶ τὰς παρ᾽ ἡμῖν τελετάς. Vgl. auch Ibid. I, 326; III, 482 die Angabe, daß die Unterweisung der Katechumenen vorzugsweise ihre sittliche Läuterung bezweckte. Dasselbe sagt Origenes Hom. in Iud. V, 469: die prima moralis institutio ist Hauptzweck; die katechetische Unterweisung betrifft nicht die profunda et secretiora sacramenta, — in morum correptione et emendatione religiosae conversationis versatur.

4) Sie waren: τεταγμένοι πρὸς τὸ φιλοπευστεῖν τοὺς βίους καὶ τὰς ἀγωγὰς τῶν προσιόντων, ἵνα τοὺς μὲν τὰ ἐπίρρητα πράττοντας ἀποκωλύσωσιν ἥκειν ἐπὶ τὸν κοινὸν αὐτῶν σύλλογον, τοὺς δὲ μὴ τοιούτους, ὅλῃ ψυχῇ ἀποδεχόμενοι, βελτίους ὁσημέραι κατασκευάζωσιν, c. Cels. III, 481.

5) Ἀναγνώσματα καὶ τὰς εἰς αὐτὰ διηγήσεις, c. Cels. III, 480.

der Verehrung des Sichtbaren zu dem Schöpfer des Alls, zeigte ihnen deutlich, aus den zahlreichen Weissagungen [1]), daß Christus der Verheißene sei, und die Befähigten machte man mit dem tieferen Schriftsinn bekannt [2]). Hier ergab sich nun von selber ein Unterschied der Vorträge je nach den Fähigkeiten der Hörer. „Einigen, sagt Origenes [3]), die eben nur zu gläubiger Annahme der christlichen Lehre geleitet werden können, bieten wir die einfache Verkündigung; andere unterrichten wir wissenschaftlich, so viel thunlich durch Frage und Antwort [4])." Diese Fähigeren führte denn Origenes auch zu einer tieferen Kenntniß der philosophischen Systeme und ihrer Disciplinen [5]), und ließ zu Vorträgen dieser Art, wenn uns Hieronymus [6]) recht berichtet, auch solche zu, die noch nicht die Aufnahme in die Kirche verlangt hatten, um auch sie zu gewinnen [7]).

Um diese Zeit lernte Origenes die hebräische Sprache, gegen

---

1) Diese behandelte zu gleichem Zwecke Cyprianus in den Testimoniorum adv. Iudaeos Libri IV.
2) C. Cels. III, 456; vgl. Constitt. App. VI, c. 18; VII, c. 39.
3) C. Cels. l. c. p. 480.
4) Ἀποδεικτικῶς δι' ἐρωτήσεων καὶ ἀποκρίσεων, Ibid. l. c.; vgl. Gregor. Thaumat. Panegyric. in Orig., Opp. Orig. App. p. 66.
5) Euseb. HE. VI, 18. Gregor. Thaumat. Panegyric. p. 63. 66 sqq.; vgl. Weickmann, de Schola Origenis sacra ex Greg. Thaumaturgo informata, Vitemberg. 1754. p. XIX sqq.
6) Catal. c. 54. Vielleicht verwechselt er hier eine spätere Zeit mit der kurz vor Origenes Einsetzung in das katechetische Amt.
7) Man sieht hier, wiefern Origenes zweierlei Klassen der Katechumenen bildete. Zugleich wird klar, daß damals die Absicht meist sehr fern lag, Unwürdige und Verräther zu entlarven, und irrig leitete Rothe vorzugsweise daraus die Errichtung des Katechumenenstandes her. Erst nach den öcumenischen Verfolgungen, und beim Eindringen ganzer Schaaren von Heiden in die Kirche seit Constantin, konnte jener Zweck statt haben. Auf eben jenem Mißverständnisse beruht auch manches von dem, was Rothe über die Entstehung der Arcandisciplin und ihre Art sagt.

die Sitte des Zeitalters und der alexandrinischen Gelehrten [1]). Unstreitig wollte er dadurch für seine Schriftforschungen, wie zunächst für die Vergleichung der alttestamentlichen hebräischen und griechischen Texte, einen festen Grund legen. Überdies hielt er das Hebräische für die Ursprache, die Adam geredet habe [2]), und die vor dem Erduntergange vermuthlich wieder die Sprache aller sein werde [3]). Denn die verschiedenen Sprachen seien, mit Ausnahme der hebräischen, ein Werk der Engel, unter welche der Herr, die Leitung Israels sich selber vorbehaltend, die verschiedenen Reiche und Länder austheilte [4]). Doch sei es sein Wille, daß man in allen Sprachen ihn anrufe; er verschmähe von allen keine [5]). Und von den beiden Auffassungen des Alterthums, deren eine, die aristotelische, die Namen der Dinge als zufällige Bezeichnungen ansah, die andere, nach Plato, eine innere Übereinstimmung zwischen dem Wortlaute und dem Wesen des Bezeichneten annahm [6]),

---

1) Dies ist der Sinn der Worte in Hieronym. Catal. l. c.: Tantum in Scripturis divinis habuit studii, ut etiam Hebraeam linguam contra aetatis gentisque suae naturam edisceret. Suidas machte daraus: ὥστε καὶ τὴν ἑβραϊκὴν διάλεξιν (fort. διάλεκτον) ἐναντιουμένην τῇ τε ἡλικίᾳ καὶ τῇ οἰκείᾳ φύσει ἐκμαθεῖν. Ihm folgen die Magdeburger Centuriatoren (III, c. 10), und Johann von Trittenheim meinte, Origenes habe als Greis das Hebräische gelernt. Schon Huetius zeigte den richtigen Sinn. Origeniana 1, 2, 3.

2) Hom. in Num. XI, 307, nach 1 Mos. 11, 7, wo er eine Anrede an die Engel fand. — Ähnlich neuerlich wieder Kaiser, über die Ursprache, oder über eine Behauptung Mosis, daß alle Sprachen der Welt von einer einzigen, der noachischen, abstammen. Erlangen, 1840.

3) C. Cels. VIII, 798, nach Zephan. 3, 9.

4) Hom. XI in Num. l. c.   5) C. Cels. VIII, 769.

6) Aristoteles de Interpret. I, 1, 2; Plato in Cratyl. p. 308 sqq. S. Spencer zu Orig. c. Cels. 1, 24, bei de la Rue T. I, 341. Auch auf Pythagoras berief man sich für letztere Ansicht; s. den Verfasser der Eclogg. ex Scriptt. Prophett, Opp. Clementis II, 998, der ganz Origenes Grundsätze ausspricht. In eben dieser Weise erklärten sich spätere Araber; s. Ibn Arabschah Fakihatu 'lcholafâ VI, 116. ed Freytag, Bonn 1832. Über Philo s. Müller zu dessen Opif. mund. c. 52, S. 380.

wendete sich Origenes der letzteren zu: er behauptete, daß die Namen in einer wesentlichen Beziehung zu den Gegenständen stehen [1]). Man darf, sagte er deshalb [2]), die Erklärung der Namen nicht vernachlässigen; sie deuten Dinge an, die für die Auslegung wichtig sind; wer die heilige Schrift mangellos verstehen will [3]), muß auf die Namenerklärung eine sorgfältige Genauigkeit wenden: selbst Ortsbezeichnungen stehen in Beziehung auf das, was Jesus an den verschiedenen Orten that [4]). Und die Namen haben schon durch ihren Klang eine mystische Kraft [5]); Jesu Name wirkt Wunder, es fürchten ihn die Dämonen [6]). Meinungen dieser Art erklären Origenes Wunsch, die hebräische Sprache zu kennen.

Ob er ein gründlicher Kenner des Hebräischen oder nur oberflächlich unterrichtet war, darüber hat eine frühere Zeit ganz anders entschieden, als fast einstimmig die unsrige [7]). Die wunderlichen Etymologien, die Origenes versuchte, dürfen nicht für sich als entscheidend gelten. Man weiß, wie viel sich in dieser Hinsicht ein Plato und die Stoiker, Varro und Cicero gestattet haben;

---

1) Exhort. ad Martyr. p. 305: $\H{\varepsilon}\chi\varepsilon\iota\nu\ \varphi\acute{\upsilon}\sigma\iota\nu\ \alpha\grave{\upsilon}\tau\acute{\alpha}$ ($\tau\grave{\alpha}\ \grave{\text{\it o}}\nu\acute{o}\mu\alpha\tau\alpha$) $\pi\varrho\grave{o}\varsigma\ \tau\acute{\alpha}\ \H{\upsilon}\pi o\lambda\varepsilon\acute{\iota}\mu\varepsilon\nu\alpha,\ \H{\omega}\nu\ \grave{\varepsilon}\sigma\tau\iota\nu\ \grave{o}\nu\acute{o}\mu\alpha\tau\alpha$, nicht seien sie $\vartheta\acute{\varepsilon}\sigma\varepsilon\iota$, d. i. durch Übereinkunft der Menschen, festgestellt. Vgl. c. Cels. I, 341 sqq. und Wetstein zur Exhort. ad Martyr. c. 46 am a. O. Die Stelle de Princ. IV, 367 enthält keinen Widerspruch mit jenen anderen, die ich anführte. S. meine Anmerkung daselbst.
2) Tom. in Ioan. VI, 142.   3) Ibid. l. c. 140.
4) Ibid. X, 172.
5) C. Cels. I, 341; III, 528; V, 612.
6) Ibid. I, 382; III, 471.
7) Eusebius, Hieronymus, Vincentius von Lerinum haben seine hebräische Sprachkenntniß um vieles überschätzt; ebenso von den Neueren Fabricius, Tillemont, Richard Simon, Ernesti. Sehr gering erschien sie Clericus (Quaestt. Hieronymianae II sqq.: Origenes soll selbst die Hexapla nur mit fremder Hülfe zusammengestellt haben), Huetius (Origeniana II, 1, 2), Rosenmüller (Hist. interpr. III, 23), und Gesenius in der Geschichte der hebr. Schrift und Sprache S. 90; vgl. auch seinen Jesaias II, 184.

sie wollten nicht grammatische Ableitungen geben, sondern folgten dem Wortklange bei allegoristischem Zwecke. So wog auch bei Origenes, wenn er Namen erklärte, die Bemühung um eine angemessene mystische Deutung vor. Überdies war ihm durch Philo und Andere [1]) dieselbe meist schon gegeben. Und wenn er bei seinen Auslegungen im Grunde immer den Sinn der Septuaginta befolgte, und nur etwa auf deutlich hervortretende Abweichungen von der hebräischen Lesart einging, so erklärt sich auch dies aus seinen dogmatischen Überzeugungen [2]). Indessen verräth sich doch nun auch überall eine Unkunde, die seit der Einführung vollständiger Vocalzeichen in die Texte kaum erklärlich scheinen mag [3]). Völlig unbekannt war ihm die eigenthümliche Färbung und Art des hebräischen Ausdrucks. Er konnte eine tiefsinnige Unterscheidung vermuthen, wenn der Text, um das Fürwort Jemand auszudrücken, welches dem Hebräischen fehlt, bald die Umschreibung, eine Seele, bald die andere, ein Mensch, enthielt [4]); und daraus, daß es in einem Psalm [5]) heißt: die Todten preisen dich nicht, folgert er, daß von denen, welche den Herrn preisen, keiner ein (geistlich) Todter sei [6]). Wo er im Hebräischen, oder vielmehr in der wortgetreuen Übersetzung, die Form für die Mehrheit fand, da glaubte er eben so den Begriff in eine Mehrheit untergeordneter

---

1) Vielleicht enthielt auch schon die Κλεις des Melito Deutungen der Namen.
2) S. oben S. 264.
3) So wenn Origenes das Wort אִשָּׁה (1 Mos. 2, 23) von נָשָׂא ableitet, und diese Erklärung durch Berufung auf das אֶשָּׂא in Pf. 116, 13 rechtfertigt, indem beide Formen damals gleichlautend, wie εσσα, gesprochen wurden, Ep. ad Iul. Afric. p. 25; oder wenn er in dem Namen Johannes nichts als das Wort Jehova (Ιωα) findet, welchem die griechische Flexion „νης" hinzugefügt sei, Tom. in Ioan. II, 86. Andere Belege s. bei Rosenmüller, und im Classical Journal, Vol. VII, 13 p. 122. Noch anderes zeigt die Probe seines Onomasticums, die ich als sechste Beilage mittheile.
4) Hom. in Lev. 1, 182; II, 188.   5) Pf. 6, 5.
6) Tom. in Ioan. II, 73.

Gattungen zerlegen zu müssen[1]). Doch er wollte auch nie als eigentlicher Kenner des Hebräischen gelten; wo es auf mehr, als die äußere Wortform ankam, da berief er sich gern auf die Angabe jüdischer Gelehrten, meist Proselyten der Kirche, die er befragt habe[2]), und offen gesteht er sein Nichtwissen[3]). Und eben in diesem Auffassen dessen, was mündlich über die Bedeutung der Stämme und Geltung der Formen überliefert wurde, bestand damals die hebräische Sprachgelehrsamkeit; nur aus dem überlieferten Gebrauche, nicht durch ein selbstständig eindringendes Forschen, konnte sie Origenes kennen. Es darf von ihm nicht erwartet werden, was wir bei einem Philo und Josephus vermissen.

Man hat behauptet, Origenes habe in den Hexaplen auch samaritanische und syrische Lesarten angemerkt[4]); andere meinten, daß er von dem Samaritanischen nicht einmal die Schriftzüge kannte[5]). Ist das letztere unerweislich, so bleiben doch auch gegen jenes manche erhebliche Zweifel. Es läßt sich hier gar nichts entscheiden, und auch das ließe sich vermuthen, daß ihn bei jenen Bemerkungen, wenn sie wirklich von ihm herrühren, die Angaben anderer leiteten.

---

1) Sel. in Ps. p. 645 zu Ps. 30, 24.
2) S. de Princ. I, 5 und meine Anmerkung daselbst; auch Fabricius Bibl. Gr. V, 1, 224.
3) Was das hebräische דביר bedeute, was Genezaret, wie es mit dem heiligen Tetragramma sei, d. h. wie sich der Gottesname Jehova von Elohim unterscheide, erklärt er, nicht zu wissen: Tom. in Matth. XI, 484; Hom. in Num. XIV, 323. An letzterer Stelle heißt es sogar: aiunt, qui Hebraicas literas legunt, in hoc loco (Ps. 82, 6) *Deus non sub signo tetragrammati esse positum, de quo qui potest requirat.* Sollten diese Worte nicht Eigenthum des Übersetzers sein?
4) Montfauc. Praelim. in Hexapla c. 1, 8.
5) Huetius Origeniana II, 1, 2, auf Grund einer Stelle in den Sel. in Ezech. p. 424 zu Ezech. 9, 4, die jedoch schon deshalb als unächt verdächtig sein muß, weil aus ihr eine völlige Nichtkenntniß des Hebräischen folgen würde.

Vielleicht schon beschäftigt mit dem Lesen und Vergleichen des hebräischen Textes, lernte Origenes den Ambrosius kennen, einen angesehenen und begüterten Alexandriner, welcher im Suchen nach höherer Wahrheit sich einer der vielen häretischen Secten zugewendet hatte, die in der ägyptischen Hauptstadt neben der Kirche bestanden. Vermuthlich gehörte er einer der gnostischen Parteien an: welcher von ihnen, ist nicht zu bestimmen [1]). Angezogen durch das, was er von Origenes Gelehrsamkeit und tiefem Wissen hörte, hatte er zu seinen Vorträgen sich eingefunden. Es gelang diesem, ihn von seinem Irrthume zurückzuführen, und beide traten mit einander in die engste Verbindung, von welcher Origenes frühste, wie seine spätesten Schriften Kunde geben [2]).

Schon hatte sich Origenes Ruf auch außerhalb Ägyptens verbreitet. Ein Feldherr in Arabien, vermuthlich ein Römer [3]), schrieb an den Bischof Demetrius, wie an den damaligen Präfecten Ägyptens, und bat, daß sie unverzüglich Origenes zu ihm senden möchten, der ihn unterrichten solle [4]). Origenes kam, und kehrte bald wieder nach Alexandrien zurück. Aber bei den christlichen Gemeinden Arabiens blieb sein Name in Achtung, auch als Ägyp-

---

1) Es findet sich darüber gar keine Andeutung; am wahrscheinlichsten ist, daß er der valentinianischen oder basilidianischen Secte sich angeschlossen hatte. Man hat ihn auch zum Marcioniten, — so Hieronymus im Catalogus, der griechische Übersetzer dieses Werks, und ihm nachschreibend Photius, — sogar zum Sabellianer machen wollen.

2) Im Briefe an den Julius Afrikanus, den Origenes bei seinem zweiten Aufenthalte in Nicomedien um 240 verfaßte, erwähnt er Ambrosius, der diesen Brief durchgelesen habe, und dessen Gattin Marcella. S. Ep. ad Iul. Afric. p. 29. Die Schriften über das Gebet, das Märtyrerthum, und noch die wider Celsus, sind an ihn gerichtet. Auch in vielen seiner exegetischen Schriften wendet er sich an ihn.

3) Euseb. HE. VI, 19: ἡγούμενος τῆς Ἀραβίας. Der Überbringer des Schreibens war ein Militärbeamter (ἐπιστάς τις τῶν στρατιωτικῶν). Die Notitia imperii nennt einen Dux Arabiae.

4) Κοινωνήσαντα λόγων αὐτῷ.

ten ihn ausstieß, und noch später nahmen sie im Kampfe gegen eine Irrlehre seine Hülfe in Anspruch ¹).

Im fünften Jahre seiner Regierung, um 216, erschien Caracalla mit einem Heere in Alexandrien. Er hatte auf die Alexandriner einen unversöhnlichen Haß geworfen, weil er sie für die Urheber gewisser spöttischer und beißender Reden hielt, die auf seinen Brudermord Bezug hatten, und kam jetzt, um furchtbare Rache zu nehmen. Viele Tausende endeten in dem Blutbade, welches er anrichtete: mehrere Tage lang dauerte das planmäßige Morden, noch länger das Plündern und Rauben. Vornehmlich war die Wuth des Kaisers gegen die Gelehrten gewendet; das durch die Antonine gewiß nicht minder, als andere Gelehrtenvereine gehobene Museum, wurde jetzt vermuthlich völlig gesprengt, die Mitglieder getödtet oder vertrieben; selbst die in das Gymnasium zusammen berufene alexandrinische Jugend, aus welcher hier, wie der Kaiser vorgab, ein macedonischer Phalanx gebildet werden sollte, wurde niedergemetzelt ²). Solche Vorgänge bestimmten Origenes heimlich die Stadt und Ägypten zu verlassen, und wohl leuchtet ein, daß die Sicherheit eines angesehenen Lehrers der Christen eben nun wieder äußerst gefährdet war. Er begab sich, über Jerusalem oder Älia, wie es scheint, nach Cäsarea in Palästina, und wurde dort von seinem alten Freunde Alexander, damaligem Bischofe dieser ältesten Christengemeinde, einem zwar nicht durch Schriften, aber doch als Sammler thätigen Beförderer kirchlicher Wissenschaft ³), hier, in Cäsarea, von dem Bischofe Theoktistus, mit großer Auszeichnung willkommen geheißen. Sie forderten ihn auf, in der Kirche Lehrvorträge zu halten. Der Gebrauch der palästinenschen Gemeinden, wo sogar Laien im Auf-

---

1) Euseb. HE. VI, 37.
2) Diesen Umstand berichten Herodian. IV, 8. 20, Spartian. c. 6. Die anderen Schreckensscenen schildert Cassius Dio (LXXVII, 22), der Begleiter des Kaisers auf dieser Reise. S. Parthey, das alexandrinische Museum S. 95.   3) Euseb. HE. VI, 20.

trage der Bischöfe vor den Gemeinden auftraten, rechtfertigte diesen Wunsch [1]): hingegen die alexandrinische Kirche gestattete schon damals nur dem Presbyter das Lehren in der Kirche. Demetrius beschwerte sich deshalb bei jenen Bischöfen über das unbefugte Predigen seines Katecheten in ihren Kirchen, und forderte von diesem, durch Briefe, welche Diakonen der alexandrinischen Kirche überbrachten, dringend eine baldige Rückkehr. Origenes leistete Folge, und trat wieder in sein katechetisches Lehramt [2]).

Wenige Jahre später kam Severus Alexander nach Antiochien, begleitet von seiner Mutter, Julia Mammäa, die, von Geburt eine Syrerin, ihre Jugend in der Mitte blühender Gemeinden verlebt hatte und jetzt den kenntnißreichsten, um sein gelehrtes und tiefes Wissen hochgefeierten Christenlehrer zu hören wünschte. Ihr Sohn, welcher seine Milde und Güte bis auf die Christen erstreckte, weil er, dem Eklekticismus zugewendet, auch für die Lehren des Christenthums nicht ohne Empfänglichkeit war, wird ihren Wunsch sicher nur gebilligt haben, wie er ihr überhaupt, zum Wohle des Staats, auf sich einen entscheidenden Einfluß gestattete. Es erschien eine Truppenabtheilung in Alexandria, welche Origenes nach Antiochien geleitete. Er blieb eine Zeitlang am kaiserlichen Hofe, und gab kräftig Zeugniß von der erhabenen Würde des Herrn und der Kraft der göttlichen Heilslehre. Hierauf kehrte er zu seinen gewohnten Arbeiten zurück [3]).

---

1) S. den Brief des Alexander und Theoktistus an Demetrius bei Euseb. HE. VI, 19.
2) Euseb. l. c. v. s. Auf dieser Reise fand Origenes zu Jericho in einem Fasse die eine der Übersetzungen, welche er in den Hexaplen verglich, vermuthlich die Quinta: Euseb. l. c. VI, 16; Epiphan. de Pond. et mens. c. 18, und dazu be la Rue zu Huet. Origen. I, 2, 10.
3) Euseb. l. c. VI, 21. Über den Zeitpunkt dieser Reise, welche auch ich um das Jahr 223 setze, s. Huetius Origen. I, 2, 7, der nur darin irrt, wenn er glaubt Severus Alex. Unternehmung gegen die Perser habe ihn damals nach Antiochien geführt. Dieser Zug war gegen die Sassaniden

Erste Schriften.

Jener Ambrosius, welchen Origenes für die rechtgläubige Kirchenlehre gewonnen hatte, wurde, nach der Angabe des Eusebius, die zahlreiche Stellen in Origenes Schriften [1] bestätigen, für letzteren dasselbe, was so manchen großen Männern früherer und späterer Zeit diejenigen waren, welche minder begabt, als diese, aber voll offenen Sinnes für deren geistige Überlegenheit, durch ein stetes Dringen und Treiben die ruhende Kraft geweckt, erhöht und nach außen geleitet haben. Sie leisteten der Menschheit oft unschätzbare Dienste, und immer ist es gut, daß die vorhandene Kraft sich entfalte, sollte auch ihre Wirkung nur indem sie entgegengesetzte Kräfte hervorruft eine heilsame sein [2].

---

gerichtet und fällt in die späteren Jahre seiner Regierung. Nicht einmal dies ist gewiß, ob um 223 Severus Aler. und Mammäa, oder letztere allein in Antiochien war. Eusebius sagt jenes nicht; doch bleibt es das Wahrscheinlichere. Und sicher irren Baronius und Pagi, wenn sie Origenes Reise dorthin, der eine früher, der andere später setzen. Gegen beide gilt die Beweisführung bei Huetius, sofern sie auf der Chronologie des Lebens unseres Origenes beruht. — Auf einer dieser hier erwähnten Reisen mag er auch dem Hippolytus begegnet sein, welcher eine seiner Homilien, wie diese selber andeutete, in dessen Gegenwart gehalten hat (Hieronym. Catal. c. 61). Doch kann auch ein späteres Zusammentreffen stattgefunden haben. Wir haben jetzt über Hippolyt die schätzbaren Arbeiten von Hänell und von Kimmel; aber kein Fleiß ist im Stande, das Dunkel aufzuhellen, in welches das Wirken und die Persönlichkeit jenes Kirchenlehrers längst zurückgetreten ist. — Wenn Kimmel den Hippolyt zu einem alexandrinischen Theologen zu machen sucht, so ist dies sicher ein Mißgriff; viel näher ist er mit Irenäus verwandt.

1) S. besonders Sel. in Ps. p. 526, und Ep. ad quendam de Ambros. p. 3.
2) So nannte, wenn ich nicht irre, Gregor den Petrus Damiani seinen „heiligen Satan", weil er ihm keine Ruhe ließ, wenn es galt, das Ansehen des römischen Kirchenthums zu retten, oder zu befestigen. Ambrosius wurde und blieb des Origenes ἐργοδιώκτης, wie dieser selber ihn nannte. Auch als einen der ἐργοδιῶκται τοῦ θεοῦ bezeichnet er ihn, Tom. in Ioan. V, 94.

Nicht allein durch Aufforderungen und Zureden, welchen Origenes lange bedenklich auswich, aus frommer Scheu vor den heiligen Urkunden [1]), und weil noch immer die Aufzeichnung der theologischen Lehren als vorzeitige Veröffentlichung der geheimen Überlieferung erscheinen mochte [2]): auch durch die freigebigste Förderung und Erleichterung der Arbeit bewog ihn Ambrosius, als Schriftsteller hervorzutreten. Er gab ihm sieben Schnellschreiber, zu Zeiten noch mehrere, welche einander ablösten, um seine Dictate aufzunehmen. Ebenso viele Abschreiber [3]) stellte er ihm, nebst einigen Schönschreiberinnen.

Schon Epiphanius hat die Anfänge der Hexaplen als die erste der Arbeiten bezeichnet, welche Origenes auf Ambrosius Antrieb unternahm [4]), und die Zahl jener Schreiber erinnert an dieses umfangreiche mühsame Werk. Auch könnte Origenes nicht zweckmäßiger, als durch die Textvergleichungen, seine Schriftauslegungen vorbereitet haben. Deshalb mögen wir die Zusammenstellung des hebräischen Grundtextes und verschiedener Versionen als erste Frucht seiner Verbindung mit Ambrosius ansehen [5]).

---

1) S. oben S. 52, und Sel. in Ps. l. c.   2) S. oben S. 84.

3) Βιβλιογράφους, Euseb. HE. VI, 23. Diesem Worte entspricht bei Syncellus in der Chronik das καλλιγράφους, welches derselbe an die Stelle des Ausdrucks bei Eusebius setzt. — Diese vielen Schreiber ersetzten einigermaßen die Druckerpresse. Origenes war bei seinen Arbeiten an sie gewöhnt, und nannte sie συνήθεις ταχύγραφοι, Tom. in Ioan. VI, 101.

4) Haer. LXIV, 3.

5) Eben dies dürfte auch aus Origenes oben erwähntem Briefe (Opp. T. I, 3) folgen, wenn derselbe, wie sehr wahrscheinlich, in diese Zeit seines Lebens gehört. Das ἀντιβάλλειν in demselben bezeichnet das Vergleichen der Handschriften, welches sogar über Tische und in den Stunden, die man der Erholung zu widmen pflegte, Origenes und seinen Freund beschäftigte. Und schon in seinen frühsten exegetischen Schriften über das A. T. hat Origenes den Aquila verglichen: Fragm. e Tom. in Gen III, 22; Sel. in Gen. p. 27. 30. Aber vollständiger geht er in sehr vielen späteren Werken, selbst in den Homilien, auf die Textverschiedenheiten ein.

Aber die Vollendung der Hexaplen gehört, ebenfalls nach Epiphanius Zeugnisse [1]) und nach anderen sicheren Anzeichen [2]), in eine viel spätere Zeit. Hier genügt daher, sie als eine Arbeit zu polemischen Zwecken [3]) zu bezeichnen, die gar nicht zunächst eine kritische in unserem Sinne war, sondern den Text der Septuaginte, um zu ermitteln, wiefern er dem Hebräischen entspreche, mit diesem verglich, als Beihülfe für das Verständniß auch andere Versionen beifügte, und nur insofern auch wirklich zugleich eine Verbesserung der Septuaginte war, als allein ein zuverlässiger, berichtigter Text derselben eine geeignete Grundlage des Werkes sein konnte. Für eine allgemeine Verbreitung waren wohl die Hexaplen weder in ihren Anfängen bestimmt, noch in dem erweiterten Umfange, welchen sie später erhielten: sie sollten vor allem ihrem Urheber diejenige Gewißheit über vorhandene Abweichungen geben, ohne welche die Auslegung nicht gegen den Widerspruch jüdischer oder heterodoxer Gegner geschützt werden konnte.

Um so eher ist glaublich, daß Origenes diese zu eigenem Gebrauch bestimmten Texte mit kurzen exegetischen Anmerkungen versah. Die Alten gedenken seiner Scholien, welche schwierige Stellen mit wenigen Worten erläuterten [4]); und nur dies ist streitig,

---

1) Epiphan. l. c. und de Pond. c. 18.
2) Ich verweise hier vorläufig auf Huetius Origen. III, 4, 2 und behalte die eigene Begründung, wie die Darstellung dessen, was Origenes in den Hexaplen und für den neutestamentlichen Text leistete, der zweiten Abtheilung vor. Welche besonderen Verhältnisse dieses textvergleichende Werk veranlassen mochten, s. oben S. 234.
3) Man vergl. oben S. 36.
4) Hieronym. Prolog. in Ezech. Origenis, Opp. Orig. T. III, 354: — — scias Origenis opuscula in omnem Scripturam esse triplicia. Primum eius Excerpta, quae Graece σχόλια nuncupantur, in quibus ea, quae sibi videbantur obscura atque habere aliquid difficultatis, summatim breviterque perstrinxit. Eben diese Stelle führt Rufinus (Invect. in Hieron. II, 426 ed. Mart. IV, 2) an. Und dieser selber sagt dem Ursacius, welchem er versprochen hatte, zu sammeln und zu übersetzen, was

ob man eine zwiefache Gattung derselben, ganz kurze Randbemerkungen, welche er seinen Handschriften beifügte, und ausführlichere Anmerkungen, unterscheiden, oder ihm nur solche, Annotationen, nach jetzigem Ausdruck, zuschreiben soll [1]). Wer mag leugnen wollen, daß Origenes, in seinen Texten manches am Rande anmerkte? Dies war die allgemeine Sitte der Alten, und ein uraltes, unverdächtiges Zeugniß [2]) bestätigt die Annahme. Auch ist zu glauben, daß schon aus dieser Quelle manches der späteren patri-

---

sich von Auslegungen des Origenes über das mosaische Gesetz aus seiner späteren Zeit (si quae sint Adamantii *senis* in Legem Moysi dicta) vorfinde (Prolog. in Origenis Homm. in Num., Opp. Orig. II, 275): quaecunque in Numerorum libro sive homiletico stilo, sive etiam ex his, quae Excerpta appellantur, scripta reperimus, haec, perurgente te, Romana, ut potuimus, voce *ex diversis* in unum ordinem *collecta* digessimus. Diese Excerpta nennt Hieronymus in der Vorrede zu seinem Commentar über den Brief an die Galater einen commaticus sermo.

1) Für letzteres ist Huetius, welchem die Meisten gefolgt sind; jenes behauptete Ernesti in der schon öfter angef. Dissertation (Opuscc. philologg. et critt. p. 313). Der Streit beruht, wie ich oben zeige, im Grunde auf einem Mißverständnisse. Beide haben Recht: Huetius, wenn es sich fragt, was als eigentliche, für die Veröffentlichung bestimmte Arbeit des Origenes gelten dürfe, und das ist doch hier in der That die Frage; Ernesti, sobald alles aufgezählt werden soll, was irgend Origenes schrieb. Was Richard Simon (Histoire critique du vieux Testam. p. 393) sagte, ist auch meine Ansicht.

2) Das des Kirchengeschichtschreibers Eusebius in einem Cod. Marchal., welcher die Propheten griechisch enthält, bei Montfaucon Praelimin. in Hexapl. p. 10. 15. Man findet da als Vorbemerkung zu dem Propheten Ezechiel die Worte: μετελήφθη ἀπὸ τῶν κατὰ τὰς ἐκδόσεις Ἐξαπλῶν, καὶ διωρθώθη ἀπὸ τοῦ Ὠριγένους αὐτοῦ Τετραπλῶν, ἅτινα καὶ αὐτοῦ χειρὶ διώρθωτο καὶ „ἐσχολιογράφητο“· ὅθεν Εὐσέβιος ἐγὼ τὰ σχόλια παρέθηκα, Πάμφιλος καὶ Εὐσέβιος ἐδιωρθώσαντο. Hienach wäre übrigens jener Codex entweder einst Eigenthum des Eusebius und Pamphilus gewesen, oder doch aus einem Codex, der ihnen gehörte, die Überschrift herübergenommen. Dieselbe zu verwerfen, haben wir keinen Grund.

stischen Exegese zufloß. Nur betrachte man diese Bemerkungen nicht als selbstständige, von Origenes veröffentlichte Arbeit [1]). Nichts leitet zu dieser Annahme hin, während mancher Sammlungen seiner Annotationen zu einzelnen biblischen Büchern Erwähnung geschieht, und auch dies wird glaubhaft berichtet, daß er die zum Briefe an die Galater [2]), wie zu den Psalmen [3]), selber zusammenstellte. Eine Anzahl solcher Scholien ist unter seinem Namen auf uns gekommen; manches davon ist höchst wahrscheinlich ächt, mit völlig unbedingter Sicherheit darf wohl nur das Wenigste dafür gelten [4]).

---

1) Sie dürfen so wenig für solche gelten, als seine Abschriften von Classikern Ausgaben derselben waren. S. oben S. 201.

2) Hieronym. Praef. Comm. in Ep. ad Gal.: (Origenes) decimum Stromatum suorum librum *commatico* super explanatione eius (Epistolae ad Gal.) *sermone* complevit. Das ist, er fügte hier diese Scholien ein. Mit dieser Angabe stimmen auch die Auszüge überein, die uns Hieronymus zu Daniel Cap. 13 aus diesem zehnten Buch der Stromaten aufbewahrt hat. Sie sind nichts anderes, als Scholien zu dem Abschnitt von Susanna und dem Bel.

3) Dies sagen, nicht vor dem sechsten Jahrhundert, die Verfasser des Breviar. in Ps., welches man unter Hieronymus Werken (T. II, 121) findet. Die Stelle lautet: Proxime cum Origenis Psalterium, quod Enchiridion ille (sc. Origenes) vocabat, strictis et necessariis interpretationibus adnotatum, in commune legeremus, simul uterque deprehendimus, nonnulla eum vel perstrinxisse leviter, vel intacta penitus reliquisse.

4) Das Zeichen der Catenenschreiber, welches das besonders Gediegene ($ὡραῖον$) hervorheben sollte, ist leider dasselbe, welches Origenes als Verfasser bezeichnet. Man schrieb die beiden ersten Buchstaben des Namens. Andrerseits wurde oft der einmal verketzerte Name übergangen, und was des Origenes ist, anderen beigelegt. Mit großer Sorgfalt hat de la Rue überall das irgend Zulässige, meist unter der Aufschrift Selecta, in die er jedoch auch manche Fragmente unzweifelhaft ächter Stücke aufnahm, zusammengestellt. Meist sind es die letzteren, aus denen ich Beweisstellen entlehne, und von allem, was ich aus den Selectis anführe, kann, wenn ich nicht das Gegentheil anmerke, die

Die Zeit war gekommen, welche eigentliche Commentare in unserem Sinne zum Verständnisse der heiligen Schriften bedurfte und liefern konnte. Schon war ein Zeitraum von mehr als anderthalb hundert Jahren seit Abfassung der ersten apostolischen Aufzeichnungen verflossen: so konnte manches darin, bei veränderten Zeitverhältnissen, eine gelehrte Erklärung erfordern; und schon hatte die neue Zeit, eine Schöpfung des Evangeliums, innerhalb der Kirche so festen Bestand gewonnen, daß die Wissenschaft versuchen durfte, deren Keime und Anfänge in dem, was voraufging, aufzusuchen. Frühere Bemühungen dieser Art konnten nur Vorarbeit einer geregelten, wissenschaftlichen Auslegung sein; sie waren paränetische Ansprachen, oder Versuche, einzelne christliche Elemente vermöge der von der jüdischen Synagoge überkommenen Interpretationsweise geltend zu machen. So die Schriftauslegungen eines Theophilus von Antiochien [1], die noch älteren im Briefe des Barnabas; bei Irenäus und Tertullian zeigt sich dasselbe Streben, nur daß hier der Widerspruch gegen gnostische Willkühr die Auslegung nöthigte, dem Buchstabensinne meist nahe zu bleiben. Selbst die alexandrinische Schule vor Origenes, ob ihre Lehre gleich ganz auf Schriftauffassung ruhte, hatte doch weder feste Principe der Auslegung aufgestellt, noch auch nur anders, als durch ein fast völlig zufälliges Anschließen christlicher Gedanken an die Textworte, durch Sammeln und Weitertragen der Erklärungen Früherer, vielleicht auch durch die Sichtung häretischer Deutungen, vorgearbeitet [2]. Erwägt man dies, so erscheint Origenes

---

Unächtheit nicht gezeigt werden, wie ich glaube. Eine umsichtsvolle Sichtung hat schon de la Rue vor der Herausgabe versucht. Was in den Catenen bald auf diesen, bald auf jenen der Väter zurückgeführt wird, das alles hat er ausgeschieden, und des Verdächtigen ist wenig in seiner Ausgabe. S. seine Praef. Vol. II, 1.

1) Biblioth. Max. Patr. II. P. 2.
2) S. Rich. Simon Histoire critique des principaux commentateurs du N. Testam. p. 1 sqq. Nur ist was hier Simon sagt, um Clemens

als der erste in der Reihe der Schriftausleger. Wohl haben vor ihm Theophilus, Melito, ein gewisser Judas und Andere Exegesen geliefert, und selbst die Aufsätze des Candidus, Appion und Rhodon über die Schöpfungsgeschichte (das Hexaemeron), dürften als erste Anfänge einer Schriftauslegung innerhalb der Kirche gelten; weiter hatten Pantänus und Clemens geführt: eigentliche Commentare, eingerichtet nach Art der unsrigen und diesen verwandt durch ihre Erklärung des Wortsinnes, wie durch die Bemühung das Einzelne in seinem Verhältnisse zum Schriftganzen aufzufassen, hat zuerst Origenes versucht [1]). Während er sich dadurch von allen Früheren unterscheidet, haben alle Späteren das, was an ihren Erklärungen das Beste ist, zum größten Theile von ihm [2]).

Origenes Commentare sind nicht das Früheste, was er überhaupt aufgezeichnet hat. Soll alles erwähnt werden, was er niederschrieb, so muß man jene Auszüge aus den Lehrsystemen der Philosophen voranstellen, die er mit Beurtheilungen versah [3]); er verdankte ihnen seinen frühzeitigen gelehrten Ruf bei den gelehrten Alexandrinern und außerhalb [4]). Auf diese Aufzeichnungen, die er wohl kaum für die Öffentlichkeit bestimmt hatte, und die

---

von dem Vorwurfe häretischer Erklärungen zu befreien, zum größten Theile unhaltbar.

1) S. Ernesti am a. O. c. 26. Die Angabe, daß Origenes dem Hippolytus, welcher über das Schöpfungswerk, das zweite Capitel der Genesis, das Hohelied und einen Theil des Ezechiel geschrieben hatte (Euseb. HE. VI, 22), nacheiferte in seinen Commentaren, ist ein Irrthum vieler, welcher bekanntlich auf der irrigen, nachlässigen Auffassung des ἐξ ἐκείνου in Euseb. HE. VI, 23 bei Hieronymus im Catalogus, der falschen Deutung des hier befindlichen lateinischen Ausdrucks durch den griechischen Übersetzer, und dem neuen Mißverständnisse beruht, welches Photius hinzufügte. S. Huetius Origen. I, 2, 8.

2) Rich. Simon. Hist. crit. du Vieux Testam. p. 191. Noch in Erasmus Paraphrasen ist das Gediegenste Eigenthum theils des Origenes, theils des Chrysostomus. So urtheilte auch Ernesti am a. O. c. 30.

3) Euseb. HE. VI, 18: ὑπομνηματιζόμενός τε καὶ θεωρῶν εἰς ἕκαστα (τῶν παρὰ τοῖς φιλοσόφοις). 4) Ibid. l. c.

doch, wenn wir sie jetzt besäßen, von unschätzbarem Werthe sein
dürften [1], folgten jene Anfänge der Hexaplen. Indeß der Erstling seiner eigentlichen schriftstellerischen Thätigkeit, wie seiner
Werke zur Schriftauslegung insbesondere, bleiben immer die Commentare zum Evangelium des Johannes, deren erste Bücher Eusebius in der Reihe seiner Schriften voranstellt [2] und die er selber als die früheste Frucht seiner vielumfassenden literarischen Pläne
bezeichnet hat [3].

Dieses weitläuftige Werk bestand aus mehr als zwei und
dreißig Büchern [4], von welchen jedoch schon Eusebius nur zwei

---

[1] Sie sind, wenn man sie nicht mit den Stromaten für dasselbe Werk,
oder für Bestandtheile der letzteren (s. unten) halten will, spurlos untergegangen. Die Philosophumena, sive adversus omnes haereses
elenchus, die Jo. Jak. Gronov, der erste Herausgeber, für ächt hielt,
Th. Gale dem Aetius, ein anderer dem Didymus beilegte, und welche
Huetius für ein Werk des Epiphanius nahm, sind, wie schon Joh. Chr.
Wolf, die Mauriner und Fabricius erkannten, die Arbeit eines späteren Bischofs. Es kann sein, daß Origenes Entwürfe eine äußere Einrichtung, wie die unter Clemens Namen erhaltenen Excerpta ex scriptis
Theodoti et doctrina Orientali hatten.

[2] HE. VI, 24.

[3] Tom. in Ioan. I, 5: $πασῶν\ τῶν\ καθ'\ εὐχὴν\ ἡμῶν\ πράξεων\ ἐσομένων$
$ἀπαρχὴν\ ποιούμεθα\ εἰς\ τὴν\ ἀπαρχὴν\ τῶν\ γραφῶν.$ — Das εἰς in dieser Stelle halte ich nicht, wie der Herausgeber, für spätere Lesart.
Kaum könnte es hier gemißt werden.

[4] Nur so viele giebt Rufinus (Invect. II adv. Hieron.) an, und noch
Tom. XXXII ist uns erhalten. Er reicht bis zu Joh. 13, 33 und enthält kein anderes Schlußwort, als jedes der früheren Bücher. Überdies
sieht man aus Ser. in Matth. p. 922, daß in den Commentaren über
Johannes auch die Kreuzigung Jesu einen Abschnitt ausfüllte, und aus
Tom. in Ioan. VI, 102, daß Origenes die Absicht hatte, das ganze Evangelium zu commentiren. Wenn deshalb Hieronymus (Praef. in Origen.
Hom. in Luc.) neun und dreißig Bücher zählte, so muß man de la Rue
beistimmen, welcher diese Angabe vorzieht. Anders Huetius. Es
könnte sogar der Bücher ursprünglich mehr als neun und dreißig gegeben haben.

Commentare.

und zwanzig [1]) gesehen hatte, während auf uns nicht mehr als neun, nebst einigen Bruchstücken, gekommen sind [2]). Die fünf ersten Bücher hat Origenes zu Alexandrien, vor dem Ausbruch der Feindseligkeiten gegen ihn, verfaßt; auch hatte er dort schon den sechsten Tomus begonnen, den er jedoch, weil dieses Stück in Alexandria zurückblieb, neu zu Cäsarea arbeitete [3]). Den Anfang der Arbeit machte er unmittelbar nach der Rückkehr von jener Reise nach Antiochien [4]), zu einer Zeit, wo Ambrosius auf

---

[1] Euseb. HE. l. c. Daß hier zu lesen sei: $δύο\ καὶ\ τριάκοντα$, ist nicht zu glauben; Fabricius meinte es.

[2] Die Befangenheit späterer Zeiten, welche von dem Verketzerten gern jede Spur verwischt hätte, trägt die Schuld so großer Verluste. Jetzt haben wir noch Tom. I. II. VI. — an diesem vermißte mit Unrecht Tillemont Hist. Eccl. IV, 572 den Schluß; ferner Tom. X. XIII. XIX. XX. XXVIII. XXXII; außerdem griechische Bruchstücke aus Tom. IV und V., von diesen fünf in der Philocalie c. 4 u. 5, ein sechstes bei Euseb. HE. VI, 25; zwei lateinische Fragmente enthält die Apologia Pamphili. Das eine derselben soll aus dem zweiten, das andere aus dem fünften Tomus genommen sein; doch gehörten vermuthlich beide letzterem an. S. de la Rue (Praef. in Vol. IV, p. VIII). Früher, schon in dem Cod. Venet. S. Marci, den Ferrarius übersetzte, war das Erhaltene in zwei und dreißig Abschnitte getheilt, die der vermeintlichen Zahl der ursprünglich vorhandenen Bücher entsprechen sollten. Huetius stellte diesen Mißbrauch ab. Alle Reste, die ich erwähnte, hat de la Rue zusammengestellt.

[3] Tom. in Ioan. VI, 101. Ungenau sagt Nicephor. HE. V, 15, sechs dieser Tomen habe Origenes in Alexandrien geschrieben. Wie leicht man in alten Zeiten um Schriften, die man selber verfaßt hatte, kommen konnte, zeigt was Augustin (Conff. IV, 13) sagt: scripsi Libros de pulcro et apto, puto duo aut tres. Tu scis Deus; nam excidit mihi. Non enim habemus eos, sed aberraverunt a nobis, nescio quomodo. Vgl. auch Retractt. I, 6. Noch im siebzehnten Jahrhundert klagt Valentin Andreä über den Verlust mancher seiner Jugendschriften (*quae invito me perierunt*) in seiner handschriftlichen Lebensbeschreibung, welche Eigenthum der Wolfenbüttler Bibliothek ist.

[4] Tom. in Ioan. I, 4: $ἀπαρχὴν\ οὖν\ πράξεων,\ ἐξ\ οὗ\ τῇ\ Ἀλεξανδρείᾳ\ ἐπιδεδημήκαμεν,\ τίνα\ ἄλλην,\ ἢ\ τὴν\ εἰς\ τὴν\ ἀπαρχὴν\ τῶν\ γραφῶν\ ἐχρῆν\ γεγονέναι.$ Es erhellt aus der Zeitbestimmung in diesen Worten, daß

länger ¹) Alexandrien verlassen hatte ²). Unterbrochen wurde sie durch manche andere Schriften, die Origenes um diese Zeit abfaßte, und durch eine Reise nach Achaja, die Veranlassung zu seiner Vertreibung.

Die äußere Einrichtung und Art dieses Werks ist fast ganz die der neueren Commentare. Eine allgemeine Einleitung verbreitet sich über die Vorzüge des johanneischen Evangeliums, wählt zur Bezeichnung desselben den Ausdruck, Erstling der Schriften ³), erklärt das ganze Neue Testament für ein Evangelium, und nennt dann wieder das johanneische Erstling der Evangelien ⁴), weil es die Gottheit Jesu am klarsten zeige. Hierauf läßt Origenes eine Bestimmung des Begriffes Evangelium folgen, vertheidigt ihn gegen manche Einwürfe, unterscheidet das äußerliche, oder äußerlich aufgefaßte und das geistige, mystisch gedeutete Evangelium, und sagt, daß er eben diese geistige Deutung versuchen wolle ⁵). Nun

---

Origenes wahrlich nicht voreilig als Schriftsteller auftrat, wie schon Marcellus von Ancyra klagte. Er war eben damals etwa sieben und dreißig Jahre alt, und wurde nur mit Mühe zum Schreiben bewogen. S. meine Prolegomena zu Orig. de Princ. p. XXI. In noch späterem Lebensalter, nicht vor dem funfzigsten Jahre, trat Hieronymus als Schriftsteller auf, der in einem fast neunzigjährigen Leben gleichfalls so bewundernswürdig viel geschrieben hat.

1) Noch als Origenes den fünften Tomus schrieb, war Ambrosius abwesend: Tom. V, 94. Wir wissen zu wenig über diesen, um auch nur das sicher angeben zu können, ob er überhaupt wieder nach Alexandrien zurückkehrte. Daß er an manchen anderen Orten sich aufhielt, wird künftig erwähnt werden. Auch den sechsten Tomus, wie so viele andere, schickte ihm Origenes zu (κατὰ τὰς συνθήκας, ἃς ἐποιησάμεθα πρὸς ἀλλήλους, Tom. V, 94); allein man weiß nicht, wohin, und nur wahrscheinlich wird, daß damals Ambrosius wieder in Alexandrien war, wenn man die Anrede an ihn Tom. II, 48 vergleicht.
2) ... μετὰ τὸ κατὰ τὸ σῶμα κεχωρίσθαι ἡμᾶς ἀλλήλων, Ibid. l. c.
3) Ἀπαρχὴ τῶν γραφῶν.
4) Τῶν εὐαγγελίων ἀπαρχὴ τὸ κατὰ Ἰωάννην.
5) Tom. I, 1 — 21.

Inhalt der Commentare.

schreitet er zur Erklärung der einzelnen Verse und Worte, die er jedesmal zuvor anführt, und sogleich, meist zuerst grammatisch und wo es nöthig ist sachlich erläutert, oder zu Excursen benutzt, welche die ganze Masse allegoristischer Beziehungen und manche paränetische Anwendung, nicht minder seine dogmatischen Überzeugungen, in breiter Ausführung, enthalten. Dieser Inhalt ist, was seine Commentare von den unsrigen unterscheidet. Noch waren die theologischen Disciplinen auf keine Weise gesondert; die Schriftauslegung war Quell und Zusammenfluß des gesammten theologischen Wissens.

Hatte noch Clemens nicht ohne Widerstreben zur Veröffentlichung des überlieferten geheimen Lehrstoffes sich entschlossen [1]), so finden wir auch bei Origenes manche Bedenklichkeit; aber was ihn befangen macht, ist doch im Grunde nicht mehr die Scheu, vorzeitig Geheimlehren mitzutheilen. Nur seinen Fähigkeiten traute er nicht, und die Schriftlehre, als solche, schien ihm ein Unergründliches: die Veröffentlichung des Überlieferten war schon das Zeitgemäße. Und so hatte auch die Besorglichkeit aufgehört, von dem Eigenen hinzuzufügen. Während Clemens alles, was er mittheilt, als ein Überkommenes darstellt, vermißt man bei Origenes ein solches Bestreben; nirgend beugt er vor, daß nicht auch als Frucht eigener, selbstthätiger Forschung gelte, was er darlegt, und jeden Kundigen verpflichtete er zu tieferem Eindringen [2]).

---

1) S. oben S. 84.
2) De Princ. I, 91. Auch ist ihm schon die Geheimlehre, welche Jesus den Aposteln überliefert haben sollte, ein unbestimmter schwankender Begriff geworden. Tom. in Ioan. XXXII, 434 sagt er von Judas Ischariot: διδάσκαλον αὐτὸν (τὸν Ἰησοῦν) ἐπιστάμενος „τῶν τηλικούτων καὶ τοσούτων" μαθημάτων, ἃ κατ' ἰδίαν μετὰ ἀποστόλων ἤκουσε, ... παρέδωκεν αὐτόν. Und c. Cels. VI, 633 gedenkt er jener Überlieferungen, die nicht aufgezeichnet werden durften, ohne irgend anzudeuten, wiefern sie auf die Folgezeit gekommen seien. Ja, wenn er sagt: τίνα δ' ἦν, ἃ ἔλεγεν (ὁ Ἰησοῦς), οὐκ ἀναγέγραπται, so dürfte man in diesen letzten Worten finden, daß er die Aufzeichnungen seiner Vorgänger

Über das Wort, Im Anfange, womit Johannes beginnt, verbreitet sich der erste Tomus in vielseitiger, hin und wieder auch weit abschweifender Erörterung. Die Breite in der Behandlung, nicht im Ausdruck allein, ein fast allgemeines Merkmal der patristischen Literatur, bei Origenes die Folge steter mündlicher Vorträge, wie seiner Gewöhnung an die Dienste der Nachschreiber, ist schon in dieser ersten seiner Schriften bemerkbar; doch ist die Sprache fast überall klar und fließend [1]. In solcher Weise erörtert er alle die Deutungen, welche man den Anfangsworten des Evangeliums gegeben hatte und etwa geben konnte, vor allem zurückweisend, was Häretiker gesagt hatten. Dann geht er zur Erklärung des Wortes Logos über, und giebt sie in gleicher Art; nur nimmt er hier in die Untersuchung auch fast alle anderen Namen auf, die Christi Sein und Wesen bezeichnen, wobei eine große Reihe Schriftstellen gelegentlich erläutert werden; nicht überall zur Zufriedenheit eines späteren Abschreibers, der uns, in Randbemerkungen, seine Mißbilligung zu erkennen giebt [2]. Von diesen Erör-

---

nicht, wie sie selber es wollten, für den getreuen Ausdruck der ursprünglichen von Jesu ausgeflossenen Geheimlehre hielt.

1) Sie verdient nicht das Lob, welches ihr Erasmus (de Vita, phrasi, docendi ratione et operibus Origenis, Opp. VIII, 438 ed. Lugd.) ertheilt, der ja auch einen Hieronymus dem Cicero vorziehen konnte. Ihre Dehnung, ihr Ineinanderschlingen der Gedanken und selbst eine theilweise Verworrenheit rügt treffend Huetius (Origen. III, 1, 1).

2) Der Cod. Reg. ist neben dem erwähnten Cod. Venet., den wir jedoch jetzt, wie schon Huetius, nur noch aus Ferrarius Übersetzung kennen, und der vermuthlich eine Abschrift eben desselben Exemplars ist, welches dem Cod. Reg. zu Grunde lag, die einzige Quelle der Ausgabe des Huetius. De la Rue kannte noch einen bodlejanischen und barberinischen Codex vergleichen. S. seine Vorrede zum vierten Theile des Origenes. Dem neuesten Herausgeber, Lommatzsch, standen Handschriften nicht zu Gebote. In jenem Cod. Reg. findet man häufig am Rande ein $Βλασφημεῖ$, oder $βλασφημεῖς$, $οὐαί σοι$, oder $ἀνάθεμα σοί$, $νιφετικέ$, und Ähnliches; s. R. Simon Hist. crit. des princip. Commentateurs du N. T. p. 41.

terungen wendet sich Origenes zu der Lehre von der Schöpfung aus Nichts, die er aus dem zweiten Buche der Makkabäer und dem Hirten des Hermas gegen die häretische Gnosis erweist, und kommt dann wieder zurück auf das wahre persönliche Sein des Logos, um dasselbe durch philosophische Lehren über das Wesen der Geister, wie durch alttestamentliche Stellen zu verdeutlichen.

Der zweite Tomus beginnt mit der johanneischen Stelle: „Und das Wort war bei Gott, und Gott war das Wort." Hier werden wir auf das Kommen des Worts an die Propheten hingewiesen: es war der Sohn Gottes, welcher als Wort oder Rede den Propheten, namentlich dem Hoseas, zugesendet wurde [1]). Mystische Deutungen der Namen Hosea, Sohn des Beeri, schließen sich an. Es folgt eine Erörterung über den Sinn der Namen Gott und Logos, je nachdem sie im Griechischen mit oder ohne Artikel gebraucht werden. Nicht durchaus richtig ist, was Origenes hier bemerkt, und weder vollständig noch unbefangen die Auswahl der Belege [2]): sein Hauptzweck war, die Lehre von der Einheit Gottes zu sichern. Dann hebt er hervor, daß durch den Logos, nicht von ihm, alle Dinge sind, und daß es drei Hypostasen in Gott, unbeschadet seiner Einheit, gebe. Dies leitet ihn hinüber zu Erklärungen über das Wesen des heiligen Geistes, bei welchen er die „Andersgläubigen" [3]), vor allen Herakleon, im Auge hat. Den dritten Vers theilte auch er, wie Gnostiker und Orthodoxe jener Zeit, in bekannter von der unsrigen verschiedenen Weise ab [4]). Er verbreitet sich dann über die Sendung des Täufers. Mit der Erklärung des siebenten Verses beschließt er das zweite Buch.

---

1) Auch hier setzt der Abschreiber sein Ἀνάθεμά σοι, αἱρετικέ, hinzu.
2) So übersieht er das: καὶ Θεοῦ πατρός, diese Anfangsworte des Briefes an die Galater. S. Chrysostomus zu der St. und R. Simon am a. O. S. 44.   3) Ἑτερόδοξοι.
4) Er verband: ὃ γέγονεν ἐν αὐτῷ, ζωὴ ἦν, κ. τ. λ.

Von dem dritten und fünften Tomus haben wir geringe Bruchstücke; vom vierten ist nichts auf uns gekommen. Was Origenes zu Alexandrien vollendete, umfaßt den Prolog des Evangeliums [1]).

Von den dreizehn Büchern über die Genesis [2]) hat Origenes dort acht geschrieben [3]), und von diesen müssen die ersten, die man auch wohl sein Hexaemeron nannte [4]), früher als die Schrift

---

1) In einem Göttinger Weihnachtsprogramm unter der Aufschrift: Γέννησις τοῦ ἀγενήτου hat, wie die handschriftlichen Zusätze des auf der hiesigen Bibliothek befindlichen Exemplars angeben, Magnus Crusius im J. 1735, aus einem Cod. Reg. Paris., einem Cod. Coislin. und Carnot. (s. p. 13) drei Fragmente: Prologi Origenis in Evangg. S. Matthaei, Lucae et Ioannis, hactenus inediti, mitgetheilt, als von der de la rue'schen Ausgabe schon der zweite Theil (im J. 1733) erschienen war. Sie haben in dieser nicht Aufnahme gefunden und selbst der neuste, deutsche Herausgeber hat sie übersehen. Was hier als προοίμιον Ὠριγένους εἰς τὸ κατὰ Ἰωάννην εὐαγγέλιον gelten soll, ist eine kurze Vorbemerkung über Johannes Mangel an gelehrter Bildung und die Erhabenheit der Anfangsworte seines Evangeliums, und eine eben so kurze Erklärung der ersten fünf Verse, in der Weise der Scholien. Hier findet sich nichts, was unächt sein müßte, und doch kann die Stelle nicht in das ausführliche Werk über Johannes gehören. Vielleicht hatte Origenes auch dieses Ev. in dem commaticum genus interpretirt. Der Prolog zu Matthäus kann verdächtig sein; die Vorworte zu Lukas haben durchaus das Gepräge der Ächtheit. In der zweiten Abtheilung will ich diese Reste, wenn sie nicht zuvor von neuem veröffentlicht werden, mittheilen, da sie in jedem Falle Beachtung verdienen.

2) Am sichersten zählt man so viele, mit Hieronymus (Ep. ad Damas. Tom. II, 566 Mart.) und Rufin (adv. Hieron., Opp. Hieron. Tom. IV, 430 — auch diese Stelle legt man meist dem Hieronymus irrthümlich bei —), nicht zwölf, wie Eusebius (HE. VI, 24) angiebt. S. de la Rue (Vol. I, p. XXVI). Diese Bücher enthielten die Erklärung der vier ersten Capitel, und weiter ist Origenes, nach seiner eigenen Angabe im sechsten Buch gegen Celsus, nicht gekommen.

3) Euseb. l. c.

4) Hieronym. Ep. 41 (65). Als freie Nachbildung dieser Schrift darf theilweise das Hexaemeron des Ambrosius gelten, welcher so vieles von Origenes, auch von Basilius, entlehnte.

über die Grundlehren verfaßt sein [1]). Wir haben von ihnen, abgesehen von den so oft unzuverläßigen Resten in den Catenen [2]), nur die Bruchstücke, die theils Eusebius [3]) und Pamphilus [4]), theils Basilius und Gregor von Nazianz [5]) aufbewahrten. Von beträchtlichem Umfange ist nur das eine, welches die Ansicht, es seien alle menschlichen Dinge von der Stellung der Gestirne abhängig, bestreitet. Origenes beruft sich hier auf die Freiheit unserer Handlungen, zeigt, daß es dem Menschen nachtheilig sein würde, die Zukunft vorherzuwissen, und nur dies will er einräumen, daß die Gestirne Zeichen, nicht Ursachen, der Begebenheiten sind, eine Schrift, in welcher nicht die Menschen, sondern Engel und höhere Geister das Zukünftige lesen sollen [6]). Bündig widerlegt ein anderes Bruchstück [7]) die Annahme einer Erschaffung der Welt aus ewiger Materie [8]).

---

1) Er verweis't auf dieselben de Princ. I, 124; II, 177. Wenn dagegen ebenda I, 111 gesagt wird, daß er über die Bildung des Menschen zur Gottähnlichkeit erst später in diesem Commentar handeln werde, so liegt darin die Schwierigkeit nicht, die Huetius fand. Zu 1 Mos. 5, 1, also im Tom. IX, wollte Origenes die Begriffe erklären. S. Tillemont mémoires pour servir à l'hist. eccl. III, 374.

2) De la Rue hat sie im zweiten Bande unter der Aufschrift Selecta in Genesim gesammelt. Eine Nachlese findet man bei Gallandi Tom. XIV. App. p. 3 sqq.

3) Praep. Ev. VI, 11; VII, 20; HE. III, 1.

4) Apolog. L. I.

5) Philoc. c. 14. 22. Ob was sonst von Origenes Arbeiten über die Genesis von den Alten berührt oder daraus mitgetheilt wird, auch wirklich den Tomen angehöre, und ob selbst so manche der Scholien unter seinem Namen mit Recht auf ihn zurückgeführt wurden, wird immer zweifelhaft bleiben. S. de la Rue, Monitum in Genesim p. XXVII.

6) Fragm. e Tom. in Gen. III, 3 sqq.: eine Erklärung der Stelle 1 Mos. 1, 14.

7) Fragm. II, p. 2.

8) Über diese und die übrigen Reste aus den Commentaren zur Genesis s. Schröckh KG. IV, 52.

Alle Pfalmen hat Origenes nach und nach in seiner dreifachen Weise, durch Commentare, Scholien und Homilien, erläutert [1]). Von den Commentaren sind die, welche die ersten fünf und zwanzig Pfalmen behandelten, zu Alexandrien entstanden [2]). Nur von dem, was er hier über den ersten derselben und in der Einleitung gesagt hat, haben wir vollkommen beglaubigte Reste, in der Philokalie [3]), bei Eusebius [4]), Methodius und Epiphanius [5]). Seltsam fügt er bisweilen hier grammatische und speculative Erörterungen ineinander. Wie wenn er in jenes Wort der Pfalmenüberschriften [6]), welches vermuthlich diejenigen Lieder bezeichnet, die man für die musikalische Begleitung geeignet fand [7]), die Bedeutung "zum Ende" [8]) hineinlegt, die Vorstellungen verschiedener Philosophen von dem Ende aufzählt, und hievon zu Erörterungen über Wesen und Namen Gottes übergeht [9]). Es folgen seine von jüdischen Gelehrten entlehnten Ansichten über Eintheilung und Verfasser der Pfalmen [10]), wie über ihren Inhalt, sofern ihn die Aufschriften andeuten. Die Angabe, auf Gittit, oder wie er das Wort erklärt, über die Kelter [11]), soll die Kirche be-

---

1) S. Opp. Orig. II, 510.   2) Euseb. HE. VI, 24.
3) Cap. 2.   4) HE. VI, 25.
5) Method. ap. Epiph., Epiphan. Haer. LXIV. Was die Alten als Scholien des Origenes zu den Pfalmen aufbewahrt haben, ist eine kaum übersehliche Menge von Glossen und ausführlicheren Erläuterungen. Sehr vieles ist hier unbestritten ächt, wie innere Gründe lehren, und nichts haben die Mauriner ausgeschlossen, was nicht erweislich unächt ist. Die exegetischen Schriften des Hilarius Pict. und des Ambrosius über die Pfalmen betrachtet man bekanntlich mit Recht zum großen Theile als freie Nachbildung der Erklärungen des Origenes.
6) למנצח.
7) S. Ewald's poetische Bücher des A. B. I, 169.
8) לנצח, nach den LXX.   9) Sel. in Ps. p. 513.
10) S. oben S. 246.
11) Nach den LXX: ὑπὲρ τῶν ληνῶν. S. Pf. 8. 81. 84, im griechischen Texte Pf. 8. 80. 83.

zeichnen, diese Versammlung Vieler, wo durch die Verbindung der Vielen Ein Gebet und Ein Gesang Gott dargebracht wird, wie in der Kelter aus vielen und vielerlei Trauben Eine Weinmischung zusammenfließt [1]). Die Psalmen, welche von einer achtsaitigen Cither begleitet werden sollten [2]), deuten auf den Tag der Auferstehung Christi [3]). Andere, die gar keine Aufschrift haben, enthalten nur Anleitungen und Ermahnungen zu einem gottseligen Wandel; sie haben nicht einen eigentlich prophetischen Inhalt. Wenn man von seinem Vorschlage absieht, hier die mystische Geltung der Zahlen zu beachten, so ist, was er weiter über die Entstehung der Sammlung sagt, nicht die verwerflichste der Hypothesen. Man mag annehmen, meinte er, daß die Lieder, die anfangs einzeln abgeschrieben, oder aus dem Gedächtnisse, durch Esra oder andere weise Hebräer, aufgesetzt wurden, die jetzige Folge mehr oder minder zufällig erhielten [4]). Auch das Werk über die Psalmen hat er dem Ambrosius gewidmet [5]). Als er die Bücher über die Grundlehren schrieb, war mindestens schon die Auslegung des zweiten Psalms vollendet [6]).

Außer diesen exegetischen Schriften hat Origenes von denen, welche zur Schriftauslegung gehören, zu Alexandrien noch die Erklärung der Klagelieder geschrieben, von welcher Eusebius fünf Bücher kannte [7]). Nur in den Catenen der Alten hat sich erhalten, was jetzt als Rest dieser Arbeit betrachtet wird [8]). Von anderen

---

1) Sel. in Ps. p. 516.   2) Ps. 6, 12.
3) Sel. in Ps. p. 517.   4) Ibid. p. 524.
5) Ibid. p. 526.
6) Er führt sie dort an, de Princ. II, 186.
7) Euseb. HE. VI, 24. Gewöhnlich findet man hier dies in den Worten, Origenes habe fünf Bücher in Alexandrien, später mehrere verfaßt, deren Zahl Nicephorus (HE. V, 15), vielleicht willkührlich, bestimmt, indem er in allem neun Bücher zählt. Nichts anderes liegt in der Stelle bei Eusebius, als was ich oben angab. Er sagt: ἔτι τε τὰς εἰς τοὺς θρήνους (sc. scripsit Alexandriae), ὧν εἰς ἡμᾶς ἐληλύθασι τόμοι πέντε.   8) Bei de la Rue Vol. III, 321 sqq.

Commentaren des Origenes kann die Abfassung vor seiner Umsiedelung nach Palästina nicht erwiesen werden, am wenigsten von denen zum Exodus und zu dem Buche der Richter [1]; überhaupt ist zweifelhaft, ob er je Auslegungen über das letztere schrieb [2]. Dagegen ist möglich, daß er noch zu Alexandrien eine kurze Auslegung des Hohenliedes verfaßte, und daß in diese das Bruchstück in der Philokalie [3] gehört. Hieronymus unterscheidet sie als Jugendarbeit von Origenes späterem ausführlichen Werke über dasselbe Buch [4], und wenn auch gewiß jene vermuthlich besonders werthvolle Schrift [5] später, als andere hier erwähnte Auslegungen verfaßt ist [6], so durfte doch nicht unbedingt die Abfassung zu Alexandrien geleugnet werden [7].

Von Origenes Homilien hat man die über den Lukas in die Zeit vor seiner Vertreibung setzen wollen [8]; aber in Alexandrien predigte er nicht, und nichts deutet darauf hin, daß er eben diese Ansprachen etwa in Palästina auf einer seiner Reisen gehalten habe.

Während so mannichfache und mühsame Arbeiten Origenes beschäftigten, fand er zugleich für die systematische Darstellung der Dogmen in sich den Beruf. Zunächst nahm er einen Stoff auf, welchen schon Clemens behandeln wollte [9]; er schrieb zwei Bücher

---

[1] Fabricius hat dieselben in diese Periode gesetzt; Bibl. Gr. l. c. p. 236.
[2] S. Orig. Opp. II, 457. Die Ächtheit der Homilien über das Buch der Richter, die Origenes selber (Prol. in Cantic., ap. Cassiodor. Instit. c. 1) anführt, will ich hiedurch nicht verdächtigen.
[3] Cap. 7, unter der Aufschrift: $\dot{\varepsilon}\varkappa\ \tau o\tilde{v}\ \varepsilon\dot{\iota}\varsigma\ \tau\dot{o}\ \tilde{\varrho}\sigma\mu a\ \mu\iota\varkappa\varrho o\tilde{v}\ \tau\dot{o}\mu o\upsilon,\ \ddot{o}\nu\ \dot{\varepsilon}\nu\ \tau\tilde{\eta}\ \nu\varepsilon\dot{o}\tau\eta\tau\iota\ \ddot{\varepsilon}\gamma\varrho a\psi\varepsilon\nu$.
[4] Praef. Comm. in Abdiam.   [5] M. s. die Philokalie am a. O.
[6] Baronius hielt sie für Origenes früheste exegetische Arbeit, auch Fabricius; aber dann könnten ja die Tomen zu Johannes nicht „die Erstlinge" sein.
[7] Wie Huetius (Origen. III, 4, 3) es will, weil Eusebius diese Schrift übergeht. Vielleicht war auch sie diesem unbekannt geblieben.
[8] So Fabricius am a. O.
[9] Er kündigt Paedag. I, 125; II, 232 eine entweder selbstständige, oder gelegentlich einzufügende Abhandlung über die Auferstehung an.

über die Auferstehung [1]). Was noch davon übrig ist, findet man theils bei Pamphilus in der Apologie, theils bei Photius [2]) und bei Epiphanius [3]), theils bei Hieronymus [4]). Die Bücher werden in denen über die Grundlehren [5]) angeführt, und waren also früher vollendet.

Auch Stromaten hat Origenes geschrieben. Sie werden in der zuletzt erwähnten Schrift nicht angeführt, und man könnte also eine spätere Abfassung vermuthen; aber man vermißt dort auch jede Verweisung auf das Werk über Johannes, dessen zweites Buch doch so manches Verwandte enthält. Vielleicht waren beide Schriften geraume Zeit vor jenem Grundriß der dogmatischen Lehren geschrieben [6]). Hiedurch wird die Vermuthung bestätigt, daß die Stromaten neben Anderem auch jene schon erwähnten Excerpte aus den Lehren der Philosophen, oder eine Überarbeitung derselben ent-

---

[1]) Euseb. HE. VI, 24. Hieronymus (ap. Rufin. adv. Hieron. Invect. II) nennt außerdem zwei Dialogen von ihm über die Auferstehung, und anderwärts (Ep. ad Pammach. 38, al. 61) zählt er, vermuthlich diese mit einrechnend, der Bücher vier. Solche Verschiedenheiten in der Aufzählung oder Abgrenzung alter Werke sind nirgend selten in der patristischen Literatur. So zählte man statt der Libri de trinitate XII von Hilarius, welche doch in der Form eine Nachbildung der zwölf Bücher des Quintilian sein sollten (Hieron. Ep. ad Magn. 70), deren dreizehn (Cassiodor. Div. Instt. 16), indem vermuthlich die Schrift de Synodis angefügt wurde. Und solcher Beispiele giebt es viele.

[2]) Cod. 224, wo er die Gegenschrift des Methodius im Auszuge mittheilt.

[3]) Haer. LXIV; hier ist es gleichfalls Methodius, durch dessen Vermittelung das Bruchstück erhalten wurde.

[4]) Ep. 38, al. 61. Doch ist was hier mitgetheilt wird, theilweise freies Excerpt des Hieronymus. [5]) L. II, 223.

[6]) Möglich bleibt auch, wenn man das Werk für eine Umarbeitung jener philosophischen Excerpte (s. S. 379) halten will, daß er es später schrieb, als das über die Grundlehren. Hier ist so vieles, fast alles ungewiß. Auch der Umstand, daß der zweite Tomus über Johannes in den Büchern über die Grundlehren nicht angeführt wird, ist mehrfach zu erklären: s. unten.

hielten ¹). Im sechsten Buche befand sich über die Nothlüge eine Erörterung, welche an eine Stelle bei Plato sich anschließt ²); das zehnte enthielt Scholien, vornehmlich zum Briefe an die Galater ³).

Nichts in dem gesammten Nachlasse des Origenes ist wichtiger, als seine Schrift über die Grundlehren, die auch von Anfang an gleichviel Bewunderung und Widerspruch erregte ⁴). Es war hier seine Absicht, die Grundlehren oder Hauptsätze, die wichtigsten Artikel des christlichen Glaubens, wissenschaftlich darzustellen.

Die damalige Speculation der heidnischen Welt stellte sich, im Neuplatonismus, über alle bisherigen Religionsformen, orientalische und occidentalische, und suchte durch Vergeistigung oder Verflüchtigung des Individuellen und Besonderen die lauteren Begriffe zu erhalten; nicht anders im wesentlichen die häretische Gnosis. Origenes erklärt das Christenthum für die höchste, allein vollkommen wahre Philosophie, und will bei seinem wissenschaftlichen Versuche überall und immer nur von der geoffenbarten Lehre ausgehen: im Christenthum nimmt er seinen Standpunkt ⁵). Und

---

1) Dahin führt auch, was Hieronymus über den Inhalt sagt, Ep. 83 (85): Hunc (Clementem Alexandrinum) imitatus Origenes scripsit Stromateas, Christianorum et philosophorum inter se sententias comparans et omnia nostrae religionis dogmata de Platone et Aristotele, Numenio Cornutoque confirmans. Vgl. desselben Ep. 65 ad Pammach. et Ocean. Ich habe jetzt die Hoffnung, über Inhalt und Art dieser Stromaten bald genaue und sichere Auskunft geben zu können. In der Vorrede findet man angegeben, von wo ich diese Aufklärung erwarte.

2) Ap. Hieron. adv. Rufin. L. I, in der Benedictinerausgabe des Origenes Vol. I, 39.   3) S. oben S. 377.

4) Pamphil. in Apol. p. 20. De la Rue Admonit. in LI. de Princ. p. 43.

5) De Princ. I, 87: Omnes qui credunt et certi sunt, quod et gratia et veritas per Iesum Christum facta sit, et Christum veritatem esse norunt, secundum quod ipse dixit, *Ego sum veritas:* scientiam, quae provocat homines ad bene beateque vivendum, non aliunde, quam ab ipsis verbis Christi doctrinaque suscipiunt. Dies sind die Anfangsworte seiner Einleitung zu dem Werke, und nun folgt unmittelbar die Erklärung, daß Christus auch im Alten Testamente geredet habe. Dann

ดasjenige, was in allen apostolischen Gemeinden als Überlieferung der Stifter anerkannt ist [1]), soll die Grundlage für alle weitere Forschung bleiben, damit nicht individuelle Meinungen und Lehren der Schule an die Stelle des Geoffenbarten und Allgemeingültigen treten. Aber die Apostel haben doch nur das Nothwendige, nicht alle Lehren [2]), mit vollkommener Klarheit [3]) vorgetragen. Über das Wichtigste sollte allen, auch denen, welche nicht wissenschaftlich forschen, kein Zweifel bleiben; bei diesem sind es daher nur die Beweise für die mit genügender Deutlichkeit und vollständig ausgesprochene Wahrheit, welche eine weitere Untersuchung fordern. Bei andern Dogmen haben die Apostel nicht nur die Beweisführung, sondern auch das Wie, die nähere Bestimmung, den Jüngern der Wissenschaft überlassen. Es liegt also diesen ob, überall manches, bald die Beweise, bald Form und inneren Zusammenhang der Lehren, durch eigenes Nachdenken aufzufinden, geleitet durch Schriftstellen, oder durch folgerichtige Schlüsse [4]). Sie sollen auf der Grundlage der Elemente oder der Hauptlehren ihrer Glaubensregel ein wissenschaftliches Lehrgebäude errichten, eine bestimmte Reihenfolge der Dogmen feststellen, und so ein systematisches Ganze, gleichsam einen Körper der Lehre, zusammensetzen [5]). In dieser Weise wollte Ori=

---

die Angabe dessen, was damals kirchliche Glaubensregel war (Species eorum, quae per praedicationem Apostolicam manifeste traduntur). Die Wahrheit bei Griechen und Barbaren zu suchen, haben die Christen aufgehört: Ibid. p. 88. S. auch Schnitzer, vor seinem Wiederherstellungsversuche S. xviii, und Thomasius, Origenes S. 44.

1) De Princ. I, 90.
2) Quaecunque necessaria crediderunt. Ibid. p. 89. Ganz ebenso Clemens Strom. VII, 891.   3) Manifestissime.
4) De Princ I, 95: — vel his (affirmationibus), quas in sanctis Scripturis invenerit, vel quas ex consequentiae ipsius indagine ac recti tenore repererit.
5) Oportet igitur *elementis ac fundamentis huiusmodi* (nämlich der von Origenes kurz vorher aufgeführten Sätze der allgemeinen Kirchenlehre; diese eben sind hier die ἀρχαί) uti — omnem, qui cupit seriem

genes eine Arbeit ausführen, welche die Stromaten des Clemens, unstreitig auch wohl die seinigen, vorbereitet und in gewissem Sinne gefordert hatten [1]).

So klar sind diese Worte, die den Zweck des Werks bezeichnen, und die man in der That nie mißverstanden hat, daß wohl gefragt werden mag, wie denn über die eigentliche Bestimmung desselben die verschiedensten Meinungen entstehen konnten, wenn überdies der Inhalt noch jetzt, in den Grundzügen unverfälscht, vorliegt. Indeß theils die Aufschrift, theils die Art der Durchführung hat manche Zweifel hervorgerufen.

Origenes gab seinem Werke, vielleicht nicht ohne die Absicht, philosophische Leser herbeizuziehen, die Aufschrift, Von den Principen. Das Wort, welches er hier wählte, kann, dies bleibt unbestritten, die Urgründe des Daseins bezeichnen [2]). In diesem

---

quandam et corpus ex horum omnium ratione perficere, ut manifestis et necessariis assertionibus de singulis quibusque, quid sit in vero, rimetur et unum, ut diximus, corpus efficiat rel. Ibid. I. c. In eben diesem Sinne sagte Clemens (Strom. II, 454): φήσομεν δὲ ἄν, αὐτὴν (τὴν γνῶσιν) εἶναι λόγον τοῖς ἀμφισβητουμένοις ἐκ τῶν ὁμολογουμένων τὴν πίστιν ἐκπορίζοντα, und ebenda, weiter unten, erklärt er für unwiderleglich, was folgerichtig aus Schriftstellen abgeleitet wird (τὸ συμπέρασμα, τὸ ἐπιφερόμενον αὐτοῖς ἀκολούθως). Vgl. Strom. VII, 892 und 901, wo Clemens sagt, man müsse: τῶν λογίων ἀκριβῆ σαφήνειαν λεπτουργεῖν καὶ καταλεαίνειν, — um nicht in häretische Irrthümer zu fallen. S. auch Strom. VII, 892 die Worte: ἐκ τῶν ἤδη πιστῶν τοῖς οὔπω πιστοῖς (δεῖ) ἐκπορίζειν πίστιν. Ähnlich noch Gregor von Naz.; s. Ullmann über ihn S. 313.

1) Strom. VII, 902: ἐξ ὧν (τῶν Στρωματέων) δὴ μεταμοσχεύσας καὶ μεταφυτεύσας ὁ γεωργός, ὡραῖον κατακοσμήσει παράδεισον καὶ ἄλσος ἐπιτερπές. Wiefern die Besorgniß, welche Clemens von diesem Geschäfte abhielt, durch die Zeit jetzt beseitigt war, ist oben schon gesagt worden.

2) Ich muß hier und für das zunächst Folgende auf dasjenige verweisen, was ich in meinen Prolegomenen zu dem Werke p. xx sqq. theils ausgeführt, theils angedeutet habe. Auch sind über den Sinn der Aufschrift Schnitzer's treffliche und, wie ich glaube, entscheidende Bemerkungen (S. xxii) zu vergleichen.

Die Grundlehren.

Sinne hat es schon Marcellus von Ancyra [1]) genommen; aber es entgegnete auch sogleich Eusebius, mit vollem Rechte, daß ja Origenes nicht mehrere Principe, sondern nur Einen Urgrund lehrte [2]). Und wollte man in dem Worte etwa die Ankündigung eines Werks über die ersten Anfänge des Daseienden finden, so zeigt schon die oberflächlichste Durchsicht noch manche andere Stoffe in dem Buche. Origenes hat selber, in seiner Auslegung des Johannes [3]), die vorzüglichsten theologisch wichtigen Bedeutungen des Wortes aufgezählt, darunter auch die, in welcher es die Anfangsgründe, Grundartikel und Hauptsätze einer Wissenschaft bezeichnet [4]). Und in diesem Sinne hat er, wie schon Ire-

---

1) Ähnlich Baur, Gnosis S. 541, welcher Gott, Logos und die Geister als die drei Principe des Origenes betrachtet. Aber nicht einmal der Logos gilt dem Origenes als ἀρχή, geschweige die Geister oder Seelen. In diesem Sinne ist er strenger Monarchianer: μίαν μόνην τὴν ἀγέννητον καὶ ἄναρχον καὶ ἐπέκεινα τῶν ὅλων εἰδὼς ἀρχήν, κ. τ. λ., wie Eusebius wider den Marcellus sagt. Eher ließe sich Schnitzer's geistvoller Vorschlag rechtfertigen, welcher, wie er überhaupt Origenes für einen Sabellianer hält, so hier die Gottheit in ihrem dreifachen Sein, als Vater, Sohn und Geist, oder, was dem entsprechen soll, als Allmacht, Weisheit und Heiligkeit, findet. Aber letztere Wesenheiten in Gott sind nicht die Trias des Origenes, und nichts war er weniger als Sabellianer vor Sabellius. — Wenn Schnitzer meint, Marcellus habe, weil er Origenes beschuldigt, in diesem Werke den Plato nachgeahmt zu haben, und bei den Platonikern ἀρχαί auch die formalen Erkenntnißprincipe bedeute, das Wort in diesem Sinne genommen, so ist zu erwiedern, daß, wenn auch die angegebene Bedeutung allerdings stattfindet, doch die platonischen ἀρχαί zunächst nichts anders, als die Ideen, diese schöpferischen Urprincipe sind, und daß Marcellus wohl die Auffassung des Platonismus theilte, welche zu seiner Zeit galt. Die Einwendung des Eusebius war also treffend.

2) So die kirchliche Theologie überhaupt. Deshalb überschrieb Theodoret den zweiten Abschnitt der Graec. affectt. cur.: περὶ ἀρχῆς, nicht περὶ ἀρχῶν. S. die Ausgabe von Schulze T. IV, 2, 726.

3) Tom. I, 17 sqq.

4) Ibid. 19: ἐστὶν ἀρχὴ καὶ ὡς μαθήσεως, καθὸ τὰ στοιχεῖα φαμὲν ἀρχὴν

näus [1]) und Clemens [2]), dasselbe häufig gebraucht [3]). Zeigt sich nun in der That, daß das Werk wirklich eine wissenschaftliche

    $εἶναι\ γραμματικῆς$, d. i. ihre Ausgangspunkte. Wie nahe liegt nicht auch diese Bedeutung der ursprünglichen?

1) L. III, 11, 7: Et haec quidem sunt *principia* Evangelii, unum Deum fabricatorem huius universitatis, — Patrem Domini nostri Iesu Christi annunciantia, et praeter hunc alterum Deum nescientia, neque alterum Patrem rell. Man verdankt die Nachweisung dieser St. Engelhardt, in den theoll. Studien und Kritt. Jahrg. 1838, H. 1, S. 164.

2) Strom. IV, 604 bedeuten die Worte: $ἀρχικὸς\ γὰρ\ ὁ\ λόγος$, der Gegenstand sei ein wesentlicher und hauptsächlicher, eine Grundlehre. Ebenso Ibid. VI, 820, wo von dem Glauben gesagt wird, daß er den $ἀρχικὸς\ λόγος$, die Grundlehren, ohne wissenschaftliche Verarbeitung ($ἄνευ\ θεωρίας$) auffasse. Dagegen bleibt wahr, daß Ibid. VIII, 832 der Logos, als Uranfänglicher, $ὁ\ ἀρχικώτατος\ Λόγος$ heißt. Clemens hatte selber ein Werk $περὶ\ ἀρχῶν\ καὶ\ θεολογίας$ geschrieben, welches er in der Schrift Quis div. salv. p. 950 anführt, u. Strom. III, 516. 520 ankündigt, und welches nach Combesis zu der zuerst angeführten Stelle, bei Potter p. 963, der gleichnamigen Schrift des Origenes dem Inhalte nach verwandt war. Nichts hindert, dies anzunehmen. Wir erfahren durch Clemens nur, daß das Buch die Stelle Marc. 10, 31 auf den Erlöser deutete und die Marcioniten (s. Orig. de Princ. II, 180 sqq.) widerlegte. S. über dasselbe auch Le Nourry Apparat. ad Bibl. Patrum max. p. 1337. Noch beachte man die Stelle Quis div. salv. p. 939, wo Clemens die Erkenntniß des Einen, gütigen Gottes eine $ἄτρεπτος\ καὶ\ ἀδούλευτος\ ἀρχὴ\ καὶ\ κρηπὶς\ ζωῆς$ genannt hat.

3) C. Cels. III, 454 und 455 nennt er die Grundbestandtheile einer Disciplin deren $ἀρχή$. Nichts, sagt er seinem Gegner, welcher die vielen Secten dem Christenthum zum Vorwurfe machte, nichts, dessen $ἀρχή$ nicht ein Treffliches und Heilsames ist, kann Secten hervorrufen. Medicin, Philosophie u. s. w. haben eine $σπουδαία\ ἀρχή$, d. i., ihre Grundelemente sind ein Werthvolles. Ibid. p. 455 ist $ἡ\ τοῦ\ λόγου\ ἀρχή$ die christlichen Grundlehren so viel als p. 456. S. auch: $σαφῶς\ δὴ\ τὸ\ σεμνὸν\ τῆς\ ἡμετέρας\ ἀρχῆς\ παριστῶμεν$, — nämlich den Katechumenen; darauf führen wir sie tiefer ein. Und de Princ. IV, 53 heißt es: $πειραθῶμεν\ ἀφέντες\ τὸν\ "τῆς\ ἀρχῆς"\ τοῦ\ Χριστοῦ\ λόγον,\ τουτέστι\ τῆς\ στοιχειώσεως,\ ἐπὶ\ τὴν\ τελειότητα\ φέρεσθαι,\ ἵνα\ ἡ\ τοῖς\ τελείοις\ λαλουμένη\ σοφία\ καὶ\ ἡμῖν\ λαληθῇ$. Nichts kann entscheidender sein, als diese

Inhalt seiner Grundlehren.

Bearbeitung der Glaubensartikel ist, wie sie die damalige kirchliche Überlieferung aufstellte, so hört man wohl auf, den Sinn der Aufschrift zu suchen.

Nicht leicht ist, in dem Werke den leitenden Faden aufzufinden. Eben weil es eine wissenschaftliche Erörterung der Glaubenslehren, dieser Grundelemente der wahren Gnosis, sein sollte, ist dasjenige, was der allgemeinen philosophischen Speculation des Zeitalters angehört, der vorwiegende Bestandtheil, und die Grundartikel selber treten zurück. Ihre Reihenfolge bleibt dieselbe, welche die zu Anfange des Werks mitgetheilte Glaubensregel festgestellt hatte, aber es sind die speculativen Lehren über das vorweltliche Sein, die Welt in ihrem gegenwärtigen Zustande und die Freiheit des Willens, durch welche Origenes die wissenschaftliche Verknüpfung und Begründung derselben zu bewirken hoffte. In die Erörterung dieser Lehren sind die einzelnen Dogmen eingefügt. Dies erklärt, wie man in dem Buche ein christliches Philosophem über die Urzustände des Daseins finden konnte. Doch erinnern wir uns, wie damals die Begriffe Theologie, christliche Speculation und christliche Wissenschaft überhaupt, in einander flossen, so wird jene Durchführung nicht befremden. Und vermißt man in dem Werke

---

Stelle. Und ebenso wie hier gebraucht Origenes das Wort Tom. in Ioan. XIII, 256: οἶμαι δὴ ὅτι ἐπὶ πάσης τῆς ἐκ πλειόνων θεωρημάτων τέχνης καὶ ἐπιστήμης σπείρει μὲν ὁ τὰς ἀρχὰς εὑρίσκων, ὥς τινας ἕτεροι παραλαμβάνοντες καὶ ἐπεξεργαζόμενοι αὐτὰς, ἑτέροις τὰ ὑπὸ αὐτῶν εὑρημένα παραδιδόντες, αὐτοὶ ἐξ ὧν εὑρήκασι γίνονται τοῖς μεταγενεστέροις, οὐ δυνηθεῖσι τάςτε ἀρχὰς εὑρεῖν καὶ τὰ ἑξῆς ἐπισυνάψαι καὶ τὸ τέλος τῶν τεχνῶν καὶ τῶν ἐπιστημῶν ἐπιθεῖναι, τῶν συμπληρωθεισῶν τῶν τοιούτων τεχνῶν καὶ ἐπιστημῶν πλήρη τὸν καρπὸν ὡς ἐν θερισμῷ αὐτῶν ἀναλαβεῖν. εἰ δὲ τοῦτο ἐπὶ τεχνῶν ἐστιν ἀληθὲς καὶ τινῶν ἐπιστημῶν, πόσῳ πλέον ἐπὶ τῆς τέχνης τῶν τεχνῶν καὶ ἐπιστήμης τῶν ἐπιστημῶν ἐστι συνιδεῖν; τὰ γὰρ εὑρηθέντα ὑπὸ τῶν προτέρων ἐπεξεργασάμενοι οἱ μετ᾽ αὐτοὺς παραδεδώκασι τοῖς ἑξῆς ἐξεταστικῶς προσιοῦσι τοῖς εὑρεθεῖσιν ἀφορμὰς τοῦ τὸ ἓν σῶμα τῆς ἀληθείας μετὰ σοφίας συναχθῆναι. Deutlicher konnte sich wohl Origenes nicht über den Zweck seines Buchs von den Grundlehren aussprechen.

manche Dogmen, welche in neueren Glaubenslehren nicht fehlen dürfen, so ist zu erwiedern, daß, indem damals die christliche Lehre vorzugsweise als Gegenstand der Erkenntniß betrachtet wurde, die eigentlichen Heilswahrheiten noch zurücktraten. In einer Schrift des dritten Jahrhunderts darf man nicht eine Ausführung der Lehren von der Erlösung und Versöhnung erwarten [1]). Die Einheit Gottes, sein Wesen, die Freiheit des Menschen und seine Zukunft, vor allem die Lehre von der Person des Erlösers sind die Dogmen, welche festgestellt werden mußten, ehe jene innersten Wahrheiten des Evangeliums eine wissenschaftliche Ausbildung erhalten konnten. Nicht anders hat vor Zeiten der Mosaismus die Lehren von Gott und dem sittlichen Werthe des Lebens zur Anerkennung gebracht, bevor der Glaube an die ewige Fortdauer des menschlichen Geistes aus diesen Keimen hervortrat [2]). Origenes Werk ist der erste Grundriß eines Lehrgebäudes der christlichen Wahrheit, welche es als die vollkommenste der Lehren betrachten lehrt und als solche vermöge derjenigen Mittel darstellt, die frühere und damalige Philosopheme boten.

Meist findet man in diesem Werke vor allem das Dogma selber, welches erklärt und bewiesen werden soll, angegeben, nicht selten in großer Kürze. Vernunftgründe, wie die Vertheidigung des Dogmas gegen manche Einwendungen, schließen sich an; die Beweise aus der Schrift pflegen den Beschluß zu bilden. Ein solches Verfahren entsprach einer Lehre, die in so manchen ihrer Bestandtheile nicht Ergebniß der Schriftlehre, sondern Ausfluß der Speculation des Zeitalters ist, und diese oft nur mühsam mit

---

1) S. oben S. 95.
2) Ohne den Glauben an Gott und den Werth des menschlichen Handelns ist die Hoffnung auf Unsterblichkeit sittlich indifferent. Deshalb ist es ein Vorzug des Mosaismus, daß er diese weder leugnet, noch feststellt. Eine spätere Zeit sollte die Lehre auffinden, oder sich aneignen. Christus gab ihr die tiefste sittliche Bedeutung; der Glaube an ihn und durch ihn an Gott ist ewiges Leben.

Der Grundlehren erstes Buch.

der Schrift in Verbindung setzt. Im einzelnen fehlt es nicht an Unbestimmtheit und Schwanken, an Wiederholungen, fremdartigen Einfügungen, vorgreifenden Erörterungen und ähnlichen Mängeln, welche dem strengen systematischen Vortrage fremd sind. Und doch ist das Werk, als erster Versuch eines Systems, von unberechenbarer Bedeutung. Wenige Abschnitte ausgenommen, darf es in der Gestalt, in welcher es jetzt uns vorliegt, als treue, obschon freiere Nachbildung dessen gelten, was Origenes geschrieben hat; manche Bruchstücke der Grundschrift sind uns geblieben [1]).

Die Dogmen von Gott sind der Inhalt des größeren Theiles des ersten Buchs. Daß Gott seinem Wesen nach Geist sei [2]), zeigt

---

[1]) S. meine Proleg. p. XLI. Allgemeines über die Zuverlässigkeit und Art der Übersetzungen, welche uns beim Verluste so vieler Werke des Origenes genügen müssen, theile ich später mit. Auch Schnitzer's scharfsinniger Wiederherstellungsversuch mag da eine auf das Einzelne eingehende Beurtheilung finden, wo wir näher die Dogmen und ihre Beweisstellen untersuchen. — Das Bruchstück bei Ioan. Damasc. Parall., Opp. II, 770, welches ich in meine Ausgabe nicht aufgenommen habe, während Schnitzer S. LVI es mittheilt, ist nur freier Auszug, oder wohl gar ein Werk des Didymus oder Euagrius. Für ein ächtes Überbleibsel darf es nicht gelten sollen.

[2]) L. 1, c. 1, p. 96. Es bedarf wohl nicht der Erwähnung, daß ich hier nur in einigen Zügen den Inhalt des Buches angebe, um jetzt so in der Übersicht über Origenes daselbst entwickeltes Lehrsystem den geeigneten Abschluß für die Darstellung seiner Leistungen in Alexandrien zu gewinnen; die Dogmen selber sollen hier nicht entwickelt werden. Die besten Analysen des Werks findet man bei Rösler und bei Fontanini Hist. lit. Aquileiens. p. 213. Geistvoll ist Schnitzer's Inhaltsangabe, aber nicht überall haltbar. Daß z. B. Origenes erst von dem Wesen, dann vom Begriff, endlich vom Selbstbewußtsein Gottes, und so vom Begriff, der ewigen Zeugung des Logos, dann von ihm als Träger der Offenbarung und von seinem Verhältniß zum Vater handle; daß er erst Abhängigkeit, dann Bewußtsein, endlich die eigene Wirksamkeit des Geistes darstelle u. s. f., dies alles kann ich in solcher Bestimmtheit bei Origenes nicht finden, und nicht einmal für beabsichtigt halten. S. was ich über den Mangel an strenger systematischer Folge in dem Buche an einem andern Orte (Prolegg. p. XIX) gesagt habe, u. vgl. Thomasius S. 83.

hier Origenes ausführlich, mit siegreichen Gründen, um aus der Kirche auf immer die Annahme einer Körperlichkeit Gottes zu verbannen. Die Ausdrücke der Schrift, welche ihm ein körperliches Sein beizulegen scheinen, lehrt er geistig deuten, und selbst das Schauen Gottes, welches den Frommen verheißen ist, von Ewigkeit her der Vorzug des Sohnes Gottes, erklärt er für ein Erkennen des Geistes. Hierauf spricht er [1]) von dem Logos, in Ausdrücken, die an den zweiten der johanneischen Tomen erinnern. Bestimmter als es Clemens gelungen war, zeigt er in dem Logos den Uroffenbarer des absoluten Geistes, das Bild seiner Güte, den vollkommenen Abglanz seiner Herrlichkeit, die Wahrheit und das Leben, ewig in Gott und ein selbstständiges Leben und Sein, den Inbegriff alles Wahren: der Logos ist gezeugt durch den Willen des Vaters, geringer als dieser. Von dem heiligen Geiste, den Origenes wieder dem Sohne unterordnet, ob er gleich auch ihm ein vorweltliches und in sofern anfangsloses Dasein wie göttliche Wesenheit beilegt, wird gesagt, daß er Vermittler der Heiligung ist, für alle, die geheiligt werden. Hierauf folgt [2]) Origenes Lehre von der ursprünglichen Gleichheit der im engeren Sinne des Wortes geschaffenen, für ein wandelbares Dasein bestimmten Geister, deren eigenes sittliches Verhalten die alleinige Ursache ist, wenn sie jetzt so mannichfach verschiedene Stufen einnehmen. Doch werden sie einst, in unendlicher Zeitferne, alle wieder in gleicher Herrlichkeit den Thron des Unsichtbaren umgeben, bis ein neues Fehlen neue Veränderungen hervorbringt. Den Glauben an die vollkommene Gerechtigkeit des Schöpfers meinte Origenes nur durch eine solche Annahme retten zu können. Die Geister waren alle in dem (zeitlosen) Momente ihrer Entstehung, wie dies in der Natur des Geistes liegt, ohne Körper, und manche sind es noch jetzt in gewissem Sinne: nicht als rein geistige Wesen — allein die Gottheit hat ein vollkommen unkörperliches Sein;

---

1) L. I, c. 2, p. 106. 2) Cap. 4 sqq.

Das zweite Buch der Grundlehren.

aber ein Unterschied ist zwischen den gröberen materiellen Körpern, welche jetzt die Menschenseelen umgeben, und den edleren Lichtgebilden, die die Hülle reinerer Geister sind. Ganz ohne Sünde ist keiner dieser Geschaffenen geblieben, nur die Seele ausgenommen, mit welcher der Logos später, als er einen menschlichen Körper annehmen wollte, sich vereinigte; alle übrigen Geister sind, übersättigt von dem Anschauen Gottes, tiefer oder minder tief gesunken: auch die Himmel sind nicht rein vor Gott [1]). Die Sterne sind ätherische Gebilde, doch sind auch die Sternkörper eine gröbere Hülle, und je nach dem Verhalten der Geister, die in ihnen leben, bestimmt sich die größere oder geringere Klarheit des Gestirns. Nicht anders sind den Engeln ihre verschiedenen Verrichtungen mit Gerechtigkeit zugetheilt worden.

Das zweite Buch will die Welt und Menschheit, wie sie gegenwärtig ist, ihre Erneuerung durch die Menschwerdung des Logos, und ihr Endziel, die Lehre von den letzten Dingen, darstellen. Das Wesen der (gröberen) Körperwelt, ihre Entstehung aus einem einzigen, aber von Gott hervorgebrachten, nicht urewigen und doch vorzeitlichen Grundstoffe, ihre Dauer bis zu einer alles Frühere abschließenden, nie unbedingt letzten Wiederbringung, sind die Gegenstände, welche hier zuerst erörtert werden [2]). Die gesammte Schöpfung ist endlich, eine bestimmte Zahl von Wesen, weil eine unendliche Welt auch der Unendliche selber nicht umfassen könnte. Die Lehre von der Menschwerdung wird durch die Nachweisung vorbereitet, daß der Gott des Alten Testaments zugleich der Vater Jesu Christi, ein und derselbe der Gerechte und der Gute ist [3]). Hierauf handelt das Werk von der Menschwerdung des Logos, und entwickelt, während noch Clemens nur von einer Verbindung desselben mit einem menschlichen Körper ohne Seele weiß, die Lehre von der vollkommenen menschlichen Natur des Herrn, so, wie sie seitdem in der Kirche gegolten hat [4]). Sogleich folgt hier-

---

1) Hiob 15, 15.   2) L. II, c. 1 — 3.
3) Ibid. c. 4. 5.   4) Ibid. c. 6.

auf ein Abschnitt über die Ausgießung des heiligen Geistes und die Art seines Einwirkens auf die Menschen, wobei Origenes theils manches wiederholt aus früheren Erörterungen, theils dem dritten Buche vorgreift. Den Beschluß machen die Lehren von der Auferstehung, den Höllenstrafen und dem ewigen Leben [1]).

Im dritten Buche zeigt Origenes das Wesen der Willensfreiheit, die Art der Kämpfe mit den bösen Mächten, wie der inneren Versuchungen, und den endlichen Sieg des Guten in der Wiederbringung aller Dinge. Hier hebt er hervor, daß in jedem Zeitmomente der Mensch unbedingt frei zwischen Gut und Böse wählen, in jedem gegebenen Verhältnisse selbstthätig den Anfang einer siegreichen Entscheidung machen könne. Anstatt der angeerbten Sünde, die Clemens gelehrt hatte, behauptet Origenes eine vor dem Dasein auf dieser Erde begangene Schuld des Einzelnen; ihre Größe ist das Maß der reicheren oder kargeren Ausstattung, die an leiblichen und geistigen Gaben dem Einzelnen hier zu Theil wird. Aber alle können sich emporringen zu höheren Stufen; es unterstützen Christus selber und alle Mittel der Gnade, oder, was bei Origenes dasselbe ist, der heilige Geist, diese Rückkehr. Eigentliche Strafübel sind nicht anzunehmen; sie sind alle nur Heilmittel, Führungen der erziehenden Liebe des Ewigen. Selbst die Verstockung soll, durch das Übermaß von Gottentfremdung, welches eben sie herbeiführt, nur die Umkehr veranlassen, und auch dem Teufel ist der Rückweg nicht abgeschnitten [2]).

Wenn Origenes im vierten Buche ausführlich seine Theorie der Schriftauslegung mittheilt, so folgt hieraus von neuem, daß es nicht die Urgründe des Daseins sind, die er behandeln wollte [3]),

---

1) L. II, c. 7 — 11. 2) L. III, c. 5. 6.
3) Baumgarten Crusius, in seinem Lehrbuch der DG. S. 214, welcher jenen Sinn in der Aufschrift finden und doch diesen Umstand erklären möchte, beruft sich auf den Vorgang der Platoniker, welche auch häufig zuerst von dem Inhalte und dann von der Form der Philosophie handelten. Aber ist wohl diese Parallele anwendbar? Thomasius ver-

Der Grundlehren drittes und viertes Buch. 403

und daß er im allgemeinen eng der Reihenfolge sich anschloß, in welcher die kirchliche Regel die Grundlehren vortrug: auch in dem Abrisse der Glaubensregel, der allgemeinen Kirchenlehre seiner Zeit, welche Origenes voranstellte, finden wir schließlich die Erwähnung der Schrift und ihres tieferen Sinnes [1]). Einige zusammenfassende Rückblicke [2]) wiederholen den wesentlichen Inhalt der Lehren über das Sein der Gottheit, die Menschwerdung des Logos und das Endziel der Welt. Alles wahre Wissen, mit diesem Worte beschließt er das Werk, ist ein inneres geistiges Schauen; es beruht auf jener Empfänglichkeit für göttliche Wahrheit, welche die Schrift den göttlichen Sinn genannt hat [3]). Was da, tief innerlich, in uns vorgeht, auch das weiß das göttliche Wesen. Diese Schrift ist nur eine Norm und Anleitung zu der vollkommenen Weisheitslehre.

Daß ein Werk, wie dieses, eine ganz andere Bestimmung, als die eines Leitfadens beim katechetischen Unterricht hatte, zeigt dem, welcher Art und Zweck der alexandrinischen Katechesen dieses Zeitraums kennt, zu voller Genüge der Inhalt. Gleichwohl ist jene irrige Ansicht jetzt wieder erneuert worden [4]). Auch soll die

---

wirrt hier ganz die Begriffe, will die Schrift als ein Werk über jene Urgründe betrachten, und vielleicht deshalb dieses vierte Buch aufgenommen wissen, weil die Lehre von der Schrift und ihrer Auslegung zu den „Glaubensartikeln" gerechnet wurde. S. seinen Origenes S. 82.
1) L. I, 93.   2) L. IV, 368.   3) S. oben S. 344.
4) Man findet sie bei Chemnitz (de Lectione Patrum, s. Rechenberg, Summa Hist. Eccl. p. 753) und bei Schnitzer. Dieser glaubt sie durch die Ausdrücke stützen zu können, welche Origenes L. III, c. 1, 1 und L. IV, c. 1, 1 wählte, wo er sagt, daß er den Gegenstand πρὸς διδαχὴν und ἐν ἐπιτομῇ behandle. Das erste Citat ist nicht richtig, und kann überhaupt nichts beweisen: — zur Belehrung der Leser ist das Werk in jedem Falle geschrieben; das andere findet sich am a. O. p. 43, kann jedoch auch nichts aussagen. Noch eine viel spätere Zeit, etwa die, welche Gerhard's dogmatisches Werk lieferte, würde die vier Bücher über die Glaubenslehren als Grundriß bezeichnet haben. So befremdet es nicht, wenn Origenes selber sie als solchen bezeichnete, und wenn sie Hieronymus breves elegantesque tractatus nennen mochte.

Schrift jetzt als Jugendarbeit des Verfassers gelten ¹). Sie ist das Werk seines reifsten männlichen Alters. Alles enthält sie,

---

1) Schnitzer setzt S. xxi die Abfassung zwischen die Jahre 212 und 215, und glaubt nur wenig irre zu gehen, wenn er das Jahr 213 annimmt. Denn fürs erste habe um 215 der arabische Fürst Origenes rufen lassen, und diesen eiligen Ruf erkläre nichts besser, als das Bekanntwerden dieses Werkes. Aber eben dies Werk soll ja (S. xix) zu Origenes Verketzerung und Entfernung aus Alexandrien das Meiste beigetragen haben: es wäre also eigen, wenn es jenen Araber, unmittelbar oder indem er es rühmen hörte, so ganz für ihn gewonnen hätte. Und verbreiteten sich denn etwa damals Schriften in einer Weise, wie heute, so daß man durch sie unverzüglich zu Ruf und Namen gelangte? Der persönliche Ruf des Verfassers sicherte in jenen Zeiten die allmälige Verbreitung seiner Schriften, und durch die Verfasser wurden die Schriften, nicht durch Schriften die Unberühmten gehoben. Ferner meint Schnitzer, Origenes könne doch nicht seit der Rückkehr aus Antiochien, die er überdies mit Schröckh IV, 32, Thomasius S. 85 und Möhler, Patrol. I, 492, durch einen mir unerklärlichen Irrthum in das Jahr 219, also vor die Erhebung Alexanders und der Julia Mammäa setzt, neben so zahlreichen exegetischen Werken auch diese Schrift verfaßt haben. Indeß giebt Schnitzer selbst ihm dazu kaum ein Jahr. Nach 212 muß, dies räumt er ein, das Werk geschrieben sein, weil es des hebräischen Lehrers gedenkt, und im Jahre 213 war es angeblich vollendet. Ist das denkbar, warum denn nicht auch, daß Origenes später dazu die Muße fand? Gewichtiger ist ein Umstand, den Schnitzer hinzufügt: wir vermissen jede Verweisung auf die Tomen über Johannes, während doch der zweite derselben die Logoslehre so ausführlich enthält, die das erste Buch der Glaubenslehren entwickelt. Indeß Origenes wiederholt eben hier, was er in jenem Werke gesagt hat, „weitläuftige Exegesen, dies sind Schnitzers eigene Worte, nimmt er hier auf, die sich in jenem Commentar finden": weshalb sollte er also bei der eben ihm eigenen äußersten Kargheit im Citiren (s. oben S. 82. 225) und der Schwierigkeit des Auffindens angeführter Stellen in den unbequemen Bücherrollen, auf Abschnitte verweisen, die nichts wesentlich neues, nichts enthielten, was in diesem Zusammenhange unentbehrlich war. Er hat so wenig in jenen Commentaren das Werk über die Grundlehren, als in diesem den Commentar citirt. Dasjenige Dogma, welches unter allen damals das wichtigste schien, sollte an beiden Stellen genü-

was später in dem Dogmensystem des alternden Kirchenlehrers eine Stelle behauptet hat, nichts vermissen wir, was vorzugsweise sein Forschen und Denken beschäftigte, und wie er hier sichaussprach, so hat er immer gedacht. Manchen kühneren Ausdruck mag er hier sich gestattet und unbedenklich jetzt als Muthmaßung einzelnes vorgetragen haben, was das bedächtige Alter ihn verschweigen oder verwerfen lehrte: wesentliches ist hier nichts, wofür nicht die spätesten seiner Schriften die Bestätigung lieferten. Das Werk zeigt ihn uns auf der Höhe seiner Lebensbahn, ganz so, wie Alexandria ihn gebildet und, als er zu groß für Alexandria wurde, ihn hinausgewiesen hat.

Die Vertreibung.

Innere Unruhen, welche jetzt die Kirche von Achaja zerrütteten, unstreitig erfolglose Kämpfe mit weit um sich greifender Hä-

---

gend erörtert werden. So bleibt denn für uns kein Grund, von der oben angegebenen Zeitbestimmung abzugehen, wogegen nur dann ein gewisser Antheil des Buches an Origenes Vertreibung aus Alexandrien angenommen werden kann, wenn die Abfassung nicht viel früher, als dieser Vorgang, erfolgte. Und sollte wohl Origenes, den Ambrosius nur mit Mühe endlich überreden konnte, Commentare über die biblischen Bücher zu schreiben, und der mit zahlreichen fast ermüdenden Entschuldigungen die Kühnheit eines solchen Vorhabens rechtfertigt, das nach seinen eigenen Grundsätzen noch um vieles verantwortungsvollere, wie wissenschaftlich bedeutsamere Werk ohne ähnliche Vorbemerkungen veröffentlicht haben, wenn er nicht schon gewöhnt war, als Schriftsteller aufzutreten? Die Schrift ist das Werk eines geübten Verfassers; die Kraft und Frische des Mannesalters, nicht ein jugendlicher Übermuth, haben ihr die großartige Bedeutung gegeben. Unüberlegt behauptet von Ammon (Weltreligion II, 1, 85), es seien diese Bücher nach Origenes funfzigstem Lebensjahr geschrieben.

resie ¹), veranlaßten eine Einladung an den berühmten Kirchenleh=
rer; man berief ihn nach Achaja, um den Frieden der Kirche dort
wiederherzustellen. Origenes, welchen sein Bischof mit dem kirch=
lichen Empfehlungsschreiben entließ ²), wählte den Weg durch Pa=
lästina. Zu Cäsarea wurde er von den Bischöfen dieser Gegend ³),
an ihrer Spitze Theoktistus von Cäsarea und Alexander von Jeru=
salem ⁴), zum Presbyter geweiht. Eine solche Auszeichnung war

1) Eusebius sagt nur (HE. VI, 23): ἐκκλησιαστικῶν ἕνεκα πραγμάτων.
Allein schon Rufin nennt in der Übersetzung dieser Stelle als Veranlas=
sung zu der Reise das Emporkommen von Irrlehren. Ebenso Hiero=
nymus im Catal. c. 25. Huetius vermuthet, daß Ambrosius, der aller=
dings, nach Hieron. Ep. 18. ad Marcell., einmal von Athen aus an
Origenes geschrieben hat, um eben diese Zeit dort war und auf ihn
aufmerksam machte. Aber er räumt auch ein, daß dies nicht zu bewei=
sen sei. Dagegen darf wohl mit Sicherheit die verfälschte Aufzeichnung
jener Disputation des Origenes mit einem Häresiarchen zu Athen (s.
die Ep. Orig. ad amicos Alexandrinos, Opp. I, 6) in diese Zeit gesetzt
werden. Zwar ist Origenes noch einmal, im Jahre 244, in Athen ge=
wesen; aber es enthielt doch der Brief, von dem wir jetzt nur noch la=
teinische Fragmente haben, Klagen über Demetrius und die Excommuni=
cation, nach Hieronymus (Apol. adv. Rufin. II, 411), welche in so spä=
ter Zeit nicht wohl erklärlich wären. Und mit unserer Annahme stimmt
auch, daß Origenes palästinensische Freunde, — er war durch Palästina
nach Achaja gereist, — ihn um eine glaubwürdige Abschrift ersuchten
(Ep. Orig. l. c.). Nur darf man nicht den hier erwähnten Häretiker
mit jenem Bassus verwechseln, dessen Origenes (Ep. ad Iul. Afric. p. 12)
und Julius Afrik. (Ep. ad Orig. p. 10) gedenken. Diese Briefe ge=
hören in eine spätere Zeit. Auch darf aus einer Stelle bei Hieronymus
am a. O. nicht geschlossen werden, daß ein Valentinianer Candidus
damals hier, zu Athen, von Origenes widerlegt wurde.

2) Hieron. Catal. c. 54: sub testimonio Ecclesiasticae Epistolae. Ibid.
c. 62 sagt derselbe, Alexander habe den Origenes „iuxta testimonium
Demetrii" zum Presbyter geweiht.

3) Euseb. HE. VI, 23.

4) Ibid. c. 8. Beide nennt auch Hieronymus am a. O. c. 54, und aus
c. 62 sieht man, daß Alexander nicht minder als Theoktistus betheiligt
war, indem er das Verfahren in einem Briefe an Demetrius zu recht=

Die Presbyterweihe.

zu keiner Zeit in der Kirche das Gewöhnliche. In dem Wunsche jener Männer auch jetzt wieder die Lehrvorträge ihres Freundes zu hören [1]), und in seiner Weigerung, eine neue Rüge bei Demetrius zu verschulden, in dem Anerbieten, durch Ertheilung der Presbyterweihe ihn zum Predigen, auch nach alexandrinischen Grundsätzen, zu berechtigen, und in seinem Entgegenkommen mag man einige veranlassende Beweggründe finden [2]). Allerdings widerstritt diese Weihung dem Buchstaben eines uralten, vielleicht damals Origenes selber bekannten Kirchengesetzes [3]). Aber die Bischöfe konnten nicht wissen, daß dasselbe auf ihn Anwendung leide [4]), und Origenes

---

fertigen nöthig fand. Photius sagt (Cod. 118), daß Theoktistus ordinirte, Alexander die Handlung nur billigte. Aber vermuthlich waren auch diesmal mehrere Bischöfe, nicht jene beiden nur, bei der Einweihung gegenwärtig (Eusebius sagt l. c. c. 23: πρὸς „τῶν" τῇδε ἐπισκόπων ἀναλαμβάνει τὴν χειροθεσίαν), und gewiß hatte Alexander Theil an einer Consecration, die er bei Demetrius entschuldigte. Valesius fragt, weshalb zwei Bischöfe consecrirten, und findet darin eine besondere Auszeichnung für Origenes, die ihn berechtigt habe, in beiden Kirchen als Presbyter zu fungiren. Stroth meint, es habe so ein Rangstreit zwischen beiden Bischofssitzen vermieden werden sollen, der zu Zeiten sich erneuerte. Da wir Alexander und Theoktistus immer im vollkommensten Einverständnisse finden, so ist das letztere schwer zu glauben. Valesius vermischt frühere und spätere Zeiten, wie die verschiedenen örtlichen Verhältnisse. In Palästina, wo das Kirchenthum noch minder fest geregelt war, und wo man selbst darin kein Hinderniß fand, Origenes die Presbyterweihe zu ertheilen, daß er noch die zum Diaconate nicht hatte, galt als Presbyter für die ganze Kirche (vgl. Euseb. VI, 27), wer die Weihe empfangen hatte. Anders urtheilten, wie sich bald ergeben wird, Demetrius und der damalige römische Bischof. Aber noch Cyprianus Lehre von der Berechtigung der Bischöfe, die ganze Kirche gemeinschaftlich (in solidum) zu beaufsichtigen, ist ein Rest der älteren Ansicht.

1) S. oben S. 208, und vgl. Euseb. HE. VI, 27.
2) Durch diese Annahme glaube ich manches Spätere ungesuchter, als es bisher gelingen wollte, und vollständig zu erklären.
3) S. oben S. 208. 216. 218.
4) Sie ließen sich an dem empfehlenden kirchlichen Zeugnisse genügen, welches

mag auch hier, wie in so vielen Fällen, Geist und Buchstabe geschieden haben. Er mußte die Presbyterwürde wünschen, die unfehlbar seinem Wirken in Achaja größeren Nachdruck gab, und von Demetrius durfte er sie nicht erwarten, wenn dieser ihm schon früher untersagt hatte, öffentlich in der Gemeinde aufzutreten. Dagegen mochte sich vermuthen lassen, Demetrius werde das Urtheil angesehener Bischöfe anerkennen, oder mindestens schweigen. Wie dem sei, es erfolgte die Weihe, und wohl unbekümmert um den Ausgang setzte Origenes die Reise fort. In Athen fand eine Streitunterredung statt, welche sogleich vielseitige Aufmerksamkeit erregte: es verbreiteten sich verfälschte Abschriften der Urkunde dieser Verhandlung [1]). Gewiß hatte Origenes nicht erfolglos gesprochen. Seinen Aufenthalt in der Hauptstadt Achajas mag er zugleich benutzt haben, um die dortigen Philosophenschulen kennen zu lernen [2]). Über Ephesus und Antiochien, so scheint es [3]), kehrte er nach Alexandria zurück. Man wird am sichersten die Abreise von Alexandria in das Jahr 228 [4]), die Rückkunft in das Jahr 230 setzen.

Demetrius dem Origenes ertheilt hatte, und Alexander berief sich auf dasselbe, als jener die Gesetzwidrigkeit dieser Ordination, man weiß nicht bis zu welchem Grade, aufgedeckt hatte: Hieron. Catal. 62.
1) S. die erste Anmerkung S. 406.   2) Man s. oben S. 47.
3) In dem vor kurzem erwähnten Briefe sagt er (p. 6), daß in Ephesus ein Häretiker, der jede Streitunterredung abgelehnt hatte, dennoch die Acten einer solchen unter Origenes Namen aufsetzte und seinen Schülern in Rom, vermuthlich auch anderen, übersandte. Er habe ferner in Antiochien, wo er früher, als Origenes eintraf, jenes Machwerk verbreitet. Aber dort habe er ihn zum Schweigen gebracht und den Betrug aufgedeckt. Die hier angedeuteten Vorgänge können nicht besser, als in diese Zeit gesetzt werden. Und hier darf man wohl jenen Candidus finden, dessen früher erwähnt wurde. Auch die Acten dieser Unterredung waren, noch zu Hieronymus Zeiten, griechisch vorhanden. S. Hieron. Apolog. adv. Ruf. II, 413.
4) Nach Euseb. HE. VI, 23, wo das Jahr des Antritts der Bischöfe Pontianus von Rom und Zebinus von Antiochien, das siebente der Regie-

Daß Demetrius bisher weder mit Neid, noch mit Geringschätzung auf Origenes blickte, beweist sein früher fast unfreundlich [1]) erklärter Wunsch, ihn der alexandrinischen Kirche zu erhalten, wie das kirchliche Zeugniß, welches er ihm mitgegeben hatte. Auch würde er wohl jenen Fehltritt früherer Jahre, welchen er selbst jetzt öffentlich entweder nur schonend, oder gar nicht erwähnte [2]), überhaupt nie geltend gemacht haben, hätte nicht Origenes durch die Annahme der Presbyterwürde [3]) in der That wider die Gesetze der Kirche gehandelt. Doch beides erklärt sich, daß Origenes sich in seinem Rechte, und Demetrius zum Einschreiten sich verpflichtet glauben konnte. Und wohl mochte auch der

---

rung des Severus Alexander, angegeben wird. Auf dieser Reise fand Origenes zu Nicopolis bei Actium eine der in den Hexaplen von ihm zusammengestellten Übersetzungen: Euseb. HE. VI, 16; Hieron. Prol. in Orig. Cant. c. 11; Epiphan. de Pond. et mens. c. 18 und dazu de la Rue an dem oben S. 372 in der zweiten Anmerkung angef. Orte.

1) S. oben S. 372.
2) In den Nachrichten über die Synoden, welche Origenes Verweisung und Amtsentsetzung aussprachen, und die wir durch Rufin (ap. Hieron. Apolog. adv. Rufin. I) und Photius (Cod. 118) kennen, findet sich keine Spur einer solchen Anklage. Aber daß Demetrius jetzt die Übereilung früherer Jahre dem Origenes zum Vorwurfe machte, liegt in den Worten des Eusebius (HE. VI, 8), wie vielleicht auch in dem Ausdruck des Origenes: $τοῦ ἐχθροῦ$ (sc. $Δημητρίου$) „$πικρότατα$" $ἡμῶν$ $καταστρατευομένου$. Tom. in Ioan. VI, 101. Doch mögen wir, beim Schweigen jener Berichte, annehmen, daß Demetrius den Fehltritt nicht öffentlich bekannt machte. Daß auf diesen Bischof Bezug habe, was oben S. 354 aus der Ser. in Matth. mitgetheilt wurde, ist nicht zu erweisen.
3) Diese hätte zu Alexandrien eine um so größere Bedeutung, als hier die Presbyter damals ihren Bischof frei aus ihrer Mitte wählten; ein Gebrauch, der bis auf Heraklas und Dionysius bestand: Hieron. Ep. 85 ad Evagr., und dazu Bingham Antiqq. I, 91. Noch später erkennen wir die Reste einer freieren Stellung der alexandrinischen Presbyteren in ihrem Vorrechte, die Dienste in den dortigen Pfarrkirchen nicht nach wechselndem Turnus, sondern bei fester Anstellung der Einzelnen für je eine derselben, zu versehen.

Bischof in Origenes Lehre, welche jetzt in ihrer ganzen Eigenthümlichkeit aus den Lehrsälen der Schule in die Öffentlichkeit hervorgetreten war, manches verwerflich finden [1]: andere ägyptische Bischöfe haben, damals und später, mit Unwillen von dem kühnen Neuerer sich abgewendet. Selbst das ist zu glauben, daß Demetrius sein bischöfliches Ansehen gefährdet und sich persönlich verletzt fand. Allein es waren unverkennbar die kirchenrechtlichen Gründe, welche die Entscheidung herbeiführten [2]. Bald bemerkte

---

[1] Es leugnet dies Hieronymus bei Rufinus (Invect. adv. Hieron. II, 430, auch als Fragment einer Ep. Hieron. ad Paulam 29, bei Mart. IV, 2, p. 69), und findet bei Origenes Gegnern nichts als wüthenden Neid: „sie konnten den Ruhm seiner Beredtsamkeit und Gelehrsamkeit nicht ertragen, weil, so lange er lehrte, alle gegen ihn wie Stumme erschienen." Ähnlich Euseb. HE. VI, 8, und unter den Neueren Neander und Schnitzer. Aber nichts berechtigt uns einen solchen Beweggrund anzunehmen. Ich folge in der Auffassung des Charakters, den Demetrius zeigte, Augusti, in einer Schrift, welche ich in der fünften Beilage anführe.

[2] Dies entging Mosheim nicht (de Rebus Christ. p. 674). Nur schiebt er manche völlig unhaltbare Vermuthungen ein. Er findet den wichtigsten Grund der Zwistigkeiten in Versuchen des Origenes, seine Presbyterwürde, nach welcher er längst gestrebt haben soll, in Alexandria geltend zu machen. Aber davon zeigt sich keine Spur, und die Annahme ist mit Origenes Charakter unvereinbar. Wohl läßt sich dagegen vermuthen, daß dieser glaubte, den ihm durch hochgeachtete Bischöfe rechtmäßig angewiesenen Rang, — welchen noch die ägyptischen Bischöfe bei Justinian an einer Stelle, die ich sogleich anführe, anerkannten, — behaupten zu müssen, ohne jedoch in Alexandria einen amtlichen Einfluß zu fordern. Aber auch diese Ansicht verwarf Demetrius und die ägyptische Kirche, in welcher die Formen des Kirchenthums schon um einiges bestimmter als in Palästina ausgeprägt waren. Nur bedingungsweise läßt sich entscheiden, auf welcher Seite das Recht war: die Ägypter nahmen einen anderen, allerdings höheren, aber bisher noch streitigen Standpunkt ein. Erst durch die jetzigen Entscheidungen der alexandrinischen Kirche bildete sich für diese ein Rechtszustand, welchen Origenes nicht stören, aber dem er wohl sich entziehen durfte. Und das that er;

Origenes die veränderte Stimmung; Beeinträchtigungen und Anklagen folgten, die er selber einem tobenden Sturme verglichen hat [1]). Er sahe, was kommen werde, und zog vor, freiwillig [2])

---

freiwillig schied er aus einer Verbindung, die auf anderen Grundsätzen ruhte, als die er theilte. Liegt hierin nichts, was ihm zum Vorwurf gereichen könnte, so waren doch auch seine Gegner in ihrem Rechte, wenn sie dem, welcher durch freien Entschluß ausgeschieden war, die Berechtigung, ferner als Mitglied der Gemeinde zu gelten, oder was dasselbe ist, die Rückkehr versagten. Und dies nur kann Photius, in seinem Excerpt aus Pamphilus Apologie am a. O. sagen wollen, wenn er angiebt, daß die erste der in dieser Angelegenheit zu Alexandria versammelten Synoden den Origenes „aus der Stadt verwies." Hieronymus, in seiner Vertheidigung gegen Rufinus (L. II, 411), sagt deutlicher, daß man ihn, wie er selber in einem Briefe klagte, excommunicirte. Ihn zu verweisen, hatte die Synode weder ein Recht, noch die Macht; aber für Origenes war die Excommunication eine Verweisung. — In seinen Heterodoxien haben den Grund für seine Vertreibung die ägyptischen Bischöfe gefunden, deren Synodalschreiben Justinian in dem Briefe an Mennas (bei Mansi Ampliss. Collectio Concc. Tom. IX, p. 524) anführt. Und vielleicht sind die Worte alt, welche Schnitzer bei Isidorus Hisp., als Epitaphium, welches ein Mönch für Origenes fertigte, gefunden haben will, ob sie gleich nirgend in dessen Werken vorkommen:

Sola mihi casum περὶ ἀρχῶν dicta dederunt,
His me collectis undique tela premunt.

Man sieht hieraus, was der Folgezeit als wichtigstes und erstes Motiv erschien.

1) Tom. in Ioan. VI, 101. Unter diesen Kämpfen arbeitete er am fünften seiner Tomen zum Johannes: „indem Jesus dem Sturmwinde Stille gebot".

2) Jedoch wohl nicht heimlich. Dies schließt Mosheim aus den Worten des Origenes Tom. in Ioan. VI, 101, wo er sagt, der Gott, welcher sein Volk aus Ägypten führte, habe auch ihn von dort ausgeführt. Aber wo ist hier wohl eine Andeutung, daß Origenes, wie die Israeliten, heimlich entwich? Nur das liegt in den Worten, daß ihn Demetrius nicht in Liebe entließ. — Epiphanius giebt als Grund für Origenes Flucht und Verbannung eine Thurification an, zu welcher sich dieser, verstanden habe, um einer entsittlichenden Strafe zu entgehen (Haer. LXIV, 2). Schon Baronius verwarf die Erzählung, welche Petavius

Alexandria zu verlassen. Hierauf versammelte Demetrius, im Jahre 231 [1]), eine Synode ägyptischer Bischöfe, zu welcher auch manche Presbyteren [2]) der alexandrinischen Kirche zugezogen wurden. Die Versammlung erklärte den Angeklagten für unwürdig des Lehramts und schloß ihn von der alexandrinischen Gemeinde aus; seine Presbyterwürde wagte sie nicht anzutasten. Aber diese eben glaubte Demetrius nicht anerkennen zu dürfen. Noch einmal traten, so veranstaltete er es, einige jener Bischöfe, die schon in der früheren Berathung gestimmt hatten, wohl sämmtlich Einverstandene, zusammen; kein Presbyter wurde eingeladen. Auch des Ranges eines solchen wurde nun Origenes für verlustig erklärt. Alle Kirchengebiete, mit Ausnahme der Gemeinden in Palästina und Phönicien, Arabien und Achaja, haben das Urtheil anerkannt [3]).

und Huetius glaubwürdig finden. Aber seit de la Rue, zu Huet. Origen. I, 2, 13, die inneren Widersprüche in derselben aufdeckte, hat sie nicht wieder Vertheidiger gefunden. In diese Mittheilung des Epiphanius gehört der Zug, welchen ich oben S. 317 angeführt habe.

1) Nach Eusebius in der Kirchengeschichte; in seinem Chronikon finden wir die völlig irrige Angabe: zwei Jahre nach Demetrius Tode habe Origenes Alexandria verlassen. Sehr zu bedauern ist, daß Eusebius in der KG. die Geschichte der Verbannung überging, weil er sie in der Schutzschrift für Origenes, welche bei dem Hasse wider diesen bald vernachläßigt oder beseitigt wurde, ausführlich erzählt hatte. Doch es fehlt uns auch hier nicht an Nachrichten, die genügen dürfen.

2) Also nicht bei allen ließ sich auf ein Einverständniß mit Demetrius episcopalen Grundsätzen rechnen. Die Stelle, welche meiner Auffassung des Vorgangs zu Grunde liegt, ist das Excerpt aus des Pamphilus Apologie bei Photius (Cod. 118). Sie lautet: ... καὶ σύνοδος ἀθροίζεται ἐπισκόπων καὶ „τινῶν" πρεσβυτέρων κατὰ Ὠριγένους. ἡ δὲ, ὡς ὁ Πάμφιλός φησι, ψηφίζεται μεταστῆναι μὲν ἀπὸ Ἀλεξανδρείας τὸν Ὠριγένην, καὶ μήτε διατρίβειν ἐν αὐτῇ, μήτε διδάσκειν· τῆς μέντοι τοῦ πρεσβυτερίου τιμῆς οὐδαμῶς ἀποκεκινῆσθαι· ἀλλ' ὅγε Δημήτριος ἅμα „τισὶν ἐπισκόποις" Αἰγυπτίοις, καὶ τῆς ἱερωσύνης ἀπεκήρυξε, συνυπογραψάντων καὶ τῇ ἀποφάσει τῶν συμψήφων αὐτῷ γεγενημένων.

3) Mit vorzüglicher Bereitwilligkeit Rom, dessen Bischof in kirchlicher Ver-

Der Abschied.   413

Origenes ist nach Ägypten, dessen er fortwährend mit treuer Anhänglichkeit gedachte [1]), nicht wieder zurückgekehrt. Mit einer Ergebung, welche in allen Zeiten der Kirche nur selten gefunden wird [2]), ehrte er selbst unter bald völlig veränderten Verhältnissen [3]), den Urtheilsspruch der Kirche, für die er auch dann, wenn

---

sammlung dasselbe bestätigte. S. Hieron. ap. Rufin. adv. Hier. II, 411: ipsa (urbs Roma) contra hunc (Origenem) cogit senatum. Und dies gewiß nicht, wie Hieronymus angiebt, aus gelehrtem Ehrgeize; es war hier ein Kampf um kirchliche, bischöfliche Rechte, und da nahm das Abendland, vor allem Rom, den thätigsten Antheil. Man erinnere sich der späteren Kämpfe des Cyprian für das episcopale Princip. Wenn manche der Alten sagen, Demetrius habe aus Haß oder Neid jetzt Origenes allenthalben angeschwärzt, so ist dies eine Entstellung des Umstandes, daß er pflichtmäßig die Kirchen von dem gefaßten Beschlusse in Kenntniß setzte, wobei nur leidenschaftliche Ausdrücke eingeflossen sein mögen. Demetrius Verfahren gegen Origenes erinnert an einen Vorgang in der römischen Geschichte unter Augustus. Wider die Gesetze des Staats hatte ein Sclave die Prätorwürde angenommen, die ihm in der Meinung, er sei ein Freier, übertragen war. Als man den Irrthum erkannte, mußte er nicht nur die Stelle niederlegen, sondern auch das Verbrechen büßen. Als Sclave schien er die Kreuzigung verschuldet zu haben; aber er war ja doch Prätor gewesen. Man manumittirte ihn, und stürzte ihn von dem tarpejischen Felsen. S. Cass. Dio. XLVIII, 34, nach Reimarus.

1) In meinem Vaterlande, sagt er Tom. in Ioan. XIII, 268, stehen Christus und die Propheten, welche ihr Vaterland, Palästina, verwarf, in hohen Ehren. Nicht selten rühmt er auch mit Auszeichnung die uralte ägyptische Weisheit.

2) Wenige sind, die wir ihm vergleichen dürfen. Erst das siebzehnte Jahrhundert zeigt uns wieder einen Fenelon, in freilich anderer, minder günstiger Stellung. Nicht frei von Gereiztheit schreibt Origenes von seinen Gegnern: er wolle sie eher bemitleiden, als hassen; man solle für seine Feinde beten, nicht ihnen fluchen, Ep. ad amicos Alex. p. 5. Aber unedel ist doch nicht, was er hier sagt, wenn bittere Kränkungen (Tom. in Ioan. VI, 101) vorausgegangen waren, und die Gegner unstreitig eine wirklich bemitleidenswerthe Befangenheit zeigten.

3) Demetrius starb im nächstfolgenden Jahre, und Heraklas, des Origenes vertrauter Schüler und Freund, wurde sein Nachfolger. Daß dieser an

sie fehlte, Gehorsam forderte [1]). Es wurde und blieb Palästina seine zweite Heimath; von hier ging sein ferneres Wirken aus, dessen heilsame Einflüsse weithin, durch alle Zeitalter, sich ausgebreitet haben. Was für die Nationen jener Zeit Ägypten durch künstliche Mittel war, das war Palästina durch seine natürliche Lage, die Mitte der bewohnten Länder. Und wenn dort, in Alexandria, ein vielseitiger geistiger Verkehr leicht neue Gedankenkreise erzeugte, so fanden sie am sichersten von Palästina her eine tief eindringende und allgemeine Verbreitung. Hier war die Weltreligion ins Dasein getreten, und alsbald von hier aus zu allen Völkern hingelangt. Im Mittelpunkte der damaligen Welt sollte auch für die entstehende Wissenschaft der Kirche die Pflanzstätte sein.

---

der Verbannung seines Lehrers thätigen Antheil genommen habe, wie erst Gennadius de Vir. illustr. c. 33, der Verfasser der Vita Pachom. und noch Spätere (s. Huet. Origenian. I, 2, 15) melden, ist nicht zu glauben; diese Ansicht konnte entstehen, indem man Heraklas als Nachfolger des Demetrius aufgeführt fand, und jede Spur einer Zurückberufung des Origenes vermißte. Aber wir wissen nicht, ob und weshalb sie unterblieb.

1) S. oben S. 354.

Beilagen.

# Erste Beilage.

Ueber Origenes Geburtsjahr und den Ort, wo er geboren wurde.

Wie Origenes unter den kirchlichen Schriftstellern der erste ist, dessen Geschichte mit einiger Vollständigkeit ermittelt werden kann, so läßt sich auch schon die Zeit seiner Geburt ziemlich genau bestimmen, während von seinen Vorgängern fast nur das Todesjahr bekannt ist.

Es steht fest, daß er nicht vor 184, und nicht nach 186 geboren wurde. Die Angaben des Chronicon Paschale, welches seine Geburt erst bei dem Jahre 187 anmerkt, und des Hermannus Contractus, der für 188 entscheidet, widersprechen dem Eusebius.

Das Jahr 184 berechnet Guerike [1]), indem er sich von der folgenden Angabe über Origenes Lebensende leiten läßt. „Nach einer Regierung von nicht voll zwei Jahren, sagt Eusebius [2]), wurde Decius ermordet, und während des Regierungswechsels (251) starb Origenes im siebzigsten Jahre." Da diese Angabe

---

1) De Schola Alex. I, 44.
2) HE. VII, 1: Δέκιον οὐδ' ὅλον ἐπικρατήσαντα δυοῖν ἐτοῖν κατασφαγέντα Γάλλος διαδέχεται. Ὠριγένης ἐν τούτῳ (i. e. interea), ἑνὸς δέοντα τῆς ζωῆς ἑβδομήκοντα ἀποπλήσας ἔτη, τελευτᾷ. In dem Chronicon berechnet Eusebius für die Regierungsdauer des Decius nur ein Jahr und drei Monate.

mit einigen andern deſſelben Schriftſtellers, nach welchen Origenes im dritten Jahre des Philippus (246) das ſechzigſte [1]), im zehnten des Septimius Severus (202) ſchon das ſechzehnte, zurückgelegt hatte [2]), nicht übereinſtimmt, ſo geſtattet ſich Guerike die willkührliche Deutung, Origenes ſei unter Gallus oder Voluſianus [3]) geſtorben. Dies liegt nicht in den Worten des Euſebius; es iſt Photius, der es vermuthet. Nach der Angabe des Pamphilus, berichtet der letztere [4]), und der meiſten, welche durch Augenzeugen unterrichtet geweſen, ſei Origenes unter Decius geſtorben; jedoch ſagen Andere, und dies ſcheine glaubhafter, daß er noch unter Gallus und Voluſianus gelebt habe: außer Zweifel würde es ſein, wenn gewiſſe, nach der Verfolgung des Decius abgefaßte Briefe, welche man ihm beilege, ſich als ächt erweiſen ließen.

Um ſo weniger hätte man bei der Berechnung ſeines Geburtsjahrs des Euſebius Angabe über ſein Lebensende zu Grunde legen und letzteres ſo weit als möglich hinaufrücken ſollen, als in der Chronologie dieſes Geſchichtſchreibers, gerade bei der Zeitbeſtimmung für die Ereigniſſe in der Mitte des dritten Jahrhunderts, eine Verwirrung herrſcht, welche man nur durch die noch größere in den damaligen politiſchen Verhältniſſen entſchuldigen kann [5]). Und genügendere Zeugniſſe über Origenes Todesjahr ſtehen uns nicht zu Gebote. Nur zufällig trifft Epiphanius, welcher mit gewohnter Willkühr deſſen Blüthe unter Decius ſetzt, und dann ſagt, daß derſelbe die Regierung des Gallus und Voluſianus überlebte [6]),

---

1) Euseb. HE. VI, 36.   2) Ibid. VI, 2.
3) Er ſagt: sub Gallo *aut* Volusiano mortuus est. Hier muß wohl et, nicht aut, geleſen werden.   4) Cod. 118.
5) Gallus und ſein Sohn und Mitregent Voluſianus wurden beſiegt durch Aemilianus und getödtet im Mai 253, Aemilianus durch ſeine eigenen Truppen bei Annäherung des Valerian im Auguſt deſſelben Jahres; ähnliche Verwirrungen gingen vorher. Es genügt wohl hier die Verweiſung auf Zumpt Annales veterum regnorum p. 135. 140.
6) De Pond. et mens. p. 174 ἐν δὲ τοῖς χρόνοις Δεκίου Ὠριγένης ἐγνω-

Origenes Geburtsjahr.

hier das Rechte, in sofern Origenes in der That erst unter Valerianus starb. Hieronymus drückt sich so unbestimmt aus [1]), daß unmöglich auf seine Angabe eine chronologische Berechnung gegründet werden kann. Andere Bestimmungen über die Zeit, wann Origenes starb, finden wir nicht bei den Alten.

Auf die einfachste Weise gelangen wir zu einem hinlänglich sicheren und bestimmten Ergebniß. Eusebius bemerkt in der Kirchengeschichte [2]), daß Leonidas in der Verfolgung des Septimius Severus, welche im zehnten Jahre seiner Regierung begann, Märtyrer wurde, ehe Origenes das siebzehnte Jahr erreicht hatte; und in dem Chronicon [3]) fügt er hinzu, daß Leonidas noch in dem erwähnten zehnten Jahre, also im Anfange der Verfolgung, fiel. Hiemit stimmt Hieronymus überein [4]). Severus trat im Juni 193 die Regierung an: Origenes war daher in seinem siebzehnten Jahre um 202.

Petavius [5]) und Cave [6]) berechnen hienach das Jahr 186. Diese Zahl stimmt nur dann, wenn Origenes, als sein Vater starb, das siebzehnte Jahr vor kurzem erst angetreten hatte. Da aber Eusebius ausdrücklich bemerkt, daß er damals dem Ablaufe desselben nahe war [7]), und daß er um 246 das sechzigste Jahr schon zurückgelegt hatte [8]), so ist am wahrscheinlichsten, was Huetius und du Pin angeben, daß er im J. 185 geboren wurde.

Als seinen Geburtsort nennen Huetius und Cave mit Bestimmtheit Alexandria. Kein Zeugniß spricht für diese Behaup-

---

ρίζετο, ἀπὸ χρόνων Δεκίου ἀκμάσας ἕως Γαλιήνου (leg. Γάλλου) καὶ Οὐολησιανοῦ καὶ ἐπέκεινα.

1) Ep. 41 ad Pammach. ed. Mart. IV, 2 p. 345: centum et quinquaginta prope anni sunt ex quo Origenes mortuus est Tyri, rell. Dieser Brief ist um 399 verfaßt.
2) HE. VI, 2.   3) II, 295.   4) Catal. c. 54.
5) Zu Epiphan. Haer. LXIV, Opp. Epiph. II, 257.
6) Antiquitt. Eccl., in der deutschen Ausgabe von 1701 S. 418.
7) HE. VI, 2: ... ἑπτακαιδέκατον οὐ πλῆρες ἄγων ἔτος.
8) Ibid. VI, 36.

tung: Epiphanius scheint sie zu widerlegen [1]). Indeß erfahren wir, nicht nur daß, als Leonidas zu Alexandria Märtyrer wurde, mit ihm dort Origenes, die Geschwister und die Mutter sich befanden, sondern es deuten auch alle Umstände darauf hin, daß sie nicht zu jenen Christen gehörten, welche man aus der Umgegend und aus Thebais nach der Hauptstadt abgeführt hatte. Mindestens muß Leonidas längere Zeit dort ansäßig gewesen sein, da er frühe Origenes der katechetischen Schule anvertraute [2]). Lebte nun dieser schon als Knabe zu Alexandria, so wird die Annahme, daß er dort auch geboren wurde, um so statthafter sein, als sein Name keinesweges den im Gebirge Geborenen bezeichnet, das Geschlecht des Leonidas in Alexandria wohl alteinheimisch war [3]) und endlich die Angabe des Epiphanius nicht nur unbestimmt, sondern auch, wie so viele andere dieses Schriftstellers, ohne Gewicht ist.

Zweite Beilage.
Ueber Namen und Beinamen des Origenes.

Der Name Origenes gehört zu den seltensten des heidnischen und christlichen Alterthums: des letzteren, wegen der frühen Verketzerung des großen Kirchenlehrers, des erstern, aus einem Grunde, welcher sich aus der richtigen Ableitung des Namens ergeben wird.

Am ausführlichsten und treffendsten hat Huetius [4]) die Bedeutung desselben nachgewiesen, in einer Untersuchung, welche Schlosser [5]) nicht ganz mit Unrecht ein abschreckendes Beispiel wüster und unbrauchbarer Gelehrsamkeit nennt.

---

1) Haer. LXIV, 1: ἦν γὰρ τῷ γένει μὲν Αἰγύπτιος, ἐν Ἀλεξανδρείᾳ δὲ ἐσχηκὼς τὴν οἴκησιν καὶ ἀνατροφήν.
2) S. die dritte Beilage.   3) S. oben S. 46.
4) Origeniana I, 1, 2.   5) Übersicht der alten Geschichte III, 3, 125.

Origenes Namen.

Die älteste Erklärung, welcher viele Spätere, Erasmus, Höschel, Halloir, Cave und andere folgen, ist die von Suidas [1]): „im Gebirge geboren". Die Unzulässigkeit dieser Ableitung [2]) erkannte Tarinus; aber nur noch unhaltbarer ist, was er selber vorschlug [3]). Gerhard Johann Voß [4]) ist meines Wissens der erste, welcher das Richtige sah. Ihm schließt sich Huetius an, ohne seiner zu erwähnen, obwohl er das Buch, welches die Hypothese enthält, kannte und gelegentlich anführte [5]).

Der Name Origenes ist von Or oder Horus, dem ägyptischen Sonnengotte, welchen Isis und Osiris erzeugten, herzuleiten, in derselben Weise, wie Phoebigena, Dionysipolites, Diogenes, von Phoebus, Dionysius, Zeus. Außerhalb Ägyptens mochte der Name nicht üblich sein: dort erscheint Or als Eigenname sowohl in der Reihe der ältesten ägyptischen Könige, als später in den Klöstern, theils ohne, theils mit dem Artikel: Pior, als Name von Mönchen; Taor war Name der Nonnen [6]).

Wichtiger ist die Frage, wie oft der Name Origenes vorkomme, weil man den großen Lehrer der Kirche frühe irrthümlich bald mit einem anderen Origenes, einem heidnischen Schriftsteller, verwechselt, bald statt seiner Mehrere, entweder zwei, einen häretischen Origenes neben ihm, oder gar drei, in diesem Falle also insgesammt vier verschiedene Männer, die denselben Namen führten, aufgezählt hat. Neuere Gelehrte, welche die irrthümliche Vervielfältigung des Origenes erkannten, sind zu der ersterwähnten Annahme zurückgekehrt, und haben zu erweisen gesucht, daß im dritten Jahrhundert nur der eine Origenes lebte und schrieb, welchen Christen und Heiden als tiefsinnigen Denker bewunderten [7]).

---

1) S. v. Ὠριγένης. Man findet hier die Ableitung: ὁ ἐν τῷ ὄρει γεννηθείς.
2) Der Name müßte, wenn sie sollte gelten dürfen, Ὀρειγενής lauten.
3) Von ὤριον und γεννηθείς.   4) De Origine idol. II, 10. p. 182.
5) Origeniana II, 5, 36.
6) Palladius Hist. Laus. p. 31. 193. 232. ed. Hervet.
7) So Lucas Holsten (de Vita et scriptis Porphyrii c. 2. 6.) und Baronius

Porphyrius sagt von Origenes, an einer Stelle, wo er unverkennbar den berühmten Kirchenlehrer bezeichnet [1]), daß dieser im Heidenthume erzogen worden und erst später, aus der Schule des Ammonius Sakkas, zur Kirche übergetreten sei. Schon Eusebius deckte den Irrthum auf, in welchem er eine absichtliche Lästerung zu erkennen glaubte, und Valesius [2]) führte vollständigst den Beweis, daß sich unter den Zuhörern des Ammonius zwei verschiedene Origenes befanden, der eine ein heidnischer Philosoph, der andere bekannt als kirchlicher Schriftsteller. Jener verfaßte ein Buch über die Dämonen [3]), und eine Schrift, die, wie es scheint, den Kaiser Gallienus betraf, vielleicht satyrischen Inhalts [4]). Es er-

---

zum Jahre 248, welchem Halloix und Possevin folgen, und neuerlich G. A. Heigl in dem Regensburger Programm zum Schlusse des Studienjahres 1835, unter der Aufschrift, der Bericht des Porphyrius über Origenes. Baur stimmt vollkommen bei in der Anzeige dieser Schrift, welche sich in den Berliner Jahrbüchern findet (Jahrg. 1837, Bd. II, 652).

1) Ap. Euseb. HE. VI, 19: Ὠριγένης — ἀκροατὴς Ἀμμωνίου γεγονὼς — ἕλλην ἐν ἕλλησι παιδευθεὶς λόγοις, πρὸς τὸ βάρβαρον ἐξώκειλε τόλμημα. Daß Origenes eben diesen Lehrer hörte, sagt uns ausdrücklich auch Theodoret (Graecc. affect. cur. VI, 869 ed. Hal.). Ich trage dies hier zur Vervollständigung dessen nach, was ich oben S. 230 gesagt habe.

2) Zu Euseb. HE. am a. O. Vgl. Brucker Hist. crit. phil. II, 216.

3) Longinus de Fine, ap. Porphyr. in Vita Plot. c. 15; Porphyrius Ibid. c. 2.

4) Sie hatte den viel gedeuteten Titel: ὅτι μόνος ποιητὴς ὁ βασιλεύς, Porphyr. l. c. Ficinus übersetzt: regem solum effectorem esse; Valesius: regem solum poetam esse. Fabricius zur angef. Stelle des Porphyrius fand diese Erklärungen nüchtern, und Brucker am a. O. meint, daß das Wort βασιλεύς nach platonischem Gebrauche Gott, den König des Alls, bezeichne. Ihm stimmt Creuzer bei (Annotat. in Plotini vitam auctore Porphyrio I, p. xciv der neuen Oxforder Ausgabe); ebenso Baur am a. O., welcher jedoch die Existenz des heidnischen Origenes und des ihm beigelegten Werkes leugnet, indem er den erwähnten Titel desselben als Inbegriff der Lehre des kirchlichen Schriftstellers Origenes, wie Porphyrius dieselbe auffaßte, betrachtet. Ruhnken (de Longino c. 5)

wähnen seiner nicht nur Longinus und Porphyrius, sondern auch Eunapius in den Lebensbeschreibungen der Philosophen, und Hierokles in dem Buche von der Vorsehung [1]).

Mit Unrecht hat man neuerlich zu leugnen gesucht, daß je ein Heide Origenes Bücher verfaßt, oder auch nur gelebt habe.

„Porphyrius, so folgert ein scharfsichtiger Kritiker [2]), ist ein Schriftsteller, der, selbst nach Eusebius Zeugnisse [3]), in einigen Stücken die Wahrheit sagte, wenn es unmöglich war, sie zu verschweigen, anderes log, wenn er glaubte, es unbemerkt zu können. — Origenes war der gepriesenste Philosoph unter den Christen, wie Plotinus unter den Heiden. — Porphyrius gab es nur vor, daß beide Systeme dieselbe Lehre, die Lehre des Ammonius Saktas seien; die des Origenes schien ihm, freilich irrthümlich, in dem Satze enthalten, das erste Princip, der König allein sei

emendirte: ὅτι νοῦς ποιητὴς καὶ βασιλεύς. Im. Fichte (de Novae philosophiae Platonicae origine commentatio, Berol. 1818 p. 15) bestreitet diese Änderung, indem nicht der νοῦς, sondern das Absolute von den Platonikern als König und Schöpfer betrachtet worden sei. Allein eben hierin irrt Fichte, und überdies giebt er eine Erklärung, welche zeigt, daß er zu lesen glaubte: ὅτι μόνος ὁ ποιητὴς βασιλεύς, statt dem Artikel seine wahre Stelle zu lassen.

Nach so vielen vergeblichen Bemühungen möchte es das Gerathenste sein, zu der ganz einfachen Erklärung zurückzukehren, welche Valesius gab, und nur, anstatt aus dem Titel, wie er, auf eine Schrift zum Lobe des Kaisers Gallienus zu schließen, eine satyrische Beziehung derselben anzunehmen. Die Form des Paradoxon, welche die Überschrift hat, führt auf diese Vermuthung. So viel ist gewiß, daß sich Gallienus in Versen versuchte, von denen sich einige unter den Fragmenten des Petronius Arbiter erhalten haben, und daß sich die Neuplatoniker, insbesondere Longinus, auch mit der Poetik beschäftigten. Hiezu kommt, daß Porphyrius die Schrift ausdrücklich als unbedeutend anführt, und hervorhebt, daß sie unter Gallienus verfaßt wurde. Sollte sie vielleicht in Folge des von dem Kaiser wieder aufgegebenen Plans, eine Stadt Platonopolis zu gründen (Porphyr. Vita Plot. c. 8), entstanden sein?

1) Ap. Phot. Cod. 214. 251.
2) Baur, am a. O. S. 674.   3) HE. VI, 19.

Schöpfer; er erdichtete es, daß Origenes ein Buch dieses Inhalts geschrieben habe. Noch ein Buch ließ er ihn schreiben, den Aufsatz von den Dämonen, und diese Aussage durch Longinus bestätigen. Nur durch Porphyrius wußte Proklus, daß Origenes gute und böse Dämonen im Streite miteinander angenommen; die guten Dämonen kommen auch im Berichte des Hierokles vor, und derselbe sei wahrscheinlich aus einer Stelle des Proklus [1]) geschöpft, die die Philosophie des Origenes erläuterte. Allein Origenes habe nichts von guten Dämonen gewußt, so wenig als irgend ein Christ jener Zeiten, und also auch kein Buch von den Dämonen geschrieben, die als gute und böse miteinander im Streite seien. — Auch diesesmal habe Porphyrius gelogen."

Aber weshalb ersann er diese Lüge?

„Ammonius Lehre [2]), die aus Ägypten, dem Lande der Wunder stammte, habe ursprünglich, um von ihrem wunderbaren Charakter nicht zu verlieren, nie in Bücher kommen sollen. Ganz eingeweiht seien nur Herennius, Origenes und Plotinus gewesen, und alle drei hatten geschworen, keinem etwas von dem so Heiligen zu offenbaren. Nachdem aber (angeblich) Origenes eidbrüchig das Buch von den Dämonen geschrieben, habe auch Plotinus die Lehre des Ammonius schriftlich aufzeichnen dürfen. Das (nicht wirklich vorhandene, sondern nur vorgeschützte) Buch des Origenes von den Dämonen sei in Vergleichung mit den vier und funfzig Büchern des Plotinus nur unbedeutend, wie auch Longin bezeuge; aber (man sagte,) es habe die böse Folge gehabt, daß manche Freunde des Plotinus, ein Theil seiner Schule, zur christlichen Philosophie übergingen, d. h., in die Fußtapfen des Origenes traten. Unter solchen Umständen habe Porphyrius, der allein ächte Schüler des Plotinus, der Universalerbe der Weisheit des Ammonius, er, ein Ring an der aus Ägypten nach Rom hinüberreichen-

---

1) So ist wohl statt „Hierokles" zu lesen.
2) Baur am a. O. S. 676.

den Kette des Hermes, sich mit Macht vor den Riß stellen müssen, und noch am Ende seiner Tage die Anordnung der Schriften des Plotinus bewerkstelligt."

Bei der näheren Betrachtung dieses künstlichen Gewebes aus zum Theil willkührlichen Voraussetzungen bringen sich vor allem folgende Fragen auf. Sollte wohl in der That Porphyrius von eben dem Origenes, den er doch nicht unrichtig aufgefaßt hatte [1]), und dessen großen Ruf und Einfluß er kannte, aus seiner frühsten Jugend, die er zu Tyrus [2]) verlebte, wo Origenes starb, dennoch von diesem Origenes gesagt haben, daß er nichts sonst verfaßte, als eine gewisse Schrift über die Dämonen, und jenen Aufsatz, welcher unter Gallienus erschien [3])?

Ist wohl wahrscheinlich, daß Longinus, ein Zeitgenosse des Origenes, wenig jünger, als dieser, ein Mann von seltener Bestimmtheit und Klarheit in allen seinen Urtheilen, den berühmten christlichen Schriftsteller bezeichnen wollte, wenn er sagt: Ammonius und Origenes waren Platoniker, welche ihre Lehre der Nachwelt nicht in Schriften hinterlassen wollten, sondern sich begnügten, ihren Zuhörern sie mündlich vorzutragen? „Wenn ja von ihnen, fährt Longinus fort, etwas geschrieben worden ist, wie von Origenes das eine Buch von den Dämonen, so ist es unerheblich, die Nebenarbeit eines Mannes, der nicht Schriftsteller sein wollte" [4]).

---

1) Porphyr. ap. Euseh. HE. VI, 19.
2) Id. Ibid.: ... ἀνδρός, ᾧ κἀγὼ κομιδῇ νέος ὢν ἔτι ἐντετύχηκα, σφόδρα εὐδοκιμήσαντος, καὶ ἔτι δι᾿ ὧν καταλέλοιπε συγγραμμάτων εὐδοκιμοῦντος, Ὠριγένους. — Daß Porphyrius zu Tyrus den Origenes kennen lernte, erweist Valesius zu der St. Offenbar irrt Vincentius Lirin., wenn er Porphyrius sagen läßt: excitum se fama illius (Origenis), Alexandriam fere puerum perrexisse ibique eum vidisse iam senem: Commonit. p. 300. Denn Porphyrius wurde etwa ein Jahr später geboren, als Origenes, im Mannesalter, Alexandria verließ.
3) Porphyr. in Vita Plot. c. 2.
4) Longinus de Fine l. c.: — quod si quid ab aliquo eorum scriptum sit, quemadmodum ab Origene liber unus de daemonibus, haec

Weshalb, so fragen wir ferner, schob man jenem bekannten Origenes eine Schrift gerade über einen Gegenstand unter, den er niemals abgesondert behandelt hat, und unter der Aufschrift „von den Dämonen" niemals behandeln konnte, wenn doch zahlreiche Werke von ihm im Umlaufe waren, deren Titel und Inhalt dem angeblichen Zwecke des Porphyrius hinlänglich entsprach?

Origenes starb unter Valerianus an den Folgen von Martern, die er in der Verfolgung des Decius erlitten: kann er noch unter Gallienus eine Schrift verfaßt haben, deren Titel überdies, wie man ihn deuten möge, nicht gestattet, ihm sie beizulegen?

Konnte man hoffen, glaublich zu machen, daß der Katechet der alexandrinischen Gemeinde mit Herennius und Plotinus sich verpflichtete, die Lehrsätze des Ammonius, welche er für die vollkommenste Weisheit gehalten habe [1]), nicht zu veröffentlichen? Muß nicht vielmehr, wenn Porphyrius dies von einem Origenes behauptet [2]), von ihm ein anderer, als jener gemeint sein? Endlich erzählt uns Porphyrius, daß Plotin, als einst Origenes unerwartet in seinen Hörsaal trat, erröthend verstummte. Dieser bat ihn fortzufahren, und erhielt die Antwort, daß der Lehrer nicht mit Freudigkeit vortragen könne, in der Gegenwart von Zuhörern, die eben dasselbe wissen [3]). Den Kirchenlehrer hätte Plotinus wohl nicht auf diese Weise ausgezeichnet und für vollkommen einverstanden erklärt. Auch lehrte er nur zu Rom, und zwar zu einer Zeit, wo sich Origenes, seinem Lebensende nahe, in Palästina aufhielt.

Porphyrius, erwiedert man, bekanntlich ein ungenauer, unzuverlässiger Schriftsteller, log diesmal absichtlich; er wollte

---

sane parvi momenti sunt, quippe qui perfunctorie nec data opera ad scribendum se contulisse videantur.

1) Wie er über dieselbe urtheile, s. de Princ. III, 290, wo er von der sapientia principum huius mundi redet.
2) Porphyr. l. c. c. 2.; vgl. Euseb. Praep. ev. V, 5.
3) Porphyr. l. c. c. 9.

sein gutes Recht zur Veröffentlichung der Lehre des Ammonius, durch Herausgabe der plotinischen Schriften, erweisen; deshalb berief er sich darauf, daß jener gleichfalls das eidlich gelobte Schweigen brach.

Aber weshalb sagte er denn in diesem Falle nicht viel lieber die Wahrheit, nicht, was ihm hinlänglich bekannt war, daß Origenes sehr viele Bücher verfaßte? Sein Vorhaben, zu welchem er beiläufig von Plotinus den bestimmtesten Auftrag hatte [1]), erschien dann nur um so rechtmäßiger, und er durfte nicht den Vorwurf befürchten, die bekannteste Thatsache zu entstellen. Und durfte er auf die Beistimmung des Longinus, eines Schriftstellers, welcher viel älter war, als er, nicht minder auf die der Späteren, des Proklus, Eunapius, Hierokles rechnen? Die Christen wollte Porphyrius durch seine Ausgabe des Plotinus bekämpfen, — und gerade sie hoffte er über den ihnen so wohl bekannten, gefeierten oder verhaßten Namen zu täuschen? Er soll es vorgegeben haben, daß das System des Plotinus und die Lehre des Philosophen der griechischen Kirche eine und dieselbe war, und gleichwohl, so verhält es sich doch in der That, diesen überall widerlegen? Ihn tadelt er in der Stelle bei Eusebius mit den stärksten Ausdrücken: im Leben des Porphyrius erwähnt er den Verfasser des Buches von den Dämonen ohne die geringste Bitterkeit, als einen Philosophen, wie er selber, nur unbedeutend als Schriftsteller.

Wie einfach lösen sich alle diese Schwierigkeiten durch die Annahme, daß etwa gleichzeitig zwei verschiedene Origenes, ein heidnischer und ein christlicher Gelehrter, Zuhörer des Ammonius waren. Von dem ersteren wird im Leben des Plotinus, von dem andern in dem Bruchstücke bei Eusebius geredet. Wenn Porphyrius auch diesen für einen ehemaligen Heiden hielt, so mochte ihn die Vermuthung leiten, daß ein christlicher Lehrer nicht den Apo-

---

1) Porphyr. l. c. c. 4. 5. Über die verabredete Geheimhaltung der Lehre Plotins s. Ritter, Gesch. der Phil. IV, 543.

staten, — dafür hielt er, wahrscheinlich mit Recht, den Ammonius, — gehört haben werde [1], und überdies war ja nicht ungewöhnlich, daß griechische Philosophen der Kirche sich zuwendeten [2]. Um so leichter endlich erklärt sich der Irrthum, als Porphyrius, der als Jüngling [3] den fast schon ergrauten Origenes zu Tyrus antraf, dessen Jugendgeschichte nicht kannte. Und das Leben Plotins hat er erst gegen Ende des seinigen verfaßt [4].

Dürfte nach dem allen für erwiesen gelten, daß etwa gleichzeitig zwei einander sehr ungleiche Männer den Namen Origenes führten, so ist nöthig, andrerseits der Annahme vorzubeugen, welche statt des einen Berühmteren von beiden eine Mehrheit aufführt. Frühzeitig wünschte man, das Gute und das Häretische in seinen Schriften nicht auf Einen Verfasser zurückführen zu müssen, oder suchte doch zwei, schon in ihrem Ursprunge ganz verschiedene origenistische Secten nachzuweisen. Epiphanius unterscheidet von den Anhängern des Origenes eine Partei völlig sittenloser, ausschweifender Origenisten, ließ aber noch ungewiß, ob diese wirklich von einem eigenen Sectenstifter, einem unbekannten Origenes, herrührten [5]. Mit Bestimmtheit nimmt einen solchen schon Augustinus an [6], und der Verfasser des Prädestinatus weiß nicht nur, daß derselbe ein Syrer war [7], sondern fügt auch noch einen dritten Origenes hinzu [8], so daß er nun außer dem „ruchlosen Syrer"

---

[1] Diesen Gedanken hatte Brucker, Hist. phil. III, 430.

[2] Nur ist es zu viel behauptet, daß ein großer Theil der neuplatonischen Schule gerade zur Zeit des Porphyrius übergetreten sei. So Heigl und Baur am a. O.

[3] Er war 233 geboren.

[4] Als er schon über 68 Jahre alt war: Vita Plot. c. 18.

[5] Haer. LXIII, 1; LXIV, 3.

[6] De Haeress. c. 42: ab alio (Origene) nescio quo, de quo vel sectatoribus eius Epiphanius loquens rell.

[7] Er setzt statt der Worte „ab alio nescio quo": sed alio Syro quodam. Lib. I, haer. 22 ed. Sirmond. (bei Galland. X, 357).

[8] Haer. 43.

Ein dritter Origenes.

einen zweiten Origenes kennt, welcher die Auferstehung leugnete, Christus und den heiligen Geist als Geschöpfe betrachtete und die biblische Beschreibung des Paradieses allegorisch deutete. Ein dritter, fügte er hinzu, war vollkommen rechtgläubig, aber seine Schriften wurden mit den Häresien der beiden andern interpolirt. So gestaltete sich dieser Irrthum im Abendlande [1]: Johannes von Damascus blieb bei den zwiefachen Origenisten und dem zwiefachen Origenes [2].

Wenn wir mit Recht der Annahme eines dreifachen Origenes in dieser Weise nicht beipflichten, so liefert Huetius [3] einige nicht ganz unhaltbare Gründe für die Vermuthung, daß außer dem Kirchenlehrer und dem heidnischen Philosophen Origenes noch ein dritter wenig später lebte, zu Rom, wahrscheinlich ein Zeitgenosse und Mitschüler des Porphyrius. Erweislich ist, nach Huetius eigenem Urtheile, dieser dritte Origenes nicht, und wir mögen ihn füglich entbehren.

Niemals ist der Name Origenes gewöhnlich geworden, weder in der heidnischen Welt, noch bei den Christen. Nur noch ein Origenes, ein ägyptischer Presbyter und Zeitgenosse des Athanasius, wird von Palladius [4] und Nicephorus Callistus [5] erwähnt. Wenn neuere Schriftsteller unter diesem Namen Lehrsätze der alten Astronomie und Philosophie anführen, so betrifft das Citat eine Sammlung von Excerpten [6], welche mit Unrecht dem Origenes beigelegt worden ist.

---

[1] In spätem Nachklange wiederholt sich derselbe bei Johannes von Hildesheim († 1375) in der Legende von den heiligen drei Königen, aus einer lateinischen und deutschen Handschrift bearbeitet von Gustav Schwab. Stuttgart und Tüb. 1822, S. 165. Johannes von Hildesh. nimmt eine Verfälschung der Schriften des Origenes durch „die Nicolaiten" an.

[2] Περὶ αἱρέσεων I, p. 90 ed. le Quien.

[3] Origeniana I, 1, 7.

[4] Hist. Laus. c. 117, wo jedoch Hervetus Orsisius lies't.

[5] HE. V, 2.

[6] Philosophumena, bei de la Rue I, 873; bei Gronovius im Thesaur.

Er wurde auch Adamantius genannt [1]). Man hat geglaubt, daß dieser Name entweder die Unwiderleglichkeit seiner Beweis=schlüsse [2]), oder, was weniger gezwungen wäre, seinen unermüd=lichen Fleiß bezeichnete [3]); Epiphanius konnte vermuthen, daß er selber den Namen sich beilegte [4]). Man ersieht hieraus, daß er ihn schon bei Lebzeiten führte [5]), und da der Name nicht unge=wöhnlich war, so mag ihn Origenes immerhin von Anfange an geführt haben.

Dagegen der Beiname Chalcenterus [6]) ist auf ihn in der That erst später, durch Hieronymus [7]), von dem alexandrinischen Grammatiker Didymus, einem Vielschreiber, wie Terentius Varro,

---

Vol. X. Besondere Ausgaben haben Rud. Wetstein, Basil. 1674. 4, und Wolf, Hamburg 1706, besorgt.

1) Euseb. HE. VI, 14; Hieronym. Catal. c. 54: Epiphan. Haer. LXIV, 1; Phot. Cod. 118; Nicephorus Callist. HE. V, 1. Auch der nicht vor der Alleinherrschaft Constantins verfaßte Dialogus de recta in Deum fide, contra Marcionitas, welcher dem Origenes beigelegt wird, und vermuthlich ihm zu Ehren geschrieben wurde, führt auf dem Titel den Namen Adamantius. S. Opp. Orig. I, 803.

2) Phot. l. c.: ὅτι ἀδαμαντίνοις δεσμοῖς ἤρεισαν οὓς ἂν δήσειε λόγους.

3) Hieronym. Ep. ad Paulam p. 68 Mart. IV, 2: qui tanto studio in sanctarum Scripturarum labore sudavit, ut iuste Adamantii nomen acceperit. Ebenso Stroth (Übersetzung der Kirchengesch. des Eusebius I, 434), und Thomasius S. 31.

4) Haer. LXIV, 74: τὸ ματαίως ἑαυτῷ ἐπιθέμενον ὄνομα Ἀδαμάντιον. Richtig dagegen sagt er am a. O. c. 1: ὁ καὶ Ἀδαμάντιος ἐπικληθείς.

5) Baumgarten Crusius (Dogmengeschichte I, 212) meint, daß man ihn durch diesen Namen von jenem Origenes, welcher mit ihm Schüler des Ammonius war, unterscheiden wollte.

6) Χαλκέντερος, d. i. von ehernem Körperbau.

7) Ep. ad Paulam l. c.: Quorsum Varronis et Chalcenteri mentio facta sit, quaeritis? Videlicet ut ad Adamantium nostrumque Chalcente-rum veniamus, qui tanto studio etc. Vgl. Lactantius Institt. div. I, 22, 19.

übertragen worden. Auch den Namen Syntaktes [1]), welcher eine ähnliche Bedeutung hat, hat man ihm später beigelegt.

Dritte Beilage.
Wie frühe Origenes Schüler des Clemens wurde?

Während Neander behauptet, daß Origenes fast noch im Kindesalter die katechetische Schule besuchte [2]), ist selbst das neuerlich von verschiedenen Seiten geleugnet worden, daß er vor Leonidas Tode Schüler des Clemens wurde. Zuvörderst hat man die Worte des Eusebius, von welchen die Entscheidung abhängt [3]), kritisch verdächtig gefunden. Der neuste Herausgeber, Heinichen [4]), entfernt sie aus dem Texte [5]), ungeachtet schon Nicephorus [6]) und die besten Codices [7]). die gewöhnliche Lesart befolgen. Er glaubt

---

1) Συντάκτης, nicht Συντακτήριος, wie Suidas hat (s. v. Ὠριγένης), auch nicht Συντακτικός. S. de la Rue zu Huetius Origeniana, Opp. Origenis IV, App. p. 81.
2) KG. I, 600. 784.
3) HE. VI, 6: Πάνταινον δὲ Κλήμης διαδεξάμενος, τῆς κατ᾽ Ἀλεξάνδρειαν κατηχήσεως εἰς ἐκεῖνο τοῦ καιροῦ καθηγεῖτο, ὡς καὶ τὸν Ὠριγένην τῶν φοιτητῶν αὐτοῦ „παῖδα ὄντα" γενέσθαι.
4) Eusebii Historiae Eccl. ed. Heinichen. Lips. 1827. 28, Tom. II, 162. Vgl. seinen 15ten Excurs im dritten Theile p. 446.
5) Die Worte: παῖδα ὄντα. 6) HE. IV, 33.
7) Die Codd. Medic. Maz. Fuk. Sav.: vgl. Heinichen. Es ist eines von den vielen Versehen, welche sich Schnitzer in dem oben angeführten Werke zu Schulden kommen läßt, wenn er S. v die Namen der Handschriften verwechselnd und die Lage der Sache entstellend sagt: „die Lesart des Cod. Medic. hält sich gegen die übrigen Auctoritäten nicht." Nicht nur ist es nicht dieser Coder, welcher die Worte übergeht, sondern sie fehlen auch von fünf Handschriften nur einer.

sowohl Rufinus [1]), als auch eine alte Handschrift [2]) für sich zu haben. Indessen beide, Rufinus und der Abschreiber, ließen die Worte, so scheint es, absichtlich aus; letzterer, weil man sie in der That da, wo wir sie finden, nicht erwartet: denn schon die vorhergehenden Abschnitte haben Origenes katechetische Wirksamkeit dargestellt; Rufinus weil er die angeführte Stelle, wie das ganze sechste und siebente Kapitel, um vieles früher, bei Origenes Jugendgeschichte, mitgetheilt hat.

Ich übergehe hier die Frage, die von Andern ausführlich besprochen worden ist [3]), ob jene Kapitel in einer von der unsrigen verschiedenen Recension der Kirchengeschichte, welcher Rufinus folgte, die angemessenere Stelle einnahmen, wie Stroth vermuthet [4]); oder ob Valesius [5]) mit Recht, wie ich überzeugt bin, behauptet, daß Eusebius verhindert war, die letzte Feile an das Werk zu legen, und erst Rufin die bessere Anordnung traf. Immer bleibt gewiß, daß Eusebius, auch wenn er selber bei veränderter Reihenfolge der Kapitel die Worte hier gestrichen haben sollte, hervorhob, Origenes sei schon im reiferen Knabenalter Schüler des Clemens gewesen, und in keinem Falle ist in dem Werke, wie es jetzt uns vorliegt, die Umstellung zulässig.

Die mitgetheilte Stelle des sechsten Kapitels weist auf die früheren Abschnitte zurück. „Bis dahin (als Origenes Ruf zu gewinnen anfing), so knüpft Eusebius an, stand Clemens der Schule vor [6])." Er sagt nicht, und konnte unmöglich, wie man gemeint

---

1) HE. VI, 3. 2) Den Cod. Reg.
3) S. Kestner de Eusebii auctoritate et fide diplomatica. Gott. 1816. 4; Heinichen in der Vorrede zur angeführten Ausgabe des Eusebius, I, p. vi; auch C. R. Jachmann's Bemerkungen über die KG. des Eusebius in Illgen's Zeitschrift für die histor. Theologie 1839, 2. S. 10—60.
4) In den Anmerkungen zu Eusebius KG. II, 99. 137. Eine sehr gründliche Widerlegung der Stroth'schen Hypothese findet man bei Kimmel de Rufino, Eusebii interprete, libri II, Gerae 1838, im zweiten Buche.
5) Zu Euseb. HE. VI, 6. 6) Εἰς ἐκεῖνο τοῦ καιροῦ.

hat, sagen wollen, daß Clemens erst jetzt, nachdem schon Origenes als Katechet aufgetreten war, Nachfolger des Pantänus wurde; eben so wenig deutet er an, daß dieser noch gleichzeitig mit Origenes an der Schule, als oberster Vorsteher, wirkte [1]: es ist vielmehr die Angabe, daß um diese Zeit, unter Severus [2], die Stromaten verfaßt wurden, durch die er, — beständig bemüht, chronologisch darzustellen [3]), und darin selten recht glücklich, — nöthig fand, die Geschichte des Origenes zu unterbrechen. Den Beweis, daß er in dem sechsten Kapitel Clemens allein um dieses Werkes willen erwähnt, liegt darin, daß von ihm in dem folgenden siebenten die Auslegung der danielischen Jahrwochen eines andern kirchlichen Schriftstellers, des Judas, gleichfalls unter Angabe der Zeit ihrer Abfassung, angeführt wird.

Ferner verbietet der Umstand, daß das sechste Kapitel mit dem siebenten, welches uns auf das bestimmteste in das zehnte Regierungsjahr des Severus versetzt [4]), in der engsten Verbindung steht, jenes hinaufzurücken und etwa in das dritte zu verweben, wo Rufin es aufnahm. Auch bricht Eusebius das fünfte Kapitel mit den ihm gewöhnlichen Schlußworten [5]) ab. Das achte kehrt zu Origenes zurück, welchem das ganze sechste Buch so ausschließlich gewidmet ist, daß in dessen Geschichte nicht sowohl verflochten, als eingeschoben erscheint, was es über andere berichtet.

Dürfen wir schon aus diesen Gründen die Anordnung der Kapitel nicht verändern, so läßt sich auch angeben, was Eusebius

---

1) Guerike (de Schola Alex. I, 31) ergänzt: „und damals noch", indem er einen oberen Vorsteher der Schule neben dem eigentlichen Lehrer annimmt. Ich habe oben diese Auffassung berichtigt.

2) ... εἰς τὴν Κομόδου τελευτὴν περιγράφει (ὁ Κλήμης) τοὺς χρόνους.

3) ... ὡς εἶναι σαφὲς, ὅτι κατὰ Σεβῆρον αὐτῷ πεπόνητο τὰ σπουδάσματα, οὔ τοὺς χρόνους ὁ παρῶν ἱστορεῖ λόγος.

4) ... ἐπὶ τὸ δέκατον τῆς Σεβήρου βασιλείας ἵστησι τὴν χρονογραφίαν (ὁ Ἰούδας).

5) Ἀλλὰ ταῦτα μὲν ὧδε ἐχέτω.

beſtimmte das ſechſte und ſiebente derſelben ſtörend einzufügen. Eben in dieſer Nachweiſung liegt der Beweis für die Ächtheit der ſtreitigen Worte.

Euſebius gedenkt des Clemens nicht öfter, als an drei Stellen, und zwar ausführlicher nur an einem Orte. Zuerſt bemerkt er beiläufig [1]), daß Clemens Schüler des Pantänus war, allein um dieſen hiedurch zu heben; ſodann folgt die Angabe, um welche Zeit die Stromaten geſchrieben wurden [2]); ſpäter, nachdem manche andere Zeitgenoſſen des Clemens und ihre Schriften namhaft gemacht worden, finden wir auch die ſeinigen vollſtändig angeführt [3]). Da nun Euſebius in jener zweiten Stelle den Clemens zum erſtenmale um ſein ſelber willen nennt, jedoch auch hier nur um jenes eine Werk zu erwähnen, ſo kann er nicht umhin, ſpäter die Angabe nachzutragen, daß auch Clemens Lehrer der katechetiſchen Schule war. Indem er dies ſagt, erhält er zugleich die beſtimmteſte Veranlaſſung zu der andern Bemerkung, daß Origenes dieſe Schule beſuchte und Clemens Zuhörer war, und da er ſchon vom dritten Kapitel an die katechetiſche Wirkſamkeit des erſteren dargeſtellt hatte, ſo lag es gewiß nahe hinzuzufügen: „als er noch Knabe war." Die Worte ſind alſo von keiner Seite verdächtig, weder aus inneren, noch aus äußeren Gründen.

Gleichwohl erklärt auch Schnitzer dieſelben für ein Gloſſem, und nimmt an, daß Origenes erſt einige Zeit nach dem Tode des Vaters, als er ſchon ſelber grammatiſchen Unterricht ertheilte, die katechetiſchen Vorträge beſuchte. Euſebius nenne Leonidas den alleinigen Lehrer der Knabenjahre des Sohnes, und auf dieſe habe der Brief des Alexander [4]) an Origenes, worin des gemeinſchaftlichen Verhältniſſes beider zu Clemens gedacht wird, keine Beziehung.

Euſebius ſagt, daß Leonidas den erſten Unterricht dem Sohne

---

1) HE. V, 11.   2) HE. VI, 6.
3) Ibid. VI, 13. 14.   4) Ap. Euseb. HE. VI, 14.

ertheilte, nichts mehr [1]), und die Stelle in dem Briefe Alexanders kann nicht eine spätere Zeit in Origenes Leben betreffen. Erwägen wir, daß Alexander im Jahre 213 Bischof von Jerusalem wurde, nachdem er vorher schon eine zeitlang dieselbe Würde in Cappadocien bekleidet hatte [2]), daß also damals seit seiner Entfernung von Alexandria sicher eine ansehnliche Reihe von Jahren verflossen war, so wird schon hierdurch wahrscheinlich, daß er längere Zeit vor der Verfolgung des Septimius Severus die katechetischen Vorträge hörte und durch sie Origenes kennen lernte. Diese Vermuthung wird zur Gewißheit, indem wir erfahren, daß Clemens beim Ausbruche der erwähnten Verfolgung Alexandria verließ [3]), und noch vor Alexanders Versetzung nach Jerusalem [4]) bei ihm, es läßt sich nicht genau bestimmen, wann und an welchem Orte Kappadociens, sich aufhielt. Hiezu kommt, daß Alexander neben Clemens auch Pantänus als seinen Lehrer erwähnt, welcher sich, vermuthlich geraume Zeit vor dem Ausbruche der Verfolgung, von der katechetischen Schule zurückzog.

Wann sollte auch Origenes Clemens Vorträge gehört haben, wenn nicht schon vor Leonidas Tode? Man sagt [5]), seit er sich aus dem Hause seiner Verpflegerin nach dem Tode des Vaters wieder zurückzog. Allein noch ehe er sein siebzehntes Jahr erreicht hatte, wurde er, während eben jetzt Pantänus und Clemens Alexandria verließen, verwais't, im achtzehnten Katechet, und inzwischen beschäftigte er sich mit Unterricht in der Grammatik. Sein

---

1) HE. VI, 2: $ἐξ ἅπαντος αὐτὸν ἐνῆγε$ ($ὁ πατὴρ$) $τοῖς ἱεροῖς ἐνασκεῖσθαι παιδεύμασι$.

2) Euseb. HE. VI, 8. 11. Vgl. das Chronikon ann. 213.

3) Id. HE. VI, 3.

4) S. Valesius zu Euseb. HE. VI, 11. Alexander wünscht dem Asklepiades zu seiner Erhebung zum Bischofe von Antiochien in einem Briefe Glück, den Clemens überbrachte; Asklepiades erhielt sein Bisthum früher als Alexander das von Jerusalem: es muß also Clemens schon vor 213 bei ihm sich aufgehalten haben.   5) Schnitzer S. v.

Verhältniß zu Clemens wäre also unter dieser Voraussetzung sehr vorübergehend und kaum der Erwähnung werth gewesen. Endlich beruht der Widerspruch gegen die gewöhnliche Annahme auf einer willkührlichen Zusammenziehung der entscheidenden Stelle [1]).

Noch müssen wir hervorheben, daß wie Alexander in seinem Briefe Origenes unverkennbar als Mitschüler [2]) bezeichnet, eben so auch Eusebius Ausdrücke wählt, welche keinen Zweifel übrig lassen, daß dieser die katechetische Schule besuchte. Das Wort, dessen er sich bedient, um das Verhältniß zwischen Origenes und Clemens zu zeigen, wird nicht anders, als von der Theilnahme des Zuhörers an dem öffentlichen Unterrichte des Lehrers gebraucht [3]).

Andrerseits folgt nicht, daß Origenes als Kind diesen Vorträgen beiwohnte. Nach einem sehr bekannten Sprachgebrauche der Griechen wird selbst der reifere Jüngling noch Knabe genannt, und wir dürfen nicht in ein allzufrühes Lebensalter hinaufgehn. Erst Origenes sonderte die Katechumenen in zwei Klassen, Anfänger und Fortgeschrittene [4]), und eines damaligen katechetischen Unterrichts für Kinder wird nirgend gedacht. Diese Erörterungen dürften erweisen, daß Origenes im späteren Knabenalter die katechetischen Vorträge des Clemens hörte, und mit dieser Annahme sind die Ausdrücke des Hieronymus und Photius leicht vereinbar [5]).

---

1) Schnitzer führt sie in folgender Weise an: εἰς ἐκεῖνο τοῦ καιροῦ καὶ τὸν Ὠριγένην τῶν φοιτητῶν γενέσθαι αὐτοῦ.

2) S. oben S. 55.

3) Eustathius ad Hom. Il. IX, 10. 11: Ἀττικοὶ δὲ ὕστερον τὸ εἰς διδασκαλεῖον ἰέναι φοιτᾶν ἔλεγον, καὶ φοιτητὴν τὸν τοῦτο ποιοῦντα. Auch nennt Eusebius diejenigen, welche Origenes Vorträge besuchten, beständig φοιηταί, HE. VI, 3. 4.

4) Ibid. VI, 15.

5) Photius sagt (Cod. 118), Origenes sei ἀκροατὴς καὶ διάδοχος des Clemens gewesen, wie dieser des Pantänus. Unbestimmter ist das Zeugniß des Hieronymus (Catal. c. 38): constat Origenem huius (Clementis) fuisse discipulum.

Vierte Beilage.
Zu Clemens Lehre.
I.
Der Ursprung der Philosophie.

Daß die verschiedenen Angaben des Clemens über den Ursprung der Philosophie nur scheinbar mit einander im Widerspruche stehen, und wie er selber sie in Einklang brachte, hat auch Baur nicht hinlänglich verdeutlicht [1]). Clemens Grundüberzeugung ist die, welche schon Justinus theilte, das Wahre der griechischen Philosophie sei auf den Logos zurückzuführen. Neben der Ansicht, welche die gesammte Philosophie für ein Werk des Teufels erklärte, fand er drei vermittelnde Behauptungen vor: die eine, daß durch Zufall die Philosophen in einigen Punkten das Wahre getroffen haben; die andere, daß sie von den Hebräern heimlich entlehnten [2]); die dritte, daß ihre Lehren die Eingebung niederer, theils guter, theils gefallener Engel seien [3]). Von diesen verschiedenen Vermittelungsversuchen konnte ihm der erstere, bei seinem Glauben an die allwaltende Vorsehung, nicht genügen: die beiden letzteren, die in sofern einander nicht ausschlossen, als nächst der Bekanntschaft mit dem Buchstaben der heiligen Urkunden noch das Verständniß des allegorischen Sinnes erforderlich schien, glaubte er verbinden zu müssen. Um so angemessener erschien ihm diese Verschmelzung, die jedoch nicht als unzweifelhaftes Dogma gelten sollte [4]), als sich in der Philosophie theils gute, nur immer doch sehr mangelhafte, theils verderbliche Richtungen und arge

---

1) S. seine Gnosis S. 531.
2) So insbesondere die alexandrinisch jüdische Religionsphilosophie. S. Dähne I, 78.
3) Strom. I, 366.   4) Strom. II, 482.

Irrthümer zeigten. Leicht ließen sich nun die einen für die Zuthat böser Geister, jene anderen für die Mittheilung guter Wesen niederer Ordnung erklären. Diese Ansicht hat Clemens am entwickeltsten im ersten Buche der Stromaten vorgetragen[1]). Er unterscheidet hier, veranlaßt durch das Wort Jesu[2]), welches alle, die vor ihm gekommen, Diebe und Mörder nennt, von diesen die Propheten, die nicht aus eigenem Antriebe, sondern als Diener und Boten Gottes kamen. Die Philosophie ist hingegen theils ein entwendetes, theils ein von dem Diebe geschenktes Gut, d. h., sie ist theils unmittelbar aus den alttestamentlichen Schriften entlehnt, theils aus diesen von gefallenen Geisterwesen, man darf auch sagen von dem Teufel[3]), den Hellenen mitgetheilt. Gott ließ dies zu, um es zum Besten zu wenden, wider die Absicht jener Geister. Er ist jedoch hiedurch so wenig Urheber des Diebstahls, als der Schild die Wunde verursachte, die er nicht abhielt. Der Teufel ist der Urheber seines eigenen Diebstahls, wie auch desjenigen, welchen die Philosophen begingen; und indem überdies jener Unkraut unter den Waizen säte, diese die Lehren, die sie für ihr Eigenthum ausgaben, entstellten, verdienen beide zwiefach Diebe zu heißen. Nichtsdestoweniger bleibt immer, da Gott auch diese Vergehungen zu leiten wußte, in dem entwendeten Prometheusfeuer der Philosophie ein göttlicher Funke, welcher durch Anfachen zur hellen Flamme auflodern kann, eine Spur wahrer Weisheit und ein göttliches Regen. Auch haben ja die Philosophen Einiges selber gefunden; denn auch sie besaßen den Sinn der Erkenntniß[4]): hätten sie nur ohne eitle Selbstliebe gesucht. Nicht das Gute, nicht die wirklichen Weisen tadelt die Schrift, sondern die sich weise dünken.

Andrerseits hob Clemens gern hervor, daß vieles in der Philosophie die Frucht selbstthätiger frommer Bemühung edler Gemü-

---

1) Strom. I, 366. 2) Joh. 10, 8.
3) Strom. I, 367. 368.
4) Πνεῦμα αἰσθήσεως, d. i. das Vermögen für die Wahrheit: Strom. I, 330.

ther, die ihre Gottverwandtschaft treu bewahrt hatten, wie der unmittelbaren Einwirkung des Logos oder guter Engel sei. So sagt er [1]: In der Lehre von der Gottähnlichkeit, unserem höchsten Gute, stimmt Plato entweder zufällig mit dem Gesetze überein, da wohl große Naturen, frei von Leidenschaft, die Wahrheit erreichen können; oder er ward bei immerwährendem Dürsten nach Belehrung durch gewisse damals vorhandene heilige Schriften [2] angeleitet. An einer andern Stelle [3] lesen wir: Auch rühren die Gedanken der Tugendhaften von göttlicher Einwirkung [4] her, indem die Seele durch bestimmte, zu diesem Geschäfte in ihrem Kreise beauftragte Diener Gottes gehoben und ihr der göttliche Wille eröffnet wird. Denn den Völkern und Städten sind Engel vorgesetzt, vielleicht auch manchen einzelnen Menschen. Der Hirt trägt für jedes Schaaf Sorge, vornehmlich für die von ausgezeichnetem Geiste, welche vielen nützlich werden können. — Die Entlehnung aus der heiligen Schrift und die freie, theils irrende, theils richtig von Gott geleitete geistige Thätigkeit suchen folgende Stellen zu vereinigen. Versteht man, so sagte er [5], unter Philosophie diejenigen Lehrsätze der verschiedenen Systeme, die unumstößlich fest stehen, wie einen mit denselben übereinstimmenden Lebenswandel, so sind eben jene Sätze aus dem von Gott den Barbaren verliehenen Schatze entwendet. Einige dieser Sätze haben sie unverändert herübergenommen, andere mißverstanden. In noch anderen Lehrpunkten haben sie theils aus höherer Anregung, nur ohne den vollkommenen Ausdruck zu finden, Bestimmungen aufgestellt, theils leitete sie ein bloß menschliches, leicht fehlendes Vermuthen und Schließen. — Die Pythagoreer [6] und Plato haben sich am meisten unter allen Philosophen mit dem Gesetzgeber (Mose) beschäftigt, wie ihre Lehren beweisen. Indem sie vermöge einer glücklich ahnenden, wahrsagenden Stimme, nicht ohne Mitwirkung

---

1) Strom. II, 482. 2) Λόγια.
3) Strom. VI, 822. 4) Ἐπίπνοια.
5) Strom. VI, 768. 6) Man findet diese Stelle Strom. V, 662.

Gottes, mit gewissen prophetischen Stellen sich in Übereinstimmung fanden [1]), stellten sie die Wahrheit, die sie theilweise erkannten [2]), in dem Schmucke eines deutlichen, eigentlichen Ausdrucks dar: ein Schimmer ihrer Verwandtschaft mit der Wahrheit war ihnen aufgegangen [3]). Und so ist die griechische Philosophie dem Leuchten einer Lampe ähnlich, welche man anzündet, indem man künstlich der Sonne ihr Licht stiehlt [4]). Als hingegen das Evangelium gepredigt wurde, leuchtete jenes heilige Licht in aller Fülle hervor.

Auf so mannichfache Weise suchte Clemens seine Überzeugung von der Göttlichkeit des Wahren in der Philosophie mit der Wahrnehmung so vieles Irrigen und Mangelhaften, wie mit den Vorurtheilen der Zeitgenossen vermittelnd in Einklang zu bringen. Bald stellte er die freie Thätigkeit des denkenden menschlichen Geistes voran, bald den Einfluß, den auf denselben theils die unsichtbare Welt, theils die positiven Lehren der ältesten Offenbarungsurkunden ausübten. Und bald blieb er allein bei den alttestamentlichen Urkunden selber stehn, bald ließ er ihren allegorischen Sinn durch niedere Engel, unter Zulassung oder Mitwirkung Gottes, den Philosophen kund werden, oder ging wohl auch bis auf das natürliche geistige Vermögen zurück. In dem allen hielt er dieses Zwiefache beständig fest, daß das Gute in der Philosophie, wie man immer über die Entstehung desselben urtheilen möge, ein Göttliches sei, und daß es gleichwohl, weil es vereinzelt und keinesweges unverfälscht erscheint, nur als ein vorläufiges, unvollkommenes und mannichfach getrübtes Wissen gelten dürfe, welches

---

1) Κατά τινα μαντείας εὔστοχον φήμην, οὐκ ἀθεεὶ συνδραμόντες ἔν τισι προφητικαῖς φωναῖς. Für meine Übersetzung der dunklen Worte, die der von Hervetus näher steht, als Potter's Auffassung, entscheidet der Gebrauch des συνδραμεῖν in der Stelle Strom. II, 482, und wohl auch der Zusammenhang.
2) Τὴν ἀλήθειαν κατὰ μέρη καὶ εἴδη διαλαβόντες.
3) Τῆς περὶ τὴν ἀλήθειαν οἰκειότητος ἔμφασιν εἰληφότες.
4) Strom. I, 371.

Ursprung der Philosophie.

allein der Sohn Gottes läutern und vollenden konnte. Folgende Stellen mögen hier zum Beweise dienen.

Wie ist es nicht unstatthaft, sagt er [1]), wenn die, welche Unordnung und Ungerechtigkeit auf den Teufel zurückführen, ihn für den Urheber einer trefflichen und guten Sache [2]), der Philosophie, erklären? Es würde ja so den Griechen der Teufel hülfreicher gewesen sein bei dem Bemühen, gute Menschen zu werden, als die göttliche Vorsehung. Anderwärts [3]) erklärt er: Gold bleibt Gold, auch wenn es geraubt ist, und die Wahrheit bleibt Wahrheit, wenn sie auch die Philosophen nicht mit unmittelbarer Gewißheit als solche erkennen können. Mag man also immerhin sagen [4]), daß die Hellenen durch einen Zufall die wahrhaftige Weisheitslehre theilweise vorgetragen haben: es muß doch dieser Zufall auf die göttliche Vorsehung zurückgeführt werden; denn niemand wird wegen des Streites über den Ursprung der Philosophie den Zufall als Gottheit (d. i. als selbstständig seiend) betrachten wollen: war hier eine glückliche Fügung, so ist diese Fügung nicht ohne die Vorsehung. Sagt man hingegen, daß die Hellenen das Wahre vermöge der angeborenen Begriffe besaßen, so kennen wir nur einen Urheber der Natur, und es gilt hier dasselbe, was von der natürlichen Gerechtigkeit zu sagen ist. Oder sollen sie an der allgemeinen Vernunft Theil haben [5]), so fragen wir, wer denn der Vater derselben ist, und ob er nicht gerecht die Vernunft austheile? Wenn endlich jemand bei den Philosophen ein Vorausverkündigen oder ein gleichzeitiges Aussprechen [6]) des Geoffenbarten annimmt, so bezeichnet er Gattungen der Weissagung. Andere sagen sogar, es habe sich den Philosophen manches als Abglanz der Wahrheit dargestellt [7]). Dasselbe sagt der Apostel von uns, in

---

1) Strom. VI, 822. Vgl. Ibid. I, 326. 327. 342.
2) Ἐναρέτου πράγματος.   3) Strom. I, 377.
4) Diese Worte s. Ibid. p. 373.   5) Κοινὸν ἐσχηκέναι νοῦν.
6) Eine προαναφώνησις oder συνεκφώνησις.
7) Κατ' ἔμφασιν ἀληθείας εἰρῆσθαί τινα τοῖς φιλοσόφοις.

dem Worte: Wir sehen hier gleichsam durch einen Spiegel[1]), und so ist es auch, indem wir durch Zurückstrahlung uns selber, und in dem Göttlichen in uns den Schöpfer[2]) erkennen. Wie nun wir in dem jetzigen Sein wie durch einen Spiegel erkennen, so erblickten (hier verräth Clemens seine Übereinstimmung mit jener Ansicht) die besseren Philosophen Gott, wie durch Abspiegelung oder Hindurchstrahlen. In der That, unsere Vorstellungen gleichen unseres Unvermögens halber dem Erblicken von Gegenständen im Wasser, oder von Dingen, welche man hinter durchsichtigen, hellen Körpern sieht.

Wie es nur eine Seligkeit giebt, sagen die Stromaten[3]), aber mehrere Tugenden, die dieselbe herbeiführen, und wie Sonne, Feuer, Bad und Kleidung beitragen, uns zu erwärmen, so ist nicht minder nur eine Wahrheit, in deren Aufsuchen uns manches fördert, die aber nicht anders gefunden werden kann, als durch den Sohn[4]). Nächst dieser Stelle gehört die ganze auf dieselbe folgende Entwickelung hieher, wie auch Clemens Lehre von Gott, so fern er der Urquell aller Wahrheit ist[5]), und von dem Logos, in welchem allein dieselbe wesenhaft, selbstständig und in aller Fülle ist[6]).

II.
Clemens Doketismus.

Schon Photius[7]) erklärte Clemens für einen Doketen. Unter den Neueren fand bei ihm Dähne[8]) eine Hinneigung zu der Lehre

---

1) 1 Cor. 3, 12.   2) Τὸ ποιητικὸν αἴτιον.
3) Strom. I, 375.   4) Ibid. 335.
5) Strom. II, 446: μόνον τὸ θεῖον σοφὸν εἶναι φύσει. διὸ καὶ ἡ Σοφία δύναμις θεοῦ, ἡ διδάξασα τὴν ἀλήθειαν. Vgl. Ibid. IV, 567: τὸ μὲν οὖν ἀληθὲς, τῷ θεῷ σαφὲς, αὐτίκα τὴν ἀλήθειαν γεννᾷ.
6) Δι' οὗ μόνου ὁ θεὸς ἐποπτεύεται, Strom. IV, 638. — δι' οὗ μόνου τοῦ νοὸς καταυγάζεται τὸ ὄμμα, Cohort. 59. — ἀλήθεια γὰρ ὁ Λόγος, Strom. II, 434.
7) Biblioth. Cod. 109.   8) De γνώσει Clementis p. 105.

derselben, Hofstede de Groot [1]) Übereinstimmung mit ihrem Dogma während der letzten Zeit seines Lebens.

Nicht ohne besondere göttliche Fürsorge, sagt Clemens, vollendete der Herr in kurzer Zeit sein großes Werk. Von Gestalt gering, und doch angebetet, der Sühner und Heiland, der süße, göttliche Logos, blieb er weder damals ohne gläubige Anerkennung, als er zuerst angekündigt ward, noch als er menschliche Aussenseite annahm, und nun, aus Fleisch gebildet, den Erlöser in menschlicher Natur vorstellte [2]). Diese Worte haben keinen andern Sinn, als daß Jesus den erlösenden Act seiner Erscheinung in menschlicher Natur in der Fülle der Zeit vollständig vollzog, und enthalten so wenig die Leugnung eines wirklichen Körpers Jesu, wie derselbe oben beschrieben worden, als Clemens das menschliche Leben überhaupt in einen Schein verwandeln will, wenn er dasselbe ein Drama nennt [3]). Und man bemerke, wie Clemens auch dem ächten Gnostiker eine vollkommene Affectlosigkeit beilegt, nur die Empfindungen abgerechnet, die man später die unveräußerlichen und physischen [4]) nannte.

Noch bedürfen einige meist übersehene Worte [5]) der Erläu-

---

1) De Clemente Alex. philosopho Christiano, Groningae 1826. p. 57.
2) Cohort. p. 86: ... οὔθ᾽ ὅτε τὸ ἀνθρώπου προσωπεῖον ἀναλαβὼν, καὶ σαρκὶ ἀναπλασάμενος, τὸ σωτήριον δρᾶμα ὑπεκρίνετο. Sehr treffend übersetzte Gieseler diese Stelle in dem sogleich anzuführenden Programm: hominis personam indutus, quam e carne sibi formavit, hominis partes salubriter egit.
3) In der Schrift Quis div. salv. p. 957: ὥστε καὶ τῷ τὰ μέγιστα εὖ πεποιηκότι κατὰ τὸν βίον, ἐπὶ δὲ τοῦ τέλους ἐξοκείλαντι πρὸς κακίαν, ἀνόνητοι πάντες οἱ πρόσθεν πόνοι, ἐπὶ τῆς καταστροφῆς τοῦ δράματος ἐξάθλῳ γενομένῳ. Vgl. auch Strom. VII, 870: ὁ γνωστικὸς — ἀμέμφως ὑποκρινόμενος τὸ δρᾶμα τοῦ βίου.
4) Πάθη ἀδιάβλητα καὶ φυσικά, Strom. VI, 775.
5) Adumbr. in Ep. I Ioan. p. 1009: Fertur in traditionibus, quoniam Ioannes ipsum corpus quod erat extrinsecus tangens, manum suam in profunda misisse et ei duritiam carnis nullo modo reluctatam esse, sed locum manui praebuisse discipuli.

terung. Auch aus ihnen ist nicht die Lehre von einem Scheinkörper Jesu abzuleiten. Der Zusammenhang ergiebt, daß Clemens erweisen wollte, wie Jesus auch von seiner Gottheit die Jünger fühlbar, im eigentlichsten Sinne, überzeugte, so daß Johannes mit Recht sagen konnte: „was unsere Hände betastet haben vom Worte des Lebens" [1]. Mit diesen Worten, sagte Clemens, deutete Johannes nicht allein auf das Fleisch, sondern auch auf die höheren Kräfte des Sohnes, die wie ein Sonnenstrahl, welcher bis zu diesen untersten Orten hindurchbringt, im Fleische den Jüngern anfühlbar wurden. Und nun folgt jene mitgetheilte Stelle, die also von einer momentanen, vermuthlich nach der Auferstehung erfolgten Verklärung des Körpers Christi, wie man die auf Thabor dachte, nicht von einem fortwährenden Zustande verstanden sein will [2].

Fünfte Beilage.
Ueber Origenes Auffassung der Stelle Matth. 19, 12.

Nächst dem Versuche, Origenes als Sabellianer darzustellen, hat der geistvolle und scharfsinnige Wiederhersteller der Bücher über die Grundlehren kaum eine überraschendere Behauptung gewagt, und keine blendender nachgewiesen, als die, welche in dem Folgenden widerlegt werden soll.

Es soll nur ein häßliches Gerücht sein, daß Origenes als Jüngling die bezeichnete Stelle im Matthäus mißverstand, und handelte, wie es der mangelhaften Einsicht gemäß war. Die Ab=

---

[1] 1 Joh. 1, 1.
[2] Über dieses Dogma vgl. Gieseler, in der Commentatio, qua Clementis Alexandrini et Origenis doctrina de corpore Christi exponuntur, ein Programm zu Pott's Jubelfeier, Göttingen 1837.

sicht, in welcher dasselbe ausgestreut wurde, erkläre sich von selbst; eben so leicht der Entstehungsgrund. Origenes, so sagt man, stand von Jugend auf in dem Rufe äußerster Enthaltsamkeit und Härte gegen sinnliche Bedürfnisse, den selbst sein häufiger Umgang mit wißbegierigen und frommen Frauen nicht schwächen konnte. Nichts konnte den Neid eines unheiligen Klerus lebhafter reizen, als dies, und nirgend fand die Verleumdung mehr Glauben, als wo sie eine fast übermenschliche Enthaltsamkeit auf so gemein natürliche Ursachen zurückführte und dem niedrigsten Sinne begreiflich machte [1]).

Man fragt vor allem, welche Gründe den Urheber dieser Ansicht bestimmten, den alexandrinischen Klerus der Unheiligkeit zu zeihen, und vermuthet, zunächst auf den Bischof Demetrius verwiesen zu werden, der das Schicksal gehabt hat, bisher fast allgemein die ungerechteste Beurtheilung zu erfahren [2]). Indessen ihn gerade reinigt Schnitzer mindestens von dem Verdachte, das Ge-

---

1) Schnitzer S. xxxiii. xxxix. Ihm stimmt Baur in der oben angeführten Recension vollkommen bei. Schon Engelhardt hat die Überlieferung wider diese Gegner vertheidigt in den theoll. Studien und Kritt. Jahrg. 1838. Heft 1, S. 157. Diese Beilage ist ein Versuch theils seine Gründe zu verstärken, theils die, welche Schnitzer bestimmten, vollständig zu widerlegen.

2) Mosheim, welcher den Zwiespalt zwischen ihm und Origenes aus dem Bestreben des letzteren, Presbyter zu werden, und der Weigerung des Bischofs ihn zu ordiniren, erklärt (de Rebus Christ. a Const. M. p. 674), giebt Origenes einen Ehrgeiz Schuld, von welchem derselbe weit entfernt war. Die rechten Gesichtspunkte zeigt Augusti. Demetrius, sagt er, konnte den Origenes schonen, so lange dieser Katechet blieb und als solcher keiner Ordination bedurfte. Das Verfahren der Bischöfe von Cäsarea und Jerusalem war in dreifacher Hinsicht gegen die kirchliche Regel: weil nur Ein Bischof die Ordination verrichten sollte; weil sie, ohne besondere Erlaubniß, in keinem fremden Sprengel vorgenommen werden durfte; weil jeder Verschnittene ausgeschlossen war. Diese Umstände lassen das Verfahren des Demetrius aus einem günstigeren Gesichtspunkte erscheinen. S. die Religionswanderungen des Thomas Moore, beleuchtet von einigen seiner Landsleute. Aus dem Englischen von Augusti, Köln 1835, S. 234.

rücht ausgesprengt zu haben ¹), und wer möchte auch wohl selbst dem leidenschaftlichsten Hierarchen eine so schändliche Verleumdung willkührlich aufbürden? Die Gesinnungen anderer Mitglieder des ägyptischen Klerus gegen Origenes sind nicht unbekannt. Wir ersehen sie aus den Verhandlungen der Synoden, welche in dieser Angelegenheit zu Alexandria versammelt wurden. Von der ersten Versammlung, zu welcher sich wohl zahlreich die ägyptischen Bischöfe nebst einigen Presbyteren eingefunden hatten, konnte Demetrius die Excommunication des Angeklagten nicht erlangen: sie wurde erst bei einer zweiten durchgesetzt, an der, nach Ausschließung der milder gesinnten Bischöfe, und des gesammten alexandrinischen, für Origenes gestimmten Presbyteriums, nur einige Theil nahmen, die sich schon einverstanden gezeigt hatten. Es war also eine Übereilung, den alexandrinischen Klerus der Unheiligkeit und der Bereitwilligkeit zum Verlästern zu beschuldigen. Würde nicht auch bei der Denkweise des dritten Jahrhunderts jene arge Erfindung ihrem Zwecke sehr wenig entsprochen haben? Vielen hätte sie den Origenes im Glanze der vollkommensten, kühnsten Ascese gezeigt, indem sie in eine einzige That die ganze Strenge seiner Selbstverleugnung zusammenfaßte.

Die äußeren Zeugnisse für die streitige Thatsache sucht Schnitzer zu beseitigen. Eusebius, sagt er, ist der alleinige Zeuge. Niemand außer ihm berichtet den Umstand, als Nicephorus, der nur abschrieb. Kein gleichzeitiger Schriftsteller spricht davon; selbst die Synodalbeschlüsse gegen Origenes erwähnen dieser Anklage nicht. Der Verdacht werde verstärkt durch die Wahrnehmung einer anderen Erdichtung. Epiphanius, sein zelotischer Widersacher, sage nichts von der Verfolgung durch Demetrius, aber unter anderem berichte er einen Abfall des Origenes zum Heidenthum ²): um der angedrohten Schändung durch einen Mohren zu entgehn, habe er Weihrauch geopfert. Nicht nur verschwinde diese Beschuldigung

---

1) S. xxxvii.   2) Haer. LXIV, 2.

unter der Menge falscher Angaben ihres Urhebers, sondern sie errege auch Zweifel an der Glaubwürdigkeit jenes Gerüchtes, welches Epiphanius mit den Worten einführe: Weiter sagt man von ihm, — und dessen Verdächtigkeit die Angabe erhöhe: Andere sagen ihm noch anderes nach.

Fehlt es in Origenes Geschichte allerdings gar sehr an einer Mehrzahl unabhängiger Zeugnisse, so ist gleichwohl bei der streitigen Thatsache dieser Mangel weder eben so groß, noch eben so auffallend, als bei unzähligen andern Begebenheiten, die wir ganz allein aus Eusebius Kirchengeschichte kennen, und dennoch nicht bezweifeln dürfen. Es muß zugegeben werden, daß allein dieses Werk als Quelle der Jugendgeschichte des Origenes, und so auch dieses Zuges aus ihr, in Betracht kommt. Hieronymus und Epiphanius, Suidas, Nicephorus und alle diejenigen Schriftsteller, welche mehr, als einzelne Lehrsätze des Origenes mittheilen, berühren jenen Umstand gleichfalls, aber sie schöpfen, so viel sich nachweisen läßt, nur aus Eusebius. Es bedarf daher eben hier einer sorgfältigen Prüfung der Glaubwürdigkeit seines Berichts.

Wahr ist, daß Eusebius nicht zu den kritischen Geschichtschreibern gehört: er stand nicht über seinem Zeitalter, und Spätere haben seine Schwächen erkannt und ins Licht gestellt [1]). Aber er verdient nicht den Vorwurf einfältiger Leichtgläubigkeit. Nie hat er im Sammeln von Quellen und Überlieferungen Fleiß und Mühe gespart, und weit davon entfernt, wissentlich zu täuschen, hat er überall vielleicht eben so viel Urtheil angewendet, als ihm zu Gebote stand [2]). Seine meisten Irrthümer finden sich in der Ur-

---

[1]) Veterum ac recentiorum testimonia contra Eusebium, bei Heinichen in der Ausgabe der Kirchengeschichte desselben, I, p. LXXX. Vgl. auch die freilich manches Willkührliche enthaltende Abhandlung von Kestner de Eusebii auctoritate et fide diplomatica, Gotting. 1817. 4, und den früher angeführten Aufsatz von Zachmann.

[2]) Veterum testimonia pro Eusebio, bei Heinichen p. LIX; vergl. auch p. VI; ferner Stroth, über Eusebius Leben und Schriften in der Über-

geschichte der Kirche, die für ihn schon so vieles Dunkle hatte: über Origenes Leben konnte es ihm, dem vertrauten Freunde des Pamphilus, dessen Sohn man ihn nannte, nicht an den unverdächtigsten Nachrichten fehlen.

Pamphilus, geboren in Phönicien, wo Origenes starb, und vielleicht persönlich mit ihm bekannt [1]), begab sich später nach Alexandria in die Schule des Pierius [2]), den man einen zweiten Origenes zu nennen pflegte [3]), und welcher als Katechet unmittelbar auf Dionysius folgte [4]), den Nachfolger des Heraklas, jenes Zeitgenossen und Gehülfen des Origenes. Hatte nun Pamphilus bei diesem Aufenthalte in Alexandria die beste Gelegenheit Erkundigungen über Origenes einzuziehn, so dürfen wir um so gewisser annehmen, daß er dies nicht unterließ, als er nicht nur, in reger Bewunderung des großen Mannes, fortarbeitete in dessen Sinne [5]), sondern auch den berühmten Kirchenlehrer in fünf umfangreichen Büchern zu vertheidigen suchte, von welchen das zweite das Leben

---

setzung der KG. I, p. xxxvii, und Reuterdahl de Fontibus Hist. Eccl. Eusebii, Londini Gothorum 1826.

1) In dem ersten Buche der Apologia Pamph. pro Orig., welches allein, und nur theilweise griechisch, auf uns gekommen ist, findet sich keine bestimmte Andeutung einer solchen Bekanntschaft. Hier wird, vielleicht absichtlich, die Vertheidigung allein aus den Schriften des Origenes geführt: das zweite Buch enthielt das Leben desselben (Socrat. HE. III, 7), und es mag sich da Pamphilus über sein Verhältniß zu ihm erklärt haben. Wenn ihn Eusebius nirgend unter Origenes Schülern aufführt, so hindert dies nicht anzunehmen, daß er als Knabe denselben gesehen und kennen gelernt hatte: Eusebius beruft sich HE. VI, 2 auf das Zeugniß solcher, die noch mit Origenes gelebt hatten.

2) Phot. Cod. 118.

3) Hieronym. Catal. c. 76: Pierius florentissime docuit populum, et in tantam sermonis diversorumque tractatuum — venit elegantiam, ut Origenes iunior vocaretur.

4) Guerike de Schola Alex. I, 74.

5) Namentlich erwarb er um Origenes größtes Werk, die Hexaplen, viele Verdienste. S. Huet. Origenian. III, 4, 7. 8.

Die Zeugen des Eusebius.

desselben enthielt [1]). Bei diesen Arbeiten war Eusebius sein beständiger Gehülfe: die Schutzschrift für Origenes betrachtet er als sein eigenes Werk, und übergeht in der Kirchengeschichte manche nicht unwichtige Umstände, weil er sie in dem zweiten Buche der Apologie ausführlich behandelt hatte [2]). Wir werden also nicht irren, wenn wir dem Zeugnisse des Eusebius über Origenes eben so viel Glauben beimessen, als wäre Pamphilus selber, der Schüler des Pierius, der Berichterstatter.

Noch andere Zeugen boten sich dem Eusebius dar. „Wer das Leben dieses Mannes, so sagt er [3]), in Muße beschreiben wollte, würde sehr viel zu sagen haben, seine Darstellung ein eigenes Werk erfordern. Wir wollen indessen für jetzt meistentheils nur Grundrisse mittheilen, und so kurz als möglich einiges über ihn sagen, wobei wir den Stoff aus einigen Briefen und den Erzählungen seiner noch zu unserer Zeit lebenden Schüler entnehmen [4])." Kann freilich um die Zeit, als Eusebius die Kirchengeschichte verfaßte [5]), die Zahl derer, welche mit Origenes gelebt hatten, nicht mehr groß gewesen sein, so hatte er in früheren Jahren unstreitig viele von ihnen kennen gelernt: er wurde in dem ersten Decennium nach Origenes Tode in Palästina geboren [6]), vielleicht in Cäsarea,

---

1) Socrat. HE. III, 7; Euseb. HE. VI, 23; Phot. Cod. 118.
2) Euseb. l. c.: τὰ μὲν οὖν ἐπὶ τούτῳ (die Ordination in Cäsarea) περὶ αὐτοῦ κεκινημένα, — ὅσα τε ἄλλα ἀκμάζων περὶ τὸν θεῖον εἰσενήνεκται (id. q. εἰσήνεγκε, f. Valesius) λόγον, ἰδίας δεόμενα συντάξεως, μετρίως ἐν τῷ δευτέρῳ ἧς ὑπὲρ αὐτοῦ πεποιήμεθα ἀπολογίας ἀνεγράψαμεν. Ganz selbstständig fügte Eusebius nach Pamphilus Tode ein sechstes Buch hinzu: Photius l. c.   3) HE. VI, 2.
4) ... ἔκ τινων ἐπιστολῶν, καὶ ἱστορίας τῶν καὶ εἰς ἡμᾶς τῷ βίῳ πεφυλαγμένων γνωρίμων τὰ δηλούμενα φέροντες. Unter den Briefen versteht Eusebius sowohl Briefe des Origenes, als solche, die über ihn Auskunft enthielten; wenigstens macht er auch von solchen Gebrauch.
5) Er schrieb sie als Bischof von Cäsarea, gewählt um 314, und vor dem Concil von Nicäa: Stroth am a. O. S. xxv.
6) Zwischen 260 und 270: Stroth S. xvii.

wo dieser lange Zeit gewirkt hatte. Und um so weniger dürfen wir Mißtrauen in seine Versicherung setzen, daß er Zeitgenossen des Origenes kannte und befragte, als er sich über die Schriften und Urkunden, welche ihm vorlagen, mit der ihm eigenen Anspruchslosigkeit ausdrückt. Er spricht nur von einigen Briefen, die er benutzt habe; seine genaue Bekanntschaft mit Origenes Werken, die sich in der Kirchengeschichte nicht minder, als in seinen dogmatischen Schriften zeigt [1]), verschweigt er: nie suchte er mit seinen Quellen zu prunken.

Kommen wir nun auf jene besondere Thatsache, eine der wichtigsten in Origenes Leben, so ist nichts unwahrscheinlicher, als daß sie Eusebius auf ein bloßes Gerücht hin berichtete. Wie ungerecht Origenes oft verleumdet wurde, war dem Mitarbeiter an Pamphilus Apologie nicht unbekannt: er fand es nöthig den fünf Büchern ein sechstes hinzuzufügen. Sollte er versäumt haben, als er das zweite derselben gemeinschaftlich mit Pamphilus abfaßte, von diesem sich die Wahrheit der auffallenden und an sich verdächtigen Aussage, welche er Gegnern des Origenes schwerlich je geglaubt haben würde, verbürgen zu lassen? mußte nicht damals der Vorgang zwischen beiden Männern zur Sprache kommen, und würden nicht Origenes noch lebende Schüler und Freunde dem häßlichen, allgemein verbreiteten Gerüchte, welchem selbst ein Eusebius glaubte, auch unbefragt widersprochen haben? Setzen wir dies nicht mit Unrecht voraus, so giebt es kaum irgend eine Überlieferung, die so vollständig, als diese, eine fest in einander greifende Kette, in welcher kein Glied fehlt, bis an die Thatsache selber hinanreicht.

Aber wie kommt es, wendet man ein, daß sogar die Synodalbeschlüsse gegen Origenes der Anklage nicht erwähnen?

Sie sind leider nicht vollständig aufbewahrt worden, und können deshalb weder für, noch wider die Thatsache angeführt werden. Nur so viel erfahren wir durch Photius Excerpt aus der

---

1) HE. VI, 3. 14. 19. 28. 31. 33. 36. Vgl. Reuterdahl am a. O. S. 67.

Apologie des Pamphilus, daß zwei Synoden versammelt wurden, und daß die erstere ihn aus Alexandria verwies, die andere ihm die priesterliche Würde absprach. Wenn übrigens auch die vollständige Urkunde dieser Beschlüsse vermuthlich des Fehltrittes nicht erwähnte, welchen Origenes vor zwanzig Jahren begangen und Demetrius damals beschönigt hatte, so werden wir dieses Schweigen sehr natürlich finden. Bei der Unregelmäßigkeit der Ordination des Origenes bedurfte man keiner weiteren Anklagepunkte, und Demetrius wollte ihn entfernen, ohne sich selber und dem Rufe der katechetischen Schule zu schaden. Auch kann es gewiß nicht befremden, wenn Origenes selber in Briefen und Schriften aus eben dieser Zeit, — auch hierauf legt Schnitzer Gewicht, — einen Umstand übergeht, über den seine Feinde selber schwiegen, und den er nur dann, und zwar sehr leise, andeutete, wenn es ihm unumgängliche Pflicht schien.

Daß in den Schriften seiner Zeitgenossen des Vorganges nicht Erwähnung geschieht, konnte nicht auffallen, wenn man sich hätte erinnern wollen, wie wenig sie überhaupt für oder wider Origenes gesagt haben, und wie wenig uns erhalten ist. Daß Epiphanius über diese Verirrung des Origenes schweige, wird mit Unrecht behauptet. Er widmete vielmehr selbst dieser Frage eine Untersuchung, durch welche Mittel, ob durch Schierling oder Schneidewerkzeuge, der Zweck erreicht wurde [1]). Wenn er Origenes Verbannung aus seinem angeblichen Abfalle zum Heidenthum herleitet, welchen die Androhung einer sittlichen Entehrung veranlaßt habe, so ließ er sich zwar durch eine Fabel täuschen, aber wie darf man folgern, er könne Origenes eigentliche Verschuldung nicht gekannt haben, weil er sie nicht mit seiner Vertreibung in Verbindung brachte? Sie hatte in der That an dieser nur einen sehr untergeordneten Antheil.

Die Bischöfe Alexander von Jerusalem und Theoktistus von Cäsarea, fährt Schnitzer fort, durften, wenn sie den einundzwan-

---

1) Haer. LXIV, 3.

zigsten der apostolischen Kanones kannten, welcher in jedem Falle vornicänisch sei, weder Origenes ordiniren, noch auch, nach erfolgter Beschwerde des Demetrius, auf ihrer Ordination beharren.

Wir mögen hier zugeben, daß den Bischöfen nicht nur das erwähnte kirchliche Gesetz, sondern auch Origenes Jugendgeschichte bekannt war, ob sich gleich mit größerer Sicherheit annehmen läßt, daß selbst Alexander von der Verirrung seines alten Freundes nicht wußte. Immer bleibt die Handlung der Bischöfe erklärlich. Wenn so viele Gesetze der Kirche, wie dasjenige, welches die auf dem Krankenlager Getauften von der Ordination ausschloß, oder jenes, welches den Kleriker für immer an seine Gemeinde fesselte, nur so oft geltend gemacht wurden, als man dazu besondere, meist sehr unlautere Gründe hatte: wie hätten Alexander und Theoktistus Anstand nehmen sollen, in diesem Falle von dem Buchstaben einer Verordnung abzuweichen, in deren Geiste es lag, ehemalige Priester der Cybele, und überhaupt Schwärmer, von dem Vorsteheramte auszuschließen? Und was konnte sie nöthigen, in ihrem Schreiben an Demetrius jenen Zug aus Origenes Leben zu berühren, wenn ihn selbst die Synodalbeschlüsse übergingen? Gewiß war es rathsam, die Handlung, wo es sich thun ließ, zu verschweigen.

Entscheiden sollen endlich die Erklärungen, welche Origenes in späteren Schriften über die Stelle im Matthäus gegeben hat.

In der That sind sie entscheidend. Er sagt in einem der spätesten seiner Commentare [1]: „Um bei der Erklärung der Stelle jeden Irrthum zu vermeiden [2], und durch Auffassung des wahren Sinnes in der Heiligung des Lebens gefördert zu werden [3], wollen wir zunächst zwei falsche Auffassungen mittheilen und nach Kräften zu widerlegen suchen, ehe wir zu derjenigen übergehen, welche uns die wahre scheint. Einige haben die dritte Art von Verschneidung auf den Körper bezogen, eben wie die beiden anderen,

---

[1] Tom. in Matth. XV, 651.
[2] ... πᾶν „σφάλμα" φυλαξάμενοι.
[3] ... τὸ κρεῖττον βιῶσωμεν.

welche ihnen körperliche Zustände zu bezeichnen schienen [1]: sie haben sich in gottesfürchtiger Gesinnung, jedoch aus Unkunde, einer den beiden obigen gleichartigen Verschneidung unterzogen, und so sich den Schmähungen, wohl auch der Schande ausgesetzt, nicht allein bei den Ungläubigen, sondern auch bei solchen, die alle menschlichen Handlungen eher verzeihen, als eine allerdings irrige Furcht vor Gott [2]), und ein unbegrenztes Streben nach Keuschheit, welches Schmerz, Verstümmelung und sonstige Folgen nicht scheute. Wenige andere haben hingegen den Zusammenhang aufgeopfert: die beiden ersteren Arten haben auch sie für körperliche Zustände gehalten, als ob der Heiland nur das Sinnenfällige bezwecke, die dritte nicht wörtlich aufgefaßt, sondern hier die Verschneidung mit Hülfe vernünftiger Betrachtungen gefunden. Sicher haben jene ersteren, ob sie gleich in ihrer Verehrung gegen den Buchstaben des Evangeliums verkannten, daß Jesus auch hier gleichnißweise redete und geistig verstanden sein wollte, folgerichtiger die Stelle aufgefaßt, als die andern; ganz dem Zusammenhange gemäß haben sie die dritte Art in derselben Weise, wie die beiden ersten erklärt. Nicht in dieser Gleichmäßigkeit der Auffassung, sondern darin besteht der Irrthum, „den jene nicht vermeiden konnten", daß sie von Anfang an den wahren Sinn übersahen. Wenn nämlich jene zwei Arten vom Körper zu verstehen sind, so muß auch die dritte von diesem verstanden werden. Die andern haben die

---

1) ... ὡς ἀκόλουθον τῇ ἐνεργείᾳ τῶν κατὰ τὸ σωματικὸν ὁρωμένων δύο εὐνουχισμῶν.

2) ... παρὸ ἢ τῷ φαντασίᾳ φόβῳ θεοῦ. In dem Cod. Reg. fehlt παρὸ, Huetius schlug vor: ἢ τῷ ἐν φαντασίᾳ φόβῳ, ein Ungenannter bei de la Rue: ἢ τῷ φαντασίᾳ φόβου θεοῦ. Eine Änderung der Texteslesart ist nicht nothwendig; zulässig allein die von Huetius. — Aus dieser Stelle entlehnt der Cod. Holmiens. die Ausdrücke der sehr richtigen Glosse, welche er weiter unten beifügt: οἶμαι αἰνίττεσθαι αὐτὸν (τὸν Ὠριγένην) τὸ περὶ αὐτοῦ ἱστορούμενον, ὡς ἄρα διὰ τὸν λόγον τῆς εὐσεβείας, ἢ τὸν τῆς σωφροσύνης ἔρωτα, εὐνουχισμῷ σωματικῷ ἑαυτὸν ἐπιδέδωκεν. — Wer könnte diese Beziehung verkennen?

dritte Art richtig aufgefaßt, aber nicht wahrgenommen, daß auch die beiden ersteren in gleicher Weise, allegorisch, erklärt werden mußten. Denn wenn schon von gewissen Aussprüchen des Alten und Neuen Testaments gesagt werden darf, der Buchstabe tödte, der Geist mache lebendig, so muß dies vor allem von der vorliegenden Stelle gelten: man möchte sagen, das Festhalten am buchstäblichen Sinne der beiden ersten Arten der Verschneidung habe diejenigen getödtet, welche folgerichtig auch die dritte in dieser Weise auffaßten, und dann behaupteten, dem Worte des Herrn gemäß gehandelt zu haben."

So lautet unverkürzt die Stelle, welche Schnitzer im Auszuge mittheilt, um die Behauptung zu rechtfertigen, Origenes rede hier nicht aus eigener Erfahrung. Nur die Schlußworte könnten dafür zu sprechen scheinen. Allein sie sind gegen solche gerichtet, die bei ihrem Mißverständnisse beharrten, es anpriesen und wohl gar, wie Origenes wenige Zeilen später bemerkt, durch Schriften die Schwachen verführten: er selber hat seine Übereilung, die er sehr bald erkannte, nirgend gerühmt, oder beschönigt. Weder leugnet er sie ab, noch ist es seine Absicht, in nackten Ausdrücken sie einzugestehen. Die ganze Erörterung enthält keine Zeile, welche ein Mann von eblem Selbstgefühle in gleicher Lage anders gefaßt haben würde; ganz dieselbe Gesinnung spricht sich hier aus, in welcher er die That von Anfange an weder ableugnete, noch auch bekannt machte [1]). Und seine Erklärung trifft auch jetzt die richtige Mitte nicht, sondern bewegt sich nicht minder in einem Extrem, als die, welche die dreitheilige Gnome durchgängig im Wortsinne gelten ließ, und vor welcher er mit der fühlbarsten Angelegentlichkeit warnt. Noch immer ist es die strengste Gleichmäßigkeit in der Erklärung der einzelnen Sätze, worauf er alleinigen Werth legt, und beständig

---

1) Dies bemerkt schon Huetius zu dem Tom. XV in Matth., bei de la Rue p. 653: Ex Eusebio discimus, maximam adhibuisse curam Origenem, quo discipulis suis facinus illud ignorabile esset, eoque fortasse spontaneam hoc loco castrationem damnat.

Origenes eigenes Zeugniß.   455

kommt er darauf zurück, wie viel eben in dieſer Hinſicht die wört=
liche Auffaſſung für ſich habe[1]). Doch hören wir weiter ihn ſelber
und ſeinen neueſten Erklärer.

Es folgt auf jene ſo eben angeführten Worte zunächſt eine
Sammlung ſolcher Ausſprüche Jeſu, die unverkennbar nur unei=
gentlich aufgefaßt werden dürfen[2]); ſodann eine Rüge der Unvor=
ſichtigkeit oder des Irrthums gewiſſer Schriftſteller, welche zu
Selbſtverſtümmelungen Veranlaſſung gaben, ſei es, daß ſie wirk=
lich dazu aufforderten, ſei es, daß man ſie in dieſem Sinne deu=
ten konnte. „Wir hingegen, fährt er fort[3]), die wir einſt Chri=
ſtus, das Wort Gottes, fleiſchlich und nach dem Buchſtaben auf=
faßten, und jetzt nicht mehr ſo ihn kennen, billigen nicht die Aus=
legung derer, welche den dritten Eunuchismus um des Himmelrei=
ches willen an ſich vollziehen. Wir würden nicht ſo lange bei
ihrer Widerlegung verweilen, wenn wir nicht ſolche, die ſich jener
Verſtümmelung unterfangen hatten, kennten[4]), und in gewiſſen
Schriften Stellen anträfen, welche wohl einen feurigen, zwar
gläubigen, aber nicht überlegenden Sinn zu gleichem Wagniſſe be=
ſtimmen können." Hierauf ſetzt er die Verwerflichkeit der Hand=
lung durch eine altteſtamentliche Stelle[5]) ins Licht, erwähnt, in

---

1) S. beſonders p. 657. — Wenn Origenes ſtets auf gleichmäßige, con=
ſequente Auffaſſung der Worte bei der allegoriſchen Erklärung bringt,
ſo ſuchte er hierin ein Gegengewicht gegen die Willkühr der Gnoſtiker,
welche ein und daſſelbe Wort an verſchiedenen Stellen in ganz verſchie=
denem Sinne nahmen, und die einzelnen Sätze zur Hälfte eigentlich,
zur Hälfte allegoriſch verſtanden.

2) Nämlich Luc. 22, 35. 36; 10, 41. Matth. 18, 8. 9; 5, 3.

3) Tom. in Matth. XV, 654: ἡμεῖς δὲ Χριστὸν θεοῦ, τὸν λόγον τοῦ θεοῦ,
κατὰ σάρκα καὶ κατὰ τὸ γράμμα ποτὲ νοήσαντες, νῦν οὐκέτι γινώσκοντες, οὐκ εὐδοκοῦμεν κ. τ. λ.

4) ... εἰ μὴ καὶ ἑωράκειμεν τοὺς τολμήσαντας κ. τ. λ.

5) 5 Moſ. 25, 11. 12. An dieſe Stelle knüpft er die Frage: εἰ γὰρ ἀπο-
κόπτεται χεὶρ ἐπιλαβομένη διδύμων ἀνδρὸς, πῶς οὐχὶ καὶ ὁ ἑαυτὸν δι'
ἄγνοιαν ὁδοῦ, φερούσης ἐπὶ σωφροσύνην, τοιαύτῃ περιστάσει ἐπιδεδωκώς;

der That wie jemand, der aus Erfahrung spricht, die Schmähungen und Vorwürfe, mit welchen man büßen müsse, und gedenkt, um der Warnung den stärksten Nachdruck zu geben, selbst der physischen Folgen. An das levitische Verbot, den Bart, so übersetzen die Siebzig, nicht zu entstellen [1]), reiht er einige Wahrnehmungen der damaligen Arzeneikunde über die Ursachen des verminderten Wachsthums desselben [2]), und gesteht endlich, es werde auch der, welcher in frommer Absicht irrte, der natürlichen widrigen Folgen, in diesem Falle der Leiden des Kopfes und anderer krankhafter Zustände, keinesweges durch ein Wunder überhoben.

Eine solche Erklärung verdient nicht den Vorwurf der Unverschämtheit [3]). Sie schließt mit der Andeutung, in welcher eine nochmalige Regung seines edlen Selbstbewußtseins kaum zu verkennen ist, daß sich für jene irrige, aber doch folgerichtige Auslegung sehr vieles beibringen ließe, wenn es nicht wichtiger wäre, sorgfältigst jede Veranlassung neuer Mißverständnisse zu entfernen.

Noch vor ganz kurzem rechnete man allein in dem den Engländern unterworfenen Indien jährlich hunderttausend Selbstmörder aus religiösem Wahne, welche die Vereinigung mit dem Urgrunde

---

eine Frage, die gleichmäßig auf das Verzeihliche ($\delta\iota'$ $\ddot{\alpha}\gamma\nu o\iota\alpha\nu$ $\dot{o}\delta o\tilde{\upsilon}$), und auf die Strafbarkeit der Handlung aufmerksam macht. Schnitzer ergänzt am Schlusse des Wortes irrig $\dot{\alpha}\pi o\kappa o\pi\tau\acute{\epsilon}o\vartheta\omega$, statt $\dot{\alpha}\pi o\kappa\acute{o}\pi\tau\epsilon\tau\alpha\iota$, und wundert sich dann, wie Origenes vor aller Welt sich selber das Todesurtheil spreche. Das that er freilich nicht; indessen ist es doch in Paulus Sinne, wenn man ihn (1 Tim. 1, 15) sich selber den Unwürdigsten unter den Sündern nennen ließ, weil er einst in Eifer aus Mißverstand die Kirche verfolgt habe.

1) 3 Mos. 19, 27. LXX: $o\dot{\upsilon}$ $\varphi\vartheta\epsilon\rho\epsilon\tilde{\iota}\varsigma$ $\tau\dot{\eta}\nu$ $\ddot{o}\psi\iota\nu$ $\tau o\tilde{\upsilon}$ $\pi\acute{\omega}\gamma\omega\nu\acute{o}\varsigma$ $\sigma o\upsilon$. Diese Stelle scheint dazu mitgewirkt zu haben, daß in der älteren Kirche das Scheeren des Bartes für unangemessen gehalten wurde (Clem. Alex. Paedag. III, 262. 289), und hieraus erklärt sich wieder, weshalb Origenes den Bartwuchs erwähnte.
2) Huetius hat die hiehergehörigen Stellen aus Hippokrates gesammelt, bei de la Rue in der Note zu Tom. in Matth. XV, 653.
3) Schnitzer S. XXXVIII.

Frühſte Anſicht des Origenes.

ſuchten, und jährlich über zwei tauſend Frauen, die in den Flammen ihren Männern in den Tod folgten. Sollte es völlig unglaublich ſein, daß ein Jüngling, ganz im Geiſte ſeines Zeitalters, zu einer Handlung die Kraft beſaß, die ihm ein göttliches Gebot ſchien, und von welcher er glaubte, daß ſie den herrlichſten Lohn, erhöhten Antheil am Himmelreich verheiße?

Auguſtinus konnte nur gewinnen, wenn er ſeine Bekenntniſſe öffentlich ablegte: die Verirrungen ſeiner Jugend waren nicht geheim geblieben. Origenes that recht, ſeinen Fehltritt zu verbergen; bei dem Rufe, in welchem er ſtand, konnte ſein Beiſpiel vielen verderblich werden. Und weiſe überging er in ſeinen Schriften den dunklen Ausſpruch Jeſu, ſo oft es ſich thun ließ [1]): wo er nicht umhin konnte, ſich zu erklären [2]), hat er ſowohl mit vollkommener innerer Wahrheit und heiligem Ernſte, als auch mit behutſamer Zurückhaltung geredet.

Irrig hat man, hiemit iſt Schnitzer einverſtanden [3]), Origenes eine geiſtige Beſchränktheit, eine rohe buchſtäbliche Schriftauffaſſung zugeſchrieben, von welcher ihn eben der Irrthum ſeines Jünglingsalters durch eine plötzliche Umwandlung frei gemacht hätte. Vielmehr war es ſein Streben nach tieferem Schriftverſtändniſſe, welches ihn hier vermochte, dem äußerlichſten Wortſinne zu huldigen. Deshalb bezeichnete er oft in ſpäteren Jahren, nicht allein in der angeführten Stelle [4]), ſeine ehemalige äußerlich

---

1) Man vgl. Comm. in Ep. ad Rom. II, 496; c. Cels. VII, 729; de Princ. IV, 71. 352.
2) Tom. in Matth. l. c.
3) S. xxxviii. Man denke ſich Origenes frühſte Schriftauffaſſung, wie die des Vaters der Mönche, Antonius. S. Neander, KG. II, 2, 491.
4) Andere hieher gehörige Stellen hat Schnitzer am a. O. geſammelt. Überhaupt näherte ſich Origenes in ſpäteren Jahren ganz der milderen Denkweiſe ſeines Lehrers Clemens an, indem er Luc. 10, 4 und ähnliche Ausſprüche, in demſelben Sinne wie dieſer (Paedag. III, 276), geiſtig, was freilich beiden nichts anders iſt, als allegoriſch, aufzufaſſen vorzog. — Von einer richtigen Würdigung der Handlung zeugt

ascetische Richtung als eine Erkenntniß des Logos nach dem Fleische und Buchstaben. Mit Recht: er hatte sie mit einer höheren vertauscht. Dem Manne und Greise erschien in vollem Glanze die Herrlichkeit des verklärten, der Sinnenwelt entrückten Sohnes Gottes, dessen Wandel im Fleische, in Niedrigkeit und freister Selbstverleugnung schon den Knaben über alles angezogen hatte, und dessen Gebot und Wort er befolgen wollte, gleich viel, welche Opfer es fordern mochte.

Sechste Beilage.
Probe eines Onomasticums des Origenes.

Hieronymus sagt uns, Origenes habe dem Onomasticum des Philo, einer Übersetzung der im Alten Testamente erwähnten Eigennamen, die Deutung derjenigen, die wir im Neuen Testamente finden, hinzugefügt [1]). Eine sehr unzuverlässige, von Früheren dem Justinus beigelegte Schrift sagt, es habe Origenes auch die Maße, deren die Schrift erwähnt, wie alle in ihr enthaltenen Namen erklärt [2]). Eusebius gedenkt dieser Arbeiten nicht. Gleichwohl glaubte Martianay in einem Codex Reg., welcher eine ziemlich vollständige Folge biblischer Namen enthält, und in einem der colbertinischen Codices, in welchem jedoch selbst die Namen Jesus und Petrus vermißt werden, Reste jenes Onomasticums von Origenes aufzufinden. Mit dem mühsamsten Fleiß hat Martianay diese Stücke bearbeitet und herausgegeben [3]). Ich möchte sie für

---

bei vieler Frivolität Wieland's Combabus, in dessen sämmtlichen Werken Th. X, 24.

1) Praef. in Librum de interpretatione nominum Hebr. p. 3 (Tom II ed. Mart.). Vgl. Fabricius Biblioth. Gr. T. IV, 2 p. 541; V, 1 p. 223.
2) Quaest. ad Orthod. 82. 86.   3) Opp. Hieronym. II, 1, 182. 246.

Excerpte aus Origenes Schriften halten, aus welchen sich ohne Mühe eine solche Zusammenstellung anfertigen ließ, und annehmen, daß sie nachmals beliebig vervollständigt wurden. Doch kann es auch sein, daß Origenes selber das philonische Verzeichniß der Namen und ihrer Bedeutung in einer Abschrift besaß und dieser die neutestamentlichen Eigennamen hinzusetzte. Die nicht eben erhebliche Arbeit mag Eusebius übersehen haben.

Aus den Erklärungen der Namen läßt sich deshalb nicht mit Sicherheit auf Origenes Sprachkunde schließen, weil er hier durch den Vorgang des Philo, wie durch den allgemeinen Gebrauch der Kirche gebunden war: dieselbe Tradition über die Namenbedeutung erbte in der Kirche unverändert fort, bis in die letzten Zeiten des mittleren Alters, und selbst wenn man hätte bessern können, würde man doch die gebahnten Wege der mystischen Auslegung nicht verlassen haben. Dennoch darf die hin und wieder grell hervortretende Unkenntniß des hebräischen Textes wohl als Maßstab für die Sprachkenntniß des Origenes dienen. Wer eine richtige grammatische Erklärung der Namen wünscht, findet sie am besten in Gesenius Thesaurus und auch, in größerer Ausführlichkeit, bei Hiller im Onomasticum, oder bei Simonis [1]).

Die Beispiele, welche ich hier mittheile, habe ich aus Origenes Schriften zusammengetragen. Was die Codices, die ich erwähnte, geben, darf bei der Willkühr, mit welcher die Alten Sammlungen dieser Art behandelt haben, nicht durchaus für zuverlässig gelten: in der Hauptsache wird man bei Vergleichung des Nachstehenden mit den Sammlungen bei Martianay vollkommene Übereinstimmung finden. Und eben dieser Umstand rechtfertigt meine Vermuthung, daß auch das was der gelehrte Benedictiner auffand nur Excerpt aus Origenes Schriften ist. Einige Fingerzeige, welche das Urtheil über seine Sprachkunde leiten mögen, füge ich bei.

---

1) Arcanum formarum nominum Hebraeae linguae. Hal. 1735. 4.

Ἀγγαῖ (הַגַּי) — festivitates, als wäre die Radix חגג.
Ἀζάν (1 Mos. 22, 22: חֲזוֹ) — ὁρῶντα.
Βαθουήλ — ἔνοικος θεοῦ, oder θυγατὴρ θεοῦ.
Βηθαβαρά — οἶκος κατασκευῆς. Die Neueren: Furth, von עבר.
Βηθανία — οἶκος τῆς ὑπακοῆς. Besser: der Hafen, von אֲנִיָּה, nicht von עָנָה.
Bethpfage — οἶκος σιαγόνων (maxillarum).
Βαιθήλ — οἶκος θεοῦ.
Γαριζείμ — διατομὴ ἢ διαίρεσις. Simonis: abscissiones, mons praeruptus (גְּרִזִים).
Γεργεσά — παροικία ἐκβεβληκότων, als wäre es von גֵּרַשׁ; nach Bochart von גַּרְגֻּשׁ, דְּכִיס, d. i. ein schwarzer, erdpechhaltiger Boden, wie er um den See Tiberias ist.
Ἑβραῖοι — περατικοί.
Ἐδέμ (עֵדֶן) — ἡδύ.
Ἐλισάβετ — θεοῦ μου ὅρκοι, als wäre es von שָׁבַע, nicht von שָׁבַת.
Ἐφραίμ — καρποφορία.
Ζαχαρίας — μνήμη θεοῦ.
Ἰάρδην — descendens.
Ἰεδλάφ — χειρὸς περισσεία, ἢ χεῖρα λαβέ, — als stamme es von יד und dem Chald. לפף, coniunxit, compegit.
Ἱερεμίας — θείῳ μετεωρισμῷ ἐπαρθείς.
Ἰεσβώκ — ἄφεσις (שבק).
Ἰσραήλ — ἀνὴρ ὁρῶν θεόν. Wie von אִישׁ רָאָה אֵל, nach dem Apokryphon, das Gebet Josephs.
Καφαρναούμ — ὁ τῆς παρακλήσεως ἀγρός. Ebenso Hieronymus.
Καμουήλ — ἀνάστασις θεοῦ (קוּם אֵל).
Μανασσή — ὁ ἀπὸ λήθης λαός.
Μελχά — βασίλειος.
Ναχώρ — ἀνάπαυσις φωτός (נוּהַ אוֹר).
Ῥεβέκκα — ὑπομονή.

Salomo — εἰρηνικός.

Samaritani — φύλακες, von שֹׁמֵר.

Σιών — σκοπευτήριον, specula.

Τύριοι — συνέχοντες. Aber Tyrus hat den Namen von seinen Felsen (צוּר), nicht von צרר, ligavit.

Φαρισαῖοι, — διῃρημένοι τινὲς καὶ στασιώδεις, anderwärts: ἀποδιῃρημένοι καὶ τὴν θείαν ἑνότητα ἀπολωλεκότες.

Χαζάθ — ψεῦδος, wie von כזב.

Χεττουρά — μικρότερα ἢ ὑποδεέστερα, wie von קטן.

Ὤς — βουλευόμενος, wie von יָעַץ.

Göttingen,
Druck und Papier der Dieterichschen Universitäts-Buchdruckerei.